国有企业招标投标

法律合规实务与监督管理指南

白如银 著

中国法制出版社

CHINA LEGAL PUBLISHING HOUSE

前言

这是一本国企法律人专注研究、讲述国企招投标法律实务、合规与监督管理的书。

采购管理是企业价值链管理的核心环节，是企业盈利能力提升和核心竞争力形成的有力抓手。近年来，在国务院国资委的推动下，我国国企招标采购制度不断健全，内控体系日益完善，采购管控从分散型、粗放式向集约化、精益化加速转变，有力促进企业规范运营、降本增效。根据国务院国资委 2019 年 12 月公布的测算数据，国企采购成本每降低 1%，利润总额可相应提高 7.2%左右①。

国企招标采购兼具企业采购和公共采购双重属性，历来是法律规制、政府管制和社会监督的重点，也是企业法律风险、廉政风险相对集中的领域。从各类审计检查、巡视巡察结果来看，国企招标尤其是建设工程招标暴露出的问题，有内控体系不完善带来的管理风险，有违背法律法规导致的合规风险，有执法犯法谋取个人利益引发的廉政风险。究其主要根源，一是对法律一知半解、理解有偏差；二是制度不健全、程序不规范；三是内部监督不力、外部监管不严。

合规高效是国企招标的本质要求，程序合规是其首要原则，还要满足供应链运营需要，实现效率效益目标，同时有力保障社会公共利益。从这个角度讲，完善招标采购制度、依法合规组织招标，加强审计监督、内部控制，防控合规风险、廉政风险，是国企招标采购管理的重要课题。如何既严格遵照《民法典》《招标投标法》依法合规招标，也确保企业经营自主权；既规范国有企业采购行为、防范不正当交易和权力寻租，经受得住行政监督、审计、巡视等合规检验，又能提高采购效率、降低采购成本，保障供应链运营和生产经营需要，统筹处理好"公平"和"效率"、"合规"和"效益"关系，实现"合法合规"与"降本增效"的有机统一，考验着国有企业的决策者、经营者、管理者。

---

① 国资委网站《2015-2018 年通过集中采购节约资金约占同期利润总额 1/4 中央企业采购管理提升成效显著》http://www.sasac.gov.cn/n2588030/n2588924/c13287142/content.html，最后访问时间 2021 年 12 月 25 日。

有鉴于此，有必要聚焦国企招标采购管理实践，聚焦关键环节、聚焦审计巡视，解读重点法条、厘清法律规定，梳理法律风险、提出合规举措，形成一套指导国企招标的系统解决方案。基于这个初衷，本书聚焦国企招标高频热点问题，融合内控体系、合规管理、风险控制及审计、巡视等领域关注重点，突出系统性、实务性和可操作性，力图为国企经营者、管理者和监督者提供一本指导、推动合规高效招标的法律合规实务指南。

全书分为管理篇、实务篇和监督篇三大板块。"管理"板块，主要阐述国企招标的本质特征、困惑困境、法律适用、采购策略及制度构建等内容。"实务"板块，依据梳理招投标各环节存在的关键风险点，有针对性地提出风险管控、合规管理对策建议。"监督"板块，系统梳理国企内部监督及外部行政监督、审计、巡视、社会监督等各领域监督重点，各类主体典型违法行为及法律责任。

专设"疑难解析"和"类案释法"，对实务中的难点焦点问题答疑解惑，借助典型司法裁判观点阐释法条内涵。部分内容摘自《招标投标实务与热点答疑360问》等本人著作的，未再予以标注；摘录参考他人作品的，均尽量逐一标明出处（如有遗漏，望见谅）。为节省篇幅，选取的司法案例，多未详述案情，只摘录了裁判观点要点。

本书努力追求内容紧扣现实、抓住关键环节、突出实务操作，对读者有启迪借鉴价值，希望对参与国企招标的各位招标人、投标人、代理人、监督人、法律人有所帮助。书中必然还存在不完美甚或错漏，敬请各位专家、老师、朋友不吝指正（E-mail：449076137@qq.com）。

2022 年 1 月

目录

第一部分　管理篇

第二部分　实务篇

第三章　招标环节法律实务

第三部分　监督篇

第九章　招标投标内外部监督　······································· 409

（扫二维码下载附录电子版文件）

第一部分　管理篇

第一章　国企采购管理

第一节　采购的概念及采购方式

一、采购的概念

采购是通过交换获取资源（货物、服务等）的交易行为，是采购人基于生产、转售、消费等目的，购买商品或劳务有偿获取资源的经济活动。以购买的方式占有货物或服务取得其所有权或使用权是采购的主要形式，还可以通过租赁、借贷、雇佣、委托、交换等途径取得标的物的使用权，以达到满足自身需求的目的。采购不一定必须取得标的物的所有权，很多情况下取得使用权即可满足采购人的需求，如对于施工机械的采购，可以考虑购买，也可以考虑租赁，无须考虑必须取得所有权。

采购工作是采购人整体供应链的重要组成部分。根据 GB/T 18354—2021《物流术语》，供应链是在生产及流通过程中，涉及将产品或服务提供给最终用户所形成的网链结构。在"供应链"语境下，采购是通过适当的方法（如招标），以合理的价格选择出合适的供应链伙伴（供应商），加强协作协同，为企业的供应链创造价值。现代企业与企业之间的竞争，甚至国与国之间的竞争，已经演变成供应链与供应链、产业链与产业链之间的竞争。可以说，21 世纪本质上是一场供应链的角力[1]。著名的经济学家克里斯多夫也说："市场上只有供应链而没有企业，真正的竞争不是企业与企业之间的竞争，而是供应链与供应链之间的竞争。"企业采购的目标就是满足供应链的需要，与供应链需求保持一致性，确保供应的及时安全可靠，防控供应中断的风险。

---

[1] 宫迅伟等：《采购全流程风险控制与合规》，机械工业出版社 2020 年版，第 2 页。

二、采购的分类

(一) 按照支付对价的方式分类

采购可以分为购买、租赁、委托、雇佣、交换等。购买是指采购人基于生产、转售、消费等目的,支付对价获取商品或劳务的行为。租赁是指一方用支付租金的方式取得他人货物的使用权。借贷是指一方凭借自己的信用和彼此间的友好关系获得他人货物的使用权。委托是政府采购的方式,指政府依据法律规定将应当由政府行使的部分职权或事项委托给具有专业能力的组织实施的一种采购行为,如立法调研、法规宣传等。雇佣是指政府为了满足自身办公需要,购买的劳务活动,如办公楼的清洁卫生、保安等采购活动。交换是指双方采用以物易物的方式取得货物的所有权和使用权①。

(二) 根据采购主体分类

采购可以分为个人采购、企业采购和公共采购等。

个人采购是为了满足个人消费、发展等需求而进行的采购。国家法律充分尊重采购个人的意思自治和合同自由,只要不采购法律禁止交易的标的物,一般不作干预。

企业采购是为了满足企业生产经营活动或实现企业战略目标而进行的采购。

公共采购是为了满足行政机关、事业单位、社会团体等公共机构日常使用需要或为社会公众提供公共服务需要而进行的采购。

对于国企采购和公共采购,由于使用国有资金,国家对该类采购实行法律监管,对其采购行为的合规性有特别的规定,如为防范商业贿赂、徇私舞弊等风险实行严格的管控措施。

对于国企采购的规制,主要体现在法律法规和规章制度方面,国家出台的关于招标投标、优化营商环境、促进市场公平竞争、国有资产监管、监察、审计等方面的法律法规对此提出严格的要求;很多国有企业也通过内部的规章制度对采购范围、采购方式、采购组织模式和采购流程进行规范。公共采购将对采购的要求上升到法律法规和国家政策的层面,受到诸多法律法规、政策和标准规范的规范。

(三) 按照选择交易主体的方式分类

采购可以分为招标、询价、磋商、电子竞价、比选、订单等。

---

① 陈川生、朱晋华编著:《企业采购与招标管理》,电子工业出版社 2017 年版,第 1 页。

招标是采购的一种常见方式。一般理解，采购是买方主导的购买行为，而招标是属于选择交易对象的一种方式，既有购买行为，如工程、货物和服务的采购，也有出售或出让行为，如特许经营权、土地使用权、科研成果和技术专利等的出售或出让。

询价是指采购人向供应商或承包人就采购的工程、货物或服务询问价格，从中确定交易对象及交易条件的采购方式。在公共采购中，通常要求询价对象的数量为三个及以上。

磋商是采购人与一个或多个供应商或承包人谈判，商定工程、货物或服务的价格、条件和合同条款，签订合同的采购方式。常见的单一来源采购、竞争性谈判、竞争性磋商均属于磋商。

电子竞价是指供应商或承包人按照采购人规定的方式和期限相继提交更低出价，采购人从中选择交易对象所使用的在线实时采购方式。

比选是采购人公开发出采购信息，邀请多个供应商或承包人就采购的工程、货物或服务提供报价和方案，按照事先公布的规则进行比较，从中选择交易对象的采购方式。

订单是指采购人主动向供应商或承包商发出订货凭据，从而达成交易的采购方式。

（四）按照采购标的的来源地分类

采购可以分为国内采购和国际采购。

（五）按照采购标的的属性分类

采购划分为工程采购、货物采购和服务采购，这是《招标投标法》《政府采购法》等公共采购立法常采用的分类方法，并针对这三类采购项目特点规定了不同的采购规则、程序、要求。

工程采购属于有形采购，工程采购项目是指通过招标或其他方式选择合格的承包商承担工程项目建设任务的过程，如修建房屋建筑、高速公路、变电站、水利工程、市政工程等。

货物采购属于有形采购，货物采购项目是指购买项目所需要的投入物的过程，如机械、设备、仪器、仪表、办公设备、建筑材料（钢材、水泥、木材）、农用生产资料等，同时也包括与之相关的附属服务，如运输、保险、安装、调试、培训、初期维修等。

与货物、工程相比，服务通常具有无形性。服务采购的对象包括工程和货物以外的各类社会服务、金融服务、科技服务、商业服务、咨询服务等。如工程建设项目中的投资前期咨询服务、工程勘察设计、招标代理、项目管理、施工监理等均属于服务采购的范畴。

国企经营范围门类齐全，采购项目涵盖上述领域的各个方面。

三、采购方式

（一）《联合国国际贸易法委员会公共采购示范法》规定的采购方式

联合国国际贸易法委员会在 1994 年通过了《货物和工程采购示范法》，在 2011 年 8 月第 44 届会议上修订通过了《联合国国际贸易法委员会公共采购示范法》，2012 年 6 月又审议通过了《公共采购示范法颁布指南》。该示范法代表了目前国际上比较受认同的公共采购领域的先进经验和发展趋势，该《颁布指南》则进一步详细解释了该《示范法》的主要政策考虑、背景，并针对监管机构和公共采购机构对如何实施和使用该《示范法》进行了逐条评注。

《联合国国际贸易法委员会公共采购示范法》为各国对本国采购法律和实务进行评价和现代化并在目前尚无采购立法的情况下建立采购立法提供了一个参照范本，规定了 11 种采购方式。

（1）公开招标。使用公开招标是无条件的，任何采购都可以使用公开招标，而使用其他采购方法是有条件的，属于例外情形。

（2）限制性招标。限制性招标是指采购实体可以在特殊情形下，仅邀请数目有限的供应商或承包商参加投标。适用条件：（a）采购标的因其高度复杂性或专门性只能从数目有限的供应商或承包商处获得，如采购核电设备；或（b）审查和评审大量投标书所需要的时间和费用与采购标的的价值不成比例，如供应体育赛事上出售的徽章或别针。

（3）询价。询价程序提供了适合标准化项目低价值采购的采购方法，在这种情况下如果进行招标程序可能既费钱又费时。所采购的现成货物或服务并非按采购实体特定说明专门生产或提供，并且已有固定市场的，采购实体可以使用询价方式进行采购。

（4）不通过谈判征求建议书。采购实体需要在建议书的质量和技术方面审查和评审完成之后才对建议书的财务方面单独进行审议的，采购实体可以使用不通过谈判征求建议书的方式进行采购。

（5）两阶段招标。适用条件：采购实体经评价认定，为了使采购实体的采购需要达成最满意的解决，需要与供应商或承包商进行讨论，细化采购标的说明的各个方面，并按照要求的详细程度拟订采购标的的说明；或者进行了公开招标而无人投标，或者采购实体取消了采购，并且根据采购实体的判断，进行新的公开招标程序或者使用限制性招标程序、询价程序、不通过谈判征求建议书程序等采购方法将不可能产生采购合同。

（6）通过对话征求建议书。这是为采购相对复杂的项目和服务而设计的程序。适用条件：（a）采购实体拟订采购标的详细说明不可行，而且采购实体经评价认定需要与供应商或承包商对话才能使其采购需要达至最满意的解决；（b）采购实体寻求为科研、实验、研究或开发目的订立一项合同，但合同所涉货品产量足以确立该货品的商业可行性或足以收回研发费用的除外；（c）采购实体认定，所选择的方法是最适合保护国家基本安全利益的采购方法；或者（d）进行了公开招标而无人投标，或者采购实体取消了采购，并且根据采购实体的判断，进行新的公开招标程序或者使用限制性招标程序、询价程序、不通过谈判征求建议书程序等采购方法将不可能产生采购合同。

（7）通过顺序谈判征求建议书方法。适用于为采购实体设计的项目或服务的采购，而不适用于比较标准的项目或服务的采购。采购实体需要在建议书的质量和技术方面审查和评审完成之后才对建议书的财务方面单独进行审查，而且采购实体经评价认定需要与供应商或承包商进行顺序谈判才能确保采购合同的财务条款和条件为采购实体接受的，采购实体可以使用通过顺序谈判征求建议书的方式进行采购。

（8）竞争性谈判。竞争性谈判是只能用于紧急情况、灾难事件和保护颁布国的基本安全利益等例外情形的采购方法。适用条件：（a）任何竞争性采购方法都将因使用这些方法所涉及的时间而不可行，条件是，造成此种紧迫性的情形既非采购实体所能预见，也非采购实体办事拖延所致；（b）由于灾难性事件而对采购标的存在紧迫需要，使用公开招标程序或者其他任何竞争性采购方法都将因使用这些方法所涉及的时间而不可行；或者（c）采购实体认定，使用其他任何竞争性采购方法均不适合保护国家基本安全利益。

（9）单一来源采购。适用条件：（a）采购标的只能从某一供应商或承包商处获得，或者某一供应商或承包商拥有与采购标的相关的专属权，所以不存在其他合理选择或替代物，并且因此不可能使用其他任何采购方法；（b）由于灾难性事件而对采购标的存在极端紧迫需要，使用其他任何采购方法都将因使用这些方法所涉及的时间而不可行；（c）采购实体原先向某一供应商或承包商采购货物、设备、技术或服务的，现因为标准化或者由于需要与现有货物、设备、技术或服务配套，在考虑到原先采购能有效满足采购实体需要、拟议采购与原先采购相比规模有限、价格合理且另选其他货物或服务代替不合适的情况下，采购实体认定必须从原供应商或承包商添购供应品；（d）采购实体认定，使用其他任何采购方法均不适合保护国家基本安全利益；或者（e）向某一供应商或承包商采购系实施本国社会经济政策所必需，条件是向其他任何供应商或承包商采购不能促进该政策，但须经颁布国指定的审批机关批准，并且事先发布公告并有充分机会进行评议。

（10）电子逆向拍卖。电子逆向拍卖涉及供应商或承包商在规定期限内相继提交出价，以及利用信息和通信技术系统自动评审这些出价，直至确定中选出价人。适用条件：（a）采购实体拟订采购标的详细说明是可行的；（b）存在供应商或承包商的竞争市场，预期有资格的供应商或承包商将参加电子逆向拍卖，从而可确保有效竞争；并且（c）采购实体确定中选提交书所使用的标准可以量化，且可以用金额表示。

（11）框架协议程序。框架协议程序是指在一段时期内进行的两阶段采购方法：第一阶段甄选将加入与采购实体的框架协议的一个或多个供应商或承包商；第二阶段将框架协议下的采购合同授予已加入框架协议的一个供应商或承包商。适用条件：（a）对采购标的的需要预计将在某一特定时期内不定期出现或重复出现；或者（b）由于采购标的的性质，对该采购标的的需要可能在某一特定时期内在紧急情况下出现。

我国《招标投标法》《政府采购法》及中国招标投标协会、中国物流与采购联合会公共采购分会颁布的采购技术规范都借鉴《联合国国际贸易法委员会公共采购示范法》规定的采购方式、适用条件及采购程序。该《示范法》要求任何情况下都要颁行公开招标办法。除公开招标之外，颁布国应当针对进行采购时通常出现的情形规定足够的选择办法，至少应规定一种可用于低价值采购和简单采购的方法，一种可用于紧急情况和其他紧迫情况采购的方法，一种可用于进行较为专业或较为复杂采购的方法。这就提示我们，应当规定适用于不同情形下的采购方式以供选择，适应各种采购需求、采购策略。

（二）《政府采购法》规定的采购方式

《政府采购法》将采购方式分为公开招标、邀请招标、竞争性谈判、询价、单一来源采购以及国务院政府采购监督管理部门认定的其他采购方式。财政部颁布的《政府采购竞争性磋商采购方式管理暂行办法》（财库〔2014〕214号），补充规定了竞争性磋商这种非招标采购方式。这些采购方式都具有特定的含义、各自的适用范围和专门的程序，适用于政府采购项目，很多国企的采购制度也参考借鉴了这些采购方式、采购程序。

公开招标，是指采购人依法以招标公告的方式邀请非特定的供应商参加投标的采购方式。

邀请招标，是指采购人依法从符合相应资格条件的供应商中随机抽取3家以上供应商，并以投标邀请书的方式邀请其参加投标的采购方式。

表1 各类采购方式适用条件（1）

采购方式	供应商数量要求	特点	适用条件
招标	至少3家	一次报价；程序严格规范，采购费用高，手续烦琐；能够获得合理的价格	法律规定的依法必须招标项目；其中国有资金占控股或者主导地位的，应当公开招标
竞争性谈判	至少2家	允许二次以上报价；采购灵活性更强，减少采购成本，提高采购效率	招标失败；技术复杂或者性质特殊，不能确定详细规格或者具体要求；采用招标所需时间不能满足用户紧急需要；依法必须招标以外的项目
竞争性磋商	至少2家	允许二次以上报价；采购灵活性更强，在需求完整、明确的基础上实现合理报价和公平交易，避免"价低者得"导致的恶性竞争，突出"物有所值"	政府购买服务项目；技术复杂或者性质特殊，不能确定详细规格或者具体要求；因艺术品采购、专利、专有技术或者服务的时间、数量事先不能确定等原因不能事先计算出价格总额；市场竞争不充分的科研项目，以及需要扶持的科技成果转化项目；按照招标投标法及其实施条例必须进行招标的工程建设项目以外的工程建设项目
询价	3家以上	一次报价；利于快速采购，采购风险小，易忽视对供应商资质和服务的审查；询价信息公开面较窄，易产生排外现象；降低采购成本、提高采购效率	采购的技术规格、标准统一，货源充足且价格变化幅度小
单一来源采购	1家	来源单一；利于快速采购，竞争缺乏，提高采购效率	只能从唯一供应商处采购；发生了不可预见的紧急情况不能从其他供应商处采购；必须保证原有采购项目一致性或者服务配套的要求，需要继续从原供应商处添购，且添购资金总额一般不超过原合同采购金额的10%

竞争性谈判是指谈判小组与符合资格条件的供应商就采购货物、工程和服务事宜进行谈判，供应商按照谈判文件的要求提交响应文件和最后报价，采购人从谈判小组提出的成交候选人中确定成交供应商的采购方式。

竞争性磋商是指采购人、政府采购代理机构通过组建竞争性磋商小组与符合条件的供应商就采购货物、工程和服务事宜进行磋商，供应商按照磋商文件的要求提交响应文件和报价，采购人从磋商小组评审后提出的候选供应商名单中确定成交供应商的采购方式。

询价是指询价小组向符合资格条件的供应商发出采购货物询价通知书，要求供应商一次性报出不得更改的价格，采购人从询价小组提出的成交候选人中确定成交供应商的采购方式。

单一来源采购是指采购人从某一特定供应商处采购货物、工程和服务的采购方式。

（三）中国招标投标协会规定的采购方式

中国招标投标协会组织编制了行业推荐性标准 ZBTB/T 01—2016《招标采购代理规范》（后精简完善升格为国家标准 GB/T 38357—2019《招标代理服务规范》）和 ZBTB/T 01—2018《非招标方式采购代理服务规范》，前者适用于指导在我国境内组织的强制招标和自愿招标活动，规定了公开招标和邀请招标两种招标方式。后者的主要适用对象是各类企业，该规范给国有企业在不属于依法必须招标的采购项目采购时，提供具有公信力的、规范的非招标采购方式及采购组织形式。该规范规定了招标投标以及谈判采购、询比采购、竞价采购、直接采购五种采购方式，其各有特点和适应项目。

公开招标属于非限制性竞争招标，是招标人以招标公告的方式邀请不特定的法人或其他组织参加投标，按照法律程序和招标文件公开的评标标准和办法选择中标人的一种招标方式。这是一种充分体现招标信息公开性、招标程序规范性、投标竞争公平性的招标方式，可以降低串通投标、弄虚作假和其他不正当交易的可能性，国有资金占控股或者主导地位的依法必须招标的项目应采用公开招标，如符合条件、确实需要采用邀请招标方式的，须经有关部门核准、备案或认定。

邀请招标属于有限竞争性招标，也称选择性招标。招标人以投标邀请书的方式直接邀请特定的潜在投标人参加投标，按照法律程序和招标文件规定的评标标准和方法选择中标人的招标方式。由于邀请招标选择投标人的范围和投标人的竞争程度受到一定限制，可能达不到预期的竞争效果及中标价格。

表2 各类采购方式适用条件（2）

序号	采购方式	适用条件
1	公开招标	各类项目
2	邀请招标	（1）技术复杂、有特殊要求或者受自然环境限制，只有少量潜在投标人可供选择； （2）采用公开招标方式的费用占项目合同金额的比例过大。
3	谈判采购	（1）采购人不能确定或不能准确提出采购需求，需要通过与供应商进行交流确定的； （2）采购人需要借助与供应商直接交流，协商采购标的技术、商务方案，从而优化、选择成交方案的； （3）采购项目市场竞争不充分的； （4）其他情形。
4	询比采购	采购人可准确提出采购需求、市场竞争充分的采购项目。潜在供应商少于三个的，建议采用谈判采购方式。
5	竞价采购	（1）技术参数明确、完整，规格标准统一通用，供应商数量相对充足的采购项目； （2）前期已确定供应商的技术、商务差异，仅竞争价格的采购项目。 采用网上报价方式实施废旧物资处置、产权交易出让时，可参照竞价采购实施。潜在供应商少于三个的，建议采用谈判采购方式。
6	直接采购	（1）只能从唯一供应商处采购的，包括需要采用不可替代的专利或专有技术； （2）必须保证原有采购项目一致性或功能配套的要求，需要继续从原供应商处采购的； （3）因抢险救灾等不可预见的紧急情况需要进行紧急采购的； （4）为了振兴国内制造业或提高重大装备国产化水平等国家政策需要直接采购的。

非招标采购方式有以下几种：

1. 谈判采购。谈判采购是采购人或采购代理机构邀请供应商进行谈判，通过供应商多次提交竞争性方案和报价，从中确定成交供应商的采购方式。在谈判采购类似于政府采购的竞争性谈判和竞争性磋商采购方式。为了解决某些特殊采购供应商少的情况，谈判采购允许供应商为两家。

2. 询比采购。询比采购是采购人或采购代理机构邀请供应商一次性递交响应文件，通过评审从中确定成交供应商的采购方式。询比采购是综合了比选采购和询价采购两种采购方式而成的，是三个以上供应商一次性提出响应文件，采购人从中比较选出成交供应商的采购方式。

3. 竞价采购。竞价采购是采购人或采购代理机构邀请供应商通过提交多轮报价进行竞争从中确定成交供应商的采购方式。竞价采购通常依托电子竞价平台在线进行价格竞争，实践中也称反向拍卖、电子竞价等。以价格竞争为主的物资出售、权益出让等交易活动，可参照竞价采购方式组织实施。

4. 直接采购。直接采购是采购人或采购代理机构与一家供应商直接进行谈判签订合同的采购方式。在此种采购方式下，采购人或采购代理机构应具备对采购标的技术、商务方面的物有所值综合评价能力。直接采购是一种非竞争性的采购方式，其适用情形类似于政府采购中的单一来源采购。

（四）中国物流和采购联合会规定的采购方式

中国物流与采购联合会出台团体标准 T/CFLP 0016—2019《国有企业采购操作规范》，将采购方式分为公开招标、邀请招标、竞价采购、询比采购、合作谈判、竞争谈判、竞争磋商、单源直接采购、多源直接采购等。

公开招标，是指采购人以招标公告的形式邀请不特定的潜在投标人投标，完成招标项目的采购方式。

邀请招标，是指采购人以投标邀请书的形式邀请特定的潜在投标人投标，完成招标项目的采购方式。

竞价采购，是指采购需求明确，采购人依照既定规则和方式一次或多次比价最终确定合同相对人的采购方式。

询比采购，是指采购需求明确，采购人依照既定程序允许投标人多次报价并经评议最终确定合同相对人的采购方式。

合作谈判，是指采购目标明确但不具备招标条件，只能通过谈判的方式同供应商签订货物或承包或服务合同并建立战略合作伙伴关系的采购方式。

竞争谈判，是指采购需求明确且具备一定竞争条件，采购人与符合资格条件的供应商就采购货物、工程或服务事宜进行谈判，供应商按照谈判文件的要求提交响应文件和最后报价，采购人从谈判小组提出的成交候选人中确定成交人的采购方式。

竞争磋商，是指采购需求需要和供应商讨论、对话确定的复杂项目且具备一定竞争条件，采购人与符合条件的供应商就采购工程、货物和服务事宜进行讨论对话、谈判磋商，最终完善、确定采购文件和合同条款，采购人依据磋商小组评审后提交的磋商报告和谈判顺序，与供应商依次进行财务谈判，最先达成协议的供应商为成交人的采购方式。

单源直接采购，是指在卖方市场条件下向单一供应商或承包商征求建议或报价的采购工程、货物和服务的采购方式。

多源直接采购，是指在不具备竞争要素的买方市场条件下，向多家供应商征求建议或要约的采购工程、货物和服务的采购方式。

上述九种采购方式是针对国企采购的特点制定的，基本满足国企采购各个领域的需求。

表3　各类采购方式适用条件（3）

序号	采购方式	适用条件
1	公开招标	应同时具备以下条件： 采购需求明确； 具有竞争条件； 采购时间允许； 采购成本合理。
2	邀请招标	符合下列条件之一： 采购标的因其高度复杂性或专门性只能从数目有限的供应商处获得； 审查和评审大量投标书所需要的时间和费用与采购标的价值不成比例； 符合招标条件但不宜采用公开招标方式的采购。
3	竞价采购	符合以下条件：采购需求明确、规格型号统一、货源充足、价格稳定或价格形成机制明确的采购；其中，允许一次报价的采购应为非单独给采购人私人定制或提供，且已有固定市场的价值相对不高、频次不多的货物采购；在允许多次报价的采购中也包括为企业定制的具有竞争条件的货物或服务采购。
4	询比采购	符合下列条件之一： 采购需求明确但不符合招标采购条件的工程、货物和服务项目。包括： 企业内部非必须招标的中小型项目； 少数保密性较强而不适合公开招标或邀请招标的工程项目； 工程所在地区偏僻而很少有施工单位前来投标的工程项目； 招标采购失败后的中小型简单项目； 必须招标采购可以不招标且具有竞争条件的中小型简单项目。
5	合作谈判	符合下列条件之一： 需要长期稳定供应，采用招标或其他采购方式不可能满足需求的采购。 示例：企业战略物资、重要原材料等。 需要和特定供应商当面沟通、交流、协商长期合作的采购。 示例：瓶颈物资、满足供应链需求的物资、特定重要零部件、项目配套、模块及总成的设计或生产分包。

序号	采购方式	适用条件
6	竞争谈判	符合下列条件之一： 采购标的存在紧急需求，采用招标或其他采购程序难以满足企业生产运营需要，且该紧急需求非采购人拖延或可以预见所致； 发生灾难性事件或有利商机采用招标或其他采购程序难以满足采购人的需要； 采购人认定，采用其他采购方式均不适合保护国家基本安全或企业核心利益。
7	竞争磋商	符合下列条件之一： 采购需求只能提出功能性指标或相对宽泛的技术规格，需要和供应商讨论的项目采购； 采购目标总体明确但可以有不同路径和方案实现，采购人需要和供应商通过对话确定最优采购路径方案并选择最符合采购人需要的项目采购； 大型复杂项目确定采购方案后需要对财务指标谈判的项目采购； 必须招标、可以不招标或招标失败合同金额较大的大型复杂项目采购。
8	单源直接采购	符合下列条件之一： 采购标的只能从某供应商处获得，或者某供应商拥有与采购标的相关的专属权，不存在其他合理选择或替代物，也不可能使用其他任何采购方法。 示例：同一产品项目由于生产计划调整需要追加采购同种物资的跟踪采购；生产过程中无法保障对企业正常供应的求援、短缺物资采购。 生产经营发生了不可预见的紧急情况，不能采用其他方式且只能从某特定供应商处采购。 采购人原先向某供应商采购货物、设备、技术或服务的，需要与现有货物、设备、技术或服务配套。 示例：为满足特定软件的升级维护服务须向原开发服务商采购的项目。 向某供应商采购符合保护国家基本安全利益或企业核心利益；或者有利于实现国家社会经济政策的采购。 示例：涉及国家秘密或企业秘密不适宜进行竞争性采购的项目；供应商与采购人存在控股、管理关系且依法有资格能力提供相关工程、货物和服务的采购项目；为振兴国内制造业或提高重大装备国产化水平等国家政策需要的采购项目。 采购金额小，需求技术规格简单通用，市场价格透明和竞争度高，可以直接比较和判断选择的采购项目。
9	多源直接采购	符合下列条件之一： 企业生产需要、有多家供应商可以提供且不符合招标或其他竞争条件，采购人进行价格要约，多家供应商承诺并签订合同的采购。 货源质量经评估，采购人依质量等级确定价格，采购人和众多供应商签订合同的采购。 示例：奶制品生产企业实行的原奶质量计价法采购。

《国有企业采购操作规范》针对上述九种采购方式还相应设计了具体的采购程序。

随着市场经济的发展和科技的迅速进步，具有各种功能的采购方式不断演进、呈现多样化趋势，将会产生更为细分、适应发展需求的新的采购方式，比如招标投标又有两阶段招标、框架协议招标等非典型的招标投标方式。上述四套体系的采购方式，只是为企业采购提供了一定的参考范本模式，国企可以结合自己的实际需求选用或借鉴改造制定适合自己的采购方式、采购文件。

当前，除了《招标投标法》、财政部《国有金融企业集中采购管理暂行规定》对国有金融企业采用公开招标、邀请招标方式以及竞争性谈判、竞争性磋商、询价等非招标方式进行集中采购进行规范以外，国家对国有企业采用非招标方式采购没有具体的法律规定。采购人应在法律法规赋予的权限范围内，根据企业自己的实际情况，参考借鉴上述采购方式及采购程序，因地制宜设计自己的采购制度。

第二节　国企采购项目与采购方式

一、国有企业项目采购[①]

随着人类社会生产活动的不断发展，有组织的活动逐步划分为两种基本类型：一类是临时的、独特性的活动，称为"项目"。而另一类则是连续不断、周而复始的规律性活动，称为"运营"，如组织的日常生产活动、大规模连续的自动化生产，企业定型产品的生产、铁路运输系统的经营与运行、政府的日常办公等都属于这一范畴。运营活动与项目活动有许多本质的不同，充分认识这些不同之处将有助于加强人们对于项目的本质和项目管理行为的认识与掌握。例如，建造一个工厂属于工程项目活动，而在工程交付后投产则属于运营活动。再如，研发新产品的过程是一个项目，而对研发所获得的产品进行批量生产则属于运营[②]。基于此，可以将国有企业的采购项目划分为项目采购和运营采购两类，项目采购进一步划分为工程项目采购和其他项目采购，项目采购的目标是项目生命

[①] 本节内容主要参考陈川生主编：《〈国有企业采购操作规范〉释义》，中国财富出版社 2019 年版。

[②] 全国招标师职业资格考试辅导教材指导委员会编：《招标采购项目管理》，中国计划出版社 2015 年版，第 3 页。

周期利益的最大化。这个划分也符合当前企业采购管理实际。《国有企业采购操作规范》在此基础上进一步进行分类，并相应提出合适的采购方式，为国有企业选择采购方式提供了指引。每种采购方式的适用条件和采购程序不同，采购人应采用其中最适当的采购方式并执行相应程序。

【疑难解析1-1】对于"国有企业"如何理解？[①]

"国有企业"的称谓是从"国营企业"的称呼变更而来的，是按照所有制形式划分的企业类型，是与集体企业及私营企业、民营企业相对应的称呼。随着国有企业公司制改制、混合所有制改革等一系列国企改革决策部署的落实推进，原有的非公司制企业都逐渐改制为公司制企业，原有的国有企业也由传统的国有独资企业和国有独资公司两类，逐渐丰富其表现形式，还出现了国有控股企业、国有控股公司及国有参股企业、国有参股公司等。我国现行法律规范并未就"国有企业"形成统一的定义。《企业国有资产法》使用的表述是"国家所出资企业"，而未明确采用"国有企业"的表述，国家出资企业是指国家出资的国有独资企业、国有独资公司，以及国有资本控股公司、国有资本参股公司。这里的国家出资企业并不完全等同于国有企业。根据《国家统计局关于对国有公司企业认定意见的函》（国统函〔2003〕44号），国有企业有广义、狭义之分。广义的国有企业是指具有国家资本金的企业，可分为三个层次：纯国有企业、国有控股企业、国有参股企业。狭义的国有企业仅指纯国有企业，包括国有独资企业、国有独资公司和国有联营企业三种形式，企业的资本金全部为国家所有。《合伙企业法》第三条规定："国有独资公司、国有企业、上市公司以及公益性的事业单位、社会团体不得成为普通合伙人。"这里采用了"国有企业"的表述。全国人大常委会法工委编写的《合伙企业法释义》第三条的解释认为："国有企业的概念则较宽泛，可以理解为包括国有独资企业、国有控股企业和国有控股公司。"《国家统计局、国家工商行政管理总局关于划分企业登记注册类型的规定调整的通知》（国统字〔2011〕86号），以在工商行政管理机关登记注册的各类企业为划分对象，国有企业是指企业全部资产归国家所有，并按《企业法人登记管理条例》规定登记注册的非公司制的经济组织，应是全民所有制企业，不包括有限责任公司中的国有独资公司。该通知对于国有企业的认定排除了公司制的企业，认定范围较为狭窄。

---

① 本问题素材来源于商事合规团队：《国有企业的认定与分类》，载于"兰台律师事务所"微信公众号，最后访问时间2020年4月15日。

《国有企业境外投资财务管理办法》（财资〔2017〕24号）第二条第一款规定："本办法所称国有企业，是指国务院和地方人民政府分别代表国家履行出资人职责的国有独资企业、国有独资公司以及国有资本控股公司，包括中央和地方国有资产监督管理机构和其他部门所监管的企业本级及其逐级投资形成的企业。"从上述规范性文件来看，一般以其对所出资企业的全资控股、绝对控股或连续多层级的绝对控股，作为认定所出资企业"国有"身份的基本标准，国有企业主要包括国有独资企业（即全民所有制企业，受《全民所有制工业企业法》调整，不包括有限责任公司中的国有独资公司）、国有独资公司（含国有独资公司各级独资子公司）以及国有资本控股公司，但不包括国有资本参股公司。

综上，对于国有企业的定义不完全统一。但有一点共识是，国有全资企业及国有控股企业均属于国有企业。招标投标法律法规中也出现了"国有企业"的表述，如《必须招标的工程项目规定》（国家发展改革委第16号令）第二条规定："全部或者部分使用国有资金投资或者国家融资的项目包括：……（二）使用国有企业事业单位资金，并且该资金占控股或者主导地位的项目。"国家发展改革委网站2021年5月27日公布的《关于对〈必须招标的工程项目规定〉中"国有企业"及"占控股或者主导地位"相关咨询的答复》中载明：16号令第二条中"使用国有企业事业单位资金"，其中的"国有企业"不仅指国有全资企业，也包括国有控股企业。也就是说，在招标投标活动中，不论是全民所有制企业还是公司制企业，只要这个企业中所有出资人、股东的国有资本出资的总和处于控股地位，该企业就按照"国有企业"对待。

（一）企业工程项目

1. 项目内容

（1）企业办公用房、生产用房以及其他辅助建筑物，构筑物包括码头、道路、桥梁、管道、电网、水库、烟囱、池、罐、槽、仓、塔、台、站、沟、洞、坝、闸、场、棚等。建筑物和构筑物的范围可参见《固定资产分类与代码》（GB/T 14885-2010）（房屋编号1020000，构筑物编号1030000）。

上述建筑物、构筑物的新建、改建、扩建及其相关的装修、拆除、修缮且单项合同400万元人民币以上的项目，如新建供气站、扩建热源管网、电网及变电站施工、改建车间运输轨道等单项合同400万元人民币以上的工程，属于依法必须招标的项目。

上述建筑物、构筑物的新建、改建、扩建及其相关的装修、拆除、修缮单项合同400万元人民币以下的项目，不属于依法必须招标的项目。

（2）与企业新建、改建、扩建无关的装修、拆除和修缮工程项目，如办公楼粉刷、烟囱拆除、建筑物防水处理等装修、拆除、修缮等工程，不属于依法必须招标的项目。

【疑难解析 1-2】国有企业项目与建筑物和构筑物新建、改建、扩建无关的单独的超过 400 万元的装修工程，是不是必须招标的项目？

根据《招标投标法实施条例》第二条规定，招标投标法第三条所称工程建设项目，是指工程以及与工程建设有关的货物、服务。前款所称工程，是指建设工程，包括建筑物和构筑物的新建、改建、扩建及其相关的装修、拆除、修缮等。《对政府采购工程项目法律适用及申领施工许可证问题的答复》（国法秘财函〔2015〕736 号）规定："按照招标投标法实施条例第二条的规定，建筑物和构筑物的新建、改建、扩建及其相关的装修、拆除、修缮属于依法必须进行招标的项目。据此，与建筑物和构筑物的新建、改建、扩建无关的单独的装修、拆除、修缮不属于依法必须进行招标的项目。"据此，上述工程项目不属于《招标投标法》规定的依法必须招标的项目。

（3）在依法必须招标的总承包项目中，凡是作为工程总价的子目参与竞争的勘察、设计、施工、监理以及与工程建设有关的重要设备、材料等依法分包采购，如办公大楼施工总包中的玻璃幕墙的分包，应在投标文件中载明，可以不再必须招标采购，采购人可选用非招标的方式采购。

（4）以暂估价形式包括在总承包范围内的工程、货物、服务属于依法必须进行招标的项目范围且达到国家规定规模标准的，应当依法进行招标。

2. 采购方式

国有企业工程项目的采购方式，宜选用下列方式之一：（1）招标采购；（2）询比采购；（3）单源直接采购。标准化简单的中小项目适用询比方式采购，在特定条件下只能单源直接采购的采用直接采购方式。

（二）企业技术改造项目

企业为促进产品技术进步，调整产品结构，提高产品质量，对其生产设备、工艺流程进行的更新改造称为技术改造项目。在技术改造项目中包括设备、设施、配套软件以及由此构成的流水线的采购，也包括相应的建筑工程、土木工程和机电工程（安装）。

1. 项目内容

（1）技术改造项目生产线、流水线的采购，不包括机电产品国际招标规定范围内项目。

（2）技术改造项目中的土木工程、建筑工程、线路管道和设备安装工程及装修工程且单项合同400万元人民币以下的工程项目，不在依法必须招标项目范围之内。如果是单项合同400万元人民币以上的工程项目，在依法必须招标项目之列。

2. 采购方式

技术改造项目具有竞争条件的宜采用招标采购方式，包括公开或邀请招标；一般简单项目采用询比采购；紧急采购采用竞争谈判方式；复杂项目采用竞争磋商采购，鉴于技术改造项目的特点，磋商采购是技术改造项目最常用的方式。

（三）企业生产设备设施项目采购

1. 项目内容

（1）为满足生产需要，通用或专用设备的采购。如：机械设备、电气设备、特种设备、办公设备、运输车辆、发电车辆、检测车辆、仪器仪表、计算机及网络设备等通用设备及化工专用设备、航空航天专用设备、企业特种车辆等专用设备。

（2）为满足生产要求，通用或专用的工装、模具的采购，如各类特制专用工装模具。

（3）为满足生产需要，生产设施的采购，如产品测试系统。

2. 采购方式

上述设备采购，均不属于依法必须招标的范围。在设备采购中一般通用设备、工装模具具备招标条件的，应当公开或邀请招标采购，专用设备工装模具需要私人定制。紧急采购采用竞争谈判的方式，标准简单设备采取采购询比的方式，复杂设备应通过磋商方式采购，只有一个供应商或必须从某供应商处采购的采用单源直接采购。

（四）企业生产维护项目采购

1. 项目内容

（1）生产运行中的专业工程项目，如集团内分工的矿业生产的巷道掘进、土壤剥离工程砌筑、物理勘探、钻井等。

（2）运行维护中的专业工程项目，如集团内分工的公路紧急养护、专项服务、流水线控制技术的升级服务等维护项目。

2. 采购方式

该类项目的采购列入非依法必须招标范围，因此具备竞争条件的可以招标，也可以根据技术要求等情形选择竞争谈判采购、竞争磋商采购、单源直接采购、多源直接采购等方式。

（五）依法必须招标项目失败后的采购

1. 项目内容

（1）依法必须招标项目两次招标失败后不再招标的项目。

（2）非依法必须招标项目一次招标失败后不再招标的项目。

2. 采购方式

招标失败的项目情况复杂，重新采购时大中型复杂项目宜通过谈判采购、竞争磋商方式采购；一般中小型简单项目采用询比的方式采购，紧急采购可选用竞争谈判采购，确实只能由特定供应商供应的采用单源直接采购。

（六）缺乏竞争条件的项目

1. 项目内容

供电、供热、供水、供气、消防、企业内部铁路等特定工程项目经有关部门认定必须招标但缺乏实质性竞争条件的项目。

2. 采购方式

缺乏竞争条件的项目，宜采取合作谈判采购方式。

二、企业运营采购

（一）企业原材料物资采购

企业可依据物资的不同分类标准结合市场供应确定采购方式。

1. 采购内容

（1）企业为满足生产采购的各种原料、辅料等生产物资采购活动。如生产用钢材、木材、水泥等。

（2）企业维修与作业耗材等非生产性物资采购。如包装材料、工具等。

2. 采购方式

具有竞争条件的应采用招标采购方式；其中，简单标准的中小型项目也可采用竞价的方式；紧急采购采用竞争谈判方式采购。战略物资通过合作谈判方式，不具备竞争性的可直接采购。

（二）企业生产零部件模块或总成采购

生产零件、部件、配件、模块或总成等物资采购和一般物资采购的区别首先在于其专业性，由于一般需要面对面的交流或技术交底，因此谈判是首要采购方式。

1. 采购内容

（1）属于产品组成部分的零件、部件、模块或总成等产品，采购标的是产品，构成企业供应链不可分割的组成部分。

（2）属于产品组成部分专业化分工协作的定点协作企业，采购标的是企业，例如钢铁企业将耐火材料设计、供应、砌筑、维护、下线整体打包采购，采购定点协作企业。

2. 采购方式

上述产品中一般可分为通用和专用两类，通用类产品一般竞争性较强，专用类一般竞争性较弱。因此有竞争条件且技术条件标准化的适用招标采购，其余大都适用谈判方式采购，少数产品可选用直接采购方式。

（三）企业咨询服务采购

服务有以下属性：（1）无形性与有形性共存；（2）生产与消费同步发生；（3）服务效果的异质性；（4）服务客体的不可储存性；（5）服务采购的模糊性。标的没有现成的通用规格，又难以或无法考虑周全，采购人常常难以对服务采购的质量进行科学量化，评标方法无法按照客观标准进行。

1. 采购内容

（1）企业为满足生产需要采购的各类技术服务。如技术咨询、检测认证、专项论证报告、管理咨询、电子采购平台采购。

（2）工程建设项目有关的非必须招标的技术服务。如项目可行性研究、安全评价、环境评价、无损检测、审计等服务。

2. 采购方式

该类采购项目的多样性、技术专业性决定了采购方式选择的多样性。在集团内部的技术服务一般可选择谈判采购或直接采购；具有竞争条件的外部服务可采用招标采购；简单标准化的服务可采用询比采购。

（四）企业劳务服务采购

采购对象主要通过资格条件或业绩考核其基本服务能力，劳务类合同的对价可采用雇佣、委托等形式。

1. 采购内容

企业为满足生产工序外包、为保障正常生产秩序和条件的劳务服务活动。如为满足生产工序劳务外包的服务类采购；保安、清洁、文印、司机、会议服务等采购。

2. 采购方式

该类采购和技术咨询服务相比总体上技术含量不高，服务门槛较低，因此一般具有竞争性。招标应是首选的采购方式；但是由于采购对象是"人"，因此也可以通过询比、谈判等方式进行面对面沟通，面谈可以对采购对象有更直观的了解。对于特需专业人员的采购可直接采购。

（五）企业产品、运行维护服务采购

企业产品及运行维护服务可通过谈判邀请原服务提供者进行维护服务，也可在采购合同中对售后服务作出约定。在满足生产需要的情况下，可对服务合同在约定条件下进行跟单直接采购。

1. 采购内容

（1）企业生产线的日常维修、专用设备的保养等，采购重点应注重合同的稳定性。

（2）原有电子平台软件升级、维护等，采购重点应注重需求的满足性。

2. 采购方式

为了满足生产的稳定性，在初次竞争性谈判后，只要满足需求，采购合同应保持相对稳定，单源直接采购是常用方法；鉴于该类采购的专业性，谈判采购也是选项之一。

（六）企业物流和仓储服务采购

企业物流和仓储服务，除了企业必备的物流装备和仓库外，可通过外包的方式进行采购。该类合同签订后应有相对稳定的服务期限；也可通过结成服务联盟的方式，保证供应链目标利益的最大化。

1. 采购内容

企业为满足生产经营活动需要，对仓储物流供应链服务的采购。示例：车辆租赁、仓储租赁、物流服务、供应链管理服务等采购。

2. 采购方式

企业物流和仓储服务采购的社会性和竞争性要求尽可能通过竞争性形式采购，如招标、询比等方式。需要建立合作联盟的也可以采取合作谈判方式。专业性较强的仓储如冷冻仓储或者采购时间要求紧急的可以直接采购。

（七）企业其他服务采购

企业其他服务采购的种类繁杂。其中服务类采购的共同特点是，对服务人员能力素质、服务质量的评价是采购人关注的重点。和供应商讨论、对话和谈判（如竞争谈判、竞争磋商）是企业其他服务类采购的常用方法。

其中，标准类采购频次高的宜通过在电子商城直接采购或通过定点协作等办法采购。

1. 采购内容

（1）企业融资、商业担保、产品商业保险等综合服务采购；

（2）宣传广告、形象设计等专业服务采购；

（3）各种软件数据等信息服务采购；

（4）企业管理需要采购的各类办公用品等物品采购；

（5）其他采购。

2. 采购方式

依照技术属性，企业服务采购可分为通用服务和专业服务两类。通用类如公文印刷、物业管理、公车租赁、系统维护等采购金额相对不高，采购需求明确但项目简单，可采用询比、竞价或网上采购。专业服务如物流、会展等服务、软件服务、律师、融资服务等较为复杂。对该类服务采购，尽量减少对服务项目不必要的刚性限制，以采购人的价值导向为目标。企业的其他服务采购应分门别类选用适当的采购方式。例如，针对标准类采购频次高的，可采用定点采购包括"定点加油""定点印刷""定点保险""定点维修""定点饭店""定点购票"等，定点服务的采购组织形式是框架协议，也可在网上商城比价采购。在满足企业需求的前提下，主要是为了节约采购资金并预防腐败。

综上，国有企业应针对不同采购项目的特点合理确定采购方式。当符合采购需求明确、采购"标的"具有竞争条件、采购时间允许、交易成本合理四个条件的情况下，应当选用公开招标方式，如果供应商数目有限或采购成本与采购标的价值不成比例，采用邀请招标也是不错的选择；如果采购需求不明确、缺乏竞争性（一般不足三人）、采购需求紧急，采用公开招标或邀请招标方式都是不合适的，此时可以合理选择上述非招标采购方式。

第三节　国企采购管理模式

一、国企采购的特点及痛点[①]

招投标活动不仅已成为企业重要的采购方式，也成为企业管理的重要手段。

---

① 本节素材主要参考陈川生主编：《〈国有企业采购操作规范〉释义》，中国财富出版社 2019 年版。

国有企业是国民经济的重要支柱，也是招标投标市场使用国有资金招标采购的重要主体。国有企业招标采购项目多、资金规模大、影响面广，对于加强宏观调控、培育公平竞争的市场体系、规范招标投标市场具有引领和示范作用。

（一）国有企业采购的特点

1. 国企采购领域需要注重反腐败工作。当前国企采购理念以反腐败为主要目标之一，采购技术大都以招标采购为主要方式，采购管理主要以招标程序的合规性为重点。但招标方式仅是采购方式之一。采用招标方式遏制腐败，在很大程度上在于其公开性而不是其竞争性。主要依赖"招标式采购"也在一定程度上束缚了企业采购技术的创新，影响了企业的竞争力。

2. 国企采购需要满足供应链的需求。企业采购是围绕供应链进行的，这是企业采购和一般公共采购的首要区别。政府采购的资金性质决定了其在满足使用的基础上实行最低价采购原则；企业采购围绕供应链进行，企业采购的目标必须和供应链管理目标保持一致，成交的标准是同供应链的匹配性。采购的职能主要是寻找供应商、发现价格，满足供应链的需求。通常，在企业采购中获得较低价格并不难，但是如果不能同时注重系统的整体价值，更低的价格可能意味着质量更糟糕，交付时间难以保证；低质量、低价格的供应商可能是高库存成本的源头，而且也不能采购到高质量的设备，与国企当前推动高质量发展要求格格不入。因此，企业供应链采购价值增值的关键是要从整体、全局的视角审视采购方式、采购组织模式等各类采购决策是否适当。国企普遍存在的"一单一招""一单一采""凡买必招"等模式显然不适合供应链管理的需求。因此，必须根据企业实际、项目实际创建自身的采购模式。

3. 国企采购的供应安全是重点考虑因素之一。企业采购和政府采购不同，政府采购一般不会存在供应短缺的问题。但是企业采购在一定情形下可能必须"私人定制"，企业采购的市场既有买方市场，也有卖方市场，采购"标的"既有市场通用商品又有需要私人定制的商品。因此，采购人确定采购策略不能仅依据己方项目特点和需求闭门造车，还必须结合供应商的技术垄断性、生产能力，甚至政治环境通盘考虑。在全球供应链的环境下，供应安全甚至比质量还重要。

4. 国企采购要注重考虑效率效益。政府采购的制度设计侧重于保障供应商在市场竞争中的公平性；企业采购的目的是满足生产需要并实现"营利"。因此，国企采购不能照搬照抄《政府采购法》的采购方式进行采购，尤其是政府采购主要购买的是市场通用商品，以满足基本需求、低价中标为目标，但国企采购以满足供应链需求、总成本最低（购置成本低但可能维护、替换成本过高）等为目标，和一般公共采购的消费属性不同，国企也有营利属性，需要因地制宜设置采购策略，与民营企业不同的一点是还要特别考虑国家产业政策和社会责任（如满足重大装备国产化率等要求），所以在采购方式、采购条件等方面应灵活务实。

5. 国企采购要满足国资监管要求。国有企业采购是企业经营的重要环节，依据《企业国有资产法》规定，企业依法享有"自主经营权"。但是这种"自主经营"并不意味着对其采购"放任自流"。鉴于国有企业的采购具有一定的公共属性，所以需接受国资监管法律法规的规范，接受专门部门的审计监督。2016年国务院办公厅颁布《关于建立国有企业违规经营投资责任追究制度的意见》（国办发〔2016〕63号），2018年中办、国办颁布《关于创新政府配置资源方式的指导意见》，两个文件都涉及企业采购的合规性。企业采购不能仅限于招标一种方式，一些国有企业并未能完全顾及采购活动的多样性、复杂性，一味地采用招标方式采购，不一定能够达到采购目的，甚至"为招标而招标"或有招标之形无招标之实。

6. 国有企业也需要承担社会政策目标。政府采购要执行政府采购政策，履行政策功能，包括保护环境、扶持不发达地区和少数民族地区、促进中小企业发展等。国有企业实际也承担着一定的国家政策功能，比如在经济发展迟缓时期有必要扩大采购规模、降低采购供应商门槛，带动产业链上下游共同发展，支持中小民营企业承揽业务；根据《招标投标法》和《国务院关于加快振兴装备制造业的若干意见》，国企采购中对于加快推进重大装备自主化政策应当率先执行；采购时不能以确保质量为由倾向于采购进口产品或外资品牌而对"国货"实行歧视政策。国有企业也有承担社会责任的义务，但是其表现形式和政府采购不同，国有企业承担的社会责任除了严格保护环境、生产绿色产品外，还有为实现国家战略目标的项目采购、稳定企业、稳定物价、安置特定人员（如安置转业军人）就业等义务，因此我国的国有企业采购制度应当有与其他企业采购不同的制度设计。

综上，国有企业的采购管理一方面，关系企业的正常运转，满足效率效益，确保资金使用的保值增值，满足供应链需求；另一方面，还要关注交易活动的合规性，确保资金使用的安全和采购人员行为的合法性、正当性。因此，如何确保在采购活动中有企业既依法享有"自主经营权"，又要满足国资监管的需要，对于国企来说是非常重要的课题。在这一背景下，国有企业采购有法律依据的，应当按照法律依据依法合规进行采购；没有法律依据的，则需要企业依法制定采购规则进行规范。

目前，在公共采购领域，《联合国贸易法委员会公共采购示范法》可以为国有企业采购活动提供有益的制度框架。中国物流与采购联合会公共采购分会适应国有企业采购需要制定的《国有企业采购操作规范》《国有企业采购管理规范》《国有企业采购文件示范文本（商务部分）》，中国招标投标协会出台的《招标采购代理规范》（或《招标代理服务规范》）、《非招标方式采购代理服务规范》、《非招标方式采购文件示范文本》等推荐性标准，为国有企业采购提供了本土化解决方案，为建立企业采购体系、采购制度、采购流程提供了可资借鉴的框架建议，有利于国有企业借鉴用来搭建招标采购制度体系，规范采购活动。

（二）国企采购的难点痛点

国企采购既关系企业的经济效益和发展前景，也关系国有资产的保值增值。国有企业具有双重属性。一是具有市场属性。国有企业市场属性决定了营利与效率是其存在的主要（或者首要）目标，只有营利，国企才有长期存在下去的可能性，才能实现国有资产的保值和增值目标。从市场属性出发，国企采购要提高采购效率，提高物资供应保障能力，降低供应链整体成本。二是具有公益属性。国家投资是国有企业资金的重要来源，决定了国有企业的建设与运营必须受《招标投标法》的严格约束，市场主体必须履行招标程序，同时在市场机制下为市场主体提供公平竞争的机会。国企采购兼具"公共采购"和"企业采购"双重特点，是监管的重点领域，确保依法合规，同时考虑供应链效率效益，是国企采购必须着重考虑的问题。但现实中这两个考量因素有时不协调、落实有偏差、目标难以兼顾。如何处理好"合规"与"效率"之间的矛盾，是企业采购部门面临的最大困惑。

鉴于国有企业的公共属性，国企采购是高风险环节及审计、巡视的重点，为了防范审计、巡视中的"风险"，国企采购企业运营的物资、服务，也大都采用招标方式。虽然企业采购的特点决定了采购方式的多样性，但实践中不管是否具备招标条件都"逢采必招"，对部分项目而言，严格繁杂的招投标程序与效率效益目标相背离。一些项目实在不能招标而采用其他采购方式，能否经得起纪检巡视部门的检查也存在不确定性。纪检部门和审计机构对"合规性"的严格要求，使企业采购人员"越来越不会采购"或不敢行使"经营自主权"。因此，国有企业的采购既要遵循国家法律法规对其的严格规制，也要满足企业供应链的需要，实现"依法合规"和"效率效益"并重且兼顾，这一点与政府采购侧重合规和民营企业侧重效率效益的采购目标有本质上的不同。也正因如此，国有企业要同时满足"依法合规"及"效率效益"两方面需求，需要根据不同项目实际需求合理选择采购方式、构建其招标采购管理模式，确定合理的采购策略，实现既"合规"又"增效"的目标。

二、企业采购组织模式

从执行采购职能的形式划分：企业采购组织包括集中采购、分散采购和混合采购。

（一）集中采购

集中采购是指把采购职能和工作集中到一个部门管理和执行，由集团总部统一组织开展采购业务、采购决策。工作内容包括：（1）集中采购需求；（2）集中采购项目委托；（3）集中组织采购；（4）集中审定供应商资格；（5）集中签约；（6）集中技术规格要求（标准化）；等等。

集中采购适用对象：需求单位较为集中的企业；各单位信息交流顺畅、信息化水平高的企业。

集中采购适用范围：（1）不同单位采购同类大宗或批量物品，价值高或总价多的物品。（2）关注程度较高、影响较大的特定商品，大型工程或重要服务类项目。（3）关键零部件、原材料或其他战略资源。（4）决定集团总体采购策略和方针政策的采购。（5）通用性强、一定时期内采购频次高的标的物，招标人集合一定时期内的采购需求。

集中采购是一种集约化的采购组织形式。集中采购的目的是通过集采效应降低企业采购合同成本。集中采购可通过招标或其他采购方式组织采购。通过竞争性的采购方式和集中采购组合，以降低合同成本。

集中采购的优点：（1）采购规模效益显著。集中采购使得一个组织能集中运用自身采购权的力量（或杠杆作用），实现批量采购，将采购货量集中可以去商谈和获取批量折扣、回扣或者缩短学习曲线，供应商也有争取竞得一个企业的全部需求或大部分需求的动机，从而降低其管理成本、加大技术投入、开发可靠且经济的供应来源，减少其采购成本，体现规模经济效益。（2）信息资源整合优势。有利于预测在规定期间大致所需的全部产品的数量，统一协调采购活动，实现采购规范与透明，有效控制预算，加强对采购活动的有效控制，增强资源共享，降低采购费用，降低物流成本。（3）采购流程更加专业化和规范化。有利于加强采购业务活动的协调，方便采用统一的采购政策，如单一渠道组织货源，消除多个企业各自为政出台政策、各行其是进行采购甚至集团内部企业互相竞争争夺有限市场资源从而竞相抬高价格等乱象。（4）有利于对采购业务活动的控制。集中采购价格的一致性有助于成本核算的标准化，有利于推进采购作业标准化，增强产品互换互用、相互替代，有利于有效控制库存，减少多品类储备库存导致的费用和报废导致的浪费，有利于对供应商进行管理，对采购绩效进行集中监测，有利于和供应商实现共赢。

集中采购的缺点：在效率方面，集中采购易导致官僚主义以及可能的低效率，采购过程复杂，流程过长，时效性差，签约慢，缺乏相应的灵活性，难以适应零星采购、地域采购及紧急采购的需要，不适用采购频次高的采购。对非共用性物资采购，难以获得价格折扣。在责任方面，集中采购可能会导致企业内部矛盾，采购与需求单位分离，需求单位没有采购自主性，难以满足用户多样性的需求，且易得到基层的抵制、推诿，无法全面有效配合，降低采购绩效。在效益方面，需求单位分散布置时，集中采购后再分运，对仓储管理不便，在部分项目中增加采购管理成本。

集中采购不适用于小额分散、采购频次较高的全局性资源采购，该类采购可以选用竞争谈判，通过定点服务和协议供货的合同方式，确定定点协作单位或供应商，在满足规模效应的同时提高采购的时效性。

当前，国务院国资委全面推进企业集中采购管理提升工作，发挥采购规模优势，推动企业盈利能力和核心竞争力。国有企业应充分认识到开展集中采购是降本增效的有效举措，注重加强集中采购的统筹管理，结合自身企业特点，分层分步推进集中采购。集中采购可先从大宗、批量且标准化程度高的同类工程、货物和服务项目开始，再逐步扩大集中采购范围，提高集中采购率。实施集中采购，应依据能够产生集采效应的标准，结合生产经营情况制定并发布纳入企业各级采购部门集中采购的工程、货物和服务范围的目录清单。企业集中采购目录应随企业生产经营需要和市场变化及时进行调整。目录有效期限宜以年度为限。集中采购宜采用招标方式，不符合招标方式条件的项目，可采用其他采购方式。

实践中，比较常见的是很多集团公司出于集中管控的需要将立项在子公司名下的项目收归集团统一招标，待招标结束后集团公司指定中标人与集团公司的子公司、"最终用户"按照招标文件与中标文件签订中标合同。这样导致招标文件中记载的招标人是集团公司，而签署中标合同的发包人或买方是子公司，而非招标文件中记载的招标人。这一行为可以理解为子公司委托集团公司代为招标，集团公司只是名义上的招标人，实际上是以招标代理人的身份组织开展招标活动，实际的"招标人""项目业主"仍然是子公司。

【类案释法 1-1】招标人是项目的建设单位和发包人

（2017）最高法民申 3862 号民事判决书[①]：2011 年 1 月，某州煤电公司作为招标人，对某州煤电集团中峪矿井 110KV 输变电工程设计施工总承包项目组织国内公开招标。某设计院经竞标后中标，某州煤电集团及委托招标单位山西省国际招标有限公司于 2011 年 5 月 29 日给某设计院发出《国内招标中标通知书》。2011 年 6 月 10 日，于 2011 年 2 月 23 日成立的某安煤电公司作为发包人与承包人某设计院订立《某州煤电集团中峪矿井 110KV 输变电工程设计总承包建设工程合同》，约定组成合同文件包括本合同协议书，中标通知书、招标文件、投标文件及其附件。某设计院向法庭提供了该公司的霍煤电（2010）259 号会议纪要，载明某州煤电集团是项目的建设方。某州煤电集团则以其是受某安煤电公司委托而对外招标建设为抗辩。

二审山西省高级人民法院认为，本案中，诉争工程的立项、招标的主体均为某州煤电集团。某州煤电集团认为其招标行为系受某安煤电公司委托，但在该工程项目的规划设计、招标投标决标阶段，某安煤电公司尚未成立，故该理由显然不能成立。《招标文件》第七项载明：《招标文件》、中标人的投标文件及双方确认的澄清文件等，均为有法律约束力的合同组成的一部分。《某州煤电集团中峪矿井 110KV 输变电工程设计总承包建设工程合同》中载明：中标通知书、招标文件、投标书及其附件为组成合同的文件。在工程合同专用条款部分载明合同文件组成及解释顺序：1. 本合同协议书；2. 中标通知书；3. 招标文件、投标书及其附件。由此可以看出，虽然签订工程合同的双方为某设计院和某安煤电公司，但各方均认可某州煤电集团为招标人的中标通知书、招标文件均系合同的组成部分。故某州煤电集团亦应受该合同的约束。一审判决判令某州煤电集团和某安煤电公司共同承担支付工程款的责任并无不妥。

再审最高人民法院认为，原判决认定某州煤电集团与某安煤电公司共同承担支付工程款的责任有证据证明。案涉招投标文件、中标通知书均显示某州煤电集团是案涉项目的招标人，招标项目也是某州煤电集团的工程项目。某设计院提交的霍煤电（2010）259 号会议纪要也证明某州煤电集团是案涉项目的建设方、发包方。因此，原审判决认定某州煤电集团与某安煤电公司共同承担支付工程款的

---

① 案例来源于无讼网：某州煤电集团某安煤电有限责任公司、某州煤电集团有限责任公司建设工程合同纠纷再审审查与审判监督民事裁定书。

责任有证据证明，不属于适用法律确有错误。

（二）分散采购

分散采购，是指通过组织机构中的工厂或分部门实施的满足自身生产经营需要的采购，也即将采购职能和工作分散给各个需用部门、需求单位自行办理、执行，实际上是实际使用者实施采购。采购需求、采购组织、采购订单、确定供应商、签约、收货、履约、评价等工作内容，都由各所属企业自行组织。

分散采购适用对象：规模大，需求单位分散在较广区域的企业；离主厂区或集团供应基地较远，其供应成本低于集中采购成本；各经营单位采购产品显著不同；不同行业的采购；异国、异地供应的情况；产品开发研制、试验或少量变型产品所需的物品。

分散采购适用范围：（1）小批量、单件、价值低、总支出在经营费用中所占比重小的物品。（2）分散采购优于集中采购的物品，包括费用、时间、效率、质量等因素均有利，而不影响正常的生产与经营。（3）市场资源有保证，易于送达，较少的物流费用；就地采购节约运输成本。（4）分散后，各基层单位有相应的采购与检测能力。（5）产品开发研制、试验或少量变型产品所需要的物品。（6）分厂专用物品。（7）紧急采购。（8）特殊社会、政策的原因（如扶贫、地方保护）实施采购。

分散采购的优点：各部门在采购上的积极性高；采购流程较短、采购过程简单；采购针对性强，决策效率高，响应快，更接近使用者且更好地了解本地需求，有利于更便捷、迅速、灵活地满足采购需求，而且质量可能更高；采用本地供应商，相应降低运输成本；增强基层责任心，结合实际自主制定采购策略，采购的风险度小；与供应商更接近，利于协调关系和配合协同。

分散采购的缺点：采购能力分散，无法形成规模优势，采购量较小，降低谈判优势，不利于组织整体降低成本；注重局部利益，欠缺通盘战略考虑，集团内部沟通不畅、利益冲突，资源不能合理配置、有效共享利用；缺乏对供应商的统一管理；采购人员因采购品种和数量有限而不专业，可能缺少标准化，供应商良莠不齐，产品质量不能很好得到保证；采购人员众多，重复工作量大，总体采购效率低；各子企业面临的采购条件不同，不便于统一进行采购管理。如管理不当，会造成各自为政，监督管理难度大，透明度不高，存在合规风险，易滋生腐败。

（三）混合采购

如前所述，集中采购和分散采购各有优劣。集中规模进行采购，会带来非常庞大的规模经济效应，但随之而来的是会产生规模经济的负效应。此时集团在实际运作中会采用一种妥协的方法。实际上，现在集团型企业为了加强管理、提高效率，少有采取单一的采购模式，而是产生集中协调下的授权采购、完全集中式采购及总部指导下的集中式采购等多种采购模式，主要就是为了协调好权力集约集中控制的范围和授权放权权力下放的范围。当集团各企业所需物资种类主要是同一类时，采购职能就倾向于集中式采购，可以集中采购、集中下订单，然后按照各集团企业的要求根据合同进行送货。如果是多种经营的集团由大量的产品、需求各异的企业组成，这时采购职能可能会是协调型和放权型的。在这种情况下，每个企业都有本地特定的物资材料和零部件需求，因此采购在各企业各自进行可能更切合实际，更有利于保障采购效率和供应链的协调一致性。当前企业集团都普遍采用集中采购与分散采购相结合的混合采购模式。

混合采购模式可以扬长避短，发挥集中采购和分散采购两种方式的长处，规避其短处。适用对象：集团各企业同时有共同需求和地域性需求，既能满足共性采购需求，实现规模化效应和战略采购目标，也有利于实现个性化、紧急采购需求。

主要特征：集团总部负责采购战略制定、采购程序设计、战略采购及协调监督；下属单位从事具体采购活动。

决定采购组织模式需要考虑的因素有：地理位置、成本节约、客户需求、采购需求的通用性、供应市场结构、所需的专门技术、价格波动等。

总体来说，集中采购是增强企业集团管控能力、提升集团化运作水平、提高企业集团效率效益的重要举措，是企业防控廉政风险的重要手段。国务院国资委在中央企业推进集中采购。各大央企集团都在推行集中采购模式。国有企业应依据本企业管理模式、采购项目的特点选择集中采购、框架协议采购或企业制度规定的其他组织形式。如对工程建设项目集中的企业，同类项目可进行打捆集中采购；对于以生产运营为主的企业，针对其小额频繁采购的特点，可采用协议采购模式，一次采购满足多个项目采购需求。对于企业零星采购，在确定动态调价机制基础上，可采用协议采购或电子商城采购。通过以上举措，有助于企业增加采购标的吸引力，发挥采购规模优势，提升采购话语权，降低企业采购成本。

三、采购组织形式

采购组织形式是根据采购需求特点，在确定采购方式的前提下，为利于采购结果执行高效、直观、可视而采取的组织方式。采购组织形式主要包括批次采购、协议库存采购、框架协议采购等。

（一）按项目采购

也就是"一项目一单""一项目一采购"，其优势：可以大大减少库存，缩短供应周期，有效推动供应链的整体优化。

适用条件：（1）买方的生产计划相对平稳，物料的需求可准确预测；（2）采购方和供应商实现有效便捷的信息沟通。

工程建设有关的重要设备、材料等的采购单项合同估算价在 200 万元人民币以上，勘察设计等服务采购单项合同估算价在 100 万元人民币以上，工程采购单项合同估算价在 400 万元人民币以上的，一般采用按项目采购的采购模式。

（二）批次集中采购

批次集中采购是对企业内多个项目的同类，或符合集中批量要求的多类标的物打捆招标，通过批量招标采购获取最优惠的合同条件。批次集中采购适用于具体或特定工程建设项目物资和服务的采购，批次集中采购的标的物数量、技术要求明确，且有明确交货期，根据采购结果签订合同，并按合同完成履约结算。批量集中采购的要件，一是应有规模数量要求；二是同类采购标准化程度较高；三是一般采购的标的是货物或服务。

采购人进行批次集中采购招标时，考虑到供应商的供货能力，如果需要多个中标人共同完成采购任务，可将某个或者多个项目的同类或者多类标的物，按批次打捆实施采购，每个批次下可以划分多个标段或标包，每个标段或标包应确定唯一的中标人。

相应地，集中采购进行资格预审时，可针对重复采购的特定标的物，将多次采购的资格预审一次性完成，形成有明确有效期的合格供应商名单，在有效期内每次采购时，向名单内所有供应商发出采购邀请。

对于扩建工程中需要进行功能配套的采购项目，依法不招标的，可以结合工程性质、投资规模、技术条件以及当期市场价格等因素，在采购相同配置（同配）的基础上，根据近期中标价格，按照"技术参数同配、价格双方确定"原则，履行单一来源采购程序。

（三）框架协议采购

适用于采购人需要集中归并组织一个或多个采购实施单位预计后续一定时期内可能频繁重复发生的同类采购或零星、应急采购需求，但难以精准确定需求数量和采购实施时间计划的工程、货物和服务采购项目。从采购需求和制度安排考量，框架协议也是企业常用的组织形式。"框架协议"原指基于重复采购的一种合同形式，但"框架协议采购"则构成一种采购的组织形式。框架协议采购必须同各种采购方式组合使用才能实现采购目标，但其配套的采购方式应当具有竞争性，故单源采购签订框架协议的情形应排除在外。

框架协议采购的目标效应主要是提高采购效率，降低交易成本，保障物资供应和供应链安全。主要针对重复采购和紧急采购，适用于难以确定采购计划的应急、零星需求采购，或者需要频繁、重复组织采购同类工程、货物或服务。通过采购确定协议供应商，确定单价或定价规则、协议期限、付款方式、服务承诺等内容，发生实际需求时需求单位或部门按照采购文件约定的方式从协议内的供应商中择优确定成交供应商和单价（折扣率）。框架协议采购强调与供应商建立基于共同价值诉求和利益合作机制基础上的共赢关系、长期合作。

在程序上，企业应结合生产经营情况，制定并发布纳入企业各级采购部门可采用框架协议采购的工程、货物和服务范围的目录清单。企业框架协议采购目录应依据企业生产经营需要和市场变化及时进行调整，目录期限宜以年度为限，选择框架协议对象的方式宜采用招标方式进行。经过招标采购，采购人签订框架协议，框架协议只确定标的物的价格或价格形成机制以及合同的其他条款，但不确定采购的数量或采购时间。在框架协议生效期间，企业使用部门需要供应商提供工程、货物和服务时，使用部门依据框架协议的规则签订并履行采购实施合同。

框架协议组织的招标采购中，中标人可以不止一个，即只确定单价、规格型号，不确定数量。实践中如果缺乏有效监督，在实际签订供货合同时，合同签订方随意性很大，约束管理可能流于形式。同时，采购与使用存在时间差，采供双方都存在合同价格风险。因此，采购人在选用该方式时，应完善内部监督机制，通过制度保证采购不同岗位的权力制衡，防止职务犯罪，保证采购质量。

（四）协议库存采购

协议库存是指买方寄存于卖方的非实体契约库存。协议库存采购是指通过招标或谈判，批量集中确定相应产品的供应商及其产品合同数量、单位价格和服务条件，双方据此签订合同，买方根据自身实体库存状态、现场需求，按照项目分别签发订单的文书方式履行合同，即时采购卖方相应产品的做法。协议库存采购适用于需求频度高、响应时间短、技术标准统一、年度需求数量较大的物资，通过集中采购确定协议供应商、采购数量和采购金额，根据实际需求，以供货单方式分批或分期要求协议供应商按照规定时间提供相应数量的产品，并据此向协议供应商分批或分期结算货款。

协议库存适用范围：（1）依法必须招标范围以外的货物采购事项；（2）技

术标准相对统一、规格型号相对较少；（3）能够确定协议期内采购货物基本数量；（4）限定地域内运距差异引起的运费增减相对货物价值可以忽略不计。

（五）超市化采购

超市化采购是通过招标或其他采购方式确定协议供应商，明确物资的品种、规格型号、价格、配送及服务标准，并固化在超市化采购平台商品目录中，从而实现需求部门选择物资直观、方便，采购工作高效、快捷的目标。

超市化采购适用范围：不属于依法必须招标的项目，且物资单价低、规格品种多、需求频次高、需求量无法准确预测的办公用品、劳保用品、工器具、低压电器、燃料化工等物资。

表 4　采购组织形式比较

采购方式	特点	适用范围
按项目采购	根据采购项目的实际需求，在恰当的时间，恰当的地点，以恰当的数量提供恰当的物品 按需求采购，保证质量，减少库存采购需求计划确定，价格确定可预知 可以满足小批量、个性化采购需求	采购需求、采购计划确定的物资，如基建工程设备、材料
框架协议采购	框架协议招标中标人可以不止一个，保证供应商在紧急情况或需求量大时可替代，供应不断 只确定单价、规格型号，不确定数量，可以满足重复采购和紧急采购需要，减少频繁采购、重复采购的采购成本，避免采购所需时间，保证供应效率，也可确保供应价格的预期性，有效降低交易成本	难以确定采购计划的应急、零星需求采购，或者需要频繁、重复组织采购同类工程、货物或服务，如工程施工中常用的钢材、水泥等大宗材料
协议库存采购	采购规模集中，减少同类物资重复招标次数，节省采购成本，提高采购效率 与协议供应商建立伙伴关系，按需排产，减少采购环节，确保及时供货 常用物资供应商事先备货，以应急需，有利于备品备件和应急物资储备 推进设备技术标准化、典型化	采购标准统一、需求数量大且可预测的物资，如常用维修零部件
超市化采购	实现零星需求物资的集中统一管控 集中规模采购，与供应商建立合作伙伴关系，实现批量价格优势 实现物资准时化供应，即用即领，简化供应环节，缩短采购周期	采购单价低、规格品种多、标准化程度低、需求频次高、需求量无法准确预测的零散物资，如办公用品

综上，企业在制订采购计划时，应结合实际合理确定采购组织形式及其配套采购方式。

第四节　国企采购的内部控制

一、国企采购内部控制体系建设

内部控制，是指由企业董事会（或者由企业章程规定的经理、厂长办公会等类似的决策、治理机构，以下简称董事会）、管理层和全体员工共同实施的，旨在合理保证实现企业基本目标的一系列控制活动。内部控制的目标是合理保证企业经营管理合法合规、资产安全、财务报告及相关信息真实完整，提高经营效率和效果，促进企业实现发展战略。可以说，内部控制的健全、实施与否，是单位经营成败的关键。

为了促进企业建立、实施和评价内部控制，财政部等部门先后印发了《企业内部控制基本规范》（财会〔2008〕7号）及《企业内部控制应用指引第1号——组织架构》等18项应用指引、《企业内部控制评价指引》和《企业内部控制审计指引》。目前，中央企业及一些地方国有企业执行上述规范指引，加强和规范企业内部控制，提高企业经营管理水平和风险防范能力，促进企业可持续发展。

当前，国有企业采购除了依法必须招标项目外，自愿招标项目和非招标采购活动的合法合规性缺乏有权监督部门监督，主要靠自我监督；缺乏管理体系，采购决策权、执行权和监督权的协调和约束机制尚未建立，如有的国有企业采购承办部门一般既是采购规则的制定者，又是采购过程的实施者，这种既是裁判员，又是运动员的身份，导致采购权力过于集中，在面对供应商围猎时，容易滋生腐败问题，面临较大廉政风险。部分国有企业虽然通过设立采购专业部门实施采购，与采购需求部门进行隔离，但由于企业内部制约机制缺失，外加采购项目涉及较强的专业性，采购过程中的核心技术要求，如投标人资格条件设定、技术需求确定、评标条款等一般仍由采购需求部门把控，并未从根本上改变采购需求部门的采购权力过于集中的问题；缺乏采购制度，很多国有企业并未建立完善的采购制度，尤其是非招标方式采购活动无法可依或照抄照搬《政府采购法》。究其原因，就是未建立本企业采购内控制度体系。

因此，国有企业应严格落实招标主体责任，按照国家有关规定建立内部招标采购管理制度，整合内部控制资源，建立内部控制机制，运用不相容职务分离控制、授权审批控制等相应控制措施，将风险控制在可承受度之内。在采购信息系统建设过程中，应将采购制度中的采购管控理念、采购管理要求、采购工作流程嵌入系统中，对采购计划、审批流程、时间节点等重点环节进行刚性控制，发挥信息化系统的优势，避免程序违规风险。

二、按照"不相容职务分离"设计采购组织①

《企业内部控制基本规范》第二十九条规定："不相容职务分离控制要求企业全面系统地分析、梳理业务流程中所涉及的不相容职务，实施相应的分离措施，形成各司其职、各负其责、相互制约的工作机制。"

《企业内部控制应用指引第1号——组织架构》第二条规定："本指引所称组织架构，是指企业按照国家有关法律法规、股东（大）会决议和企业章程，结合本企业实际，明确股东（大）会、董事会、监事会、经理层和企业内部各层级机构设置、职责权限、人员编制、工作程序和相关要求的制度安排。"第六条规定："企业应当按照科学、精简、高效、透明、制衡的原则，综合考虑企业性质、发展战略、文化理念和管理要求等因素，合理设置内部职能机构，明确各机构的职责权限，避免职能交叉、缺失或权责过于集中，形成各司其职、各负其责、相互制约、相互协调的工作机制。"第七条规定："企业应当对各机构的职能进行科学合理的分解，确定具体岗位的名称、职责和工作要求等，明确各个岗位的权限和相互关系。企业在确定职权和岗位分工过程中，应当体现不相容职务相互分离的要求。不相容职务通常包括：可行性研究与决策审批；决策审批与执行；执行与监督检查等。"第八条规定："企业应当制定组织结构图、业务流程图、岗（职）位说明书和权限指引等内部管理制度或相关文件，使员工了解和掌握组织架构设计及权责分配情况，正确履行职责。"《企业内部控制应用指引第7号——采购业务》第四条规定："企业应当结合实际情况，全面梳理采购业务流程，完善采购业务相关管理制度，统筹安排采购计划，明确请购、审批、购买、验收、付款、采购后评估等环节的职责和审批权限，按照规定的审批权限和程序办理采购业务，建立价格监督机制，定期检查和评价采购过程中的薄弱环节，采取有效控制措施，确保物资采购满足企业生产经营需要。"

从事采购组织设计时，应落实好上述"不相容职务分离"要求，实现"四个分离"。一是职务分离。采购涉及供应商寻源、采购执行、合同执行、验收、

---

① 本节内容参考了《采购全流程风险控制与合规》一书的观点。

付款、供应商评价等环节，如果这些环节都集中在一个岗位或者一个部门，容易带来腐败风险，如果多个环节拆分配置给不同的部门、岗位，形成相互制衡的组织体系，就可以减少"一条龙"操作导致的腐败风险，也有利于提升采购的专业性。二是执行与决策分离。执行与决策的分离意味着针对特定的采购活动，一个人不能既是执行者又是决策者。三是审批权分离。审批权的分离有多种形式，例如，将采购的审批权授予下一个角色由另一个角色进行审查，或者由不同的角色共同审批，或者授予一个采购控制委员会来进行决策。四是业务与审计分离。采购的审计要保持独立性。一个人不能既负责采购业务处理，同时负责采购审计工作，审计部门不能与采购部门一样，向同一个负责人汇报。要保证审计工作的客观与公正。从防止腐败的角度来看，本质上都是把大权化小，形成相互制衡来减少腐败风险。

根据企业内控的相关要求，《国有企业采购管理规范》规定了企业采购组织框架的设立原则——管理、执行、监督三分离，即"4.4.1 采购实体应依据管理、执行、监督三分离的原则决定其职能分工，减少管理层级，兼顾公平和效率"；梳理采购管理框架划清工作界面，对法定必须招标和非法定必须招标两类项目，制定清晰的采购方式选择和采购实施工作流程；实行分置采购权力，制定合理的内部制约机制，将采购需求部门和采购实施部门进行刚性隔离，避免采购需求部门既当运动员，又当裁判员。另外，还规定了企业内部审计、监督等职责流程，建立责任明晰的采购工作格局。

三、集中采购风险管理

如前所述，集中采购有利于形成规模经济效应，减少采购成本，实现采购的标准化管理，为越来越多的国企所采用。《企业内部控制应用指引第 7 号——采购业务》第五条、第八条也提出：企业的采购业务应当集中，避免多头采购或分散采购，以提高采购业务效率，降低采购成本，堵塞管理漏洞。企业应当对办理采购业务的人员定期进行岗位轮换。企业应当根据市场情况和采购计划合理选择采购方式。大宗采购应当采用招标方式，合理确定招投标的范围、标准、实施程序和评标规则；一般物资或劳务等的采购可以采用询价或定向采购的方式并签订合同协议；小额零星物资或劳务等的采购可以采用直接购买等方式。大宗采购等应当采用招投标方式确定采购价格，其他商品或劳务的采购，应当根据市场行情制定最高采购限价，并对最高采购限价适时调整。

集中和分散其实各有其优缺点，集中可以从一定程度上控制风险，但集中不是万金油，要根据实际情况灵活考虑。在决定集中还是分散型组织架构时，应至少考虑以下几个因素：一是需求的通用性。一般需求的通用性越高，集中采购带来的好处就越多。二是潜在节约的大小。如果通过批量购买获得的折扣越多，对成本节约的贡献越大，那么就越适合集中。三是技术门槛的高低。一些品类对采购的专业性要求很高，分散到各个经营单元风险会比较大，需要集中起来让专业的人做专业的事。四是灵活性。分散采购有利于提高服务效率，满足客户差异化的合理需求。五是企业战略。采购组织架构应该支撑公司的战略，如果企业是多元化或差异化的战略，可能分散型组织会更加匹配。六是地域因素。如果组织有多个工厂并且地域非常分散，则分散型可能更适合。七是企业的管理能力。管理能力越强，越适合集中。总体来说，集中采购有其独特优势。为了实现集中采购，应当统一采购标准，统一采购流程，统一采购平台，并建立专业的集中采购管理人员队伍，这样才有利于集中采购活动的正常进行。

四、加强采购授权控制

《企业内部控制基本规范》第三十条指出：授权审批控制要求企业根据常规授权和特别授权的规定，明确各岗位办理业务和事项的权限范围、审批程序和相应责任。企业应当编制常规授权的权限指引，规范特别授权的范围、权限、程序和责任，严格控制特别授权。常规授权是指企业在日常经营管理活动中按照既定的职责和程序进行的授权。特别授权是指企业在特殊情况、特定条件下进行的授权。企业各级管理人员应当在授权范围内行使职权和承担责任。企业对于重大的业务和事项，应当实行集体决策审批或者联签制度，任何个人不得单独进行决策或者擅自改变集体决策。

授权，其实是一种更高级别的控制。在实际的采购业务中，授权不清晰的情况十分常见。生产、销售、使用等部门如果都未在经过授权的情况下对外承诺或实施采购、订立合同，则会给企业带来合同纠纷、成本上升等风险。因此国企应当对采购的授权机制进行合理的设计，如根据采购金额大小、采购风险等级设计审批的权限层级。

五、建立内部监督机制

《企业内部控制基本规范》第四十四条规定："企业应当根据本规范及其配套办法，制定内部控制监督制度，明确内部审计机构（或经授权的其他监督机构）和其他内部机构在内部监督中的职责权限，规范内部监督的程序、方法和要求。内部监督分为日常监督和专项监督。日常监督是指企业对建立与实施内部控制的情况进行常规、持续的监督检查；专项监督是指在企业发展战略、组织结构、经营活动、业务流程、关键岗位员工等发生较大调整或变化的情况下，对内部控制的某一或者某些方面进行有针对性的监督检查。专项监督的范围和频率应当根据风险评估结果以及日常监督的有效性等予以确定。"

企业采购监督的重点环节是采购项目的预算管理和合同管理。企业监督组织体系可以由企业采购管理/机构（或指定部门）、审计和纪检监察部门三部分组成，企业采购监督机构依据法律及企业内部规定设置，分工协作，依法依规对采购活动进行监督，如企业采购管理机构对企业采购活动进行管理并对供应商投诉进行调查处理；企业纪检、监察部门依法对企业采购活动的相关当事人进行监督，相当于"政治体检"。企业审计部门依法对企业合同签订、履行、结算的真实、合法和效益，进行审计监督，相当于"经济体检"。将各种监督手段有效贯通起来，加强协作配合，发挥各自优势，必将形成更强监督合力。

一般来说，企业内部监督内容主要是：（1）招标采购制度的完备性；（2）采购组织模式和招标方式的合规性；（3）招标采购程序的合法性；（4）招标采购结果的公平性；（5）采购合同缔约、履行的合法性；等等。监督方式主要是：（1）审查和完善企业招标采购制度；（2）对采购机构执行企业制度的情况进行巡视检查；（3）批评、警示、诫勉教育，责成责任人纠正检查中发现的问题。检查结果一般与单位、个人的年度绩效考核和晋升挂钩。

总体来说，控制采购风险，促进合规管理，在采购组织设计时，要用好"不相容职务分离"原则，建立健全招投标管理制度，推进和优化内部招标采购流程和工作内容的标准化、规范化、集约化，并配套制定适合本企业业务特点的标准化文本，建立内部法律风险防控措施和招投标违规问责制，加强招标各阶段的监督检查和考核机制，使企业招标采购能有法可依、有章可循，与企业现有体系、管理模式及职责划分充分契合，并与其他制度统筹兼顾，有序衔接。

第五节　国企采购合规管理

一、"合规"与企业采购

全球化时代，企业面临的风险已经不再局限于传统的商业风险，合规管理已经成为企业风险管理的重中之重。强化企业合规管理，有利于防控化解风险，减轻或免予处罚，还有利于帮助企业完善管理体系，并带来新的商业机会。中兴、华为事件引发了国内企业对合规管理的关注。2018年11月2日国务院国资委印发了《中央企业合规管理指引（试行）》（国资发法规〔2018〕106号），一些地方也对地方国有企业的合规管理作出类似的规定，如江苏省国资委印发《省属企业合规管理指引（试行）》、青岛市国资委印发《青岛市国资委监管企业合规管理指引（试行）》、广东省国资委印发《广东省省属企业合规管理指引（试行）》、上海市国资委印发《上海市国资委监管企业合规管理指引（试行）》，以期推动企业全面加强合规管理。采购是企业重要的经营活动，是风险多发的领域，也自然是合规管理的重要领域。

"合规"是舶来品，是由英文compliance翻译而来，字面意思就是要合乎法律、规范、规定，按照国际标准ISO19600《合规管理体系-指南》解释，合规指企业要履行合规义务。企业合规是趋势，纷纷从"要我合规"的认识水平发展到"我要合规"的更高阶段，这是确保企业基业长青的必由之路，决定着企业能走多远。企业合规管理，既是适应外部监管和市场竞争的外部要求，也是企业稳健发展的内在要求。对外，合规是中国企业"走出去"的"标配"。国家质量监督检验检疫总局和国家标准化管理委员会制定了GB/T 35770—2017《合规管理体系-指南》，国务院国有资产监督管理委员会颁布《中央企业合规管理指引（试行）》，国家发展和改革委员会等七部委联合发布《企业境外经营合规管理指引》，为国有企业推进合规管理确立了基本法律框架。

依据《中央企业合规管理指引（试行）》，"合规"，是指企业及其员工的经营管理行为符合法律法规、监管规定、行业准则和企业章程、规章制度以及国际条约、规则等要求。"合规风险"，是指企业及其员工因不合规行为，引发法律责任、受到相关处罚、造成经济或声誉损失以及其他负面影响的可能性。"合规管理"，是指以有效防控合规风险为目的，以企业和员工经营管理行为为对象，开展包括制度制定、风险识别、合规审查、风险应对、责任追究、考核评价、合规培训等有组织、有计划的管理活动。

采购是企业业务流程的重要部分，也自然是企业风险管理和合规管理的重头戏。《国有企业采购管理规范》强调"企业应防范采购过程中来自外部的意外风险、价格风险、质量风险、技术进步风险和合同履约风险，并重点管控价格风险、质量风险和合同履约风险"。采购是腐败高风险岗位。有权力、有利益的地方就有可能存在腐败，采购权是企业的重要权利之一。腐败风险有可能来自营销、研发、生产等各个环节，只不过风险可能会通过采购环节显现出来。在人们心中，采购一直被认为是"油水丰厚"、腐败高发的领域。《世界银行贷款项目的采购指南》等国际采购规则都有"欺诈和腐败"条款。更何况，采购环节涉及众多法律法规要求，采购面临的合规要求非常多，招标环节要遵守招标投标法的要求，签合同要遵守民法典的规定，与供应商的合作过程中要注意反腐败、反垄断、知识产权保护等。因此，国企必须将法律法规要求植入采购流程和规章制度，将其灵活运用在采购工作之中，确保采购工作各个环节依法合规，防止采购变成贿赂的工具，也有助于帮公司堵住其他环节的合规漏洞，促进企业建立有效的合规管理体系，降低不合规发生的风险。

《中央企业合规管理指引（试行）》第十三条第一项规定："……完善交易管理制度，严格履行决策批准程序，建立健全自律诚信体系，突出反商业贿赂、反垄断、反不正当竞争，规范资产交易、招投标等活动。"《企业境外经营合规管理指引》第八条规定："企业开展对外承包工程，应确保经营活动全流程、全方位合规，全面掌握关于投标管理、合同管理、项目履约、劳工权利保护、环境保护、连带风险管理、债务管理、捐赠与赞助、反腐败、反贿赂等方面的具体要求。"从两份指引可以看到，招投标管理，是容易发生不合规现象的重点领域，也自然是合规管理关注的重点领域。

国有企业采购制度设计的首要原则就是合规性，这是国有企业使用国有资金的属性决定的。同时，采购制度的设计还必须满足"盈利"的要求，降低企业总成本，提高企业竞争力，这是国有企业的企业属性决定的[①]。合规要求国有企业要遵守合规要求，在采购领域也是如此，必须坚持"全面覆盖"，将合规要求覆盖各业务领域、各部门、各级子企业和分支机构、全体员工，贯穿于决策、执行、监督全流程；坚持"强化责任"，把加强合规管理作为企业主要负责人履行推进法治建设第一责任人职责的重要内容。建立全员合规责任制，明确管理人员和各岗位员工的合规责任并督促有效落实。坚持"协同联动"，推动合规管理与法律风险防范、监察、审计、内控、风险管理等工作相统筹、相衔接，确保合规管理体系有效运行。坚持"客观独立"，严格依照法律法规等规定对企业和员工行为进行客观评价和处理。应当根据外部环境变化，结合自身实际，在全面推进合规管理的基础上，突出重点领域、重点环节和重点人员，推动在采购领域等在内的企业生产运营全面合规、人人合规、事事合规，切实防范合规风险。

---

① 陈川生主编：《〈国有企业采购管理规范〉释义》，中国财富出版社 2020 年版，第 57 页。

二、国企采购合规管理要求

（一）国企采购需要合什么"规"

《中央企业合规管理指引（试行）》将合规规范定义为：法律法规、监管规定、行业准则和企业章程、规章制度以及国际条约、规则等。对于国有企业来讲，必须识别出适用于本企业的所有合规要求，遵循国家招标投标法、民法典、反垄断法、企业国有资产法、反商业贿赂法等法律，遵循国有资产监督管理的政策规定，还要遵循企业自己的公司章程、规章制度等，这是最起码的要求，这都是"规"的范畴。如果使用世界银行等国际金融组织贷款，同时适用《世界银行贷款项目采购指南》等国际规则。作为采购部门、采购人员首先要结合自身的职能职责，梳理做好本职工作应当遵循的合规要求，这是做好合规管理的基础。

（二）国企招标投标活动中常见合规风险

1. 招标环节。（1）未核先招、应招标而未招标，或者拆分标的、化整为零，规避公开招标。（2）未按规定选择招标方式。（3）招标文件内容违反法律法规的强制性规定。（4）依法必须招标的项目给予投标人编制投标文件的时间不足20天。（5）擅自终止招标。

2. 投标环节。（1）投标人相互串通投标或与招标人串通投标。（2）向招标人、招标代理机构或者评标委员会成员行贿谋取中标。（3）投标人以低于成本价竞标。（4）投标人以他人名义投标或者以其他方式弄虚作假，骗取中标。

3. 开标、评标、中标环节。（1）未按规定的程序开标、评标、定标。（2）评标委员会组建不合法。（3）评标委员会未按照招标文件规定的评比标准和方法评标。（4）在确定中标人前，招标人与投标人就投标价格、投标方案等实质性内容进行谈判。（5）评标委员会未按照法律规定澄清、否决投标，评标委员会暗示或者诱导投标人做出澄清、说明。（6）在评标委员会推荐的中标候选人名单之外另行确定中标人。

4. 签约履约环节。（1）未按要求及时签订合同。（2）未按照招投标文件内容订立合同，或另行订立背离合同实质性内容的其他协议。（3）违法分包，中标人将中标项目分包给不具备相关资质条件的单位，将建设工程的主体结构施工分包给其他单位，或者将其承包的建设工程层层分包。（4）合同履行过程中擅自变更合同。

国务院国资委印发的《中央企业合规管理系列指南》之"反商业贿赂"专项合规管理指南中规定："商业贿赂指市场参与者在商业活动中为了谋取商业利

益，而故意采取各种贿赂手段，侵害正常市场竞争秩序的行为。商业贿赂是最常见同时也是最普遍的腐败形式之一，是贿赂的一种。""商业贿赂行为会违反国际条约或国内外法律，从而招致严厉的惩罚。实施商业贿赂行为的实体或者个人除承担高额罚金、民事责任、刑事责任外，还可能被列入国际多边组织的制裁黑名单，禁止参与相关投标，禁止相关实体或者个人与被制裁者进行贸易、金融等交易等。"我国《反不正当竞争法》《刑法》《关于禁止商业贿赂行为的暂行规定》等对法律责任作出明确规定。在下面专门规定了两类涉及招标采购的商业贿赂风险。

一是"工程建设招投标商业贿赂风险"，提出：商业行贿的表现形式为暗中提供或者允诺提供给他人利益上的报酬、礼品和其他好处。商业受贿的表现形式为收受、索取或者应诺接受他人暗中提供的利益上的报酬、礼品和其他好处，为他人谋取不正当利益。贿赂的范围包括但不限于财物、财产性利益及非财产性利益，例如：经营者为销售或者购买商品，假借促销费、宣传费、赞助费、科研费、劳务费、咨询费、佣金等名义，或者以报销各种费用等方式，给付对方单位或者个人的财物；提供国内外各种名义的旅游、考察等给付财物以外的其他利益的手段。各国政府、资金方、外部监管机构及其他国际组织对于企业在境外工程建设过程中的招投标监管压力逐年增强。招投标是商业贿赂的高发区，存在大量的商业贿赂风险，具体风险分类如下：企业通过向招标方、评标委员会或招标代理机构进行行贿以谋取中标。企业身为招标方，通过要挟、暗示竞标方提供有价物或好处才能中标。企业通过伪造、篡改投标文件及标书等文件以谋取中标。企业通过与其他竞标方或业主相互串通，破坏市场公正，损害其他投标人的合法权益。企业通过向其他竞标方或业主提供有价物或好处，获取投标保密信息，以获得投标优势。企业在业务往来过程中提供或收取任何形式的贿赂、回扣、佣金或有价物。企业在招投标过程中聘用第三方，并通过第三方向招标方提供有价物或好处，以谋取中标。业主利用发包权，强迫承包企业签订"阴阳合同"，私下索取不当利益。政府主管部门直接干预招投标，从中谋取私利。同时提出"工程建设招投标商业贿赂风险防范措施"，即，企业应出台相关的招投标管理制度，规范招投标流程，确保投标过程中不存在欺诈、串通、腐败、胁迫等不道德行为。企业应由相关部门对投标过程中的投标文件进行复核，确保投标文件真实有效，不存在虚假、伪造等违规行为。企业应由相关部门对投标过程进行全过程监督，确保投标人员及招标方不出现不道德的反商业贿赂行为。企业应由投标负责人在投递标书之前签订投标承诺书，确保投标活动依法依规。在发现或收到举报，证明投标过程中投标人员存在不当行为时，企业应由相关部门出面终止投标行为，并开展相应调查。企业应对商务合同设置内部审核程序，加入反商业贿赂条款，避免日后产生商务纠纷，规范业主和投标方的行为。企业应对招投标过程中聘用的第三方进行合规尽职调查，确保第三方的资信实力，并要求第三方签订反商业贿赂声明。企业应重点关注投标过程中的各项费用支付，明确资金走向，减少付款风险。

二是"采购商业贿赂风险"，提出：与"第三方"风险类似，"采购"风险也是反商业贿赂领域中企业面临的风险之一。在FCPA项下，其将"经销商"放在了第三方项下。但由于"采购"在国际上所涉及的内容并不单指"经销商"或"物资采购"，为更有效地加强风险防范，我们将"采购"具体定义如下："采购"指广义采购，通指：物资及设备采购，工程及劳务分包，房屋、设备及材料租赁，保险采购，技术、管理等咨询服务。根据上述定义，"采购"所涉及的风险具体如下：企业通过接受投标方的贿赂或不当利益向投标方泄露其他投标方或招标信息等开标前的其他涉密信息，或者发生任何对公平竞争产生不利影响的行为。企业要求或允许投标方在投标截止期后修改投标文件，或在投标完成后要求折扣。企业在业务往来过程中提供或收取任何形式的贿赂、回扣、佣金或有价物。企业利用发包权，强迫投标方签订"阴阳合同"，私下索取不当利益。企业要挟、暗示投标方必须分包部分项目给指定的分包商或供应商才能中标。企业与一个或数个投标方私自协商或恶意串通。企业授意一个或多个竞标方组成联合体共同投标，或限制投标方之间竞争。招标委员会中的成员与投标方存在直接利益冲突。同时也提出"采购商业贿赂风险防范措施"，即，企业应出台明确的采购管理制度，规范采购行为，确保采购过程公开、透明。企业应公开招标，多家询价，并成立招标委员会，对采购全过程进行公开监督。企业应由相关部门对投标方进行合规尽职调查，确保投标方的资信实力，并要求投标方签订反商业贿赂声明，同时确保招标委员会中的人员与投标方无利益冲突。企业在招标委员会外，应由相关部门对采购全过程进行公开监督。企业采购人员应签订反商业贿赂声明，确保采购过程中不会出现商业贿赂的行为。在发现或收到举报，证明采购过程中投标人员存在不当行为时，企业应由相关部门出面终止投标行为，并开展相应调查。企业应对采购合同设置内部审核程序，加入反商业贿赂条款，避免日后产生商务纠纷，规范采购人员和供应商的行为。企业应重点关注采购过程中的付款环节，建立明确的付款制度，规范付款风险。

上面对于商业贿赂领域的合规风险作出了详细具体的规定。

当前，国有企业采购不合规事件表现多样，应加强合规管理和风险控制，对招标投标合规风险做出必要的评估，掌握各环节不同的风险因素，评估其对项目实施会造成何种影响，并采取相应应对措施，减少后期不必要的经济损失和项目实施风险。

（三）构建采购合规风险管理的三道防线

提到风险控制与合规，很多采购人员认为是公司层面的事，责任在风险管理部门、合规管理部门或内控管理部门，采购只需要配合，支持就可以了。这是对风险控制与合规管理的一种严重误解。

《中央企业全面风险管理指引》第十条指出：企业开展风险管理工作应与其他管理工作紧密结合，把风险管理的各项要求融入企业管理和业务流程中。具备条件的企业可以建立风险管理的三道防线，即各有关职能部门和业务单位为第一道防线；风险管理职能部门和董事会下设的风险管理委员会为第二道防线；内部审计部门和董事会下设的审计委员会为第三道防线。

《中央企业合规管理指引（试行）》第十一条提出：业务部门负责本领域的日常合规管理工作，按照合规要求完善业务管理制度和流程，主动开展合规风险识别和隐患排查，发布合规预警，组织合规审查，及时向合规管理牵头部门通报风险事项，妥善应对合规风险事件，做好本领域合规培训和商业伙伴合规调查等工作，组织或配合进行违规问题调查并及时整改。可见，无论是"风险管理指引"还是"合规管理指引"，都将业务部门放在了第一道防线的位置。

1. 第一道防线

企业应该对采购的风险与合规管理工作正确定位：采购部门作为第一道防线，需要对该项工作负首要责任。要牵头负责起本业务领域的日常合规管理工作，按照合规要求完善业务管理制度和流程，主动开展合规风险识别和隐患排查，发布合规预警，组织合规审查，及时向合规管理牵头部门通报风险事项，妥善应对合规风险事件，做好本领域合规培训和商业伙伴合规调查等工作，组织或配合进行违规问题调查并及时整改。

除了支持和配合风险管理部门、合规管理部门的工作，采购还需要对采购组织的风险进行持续的识别、分析、评估、应对与改进。梳理采购相关的法律法规要求、道德规范要求，并结合组织的对外承诺，明确采购合规义务，将风险控制与合规要求嵌入流程与系统中，并根据风险的动态变化持续进行流程改进和业务优化。而且，采购作为第一道防线，往往能最先感知到风险，处理风险的成本也最小，因此采购也有义务对内部进行及时的监督与考核，以提前发现问题，帮助改进。

2. 第二道防线

公司的风险管理部门、内控管理部门、合规管理部门等作为第二道防线，可提前介入采购风险工作的指导，事前对采购的主要风险事项进行审核，比如对可疑供应商的资质情况进行审核，事中监督采购风险管理工作的开展，事后评估采购风险管理的效果。

3. 第三道防线

公司审计、纪检、监察部门作为第三道防线，对采购业务的真实性、合规性进行监督，发现采购存在的问题及风险，并督促整改。

通过三道防线的组织架构，让采购的风险控制与合规工作形成全生命周期的闭环管理。风险与合规管理领先的企业不仅设有首席风险官（CRO），还单独设有首席合规官（CCO），他们可以跨越不同防线，进行穿透式管理。

（四）建立健全采购合规管理工作机制

1. 建立健全合规管理制度。制定全员普遍遵守的合规行为规范，制定专项合规管理制度，并根据法律法规变化和监管动态，及时将外部有关合规要求转化为内部规章制度。

2. 建立合规风险识别预警机制。全面系统梳理采购活动中存在的合规风险，对风险发生的可能性、影响程度、潜在后果等进行系统分析，对于典型性、普遍性和可能产生较严重后果的风险及时发布预警。

3. 加强合规风险应对。针对发现的风险制定预案，采取有效措施，及时应对处置。对于重大合规风险事件，合规委员会统筹领导，合规管理负责人牵头，相关部门协同配合，最大限度化解风险、降低损失。

4. 建立健全合规审查机制。将合规审查作为规章制度制定、重大事项决策、重要合同签订、重大项目运营等经营管理行为的必经程序，及时对不合规的内容提出修改建议，未经合规审查不得实施。

5. 强化违规问责。完善违规行为处罚机制，明晰违规责任范围，细化惩处标准。畅通举报渠道，针对反映的问题和线索，及时开展调查，严肃追究违规人员责任。

6. 开展合规管理评估。定期对合规管理体系的有效性进行分析，对重大或反复出现的合规风险和违规问题，深入查找根源，完善相关制度，堵塞管理漏洞，强化过程管控，持续改进提升。

7. 加强合规考核评价。把合规经营管理情况纳入对各部门和所属企业负责人的年度综合考核，细化评价指标。对所属单位和员工合规职责履行情况进行评价，并将结果作为员工考核、干部任用、评先选优等工作的重要依据。

8. 重视合规培训。结合法治宣传教育，建立制度化、常态化培训机制，确保员工理解、遵循企业合规目标和要求。

9. 积极培育合规文化。通过制定发放合规手册、签订合规承诺书等方式，强化全员安全、质量、诚信和廉洁等意识，树立依法合规、守法诚信的价值观，筑牢合规经营的思想基础。

10. 建立合规报告制度。发生较大合规风险事件，合规管理牵头部门和相关部门应当及时向合规管理负责人、分管领导报告。重大合规风险事件应当向国资委和有关部门报告。

以上是关于采购合规管理的基本要求。每家国有企业经营范围、管理理念、发展战略不同，其合规管理工作开展的重点、方式也会有所差异，有必要结合企业自身的实际建立健全合规管理体系，严格防控采购领域合规风险。

第二章 国企招标管理

第一节 招标投标基本制度

一、招标投标制度的由来与发展

"凡是有竞争的存在，就有招标投标介入的可能性和必要性。"招标投标是一种富有竞争性的缔约方式，起始于英国、美国等西方发达国家并广泛应用于政府采购或公共采购领域，包括政府部门、公用事业企业采购都将其作为主要采购方式，并在越来越多的国家和国际组织中得到立法推行。

世界银行、亚洲开发银行等一些国际金融组织要求贷款人在贷款项目中将招标投标作为首选采购方式，并适用其制定的采购规定、招标文件，逐渐形成了一些公认的国际规则，如《世界银行贷款采购指南》《亚洲开发银行贷款采购指南》等。世界贸易组织《政府采购协议》是一项规范缔约方政府采购的多边框架协议，要求各成员国政府的采购法律法规对国内产品与服务的供应商提供保护与国外产品与服务的供应商实行国民待遇和非歧视性待遇，推动世界贸易自由化，由世界贸易组织的成员方自愿参加。我国承诺加快推进加入《政府采购协议》谈判，目前已经向世界贸易组织提交第七份出价清单，其中将一些国有企业也纳入采购实体。

联合国国际贸易法委员会于1994年颁布《货物和工程采购示范法》，2011年经过扩充修改更名为《公共采购示范法》，其内容涵盖通过招投标获取货物、工程或服务的一切公共采购，也包括国防和国家安全相关的采购，反映了国际上比较认同的公共采购领域的先进经验、发展趋势和法律措施，目的在于为各国对本国采购法律和实务进行评价和现代化，并在目前尚无采购立法的情况下建立采购立法提供一个参照范本。这些国际规则为其他国家推行招标投标制度起到了借鉴指导、促进发展的作用。

我国现代意义上的招标投标活动，最初于 1981 年起先后在深圳和吉林开始招投标的试点工作，以及从利用世界银行等国际金融组织和外国政府贷款完成的一些大型项目，按照贷款方要求，采用国际或国内竞争性招标方式采购，从而逐渐引进和熟悉招标投标制度。在立法上，也是主要借鉴联合国国际贸易法委员会《公共采购示范法》和《世界银行贷款采购指南》等国际规则制定了《招标投标法》《政府采购法》，并首先在工程建设项目中推行招标投标制度，逐渐扩展到政府采购、药品集中采购、特许经营权授予、国有土地使用权出让等领域。国企采购活动是《招标投标法》的主要适用对象。随后，陆续出台了一系列规范招标投标的行政法规、部门规章和规范性文件。

二、对"招标投标"的理解

正确理解"招标投标"应从它的"一体两面"来认识。首先，将"招标投标"作为一个整体考虑，它是招标人利用竞争机制，事先提出货物、工程或服务交易的条件和要求，邀请众多投标人参加投标，招标人按照规定程序评审，并从中择优选择交易对象的一种成熟、规范和科学的市场交易行为[1]。包括招标人（或其委托的招标代理机构）发布招标公告（或投标邀请书），邀请投标人参与竞争，并按照规定的程序和规则，通过对投标人的报价、技术及商务等因素进行评审比较，并从中择优选定中标者并与其签订合同，以达到资源优化配置的目的。其次，可以站在招标人或投标人的不同角度，将"招标""投标"作为相互对应的两个概念来分别理解。"招标"，是指某人为了订立让他人为自己履行特定义务的合同而将订立该合同的期望及基本要求公之于众或者通知有能力履行该义务的数个当事人，以便使他们向自己提出订立合同的愿望、履行该合同的方案及可接受的合同条件[2]。也就是招标人以招标公告或投标邀请书为媒介发出的邀请有意向的供应商向其发出投标要约的意思表示。"投标"，是指按照招标人提出的要求，在规定时间内向招标人发出的以订立合同为目的的包括合同成立所需要的全部条款的意思表示[3]。也就是说，有意向的投标人响应招标人的投标邀请、按时递交投标文件参与竞争并表达期待与招标人达成交易缔结合同愿望的意思表示。

招标主要适用于市场交易活动中，尽管常常作为一种采购行为应用，但也可

---

①　白如银：《招标投标法律解读与风险防范实务》，中国法制出版社 2019 年版，第 4 页。

②　李永军：《合同法（第三版）》，法律出版社 2010 年版，第 80 页。

③　张俊浩主编：《民法学原理》，中国政法大学出版社 1991 年版，第 688 页。

以作为出售行为使用，实际上目前在商业用房招租、广告招商等情况下被广泛应用，出租、出售人取得较好的经济效益。国企采购采用招标方式，除了采购工程、货物和服务实现资源优化配置外，也可以利用其竞争机制的制度优势，在不动产招租、废旧物资处置等活动中采用招标方式，与采购所不同的是，前者是价高者得，可以设置最低投标限价；后者是价低者得，可以设置最高投标限价。对于国有企业来说，还有国有产权转让、国有资产处置等方面都可以采用招标投标方式。比如《企业国有资产交易监督管理办法》（国务院国资委、财政部令第32号）第二十二条规定了产权转让竞价可以采取拍卖、招投标、网络竞价以及其他竞价方式。

实际上，招标投标除了是一种市场交易方式外，也被行政许可领域借鉴应用。已经有越来越多的行政管理领域的行政法规、部门规章和规范性文件规定，实施有限自然资源开发利用、公共资源配置以及直接关系公共利益的特定行业的市场准入，需要赋予特定权利的事项（如出租汽车的车辆经营权、增量配电项目的投资运营权、风电资源的开发利用）的行政许可事项，行政机关应当参照《招标投标法》规定的程序通过招标等公平竞争的方式作出行政许可决定。如交通运输部《出租汽车经营服务管理规定》第十三条规定："国家鼓励通过服务质量招投标方式配置出租汽车的车辆经营权。设区的市级或者县级道路运输管理机构应当根据投标人提供的运营方案、服务质量状况或者服务质量承诺、车辆设备和安全保障措施等因素，择优配置出租汽车的车辆经营权，向中标人发放车辆经营权证明，并与中标人签订经营协议。"国家能源局、国家海洋局《海上风电开发建设管理办法》（国能新能〔2016〕394号）第十五条规定："鼓励海上风电项目采取招标方式选择开发投资企业……"这种招标投标不再是民事行为，而是授予行政许可的手段之一，本质上属于行政行为，但在程序上参照招标投标法规定的程序进行。

【类案释法 2-1】招标投标法除了适用于工程建设项目也适用于其他招标事项

最高人民法院（2016）最高法民申 2446 号民事裁定书[①]：《招标投标法》第三条对必须进行招标的"工程建设项目"作了规定，但并未排除该法对其他招标事项的适用。本案双方约定由政府对案涉土地采取招拍挂的方式出让，即应该

---

① 来源于中国裁判文书网：山东某兴食品有限公司、杭州某驰投资有限公司合资、合作开发房地产合同纠纷再审审查与审判监督民事裁定书。

适用招标投标法等法律。《补充协议书》约定，当土地实际成交价格超过 71 万元/亩时，同兴公司将超过部分的 80% 返还给纳驰公司。该约定实质是同兴公司利用其享有的政策优势，通过不正当方式将不确定的招投标价异化为固定的协议价格，违反了《招标投标法》第三十二条的强制性规定。

招标投标制度的价值在于，一是确立竞争的规范准则。招标投标作为一种竞争方式，有其自成一体的竞争规则和程序，必须依次经过严格的招标、投标、开标、评标、定标和订立合同等基本程序，构建了充分竞争的交易机制，有利于促进统一、开放、竞争、有序的市场体系建设。二是扩大竞争范围。招标人预先通过媒体公告招标信息，广泛吸引有兴趣的投标人参加投标，增加了竞争主体，扩大了竞争范围，有利于竞争机制的充分发挥，减少采购成本，提高技术、质量。三是促进技术进步和管理提升。投标人为了中标，会千方百计地加大投入，学习先进的管理制度和管理经验，研发或引进先进的生产技术，提高设备装备水平、产品技术含量和施工工艺，不断提高工程、货物和服务质量，推动管理创新和技术革新，提高企业竞争力。四是提供正确的市场信息。招标投标方式提供了一种较为充分竞争的市场环境，每一次招标投标的结果都传递了比较真实的价格信息。因此，运用招标投标方式进行采购，不仅符合市场经济的竞争原则，同时还促进了竞争，规范了市场交易双方的行为，最终促进了社会资源的优化配置。

三、招标投标的主要特点

各种采购方式各有特点和适用范围。与其他采购方式相比，招标投标具有鲜明特点：一是信息公开透明。《招标投标法》要求招标投标程序在公开情况下进行，公开发布招标公告，公开邀请投标人，公开开标，招标项目情况、投标人资格条件、招标程序、评标标准与方法、中标条件、中标结果、合同条款等招标投标信息完全公开透明。《招标公告和公示信息发布管理办法》对依法必须招标项目的资格预审公告、招标公告及中标候选人公示、中标结果公示等信息范围、内容、媒介、时间、要求等作出明确规定。总体将招标采购行为置于社会监督之下，可以防止不正当交易，确保招标投标程序公开、公平，结果公正。

二是竞争充分。招标投标是一种引发竞争的缔约程序，在合同订立过程中引入竞争机制，充分体现了竞争的平等、正当和合法等基本原则，也促使整个合同订立过程更加公平、更体现效率。招标人通过一整套严格的程序和规则，可以最大限度地吸引和扩大投标人的竞争，从而使招标人有可能以更低的价格、更优的条件采购到所需的工程、货物或服务，更充分地获得市场利益，最终实现其采购经济效益目标。

三是一次性报价。招标采购不存在也不允许买卖双方多次谈判讨价还价，投标人只能一次性报价，一旦开标就不允许以任何理由更改，在确定中标人前，招标人不得与投标人就投标价格、投标方案等实质性内容进行谈判；在发出中标通知书之后，招标人和中标人不得再行订立背离合同实质性内容的其他协议，也包括不得对合同价格进行协商变更，以杜绝投机取巧、徇私舞弊、恶意串通和不正当交易等行为，杜绝以"黑白合同"修改价格。

四是程序公平规范。招标投标全过程自始至终按照事先规定的程序和条件，本着公平竞争的原则进行。招标投标活动有计划有组织地进行，招标投标程序、规则和条件由招标人事先制订并公布，对招标投标双方都具有约束力，当事人不得随意变更。从招标、投标、开标、评标、定标到签订合同的所有环节，都必须严格按照法律法规和招标文件规定的程序、规则开展。任何有资格有能力的潜在投标人均有权参加投标，招标人不得歧视、偏袒。评标委员会必须按照事先确定的评标标准、方法公正客观地评价，从中择优选择出最符合采购条件的中标人。所有这些措施保证了招标投标程序的完整、规范、公平。

基于以上特点，招标投标制度对于寻找供应商，促进市场竞争，发现市场价格，保证招标人获取最大限度的竞争效益，保障投标人享受公平、公正的待遇，提高采购的透明度，杜绝腐败，有着极为重要的意义。

当然，招标投标方式也有不容忽视的缺点：

第一，招标这种采购方式采购程序的复杂性决定了采购成本比其他采购方式要高，不适合小额采购，电子招标相应能降低招标的成本开支和投标人的投标支出等社会成本。

第二，招标有严格的步骤不能缺省，导致采购所需时间长，不能满足紧急需求。

第三，招标投标限制与投标人的互动交流，在技术、商务等合同履行环节方面缺少对细节问题的沟通与协商，可能导致后来的商品或服务不完全符合招标人的采购需求，不适合技术复杂、需求不确定项目的采购。

第四，招标投标方式尽管可以结合采购项目实际设置采购需求和评审因素，选择合理的评标方法，但实践中往往最低价中标，影响正常履约，埋下纠纷隐患。

第五，招标文件中的采购条件限制较多，对招标人的个性化需求不能完全满足。

第六，在竞争不完全充分的情况下，不容易管控中标价格，最终价格可能高于市场价，也可能得不到最优的服务和质量。

第七，采购成本的降低可能导致中标人为了控制成本降低技术参数或服务标准，资产全生命周期的总成本可能会抬高，这样的结果对于招标人并非有益。

综上，招标投标方式仅仅是采购方式之一种，并非完全适用于所有采购项目，并非在任何采购项目中都能取得最佳采购效果。

四、招标投标的基本原则

《招标投标法》第五条规定："招标投标活动应当遵循公开、公平、公正和诚实信用的原则"，该"三公一诚信"原则贯穿于招标投标活动全部环节，是招标人、投标人的行为准则。我们在处理招标投标中的具体问题或者法院在处理案件时，有具体法律条文的，应适用具体法律条文，无具体法律条文的，可适用《招标投标法》的上述基本原则来衡量和处理。

（一）公开原则

公开原则，强调信息公开透明，就是要求招标投标活动具有较高的透明度，使每一个投标人获得同等、充分的信息，使所有符合条件且感兴趣的潜在投标人都有机会得悉招标信息、参与投标竞争。基本要求是：

1. 招标信息要公开。关键是要做到对所有潜在投标人充分公开信息，不搞人为封锁、区别对待，促使竞争更加充分、公平。表现在：招标人采用公开招标方式的，应当面向公众发布招标公告；需要进行资格预审的，应当发布资格预审公告。依法必须招标项目的资格预审公告和招标公告内容及发布方式应遵循《招标公告和公示信息发布管理办法》的规定，中标候选人、中标结果等信息也应公示。招标文件应当载有为潜在投标人作出投标决策、进行投标准备所必需以及其他为保证招标投标过程公开、透明的有关信息。招标投标程序及评标标准和办法应当在招标文件中载明。招标人对已发出的招标文件进行必要的澄清或者修改的，应当以书面形式通知所有招标文件收受人。招标人应向潜在投标人和投标人提供相同的信息。

2. 公开开标。招标人应当按照招标文件载明的时间和地点公开开标，所有投标人均可参加开标仪式；开标时，对投标截止时间前收到的所有投标文件应当众拆封，公开各投标人名称、投标价格等投标文件中的主要内容。

3. 中标候选人、中标结果要公开。评标结束，依法必须招标的项目应公示中标候选人。确定中标人后，招标人应当向中标人发出中标通知书，并同时将中标结果通知所有未中标的投标人。

当然，"公开为原则，不公开为例外"，公开不是绝对的，还必须做好必要的保密工作，《招标投标法》对潜在投标人数量和名称、评标委员会成员、标底、评标过程等可能影响公平竞争的信息进行保密，以杜绝串标、围标、舞弊、行贿等违法行为。对投标文件以及评标中获悉的国家秘密及投标人的商业秘密应当保密。招标人、招标代理机构、评标委员会、招标监督部门的有关人员同样负有保密的义务，不得透露对投标文件的评审和比较、中标候选人的推荐情况以及与评标有关的其他情况，不得擅自对外公开上述资料。

（二）公平原则

公平原则，强调投标人竞争机会平等，要求在招标投标活动中，招标人给予所有投标人平等的机会，使他们享有同等权利和公平的待遇，承担相应义务，招标人不得特意照顾或者有意排斥某一个或几个潜在投标人或投标人[①]，这也是破除人为设置竞争壁垒、优化营商环境、构建统一市场的必然要求。同时，按照民事活动的公平、意思自治原则，也要求招标人和投标人作为民事主体，在招标投标活动中地位平等、权利义务对等，任何一方不得向对方提出不合理要求，不得将自己的意志强加给对方，如不得要求工程承包人垫资承揽工程。根据《招标投标法》第六条规定，依法必须进行招标的项目，其招标投标活动不受地区或者部门的限制。对所有投标人设置的资格条件是平等的，不搞差别待遇或设置技术壁垒。任何单位和个人不得违法限制或者排斥本地、本系统以外的法人或者其他组织投标，不得以任何方式非法干涉招标投标活动。招标人要严格按照公开的招标条件和程序操作，同等地对待每一个投标人，对所有投标人适用相同的评标标准和招标投标程序，不得厚此薄彼。投标人也不得以不正当的手段参加竞争，不得弄虚作假、串通投标，不得向招标人及其工作人员行贿、提供回扣或给予其他好处。

（三）公正原则

公正原则，要求招标投标活动严格按照事先公开的条件和程序进行，招标人对所有投标人一视同仁，不歧视任何一方，确保实现招标结果公正。该原则要求：（1）评标委员会成员应由招标人从评标专家库中依法选定且不得与投标人有利害关系，以保证评审结果公正、合理。（2）评标工作应保密进行，免受投标人围猎和外界干扰，招标人及其他组织、个人也不得非法干涉评标委员会客

[①] 毛林繁、李帅锋编著：《招标投标法条文辨析及案例分析》，中国建筑工业出版社 2013 年版，第 28 页。

观、公正、独立评标。（3）评标委员会不得以任何明示或暗示的方式，使某些投标人以澄清方式改变投标文件实质性内容。（4）评标委员会必须严格按事先规定的统一的评标标准和方法，对所有投标人提交的投标文件进行评审，应严格依据招标文件约定和招标投标法规定的条件否决投标。（5）招标人必须在评标委员会推荐的中标候选人范围内依照定标原则确定中标人，并与之按照招标文件和中标人的投标文件订立合同。

（四）诚实信用原则

《民法典》第七条规定："民事主体从事民事活动，应当遵循诚信原则，秉持诚实，恪守承诺。"诚实信用原则是指招标投标当事人都应以诚实、善意的态度依法行使权利，履行义务，不得有欺诈、背信的行为，不得损害对方、第三人和社会利益。从这一原则出发，《招标投标法》规定了招标投标当事人不得规避招标、串通投标、弄虚作假、骗取中标、转包、违法分包等诸多义务。如：招标人不得以任何形式搞虚假招标；投标人递交的投标资格证明材料和投标文件的各项内容都要真实、可信；订立合同后，各方都应依法全面履行合同。违反诚实信用原则，实施串通投标、虚假投标、贿赂中标等违法行为的，《民法典》《招标投标法》等规定了法律责任，招标人、投标人也可以根据招标文件的规定追究对方责任。《招标投标法实施条例》第七十九条也规定"国家建立招标投标信用制度"，通过建立招标投标违法行为记录公告制度、失信联合惩戒机制等，加快推进社会信用体系建设，进一步促进招标投标市场健康有序发展。

五、招标投标信用体系建设

信用管理是国家对经济活动最有效的监督方式之一。《国务院关于建立完善守信联合激励和失信联合惩戒制度加快推进社会诚信建设的指导意见》（国发〔2016〕33号）要求充分运用信用激励和约束手段，加大对诚信主体激励和对严重失信主体惩戒力度，让守信者受益、失信者受限，形成褒扬诚信、惩戒失信的制度机制。在有关部门和社会组织依法依规对本领域失信行为作出处理和评价的基础上，通过信息共享，推动其他部门和社会组织依法依规对严重失信行为采取联合惩戒措施，包括严重破坏市场公平竞争秩序和社会正常秩序的行为，如出借和借用资质投标、围标串标等严重失信行为。《国务院关于印发社会信用体系建设规划纲要（2014-2020年）的通知》载明："招标投标领域信用建设。扩大招标投标信用信息公开和共享范围，建立涵盖招标投标情况的信用评价指标和评价标准体系，健全招标投标信用信息公开和共享制度。进一步贯彻落实招标投标违法行为记录公告制度，推动完善奖惩联动机制。依托电子招标投标系统及其公共服务平台，实现招标投标和合同履行等信用信息的互联互通、实时交换和整合共享。鼓励市场主体运用基本信用信息和第三方信用评价结果，并将其作为投标人资格审查、评标、定标和合同签订的重要依据。"

对失信企业，实行"一处失信，处处受限"联合惩戒机制，比如限制失信企业投标是常用的惩戒措施，只要被纳入安全生产领域失信生产经营单位及其相关人员、失信被执行人、重大税收案件当事人等"黑名单"的单位和个人，在投标时将被限制。如《建筑市场信用管理暂行办法》（建市〔2017〕241号）第十四条规定：县级以上住房城乡建设主管部门按照"谁处罚、谁列入"的原则，将存在下列情形的建筑市场各方主体，列入建筑市场主体"黑名单"：（一）利用虚假材料、以欺骗手段取得企业资质的；（二）发生转包、出借资质，受到行政处罚的；（三）发生重大及以上工程质量安全事故，或1年内累计发生2次及以上较大工程质量安全事故，或发生性质恶劣、危害性严重、社会影响大的较大工程质量安全事故，受到行政处罚的；（四）经法院判决或仲裁机构裁决，认定为拖欠工程款，且拒不履行生效法律文书确定的义务的。第十七条规定：各级住房城乡建设主管部门应当将列入建筑市场主体"黑名单"和拖欠农民工工资"黑名单"的建筑市场各方主体作为重点监管对象，在市场准入、资质资格管理、招标投标等方面依法给予限制。

表5　与招投标相关失信惩戒措施

序号	文件名称	惩戒对象	惩戒措施
1	《国务院关于促进市场公平竞争维护市场正常秩序的若干意见》（国发〔2014〕20号）	违背市场竞争原则和侵犯消费者、劳动者合法权益的市场主体。	第四条第十五项：对失信主体在经营、投融资、取得政府供应土地、进出口、出入境、注册新公司、工程招标投标、政府采购、获得荣誉、安全许可、生产许可、从业任职资格、资质审核等方面依法予以限制或禁止。
2	《国务院关于印发社会信用体系建设规划纲要（2014-2020年）的通知》（国发〔2014〕21号）	列入不良行为记录名单的供应商。	在一定期限内禁止参加政府采购活动。鼓励市场主体运用基本信用信息和第三方信用评价结果，并将其作为投标人资格审查、评标、定标和合同签订的重要依据。
3	《国务院关于建立完善守信联合激励和失信联合惩戒制度加快推进社会诚信建设的指导意见》（国发〔2016〕33号）	严重失信主体。	（十）依法依规加强对失信行为的行政性约束和惩戒。限制参与有关公共资源交易活动，限制参与基础设施和公用事业特许经营。

序号	文件名称	惩戒对象	惩戒措施
4	《企业信息公示暂行条例》（国务院令第654号）	被列入经营异常名录或者严重违法企业名单的企业。	县级以上地方人民政府及其有关部门应当建立健全信用约束机制，在政府采购、工程招标投标、国有土地出让、授予荣誉称号等工作中，将企业信息作为重要考量因素，对被列入经营异常名录或者严重违法企业名单的企业依法予以限制或者禁入。
5	国家发展改革委、工商行政管理总局、中央精神文明建设指导委员会办公室等《关于印发〈失信企业协同监管和联合惩戒合作备忘录〉的通知》（发改财金〔2015〕2045号）	违背市场竞争准则和诚实信用原则，存在侵犯消费者合法权益、制假售假、未履行信息公示义务等违法行为，被各级工商行政管理、市场监督管理部门（以下简称"工商行政管理部门"）吊销营业执照、列入经营异常名录或严重违法失信企业名单，并在企业信用信息公示系统上予以公示的企业及其法定代表人（负责人），以及根据相关法律法规定对企业严重违法行为负有责任的企业法人和自然人股东、其他相关人员。	（六）限制参与政府采购活动。1.惩戒措施：对当事人在一定期限内依法限制其参与政府采购活动。（七）限制参与工程招标投标。1.惩戒措施：对当事人在一定期限内参与依法进行投标项目投标活动的行为予以限制。
6	国家发展改革委、中国证券监督管理委员会、财政部等《关于印发〈关于对违法失信上市公司相关责任主体实施联合惩戒的合作备忘录〉的通知》（发改财金〔2015〕3062号）	被中国证监会及其派出机构依法予以行政处罚、市场禁入的上市公司及相关机构和人员等责任主体（以下简称违法失信当事人），包括：（1）上市公司；（2）上市公司的董事、监事、高级管理人员等责任人员；（3）上市公司控股股东、实际控制人、持股5%以上的股东及其董事、监事、高级管理人员等责任人员；（4）上市公司收购人、上市公司重大资产重组或者发行股份购买资产的交易各方（含一致行动人）及其董事、监事、高级管理人员等责任人员。其中，以违法失信的上市公司控股股东、实际控制人、董事、监事、高级管理人员等责任人员为主。	禁止参加政府采购活动。对违法失信当事人，特别是上市公司控股股东、实际控制人及各机构相关责任人员，在一定期限内禁止作为供应商参加政府采购活动。

续表

序号	文件名称	惩戒对象	惩戒措施
7	最高人民法院、国家发展改革委、工业和信息化部等《关于在招标投标活动中对失信被执行人实施联合惩戒的通知》（法〔2016〕285号）	被人民法院列为失信被执行人的下列人员：投标人、招标代理机构、评标专家以及其他招标从业人员。	（一）限制失信被执行人的投标活动 依法必须进行招标的工程建设项目，招标人应当在资格预审公告、招标公告、投标邀请书及资格预审文件、招标文件中明确规定对失信被执行人的处理方法和评标标准，在评标阶段，招标人或者招标代理机构、评标专家委员会应当查询投标人是否为失信被执行人，对属于失信被执行人的投标活动依法予以限制。 两个以上的自然人、法人或者其他组织组成一个联合体，以一个投标人的身份共同参加投标活动的，应当对所有联合体成员进行失信被执行人信息查询。联合体中有一个或一个以上成员属于失信被执行人的，联合体视为失信被执行人。 （二）限制失信被执行人的招标代理活动 招标人委托招标代理机构开展招标事宜的，应当查询其失信被执行人信息，鼓励优先选择无失信记录的招标代理机构。 （三）限制失信被执行人的评标活动 依法建立的评标专家库管理单位在对评标专家聘用审核及日常管理时，应当查询有关失信被执行人信息，不得聘用失信被执行人为评标专家。对评标专家在聘用期间成为失信被执行人的，应及时清退。 （四）限制失信被执行人招标从业活动 招标人、招标代理机构在聘用招标从业人员前，应当明确规定对失信被执行人的处理办法，查询相关人员的失信被执行人信息，对属于失信被执行人的招标从业人员应按照规定进行处理。

续表

序号	文件名称	惩戒对象	惩戒措施
8	国家发展改革委、最高人民法院、中国人民银行等《关于印发对失信被执行人实施联合惩戒的合作备忘录的通知》（发改财金〔2016〕141号）	最高人民法院公布的失信被执行人（包括自然人和单位）。	鼓励市场主体运用基本信用信息和第三方信用评价结果，并将其作为投标人资格审查、评标、定标和合同签订的重要依据。协助查询政府采购项目信息；依法限制参加政府采购活动。
9	国家发展改革委、中国人民银行、国家安全生产监督管理总局等《关于印发〈关于对安全生产领域失信生产经营单位及其有关人员开展联合惩戒的合作备忘录〉的通知》（发改财金〔2016〕1001号）	在安全生产领域存在失信行为的生产经营单位，及其法定代表人、主要负责人、分管安全的负责人、负有直接责任的有关人员等。	（三）依法限制参与建设工程招标投标。（五）依法限制生产经营单位取得或者终止其基础设施和公用事业特许经营。（十八）依法限制存在失信行为的生产经营单位参与政府采购活动。
10	国家发展改革委、中国人民银行、环境保护部等《印发〈关于对环境保护领域失信生产经营单位及其有关人员开展联合惩戒的合作备忘录〉的通知》（发改财金〔2016〕1580号）	在环境保护领域存在严重失信行为的生产经营单位及其法定代表人、主要负责人和负有直接责任的有关人员。	3.禁止作为供应商参加政府采购活动。4.限制参与财政投资公共工程建设项目投标活动。5.限制参与基础设施和公用事业特许经营。
11	国家发展改革委、国家食品药品监督管理总局、中国人民银行等《印发〈关于对食品药品生产经营严重失信者开展联合惩戒的合作备忘录〉的通知》（发改财金〔2016〕1962号）	食品药品监督管理部门公布的存在严重失信行为的食品（含食品添加剂）、药品、化妆品、医疗器械生产经营者。该生产经营者为企业的，联合惩戒对象为企业及其法定代表人、负有直接责任的有关人员；该生产经营者为其他经济组织的，联合惩戒对象为其他经济组织及其负责人；该生产经营者为自然人的，联合惩戒对象为本人。	在一定期限内依法禁止其参与政府采购活动。

序号	文件名称	惩戒对象	惩戒措施
12	国家发展改革委、中国人民银行、国家质量监督检验检疫总局等《印发〈关于对严重质量违法失信行为当事人实施联合惩戒的合作备忘录〉的通知》（发改财金〔2016〕2202号）	违反产品质量管理相关法律、法规，违背诚实信用原则，经过质检部门认定存在严重质量违法失信行为的生产经营企业及其法定代表人。	10.依法限制参与政府采购活动。11.限制参与工程等招标投标。
13	国家发展改革委、中国人民银行、财政部等《印发〈关于对财政性资金管理使用领域相关失信责任主体实施联合惩戒的合作备忘录〉的通知》（发改财金〔2016〕2641号）	财政部、国家发展改革委会同有关部门确定的在财政性资金管理使用领域中存在弄虚作假、虚报冒领、骗取套取、截留挪用、拖欠国际金融组织和外国政府贷款到期债务等失信、失范行为的单位、组织和有关人员。	（三）依法限制参加政府采购活动。依法限制失信责任主体作为供应商参加政府采购活动。（四）作为选择参与政府和社会资本合作的参考。将失信责任主体相关信息作为选择参与政府和社会资本合作的依据或参考。（十四）依法限制参与基础设施和公用事业特许经营。对失信责任主体申请参与基础设施和公用事业特许经营，依法进行必要限制。（十六）依法限制参与政府投资工程建设项目投标活动。对失信责任主体申请参与政府投资工程建设项目投标活动，依法进行必要限制。
14	国家发展改革委、中国人民银行、国家税务总局等《印发〈关于对重大税收违法案件当事人实施联合惩戒措施的合作备忘录（2016年版）〉的通知》（发改财金〔2016〕2798号）	税务机关根据《国家税务总局关于修订〈重大税收违法案件信息公布办法（试行）〉的公告》（国家税务总局公告2016年第24号）等有关规定，公布的重大税收违法案件信息中所列明的当事人。当事人为自然人的，惩戒的对象为当事人本人；当事人为企业的，惩戒的对象为企业及其法定代表人、负有直接责任的财务负责人；当事人为其他经济组织的，惩戒的对象为其他经济组织及其负责人、负有直接责任的财务负责人；当事人为负有直接责任的中介机构及从业人员的，惩戒的对象为中介机构及其法定代表人或负责人，以及相关从业人员。	（九）依法禁止参加政府采购活动。1.惩戒措施：对公布的重大税收违法案件当事人，在一定期限内依法禁止参加政府采购活动。（二十）依法限制参与有关公共资源交易活动。1.惩戒措施：对公布的重大税收违法案件当事人，依法限制参与有关公共资源交易活动。（二十一）依法限制参与基础设施和公用事业特许经营。1.惩戒措施：对公布的重大税收违法案件当事人，依法限制参与基础设施和公用事业特许经营。

续表

序号	文件名称	惩戒对象	惩戒措施
15	国家发展改革委、中国人民银行、交通运输部等《印发〈关于对严重违法失信超限超载运输车辆相关责任主体实施联合惩戒的合作备忘录〉的通知》（发改财金〔2017〕274号）	根据《交通运输部办公厅关于界定严重违法失信超限超载运输行为和相关责任主体有关事项的通知》（交办公路〔2017〕8号）和相关法律、法规、规章及规范性文件等有关规定，公布的严重违法失信超限超载运输车辆的相关责任主体。包括：货运源头单位、道路运输企业及其法定代表人、主要负责人和负有直接责任的有关人员；货运车辆和货运车辆驾驶人。	4. 依法限制参与政府采购活动。协助查询政府采购项目信息，依法限制失信当事人在一定期限内参与政府采购活动。6. 依法限制参与工程等招标投标。在一定期限内依法限制失信当事人参与投标活动。
16	国家发展改革委、中国人民银行、农业部等《印发〈关于对农资领域严重失信生产经营单位及其有关人员开展联合惩戒的合作备忘录〉的通知》（发改财金〔2017〕346号）	在农资生产经营领域存在严重失信行为的企业及其法定代表人、主要负责人和直接负责的主管人员。	15. 依法限制失信企业参与政府采购活动。16. 依法限制失信企业参与工程等招标投标。
17	国家发展改革委、中国人民银行、海关总署等《印发〈关于对海关失信企业实施联合惩戒的合作备忘录〉的通知》（发改财金〔2017〕427号）	根据《中华人民共和国海关企业信用管理暂行办法》（海关总署令第225号）认定的海关失信企业及其法定代表人（负责人）、董事、监事、高级管理人员。	20. 在一定期限内，依法限制参与政府采购活动。21. 在一定期限内，依法限制参与工程等招标投标。
18	国家发展改革委、中国人民银行、中国银行业监督管理委员会、中国证券监督管理委员会、中国保险监督管理委员会等《印发〈关于对涉金融严重失信人实施联合惩戒的合作备忘录〉的通知》（发改财金〔2017〕454号）	列入涉金融严重失信人名单的当事人。当事人为企业的，联合惩戒对象为企业及其法定代表人，实际控制人，负有个人责任或直接领导责任的董事、监事、高级管理人员，负有直接责任的从业人员；当事人为社会组织的，联合惩戒对象为社会组织及其法定代表人和负有直接责任的工作人员；当事人为自然人的，惩戒对象为自然人本人。	依法限制参加依法必须进行招标的工程建设项目招标投标和政府采购活动。依法限制失信名单当事人作为投标人参加依法必须进行招标的工程建设项目招标投标，或者作为供应商参加政府采购活动，由国家发展改革委、财政部等相关部门实施。

续表

序号	文件名称	惩戒对象	惩戒措施
19	国家发展改革委、中国人民银行、工业和信息化部等《印发〈关于在电子认证服务行业实施守信联合激励和失信联合惩戒的合作备忘录〉的通知》（发改财金〔2017〕844号）	工业和信息化部认定并公布的存在严重失信行为的电子认证服务机构，未经许可从事电子认证服务的企事业单位或其他组织及其法定代表人、主要负责人和负有直接责任的有关人员。	禁止作为供应商参加政府采购活动。
20	国家发展改革委、国务院国有资产监督管理委员会、国家能源局等《印发〈关于对电力行业严重违法失信市场主体及其有关人员实施联合惩戒的合作备忘录〉的通知》（发改运行〔2017〕946号）	违反电力管理等相关法律、法规规定，违背诚实信用原则，经政府主管部门认定存在严重违法失信行为并纳入电力行业"黑名单"的市场主体及负有责任的法定代表人、自然人股东、其他相关人员。	限制参与工程等招标投标活动。
21	国家发展改革委、中国人民银行、工业和信息化部、国家食品药品监督管理总局等《印发〈关于对盐行业生产经营严重失信者开展联合惩戒的合作备忘录〉的通知》（发改经体〔2017〕1164号）	国务院盐业主管机构公布的存在严重失信行为的食用盐和非食用盐产品生产和经营者。该生产经营者为企业的，联合惩戒对象为企业及其法定代表人、负有直接责任的有关人员；该生产经营者为其他经济组织的，联合惩戒对象为其他经济组织及其负责人；该生产经营者为自然人的，惩戒对象为自然人本人。	在一定期限内依法禁止其参与政府采购活动。
22	国家发展改革委、中国人民银行、住房和城乡建设部等《关于印发〈关于对房地产领域相关失信责任主体实施联合惩戒的合作备忘录〉的通知》（发改财金〔2017〕1206号）	在房地产领域开发经营活动中存在失信行为的相关机构及人员等责任主体，包括：（1）房地产开发企业、房地产中介机构、物业管理企业；（2）失信房地产企业的法定代表人、主要负责人和对失信行为负有直接责任的从业人员。	8.禁止作为供应商参加政府采购活动。10.限制参与政府投资公共工程建设的投标活动。11.限制或者禁止参与基础设施和公用事业特许经营，依法取消已获得的特许经营权。23.限制参与公共资源交易活动。

序号	文件名称	惩戒对象	惩戒措施
23	国家发展改革委、中国人民银行、国家能源局等《印发〈关于对石油天然气行业严重违法失信主体实施联合惩戒的合作备忘录〉的通知》（发改运行〔2017〕1455号）	石油天然气行业从事勘探开发、储运、加工炼制、批发零售及进出口等业务，违反相关法律、法规、规章及规范性文件规定，违背诚实信用原则，经有关主管部门认定存在严重违法失信行为并被列入石油天然气行业"严重违法失信名单"的市场主体。该市场主体为企业的，联合惩戒对象为企业及其法定代表人、负有直接责任的有关人员；该市场主体为其他经济组织的，联合惩戒对象为其他经济组织及其负责人；该市场主体为自然人的，联合惩戒对象为自然人本人。	27. 依法禁止作为供应商参加政府采购活动。29. 限制参与基础设施和公用事业特许经营。
24	国家发展改革委、中国人民银行、交通运输部等《印发〈关于对运输物流行业严重违法失信市场主体及其有关人员实施联合惩戒的合作备忘录〉的通知》（发改运行〔2017〕1553号）	违反运输物流行业相关法律、法规、规章及规范性文件规定，违背诚实守信原则，经政府行政管理部门认定存在严重违法失信行为并被列入运输物流行业"黑名单"的市场主体及负有直接责任的法定代表人、企业负责人、挂靠货车实际所有人及相关人员。本备忘录所指的运输物流行业市场主体为从事运输、仓储、配送、代理、包装、流通加工、快递、信息服务等物流相关业务的企业和个体工商户。	4. 对失信主体作为供应商参加政府采购活动依法予以限制。5. 对失信主体参与工程等招标投标依法予以限制。
25	国家发展改革委、中国人民银行、中国保险监督管理委员会等《印发〈关于对保险领域违法失信相关责任主体实施联合惩戒的合作备忘录〉的通知》（发改财金〔2017〕1579号）	保险监督管理部门依法认定的存在严重违法失信行为的各类保险机构、保险从业人员以及与保险市场活动相关的其他机构和人员。	（十一）依法限制参加政府采购活动。对保险领域违法失信当事人，依法限制其作为供应商参加政府采购活动。（二十六）依法限制参与政府投资工程建设项目投标活动参考。将保险领域违法失信当事人相关失信信息作为限制申请参与政府投资工程建设项目投标活动的参考。

序号	文件名称	惩戒对象	惩戒措施
26	国家发展改革委、中国人民银行、商务部、外交部等《关于印发〈关于对对外经济合作领域严重失信主体开展联合惩戒的合作备忘录〉的通知》（发改外资〔2017〕1894号）	被对外经济合作主管部门和地方列为对外经济合作领域严重失信行为的责任主体和相关责任人。	6. 依法限制严重失信主体参与政府采购活动。7. 依法限制严重失信主体参与政府投资工程建设项目投标活动。17. 对失信主体，限制其参与基础设施和公用事业特许经营。
27	国家发展改革委、中国人民银行、商务部等《印发〈关于对国内贸易流通领域严重违法失信主体开展联合惩戒的合作备忘录〉的通知》（发改财金〔2017〕1943号）	批发零售、商贸物流、住宿餐饮及居民服务等国内贸易流通领域，违反相关法律、法规、规章和规范性文件，违背诚实信用原则，经有关主管部门确认存在严重违法失信行为的市场主体。该主体为企业的，联合惩戒对象为企业及其法定代表人、主要负责人和其他负有直接责任的人员；该主体为其他经济或行业组织的，联合惩戒对象为其他经济或行业组织及其主要负责人和其他负有直接责任的人员；该主体为自然人的，联合惩戒对象为自然人本人。	7. 在一定期限内依法禁止其作为供应商参与政府采购活动。9. 依法限制或者禁止参与基础设施和公用事业特许经营。10. 依法限制参与有关公共资源交易活动。
28	国家发展改革委、中国人民银行、人力资源和社会保障部等《印发〈关于对严重拖欠农民工工资用人单位及其有关人员开展联合惩戒的合作备忘录〉的通知》（发改财金〔2017〕2058号）	存在严重拖欠农民工工资违法失信行为的用人单位及其法定代表人、主要负责人和负有直接责任的有关人员。	（四）依法限制参与工程建设项目招标投标活动。（五）依法限制取得或终止其基础设施和公用事业特许经营。（七）在一定期限内依法禁止其作为供应商参与政府采购活动。
29	国家发展改革委、中国人民银行、国家质量监督检验检疫总局等《印发〈关于对出入境检验检疫企业实施守信联合激励和失信联合惩戒的合作备忘录〉的通知》（发改财金〔2018〕176号）	严重违反检验检疫相关法律法规，违背诚实守信原则，经过质检总局认定存在严重违法失信行为的进出口生产经营及相关代理企业。	15. 依法限制参与政府采购活动。对严重失信企业在一定时期内禁止作为供应商参加政府采购活动。参与工程等招标投标限制。16. 参与工程等招标投标限制。对严重失信企业限制参与工程等招标投标。

序号	文件名称	惩戒对象	惩戒措施
30	国家发展改革委、中国人民银行、商务部、人力资源和社会保障部等《印发〈关于对家政服务领域相关失信责任主体实施联合惩戒的合作备忘录〉的通知》（发改财金〔2018〕277号）	在家政服务领域经营活动中违反《家庭服务业管理暂行办法》（商务部令2012年第11号，《家庭服务业管理暂行办法》中"家庭服务业"等同于"家政服务业"），以及其他法律、法规、规章和规范性文件，违背诚实信用原则，经有关主管部门确认存在严重失信行为的相关机构及人员等责任主体，包括：（1）失信家政服务企业；（2）失信家政服务企业的法定代表人、主要负责人和对失信行为负有直接责任的从业人员。	4.在一定期限内依法禁止其作为供应商参与政府采购活动。6.依法限制或者禁止参与基础设施和公用事业特许经营。7.依法限制参与工程建设项目招标投标等有关公共资源交易活动。
31	国家发展改革委、中国人民银行、民政部等《印发〈关于对慈善捐赠领域相关主体实施守信联合激励和失信联合惩戒的合作备忘录〉的通知》（发改财金〔2018〕331号）	在慈善捐赠活动中有失信行为的相关自然人、法人和非法人组织。其中包括：（1）被民政部门按照有关规定列入社会组织严重违法失信名单的慈善组织。（2）上述组织的法定代表人和直接负责的主管人员。（3）在通过慈善组织捐赠中失信，被人民法院依法判定承担责任的捐赠人。（4）在接受慈善组织资助中失信，被人民法院依法判定承担责任的受益人。（5）被公安机关依法查处的假借慈善名义或假冒慈善组织骗取财产的自然人、法人和非法人组织。	依法限制作为供应商参加政府采购活动。
32	国家发展改革委、中国人民银行、民政部等《印发〈关于对婚姻登记严重失信当事人开展联合惩戒的合作备忘录〉的通知》（发改财金〔2018〕342号）	联合惩戒对象为婚姻登记严重失信当事人。	（十二）作为选择政府采购供应商、选聘评审专家的审慎性参考。将婚姻登记严重失信当事人信息作为政府采购供应商、选聘评审专家的审慎性参考。

序号	文件名称	惩戒对象	惩戒措施
33	国家发展改革委、中国人民银行、中共中央组织部等《印发〈关于对公共资源交易领域严重失信主体开展联合惩戒的备忘录〉的通知》（发改法规〔2018〕457号）	违反公共资源交易相关法律、法规规定，违背诚实信用原则，被主管部门依法实施行政处罚的企业及负有责任的法定代表人、自然人股东、评标评审专家及其他相关人员。	1. 依法限制失信企业参与工程建设项目招标投标。2. 依法限制失信企业参与政府采购活动。3. 依法限制失信企业参与土地使用权和矿业权出让。4. 依法限制失信企业参与国有产权交易活动。5. 依法限制失信企业参与药品和医疗器械集中采购及配送活动。6. 依法限制失信企业参与二类疫苗采购活动。7. 依法限制失信企业参与林权流转。8. 依法限制失信企业参与其他公共资源交易活动。9. 依法限制失信企业从事公共资源交易代理活动。10. 依法限制失信相关人担任公共资源交易活动专家。11. 依法限制失信相关人在公共资源交易领域从业。12. 依法加强对失信企业、失信相关人从事公共资源交易有关各项活动的监督检查。
34	国家发展改革委、中国人民银行、文化和旅游部等《印发〈关于对旅游领域严重失信相关责任主体实施联合惩戒的合作备忘录〉的通知》（发改财金〔2018〕737号）	文化和旅游部根据《旅游经营服务不良信息管理办法（试行）》（旅办发〔2015〕181号）和相关法律、法规、规章及规范性文件等有关规定公布的存在旅游严重失信行为的相关责任主体，包括旅行社、景区以及为旅游者提供交通、住宿、餐饮、购物、娱乐等服务的经营者及其从业人员。	4. 依法限制参加政府采购活动。协助查询政府采购项目信息，依法限制失信当事人在一定期限内参与政府采购活动。5. 依法限制取得或终止其基础设施和公用事业特许经营。协助查询基础设施和公用事业特许经营，依法限制失信方式人在一定期限内参与基础设施和公用事业特许经营活动。7. 依法限制参与工程建设项目招标投标活动。
35	国家发展改革委、中国人民银行、科学技术部等《印发〈关于对科研领域相关失信责任主体实施联合惩戒的合作备忘录〉的通知》（发改财金〔2018〕1600号）	在科研领域存在严重失信行为，列入科研诚信严重失信行为记录名单的相关责任主体，包括科技计划（专项、基金等）及项目的承担人员、评估人员、评审专家，科研服务人员和科学技术奖候选人、获奖人、提名人等自然人，项目承担单位、项目管理专业机构、中介服务机构、科学技术奖提名单位、全国学会等法人机构。	23. 依法限制参与依法必须招标的工程建设项目招标投标活动。24. 依法限制参与基础设施和公用事业特许经营。27. 依法限制其作为供应商参与政府采购活动；依法限制其作为装备承制单位参与武器装备采购。

序号	文件名称	惩戒对象	惩戒措施
36	国家发展改革委、中国人民银行、国家统计局等《印发〈关于对统计领域严重失信企业及其有关人员开展联合惩戒的合作备忘录（修订版）〉的通知》（发改财金〔2018〕1862号）	存在下列失信行为，经统计部门根据《企业统计信用管理办法》《统计从业人员统计信用档案管理办法》等有关规定，依法认定并通过国家统计局网站公示的统计严重失信企业及其法定代表人、主要负责人和其他负有直接责任人员。（一）在依法开展的政府统计调查中，编造虚假统计数据；（二）提供不真实统计资料，违法数额占应报数额比例较高，或者违法数额较大；（三）在统计机构履行监督检查职责时，不如实反映情况、提供相关证明和资料且造成较严重后果，或者提供虚假情况、证明和资料；（四）拒绝、阻碍统计调查和统计检查，情节严重；（五）转移、隐匿、篡改、毁弃或者拒绝提供原始记录和凭证、统计台账、统计调查表以及其他相关证明和资料等。	（三）依法限制参加政府投资项目招标投标。（七）依法限制参与政府采购活动。（十一）依法限制参与基础设施和公用事业特许经营。
37	国家发展改革委、中国人民银行、财政部等《印发〈关于对政府采购领域严重违法失信主体开展联合惩戒的合作备忘录〉的通知》（发改财金〔2018〕1614号）	在政府采购领域经营活动中违反《政府采购法》，以及其他法律、法规、规章和规范性文件，违背诚实信用原则，经政府采购监督管理部门依法认定的存在严重违法失信行为的政府采购当事人，包括：（1）政府采购供应商、代理机构及其直接负责的主管人员和其他责任人员；（2）政府采购评审专家。	（二）依法限制参与政府投资工程建设项目投标活动。依法限制失信责任主体申请参与政府投资工程建设项目投标活动。（五）依法限制参与基础设施和公用事业特许经营。依法限制失信责任主体参与基础设施和公用事业特许经营。

序号	文件名称	惩戒对象	惩戒措施
38	国家发展改革委、中国人民银行、国家知识产权局等《印发〈关于对知识产权（专利）领域严重失信主体开展联合惩戒的合作备忘录〉的通知》（发改财金〔2018〕1702号）	知识产权（专利）领域严重失信行为的主体实施者。该主体实施者为法人的，联合惩戒对象为该法人及其法定代表人、主要负责人、直接责任人员和实际控制人；该主体实施者为非法人组织的，联合惩戒对象为非法人组织及其负责人；该主体实施者为自然人的，联合惩戒对象为自然人本人。	3.依法限制其作为供应商参与政府采购活动。
39	国家发展改革委、中国人民银行、人力资源和社会保障部等《印发〈关于对社会保险领域严重失信企业及其有关人员实施联合惩戒的合作备忘录〉的通知》（发改财金〔2018〕1704号）	人力资源社会保障部、税务总局和医疗保障局会同有关部门确定的违反社会保险相关法律、法规和规章的企事业单位及其有关人员。	（六）依法限制失信企业作为供应商参加政府采购活动。（七）依法将失信信息作为选择基础设施和公用事业特许经营等政府和社会资本合作项目合作伙伴的重要参考因素，限制失信主体成为项目合作伙伴。（二十四）依法限制失信企业参与工程建设项目招标投标。
40	国家发展改革委、中国人民银行、文化和旅游部等《印发〈关于对文化市场领域严重违法失信市场主体及有关人员开展联合惩戒的合作备忘录〉的通知》（发改财金〔2018〕1933号）	因严重违法失信被列入全国文化市场黑名单的市场主体及其法定代表人或者主要负责人。	15.依法在一定时期内禁止作为供应商参加政府采购活动。17.将失信信息作为招标投标的重要参考。

【疑难解析2-1】投标人被纳入失信黑名单后，其投标是否当然无效？

根据《招标投标法》第十八条第一款、第二十六条规定，投标人均必须同时满足国家规定的资格条件和招标文件规定的资格条件。对于被纳入"信用中国"失信黑名单限制参与投标的情况，应当根据国家出台的相关文件规定来确定。如最高人民法院、国家发展改革委等联合发布的《关于在招标投标活动中对失信被执行人实施联合惩戒的通知》（法〔2016〕285号）规定："限制失信被执行人的投标活动。依法必须进行招标的工程建设项目，招标人应当在资格预审公告、招标公告、投标邀请书及资格预审文件、招标文件中明确规定对失信被执行人的处理方法和评标标准，在评标阶段，招标人或者招标代理机构、评标专家委员会应当查询投标人是否为失信被执行人，对属于失信被执行人的投标活动依法予以限制。"根据该文件规定，应当禁止已经纳入失信被执行人名单的投标人参与依法必须进行招标的工程建设项目的投标。即便招标文件没有作出明确规定，评标时也应遵循该规定。

2017年8月1日，最高人民法院就来信人反映"是否可以以《关于在招标投标活动中对失信被执行人实施联合惩戒的通知》（法〔2016〕285号）为理由，取消失信被执行人的中标资格"的问题，答复意见是："中共中央办公厅、国务院办公厅印发《关于加快推进失信被执行人信用监督、警示和惩戒机制建设的意见》（中办发〔2016〕64号，以下简称《意见》），要求依法限制失信被执行人作为供应商参加政府采购活动，限制参与政府投资项目或主要使用财政性资金项目。最高人民法院、国家发展和改革委员会、工业和信息化部、住房和城乡建设部、交通运输部、水利部、商务部、国家铁路局、中国民用航空局联合签署《关于在招投标活动中对失信被执行人实施联合惩戒的通知》（法〔2016〕285号），要求各有关单位要在招标投标活动中对失信被执行人实施联合惩戒，限制失信被执行人的投标活动、招标代理活动、评标活动和招标从业活动；招标人应当在资格预审公告、招标公告、投标邀请书及资格预审文件、招标文件中明确规定对失信被执行人的处理方法和评标标准，在评标阶段，招标人或者招标代理机构、评标专家委员会应当查询投标人是否为失信被执行人，对属于失信被执行人的投标活动依法予以限制。综上，招标公告、招标文件未按照《关于在招投标活动中对失信被执行人实施联合惩戒的通知》的要求，对失信被执行人参与招标投标活动予以限制，可以据此向招标人或招标代理机构提出异议。"

对于非依法必须招标的项目，未作上述限制，如果招标人要限制投标资格，应当在招标文件中明确规定。例如根据该文件关于"两个以上的自然人、法人或者其他组织组成一个联合体，以一个投标人的身份共同参加投标活动的，应当对所有联合体成员进行失信被执行人信息查询。联合体中有一个或一个以上成员属于失信被执行人的，联合体视为失信被执行人"的规定，联合体成员之一被纳入"信用中国"失信黑名单的，整个联合体也不具备合格的投标人资格，其投标也应被否决。再如《建筑市场信用管理暂行办法》（建市〔2017〕241号）第十七条第一款规定："各级住房城乡建设主管部门应当将列入建筑市场主体'黑名单'和拖欠农民工工资'黑名单'的建筑市场各方主体作为重点监管对象，在市场准入、资质资格管理、招标投标等方面依法给予限制"，也应对该类投标人的投标资格进行限制。

第二节　强制招标制度

一、强制招标项目范围

借鉴其他国家和国际组织立法经验，我国《招标投标法》建立了强制招标法律制度，从项目性质和资金来源两个维度界定了依法必须招标项目范围，且对依法招标项目规定了比一般招标项目更为严格的规则，对国有资金占控股或主导地位的依法招标项目规定了最为严格的规则，体现了分类管理的理念。《招标投标法》第三条规定："在中华人民共和国境内进行下列工程建设项目包括项目的勘察、设计、施工、监理以及与工程建设有关的重要设备、材料等的采购，必须进行招标：（一）大型基础设施、公用事业等关系社会公共利益、公众安全的项目；（二）全部或者部分使用国有资金投资或者国家融资的项目；（三）使用国际组织或者外国政府贷款、援助资金的项目。前款所列项目的具体范围和规模标准，由国务院发展计划部门会同国务院有关部门制订，报国务院批准。法律或者国务院对必须进行招标的其他项目的范围有规定的，依照其规定。"该条明确了依法必须招标的工程建设项目范围，其他应当招标的项目范围有待法律或者国务院作出规定。国有企业采购使用国有资金，是强制招标制度规范的重点领域。对于国有企业而言，强制招标项目主要适用于工程建设项目，并逐渐向其他采购领域拓展，比如国有产权转让。

（一）强制招标的工程建设项目范围

根据《招标投标法》第三条第一款规定，在中华人民共和国境内进行下列工程建设项目包括项目的勘察、设计、施工、监理以及与工程建设有关的重要设备、材料等的采购，必须进行招标：（一）大型基础设施、公用事业等关系社会公共利益、公众安全的项目；（二）全部或者部分使用国有资金投资或者国家融资的项目；（三）使用国际组织或者外国政府贷款、援助资金的项目。具有上述条件之一的就在强制招标项目范围之内。而且，根据《公共资源交易平台管理暂行办法》（国家发展改革委等十四部委令第 39 号）第八条规定，依法必须招标的工程建设项目招标投标、国有产权交易等属于必须进场交易项目，应当依法进入当地公共资源交易平台开展招标活动，而不能在企业内部组织招标活动。

并非国企投资的工程建设项目，不管合同项目内容、采购金额大小，一律进行招标。根据上述规定，国企采购项目满足下列所有并列条件的，才属于依法必须招标项目：

1. 招投标活动在我国境内进行。

这一点也与《招标投标法》第二条规定的适用范围即"在中华人民共和国境内进行招标投标活动，适用本法"相吻合。国内企业在境外招标或投标，应适用该活动所在地国家的法律，不属于《招标投标法》规定的强制招标项目。

2. 属于法定的"工程建设项目"。

对《招标投标法》第三条第一款规定的"工程建设项目"，《招标投标法实施条例》第二条解释："……是指工程以及与工程建设有关的货物、服务。前款所称工程，是指建设工程，包括建筑物和构筑物的新建、改建、扩建及其相关的装修、拆除、修缮等；所称与工程建设有关的货物，是指构成工程不可分割的组成部分，且为实现工程基本功能所必需的设备、材料等；所称与工程建设有关的服务，是指为完成工程所需的勘察、设计、监理等服务。"

"工程"是指所有通过设计、施工、制造等建设活动形成有形固定资产的总称，不仅限于建筑物和构筑物，根据《建设工程质量管理条例》和《建设工程安全生产管理条例》，建设工程是指土木工程、建筑工程、线路管道和设备安装工程及装修工程。与建筑物和构筑物无关的其他建设工程，如，各种管道线路铺设工程，室外体育娱乐设施建设工程，荒山园林绿化工程，单独的装饰装修工程和拆除工程，土地整理工程等，也属于工程范畴，采用招标方式时应执行《招标投标法》及其实施条例。而不能将"建设工程"理解为仅指建筑物和构筑物，也包括一定的机电工程。机电工程是按照一定的工艺和方法，将不同规格、型号、性能、材质的设备、管路、线路等有机组合起来，满足使用要求的工程，包括线路管道和设备安装工程等，不能将工程范围无限扩大，笼统地将所有带"工程"字眼的项目，比如希望工程、信息化工程、产品研发工程等一些与建设工程无任何关系的"工程"，均当成建设工程；一些名义上称为"工程"，如"计算机网络系统工程""灯光音响工程""机房建设工程""交通设施设备安装工程""交通标线施划工程""脚手架和展台等临时架搭建工程"等，本质上属于货物或服务采购项目，只在其作为建筑物或构筑物等建设工程的配套设施设备和服务时（即与建筑物或构筑物等工程主体不可分割），才属于和工程建设有关的货物或服务，采用招标方式时执行《招标投标法》及其实施条例。

【类案释法 2-2】 土建、电气安装工程属于依法必须招标的工程建设项目范围

（2016）最高法民终 522 号民事判决书①：某铸公司取得青海都兰 30 兆瓦光伏发电工程的建设用地后将该宗部分土地租赁给某建公司用于开发经营，后某建公司作为建设单位与某方公司签订《土建及电气安装工程施工合同》，约定由某方公司承建某建公司发包的 20 兆瓦光伏发电工程部分土建及电气安装工程。某方公司按照该合同约定进行了实际施工，并实际完成了支架基础工程，《土建及电气安装工程施工合同》已实际履行，后双方就支付工程款发生纠纷形成诉讼。就案涉土建、电气安装工程是否必须招标、《土建及电气安装工程施工合同》是否有效的问题，一审青海省高级人民法院认为：因案涉工程未依法进行招投标，某建公司亦未办理建设用地规划许可证、建设工程规划许可证、建设工程施工许可证等项目建设施工审批手续，即与某方公司签订施工合同进行光伏发电项目的施工建设，违反了法律的效力性强制性规定，故某方公司与某建公司签订的《土建及电气安装工程施工合同》无效。二审最高人民法院认为：本案中，某方公司与某建公司于 2014 年 8 月 3 日签订《土建及电气安装工程施工合同》，约定由某方公司对某建公司所有的青海省××20 兆瓦光伏电站部分工程项目进行施工。根据本案的情况，某方公司承包施工的工程符合必须进行招标的条件，依法应履行招投标程序。而某方公司与某建公司所签订的《土建及电气安装工程施工合同》并未履行招投标程序，违反了《招标投标法》的规定，依法应为无效。一审法院对案涉《土建及电气安装工程施工合同》的性质认定正确。另，合同的效力是合同对当事人所具有的法律拘束力，是基于对国家利益、社会公共利益的保护而对当事人的合意进行法律上的评价。合同的效力问题，关涉合同的价值判断，对合同的效力和性质认定不必基于当事人的请求，人民法院可依职权主动进行审查。故某方公司在一审时虽未提出有关确认合同效力的诉讼请求，但基于前述分析，一审法院对案涉合同效力和性质认定，并不违反不告不理的民事诉讼原则。

根据《招标投标法实施条例》第二条规定，可以看出：第一，"工程"必须与"建设"紧密相连，并有很强的时限性，即必须是正在或准备建设的工程，才能称为工程，已建设完成的工程，构成了固定资产，就不能再称为工程，应归类于货物属性，例如通过工程建设形成的各类房屋、道路、桥梁、管网、渠坝、码头及其附属设施等，均属于货物，采购这些已构成固定资产的"工程"，均属于货物采购。

---

① 来源于裁判文书网：甘肃某电力工程有限公司、某电力科技有限公司建设工程施工合同纠纷二审民事判决书。

第二，只有新建、改建、扩建工程，以及与其直接相关的装修、拆除、修缮工程才属于上述法条所规定的"建设工程"，单独实施的装修、拆除、修缮不在"建设工程"范围之内，也就不在强制招标范围之内。《对政府采购工程项目法律适用及申领施工许可证问题的答复》（国法秘财函〔2015〕736号）明确规定："按照招标投标法实施条例第二条的规定，建筑物和构筑物的新建、改建、扩建及其相关的装修、拆除、修缮属于依法必须进行招标的项目。据此，与建筑物和构筑物的新建、改建、扩建无关的单独的装修、拆除、修缮不属于依法必须进行招标的项目。"

第三，与工程建设有关的货物，具有两个条件，一是与工程不可分割，二是为实现工程基本功能所必需，即需要与工程同步整体设计施工的设备材料；可以与工程分别设计、施工或者不需要设计、施工的材料设备不属于与工程建设有关的货物。不可分割，从物理的角度讲，货物与工程紧密相连，融为一体。基本功能所必需，就是如果这个工程项目离开了这些货物，这个项目的基本功能就发挥不出来。如果不满足这两个条件的货物，就不是与工程建设有关的货物，就无须招标。比如办公大楼，办公桌椅板凳、书桌、书柜是可移动的，并不是不可分割的；但大楼的门、窗户、电梯、空调，就是与工程紧密相连融为一体的，就属于招标项目。简单来说，如果设施设备等货物内容包含在建筑物或构筑物等工程项目的设计图纸中，则应定性为与工程有关的货物和服务。如果设施设备等货物内容未包含在建筑物或构筑物等工程项目的设计图纸中，即与工程建设无关，则应为单独的设备（含施工安装）采购。

第四，与工程建设有关的服务仅限于为完成工程所需的勘察、设计、监理三项服务，而不包括与工程有关的其他服务项目，如可行性研究、项目管理、招标代理、造价咨询、工程结算审计等服务，不宜扩大。再从国家颁布的标准招标文件来看，包括施工、勘察、设计、监理、设备、材料采购的标准文件，但并没有编制其他项目的标准文件；从《必须招标的工程项目规定》（国家发展改革委令第16号）规定的招标项目规模标准看，施工项目是400万元，材料设备采购项目是200万元，勘察设计、监理项目是100万元，但并没有规定项目环评、造价、审计这些咨询类项目的规模标准，从这些角度，也反证出这些项目不是依法必须招标的项目。《国家发展改革委办公厅关于进一步做好〈必须招标的工程项目规定〉和〈必须招标的基础设施和公用事业项目范围规定〉实施工作的通知》（发改办法规〔2020〕770号）明确规定："（三）关于招标范围列举事项。依法必须招标的工程建设项目范围和规模标准，应当严格执行《招标投标法》第三条和 16 号令、843 号文规定；法律、行政法规或者国务院对必须进行招标的其他项目范围有规定的，依照其规定。没有法律、行政法规或者国务院规定依据的，对 16 号令第五条第一款第三项中没有明确列举规定的服务事项、843 号文第二条中没有明确列举规定的项目，不得强制要求招标。"这也是对上述疑问的回应。

3. 该工程建设项目资金来源属于法律限定范围。

工程建设项目构成强制招标的情形之一是"全部或者部分使用国有资金投资"。国有企业投资项目均属于"全部或者部分使用国有资金投资"。另外，从项目性质来看，"大型基础设施、公用事业等关系社会公共利益、公众安全的项目"〔依据《必须招标的基础设施和公用事业项目范围规定》（发改法规规〔2018〕843 号），具体范围包括：（一）煤炭、石油、天然气、电力、新能源等能源基础设施项目；（二）铁路、公路、管道、水运，以及公共航空和 A1 级通用机场等交通运输基础设施项目；（三）电信枢纽、通信信息网络等通信基础设施项目；（四）防洪、灌溉、排涝、引（供）水等水利基础设施项目；（五）城市轨道交通等城建项目〕可能构成强制招标，但其可能为国企投资，也可能为民企投资，不论投资人性质和资金来源。但不能说，国企必须招标的范围仅限于843 号文规定范围。实际上，国企招标只要国有资金占控股或主导地位，不论是什么工程建设项目，不论是否在 843 号文之内，都应当招标；843 号文是针对民营企业来讲的。这一点从 16 号令将第二条、第三条、第四条并列来印证。也就是说，国企投资项目是否依法必须招标，不用考虑项目性质来判断，只要符合"全部或者部分使用国有资金投资"这一条件，即可能属于强制招标项目。

对"全部或者部分使用国有资金投资"的界定，《必须招标的工程项目规定》进一步解释为"使用国有企业事业单位资金，并且该资金占控股或者主导地位的项目"。所谓"国有资金"，对国有企业而言，就是国有企业自有资金或者通过银行贷款、发行企业债券等方式融资筹集的资金。

由此可见，判断"国有资金占控股或者主导地位"，主要根据投资工程建设项目的国有企业事业单位的出资额或国有股份占比以及其对企业决策是否有重大影响力、控制权来判断的。《国家发展改革委办公厅关于进一步做好〈必须招标的工程项目规定〉和〈必须招标的基础设施和公用事业项目范围规定〉实施工作的通知》（发改办法规〔2020〕770 号）规定："（一）关于使用国有资金的项目。16 号令第二条第（一）项中'预算资金'，是指《预算法》规定的预算资金，包括一般公共预算资金、政府性基金预算资金、国有资本经营预算资金、社会保险基金预算资金。第（二）项中'占控股或者主导地位'，参照《公司法》

第二百一十六条关于控股股东和实际控制人的理解执行，即'其出资额占有限责任公司资本总额百分之五十以上或者其持有的股份占股份有限公司股本总额百分之五十以上的股东；出资额或者持有股份的比例虽然不足百分之五十，但依其出资额或者持有的股份所享有的表决权已足以对股东会、股东大会的决议产生重大影响的股东'；国有企业事业单位通过投资关系、协议或者其他安排，能够实际支配项目建设的，也属于占控股或者主导地位。项目中国有资金的比例，应当按照项目资金来源中所有国有资金之和计算。"

【类案释法 2-3】使用国有资金投资建设且达到规定规模标准的工程属于依法必须招标项目

（2018）最高法民申 2394 号①：最高人民法院认为，福州某公司系国有公司，根据《招标投标法》第三条的规定，涉案"某大厦"工程涉及使用国有资金投资建设且工程规模属于必须招标的工程项目。《最高人民法院关于审理建设工程施工合同纠纷案件适用法律问题的解释》第一条第三项规定，建设工程必须进行招标而未招标或者中标无效的，应当根据《合同法》② 第五十二条第五项的规定，认定合同无效。福州某房地产公司与中关村公司签订的《建设工程施工合同》是在未进行招投标的情况下签订的，原审法院认定涉案施工合同无效，是正确的。福州某房地产公司主张涉案工程采用议标形式进行，即使经相关政府部门核准，亦不能成为不履行招投标程序的理由。

4. 达到规定的规模标准。

招标是需要一定采购成本的，金额过小的项目采用招标，将可能导致效率效益不匹配。因此，即使符合上述强制招标的条件，也还需要考虑该项目规模大小。《必须招标的工程项目规定》明确了勘察、设计、施工、监理以及与工程建设有关的重要设备、材料等的采购达到下列标准之一的，必须招标：（一）施工单项合同估算价在 400 万元人民币以上；（二）重要设备、材料等货物的采购，单项合同估算价在 200 万元人民币以上；（三）勘察、设计、监理等服务的采购，单项合同估算价在 100 万元人民币以上。同一项目中可以合并进行的勘察、设

---

① 来源于裁判文书网：福建某建工集团公司、福州某房地产公司建设工程施工合同纠纷再审审查与审判监督民事裁定书。

② 《民法典》于 2021 年 1 月 1 日起实施，《婚姻法》《继承法》《民法通则》《收养法》《担保法》《合同法》《物权法》《侵权责任法》《民法总则》同时废止。最高人民法院对相关司法解释也进行了废止或修改。本书收录的案例均裁判于《民法典》生效前，适用的是当时有效的法律法规及司法解释，下文将不再对此进行提示。

计、施工、监理以及与工程建设有关的重要设备、材料等的采购，合同估算价合计达到前款规定标准的，必须招标。这里的"合同估算价"，指的是采购人根据初步设计概算、有关计价规定和市场价格水平等因素合理估算的项目合同金额。没有计价规定的情况下，采购人可以根据初步设计概算的工程量，按照市场价格水平合理估算项目合同金额①。

需要说明的是，第一，单项采购估算达到规模标准的，才应当招标。《国家发展改革委办公厅关于进一步做好〈必须招标的工程项目规定〉和〈必须招标的基础设施和公用事业项目范围规定〉实施工作的通知》（发改办法规〔2020〕770号）规定："……（二）关于项目与单项采购的关系。16号令第二条至第四条及843号文第二条规定范围的项目，其勘察、设计、施工、监理以及与工程建设有关的重要设备、材料等的单项采购分别达到16号令第五条规定的相应单项合同价估算标准的，该单项采购必须招标；该项目中未达到前述相应标准的单项采购，不属于16号令规定的必须招标范畴。"

第二，不得通过化整为零方式规避招标。为了防止招标人将工程建设项目拆分成多个项目，使得各个单个项目规模过小，达到规避招标的目的，上述文件特别强调"同一项目中可以合并进行的勘察、设计、施工、监理以及与工程建设有关的重要设备、材料等的采购，合同估算价合计达到前款规定标准的，必须招标"。其意思就在于，建设单位可以将同一项目的勘察、设计、施工、监理以及与工程建设有关的重要设备、材料等的采购拆分成多个合同项目包，但是否达到招标规模标准，是否应当招标，是以将这些合同项目包合并后的投资规模、合同估算价的总价、规模来衡量的。比如500万元的施工拆分成三个标段，看似都达不到400万元应当招标的规模标准，不应招标，但是其合并计算后超过400万元，则即使划分为三个标段也应当招标。《国家发展改革委办公厅关于进一步做好〈必须招标的工程项目规定〉和〈必须招标的基础设施和公用事业项目范围规定〉实施工作的通知》（发改办法规〔2020〕770号）规定："关于同一项目中的合并采购。16号令第五条规定的'同一项目中可以合并进行的勘察、设计、施工、监理以及与工程建设有关的重要设备、材料等的采购，合同估算价合计达到前款规定标准的，必须招标'。其中'同一项目中可以合并进行'，是指根据项目实际，以及行业标准或行业惯例，符合科学性、经济性、可操作性要求，同一项目中适宜放在一起进行采购的同类采购项目。"比如同一公路工程项目下多

---

① 摘自国家发展改革委网站（https：//www.ndrc.gov.cn）"招投标法规咨询选登"专栏中"关于对《必须招标的工程项目规定》中'合同估算价'相关咨询的答复"。

个施工标段应当合并计算以衡量其是否达到招标规模标准，施工项目不能与设备采购标包合并。

【疑难解析 2-2】设计施工总承包招标的规模标准如何确定？

设计施工总承包招标的规模标准，法律没有规定，《国家发展改革委办公厅关于进一步做好〈必须招标的工程项目规定〉和〈必须招标的基础设施和公用事业项目范围规定〉实施工作的通知》（发改办法规〔2020〕770 号）给出了答案，即，"（五）关于总承包招标的规模标准。对于 16 号令第二条至第四条规定范围内的项目，发包人依法对工程以及与工程建设有关的货物、服务全部或者部分实行总承包发包的，总承包中施工、货物、服务等各部分的估算价中，只要有一项达到 16 号令第五条规定相应标准，即施工部分估算价达到 400 万元以上，或者货物部分达到 200 万元以上，或者服务部分达到 100 万元以上，则整个总承包发包应当招标"。也就是说，工程总承包项目范围内设计、采购或者施工中有任意一项属于依法必须进行招标范围，且达到国家规定规模标准的，就应当采用招标的方式进行总承包。

（二）强制招标的其他项目

工程建设项目是强制招标制度规范的主要领域，但是强制招标的范围并不局限于工程建设项目领域。《招标投标法》第三条第三款规定："法律或者国务院对必须进行招标的其他项目的范围有规定的，依照其规定。"也就是说，除了工程建设项目，法律或者国务院也可以对必须进行招标的其他项目的范围另行作出规定。

实际上，现行法律法规已将强制招标的范围扩大到科研课题、特许经营权、药品采购、城市基础设施投资、机电产品国际采购等领域。目前，法律和国务院规定的其他必须招标项目还有：

1. 公路特许经营权许可项目

《收费公路管理条例》第十一条第三款规定："经营性公路建设项目应当向社会公布，采用招标投标方式选择投资者。"这里，公路特许经营权许可项目实行招标。

2. 土地复垦项目

《土地复垦条例》第二十六条第一款规定："政府投资进行复垦的，有关国土资源主管部门应当依照招标投标法律法规的规定，通过公开招标的方式确定土地复垦项目的施工单位。"

3. 土地使用权出让

《民法典》第三百四十七条第二款规定："工业、商业、旅游、娱乐和商品住宅等经营性用地以及同一土地有两个以上意向用地者的，应当采取招标、拍卖等公开竞价的方式出让。"土地使用权出让招标是特殊的招标方式，设立最低限价不违反《招标投标法实施条例》规定。

4. 药品集中采购

《医疗机构药品集中招标采购工作规范（试行）》（卫规财发〔2001〕308号）第二十五条规定："招标人对下列药品实行集中招标采购：（一）基本医疗保险药品目录中的药品；（二）临床普遍应用、采购量较大的药品；（三）卫生行政部门或招标人确定实行集中招标采购的其他药品。"

5. 金融企业选聘会计师事务所项目

《金融企业选聘会计师事务所招标管理办法（试行）》（财金〔2010〕169号）第五条规定："金融企业选聘会计师事务所，服务费用达到或超过100万元的，应采用公开招标或邀请招标的采购方式；服务费用不足100万元的，可采用公开招标、邀请招标或竞争性谈判等采购方式。"

6. 进口机电产品

根据《机电产品国际招标投标实施办法（试行）》第六条、第七条规定，通过招标方式采购原产地为中国关境外的机电产品，属于下列情形的必须进行国际招标：（一）关系社会公共利益、公众安全的基础设施、公用事业等项目中进行国际采购的机电产品；（二）全部或者部分使用国有资金投资项目中进行国际采购的机电产品；（三）全部或者部分使用国家融资项目中进行国际采购的机电产品；（四）使用国外贷款、援助资金项目中进行国际采购的机电产品；（五）政府采购项目中进行国际采购的机电产品；（六）其他依照法律、行政法规的规定需要国际招标采购的机电产品。已经明确采购产品的原产地在中国关境内的，可以不进行国际招标。

上述项目虽然不属于工程建设项目，但都可能依法必须招标。

对于非依法必须招标项目，国有企业可以根据市场竞争状态、项目特点、采购目标等因素自主决定是否采用招标方式采购，这属于采购人的经营自主权。选择以招标方式采购的，应当遵照《招标投标法》的规定执行。

【疑难解析 2-3】国有企业作为项目的发包方直接采购用于特定工程项目的重要设备、材料，该采购行为是否必须进行招投标？

根据《招标投标法》第三条，《招标投标法实施条例》第二条、第二十九条，《必须招标的工程项目规定》第二条及第五条第二款，《工程建设项目货物招标投标办法》第五条等规定，如果发包人自行采购（俗称"甲供"），该工程项目属于法定必须招标的项目，且相关重要设备、材料等货物的采购单项合同估算价在 200 万元人民币以上的，则发包人（该国有企业）必须进行招标。

【疑难解析 2-4】请问《必须招标的工程项目规定》第五条所称的"与工程建设有关的重要设备、材料等的采购"是否包括国有施工企业非甲供物资采购？国有施工企业承接符合第二条至第四条的工程项目，由施工企业实施重要设备、材料采购的，是否必须招标？①

根据《招标投标法实施条例》第二十九条规定，招标人可以依法对工程以及与工程建设有关的货物、服务全部或者部分实行总承包招标。以暂估价形式包括在总承包范围内的工程、货物、服务属于依法必须进行招标的项目范围且达到国家规定规模标准的，应当依法进行招标。《国务院办公厅关于促进建筑业持续健康发展的意见》（国办发〔2017〕19 号）规定，除以暂估价形式包括在工程总承包范围内且依法必须进行招标的项目外，工程总承包单位可以直接发包总承包合同中涵盖的其他专业业务。据此，国有工程总承包单位可以采用直接发包的方式进行分包，但以暂估价形式包括在总承包范围内的工程、货物、服务分包时，属于依法必须进行招标的项目范围且达到国家规定规模标准的，应当依法招标。

二、强制招标项目可以不招标的情形

依法必须招标的项目，如出现客观上不可能或者不适宜进行招标的特殊情形之一的，也可以不进行招标。

（一）《招标投标法》规定的可以不招标情形

根据《招标投标法》第六十六条规定，涉及国家安全、国家秘密、抢险救灾或者属于利用扶贫资金实行以工代赈、需要使用农民工等特殊情况，不适宜进行招标的项目，按照国家有关规定可以不进行招标。

涉及国家安全和国家秘密的项目，如国防建设中的涉密工程，其本身有保密性要求，客观上不允许将项目的相关情况予以公开让社会公众普遍知晓，招标投标的公开性要求与保密规定之间存在无法回避的矛盾，故这类项目显然不适宜采用招标方式。

---

① 摘自国家发展改革委网站（https：//www.ndrc.gov.cn）"招投标法规咨询选登"专栏中"如何理解《必须招标的工程项目规定》的适用范围"。

抢险救灾时间的紧迫性和标投标程序的时效性存在不可调和的矛盾，抢险救灾项目时限性强，特别强调采购效率，强调对社会公共利益的及时救济，故不适宜采用招标方式。需要同时满足以下两个条件：一是在紧急情况下实施；二是不立即实施将会造成人民群众生命财产损失。需要注意的是，该种情形不适用于灾后重建项目。

扶贫资金中的以工代赈资金用途特定，只能用于向参加有关项目建设的贫困地区的农民群众支付劳动报酬。利用扶贫资金实行以工代赈、需要使用农民工的项目，其特定的扶持对象和招标投标中标人的不确定性存在不可调和的矛盾，因此不招标符合国家政策目标和公众最大利益。利用扶贫资金实行以工代赈、需要使用农民工的项目，但是技术复杂、投资规模大的工程，特别是按规定必须具备相关资质才能承包施工的桥梁、隧道等工程，可以通过招标选择具有相应资质的施工承包单位，将组织工程所在地农民为工程施工提供劳务并支付报酬作为招标的基本条件。使用以工代赈资金建设的项目，应按规定使用特定贫困地区的农民工，不能通过招标投标方式选择其他人中标承包。

（二）《招标投标法实施条例》规定的可以不招标情形

《招标投标法实施条例》第九条对可以不进行招标的情形进行了补充规定，具体包括：

1. 需要采用不可替代的专利或者专有技术。专利（含发明专利、实用新型专利和外观设计专利）或者专有技术（又称技术秘密或者技术诀窍）具有独占性、不可替代性特征，决定了特定的专利或者专有技术只能由1家或少数几家特定的单位提供，该类采购标的物不可替代的特点和招标采购竞争属性有不可调和的矛盾，即失去招标采购的前提条件，即使通过招标也无法吸引广泛的竞争，一般无法通过招标选择项目供应商或承包人，不招标就成为被动式选择。

2. 采购人依法能够自行建设、生产或者提供。这里的采购人仅仅是指项目的批准、核准文件中载明的项目单位，可以是符合民事主体资格的法人、非法人组织，包括其分公司，但不包括采购人的投资人、母公司或其子公司、股东，而且该采购人自身具有工程建设、货物生产或者服务提供的资格和能力（如具有相应工程施工企业资质、装备、人员等），但是法律有限制性规定或依据利益冲突原则应当回避的除外，如《建设工程质量管理条例》第三十五条规定："工程监理单位与被监理工程的施工承包单位以及建筑材料、建筑构配件和设备供应单位有隶属关系或者其他利害关系的，不得承担该项建设工程的监理业务。"据此，承包工程施工的企业不得同时承担工程监理服务，即使其自身具有监理企业资质，但不符合监理业务与施工业务相分离的要求；工程监理企业也不能同时承揽建筑材料、建筑构配件和设备的供应。

【疑难解析 2-5】母公司的项目，子公司能够独立完成的，可以不招标直接发包或委托给该子公司吗？

《招标投标法实施条例》第九条规定"采购人依法能够自行建设、生产或者提供"的项目可以不招标，此处的"采购人"一般指采购项目法人自身，并不包括其子公司、母公司或者同一集团企业内的其他企业法人；"自行"是指自主的、不依靠外力能够完成项目。母子公司分别具有独立企业法人资格，两公司是相互独立的主体，在各自的权限范围内，分别承担着相应的法律责任和风险，子公司能够独立完成项目，不能够代表母公司也能独立完成该项目。综上所述，如果母公司不具备"自行"完成招标项目的能力，即使子公司能够独立完成，也不得直接交给子公司，而应该通过招标方式进行采购。同样道理，母公司将承接的工程全部交给子公司施工属于转包行为。另外，与采购人具有拥有、控制或者其他利益关系的关联方能够建设、生产或者提供，也不能构成不招标的适格理由。

目前，也有一些地方出台政策，允许招标人直接将其工程发包给具备相应资质的子公司或其母公司而无须招标。如《江苏省国有资金投资工程建设项目招标投标管理办法》（江苏省人民政府令第 120 号）第九条规定："国有企业使用非财政性资金建设的经营性项目，建设单位控股或者被控股的企业具备相应资质且能够提供设计、施工、材料设备和咨询服务的，建设单位可以直接发包给其控股或者被控股的企业。"深圳市住房和建设局《关于进一步规范 EPC 项目发承包活动的通知》（深建市场〔2020〕32 号）规定："对于依法必须进行招标项目，招标人有控股的施工、服务企业，或者被该施工、服务企业控股，且该企业资格条件符合 1 号文第二十二条规定的，招标人可根据相关规定申请将 EPC 项目直接发包给该企业实施。"［注："1 号文"即《关于进一步完善建设工程招标投标制度的若干措施》（深建规〔2020〕1 号），其第二十二条规定："设计—采购—施工总承包（EPC）项目招标可以按下列方式之一设置投标人资格条件：（一）具备工程总承包管理能力的独立法人单位；（二）具备与招标工程规模相适应的工程设计资质（工程设计专项资质和事务所资质除外）或施工总承包资质。前款所称具备工程总承包管理能力的独立法人，必须具有与工程总承包相适应的组织机构、项目管理体系、专业管理人员，以及同类工程建设管理的经验（业绩）。

具体标准由招标人在招标文件中明确。"]

3. 已通过招标方式选定的特许经营项目投资人依法能够自行建设、生产或者提供。特许经营项目，是指政府将公共基础设施和公用事业的特许经营权出让给投资人并签订特许经营协议，由其组建公司负责投资、建设、经营的项目，如依据《市政公用事业特许经营管理办法》和《经营性公路建设项目投资人招标投标管理规定》进行市政公用事业和经营性公路等的特许经营。为该类项目投资的法人或其他组织被称为特许经营项目投资人。由于该类项目投资额一般较大，投资人可能是一个独立的法人，也可能是由若干独立法人组成的财团。该财团可以是法人，也可以是协作性的经营联合体，即不具备独立法人资格的合伙。这种情形有两点需要注意，一是特许经营项目的投资人是通过招标而不是竞争性谈判、单一来源等非招标方式确定的。二是特许经营项目的投资人（而非投资人组建的项目法人）依法能够自行建设、生产和提供。中标人不是合同签订人，而是特许经营项目招标的一个特点。投资人中标后，项目实施一般由投资人组建一个项目公司，由项目公司法人同政府有关部门签订合同。因此，是投资人而不是项目法人具备相应资质条件的，该项目可以不招标，如果投资人由若干独立法人组成财团联合投资，依据其内部章程或协议，其成员之一具备资质即可，无须招标直接提供产品和服务。所谓"依法"能够提供，包括法律规定应当具备的市场准入条件、依照利益冲突原则制定的规则以及提供标的主体具备相应的资质条件和能力。

4. 需要向原中标人采购工程、货物或者服务，否则将影响施工或者功能配套要求。把握以下三个方面：一是原项目是通过招标确定了中标人，因客观原因需要向原合同中标人追加采购工程、货物或者服务。二是如果不向项目原中标人追加采购，必将影响工程项目施工或者产品使用功能的配套要求。三是原项目中标人必须具有依法继续履行新增项目合同的资格能力[①]。还有一点需要注意，影响施工的追加合同是在原合同履行中的新增项目，影响功能配套要求的合同可能是在原合同履行中的新增项目，也可能是原合同结束后的新增项目[②]。《工程建设项目施工招标投标办法》对此具体明确为"在建工程追加的附属小型工程或者主体加层工程"。追加项目是指在项目合同履行中产生的新增或变更的需求，

---

① 国家发展改革委法规司、国务院法制办公室财金司、监察部执法监察司编著：《中华人民共和国招标投标法实施条例释义》，中国计划出版社 2012 年版，第 29 页。

② 李显冬主编：《〈中华人民共和国招标投标法实施条例〉条文理解与案例适用》，中国法制出版社 2013 年版，第 52 页。

这些需求原项目招标时不存在，或者因技术、经济等客观原因不可能或不宜包括在原项目中一并招标采购，追加的数量并未作出限制。考虑到原工程的采购结果已经是竞争的产物，是当时可能范围内的最优选择，此时不再进行招标可以降低重新招标额外产生的交易成本。因此，在符合两个要件的条件下可以不进行招标，而且对于追加的合同金额并没有具体限制，但一般应当低于原合同金额，这一点与《政府采购法》上添购资金额不超过原合同采购金额的10%的规定有所不同。

5. 国家规定的其他情形。这属于兜底性条款。

为了防止采购人滥用《招标投标法实施条例》第九条第一款规定的规避招标，第九条第二款还规定"招标人为适用前款规定弄虚作假的，属于《招标投标法》第四条规定的规避招标，如一些项目招标人采用弄虚作假，隐瞒事实，伪造和混淆项目主体、项目性质和资金来源，拆解分割项目，提供其他可以不进行招标的虚假情况等方式达到规避招标，应承担相应的法律责任"。

（三）部门规章规定的可以不招标情形

对于本应依法必须招标的项目有特殊情况可以不招标的具体情形，部门规章分类作出更具体的规定。

如：《工程建设项目勘察设计招标投标办法》第四条规定："按照国家规定需要履行项目审批、核准手续的依法必须进行招标的项目，有下列情形之一的，经项目审批、核准部门审批、核准，项目的勘察设计可以不进行招标：（一）涉及国家安全、国家秘密、抢险救灾或者属于利用扶贫资金实行以工代赈、需要使用农民工等特殊情况，不适宜进行招标；（二）主要工艺、技术采用不可替代的专利或者专有技术，或者其建筑艺术造型有特殊要求；（三）采购人依法能够自行勘察、设计；（四）已通过招标方式选定的特许经营项目投资人依法能够自行勘察、设计；（五）技术复杂或专业性强，能够满足条件的勘察设计单位少于三家，不能形成有效竞争；（六）已建成项目需要改、扩建或者技术改造，由其他单位进行设计影响项目功能配套性；（七）国家规定其他特殊情形。"

《工程建设项目施工招标投标办法》第十二条规定："依法必须进行施工招标的工程建设项目有下列情形之一的，可以不进行施工招标：（一）涉及国家安全、国家秘密、抢险救灾或者属于利用扶贫资金实行以工代赈需要使用农民工等特殊情况，不适宜进行招标；（二）施工主要技术采用不可替代的专利或者专有技术；（三）已通过招标方式选定的特许经营项目投资人依法能够自行建设；（四）采购人依法能够自行建设；（五）在建工程追加的附属小型工程或者主体加层工程，原中标人仍具备承包能力，并且其他人承担将影响施工或者功能配套要求；（六）国家规定的其他情形。"

【疑难解析 2-6】"在建工程追加的附属小型工程"满足哪些条件可以不进行施工招标？

对可以不进行施工招标的"附属小型工程"的理解应从以下几方面把握：一是该小型工程必须是主体工程的附属工程，其与主体工程之间不具有独立性。二是该小型工程必须是在建工程的附属工程。如果主体工程已经完工，就不能适用不进行招标的规定。三是该小型工程必须是在建工程原先设计本身没有包含的内容，后由于设计变更才追加进来的工程。

因此，当某项小型工程已包括在原主体工程建设项目审批范围内，只是主体工程招标完成后，在施工过程中又追加的，为项目主体提供辅助或配套服务的，即为该条所指的"在建工程追加的附属小型工程"。至于"附属小型工程"的规模标准，目前没有确切的量化标准，需要根据不同的项目来核定。当前述在建工程追加的附属小型工程，原中标人还具备承包能力（如具有该工程的施工企业资质），就可以不招标，直接发包给原中标人。

《机电产品国际招标投标实施办法（试行）》第七条规定："有下列情形之一的，可以不进行国际招标：（一）国（境）外赠送或无偿援助的机电产品；（二）采购供生产企业及科研机构研究开发用的样品样机；（三）单项合同估算价在国务院规定的必须进行招标的标准以下的；（四）采购旧机电产品；（五）采购供生产配套、维修用零件、部件；（六）采购供生产企业生产需要的专用模具；（七）根据法律、行政法规的规定，其他不适宜进行国际招标采购的机电产品。招标人不得为适用前款规定弄虚作假规避招标。"

（四）强制招标项目不招标的法律后果

《民法典》第一百五十三条第一款规定："违反法律、行政法规的强制性规定的民事法律行为无效。但是，该强制性规定不导致该民事法律行为无效的除外。"因此，强制招标的项目，未经招标即发包的，该民事行为无效，所签合同亦无效。《最高人民法院关于审理建设工程施工合同纠纷案件适用法律问题的解释（一）》第一条第一款即明确规定："建设工程施工合同具有下列情形之一的，应当依据民法典第一百五十三条第一款的规定，认定无效：……（三）建设工程必须进行招标而未招标或者中标无效的。"

上述司法解释只适用于建设工程施工合同，不直接适用于除施工合同以外的其他类型合同效力判定。司法实践中，一般认为违法规避招标订立的合同当然无效。最高人民法院《全国法院民商事审判工作会议纪要》（法〔2019〕254号）也规定交易方式严重违法的，如违反招投标等竞争性缔约方式订立的合同的强制性规定，应当认定为"效力性强制性规定"，依据《民法典》第一百五十三条第一款"违反法律、行政法规的强制性规定的民事法律行为无效。但是，该强制性规定不导致该民事法律行为无效的除外"的规定，该合同无效。比如依法必须招标的勘察设计、监理及货物目规避招标的，应当认定合同无效。

【类案释法2-4】应当招标项目未经招投标程序签订的供货合同无效

（2015）民二终字第36号民事判决书①：最高人民法院认为，案涉《供货协议书》不具有合法性。为保护国家利益和社会公共利益，维护市场秩序，提高经济效益，促进公平竞争，国家对于应当进行招投标的建设或采购项目，实行强制招投标制度。当事人违反有关规定未经招投标而自行订立建设或采购合同或者规避招标、串通投标的，人民法院不予认可和保护。本案中，玉某集团公司虽然在其《关于中标协议书的说明》中称"项目资金全部由公司自行投资建设，不存在工程项目的招投标行为"，但这一表述确如原审判决所认定的，系玉某集团公司的单方说法，确与该公司申报金太阳示范工程项目从而获得国家补助资金的目的以及其他有关申报文件的内容、业已发生的事实相悖；而《补充约定》的内容表明，玉某集团公司与赛某太阳能公司对于国家强制招投标制度和案涉项目中的晶硅光伏发电组件的买卖应当通过招投标程序进行等情况亦是明知的。双方当事人为获批国家金太阳示范工程项目，未经招投标程序而签订《供货协议书》，明显违反《招标投标法》的有关规定，对于其法律效力，人民法院不应予以认可。故，虽然案涉《供货协议书》已经成立，即使其不存在双方当事人意思表示不真实的情况，但由于该协议书违反法律的强制性规定，有损国家和社会公共利益，根据《合同法》第五十二条第五项的规定，亦应认定其无效。

对于国企来说，对于列入强制招标项目范围内的项目，非有法定情形，必须通过招标方式采购。强制招标的项目不招标的，视为"规避招标"，根据《招标投标法》第四十九条规定应承担相应法律责任。

---

① 来源于裁判文书网：江西赛某太阳能高科技有限公司与广西某机器集团有限公司买卖合同纠纷二审民事判决书。

三、国企招标项目强制招标的适用

实践中，国企经营者、管理者非常关注哪些项目应当招标采购，以防范规避招标导致的追责风险。也有的企业随意扩大必须招标范围，增加采购成本影响采购效益；或者不正当选用不招标的事由而实际"规避招标"。尽管招标最能体现公开透明，但既要合规也要注意效益，因此国企强制招标范围不宜过大。对于非强制招标项目，市场供应充分、具有竞争性、采购时间允许的，采购人宜采取招标方式采购，发挥其竞争机制取得较好的经济效益。

（一）必须招标的工程建设项目

国有企业工程项目中的下列工程建设项目需要依法必须招标：一是企业办公用房、生产用房等建筑物、构筑物［范围可参见《固定资产分类与代码》（GB/T 14885—2010）］的新建、改建、扩建及其相关的装修、拆除、修缮且单项合同400万元人民币以上的项目，属于依法必须招标的工程建设项目。二是企业技术改造项目中的土木工程、建筑工程、线路管道和设备安装工程及装修工程且单项合同400万元人民币以上的工程项目，在依法必须招标项目范围之内。

企业生产设备设施项目、生产维护项目、原材料物资采购、生产零部件模块或总成采购以及企业咨询服务、劳务服务，产品、运行维护服务、物流和仓储服务等采购项目均不在依法必须招标之列。比如企业日常生产所需要的材料、设备，日常工作中聘请律师事务所、会计师事务所，或者采购的保安服务、物业服务、印刷服务等，根据其项目属性，故均不在依法必须招标范围之内。而且，国家法律或者国务院的文件都没有规定国有企业生产所需要的原材料要招标。国有企业对此拥有采购的自主权，可以招标，也可以不招标。

（二）机电产品国际招标

根据《机电产品国际招标投标实施办法（试行）》第六条第一款规定，通过招标方式采购原产地为中国关境外的机电产品，属于下列情形的必须进行国际招标：（一）关系社会公共利益、公众安全的基础设施、公用事业等项目中进行国际采购的机电产品；（二）全部或者部分使用国有资金投资项目中进行国际采购的机电产品；（三）全部或者部分使用国家融资项目中进行国际采购的机电产品；（四）使用国外贷款、援助资金项目中进行国际采购的机电产品；（五）政府采购项目中进行国际采购的机电产品；（六）其他依照法律、行政法规的规定需要国际招标采购的机电产品。

国有企业采购原产地为中国关境外的机械设备、电气设备、交通运输工具、电子产品、电器产品、仪器仪表、金属制品等及其零部件、元器件等机电产品，符合上述情形的，应当按照《机电产品国际招标投标实施办法（试行）》的规定进行国际招标。当然，有下列情形之一的，可以不进行国际招标：（一）国（境）外赠送或无偿援助的机电产品；（二）采购供生产企业及科研机构研究开发使用的样品样机；（三）单项合同估算价在国务院规定的必须进行招标的标准以下的；（四）采购旧机电产品；（五）采购供生产配套、维修用零件、部件；（六）采购供生产企业生产需要的专用模具；（七）根据法律、行政法规的规定，其他不适宜进行国际招标采购的机电产品。

（三）固定资产投资的货物招标

《工程建设项目货物招标投标办法》第六十一条规定："不属于工程建设项目，但属于固定资产投资的货物招标投标活动，参照本办法执行。"那么，国有企业采购的与工程无关的固定资产[①]，如何招标？这里规定了"参照适用"，全国人大常委会颁布的《立法技术规范（试行）（一）》（法工委发〔2009〕62号）明确，"参照"一般用于没有直接纳入法律调整范围，但是又属于该范围逻辑内涵自然延伸的事项。那么"参照执行"相当于"参照于此，不另行制定规则"的意思。结合前面的规定，国有企业采购固定资产如采用招标方式，就应执行《招标投标法》及其实施条例、配套部门规章中针对依法必须招标的专门规定。如果不采用招标方式，就不适用这个办法，而不是说只要采购固定资产，就必须招标。

（四）国企国有产权交易招标

国务院国资委、财政部令第32号《企业国有资产交易监督管理办法》第二十二条规定："产权转让信息披露期满、产生符合条件的意向受让方的，按照披露的竞价方式组织竞价。竞价可以采取拍卖、招投标、网络竞价以及其他竞价方式，且不得违反国家法律法规的规定。"国有企业产权转让是履行出资人职责的机构、国有及国有控股企业、国有实际控制企业转让其对企业各种形式出资所形成权益的行为。招标投标是国有企业产权转让的方式之一。

针对上述强制招标以外的其他项目的采购，企业愿意采用招标的方式采购的，针对依法必须招标的项目的专属法律规定，企业可以参照执行。

---

① 根据《企业会计准则第4号——固定资产》第三条规定，固定资产，是指同时具有下列特征的有形资产：（一）为生产商品、提供劳务、出租或经营管理而持有的；（二）使用寿命超过一个会计年度。再通俗来讲，固定资产是指企业为生产产品、提供劳务、出租或者经营管理而持有的、使用时间超过12个月，价值达到一定标准的非货币性资产，包括房屋、建筑物、机器、机械、运输工具以及其他与生产经营活动有关的设备、器具、工具等。固定资产的类别，可参见 GB/T 14885—2010《固定资产分类与代码》来确定。

实践中，国有企业一方面存在规避招标的情形，另一方面"招标泛化"也非常严重，不论是否适合招标，都"凡买必招"。要注意招标不一定是最好的采购方式。招标只是交易的一种方式而已。每一种方式都有它特定的适用条件。只有我们采购的标的满足招标的适用条件，才能最大限度发挥招标制度的优势，否则可能适得其反，比如投标竞争性不足，如果招标，可能投标人不足 3 家招标失败，也可能提高采购价格。

《国家发展改革委办公厅关于进一步做好〈必须招标的工程项目规定〉和〈必须招标的基础设施和公用事业项目范围规定〉实施工作的通知》（发改办法规〔2020〕770 号）规定："规范规模标准以下工程建设项目的采购。16 号令第二条至第四条及 843 号文第二条规定范围的项目，其施工、货物、服务采购的单项合同估算价未达到 16 号令第五条规定规模标准的，该单项采购由采购人依法自主选择采购方式，任何单位和个人不得违法干涉；其中，涉及政府采购的，按照政府采购法律法规规定执行。国有企业可以结合实际，建立健全规模标准以下工程建设项目采购制度，推进采购活动公开透明。"因此，对于国有企业而言，应当准确理解强制招标制度，准确把握依法必须招标的工程建设项目范围，依法进行招标，不得规避招标，但是对于不具备竞争条件或时间紧急的项目，也不宜要求必须招标，否则将背离采购目的。

【疑难解析 2-7】国有企业未纳入强制招标范围的采购项目，在哪些情况下可以进行招标？

是否需要采取招标方式采购，应当从采购需求、竞争性、采购时间、采购成本等方面考虑其可行性。一般具备下列条件，可以考虑采用招标方式采购，才可能满足采购需求且达到采购效益目标。

一是采购需求明确。即采购目标、标的功能、实现功能需求的技术条件等采购需求条件能有明确、清晰的表述。只有采购需求明确，供应商才可能准确把握招标人的采购条件，全面精准地对招标进行响应性承诺。二是采购"标的"具有竞争条件，即有众多供应商愿意在公平条件下竞争以实现市场的充分竞争，这是基础性条件。三是时间允许。也就是给予招标人制订招标方案、编制招标文件、执行招标程序、完成中标合同等工作内容予以充足的时间，以确保公平竞争、科学择优。紧急采购就不适用招标方式采购。四是交易成本合理。《招标投标法》第一条规定的招标投标活动宗旨之一就是"提高经济效益"。鉴于招标采购活动的程序规定和复杂性，如果招标标的金额不高，经过招标后节约的资金超过交易成本，也不适宜招标。不同时具备上述条件的，就需要考虑其他采购方式。

第三节　国企招标方式和招标组织形式

一、招标方式

《招标投标法》第十条规定："招标分为公开招标和邀请招标。公开招标，是指招标人以招标公告的方式邀请不特定的法人或者其他组织投标。邀请招标，是指招标人以投标邀请书的方式邀请特定的法人或者其他组织投标。"可见，我国招标投标法根据招标人发布招标信息、邀请潜在投标人参与投标竞争的方式不同，将招标分为公开招标和邀请招标两种方式，不承认议标等其他方式。而且，根据现有规定来看，由于邀请招标方式的公开性、竞争性不如公开招标，故招投标活动以公开招标为原则，以邀请招标为例外，采用邀请招标方式的招标项目有一定限制性条件。

（一）公开招标

公开招标，是指招标人以招标公告的方式邀请不特定的法人或其他组织参加投标并从中择优选择中标人的招标方式。公开招标方式是一种最能体现"公开、公平、公正"特点，最大限度实现信息公开、充分竞争的招标方式。

《招标投标法》第十一条规定："国务院发展计划部门确定的国家重点项目和省、自治区、直辖市人民政府确定的地方重点项目不适宜公开招标的，经国务院发展计划部门或者省、自治区、直辖市人民政府批准，可以进行邀请招标。"《招标投标法实施条例》第八条补充规定："国有资金占控股或者主导地位的依法必须进行招标的项目，应当公开招标；但有下列情形之一的，可以邀请招标：（一）技术复杂、有特殊要求或者受自然环境限制，只有少量潜在投标人可供选择；（二）采用公开招标方式的费用占项目合同金额的比例过大。有前款第二项所列情形，属于本条例第七条规定的项目，由项目审批、核准部门在审批核准项目时作出认定；其他项目由招标人申请有关行政监督部门作出认定。"也就是说，国家或省级重点项目应当公开招标，国有资金占控股或者主导地位的依法必须招标项目应当公开招标。

上述两类项目和国家利益、社会公共利益密切相关，所以《招标投标法》对其招标方式予以专门的管制，这也是考虑到公开招标方式可以在最大范围内选择投标人，最大限度体现机会均等，增加交易透明度，以充分的市场竞争从中选择最优的合同当事人，确保采购结果最大限度地符合采购人利益、国家利益和社会公众利益，同时由于其公开范围最大的特性，在一定程度上也可以减少招标活动中的贿赂和腐败行为。故此，没有特殊原因，就应当将公开招标作为首选招标方式。需要说明的是，这里规定国家重点项目、地方重点项目应当公开招标，隐含的一个前提就是这些重点项目属于依法必须招标的项目，不是依法必须招标的项目，即便列入重点项目，也不是必须要招标，更谈不上要公开招标。

需要注意的是，其他法律规定应当公开招标的项目，也应当公开招标，如《土地复垦条例》第二十六条第一款规定："政府投资进行复垦的，有关国土资源主管部门应当依照招标投标法律法规的规定，通过公开招标的方式确定土地复垦项目的施工单位。"上述情形以外的项目是公开招标，还是邀请招标，属于招标人的自主权，根据项目实际任选其一即可。

当然，也要看到，公开招标也有其一定的局限性，一是过于竞争激烈的招标项目，通过广而告之、公开邀请的方式，过多的投标人参与，但中标只有一个，会导致社会总采购成本的上升。二是当针对某一采购项目供应商数量过少、市场竞争不激烈的情况下，可能供应商参与投标的意愿不强烈，导致招标失败；或者采购金额不大，与采购成本不成比例时，采购效益难以发挥，此时可能采取邀请招标或者非招标方式采购是比较合理的。

（二）邀请招标

邀请招标，是指招标人以发送投标邀请书的方式邀请特定的法人或者其他组织参加投标并从中选择中标人的招标方式。从《招标投标法》第十一条和《招标投标法实施条例》第八条的规定来看，自愿招标项目以及法定的必须公开招标项目以外的其他强制招标项目，法律并未限定，故都可以采用邀请招标方式，这属于私法自治范畴，招标人选择公开招标还是邀请招标，都不违反法律规定。是否选取邀请招标方式，不用考虑法律的强制性规定，只需从采购效率、效益、可行性等方面进行考虑。一是供应商人数有限。采购标的因其高度复杂性或专门性只能从数目有限的供应商处采购获得。二是项目交易成本过高。审查和评审大量投标书所需要的时间和费用与采购标的价值不成比例。三是符合招标条件但不宜采用公开招标方式的采购，如符合招标条件但由于保密的原因，或者只愿意与长期合作伙伴、优质供应商进行交易时，可采取邀请招标的方式，限缩投标人的范围。

【类案释法 2-5】应当公开招标项目采用邀请招标方式属于程序性瑕疵

（2019）最高法民终 1085 号民事判决书[①]：最高人民法院认为，案涉《总承包施工补充合同》所涉工程项目属于必须进行招标的工程项目。北京某公司一审举示了招标文件，拟证明案涉《总承包施工补充合同》系经过招投标程序签订，香河万某公司对该证据的真实性、合法性无异议。对此，本院认为，招标可以采用公开招标和邀请招标的方式进行，邀请招标是指招标人以投标邀请书的方式邀请特定的法人或者其他组织投标。案涉工程项目由香河万某公司委托具有资质的招标代理人香河县帝某建设工程咨询有限公司（以下简称帝某公司）进行邀请招标。2015 年 1 月 6 日的中标通知书载明，经邀请招标、投标、评标答疑、招标人及乙方（北京某公司）对投标文件的再次确认等程序，确认乙方（北京某公司）中标承建案涉项目的总承包工程。据此，应认定案涉工程项目以邀请招标的方式进行了招投标。

对于香河万某公司答辩主张的招标范围、招标方式、招标组织形式未履行报批审批程序、招投标程序不合法的问题，本院认为，招标范围、招标方式、招标组织形式的报批属招标人香河万某公司的义务，应在招投标程序开始前完成，否则标底不确定，无法进行招投标。但香河万某公司委托招标代理人帝某公司进行的招标，招标方式和标底具体明确，作为商事交易的相对人北京某公司有理由相信具有法定资质的招标代理机构出具的招标文件真实、合法，故香河万某公司的抗辩理由不成立。至于《总承包施工补充合同》未经备案的问题，《招标投标法》第十二条第三款关于"依法必须进行招标的项目，招标人自行办理招标事宜的，应当向有关行政监督部门备案"的规定，属于行政管理性规定，备案的目的是保证招投标程序接受监管，防止和惩罚违反《招标投标法》的行为，未经备案可以由相关部门给予行政处罚，但并不影响承发包双方通过合法的招投标程序达成的民事合同的效力。另外，在另案香河万某公司提起的解除一期 A 区地上和地下《建设工程施工合同》一案的诉讼中，河北省高级人民法院作出（2019）冀民终 473 号民事判决，以香河万某公司与北京某公司未在招投标前向当地建设行政主管部门进行申请备案、项目招投标程序不符合《房屋建筑和市政基础设施工程施工招标投标管理办法》的相关规定为由，认定案涉工程没有进行公开招投标，从而认定北京某公司和香河万某公司签订的"系列合同"违反了法律、行政法规的强制性规定，应认定无效。对此，本院认为，本案不属于必须以前案生效判

---

① 来源于裁判文书网：北京某建设集团有限责任公司、香河万某房地产开发有限公司建设工程施工合同纠纷二审民事判决书。

决为依据的案件，根据民事诉讼的既判力理论，上述另案生效判决的法律适用及其对合同效力的认定，对本案《总承包施工补充合同》的效力认定不产生拘束力。

由于采用邀请招标方式招标的公开性不足并可能影响招标结果的公正性，法律对邀请招标的方式进行了适当的限制。

第一，适用情形的限制。对于依法必须进行公开招标的项目，在符合一定条件的情形下，可采取邀请招标方式。对于强制招标项目而言，根据《招标投标法》第十一条规定，国家重点项目和地方重点项目应当进行公开招标，如有特殊原因不适宜公开招标的，经国务院发展改革部门或者省、自治区、直辖市人民政府批准，可以进行邀请招标。根据《招标投标法实施条例》第八条规定，国有资金占控股或者主导地位的依法必须进行招标的项目，应当公开招标；如果符合下列情形，经项目审批、核准部门或者有关行政监督部门审批、核准，可以采用邀请招标：（一）技术复杂、有特殊要求或者受自然环境限制，只有少量潜在投标人可供选择；（二）采用公开招标方式的费用占项目合同金额的比例过大。这里对"比例过大"的界定没有统一规定，需根据部门规章和项目实际核定，选用邀请招标的方式在维持适当竞争性的同时保证了招标采购的经济性。如《通信工程建设项目招标投标管理办法》规定采用公开招标方式的费用占项目合同金额的比例超过 1.5%，且采用邀请招标方式的费用明显低于公开招标方式的费用的，可被认定为"比例过大"，《雄安新区工程建设项目招标投标管理办法（试行）》第十一条第一款第二项规定："采用公开招标方式的费用占项目合同金额的比例超过 1.5%，且采用邀请招标方式的费用明显低于公开招标方式费用的"可以邀请招标，可资借鉴。

第二，审批程序的限制。应当公开招标因符合该条第二款规定可以采用邀请招标的情形认定的主体有两类。一是对需要审批核准的项目是否可以采用邀请招标认定的主体是项目审批核准部门；二是其他备案项目中可以采用邀请招标的认定主体是有关行政监督部门。

对于邀请招标的项目，招标人要注意的一点是，邀请招标是基于对被邀请单位的认可和初选，被邀请的单位可以参加投标，也可以放弃投标机会而不参加投标，但受邀请的潜在投标人不能将其投标机会转让给其子公司、母公司或其他单位。对于未被邀请的单位提交的投标文件，招标人有权拒绝接收。受邀请的潜在投标人如果不参加投标而有意将该投标机会让与他人的，可以向招标人推荐，招标人同意后可以向该他人发出投标邀请书，邀请其参加投标。

【疑难解析 2-8】能否采用议标法方式进行招标?

国际上招标采购方式除了公开招标、邀请招标,也包含议标。所谓议标,是采购人和供应商之间围绕合同内容、价格进行谈判并确定中标人从而最终达成交易实现采购目的的一种采购方式,相当于谈判采购。议标与招标的区别在于:(1)程序不同。招标投标活动程序繁杂严苛,评标中不允许评标委员会成员与投标人直接接触,投标截止时间后不允许招标人和投标人对合同进行实质性谈判,而议标对程序没有特别要求,既可以一对一逐个谈判,也可以同时与所有竞争者谈判。(2)竞争方式不同。招标具有采用书面方式、一次性报价、秘密评标等特点,而议标则不具有这些明显的特点。(3)对谈判的限制不同。谈判运用于议标采购的全过程,招标则严格限制谈判。另外,议标不具有公开性,易产生幕后交易滋生腐败。

考虑到议标通常是在非公开状态下进行谈判的,实践中存在的问题比较多,我国《招标投标法》没有规定议标方式①。因此,议标不属于我国《招标投标法》规定的招标方式。强制招标项目如果采用议标方式,就属于未履行招标投标程序,为规避招标行为,违反效力性强制性规定,所签订合同无效。

但对于非强制招标项目而言,其采购方式并没有由法律作出强制性规定,所以可以采用公开招标或邀请招标方式,也可以采用议标方式或者其他非招标方式,都不违反法律规定。当然,通过议标方式签订的合同,可以由采购人自主制定交易规则,也可以仍然参照招标投标法规定的程序制定相关交易规则,相关条款可视为双方自行约定,该双方的行为由于与《招标投标法》规定的程序不完全相符,尤其在允许交易双方进行实质性谈判、评审不保密以及价格可以变动等方面,与招标投标程序有实质性的不同,故议标活动不受《招标投标法》的约束,实质上其也是一种竞争性的缔约活动,该民事行为应该受《民法典》等民事法律的约束和规范。

二、工程总承包招标

近年来,我国大力推广工程总承包模式。2016年2月6日,党中央、国务院出台《关于进一步加强城市规划建设管理工作的若干意见》,提出"深化建设项目组织实施方式改革,推广工程总承包制"。2017年2月21日,国务院办公厅印发《关于促进建筑业持续健康发展的意见》(国办发〔2017〕19号),再次强

---

① 引自1999年4月26日第九届全国人大常委会第九次会议《关于〈中华人民共和国招标投标法〉(草案)的说明》。

调 "完善工程建设组织模式，加快推行工程总承包。装配式建筑原则上应采用工程总承包模式。政府投资工程应完善建设管理模式，带头推行工程总承包"。2019 年 12 月 23 日，住建部、国家发展改革委联合发布《房屋建筑和市政基础设施项目工程总承包管理办法》（建市规〔2019〕12 号），标志着我国工程总承包正式走上法治化道路。2020 年 11 月 25 日，住建部发布了修订后的《建设项目工程总承包合同示范文本》（GF-2020-0216），这是工程总承包领域的又一重要制度性建设。下面重点以《房屋建筑和市政基础设施项目工程总承包管理办法》为主线阐述总承包招标的相关问题。

（一）工程总承包的方式

《房屋建筑和市政基础设施项目工程总承包管理办法》第三条规定，工程总承包 "是指承包单位按照与建设单位签订的合同，对工程设计、采购、施工或者设计、施工等阶段实行总承包，并对工程的质量、安全、工期和造价等全面负责的工程建设组织实施方式"，明确工程总承包应当同时包含设计和施工内容，应采用 EPC（设计采购施工总承包）和 D—B（设计—施工总承包）方式。

（二）工程总承包的发包条件

按照《房屋建筑和市政基础设施项目工程总承包管理办法》第七条规定，工程总承包项目发包人应在项目完成项目审批、备案或核准手续后方能进行招标，其中企业投资项目应在完成项目备案或核准手续后进行招标，政府投资项目原则上应在初步设计审批完成后进行招标。《雄安新区工程建设项目招标投标管理办法（试行）》第十三条第一款规定："项目可行性研究批复后，招标人可以开展工程总承包项目招标。"

（三）工程总承包项目的招标要求

《房屋建筑和市政基础设施项目工程总承包管理办法》第八条明确，工程总承包项目范围内的设计、采购或者施工中，有任一项属于依法必须进行招标的项目范围且达到国家规定规模标准的，应当采用招标的方式选择工程总承包单位。《房屋建筑和市政基础设施项目工程总承包管理办法》第二十一条明确，工程总承包单位可以采用直接发包的方式进行分包；但以暂估价形式包括在总承包范围内的工程、货物、服务分包时，属于依法必须进行招标的项目范围且达到国家规定规模标准的，应当依法招标。

工程总承包项目通常采用固定总价方式发包，承包人准确报价的前提条件是发包人能提供充分的报价基础资料。实践中，承包人往往以项目发生变更为由，主张对合同价格进行调整，但双方因报价基础资料不完备或不准确导致对于项目是否发生变更产生争议，进而无法对合同价款应否调整达成一致意见。为减少此类纠纷，《房屋建筑和市政基础设施项目工程总承包管理办法》第九条规定，发包人在招标文件中应提供明确的发包人要求，需"列明项目的目标、范围、设计和其他技术标准，包括对项目的内容、范围、规模、标准、功能、质量、安全、节约能源、生态环境保护、工期、验收等的明确要求"，并明确发包人应提供的资料和条件，包括"发包前完成的水文地质、工程地质、地形等勘察资料，以及可行性研究报告、方案设计文件或者初步设计文件等"。发包人在招标时应明确项目需求并确保项目基础资料准确，以便发承包双方能准确判断项目是否发生变更。

（四）工程总承包单位的资质条件

依据《建筑法》第二十条、第二十二条、第二十六条规定，发包单位应当将建筑工程发包给具有相应资质条件的承包单位。承包建筑工程的单位应当持有依法取得的资质证书，并在其资质等级许可的业务范围内承揽工程。这些规定明确了承包人承包工程需要相应的资质，工程总承包作为承包工程的一种方式，当然也不能例外。

与施工、勘察设计、监理不同，我国目前并没有专门针对工程总承包资质的明确规定。《建筑业企业资质标准》也仅规定了施工总承包资质和专业分包资质，并无工程总承包资质。为了保证工程质量，在招标时仍然需要明确对总承包投标人的相应资质等级要求，只是不能要求投标人具有总承包一级或几级资质。《房屋建筑和市政基础设施项目工程总承包管理办法》第十条规定，"工程总承包单位应当同时具有与工程规模相适应的工程设计资质和施工资质，或者由具有相应资质的设计单位和施工单位组成联合体……"这就意味着，仅具有施工资质或设计资质的企业将无法单独承接工程总承包业务。实践中大量的工程总承包单位仅具有设计资质或者施工资质，该类工程总承包企业如想继续承接工程总承包业务，就需与其他具有相应施工资质或设计资质的企业组成联合体，确保承包人组成的联合体同时具有设计和施工资质，方能进行投标。

国家为提高工程总承包单位的市场竞争力，鼓励总承包单位同时具有工程设计资质和施工资质。为此，《房屋建筑和市政基础设施项目工程总承包管理办法》第十二条规定，"已取得工程设计综合资质、行业甲级资质、建筑工程专业甲级资质的单位，可以直接申请施工总承包一级资质""具有一级及以上施工总承包资质的单位可以直接申请相应类别的工程设计甲级资质"。为便于后续总承包业务的开展，仅具有设计资质或施工资质的企业，应积极申请相应的施工资质或设计资质。

另外，由于《房屋建筑和市政基础设施项目工程总承包管理办法》仅适用于房屋建筑和市政基础设施领域，并不当然适用于其他工程类型，因此，对于其他工程的总承包人所需资质应按照相对应的行政主管部门的规定为准。

（五）工程总承包项目投标主体的限制范围

对于前期咨询单位能否参与该工程总承包项目的投标问题，我国当前的法律、行政法规并未给予明确意见，在中央的政策性文件及地方性法规、规章中虽有规定，但意见并不统一。国家层面并未出台法律法规禁止前期设计、咨询服务单位（以下简称前期咨询单位）参加后续工程总承包项目的投标，大部分省份出台的相关规定均允许前期咨询单位参加或附条件参加后续工程总承包项目的投标，但《工程建设项目施工招标投标办法》第三十五条规定，"……为招标项目的前期准备或者监理工作提供设计、咨询服务的任何法人及其任何附属机构（单位），都无资格参加该招标项目的投标"。即使《工程建设项目施工招标投标办法》明确适用范围为施工，实践中发包人或主管部门仍存在以工程总承包项目包含施工内容为由，要求工程总承包项目的招投标适用前述规定，禁止前期咨询单位参与后续工程总承包项目的投标。

根据《房屋建筑和市政基础设施项目工程总承包管理办法》第十一条规定，工程总承包项目的代建单位、项目管理单位、监理单位、造价咨询单位、招标代理单位不得参与工程总承包项目的投标，政府投资项目在招标人公开已经完成的项目建议书、可行性研究报告、初步设计文件的情况下，前述单位可以参与该工程总承包项目的投标。但该办法未对企业投资项目前期咨询单位能否参与后续工程总承包项目的投标进行明确规定，根据"举重以明轻"原则，企业投资项目的管理应当更为宽松，在公开已经完成的咨询成果的情况下，前期咨询单位应该可以参与该工程总承包项目的投标。因此，必须招标项目的项目建议书、可行性研究报告、初步设计文件编制单位及其评估单位，若招标人未公开已经完成的初步设计文件等可能影响招标公平、公正性的前期成果，则上述单位与招标人签订的工程总承包合同无效。非必须招标项目的项目建议书、可行性研究报告、初步设计文件编制单位及其评估单位与招标人签订的工程总承包合同，不因招标人未公开已经完成的前期成果而无效。

虽然《房屋建筑和市政基础设施项目工程总承包管理办法》明确适用于房屋建筑和市政基础设施项目，但考虑到发布单位中住房和城乡建设部是工程企业资质的主管部门，国家发展改革委是招标投标活动的主管部门，可以认为该办法中关于资质条件和招投标等内容也可参照适用于其他项目。

【疑难解析 2-9】属于必须招标范围的工程，未招标是否导致总承包合同无效？

《国家发展改革委办公厅关于进一步做好〈必须招标的工程项目规定〉和〈必须招标的基础设施和公用事业项目范围规定〉实施工作的通知》规定："总承包中施工、货物、服务等各部分的估算价中，只要有一项达到 16 号令第五条规定相应标准，即施工部分估算价达到 400 万元以上，或者货物部分达到 200 万元以上，或者服务部分达到 100 万元以上，则整个总承包发包应当招标。"也就是说，《招标投标法》第三条及 16 号令规定的依法必须招标工程建设项目，采取总承包方式发包，只要其中勘察设计或施工内容达到上述规定的标准，就必须招标。这个文件与《招标投标法》第三条、《招标投标法实施条例》第二条及 16 号令结合起来，就有助于我们更准确地界定哪些项目依法必须招标。如果不招标，就属于规避招标。根据《最高人民法院关于审理建设工程施工合同纠纷案件适用法律问题的解释（一）》（法释〔2020〕25 号）第一条第一款规定："建设工程施工合同具有下列情形之一的，应当依据民法典第一百五十三条第一款的规定，认定无效：……（三）建设工程必须进行招标而未招标或者中标无效的。"属于必须招标范围的工程，如果未进行招标，签订的总承包合同无效。总承包单位分包时可直接发包。但以暂估价形式包括在总承包范围内的工程、货物、服务分包时，属于必须招标项目的，如果未进行招标，签订的分包合同无效。

（六）总承包招标中暂估价项目招标

在工程实践中，出于建设进度考虑，往往会出现在招投标阶段，工程设计尚未全部完成，或设计深度尚不完全满足项目要求，抑或建设单位的需求尚未最终决定等情况。对于某些材料、设备或专业工程是否需要采购或实施还存在不确定性，也不确定具体实施该项专业工程的实际金额。为避免争议，招标人一般都会在工程合同中将上述项目作为暂估价项目，待条件成熟时再决定是否实施及费用等，这对于加快工程建设进度、保障投资收益等方面都有积极的作用。

1. 暂估价的定义

暂估价是指招标人在工程量清单中提供的用于支付必然发生但暂时不能确定价格的材料、工程设备的单价以及专业工程的金额。《标准施工招标文件（2007版）》通用条款第 1.1.5.5 条规定，"暂估价：指发包人在工程量清单中给定的用于支付必然发生但暂时不能确定价格的材料、设备以及专业工程的金额"。GB 50500—2013《建设工程工程量清单计价规范》在相应部分增加了工程设备暂估价部分，该规定保持了与《标准施工招标文件（2007版）》的定义一致性。《招标投标法实施条例》第二十九条规定："……暂估价是指总承包招标时不能确定价格而由招标人在招标文件中暂时估定的工程、货物、服务的金额。"由此可见，暂估价是在工程建设项目招标阶段预见必然发生，但由于设计及建设标准不明确或者需要由专业承包人完成，暂时无法确定的价格或金额。

2. 暂估价项目适用范围

适用暂估价项目主要有四种情况：一是技术复杂或者性质特殊，招标前不能确定详细规格或者具体要求，如二次装修；二是因专利、专有技术等导致施工总承包招标前不能事先计算出价格总额，如新技术、新工艺、新材料、新设备；三是指定、指向特定的商标、品牌或者供应商，招标无法形成竞争；四是价值最大的材料、质量档次差异大的材料、关键设备。

3. 暂估价项目应否招标及招标模式

《招标投标法实施条例》强调达到工程建设项目应当招标的规模标准的暂估价项目必须招标，也就是纳入暂估价的项目，如果也在《招标投标法》第三条及《必须招标的工程项目规定》规定的必须招标的范围之内，因这部分项目未经竞争，也未确定承包方，故应当依法必须招标。

关于暂估价项目的招标人。以总承包人组织招标为宜，也可以由发包人与总承包人联合实施招标。

首先，《建筑法》第四十五条规定："施工现场安全由建筑施工企业负责。实行施工总承包的，由总承包单位负责。分包单位向总承包单位负责，服从总承包单位对施工现场的安全生产管理。"第五十五条规定："建筑工程实行总承包的，工程质量由工程总承包单位负责，总承包单位将建筑工程分包给其他单位的，应当对分包工程的质量与分包单位承担连带责任。分包单位应当接受总承包单位的质量管理。"由此可见，暂估价分包单位的管理主体是施工总承包单位。

其次，《建设工程施工合同（示范文本）》（GF-2013-0201）在通用条款第10.7.1条作出了具体约定，即依法必须招标的暂估价项目，可以采取以下三种方式确定：第一种是"对于依法必须招标的暂估价项目，由承包人招标，对该暂估价项目的确认和批准按照合同约定执行"；第二种是"对于依法必须招标的暂估价项目，由发包人和承包人共同招标确定暂估价供应商或分包人"；第三种是"合同当事人也可以在专用合同条款中选择其他招标方式"。

《建设项目工程总承包合同（示范文本）》（GF-2020-0216）对于暂估价项目的招标，区分依法必须招标和非依法必须招标作出规定，即，对于依法必须招标的暂估价项目，专用合同条件约定由承包人作为招标人的，招标文件、评标方案、评标结果应报送发包人批准。与组织招标工作有关的费用应当被认为已经包括在承包人的签约合同价中。专用合同条件约定由发包人和承包人共同作为招标人的，与组织招标工作有关的费用在专用合同条件中约定。对于不属于依法必须招标的暂估价项目，承包人具备实施暂估价项目的资格和条件的，经发包人和承包人协商一致后，可由承包人自行实施暂估价项目。

可以看出，确定暂估价的招标主体，首先应该选择总承包合同的承包人作为招标主体；其次也可以选择总承包合同的发包人和承包人为共同招标主体。

通常情况下，暂估价达到规定规模标准的，原则上由总承包人招标比较适宜。从合同的相对性原理分析，暂估价项目在总承包范围之内，总承包合同中包含暂估价项目。也就是说，总承包人应当向项目业主承担质量、价格等风险。如果由总承包人招标，则总承包人与暂估价项目的中标人签订合同，暂估价项目出了问题，暂估价的中标人向总承包人承担责任，总承包人根据总承包合同向项目业主承担责任，这时合同责任主体是唯一的，是清晰明确的。所以，暂估价项目由总承包人招标，符合合同的相对性原理，也有利于合同履行。如果由发包人组织招标，弊端在于：一是合同法律关系发生质变。如招标人单方实施，则暂估价项目的合同签约方应当是招标人和暂估价项目的中标人。此时，暂估价项目相当于独立发包项目，即暂估价项目和原招标项目转变成了平行发包关系。总承包人与暂估价项目的中标人无承包合同，此时再要求总承包人对暂估价项目的质量向招标人承担责任，与合同相对性原则不符。二是项目管理关系混乱。如暂估价项目由招标人单方实施招标，由于总承包人不得参与暂估价项目的投标，总承包人既无可能承接暂估价项目，也不是暂估价项目的合同发包方，难以名正言顺地以项目总承包人的身份对暂估价项目实施管理。三是项目管理协调难度较大。招标人也必须考虑总承包人对暂估价项目实施管理的想法、思路和条件，以征得其理解、配合和支持。否则，因缺少总承包人的认同与配合，项目管理难度、总承包人与分包人之间的关系协调难度将加大，对招标项目能否按照预定计划正常实施的影响都非常大。

也要注意到，第一，暂估价项目在招标时还不能确定价格，所有的投标人在投标时都是按照招标文件给定的金额去报价。投标人在投标截止时间之前，如果修改投标报价，暂估价是不能修改的，这是不可竞争的价格。第二，总承包人在对暂估价项目招标时，是替项目业主招标，花项目业主的钱，对项目业主来说有一定风险。所以项目业主在与总承包人签订合同时，要明确自己在暂估价项目招标中的监督管理的职责、权力，比如招标文件发售之前，应过项目业主的审查；项目业主可以派一名代表参与评标等，以督促保证项目的质量、价格、工期得到有效的控制。

4. 暂估价项目的投标人

从公正性考虑，暂估价项目招标，总承包人不能再参加投标。如允许其投标，则其他投标人将处于劣势地位，限制了竞争，影响公正性。

5. 暂估价项目的合同管理

暂估价项目仍属于总承包人的承包范围，总承包人对暂估价项目向发包人承担责任。

【疑难解析 2-10】施工总承包单位工程分包应否招标？

关于分包项目是否需要招标，目前我国法律、行政法规没有明确的强制性规定。有个别省市出台了地方性规定，要求一定规模的分包项目需要招标，如《重庆市房屋建筑和市政工程施工分包招标投标管理办法》、已失效的《北京市建设工程施工分包招标投标管理办法》。

应否招标，我们可以从以下几方面分析：

第一，《招标投标法》建立的工程建设项目强制招标制度，主要针对工程建设单位发包工程。工程承包单位承揽工程后再作为招标人分包，也不符合《工程建设项目施工招标投标办法》规定的"工程施工招标人"和《建筑法》规定的"建设单位"的条件，该办法也没有规定分包工程必须招标。

第二，《建筑法》及其他建筑法规和部门规章只规定工程建设单位发包工程需要招标，未规定工程承包单位分包工程需要招标。

第三，目前，只有《招标投标法实施条例》第二十九条规定："以暂估价形式包括在总承包范围内的工程、货物、服务属于依法必须进行招标的项目范围且达到国家规定规模标准的，应当依法进行招标。"

第四，《房屋建筑和市政基础设施项目工程总承包管理办法》（建市规〔2019〕12号）第二十一条规定："工程总承包单位可以采用直接发包的方式进行分包。但以暂估价形式包括在总承包范围内的工程、货物、服务分包时，属于依法必须进行招标的项目范围且达到国家规定规模标准的，应当依法招标。"上述规定明确工程总承包单位可以不经招标直接发包工程分包项目，这也符合《招标投标法》的基本精神。《招标投标法》建立的工程建设项目强制招标制度，主要针对工程建设单位发包工程。其他项目也可以借鉴。道理是相通的。

再者，承包人中标后，如要求其对工程分包再履行招标程序，不符合当前政府部门"放管服"改革、放宽强制招标项目范围的初衷，实则也干涉承包人的经营自主权，影响其工期。实践中，投标人可以通过竞争性谈判等方式确定分包人，或通过与分包人组成联合体形式投标，这样就可以事先与该分包人确定附以其中标为生效条件的分包合同，将该分包合同附在投标文件中参与投标，这样招标人已经掌握分包情况，也有利于招标人、投标人控制分包风险。

【类案释法 2-6】　总承包对外分包工程不属于法定必须招标情形

（2018）最高法民终 153 号民事判决书[①]：最高人民法院认为，关于需要公开招标的项目经公开招标确定总承包人后，总承包人依法或依约确定分包人是否仍需要进行公开招标的问题。平煤神某新疆分公司认为，项目使用的资金源头系国有资金，总承包人依约确定分包人时仍需要采取公开招标方式。《招标投标法实施条例》第八条规定，国有资金占控股或者主导地位的依法必须进行招标的项目，应当公开招标。根据一审查明，国某哈密公司的资金系国有企业自有资金，哈密一矿选煤厂项目系国某哈密公司建设的煤炭能源项目，属于依法必须进行公开招标的项目。国某哈密公司依照法律规定通过公开招标的方式将哈密一矿选煤厂项目以 EPC 总包的方式发包给大地公司。该招投标行为符合法律规定。双方签订的《合同协议书》约定，承包商应按照本合同文件对施工单位的资质规定，通过招标的方式选择，确定合格的分包人，并报业主审核同意，以合同形式委托其完成承包合同范围内的部分项目。该协议授权总包方可以通过招标方式确定分包人。作为总包人，大某公司并非项目投资建设主体，而是该项目的执行单位。除非有法律规定的必须公开招标的项目，其有权依照约定的方式确定分包人。此外，资金的源头属性，不能无限制地延伸。国某哈密公司运用国有资金建设案涉项目，相关资金支付给大某公司后，属于大某公司的资产，并非仍是国有资金。因此，大某公司对外分包，不具有法定必须公开招标的情形。其通过邀请招标的方式确定平煤神某新疆分公司为案涉项目标段 B 的中标单位，符合《合同协议书》的约定，国某哈密公司对平煤神某新疆分公司施工亦未提出异议，表明其认可大某公司的分包行为。故上述分包行为未违反法律、行政法规的强制性规定，

[①]　来源于裁判文书网：平煤神某建工集团有限公司新疆分公司、大某工程开发（集团）有限公司天津分公司建设工程施工合同纠纷二审民事判决书。

平煤神某新疆分公司有关理由不成立。

三、两阶段招标

《招标投标法实施条例》第三十条规定："对技术复杂或者无法精确拟定技术规格的项目，招标人可以分两阶段进行招标。第一阶段，投标人按照招标公告或者投标邀请书的要求提交不带报价的技术建议，招标人根据投标人提交的技术建议确定技术标准和要求，编制招标文件。第二阶段，招标人向在第一阶段提交技术建议的投标人提供招标文件，投标人按照招标文件的要求提交包括最终技术方案和投标报价的投标文件。"这是关于两阶段招标的规定。

第一，两阶段招标适用的项目情形。首先，采购人无法确切而详细地确定其采购需求和条件，也无法在招标文件中说明披露要求。其次，采购人认为有必要与潜在供应商或承包商互动进行技术交流，以细化需求条件，邀请有关市场中的参加者或其他顾问编写采购需要说明。这种方法也可用于招标失败的情形。

第二，两阶段招标的程序。两阶段招标，实际上在我们所熟悉的一般招标投标程序的基础上，增加了一个在透明、有序的程序框架内，招标人向潜在投标人征集技术方案、双方沟通交流并在此基础上共同编写出招标文件的程序。第一阶段，招标文件应当邀请供应商或承包商递交初步投标书，在其中载明不包括投标价格的建议。招标文件可以征求关于采购标的技术特点、质量特点或性能特点的建议以及关于供应的合同条款和条件的建议，还可要求提供供应商或承包商的专业和技术能力及资质。第一阶段，招标人可以就其初步技术建议的任何方面与其进行讨论。招标人与任何供应商或承包商进行讨论时，应当给予其平等参加讨论的机会。在此基础上达成采购需求、制定招标文件。第二阶段，招标人应当邀请在第一阶段提供了技术建议的所有供应商或承包商按照确定的采购条款和条件递交列明价格的最后投标文件参与投标。这个阶段的内容与一般的招标投标活动并无不同，评标委员会应当对第二阶段提交的投标文件进行评审，以确定中标人。

第三，只有第一阶段提交技术建议的投标人，才可以获取招标文件，才可投标。当然，这并不意味着第一阶段提交技术建议的投标人必须参加第二阶段的投标。是否参加第二阶段投标是投标人的权利，任何人不得强行要求投标人必须参加。如果其感觉招标人的某些技术指标、商务指标不符合或超出了自己的接受范围，有选择不参加第二阶段投标的权利，并且无须承担任何责任。

四、招标组织形式

自行招标和委托招标都是法律许可的招标组织方式。《招标投标法》第十二条规定："招标人有权自行选择招标代理机构，委托其办理招标事宜。任何单位和个人不得以任何方式为招标人指定招标代理机构。招标人具有编制招标文件和组织评标能力的，可以自行办理招标事宜。任何单位和个人不得强制其委托招标代理机构办理招标事宜。依法必须进行招标的项目，招标人自行办理招标事宜的，应当向有关行政监督部门备案。"从字面意思来看，国家鼓励优先采用委托招标方式，自行招标项目有一定条件限制（即招标人具有编制招标文件和组织评标能力），依法必须进行招标的项目还须向行政监督部门备案。

（一）自行招标

招标是一项涉及技术、经济、法律和政策的综合性专业管理工作，招标人自行招标时应当具有技术、经济等方面的专业人员，具有组织招标投标活动的能力。招标工作主要任务就是编制招标文件、组织评标。招标文件是整个招标活动中对招标人和投标人都具有约束力的重要文件，专业性强、内容复杂，对编制者的专业水平、招标经验及对投标人信息的掌握程度要求较高。能否编制出完整、严谨的招标文件，直接影响招标的质量，也是招标成败的关键。有效组织评标是保证评标工作严格按照招标文件要求和评标标准进行，维护招标的公正、公平性，保障招标工作圆满完成的重要环节。因此，根据《招标投标法》第十二条规定，招标人自行招标的，须有能够有效地组织评标的能力以及对突发异常事件的应变处理能力。

《招标投标法实施条例》细化了自行招标能力相关具体规定，即第十条规定："招标投标法第十二条第二款规定的招标人具有编制招标文件和组织评标能力，是指招标人具有与招标项目规模和复杂程度相适应的技术、经济等方面的专业人员。"依据这条规定，招标人是否具有自行招标能力应依据其拥有的专业人员判断。这里所说的专业人员，包括项目投资咨询师、项目管理师、工程造价师、招标师、专业工程师、会计师等或具有相同专业水平和类似项目工作经验业绩的专业人员。拥有这些专业技术人员，就有能力承担招标文件的编制和组织评标活动等职责。

《工程建设项目自行招标试行办法》第四条进一步明确规定："招标人自行办理招标事宜，应当具有编制招标文件和组织评标的能力，具体包括：（一）具有项目法人资格（或者法人资格）；（二）具有与招标项目规模和复杂程度相适应的工程技术、概预算、财务和工程管理等方面专业技术力量；（三）有从事同类工程建设项目招标的经验；（四）拥有3名以上取得招标职业资格的专职招标业务人员；（五）熟悉和掌握招标投标法及有关法规规章。"（编者注：招标职业资格已被取消。)

《工程建设项目自行招标试行办法》对自行招标的管制范围是"经国家发展改革委员会审批、核准（含经国家发展改革委初审后报国务院审批）依法必须招标的工程建设项目"。除此之外的项目招标，招标人可以自行确定招标组织形式。也就是说，对于自愿招标项目，采取何种招标组织形式，由招标人自主决定。但是对于强制招标项目，招标人自行办理招标事宜的，应当向有关行政监督部门备案，在办理自行招标备案提交的资料中，必须证明其具有编制招标文件和组织评标能力。

当前，大型国企都自行成立招标代理公司，中小企业相当一部分也委托其他代理机构招标。如果自行招标，就应考虑上述机构人员设置等因素。但对于自愿招标项目而言，自行招标还是委托招标，由招标人自主决定。

（二）委托招标

委托招标与自行招标相比，主要优势表现在：第一，在专业方面，招标代理机构在编制文件及组织评标方面具备专业人员，熟悉国家、地方招标相关的法律法规和规章制度，能为招标人减轻招标工作负担，为招标的后续工作提供优质服务。第二，在经验方面，招标代理机构的工作人员日常经历的各类项目较多，经验丰富，能利用自身资源充分、有效地收集和分析项目信息，更好解决招标活动实际问题，从而更好地保证项目的顺利开展。第三，在规范方面，招标代理机构作为依法设立的机构，受国家和行业的标准制约，同时还要接受政府相关部门和社会的监督。因此，在一定程度上能确保始终遵循公开、公平、公正和诚实信用的原则组织招标活动。

"放管服"改革之后，取消了招标代理机构的资质，对招标代理机构的经营活动实行事中事后监督。招标人有权自行选择招标代理机构，委托其办理招标事宜。《招标投标法》第十三条规定："招标代理机构是依法设立、从事招标代理业务并提供相关服务的社会中介组织。招标代理机构应当具备下列条件：（一）有从事招标代理业务的营业场所和相应资金；（二）有能够编制招标文件和组织评标的相应专业力量。"第十五条规定："招标代理机构应当在招标人委托的范围内办理招标事宜，并遵守本法关于招标人的规定。"《招标投标法实施条例》第十三条规定："招标代理机构在招标人委托的范围内开展招标代理业务，任何单位和个人不得非法干涉。招标代理机构代理招标业务，应当遵守招标投标法和本条例关于招标人的规定。招标代理机构不得在所代理的招标项目中投标或者代理投标，也不得为所代理的招标项目的投标人提供咨询。"

1. 招标代理机构的选择

招标代理服务不属于依法必须进行招标的工程建设项目范围，因此招标人既可以采用招标方式，也可以采用直接委托方式选择招标代理机构。招标代理服务属于工程咨询服务，是无形的智力劳动，其质量的重要性远远大于价格。因此，招标代理服务招标的评标方法宜采用综合评估法，并且将服务团队和人员的经验、能力以及服务方案的质量作为主要评价因素，价格作为次要评价因素，并合理设定评价权重。根据《招标投标法》第十二条规定，招标人有权自行选择招标代理机构。任何单位和个人不得以任何方式为招标人指定招标代理机构。实践中，一些地方行政监督部门或强制招标人采用招标方式选择招标代理机构，或规定招标人采用抽签、摇号等方式确定招标代理机构，这些做法于法无据，应予纠正。

2. 招标代理的业务范围

《招标投标法》第十五条规定："招标代理机构应当在招标人委托的范围内办理招标事宜，并遵守本法关于招标人的规定。"招标人和招标代理机构之间在法律上是委托代理关系。合同双方应当在招标委托合同中明确约定委托工作范围以及委托期限。一般情况下，招标代理服务业务范围[①]包括以下方面：（1）拟订招标方案；（2）编制资格预审文件；（3）发布资格预审公告；（4）发售资格预审文件；（5）对资格预审文件进行必要的澄清与修改；（6）接收资格预审申请文件；（7）组织资格审查；（8）向申请人告知资格审查结果；（9）编制招标文件；（10）发出投标邀请书或发布招标公告；（11）发售招标文件；（12）组织潜在投标人踏勘现场；（13）组织召开投标预备会；（14）对招标文件进行必要的澄清与修改；（15）收取投标保证金；（16）接收投标文件；（17）组织开标；（18）组织评标；（19）评标结果公示；（20）协助定标；（21）发出中标结果；（22）协助签订合同；（23）退还投标保证金；（24）编制招标投标情况报告；（25）招标资料收集及移交；（26）协助处理异议；（27）协助处理投诉；（28）合同咨询及其他服务。招标代理机构也可对招标项目实行部分代理，仅负责办理部分环节、特定范围的招标采购事宜，如编制资格预审文件、编制招标文件等。具体由招标人和招标代理机构在招标代理服务合同中选择和约定。

3. 招标代理服务费的交纳主体

招标代理服务费是指招标代理机构接受委托，提供代理工程、货物、服务招标采购，编制招标文件、审查投标人资格，组织踏勘现场并答疑，组织投标文件

---

① 参考中国招标投标协会推荐性行业标准 ZBTB/T A01-2016《招标采购代理规范》。

的接收和评审，协助招标人确定成交中标人，以及提供招标采购工作前期咨询、协调合同的签订等服务收取的费用。招标代理机构受招标人委托完成招标采购活动，可依法收取招标代理服务费。该费用的收费标准和支付主体，应当在招标代理委托合同中约定。根据《民法典》的规定，"谁委托谁付费"，招标人、代理机构的关系属于委托代理关系，由委托人（招标人）支付代理费，能够强化委托代理法律关系，激发代理机构的积极性，促使其更好地为招标人服务。由中标人付费，虽然"羊毛出在羊身上"，最终还是由招标人负担，但容易模糊招标代理法律关系，增加中标人的税务成本等。为了防止代理机构向中标人乱收费，招标代理费用的收取方式和收费标准应事先在招标文件中载明。

如果招标人和招标代理机构达成一致，服务费向中标人收取，则双方应当在招标委托合同以及招标文件中进行明确约定。这一做法属于《民法典》规定的第三方代为履行债务，因此亦需要取得代为履行债务的第三方，即投标人的同意。也就是说，招标人与招标代理机构可以约定招标代理服务费由招标人或中标人支付，或者由招标人和中标人按一定比例分担。

一是招标代理合同约定由招标人支付的，招标失败的项目的招标代理服务费由招标人支付。招标工作存在招标失败的风险，例如发生投标人不足3个，或者所有投标人都不能满足招标要求等情形，不能产生中标人，招标代理机构可能无法依据中标金额为基准收取招标代理服务费。招标失败，但是招标代理机构已经开展部分代理业务，支付了相应成本，该部分成本应由委托人也就是招标人承担。因此招标代理委托合同可以约定如果招标失败，招标人应当补偿招标代理机构实际发生的直接费用。

二是中标人支付中标费后，如果被招标人取消中标资格拒绝签订合同，或者招标人单方解除中标合同时，因招标代理机构完成招标代理服务，就有权收取招标代理服务费。中标人无权向招标代理机构追索已交纳的招标代理服务费，只能将其作为实际损失向招标人索赔。如果招标人拒绝签订合同或单方面解除合同的，应当赔偿中标人的相应损失，包括招标代理服务费。

【类案释法 2-7】招标代理公司完成招标代理业务的就有权收取招标代理服务费

某单位与代理机构就办公楼装修工程招标事宜签订代理合同，该合同约定：招标代理服务费由中标人承担60%，招标人承担40%。招标代理合同签订后，代理机构组织招标，建设科技集团中标。施工合同签订后，某单位接到上级文件，停止对办公场所进行豪华装修。某单位向建设科技集团发出了解除施工合同的通知。建设科技集团提起诉讼，请求法院判令机关事务局和代理机构返还招标代理服务费、招标文件费等各项费用。

法院审理认为：建设科技集团根据代理机构发布的招标文件的要求投标并中标，某单位因执行上级文件要求，单方面解除了与建设科技集团的施工合同。根据《合同法》第九十七条之规定，合同解除后，尚未履行的，终止履行；已经履行的，根据履行情况和合同性质，当事人可以要求恢复原状、采取其他补救措施，并有权要求赔偿损失。对建设科技集团支出的购买招标文件费、公证费、市场服务费，因属合理开支，且有相应的票据证明，予以认定。对建设科技集团支出的招标代理服务费，因招标文件明确写明招标代理服务费收取由中标人支付60%，建设科技集团按照此比例缴纳招标代理服务费38600元系投标的需要，且该费用实际发生，上述费用均应认定为建设科技集团的损失，该部分损失亦系某单位违约行为造成，某单位亦应承担相应的赔偿责任。

代理机构按照其与某单位签订的招标代理合同的约定完成了委托事项，其履行代理义务的行为并无过错，对上述费用不承担连带返还责任。

综上，法院判决某单位赔偿建设科技集团购买招标文件费、公证费、市场服务费、招标代理服务费合计44500元。

4. 招标代理服务费的计费标准

《招标投标法实施条例》第十四条规定："招标人应当与被委托的招标代理机构签订书面委托合同，合同约定的收费标准应当符合国家有关规定。"招标代理服务收费目前已完全市场化，实行市场调节价。《国家发展改革委关于进一步放开建设项目专业服务价格的通知》（发改价格〔2015〕299号）明确全面放开包括招标代理服务费在内的实行政府指导价管理的建设项目专业服务价格，实行市场调节价。原国家计委《招标代理业务收费管理暂行办法》（计价格〔2002〕1980号）规定的招标代理服务费政府指导价随之废止。因此，如果招标人直接委托招标代理机构，双方可以自行商定取费标准；如果招标人通过招标选择招标代理机构，则应当允许投标人自由竞价。招标代理机构和招标人应根据招标代理业务性质、委托招标代理业务范围、委托招标项目的技术复杂程度、招标代理服务成本投入、代理服务质量与专业深度、市场物价水平和服务供需状况等因素协商确定招标代理服务费。

在实践中，有招标人在招标文件中强制要求投标人按照原国家计委1980号文规定的招标代理服务费标准报价，或者直接将该收费标准确定为最低投标限价，违反了招标代理服务费市场化的原则，应当及时改正。招标人在编制招标文件时，应当根据项目需求、业主要求等情况，明确代理服务费的支付主体和收费标准，以避免发生争议。

《招标采购代理规范》建议将招标代理服务费由常规招标代理服务费、增值招标代理服务费和招标代理额外服务费三部分组成，常规服务费是指招标代理机构从事法律法规规定的招标代理常规业务所收取的费用，包括编制招标文件（包括编制资格预审文件），组织审查投标人资格，组织潜在投标人踏勘现场并答疑，组织开标、评标、定标，以及提供招标前期咨询、协调合同的签订等服务。增值服务费是指招标人和招标代理机构在签订招标代理委托合同时约定的，且属于招标代理常规业务之外的其他增值服务所收取的费用，如工程量清单、标底或最高投标限价编制费，额外服务费是指在招标代理委托合同签订之后，招标代理机构按招标人要求提供的，且属于委托合同约定服务范围内容之外的其他额外服务所收取的费用。该规范还规定了各部分包括的工作范围以及计算规则，可供参考。

5. 招标代理机构的招标代理权

第一，招标代理机构的招标代理权受法律许可和招标人委托范围的限制。根据《民法典》第一百六十二条关于"代理人在代理权限内，以被代理人名义实施的民事法律行为，对被代理人发生效力"的规定，招标代理机构应当在招标人委托的职责范围内，以招标人的名义依法办理相关招标事宜，其行为后果由招标人承担。未取得招标代理权或者超越代理范围或在代理权已终止的情况下承担招标代理业务且招标人未承认的，其招标代理行为无效，其法律后果由招标代理机构自行承担；给招标人造成损失的，还应承担赔偿责任。

第二，招标代理机构在招标人委托权限内，有权依法自主开展招标代理业务，不受任何单位和个人的非法干涉。招标委托合同属于《民法典》规定的委托合同，招标代理机构接受招标人委托，在合同授权和法律规定的范围内行使权利、履行义务。招标工作需要由招标人和招标代理机构共同合作完成，因此，双方应当共同遵守《招标投标法》《民法典》等相关法律规范，双方约定的权利义务不得违反法律法规的强制性规定。对于招标人提出的违法要求，招标代理机构应当拒绝。任何单位和个人不得授意或者强令招标代理机构从事违法违规行为。

第三，招标代理机构以招标人的名义办理招标事宜。《招标投标法》及其配套立法中关于招标人的规定，自动适用于招标代理机构，如：资格预审文件和招标文件发售期不得少于 5 日；不得以不合理的条件限制或者排斥潜在投标人，资格预审文件和招标文件不得含有倾向或者排斥潜在投标人等违法内容；不得向他人透露已获取招标文件的潜在投标人的名称、数量以及可能影响公平竞争的情况；应当保证评标在严格保密的情况下进行；不得与投标人串通投标；应当接受有关行政监督部门的监督管理等。

第四，招标人和招标代理机构应当签订招标代理合同。招标代理委托合同属于《民法典》规定的委托合同，招标人是委托人，招标代理机构是受托人。受托人应当在委托人委托的范围内办理招标事项，受托人超越权限给委托人造成损失的，应当赔偿损失。因此，招标人与招标代理机构在招标委托合同中约定明确的委托范围并加强履约管理。目前，全国性的招标委托合同标准文本仅有住房城乡建设部与原国家工商总局联合颁发的《建设工程招标代理合同（示范文本）》（GF-2005-0215）。

第五，依据利益回避原则，招标代理机构不得从事自己代理和双方代理的行为。比如在所代理的招标项目中以自己名义参与投标或者代理他人投标，接受委托编制标底或最高投标限价的招标代理机构不得参加受托编制标底或最高投标限价项目的投标，也不得为代理项目的投标人编制投标文件或者提供咨询。《民法典》第一百六十八条规定禁止自我代理和双方代理，即，"代理人不得以被代理人的名义与自己实施民事法律行为，但是被代理人同意或者追认的除外。代理人不得以被代理人的名义与自己同时代理的其他人实施民事法律行为，但是被代理的双方同意或者追认的除外"。在招标投标活动中，招标代理机构如果自我代理，则对其他投标人不公平；如果双方代理，则可能串通投标损害招标人利益，因此，在招标投标活动中，不允许招标代理机构实施自我代理和双方代理行为，即使招标人同意也属于违法行为。根据《民法典》的规定，该类行为无效。

第四节　国企招标的法律适用

一、我国招标投标法律体系

1980年10月7日，国务院出台《关于开展和保护社会主义竞争的暂行规定》，首次以立法形式提出试行招标投标活动。1997年原国家计委制定《国家基本建设大中型项目实行招标投标的暂行规定》，指出建设项目主体工程的设计、建设、安装、监理和主要设备、材料供应及工程总承包单位，要实行招标投标。2000年1月1日，《招标投标法》正式施行，确立了招标投标基本法律制度。随后，《招标投标法实施条例》及一系列部门规章、规范性文件纷纷出台，各省（自治区、直辖市）也出台了大量的地方性法规、政府规章和规范性文件。

《民法典》《刑法》《建筑法》等法律对招标投标活动亦有相应的规范。对于招标人、投标人的法律主体资格、招标投标行为效力、合同效力的认定等问题都需要根据这些法律来判定。最高人民法院颁布的司法解释也是招标投标实务的法律依据，如《最高人民法院关于审理建设工程施工合同纠纷案件适用法律问题的解释（一）》第一条规定了建设工程必须进行招标而未招标或者中标无效的，应当依据民法典第一百五十三条第一款规定认定施工合同无效；第二十二条对接《招标投标法》第四十六条规定了工程范围、建设工期、工程质量、工程价款属于建设工程施工合同的实质性内容。

另外，根据《招标投标法》第六十七条规定，使用国际组织或者外国政府贷款、援助资金的项目进行招标，贷款方、资金提供方对招标投标的具体条件和程序有不同规定的，可以优先适用其规定，如《世界银行贷款采购指南》，但违背中华人民共和国的社会公共利益的除外。

目前，我国已经形成了比较系统完整的招标投标法律法规体系，共同规范招标投标活动、解决招标投标争议。

招标投标法是兼有市场管制和契约自由的法律。《招标投标法》遵照《民法典》上"要约邀请—要约—承诺"的基本原理，遵循合同自由原则，对招标投标活动进行顶层制度设计的同时，有大量的强制性程序规范，体现国家经济管制意图和产业政策的导向，以维护和保障交易秩序，促进经济社会协同发展。同时，《招标投标法》是一部兼有程序法和实体法的法律，更侧重程序法规范，规定了招标—投标—开标—评标—定标—签订合同的程序性规范，其核心是交易双方的要约邀请、要约和承诺必须在公开的程序下操作，以期实现权利义务公平、结果公正。同时，该法还规定了强制招标项目范围、投标人资格条件、否决投标、串通投标等实体性法律规范。从这个角度思考，就明白招标投标法建立强制招标制度的必要性、强调招标投标活动程序合规性的重要性。

二、《招标投标法》的适用范围

法律的适用范围又称法律的生效范围，指的是该法对什么人，在什么时间、什么地点产生法律上的约束力和强制力。《招标投标法》第二条规定："在中华人民共和国境内进行招标投标活动，适用本法。"从地域效力来看，《招标投标法》适用于我国境内的所有招标投标活动，不包括香港、澳门两个特别行政区。

从对人的效力来看，《招标投标法》实行属地原则，即适用于在我国境内从事招标投标活动的单位和人员，不限定其国籍。对于国企招标来说，实践中重点关注如下问题。

（一）非依法必须招标项目，当事人自愿进行招标投标的，应当受招标投标法的规制与调整

由于《招标投标法》第三条专门就依法必须进行招标的"工程建设项目"作出规定，且该法及《招标投标法实施条例》和部门规章大量的法条也使用"依法必须进行招标的项目"的字眼，加之受国家对于民事法律行为不宜过多强制干预的法律理念的影响，故有一种说法，《招标投标法》只调整和规范依法必须进行招标的项目，对非依法必须招标的项目即使进行招标投标活动，也不受招标投标法的规范和制约。实际上，这种说法没有法律依据，《招标投标法》第二条规定已经明确该法适用于我国境内的所有招标投标活动，并没有将其适用范围仅仅限定于依法必须招标项目。

《招标投标法》将招标项目区分为依法必须招标项目（亦称"强制招标项目"）和非依法必须招标项目（亦称"非强制招标项目""自愿招标项目"）两大类进行分类管理、区别对待，实行宽严不一的规定。包含"依法必须进行招标的项目"字眼的法律条款只适用于依法必须招标项目，并不必须适用于非依法必须招标项目；没有上述字眼的法律条文不作区分适用于包括依法必须招标项目在内的所有招标项目。因此，不应将依法必须招标项目范围混同于《招标投标法》的适用范围。依法必须招标项目的招标投标活动，自应适用《招标投标法》；非依法必须招标项目当事人自愿组织的招标投标活动，也应当遵照《招标投标法》的相关规定。

【类案释法 2-8】非依法必须招标项目招标的，同样适用《招标投标法》

（2019）最高法民申 4527 号民事裁定书[①]：最高人民法院认为，《招标投标法》第二条规定："在中华人民共和国境内进行招标投标活动，适用本法。"该条规定并未区分依法必须招标的工程项目和非必须招标的工程项目的招标投标活动，因此，凡是在中华人民共和国领域内发生的招标投标活动均应符合《招标投标法》的规定。《招标投标法》第四十六条第一款规定："招标人和中标人应当

---

① 来源于裁判文书网：黑龙江某建筑工程集团有限公司、林口县某房地产开发有限公司建设工程施工合同纠纷再审审查与审判监督民事裁定书。

自中标通知书发出之日起三十日内，按照招标文件和中标人的投标文件订立书面合同。招标人和中标人不得再行订立背离合同实质性内容的其他协议。"本案中，二审法院查明，案涉工程存在先施工后履行招投标程序的情形。双方在履行招投标程序之前签订案涉两份《建设工程施工合同》，违反了《招标投标法》的相关规定，原审法院据此认定案涉两份《建设工程施工合同》无效，并无不当。新陆公司以案涉工程不属于法律规定的必须履行招投标程序的工程项目为由，主张二审法院认定案涉《建设工程施工合同》无效错误的申请再审理由，缺乏事实和法律依据，本院不予采信。

《招标投标法》同样适用于非依法必须招标项目，这一点也体现在《最高人民法院关于审理建设工程施工合同纠纷案件适用法律问题的解释（一）》（法释〔2020〕25号）中，如第二十三条规定："发包人将依法不属于必须招标的建设工程进行招标后，与承包人另行订立的建设工程施工合同背离中标合同的实质性内容，当事人请求以中标合同作为结算建设工程价款依据的，人民法院应予支持，但发包人与承包人因客观情况发生了在招标投标时难以预见的变化而另行订立建设工程施工合同的除外。"有人理解，只有对于依法必须招标项目，招标人与中标人不得订立背离合同实质性内容的其他协议，实则不然，《招标投标法》第四十六条禁止订立"黑合同"的规定并没有限制于"依法必须招标的项目"，而是适用于所有通过招标投标方式订立的合同，为了消除认识上的分歧，上述司法解释才专门对非依法必须招标项目背离中标合同的实质性内容订立其他协议也进行了规制。

（二）招标项目虽然不在我国境内，但只要是在我国境内进行招标投标活动的，就应适用我国招标投标法

《招标投标法》第二条明确规定了该法的空间效力范围，也即适用于"中华人民共和国境内"，有两层意思。一是该法适用于我国主权所及的全部领域内。需要说明的是，由于《招标投标法》未列入《香港特别行政区基本法》《澳门特别行政区基本法》附件三，故目前《招标投标法》不适用于香港和澳门两个特别行政区。二是凡是在我国境内进行的招投标活动，不论招标项目属于工程、货物还是服务，也不论是采购还是出租、出让，只要采用招标投标程序进行，就应适用《招标投标法》的规定。三是《招标投标法》适用于在我国境内进行的招标投标活动，不适用于国内企业在我国境外进行的招标或投标活动，而不论招标对象所指的工程建设项目、采购项目所属地在何处。因此，虽然工程建设项目在国外，但我国企业在国内组织招标投标活动，应当适用我国《招标投标法》来规范。

【类案释法 2-9】境外项目在我国境内实施的招标活动适用我国招标投标法

（2016）最高法民再 11 号民事判决书[①]：二审黑龙江省高级人民法院认为，虽然本案诉争工程在哈萨克斯坦，但诉争工程的设计行为发生在中华人民共和国境内，故应适用中华人民共和国的法律。本案诉争工程系石油工程项目，总投资额约定为 5641 万美元。根据《招标投标法》第三条"在中华人民共和国境内进行下列工程建设项目包括项目的勘察、设计、施工、监理以及与工程建设有关的重要设备、材料等的采购，必须进行招标……"国家发展计划委员会《工程建设项目招标范围和规模标准规定》第二条"关系社会公共利益、公众安全的基础设施项目的范围包括：（一）煤炭、石油、天然气、电力、新能源等能源项目……"第七条"本规定第二条至第六条规定范围内的各类工程建设项目，包括项目的勘察、设计、施工、监理以及与工程建设有关的重要设备、材料等的采购，达到下列标准之一的，必须进行招标：……（四）单项合同估算价低于第（一）、（二）、（三）项规定的标准，但项目总投资额在 3000 万元人民币以上的"之规定，本案诉争工程的石油设计项目必须进行招投标。一审法院认定本案诉争工程的石油设计项目不属于必须进行招投标的项目，系适用法律有误。

（三）科研项目以外的非依法必须招标项目允许自然人参与投标进行的招标投标活动，不适用《招标投标法》

《招标投标法》规范的"招标投标"是一种特殊的缔约方式，该法律行为主体有特殊的法律限制，依照该法第八条、第二十五条规定，"招标人"是"依照本法规定提出招标项目、进行招标的法人或者其他组织"；"投标人"是"响应招标、参加投标竞争的法人或者其他组织"以及允许参加科研项目投标的自然人。也就是说，《招标投标法》只规范法人或者其他组织作为招标人及法人或者其他组织（科研项目允许自然人参加投标）作为投标人，这两方民事主体之间的招标投标民事行为。自然人进行招标或允许自然人参加投标的招标投标活动（科研项目允许自然人参加投标的除外），都不受《招标投标法》的规范和制约。

当然，此类招标投标活动的实质是为了选择合同相对方而采取的要约邀请—要约—承诺的竞争性缔约方式，属于民事合同意思自治的协商过程，也属于民事法律行为，虽然不受《招标投标法》规范，但适用《民法典》等一般的民事法律规范。

---

① 来源于裁判文书网：新疆某新资源有限公司、某庆油田工程有限公司与新疆某新资源有限公司、某庆油田工程有限公司委托创作合同纠纷申请再审民事判决书。

【类案释法 2-10】 自然人参与的招标活动不适用招标投标法

（2016）闽民申 2830 号民事裁定书[①]：福建省高级人民法院认为，本案系租赁合同纠纷，《招标投标法》第二十五条规定："投标人是响应招标、参加投标竞争的法人或者其他组织。依法招标的科研项目允许个人参加投标的，投标的个人适用本法有关投标人的规定。"该规定属于法律对投标主体的强制性规定，本案中曾某清系自然人，案涉虾池的出租经营亦无涉，本案招租虽参照了招标投标法有关程序，但曾某清并非法人或其他组织，不具备投标人的主体资格，故本案不适用《招标投标法》。

（四）名为"招标投标"，但未依照法律规定的招标投标程序，即不属于招标投标行为，不适用《招标投标法》

《招标投标法》调整的招标投标活动，须经历要约邀请—要约—承诺三个阶段，程序上履行招标—投标—开标—评标—定标—订立合同六个环节，每个环节还有严格的行为规则约束，比如招标人必须发布招标公告或发出投标邀请书，发售招标文件，投标人必须按照招标文件要求编制投标文件并按时投标、中标后订立合同，投标人只能在投标截止时间内提交一次性、不可更改的投标报价，投标截止之后不得再修改投标报价；招标人与投标人不得就投标文件的实质性内容进行谈判等。一些名为"招标投标活动"，也使用"招标""投标""开标""评标""定标"等术语，但程序上并不符合《招标投标法》规定的要求，如允许投标人自由竞价、修改投标报价，与法律规定的招标投标活动中投标人必须一次报出不可更改的报价的核心要求相悖，故该类活动虽名为"招标投标"，但实为"公开竞价"的民事交易行为，不属于《招标投标法》规范的招标投标行为，不受《招标投标法》调整与规范。

【类案释法 2-11】 以公开竞拍的方式实施的招租行为并非招标投标行为

（2018）粤 53 民终 687 号民事判决书[②]：云浮市中级人民法院认为，关于两被上诉人就涉案房屋进行的对外招租行为是否属于招投标行为的问题。两被上诉人的招租行为，不属于法定应当进行招标的项目，虽然招租公告中使用了招标、中标等词语，但并非使用相关名词就可认定两被上诉人组织实施的招租是招标投标行为。招标投标活动的流程是招标、投标、开标、评标、中标，而非以公开竞

---

① 来源于裁判文书网：莆田市某围垦管理局、曾某清租赁合同纠纷申诉复查民事裁定书。

② 来源于裁判文书网：陈某生、某市农业机械供应公司合同纠纷二审民事判决书。

拍的方式对标的物自由竞价。因此，两被上诉人的招租行为并非招标投标行为，不属于《招标投标法》予以规范的范围。

三、招标投标法律适用的基本规则

（一）招标投标领域法律效力的层级

第一层级是全国人大及其常委会颁布的法律，如《民法典》《招标投标法》《建筑法》《政府采购法》等。

第二层级是国务院颁布的行政法规及法规性文件，如《招标投标法实施条例》《政府采购法实施条例》《国务院办公厅印发国务院有关部门实施招标投标活动行政监督的职责分工意见的通知》（国办发〔2000〕34号）等。

第三层级是地方性法规，如《浙江省招标投标条例》。

第四层级是部门规章和地方政府规章，如《工程建设项目施工招标投标办法》《评标委员会和评标方法暂行规定》《电子招标投标办法》等。

第五层级是规范性文件，如《必须招标的基础设施和公用事业项目范围规定》（发改法规规〔2018〕843号）。

（二）法律适用原则

招标投标法律规范体系庞杂，数量众多、有机联系，就同一事项难免出现规定不一致、相互矛盾冲突的情况。依据《立法法》，应当按照"上位法优于下位法""新法优于旧法""特别法优于一般法"的冲突解决规则来解决。

1. 不同层级的法律冲突的解决规则

根据《立法法》第八十八条、第八十九条规定，法律的效力高于行政法规、地方性法规、规章，也就是说，《招标投标法》的效力高于《招标投标法实施条例》。行政法规的效力高于地方性法规、规章，也就是说，《招标投标法实施条例》的法律效力高于《工程建设项目施工招标投标办法》《工程建设项目勘察设计招标投标办法》《工程建设项目货物招标投标办法》等部门规章及各省（自治区、直辖市）地方性法规。如果部门规章、地方性法规对《招标投标法实施条例》没有涉及的事项进行明确规定的，从其规定。地方性法规的效力高于本级和下级地方政府规章，省、自治区的人民政府制定的规章的效力高于本行政区域内设区的市、自治州的人民政府制定的规章。这些也是对招投标活动中同一事项出现不同层级的立法都有规定且不一致时，如何适用法律的基本规则。

【类案释法 2-12】地方性法规与《招标投标法实施条例》冲突的，优先适用该条例

（2014）渝一中法行终字第 00464 号行政判决书[1]：某发电公司就电厂扩建项目（经国家发展改革委核准）设备招标，第一中标候选人向发电公司致函称其放弃第一中标候选人资格，第二中标候选人也被投诉不具备投标资格。发电公司决定根据《招标投标法实施条例》第五十五条规定重新招标。第三中标候选人认为根据《重庆市招标投标条例》第三十七条第二款规定，当前两名中标候选人都不适合中标的情况下，发电公司应当确定其为中标人。发电公司向重庆市招投标管理办公室申请，请求对本次评标进行复核评审，该办公室同意其申请。原评标委员会对本次评标进行了复核评审，结果为"建议重新招标"。发电公司对第三中标候选人作出回复，决定重新招标。第三中标候选人提出投诉，重庆市发改委驳回其投诉。第三中标候选人不服，向重庆市人民政府申请复议，该政府维持重庆市发改委的回复，其仍不服，起诉请求撤销该回复。

本案的争议焦点之一是，应当适用《招标投标法实施条例》第五十五条还是适用《重庆市招标投标条例》第三十七条规定。重庆市第一中级人民法院认为，关于本案是否适用《重庆市招标投标条例》第三十七条第二款关于"招标人应当确定排名第一的候选人为中标人。排名第一的候选人放弃中标，或因不可抗力不能履行合同，或未依据招标文件在规定期限内提交履约保证金的，招标人应当确定排名第二的候选人为中标人。排名第二的候选人因前述原因不能签订合同的，招标人应当确定排名第三的候选人为中标人。排名前三名的中标候选人均不能签订合同的，应当重新招标"的规定的问题。因《重庆市招标投标条例》于 2008 年 9 月 26 日公布，自 2009 年 1 月 1 日起实施，而《招标投标法实施条例》于 2011 年 11 月 30 日公布，自 2012 年 2 月 1 日起施行，同时，《工程建设项目货物招标投标办法》于 2013 年经国家发展改革委等九部委令第 23 号修改，结合本案实际，本案应优先适用《招标投标法实施条例》和《工程建设项目货物招标投标办法》。因此，重庆市发改委作出的《关于安稳电厂扩建项目招投标投诉有关问题的回复》并无不当。

评析：本案中《重庆市招标投标条例》第三十七条与《招标投标法实施条例》第五十五条存在冲突，按照前者规定，第一名、第二名不符合中标资格的，第三名中标候选人自然递补中标；但依据后者规定，第三名并不必然递补中标，

---

[1] 来源于裁判文书网：江苏某光吉地达环境科技有限公司与重庆市发展和改革委员会撤销回复二审行政判决书。

招标人也可决定重新招标。按照"上位法优于下位法"的原则，因《重庆市招标投标条例》是地方性法规，《招标投标法实施条例》是行政法规，因此本案应优先适用《招标投标法实施条例》第五十五条规定，即招标人可以重新招标。

2. 相同层级的法律冲突的解决

相同位阶的法律规范针对同一问题的规定不一致时，适用"特别法优于一般法""新法优于旧法"的法律适用规则处理。

根据《立法法》第九十一条、第九十二条、第九十四条、第九十五条规定，部门规章之间、部门规章与地方政府规章之间具有同等效力，在各自的权限范围内施行。如在强制招标项目之列的某省工程建设项目施工招标，既要执行《工程建设项目施工招标投标办法》，同时亦适用该省招标投标规章。

同一机关制定的法律、行政法规、地方性法规、自治条例和单行条例、规章，特别规定与一般规定不一致的，适用特别规定，如对于电子招标项目开标、投标的一些具体程序，应遵从《电子招标投标办法》的规定，机电产品国际招标应优先适用《机电产品国际招标投标实施办法（试行）》；新的规定与旧的规定不一致的，适用新的规定。

地方性法规与部门规章之间对同一事项的规定不一致，不能确定如何适用时，由国务院提出意见，国务院认为应当适用地方性法规的，应当决定在该地方适用地方性法规的规定；认为应当适用部门规章的，应当提请全国人民代表大会常务委员会裁决；部门规章之间、部门规章与地方政府规章之间对同一事项的规定不一致时，由国务院裁决。

最高人民法院为适用法律颁布的《关于审理建设工程施工合同纠纷案件适用法律问题的解释（一）》等司法解释，在法院处理相关招标投标争议时亦应适用，也是招标投标活动的法律依据。

面对实务中出现的具体问题，当法律、行政法规、规章乃至规范性文件都没有具体规定时，可依据《民法典》《招标投标法》等法律规定的自愿、平等、诚信，公开、公平、公正等基本原则以及交易惯例来分析和处理。

四、国企招标项目的法律适用

招标投标制度主要适用于政府采购、国企采购等公共采购领域。国有企业的工程建设项目在依法必须招标项目范围之内，其他服务、货物采购项目也越来越多地采取招标投标方式。国企不管哪类招标投标活动，都应当严格遵循招标投标法的规定。招标投标法没有规定的，可以制定企业自身的采购制度，规范各类采购活动。

（一）依法必须招标的工程建设项目适用且必须执行《招标投标法》

根据《招标投标法》第三条和《必须招标的工程项目规定》，全部或者部分使用国有资金投资或者国家融资的工程项目，以及使用国际组织或者外国政府贷款、援助资金的工程项目，施工单项合同估算价在 400 万元以上，重要设备、材料等货物单项合同估算价在 200 万元以上，勘察、设计、监理等服务单项合同估算价在 100 万元以上，属于依法必须招标的工程项目。国企采购上述工程项目，无论是经营性的还是非经营性的项目，均应当按照《招标投标法》。

另外，《工程建设项目货物招标投标办法》第六十一条规定："不属于工程建设项目，但属于固定资产投资的货物招标投标活动，参照本办法执行。"国企如果采用招标投标方式采购固定资产投资的货物，本不属于依法必须招标项目，也不属于工程建设项目货物采购，但应当依照《工程建设项目货物招标投标办法》的相关规定执行。

（二）非依法必须招标项目不适用《政府采购法》

根据《政府采购法》第二条"本法所称政府采购，是指各级国家机关、事业单位和团体组织，使用财政性资金采购依法制定的集中采购目录以内的或者采购限额标准以上的货物、工程和服务的行为"，"国有企业"这一采购主体不属于《政府采购法》规定的采购主体，无论采购资金是否属于财政性资金，均不属于政府采购，不适用《政府采购法》，不能因为参照《政府采购法》制定了"企业内部采购管理办法"或实际采购时采用了公开招标、邀请招标、竞争性谈判、竞争性磋商、询价、单一来源等《政府采购法》体系下的采购方式，就主观地认为适用《政府采购法》。由于《招标投标法》和《政府采购法》属于两个不同体系的法律，对采购活动中的一些内容，如信息发布媒体、招标文件编制、采购结果公示公告、供应商异议（质疑）投诉等规定各不相同，如果不加分析地随意参照或照搬，往往会带来诸多问题。

（三）国企招标项目应区别适用《招标投标法》

《招标投标法》对强制招标项目和非强制招标项目区别对待，适用宽严不一的法律规则。国企招标，没必要对非强制招标项目也一律适用《招标投标法》中涉及"依法必须进行招标的项目"字样的法律规定，充分保障自己的经营自主权。非依法必须招标项目不采用招标方式时，不受《招标投标法》约束。采用招标方式时，在无特别规定的情况下，仅适用《招标投标法》中的一般性规定，不是必须适用于《招标投标法》中"依法必须进行招标的项目"的特殊规定。例如，《招标投标法》第二十四条规定："招标人应当确定投标人编制投标文件所需要的合理时间；但是，依法必须进行招标的项目，自招标文件开始发出之日起至投标人提交投标文件截止之日止，最短不得少于二十日"，据此，非依法必须招标的项目，确定的投标文件编制时间可以少于"二十日"。《招标投标法》中的其他类似规定不再一一列举。

（四）采用非招标方式采购的，适用《民法典》的一般规定及国企自己的规章制度

如前所述，国企采购采用非招标方式的，属于民事主体之间的缔约交易行为，应当适用《民法典》中关于民事法律行为的规定。国企也可以探索适合本企业项目特点的采购方式、方法和程序，并将其制度化、规范化和内控化，自行制定规章制度，规范非招标采购活动，并将其采购规则规定在采购文件中，该规定不违反法律、行政法规的强制性规定，该约定就构成双方当事人之间的合意，交易双方都应当遵守。

（五）招标投标活动对《民法典》的适用

《民法典》与《招标投标法》共同规范招标投标活动，前者注重实体规范，后者注重程序规范。招标投标法律制度主要是建立在合同法上的"要约邀请—要约—承诺"的理论基础之上，本质上是缔结合同的过程，《民法典》《招标投标法》均应适用。对于招标投标程序的问题，适用《招标投标法》；但对于实体上的同一问题，二者规定不一致的，依据"特别法优于一般法"，《招标投标法》是特殊法，优先适用该法。对《招标投标法》中没有明确规定的问题，就需要依据《民法典》来处理。《民法典》第十一条也重申了"特别法优于一般法"规则，即"其他法律对民事关系有特别规定的，依照其规定"。第六百四十四条规定："招标投标买卖的当事人的权利和义务以及招标投标程序等，依照有关法律、行政法规的规定"；第七百九十条规定："建设工程的招标投标活动，应当依照有关法律的规定公开、公平、公正进行"，都体现了上述原则，这里的"法律、行政法规"首先就是指《招标投标法》《招标投标法实施条例》。

（六）行业协会编制的招标采购技术规范适用

为了规范招标采购，中国招标投标协会编制了《招标采购代理规范》和《非招标方式采购代理服务规范》，中国物流与采购联合会颁布也编制了《国有企业采购操作规范》和《国有企业采购管理规范》，这些技术性规范都是由行业协会组织编制的行业推荐性技术标准，根据《标准化法》，其并非强制适用于国

企采购活动，国企可以参考借鉴，也可以不参考，由国企自主决定是否适用。

也要看到，这些标准为国有企业的招标采购活动从组织设计、采购流程和管理要求等方面提供了一整套完整的方案，这两家协会还制定了《非招标方式采购文件示范文本》《国有企业采购文件示范文本》。国企可以参照这些规定、文本制定自己的采购制度、采购文件，规范自己的采购流程、采购行为，建立自己的采购内控体系和操作规范。

第二部分　实务篇

第三章　招标环节法律实务

第一节　招标活动的前置程序

一、项目核准

招标项目在招标时依法应具备三个先决条件：一是需要履行项目审批、核准手续的，必须取得项目审批、核准文件；二是落实项目资金；三是核准招标方案。前两项是国企招标项目的可选项，需要核准的国企招标项目，应办理项目核准和招标方案核准手续。落实项目资金是必选项。另外，启动招标还应具备相应类别项目的实施条件，如建设工程施工招标应具有"招标所需的施工图纸及相关技术资料"。落实这些先决条件，是国企依法合规开展招标的前提。

《招标投标法》第九条规定："招标项目按照国家有关规定需要履行项目审批手续的，应当先履行审批手续，取得批准。招标人应当有进行招标项目的相应资金或者资金来源已经落实，并应当在招标文件中如实载明。"招标投标法重点规制国有资金投资的大型工程建设项目，大都关系国计民生，涉及全社会固定资产投资规模，这些项目从立项、实施到建成都有全流程的严格管控，也都需要在招标前根据国家有关规定履行核准手续，就是我们常说的"立项"。项目立项是指政府投资主管部门依据投资主体、项目资金来源、项目规模等因素，对投资项目进行分类监督管理的活动。

现行立项管理机制，来源于《国务院关于投资体制改革的决定》（国发〔2004〕20号），对原有项目管理方式进行了改革，由不分投资主体、不分资金来源、不分项目性质，一律按投资规模大小分别由各级政府及有关部门进行"审批"，调整为区分政府投资项目和企业投资项目，分别采用"审批""核准"和"备案"三种立项管理机制。对政府投资项目，继续实行审批制，主要规范依据是《政府投资条例》。对企业投资项目，实行核准和备案制，主要规范依据是

《企业投资项目核准和备案管理条例》和《企业投资项目核准和备案管理办法》。

（一）企业投资项目的立项

企业投资项目，根据《企业投资项目核准和备案管理办法》第二条规定，是指企业在中国境内投资建设的固定资产投资项目，包括企业使用自己筹措资金的项目，以及使用自己筹措的资金并申请使用政府投资补助或贷款贴息等的项目。企业投资项目的立项管理机制，《企业投资项目核准和备案管理条例》和《企业投资项目核准和备案管理办法》确定为核准和备案两种方式，其中核准制适用于关系国家安全、涉及全国重大生产力布局、战略性资源开发和重大公共利益的项目。实行核准管理的具体项目范围，以及核准机关、核准权限，由国务院颁布的《政府核准的投资项目目录》确定，现阶段执行的是 2016 年版，该目录分农业水利、能源、交通运输、信息产业、原材料、机械制造、轻工、高新技术、城建、社会事业、外商投资、境外投资 12 类项目，规定了需要核准的项目内容、规模和核准部门，如"新建（含增建）铁路：列入国家批准的相关规划中的项目，中国铁路总公司为主出资的由其自行决定并报国务院投资主管部门备案，其他企业投资的由省级政府核准；地方城际铁路项目由省级政府按照国家批准的相关规划核准，并报国务院投资主管部门备案；其余项目由省级政府核准。公路：国家高速公路网和普通国道网项目由省级政府按照国家批准的相关规划核准，地方高速公路项目由省级政府核准，其余项目由地方政府核准"。企业投资建设本目录内的固定资产投资项目，须按照规定报送有关项目核准机关核准。企业投资建设本目录外的固定资产投资项目，实行备案管理。

（二）国有企业未核先招的法律风险

如前所述，国有企业投资固定资产投资项目，应当按照《企业投资项目核准和备案管理条例》《企业投资项目核准和备案管理办法》《政府核准的投资项目目录》的规定程序和要求，办理项目核准手续方可实施项目、组织招标。应核准而未经核准的项目，不得进行招标。但实践中，招标人在项目未经核准，不符合招标条件的情况下擅自招标的情况时有发生。国家审计署通报的审计报告显示很多国企投资项目未核先建、未核先招，均责令整改。

《企业投资项目核准和备案管理条例》第十八条规定："实行核准管理的项目，企业未依照本条例规定办理核准手续开工建设或者未按照核准的建设地点、建设规模、建设内容等进行建设的，由核准机关责令停止建设或者责令停产，对企业处项目总投资额 1‰以上 5‰以下的罚款；对直接负责的主管人员和其他直接责任人员处 2 万元以上 5 万元以下的罚款，属于国家工作人员的，依法给予处分。以欺骗、贿赂等不正当手段取得项目核准文件，尚未开工建设的，由核准机关撤销核准文件，处项目总投资额1‰以上5‰以下的罚款；已经开工建设的，依照前款规定予以处罚；构成犯罪的，依法追究刑事责任。"因此，在招标条件不完备的情况下招标，尤其是项目未核先招、未核先建，项目建设单位也就是招标人将可能被行政监督部门责令改正、罚款。若项目最终未获核准，招标人将可能损失前期所投入的费用并自行承担因此造成的损失。若在中标通知书发出后或与中标人签订合同后，因未履行核准手续被认定招标无效，招标人还要向中标人承担违约责任。

对于备案管理的项目，国有企业未经备案，并不影响其工程建设和招标，但因未履行备案的行政管理手续，而承担限期改正和罚款的行政责任。对此，《企业投资项目核准和备案管理条例》第十九条规定："实行备案管理的项目，企业未依照本条例规定将项目信息或者已备案项目的信息变更情况告知备案机关，或者向备案机关提供虚假信息的，由备案机关责令限期改正；逾期不改正的，处2万元以上5万元以下的罚款。"

二、核准招标方案

为了确保强制招标制度得到落实，防范项目建设单位规避招标，立法作出了核准招标方案的制度设计。《国务院办公厅印发国务院有关部门实施招标投标活动行政监督的职责分工意见的通知》（国办发〔2000〕34号）提出项目审批部门在审批必须进行招标的项目可行性研究报告时，核准项目的招标方式以及国家出资项目的招标范围。《工程建设项目申报材料增加招标内容和核准招标事项暂行规定》规定了具体的核准内容和程序要求。《招标投标法实施条例》第七条规定："按照国家有关规定需要履行项目审批、核准手续的依法必须进行招标的项目，其招标范围、招标方式、招标组织形式应当报项目审批、核准部门审批、核准。项目审批、核准部门应当及时将审批、核准确定的招标范围、招标方式、招标组织形式通报有关行政监督部门。"据此，对于国有企业来说，凡是需要政府部门核准的依法必须招标项目，就应当办理核准招标方案的手续。

在具体操作中，应注意以下几点：

一是核准招标方案的项目，仅限于需要履行核准手续的依法必须进行招标的项目。一方面，不属于依法必须招标的项目，即使是核准类的项目，也不需要核准招标方案。另一方面，不需要核准的项目，即使属于依法必须招标的项目，也不需要核准招标方案。实行备案制的项目，也不需要核准招标方案。对于不需要核准招标方案的项目，由招标人依法自行确定是否需要招标以及招标方式和招标组织形式，法律对此并不限制和干涉。

二是核准招标方案的主体是项目核准部门。按照谁核准投资项目、谁核准招标内容的原则，招标内容审核由项目核准部门负责，也就是指负责核准项目申请报告的国务院和地方人民政府有关部门。国家对项目核准实行分级管理，不同层级的政府部门核准权限、范围是不同的，根据《政府核准的投资项目目录》来确定。

核准部门审核的招标内容既是招标人开展招标工作的依据，也是有关行政监督部门依法对招标人的招标投标活动实施监督的依据。因此，《招标投标法实施条例》第七条还规定项目核准部门应及时将其审核确定的招标内容通报有关行政监督部门，以便行政监督部门照此内容实行监督。

三是核准招标方案的时间。一般情况下，国企提交项目核准申请报告时，应一并报请项目核准部门核准招标方案，两个手续合并跑一次。项目核准部门应在核准项目申请报告时，一并核准招标方案，减轻项目业主的负担，提高效率。在实践中，有些项目需要提前招标，根据《工程建设项目申报材料增加招标内容和核准招标事项暂行规定》第六条规定，经项目核准部门核准，工程建设项目因特殊情况可以在报送项目申请报告前先行开展招标活动，但应在报送的项目申请报告中予以说明。当然，提前招标需要依法进行，否则项目核准部门认定先行开展的招投标活动违背法律的，予以纠正。

四是核准的招标方案内容限于招标范围、招标方式、招标组织形式三个方面。招标范围是指项目的勘察、设计、施工、监理、重要设备、材料等内容，哪些部分进行招标，哪些部分不进行招标。其中，是否可以不进行招标，应根据《招标投标法》第六十六条、《招标投标法实施条例》第九条的规定判断，解决的是"招什么"的问题。

招标方式分为公开招标和邀请招标两种。国家重点项目、省（自治区、直辖市）重点项目及国有资金占控股或者主导地位的项目应当公开招标。对于应当公开招标的依法必须招标项目，是否可以进行邀请招标，根据《招标投标法实施条例》第八条规定判断。其他招标项目可以公开招标，也可以邀请招标，不作限制，由项目建设单位自主选择，解决的是"怎么招"的问题。

招标组织形式分为委托招标和自行招标两种。委托招标是指招标人委托招标代理机构办理招标事宜；自行招标是指招标人依法自行办理招标事宜。招标人是否可以自行招标，根据《招标投标法》第十二条第二款和《招标投标法实施条例》第十条的规定，从招标人是否具有与招标项目规模和复杂程度相适应的技术、经济等方面的专业人员判断，解决的是"谁来招"的问题。

三、落实项目资金

招标人在启动招标活动之时就应当落实项目资金或者确定项目资金来源，这是对项目进行招标并最终完成该项目的物质保证，以确保将来对招标项目具有支付能力，是诚信的体现。招标项目所需的资金是否落实，不仅关系到招标项目能否顺利实施，而且确保投标人将来履行合同、完成招标项目后所应得到的经济利益能够得到保障。如果招标人缺乏资金保障即组织招标，可能导致对投标人的违约风险；如果是涉及大型基础设施、公用事业等工程，还会给公共利益造成损害。因此，《招标投标法》强调招标人在招标时应有与项目相适应的资金保障。

招标项目在启动时，要么企业已经储备了足够的自有资金，要么已经确定了足以支撑实施项目的资金来源。招标项目的资金来源一般包括：国家和地方政府的财政拨款、企业的自有资金及包括银行贷款在内的各种方式的融资，以及外国政府和有关国际组织的贷款。招标人在招标时必须拥有相应的资金或者有能证明其资金来源已经落实的合法文件为保证，并应当在招标文件中如实载明项目资金数额及资金来源，不得违背诚信原则，做出虚假的陈述。

其中，对于纳入资本金制度的固定资产投资项目，招标人在招标前应落实资本金。资本金制度是国家为了改善宏观调控手段、促进结构调整、控制投资风险、保障金融机构稳健经营、防范金融风险的制度设计。我国自1996年起针对经营性投资项目建立了资本金制度。根据《国务院关于固定资产投资项目试行资本金制度的通知》（国发〔1996〕35号）规定，投资项目资本金，是指在投资项目总投资中由投资者认缴的出资额，对投资项目来说是非债务性资金，项目法人不承担这部分资金的任何利息和债务。简单来说，招标项目的资本金是项目建设单位自有资金。资本金制度先后又历经4次调整，《国务院关于调整部分行业固定资产投资项目资本金比例的通知》（国发〔2004〕13号）《国务院关于调整固定资产投资项目资本金比例的通知》（国发〔2009〕27号）《国务院关于调整和完善固定资产投资项目资本金制度的通知》（国发〔2015〕51号）《国务院关于加强固定资产投资项目资本金管理的通知》（国发〔2019〕26号），根据不同时期的宏观调控政策需要确定和适当调整基础设施项目最低资本金比例。如，目前港口、沿海及内河航运项目，项目最低资本金比例为20%；机场项目最低资本金比例为25%；其他一般投资项目最低资本金比例仍保持20%不变。也就是说，投资项目满足资本金制度，是进行建设的前提条件，对于基础设施领域适用资本金制度的企业投资项目，均需满足上述文件确定的最低资本金比例要求。

四、具备项目实施的可行性条件

前面条件都是招标项目的合法性条件，启动招标还需要考虑实施招标项目的可行性条件是否具备。否则，即使开始招标，也可能导致招标项目失败或带来履约风险。对于这些实施的可行性条件，国家发展改革委等部门出台的规章制度中都有明确的规定。

比如对于工程建设项目施工招标而言，《工程建设项目施工招标投标办法》第八条规定："依法必须招标的工程建设项目，应当具备下列条件才能进行施工招标：（一）招标人已经依法成立；（二）初步设计及概算应当履行审批手续的，已经批准；（三）有相应资金或资金来源已经落实；（四）有招标所需的设计图纸及技术资料。"上述规定的4个条件，其中第二项、第四项这两个条件就是具体的实施条件，"初步设计及概算应当履行审批手续的，已经批准"，要求描述清楚大概投资规模和愿意支付的项目资金大概数额，既有利于控制工程造价，也有利于投标人全面了解项目规模和招标人的支付意愿；"有招标所需的设计图纸及技术资料"，这是要求必须明确采购的需求，描述清楚所要采购的项目所包含的内容，也就是要"买什么"，有利于投标人了解招标人的采购内容，知道自己要"做什么""怎么做"，也有利于顺利履约，控制履约风险。

【疑难解析 3-1】国有企业所有施工项目均须履行概算审批手续以后才可以招标吗？[①]

《工程建设项目施工招标投标办法》第八条规定："依法必须招标的工程建设项目，应当具备下列条件才能进行施工招标：……（二）初步设计及概算应当履行审批手续的，已经批准；……"需要注意的是，该法条使用的表述是"应当履行审批手续的，已经批准"。也就是说，只有按照国家有关规定需要履行项目审批手续的工程项目，其初设及概算才须向本级政府投资管理部门（或行政监督部门）报批。

对于未纳入依法必须招标范围的项目，或纳入依法必须招标范围的企业投资项目，相关法律未要求该类项目必须履行审批手续。相关经办人员要求该类项目

---

① 摘自白如银、张志军、孙逊编著：《招标投标实务与热点答疑360问》，机械工业出版社2019年版，第5页。

履行概算审批手续才可以招标的做法是不正确的。

《工程建设项目勘察设计招标投标办法》第九条规定了依法必须进行勘察设计招标的工程建设项目，在招标时应当具备下列条件：（一）招标人已经依法成立；（二）按照国家有关规定需要履行项目审批、核准或者备案手续的，已经审批、核准或者备案；（三）勘察设计有相应资金或者资金来源已经落实；（四）所必需的勘察设计基础资料已经收集完成；（五）法律法规规定的其他条件。

《工程建设项目货物招标投标办法》第八条规定了依法必须招标的工程建设项目应当具备下列条件才能进行货物招标：（一）招标人已经依法成立；（二）按照国家有关规定应当履行项目审批、核准或者备案手续的，已经审批、核准或者备案；（三）有相应资金或者资金来源已经落实；（四）能够提出货物的使用与技术要求。

《房屋建筑和市政基础设施工程施工招标投标管理办法》第七条规定了房屋建筑和市政基础设施工程施工招标应当具备下列条件：（一）按照国家有关规定需要履行项目审批手续的，已经履行审批手续；（二）工程资金或者资金来源已经落实；（三）有满足施工招标需要的设计文件及其他技术资料；（四）法律、法规、规章规定的其他条件。

从上述规定来看，主要就是强调一定要明确采购需求。采购需求体现的是招标人的采购目标，包括采购对象需实现的功能或者目标，满足项目需要的所有技术、服务、安全等要求。采购目标明确，采购需求完整，方便投标人编制投标文件，同时也为合同履行创造了条件。上述规定中的"有招标所需的设计图纸及技术资料""所必需的勘察设计基础资料""货物的使用与技术要求""满足施工招标需要的设计文件及其他技术资料"等记载着采购需求、采购内容，这些是启动招标的实施条件，决定着招标项目的可行性要求。

第二节　招标公告与信息公示

一、招标公告与信息公示制度

公开是招标投标程序的基本要求。原国家计委于 2000 年印发《关于指定发布依法必须招标项目招标公告的媒介的通知》（计政策〔2000〕868 号），依法确定中国日报、中国经济导报、中国建设报、中国采购与招标网（以下简称"三报一网"）为发布依法必须招标项目招标公告的媒介，并同步印发《招标公告发布暂行办法》，明确了发布媒介发布招标公告的行为规范。随着招标投标制度的发展与创新及适应促进市场开放竞争，增强招标投标活动透明度的需要，按照应公开必公开原则，逐步扩大招标活动信息发布范围。2017 年 12 月印发的《招标公告和公示信息发布管理办法》将调整范围由依法必须招标项目招标公告、资格预审公告发布活动扩大到中标候选人公示、中标结果公示等信息发布活动。公告一般是对重大事件、重要事项当众正式公布或者公开，以达到让公众知晓的效果。公示一般是事先预告公众周知，在此基础上有征询意见的意思。在招标活动中，资格预审公告和招标公告是邀请不特定的潜在投标人参与投标，向招标人发出投标要约的意思表示，有招标项目广告和要约邀请的目的。招标信息公示的目的在公开信息、接受监督的基础上，增加了征询意见、接受异议的意图。

根据《招标公告和公示信息发布管理办法》规定，招标项目的资格预审公告、招标公告等信息需要公告，依法必须招标项目的中标候选人、中标结果信息需要公示，这些是法定必须公告和公示的信息，还要求依法必须招标项目的招标公告和公示信息，除依法需要保密或者涉及商业秘密的内容外，应当按照公益服务、公开透明、高效便捷、集中共享的原则，依法向社会公开。另外，对依法必须招标项目的招标公告和公示信息进行澄清、修改，或者暂停、终止招标活动，采取公告形式向社会公布的，也参照执行。

当前，为了增强招标投标活动的透明度，加大社会监督力度，打造阳光交易，越来越多的招标人和地方政府不断地扩大公开范围。有的地方对依法公开招标的项目，实施全过程信息公开，从招标到评标、专家、中标结果，全部都要公开。如《广东省住房和城乡建设厅广东省发展改革委关于房屋建筑和市政基础设施工程建设项目招标投标全过程信息公开的管理规定》（粤建规范〔2018〕6 号）明确规定：

（一）招标文件公开。依法必须招标项目的资格预审公告和招标公告，应当载明以下内容：1. 招标项目名称、内容、范围、规模、资金来源；2. 投标资格能力要求，以及是否接受联合体投标；3. 获取资格预审文件或招标文件的时间、方式；4. 递交资格预审文件或投标文件的截止时间、方式；5. 招标人及其招标代理机构的名称、地址、联系人及联系方式；6. 采用电子招标投标方式的，潜在投标人访问电子招标投标交易平台的网址和方法；7. 其他依法应当载明的内容。

（二）投标文件公开。依法必须招标项目的中标候选人产生后，招标人公示中标候选人的投标文件，应当载明下列内容：1. 中标候选人名称、投标报价、质量、工期（交货期）；2. 中标候选人按照招标文件要求承诺的项目负责人姓名及其相关证书名称和编号；3. 中标候选人响应招标文件要求的资格能力条件；4. 招标文件规定公示的其他投标内容。

（三）评标过程公开。依法必须招标项目在评标过程中，交易平台管理单位应当实时公开评标过程，评标专家姓名可用代码进行标示，如专家一、专家二等。

（四）评标结果公开。评标委员会提交书面评标报告和中标候选人名单之日起 3 日内，招标人应当将评标结果和提出异议的渠道、方式在"广东省招标投标监管网"公示。招标人对公示期间投标人或其他利害关系人提出的异议组织原评标委员会进行复核的，要及时告知招标投标监管部门，复核报告在广东省招标投标监管网公开。

（五）中标结果公开。在发出中标通知书 15 日内，招标人应当将中标结果在"广东省招标投标监管网"公示。

此外还明确了公开时限和方式。应该说，这个文件规定的公示内容非常广泛，尤其就投标文件、评标过程公开提出了要求，更充分体现了"公开"的原则。

二、招标项目公告

（一）资格预审公告、招标公告

对投标人的资格条件进行审查是确定投标人有无履约能力、履约资格的必要工作。根据资格审查的时间，资格审查分为资格预审和资格后审。资格预审，是指投标前对获取资格预审文件并提交资格预审申请文件的潜在投标人进行资格审查的一种方式。资格后审，就是在评标过程中对投标人进行资格审查。对资格预审的项目，直接发出资格预审公告，邀请不特定的潜在投标人提交资格预审申请文件，通过资格审查的潜在投标人可以直接向招标人领购招标文件、参与投标，招标人不再发出招标公告。对资格后审的公开招标项目，招标人直接发出招标公告，有意向投标的潜在投标人按照招标公告指示领购招标文件、参与投标。

招标公告是招标人以公告方式邀请不特定的法人或者其他组织参加投标的意思表示，实质就是招标信息广告，公开招标项目都需要发布招标公告，如果是邀请招标项目，是向意向中的特定的潜在投标人发出投标邀请书。

《招标投标法》第十六条第二款规定："招标公告应当载明招标人的名称和

地址、招标项目的性质、数量、实施地点和时间以及获取招标文件的办法等事项。"根据《招标公告和公示信息发布管理办法》第五条规定，依法必须招标项目的资格预审公告和招标公告，应当载明以下内容：（一）招标项目名称、内容、范围、规模、资金来源；（二）投标资格能力要求，以及是否接受联合体投标；（三）获取资格预审文件或招标文件的时间、方式；（四）递交资格预审文件或投标文件的截止时间、方式；（五）招标人及其招标代理机构的名称、地址、联系人及联系方式；（六）采用电子招标投标方式的，潜在投标人访问电子招标投标交易平台的网址和方法；（七）其他依法应当载明的内容。资格预审公告和招标公告可以在上述内容基础上结合招标项目实际增加其他需要公告的内容。如果发布了资格预审公告，就不再发布招标公告。

非依法必须招标项目的资格预审公告和招标公告，可以参考上述内容规定。

根据《招标公告和公示信息发布管理办法》第十六条规定，依法必须招标项目的资格预审公告、招标公告载明的事项不符合本办法第五条中公告内容规范，或者在两家以上媒介发布的同一招标项目的招标公告和公示信息内容不一致，或者招标公告和公示信息内容不符合法律法规规定的，潜在投标人或者投标人可以要求招标人或其招标代理机构予以澄清、改正、补充或调整，其中对于内容缺失或表述模糊、不清晰的地方，使用"澄清"方式进行说明；对于内容有遗漏的部分，应予以"补充"；对于内容与实际存在偏差不完全适应的，应进行"调整"；对于内容违反法律规定的，应进行"改正"。

（二）需要公告的其他内容

《招标公告和公示信息发布管理办法》第二十条规定："对依法必须招标项目的招标公告和公示信息进行澄清、修改，或者暂停、终止招标活动，采取公告形式向社会公布的，参照本办法执行。"因此，除了《招标公告和公示信息发布管理办法》第五条规定的资格预审公告和招标公告应当公告外，还有三类信息也需要公告：

一是对依法必须招标项目的招标公告和公示信息的澄清、修改内容应当公告。资格预审公告、招标公告及中标候选人公示、中标结果公示等信息需要澄清解释或者对错误进行修改的，可以将相关内容以公告形式告知不特定的潜在投标人。

二是暂停招标投标活动信息公告。根据《招标投标法实施条例》第二十二条、第五十四条第二款、第六十二条规定，招标人处理异议或行政监督部门决定暂停招标活动的，可以采取公告形式通知相关利害关系人。

三是终止招标公告。《招标投标法实施条例》第三十一条规定："招标人终止招标的，应当及时发布公告，或者以书面形式通知被邀请的或者已经获取资格预审文件、招标文件的潜在投标人……"也就是说，在投标截止时间之前，招标人终止招标应当发布公告，告知潜在投标人终止招标活动信息，以便其及时了解并停止投标准备工作，这是针对实行资格后审的公开招标项目而言的。如果是邀请招标的项目，直接以书面形式通知被邀请的潜在投标人已经终止招标的信息。如果是资格预审的招标项目，直接以书面形式通知领取资格预审文件的潜在投标人。投标截止时间之后，因已经准确知晓投标人，故应以书面形式通知投标人。

一些地方政府对公告信息作出了具体规定，如《浙江省招标公告和公示信息发布管理办法实施细则》第二条规定："本实施细则所称招标公告和公示信息，是指依法必须招标的工程建设项目资格预审公告、招标公告、中标候选人公示、中标结果公示、招标文件澄清或修改公告、暂停招标公告、终止招标公告等信息。"这些招标公告和公示信息，除依法需要保密或者涉及商业秘密的内容外，应当按照公益服务、公开透明、高效便捷、集中共享的原则，依法向社会公开。

三、招标项目信息公示

（一）中标候选人公示

根据《招标投标法实施条例》第五十三条、第五十四条规定，评标完成后，评标委员会应当向招标人提交书面评标报告和中标候选人名单。依法必须进行招标的项目，招标人应当自收到评标报告之日起3日内公示中标候选人，公示期不得少于3日。为了衔接落实该条关于评标结果公示的规定，《招标公告和公示信息发布管理办法》第六条第一款规定，依法必须招标项目的中标候选人公示应当载明以下内容：（一）中标候选人排序、名称、投标报价、质量、工期（交货期），以及评标情况；（二）中标候选人按照招标文件要求承诺的项目负责人姓名及其相关证书名称和编号；（三）中标候选人响应招标文件要求的资格能力条件；（四）提出异议的渠道和方式；（五）招标文件规定公示的其他内容。对于非依法必须招标项目，现行立法并没有要求必须公示中标候选人，因此也没有规定评标结果公示的内容。但是招标人可以自行决定对非依法必须招标项目公示中标候选人，这样更符合公开原则和信息透明要求。

中标候选人公示内容，除了中标候选人的情况，还包括"评标情况"，实际上就是公示评标结果。从公开原则的内涵出发，评标情况除了涉及保密的因素以外，理论上都应当公开。比如公开否决投标的理由与依据，实践中很多国有企业已经对此实行公开。这样的制度设计，目的就是倒逼评标专家依法公正客观评标。

【类案释法 3-1】 中标候选人公示信息错误应予纠正

235 国道泰顺司前至罗阳段改建工程为 2020 年省重点建设项目①。经评审，中交一公局某公司被推荐为中标候选人，公示期为 5 月 25 日至 27 日。投标人路桥提出异议，后因对招标人异议答复不满意，又提出投诉。

投诉事项及主张：1. 中标候选人中交一公局某公司拟任项目经理的业绩"厦沙高速公路泉州德化段路基土建工程 A6 合同"，证明材料中《主要业绩信息一览表》与《业主证明》存在桥梁墩高不一致的情况，依招标文件规定应不予通过资格审查。2. 中交一公局某公司投标文件中"厦沙高速公路泉州德化段路基土建工程 A6 合同"业绩证明材料显示落山寨 1 号大桥主跨为 100 米，中标候选人公示却为 400 米。投诉人要求招标人依法依规重新招标。

省发展改革委查明：（一）本标段招标文件资格审查条件对投标人的业绩最低要求为：自 2015 年 1 月 1 日（以实际交工日期为准）以来，按一个标段成功完成过 1 座新建（或改建）一级公路（或高速公路）最大墩高在 30 米及以上的桥梁工程的施工。招标文件要求的证明材料为质量证明文件及合同协议书及中标通知书，并规定"如上述资料中均未体现工程规模、技术标准、主要工程内容的，必须附项目发包人或项目质量监督部门或项目所在地设区市行业主管部门出具的证明材料的扫描件，否则业绩不予认可"。

招标文件评标办法中的业绩加分要求为：除满足资格审查条件外，投标人自 2015 年 1 月 1 日（以实际交工日期为准）以来，按一个标段每成功完成过 1 座单跨跨径在 80 米（含）以上新建（或改建）一级公路（或高速公路）连续钢构（或连续箱梁）桥梁施工的加 0.4 分，最多加 0.8 分。招标文件关于加分业绩要求的证明材料与资格业绩证明材料一致。

（二）中标候选人公示显示，中交一公局某公司投标文件提供了 5 个投标人业绩（资格业绩 1 个、评分业绩 4 个），其中投诉反映的"厦沙高速公路泉州德化段路基土建工程 A6 合同"业绩属于评分业绩，其中落山寨 1 号大桥最高墩高为 80 米，最大主跨为 400 米。

（三）中交一公局某公司投标文件提供了以下 6 个业绩（1 个项目经理业绩，

---

① 来源于浙江省发展和改革委员会官网：《浙江省发展改革委关于印发 235 国道泰顺司前至罗阳段改建工程施工第 SG02 标段投诉事项处理意见的通知》（浙发改公管〔2020〕242 号）。

5 个投标人业绩，且未区分资格业绩、评分业绩）。

其中，重庆酉阳至贵州沿河（重庆段）高速公路 YY02 合同《主要业绩信息一览表》载明的桥梁工程墩高规模为 120.5 米，南平至顺昌高速公路 A5 合同《主要业绩信息一览表》载明的桥梁工程墩高规模为 40.86 米。上述墩高规模对应证明材料中的表述均为最高墩高。

"厦沙高速公路泉州德化段路基土建工程 A6 合同"业绩提供了《中标通知书》《合同协议书》《公路工程交工验收证书》《业主证明》《主要业绩信息一览表》作为业绩证明材料。其中，只有《业主证明》《主要业绩信息一览表》可以体现桥梁主跨跨径、最高墩高的数值。

涉案业绩《业主证明》与《主要业绩信息一览表》载明的落山寨 1 号大桥主跨相同，均为 100 米；但《主要业绩信息一览表》载明的落山寨 1 号大桥桥梁最高墩高规模为 30 米，而《业主证明》载明最高墩高为 80 米。

省发展改革委认为：1. 招标人或其招标代理机构应当对其提供的招标公告和公示信息的真实性、准确性、合法性负责。被投诉人投标文件中"厦沙高速公路泉州德化段路基土建工程 A6 合同"业绩证明材料及《主要业绩信息一览表》载明的落山寨 1 号大桥主跨均为 100 米，但在中标候选人公示信息中落山寨 1 号大桥主跨为 400 米，投诉情况属实。中标候选人公示信息由招标人委托招标代理机构工作人员录入发布媒介。中标候选人公示信息与中标候选人投标文件中的信息不一致属于招标代理机构工作人员公示信息录入错误。

2. 被投诉人中交一公局某公司投标文件中提供的业绩"厦沙高速公路泉州德化段路基土建工程 A6 合同"《主要业绩信息一览表》载明的落山寨 1 号大桥桥梁最高墩高规模为 30 米，而该业绩证明材料《业主证明》中载明的最高墩高却为 80 米。《主要业绩信息一览表》与《业主证明》关于桥梁工程最高墩高的数据不一致。评标委员会未根据《招标文件》第 2.1.2 条资格评审标准规定："投标人提供的任一项类似项目的《主要业绩信息一览表》未含系统水印或与投标文件所附的业绩证明材料不一致的，资格审查不予通过，并报相应交通运输主管部门按有关规定进行处理。"予以资格审查不通过，投诉情况属实。

根据《工程建设项目招标投标活动投诉处理办法》第二十条第二项的规定，作出如下处理决定：

1. 根据《招标公告和公示信息发布管理办法》第十九条"发布媒介在发布依法必须招标项目的招标公告和公示信息活动中有下列情形之一的，由相应的省级以上发展改革部门或其他有关部门根据有关法律法规规定，责令改正；……

（四）因故意或重大过失导致发布的招标公告和公示信息发生遗漏、错误……"的规定，责令招标人及其招标代理机构改正。

2. 根据《招标投标法实施条例》第七十一条"评标委员会成员有下列行为之一的，由有关行政监督部门责令改正；……（三）不按照招标文件规定的评标标准和方法评标……"的规定，责令原评标委员会改正。

（二）中标结果公示

《招标公告和公示信息发布管理办法》第六条第二款规定："依法必须招标项目的中标结果公示应当载明中标人名称。"该款规定了中标结果公示制度，目的是信息透明、告知公众、接受监督。招标结果公示是依法必须招标项目必须履行的程序。对于非依法必须招标项目，现行立法并没有要求必须公示中标结果，招标人可以自行决定是否要公示。

"中标候选人" ≠ "中标人"，公示中标候选人和公示中标结果是不同的程序，公示期要求也不同。依法必须招标项目的中标候选人要公示，确定中标人以后仍然要公示，不可将二者混为一谈、只公示其一或者合并公示。《国家发展改革委办公厅关于中标结果公示异议和投诉问题的复函》（发改办法规〔2018〕465 号）规定，《招标投标法》第四十五条、《招标投标法实施条例》第五十三条及《招标公告和公示信息发布管理办法》规定了中标候选人公示应当载明的内容，同时明确中标结果公示应当载明中标人名称。依据上述规定，由于在中标候选人公示环节已经充分公布了中标候选人的信息，保障了投标人或者其他利害关系人提出异议的权利，因此中标结果公示的性质为告知性公示，即向社会公布中标结果，《招标投标法》《招标投标法实施条例》及发改委 10 号令均未规定投标人和其他利害关系人有权对中标结果公示提出异议。此外，《招标投标法实施条例》第六十条规定，投标人或者其他利害关系人认为招标投标活动不符合法律、行政法规规定的，可以自知道或者应当知道之日起 10 日内向有关行政监督部门投诉。据此，投标人和其他利害关系人认为中标结果公示，以及有关招标投标活动存在违法违规行为的，可以依法向有关行政监督部门投诉。

四、招标公告与信息发布媒介

《招标投标法》第十六条第一款规定："招标人采用公开招标方式的，应当发布招标公告。依法必须进行招标的项目的招标公告，应当通过国家指定的报刊、信息网络或者其他媒介发布。"《招标投标法实施条例》第十五条第三款规定："依法必须进行招标的项目的资格预审公告和招标公告，应当在国务院发展改革部门依法指定的媒介发布。在不同媒介发布的同一招标项目的资格预审公告或者招标公告的内容应当一致。指定媒介发布依法必须进行招标的项目的境内资格预审公告、招标公告，不得收取费用。"

落实上述法律要求，《招标公告和公示信息发布管理办法》第八条、第九条规定了依法必须招标项目的招标公告和公示信息的发布媒介。即，一是依法必须招标项目的招标公告和公示信息应当在"中国招标投标公共服务平台"或者项目所在地省级电子招标投标公共服务平台（统一简称"发布媒介"）发布。二是省级电子招标投标公共服务平台应当与"中国招标投标公共服务平台"对接，按规定同步交互招标公告和公示信息。对依法必须招标项目的招标公告和公示信息，发布媒介应当与相应的公共资源交易平台实现信息共享。"中国招标投标公共服务平台"应当汇总公开全国招标公告和公示信息，以及本办法第八条规定的发布媒介名称、网址、办公场所、联系方式等基本信息，及时维护更新，与全国公共资源交易平台共享，并归集至全国信用信息共享平台，按规定通过"信用中国"网站向社会公开。通过这些制度设计，确保依法必须招标项目在最大范围内公开。

根据上述规定，依法必须招标的项目的招标公告和公示信息，应当在"中国招标投标公共服务平台"或者项目所在地省级电子招标投标公共服务平台发布，二者选择其一即可，在项目所在地省级电子招标投标公共服务平台发布的公告和信息，实际上也同步到了"中国招标投标公共服务平台"，等同于在该平台同时发布。当然，依法必须招标项目的招标公告和公示信息在上述平台发布的同时，也可以自主选择在其他的一个或多个媒介发布，但必须确保多个媒介发布的信息内容相同。

目前，"中国招标投标公共服务平台"由国家发展改革委和中国招标投标协会推动建设。各省（自治区、直辖市）也指定了当地的省级电子招标投标公共服务平台。如浙江省公共资源交易服务平台为本省招标公告和公示信息的发布媒介。这里要注意的是，上述法律规定只授权建立省级电子招标投标公共服务平台，并没有地市、县级电子招标投标公共服务平台之说。

对于非依法必须招标项目的发布媒介，由招标人自主决定，在上述平台发布或者在其他电子或纸质媒介上发布，均不受限制。

目前，对于国企采购来说，一般不区分依法必须招标还是非依法必须招标，都在依法必须招标项目公告公示信息发布媒介上发布，有的同时在本公司 ECP 等采购平台、外网等媒介发布，更加有利于扩大信息公开范围。

此外，《招标公告和公示信息发布管理办法》第十二条规定："发布媒介应当免费提供依法必须招标项目的招标公告和公示信息发布服务，并允许社会公众和市场主体免费、及时查阅前述招标公告和公示的完整信息。"但是对于发布媒介提供的增值服务（如向潜在投标人指定地址定向发送招标公告信息）以及发布非依法必须招标项目的招标公告和公示信息，现行法律并未要求也必须是免费的，故发布媒介运营机构依法可以收费。

【疑难解析 3-2】国有企业的依法必须招标项目仅在国家法定平台上公告，未在地方的招标交易平台组织招标是否合法合规？

根据《招标公告和公示信息发布管理办法》第八条、《招标投标法实施条例》第五条和第十五条规定，依法必须招标的项目应当在"中国招标投标公共服务平台"或者项目所在地省级电子招标服务平台发布。对于依法必须招标的项目，必须在中国招标投标公共服务平台或者项目所在地省级电子招标服务平台发布招标信息。如果地方规定需要在地方招标交易平台组织招标的，需要根据各地规定办理。如根据青岛市人民政府出台的《青岛市公共资源交易目录（2021 年版）》，该目录 A 类首先规定了需要进入公共资源交易平台交易的工程建设项目范围，包括房屋建筑工程、市政工程、公用工程、公路工程、水运工程、铁路工程、机场建设工程、水利工程、农业工程、渔业工程、林业工程、海洋工程、国土资源工程、工业和信息化工程、生态环境保护工程及其他工程，而且这些项目是指国家规定必须招标的工程建设项目。凡列入《目录》的公共资源交易项目，应全部进入各级公共资源交易平台交易，仅在国家平台公告或企业内部平台招标的，不符合青岛市的规定。因此，对于依法必须招标的项目，必须在"中国招标投标公共服务平台"或者项目所在地省级电子招标服务平台发布招标信息。

第三节　资格审查

一、资格审查方式

资格审查是指招标人对资格预审申请人或投标人的经营资格、专业资质、财务状况、技术能力、管理能力、业绩、信誉等方面评估审查，以判定其是否具有参与投标和履行合同的资格及能力的活动。资格审查是招标人的权利。供应商的投标是否真实或者能否具有承担招标项目、履行中标合同的能力，直接关系到招标项目能否顺利实施、采购目标能否顺利实现，因此，对投标人资格条件进行审查是招标项目的必要程序。

资格审查方式包括资格预审和资格后审。所谓资格预审，是指在投标前对潜在投标人进行的资格审查，具体而言，是招标人通过发布资格预审公告，向不特定的潜在投标人发出投标邀请，并由招标人或招标代理机构组织的资格审查委员会或专家按照资格预审公告和资格预审文件确定的资格审查条件、标准和方法，对有意参加投标的供应商的资格条件进行评审，确定合格的潜在投标人。资格后审，是指在开标后对投标人进行的资格审查，具体而言，是开标后由评标委员会按照招标文件规定的评标标准和方法对投标人的资格进行审查，确定其投标是否合格。

（一）两种资格审查方式的利弊分析

《招标投标法》第十八条规定了资格审查制度，即"招标人可以根据招标项目本身的要求，在招标公告或者投标邀请书中，要求潜在投标人提供有关资质证明文件和业绩情况，并对潜在投标人进行资格审查；国家对投标人的资格条件有规定的，依照其规定。招标人不得以不合理的条件限制或者排斥潜在投标人，不得对潜在投标人实行歧视待遇"。《招标投标法实施条例》规定了较为完善的资格预审制度，主要解决投标企业过多、评审时间过长、采购效率过低、投标竞争总体成本过高等问题。

资格预审制度的优点主要有：一是采用资格预审能够精减投标人的数量，避免不合格的申请人进入投标阶段，提高投标人投标的针对性、积极性；对于潜在投标人数量过多的招标项目可以明显减少评标工作量，降低评标难度，缩短评标时间，提高评标的科学性、可比性，降低招标投标社会总成本（包括招标人的评标费用和投标人的投标成本）。二是采用资格预审能够避免履约能力不佳的投标人以价格取胜而中标，在一定程度上预防合同签订后履约风险的发生。

资格预审制度的缺点主要有：一是采用资格预审的项目，把本可以评标、资格审查一次性完成的项目分成了两次，招标周期由原来的最短20多天即可完成增加到了一个多月；投标人一次完成的工作需要两次投标，且招标人组织评审的成本费用也随之增加。二是采用资格预审方式环节多、时间长，通过资格预审的申请人相对较少，增加围标、串标的风险。

相对而言，在投标人数众多的情况下，采取资格后审的项目减少了资格预审环节，缩短了招标时间，招标周期短；单个投标人投标成本低；投标人数量相对较多，竞争性更强，泄露投标人名单的概率低，提高串标、围标难度。但资格后审的项目在投标人过多时，会增加评标费用、评标工作量和评审时间；投标方案差异大，会增加评标工作难度；全体潜在投标人投标总成本高。总体来说，对于投标人数量不多的招标项目，二者的差别并不明显，资格后审更有优势。

（二）两种资格审查方式适用的情形

综合比较，资格预审方式比较适合于技术难度较大或投标文件编制费用较高，或潜在投标人数量较多的招标项目。实践证明，一般性工程建设项目可以不进行资格预审，建设周期较长、结构复杂或者技术要求较高的特殊性工程建设项目，或者潜在投标人众多、竞争过于激烈的工程施工招标项目，有必要进行资格预审。资格后审方式比较适合于潜在投标人数量不多，具有通用性、标准化的招标项目。

二、资格预审

（一）资格预审的方法

资格预审有合格制和有限数量制。所谓合格制，就是按照资格预审文件规定的审查标准对投标申请人的资格条件进行审查，凡通过资格审查认定为合格的投标申请人均有资格获得招标文件并参与投标竞争。所谓有限数量制，就是招标人或审查委员会依据资格预审文件规定的审查标准和程序，对通过初步审查和详细审查的资格预审申请文件进行量化打分，按得分由高到低的顺序择优确定通过资格预审的投标申请人。资格预审文件都会事前设定潜在投标人数量，比如10家、15家，通过资格预审的申请人不超过资格审查办法规定的数量。通过资格审查的申请人不少于3个且没有超过资格审查文件规定数量的，均通过资格预审，不再进行评分。通过资格审查的申请人数量超过资格审查文件规定数量的，审查委员会依据资格审查文件规定的评分标准进行评分，并按得分由高到低的顺序择优确定通过资格审查的投标申请人。通过详细审查申请人的数量不足3个的，招标人重新组织资格预审或不再组织资格预审而直接招标。

为确保投标的竞争性，资格预审原则上采用合格制，如果投标人人数不多时按资格预审文件中要求的"合格制"审查方法审定即可。当潜在投标人数量过多，为了减少评标工作量和降低社会成本，可以采用有限数量制，资格预审文件中应公布资格审查的方法（评分法）和通过资格预审的投标申请人的数量等信息，但是不能采取抽签、摇号等方式确定通过审查的潜在投标人。

【疑难解析 3-3】 企业集中采购中集中开展资格预审应如何操作①？

集中资格预审招标采购是《招标采购代理规范》（ZBTB/T 01-2016）"企业集中采购分则"界定的企业集中采购组织模式之一。其特点是不针对特定项目，而是针对重复采购的特定标的物，将多次公开招标的资格预审一次性完成，形成有明确有效期的合格申请人名单，有效期内每次招标时，向名单内所有申请人发出投标邀请，以达到提高后续招标采购效率的目的。在实务操作中，集中资格预审应根据采购标的物特点以及市场竞争情况，选择合格制或有限数量制；如果符合要求的潜在供应商数量众多，竞争充分，则一般采用有限数量制，否则可以采用合格制。

资格预审完成后，因为已经确定了有效期内的合格申请人名单，因此后续招标采购时应该对名单内所有申请人发出投标邀请，而不是发出公告邀请。此外，如果采购标的物属于依法必须进行招标的项目，则应当满足 20 天的法定招标时限，对于非依法必须招标项目不必满足 20 天的投标准备期要求。

（二）资格预审的主体

资格后审招标项目由评标委员会审查投标人资格条件，但资格预审在发售招标文件之前进行，需要设置专门的资格审查委员会或者由招标人指定专人进行审查。

《招标投标法实施条例》第十八条第二款规定："国有资金占控股或者主导地位的依法必须进行招标的项目，招标人应当组建资格审查委员会审查资格预审申请文件。资格审查委员会及其成员应当遵守招标投标法和本条例有关评标委员会及其成员的规定。"根据该条规定，国有资金占控股或者主导地位的依法必须进行招标的项目，实行资格预审的，第一，招标人应当组建专门的资格审查委员会承担资格预审职责。第二，资格审查委员会应当按照《招标投标法》第三十七条等关于依法必须招标项目评标委员会的规定要求组建，如资格审查委员会由招标人的代表和评标专家组成，成员人数为五人以上单数，其中评标专家不得少于成员总数的 2/3。一般招标项目可以采取随机抽取方式确定评标专家，特殊招标项目可以由招标人直接确定评标专家。与投标人有利害关系的人不得进入相关项目的资格审查委员会，已经进入的应当更换。资格审查委员会成员的名单在资格审查结果确定前应当保密。第三，资格审查委员及其成员在履行资格预审职责

---

① 中国招标投标协会主编：《招标采购常见问题汇编——解疑释惑 400 问》，中国计划出版社 2020 年版，第 230 页。

过程中，还应当遵守招标投标法有关评标委员会及其成员的规定，比如有权要求招标人提供资格预审所必需的信息；有向招标人推荐通过资格预审的投标申请人或者根据招标人授权直接确定通过资格预审的投标申请人的权利；有权决定合理延长资格审查时间；有权要求投标申请人对资格预审申请文件中含义不明确、前后自相矛盾或有明显文字、计算错误的内容作出必要的澄清、说明；应当按照资格预审文件确定的审查标准和方法，对资格预审申请文件进行评审和比较；完成审查后，应当向招标人提出书面资格预审报告，并推荐合格的投标申请人；应当客观、公正地履行职务，遵守职业道德，对所提出的评审意见承担个人责任；不得私下接触投标申请人，不得收受投标申请人的财物或者其他好处；不得透露对资格预审申请文件的评审和比较、合格投标申请人的推荐情况以及与资格审查有关的其他情况。

对于其他招标项目，如果项目业主也决定采取资格预审的办法进行，由谁来进行资格预审，法律没有规定。招标人可以自己指定专人进行审查，或者委托招标代理机构审查，也可以参照评标委员会的规定组建资格审查会，均不违反法律规定。当然，对于国有企业来说，组建资格审查小组或资格审查委员会进行审查更为妥当。组建的资格审查委员会，其成员既可以由招标人自行确定，也可以从专家库中抽取。

（三）资格预审的程序

1. 编制资格预审文件

资格预审文件是告知投标申请人资格预审条件、标准和方法，资格预审申请文件编制和提交要求的法律文件，是指导投标人编制资格预审申请文件及对投标申请人的经营资格、履约能力进行评审，确定通过资格预审的投标申请人的依据。依法必须进行招标的项目，应使用国家发展改革委会同有关行政监督部门制定的《标准施工招标资格预审文件》等资格预审标准文本，结合招标项目的特点和需求编制资格预审文件。资格预审文件一般包括资格预审公告、申请人须知、资格预审的方法、资格预审申请书格式、招标项目概况等内容。

2. 编制和发布资格预审公告

公开招标的项目，应当发布资格预审公告。对于依法必须进行招标项目的资格预审公告，应当在国家依法指定的信息发布媒介发布。根据《招标公告和公示信息发布管理办法》第五条规定，依法必须招标项目的资格预审公告应当载明以下内容：（一）招标项目名称、内容、范围、规模、资金来源；（二）投标资格能力要求，以及是否接受联合体投标；（三）获取资格预审文件的时间、方式；

（四）递交资格预审申请文件的截止时间、方式（注：本办法原文为"递交资格预审文件"，应为笔误）；（五）招标人及其招标代理机构的名称、地址、联系人及联系方式；（六）采用电子招标投标方式的，潜在投标人访问电子招标投标交易平台的网址和方法；（七）其他依法应当载明的内容。对于非依法必须招标项目，可以参照上述内容编制资格预审公告，可以在国家指定媒介或招标人自主指定媒介发布。

3. 发售资格预审文件及澄清与修改

根据《招标投标法实施条例》第十六条规定，招标人应当按照资格预审公告、招标公告或者投标邀请书规定的时间、地点发售资格预审文件。资格预审文件的发售期不得少于 5 日。发售资格预审文件收取的费用，应当限于补偿印刷、邮寄的成本支出，不得以营利为目的。对任何有意向购买资格预审文件的潜在投标人，招标人都应当向其发售资格预审文件，不得在购买环节设置门槛或进行资格审查。购买某标段/标包资格预审文件的申请人少于 3 个的，招标人应当对其原因进行分析并提出应对措施，调整资格预审文件有关内容后重新组织资格预审，或直接采用资格后审方式进行公开招标。

根据《招标投标法实施条例》第二十一条、第二十二条及第二十三条规定，招标人可以对已发出的资格预审文件进行必要的澄清或者修改。资格预审文件的澄清或修改必须提供给所有获取资格预审文件的申请人，要求申请人在收到澄清或修改后予以回函确认。在资格预审文件的澄清或修改过程中，也要注意不得指明澄清问题的来源，不得泄露已购买资格预审文件的申请人的名称、数量以及可能影响公平竞争的有关招标投标的其他情况。澄清或者修改的内容可能影响资格预审申请文件编制的，招标人应当在提交资格预审申请文件截止时间至少 3 日前，以书面形式通知所有获取资格预审文件的潜在投标人；不足 3 日或者 15 日的，招标人应当顺延提交资格预审申请文件的截止时间。潜在投标人或者其他利害关系人对资格预审文件有异议的，应当在提交资格预审申请文件截止时间 2 日前提出。招标人应当自收到异议之日起 3 日内作出答复；作出答复前，应当暂停招标投标活动。招标人认为异议成立，资格预审文件内容确实存在错误、遗漏，或者违反法律、行政法规的强制性规定，违反公开、公平、公正和诚实信用原则，影响资格预审结果的，可以对资格预审文件进行澄清、修改。

4. 投标申请人编制并提交资格预审申请文件

投标申请人应严格按照资格预审文件要求的格式和内容，编制、签署、装订、密封、标识资格预审申请文件，并按照规定的时间、地点、方式提交。根据

《招标投标法实施条例》第十七条规定，招标人应当合理确定提交资格预审申请文件的时间，但依法必须进行招标的项目提交资格预审申请文件的时间，自资格预审文件停止发售之日起不得少于 5 日。资格预审申请文件实际上也是投标文件的组成部分，对其要求与接收投标文件相同。出现下述情况之一的资格预审申请文件，招标人应拒收：（1）未按照资格预审文件要求密封；（2）逾期送达或未送达指定地点。因密封不合格而被招标人拒收的资格预审申请文件，经申请人再次封装，并在资格预审文件规定的递交截止时间前递交的，招标人须重新检查并接收符合要求的申请文件。招标人应妥善保管已接收的资格预审申请文件，注意不得出现丢失、损坏或泄密情况。

【疑难解析 3-4】资格预审申请文件递交截止时间届满，还能不能接收迟到的资格预审申请文件？

《招标投标法》和《招标投标法实施条例》均未对资格预审申请文件递交截止时间后是否应当接收投标申请人的资格预审申请文件作出明确规定。但是，招标项目在资格预审文件中明确规定了资格预审申请文件递交的截止时间的，即意味着在截止时间过后，不再受理该项目的资格预审申请。在开展资格预审活动中，资格预审文件实际上就是招标文件的一部分，不但对投标申请人具有约束力，对招标人也具有约束力。因此，招标人应当遵守公开发布的资格预审文件中的相关规定，对于截止时间到达之后的申请文件，不得接收并进行评审，这也是《招标投标法》中诚实信用原则的要求。招标人可以在资格预审文件中规定：申请文件的提交截止时间即为资格审查委员会开始评审的时间，对于逾期提交的资格预审申请文件，招标人拒绝接收。

5. 组建资格预审机构评审资格预审申请文件，编写资格审查报告

国有资金占控股或者主导地位的依法必须进行招标的项目，招标人应当依照《招标投标法实施条例》第十八条第二款规定组建资格审查委员会审查资格预审申请文件。其他招标项目的资格预审机构由招标人或其委托招标代理机构自主决定。招标人或资格审查委员会应当按照资格预审文件载明的标准和方法，对资格预审申请文件进行审查。资格预审一般不要求潜在投标人提交资质证书原件，根据复印件、影印件或网络查询结果进行审查即可。如《住房城乡建设部办公厅关于规范使用建筑业企业资质证书的通知》规定："为切实减轻企业负担，各有关部门和单位在对企业跨地区承揽业务监督管理、招标活动中，不得要求企业提供建筑业企业资质证书原件，企业资质情况可通过扫描建筑业企业资质证书复印件

的二维码查询。"在审查过程中，审查委员会可以书面形式，要求申请人对所提交的资格预审申请文件中不明确的内容进行必要的澄清或说明。申请人的澄清或说明采用书面形式，并不得改变资格预审申请文件的实质性内容。申请人的澄清和说明内容属于资格预审申请文件的组成部分。招标人和审查委员会不接受申请人主动提出的澄清或说明。资格审查委员会按照规定的程序对资格预审申请文件完成审查后，确定通过资格预审的申请人名单，并向招标人提交书面审查报告。资格审查报告一般包括以下内容：（一）基本情况；（二）资格审查委员会名单；（三）澄清、说明、补正事项；（四）审查程序和时间、未通过资格审查的情况说明、通过评审的申请人名单；（五）评分比较一览表；（六）其他需要说明的问题。

6. 确认通过资格预审的投标申请人并通知

招标人根据资格审查报告确认通过资格预审的投标申请人，并向其发出投标邀请书（代资格预审通过通知书）。同时，招标人还应向未通过资格预审的申请人发出资格预审结果通知书。

（四）资格预审的依据和内容

《招标投标法实施条例》第十八条第一款规定了资格预审的依据，即"资格预审应当按照资格预审文件载明的标准和方法进行"。这一规定包含两层意思：一是资格预审文件应当载明资格审查的标准和方法；二是资格预审必须按照资格预审文件规定的标准和方法进行。

资格审查的标准和方法，是指导投标申请人编制资格预审申请文件的依据。根据公开原则的要求，招标人应当在资格预审文件中载明资格预审的标准和方法，以便申请人决定是否提出资格预审申请，并在决定提出申请时能够有针对性地准备资格预审申请文件。招标人在资格预审文件中事先公布资格审查标准，也有利于加强利害关系人和社会的监督，防止招标人在资格审查时随意修改资格审查的标准和方法，或者利用不合法、不合规、不合理的标准和条件排斥潜在投标人，保障资格预审活动的公正和公平。

资格审查的标准和方法也是资格审查主体进行资格审查的依据。资格预审的审查因素一般包括申请人的资格条件、组织机构、营业状态、财务状况、类似项目业绩、信誉和生产资源情况等。如《工程建设项目施工招标投标办法》第二十条规定："资格审查应主要审查潜在投标人或者投标人是否符合下列条件：（一）具有独立订立合同的权利；（二）具有履行合同的能力，包括专业、技术资格和能力，资金、设备和其他物质设施状况，管理能力，经验、信誉和相应的从业人员；（三）没有处于被责令停业，投标资格被取消，财产被接管、冻结、破产状态；（四）在最近三年内没有骗取中标和严重违约及重大工程质量问题；（五）国家规定的其他资格条件。"

各审查因素可以分为定性因素和定量因素两类，其相应的审查标准应根据招标项目的具体情况而定。根据公平和公正原则要求，招标人在制定资格预审审查标准时，应当尽可能采取可客观量化的方式，限制资格审查人员的自由裁量权，以防止因理解和认识差异对资格审查结果带来的不利影响；资格审查人员则必须按照资格预审文件中事先公开的标准和方法进行审查，同等地对待每一个资格预审申请人[1]。

"资格预审应当按照资格预审文件载明的标准和方法进行"的规定，言下之意，资格预审文件中没有规定的方法和标准不得作为审查依据，资格审查委员会也不能采取资格预审文件中没有载明的标准和方法进行资格审查，不能在资格审查过程中自行设置审查标准和方法或者变更审查标准和方法进行资格审查。《工程建设项目货物招标投标办法》第十九条明确规定，"采取资格预审的，招标人应当在资格预审文件中详细规定资格审查的标准和方法；采取资格后审的，招标人应当在招标文件中详细规定资格审查的标准和方法。招标人在进行资格审查时，不得改变或补充载明的资格审查标准和方法或者以没有载明的资格审查标准和方法对潜在投标人或者投标人进行资格审查"。资格审查过程依据统一的审查标准和方法，客观公正进行资格审查，一视同仁，不得厚此薄彼、有所偏袒，确保资格审查结果公正。

（五）资格预审结果

《招标投标法实施条例》第十九条规定："资格预审结束后，招标人应当及时向资格预审申请人发出资格预审结果通知书。未通过资格预审的申请人不具有投标资格。通过资格预审的申请人少于3个的，应当重新招标。"

1. 资格预审结果的通知

资格预审的结果无外乎通过资格预审和未通过资格预审两种，根据上述规定，对于哪种结果的投标申请人，招标人都负有告知审查结果的义务，如同招标人履行向投标人告知中标结果的义务，招标人应当将资格预审结果以书面形式及时通知所有递交资格预审申请文件的申请人（包括通过资格预审的投标申请人和未通过资格预审的投标申请人），而不是只向通过资格预审的投标申请人告知资

---

[1] 何红锋主编：《招标投标法实施条例条文解读与案例分析》，中国电力出版社2015年版，第85页。

格预审结果。

关于告知的时间没有明确规定，只是要求"及时"，招标人应当在资格预审结果确定后，尽可能早地通知资格预审申请人。

对于通过资格预审的投标申请人，招标人可以用投标邀请书代替资格预审结果通知书的方式予以通知。资格预审结果通知书的内容，可包括获取招标文件的时间、地点和方法。为掌握潜在投标人投标意向，防范实际投标人少于3个导致招标失败的窘境，招标人在投标邀请书中应当要求投标申请人在收到结果通知后以书面方式确认是否参与投标，并规定投标申请人在规定时间内未表示是否参加投标或明确表示不参加投标的，不得再参加投标。通过资格预审的申请人收到投标邀请书后，也应当在招标人规定的时间内以书面形式明确表示是否参加投标。如有投标人明示放弃投标或者未在规定时间内回复是否投标被招标人取消其投标资格，因此造成潜在投标人数量不足3个的，招标人应重新组织资格预审或不再组织资格预审而直接招标。

【疑难解析3-5】资格预审结束，通过资格预审的投标申请人名单能否像评标结果一样在媒体上公示？

根据《招标投标法实施条例》第十九条规定，实行资格预审的招标项目，招标人负有向全体资格预审申请人告知申请人资格审查结果的义务。但是，资格预审结果通知应当注意保密要求。《招标投标法》第二十二条规定："招标人不得向他人透露已获取招标文件的潜在投标人的名称、数量以及可能影响公平竞争的有关招标投标的其他情况。"根据这一规定精神，通过资格预审的申请人名单和数量在投标截止时间之前应当保密，招标人不应像公示评标结果一样在媒体上公示通过资格预审的申请人名单"广而告之"，防止投标人串通投标。因此，招标人发出的资格预审结果通知书，应当是"一对一"的书面通知，而且除告知该通知书中载明的特定的申请人是否已通过资格预审以外，不得泄露已通过资格预审的其他申请人的名称和数量。如果公开这些信息，潜在投标人互相知道谁将是投标人，就可能组织在一起串通投标。

对于未通过资格预审的投标申请人，招标人也应当向其发出资格预审结果通知书，以便该申请人终止后续投标准备工作。目前法律法规及国家发展改革委发布的《标准施工招标资格预审文件》均未要求资格预审结果通知书内容必须包括未通过资格预审的原因和理由。因此，资格预审结果通知书中，可以不解释未通过资格预审的原因。实践中，有的招标人在向未通过资格预审的申请人发出的资格预审结果通知书中，附有其未通过资格预审的原因或理由，这一做法值得提倡。应投标申请人的书面要求，招标人应对资格预审结果作出解释，但不保证申请人对解释内容满意。投标申请人对资格审查结果不认同，也可以提出异议或投诉寻求救济。

2. 资格预审结果的运用

第一，招标人只向通过资格预审的潜在投标人发售招标文件，未通过资格预审的申请人不得参加投标。实行资格预审是为了筛选出满足招标项目所需资格、能力和有参与招标项目投标意愿的潜在投标人。未通过资格预审的申请人意味着其资格、能力不能满足招标项目的需要，因此其不得参加投标。《招标投标法实施条例》第三十六条也规定了"未通过资格预审的申请人提交的投标文件，……招标人应当拒收"。举轻以明重，既然未通过资格预审的潜在投标人没有投标资格，那么没有参加资格预审活动的潜在投标人就更没有投标资格。另外，也并非说通过资格预审的潜在投标人必须参加投标，其虽有投标资格但有权利放弃投标。招标人如要求潜在投标人在递交资格预审申请文件时即提交投标保证金或必须参加投标的承诺书的做法没有法律依据。而且，即使通过资格预审，后续也可能因发生变化导致其投标资格不合格，如资格预审通过后被列入失信被执行人名单仍会在评标阶段被否决投标。

第二，通过资格预审的申请人少于3个的，应当重新招标。通过资格预审的申请人如果少于3个，则具备投标资格的潜在投标人必然少于3个，不满足招标项目的开标条件，为提高效率，没有必要等到投标截止时再决定重新组织招标。因此，根据《招标投标法实施条例》第十九条第二款规定："通过资格预审的申请人少于3个的，应当重新招标。"当然，重新招标前，招标人应当分析导致这种结果的原因，是资格预审公告的期限过短、范围过窄，还是资格条件要求过高限制了投标人范围，并有针对性地采取对策。重新招标时，既可以继续采用资格预审方式，也可以改用资格后审方式。

【疑难解析3-6】通过资格预审的潜在投标人，在投标截止时间前发生公司分立导致资格条件发生变化的，应当如何处理？

招投标活动需要一定时间，在这个过程中通过资格预审的潜在投标人有可能其组织机构、财务能力、信誉情况等资格条件发生变化，也可能发生公司合并、分立、破产等重大变化。这些重大变化进而会影响潜在投标人的资格，有的会导致投标人的资格条件不再满足资格预审文件规定的标准，有的尽管没有影响投标人的资格条件，但是因该重大变化会影响招标的公正性（如因企业合并成为另一投标人的控股子公司，依据《招标投标法实施条例》第三十四条规定不能同时投标），则该潜在投标人的投标无效。当然也有一些变化不影响投标资格，如因企业改制，企业类型由全民所有制变更为有限责任公司。通过资格预审的潜在投标人在投标截止时间前发生前述变化的，应当在第一时间书面通知招标人。由招标人对其投标资格进行审核，经审核不影响其投标资格的，其仍有资格参与投标；经审核其资格条件不合格或者因该重大变化影响招标公正性的，其投标不能被招标人所接受。对此，《招标投标法实施条例》第三十八条明确规定，"投标人发生合并、分立、破产等重大变化的，应当及时书面告知招标人。投标人不再具备资格预审文件、招标文件规定的资格条件或者其投标影响招标公正性的，其投标无效"。

根据《公司法》规定，公司分立后新成立公司可能的变化是：注册资本减少、主要人员变动、经营范围变化、公司资质变化，如原公司的多个资质分别分给分立后的公司。潜在投标人分立时，招标人应当组织资格审查委员会对分立后拟参与本项目投标的申请人重新组织资格审查。经评审，分立后的公司符合资格预审条件要求，且择优评审中排名在合格申请人数范围内，则仍有资格参与后续投标；如果分立后的公司虽然符合资格预审文件要求，但是择优评审中排名降低到最大合格人数外，则不得通过资格预审，而应当重新选择其他排名靠前的申请人。

三、资格后审

《招标投标法实施条例》第二十条规定："招标人采用资格后审办法对投标人进行资格审查的，应当在开标后由评标委员会按照招标文件规定的标准和方法对投标人的资格进行审查。"采用资格后审方式的，招标人应在招标文件中事先规定投标人的资格条件，任何有意向的潜在投标人均可以参与投标；到评标环节，由评标委员会对投标人的资格条件进行审查。由于将资格审查并入评标环节，省却了招标人组织资格预审和潜在投标人进行资格预审申请的工作环节，从而缩短了招标投标周期，降低了招标投标总体成本，增加投标人数量，加大串通投标难度。正因如此，实践中资格后审方式用得最多。

资格后审在初步评审阶段进行。资格后审的主体是依法成立的评标委员会，招标人和招标代理机构都无权进行资格后审。评标委员会应当严格按照招标文件规定的标准和方法对投标人的资格进行审查。对资格后审不合格的投标人，评标委员会应当否决其投标，其投标文件不再进入下一阶段的评审。

《招标投标法》第十八条第一款规定："招标人可以根据招标项目本身的要求，在招标公告或者投标邀请书中，要求潜在投标人提供有关资质证明文件和业绩情况，并对潜在投标人进行资格审查；国家对投标人的资格条件有规定的，依照其规定。"第十九条第一款规定："招标人应当根据招标项目的特点和需要编制招标文件。招标文件应当包括招标项目的技术要求、对投标人资格审查的标准、投标报价要求和评标标准等所有实质性要求和条件以及拟签订合同的主要条款。"这些规定都要求招标人应当事先在招标公告及招标文件中明确规定投标人的资格条件要求和对投标人资格审查的标准。《招标投标法》第四十条第一款规定："评标委员会应当按照招标文件确定的评标标准和方法，对投标文件进行评审和比较……"《招标投标法实施条例》第四十九条也规定："评标委员会成员应当依照招标投标法和本条例的规定，按照招标文件规定的评标标准和方法，客观、公正地对投标文件提出评审意见。招标文件没有规定的评标标准和方法不得作为评标的依据。"因此，评标委员会依据前述招标文件规定的资格条件和评审标准进行评审。资格评审时，评标委员会只对投标人在投标截止日期之前递交的申请资料进行评审。除了应由评标委员会作出的澄清、说明和补正资料外，评标委员会不得对其后补交的申请资料或超出申请资料之外的其他相关材料和信息进行评审；招标文件没有规定的标准和方法，不得作为资格审查的依据①。

第四节　资格预审文件和招标文件

一、编制资格预审文件和招标文件的基本要求

招标文件是在招标公告基础上内容更为具体详尽的要约邀请文件，它表达招标人采购意图、规定完整的招标程序，指导投标人投标和评标委员会评标、确定合同条件。招标文件内容的全面、合法、规范、详尽，在很大程度上决定了招标投标能否成功，双方权利义务是否平衡，合同能否圆满履行。资格预审文件是告知潜在投标人招标项目基本情况和投标资格条件，指导潜在投标人参与资格预审和招标人组织资格预审的法律文件。资格预审文件实际上是招标文件的一部分，

---

① 何红锋主编：《招标投标法实施条例条文解读与案例分析》，中国电力出版社 2015 年版，第 95 页。

法律上对其要求与对招标文件的要求相同。

编写资格预审文件、招标文件需要注意以下方面：

（1）应当符合招标项目的特点和需求。招标项目特点和实际需求体现的是招标人的招标目标。不同的招标项目采购需求、关注焦点、交易方式都有不同，招标文件需要阐明货物、服务或工程的性质，提出技术标准和合同条件，通报招标程序与规则，使投标人能够在共同的程序和条件基础上提交投标文件参与竞争，它是招标投标活动的指挥棒，必须要切合招标项目特点和实际需求来编写。

在实践中，某些招标人有时会根据自身的喜好或者某些不正当的利益，在招标文件中通过技术、服务条件"量身定做"，设置相应条件，指向特定的供应商或者产品，这种做法限制了供应商的公平竞争。有的招标文件质量不高、内容缺失，没有完全准确阐明招标人的真实意图，会导致招标失败或者合同条件留下漏洞，引发合同争议。这些问题的存在，根源在于招标文件内容与招标项目的特点和需要有差距，不完全吻合。

编写招标文件，必须认真研究项目设计与技术文件，了解招标项目的特点和需求，包括项目概况、投资性质、审批或核准情况、项目总体实施计划等，并在项目招标方案的基础上，细化形成招标文件。招标人可以在招标文件中，明确要求投标人应具备的资格、技术、商务条件，必须符合招标项目具体特点、实际需求，必须与合同履行相关，不得设定不合理的条件排斥潜在投标人。

招标文件中的招标条件应当包括招标对象需实现的功能或者目标，满足项目需要的所有技术、服务、安全等要求，招标对象的数量、交付或实施的时间和地点，招标标的的验收标准等内容。根据招标项目的特点和需要来编制招标文件，可进行市场调查，了解供求关系，来合理设定资格条件。

要注意结合项目实际情况和管理需要，合理划分标段或标包，依据管理承包模式、工程设计进度、各种外部条件、工程进度计划和工期要求、各单位工程和分部工程之间的技术管理关联性、投标竞争状况等因素，合理划分标段（或标包），不得造成招标工作范围的重叠或者遗漏，不得利用划分标段的手段规避招标、"招小送大"或排斥潜在投标人。对此，《招标投标法实施条例》第二十四条特别强调："招标人对招标项目划分标段的，应当遵守招标投标法的有关规定，不得利用划分标段限制或者排斥潜在投标人。依法必须进行招标的项目的招标人不得利用划分标段规避招标。"

（2）应涵盖招标人的所有实质性要求和条件。所谓实质性要求和条件，就是不允许偏离的要求和条件。一旦偏离，投标将无效。招标文件中否决投标情形应当集中列明；实质性要求，如招标内容范围、工期、投标有效期、质量要求、技术标准和要求等应当具体、清晰、无争议，且以醒目的方式标识。招标文件中的实质性要求和条件，应当以文字特别注明，更多的是对招标文件中实质性要求条款添加特殊符号（如星号），或是在实质性要求条款下方加下划线，或者采取黑体字加粗等特别字号的形式，提醒投标人不要遗漏招标文件实质性条款的要求，也可以方便评标委员会成员判断投标人是否满足招标文件条件。但是要对加注特殊符号、下划线或特别字号代表该条款属于实质性要求和条件的含义，在明显位置标注说明，以免引起争议。仅以特殊符号标明，而不在招标文件中规定特殊符号的用途或意义，就不能表明所标注的条款属于实质性要求和条件，不能以此作为依据否决、限制投标人。以醒目方式标明，一方面是对投标人的提醒，希望引起其重视；另一方面则是对招标人、评标委员会的约束，意在限制评标委员会的自由裁量权。实质性要求和条件都是"一票否决"条件，关系重大，必须事先在招标文件中约定和载明。

（3）必须合法合规。一是资格预审文件和招标文件不得违反法律法规的强制性规定。所谓强制性规定，表现为禁止性和义务性强制规定，即法律和行政法规中使用了"应当""不得""必须"等字样的条款。如《招标投标法》第二十条规定："招标文件不得要求或者标明特定的生产供应者以及含有倾向或者排斥潜在投标人的其他内容。"

二是资格预审文件和招标文件内容不得违反"三公"和诚实信用原则。所谓违反"三公"原则是指资格预审文件和招标文件针对不同的潜在投标人设立有差别的资格条件，提供给不同潜在投标人的资格预审文件或者招标文件的内容不一致，指定某一特定的专利产品或者供应者，资格预审文件载明的资格审查标准和方法或者招标文件中载明的评标标准和方法过于原则，自由裁量空间过大，使得潜在投标人无法准确把握招标人意图等。

所谓违反诚实信用原则是指资格预审文件和招标文件的内容故意隐瞒真实信息，典型表现是隐瞒工程场地条件等可能影响投标价格和建设工期的信息，恶意压低工程造价逼迫潜在投标人放弃投标或者以低于成本的价格竞标，从而影响工程质量和安全等。

依法合规体现在招标人不得出现违法、歧视性条款；不得违法限制、排斥或偏袒潜在投标人，不得将原本应由招标人承担的义务、责任和风险转嫁给投标人。如《招标投标法实施条例》第三十二条第二款规定："招标人有下列行为之一的，属于以不合理条件限制、排斥潜在投标人或者投标人：（一）就同一招标项目向潜在投标人或者投标人提供有差别的项目信息；（二）设定的资格、技术、商务条件与招标项目的具体特点和实际需求不相适应或者与合同履行无关；（三）依法必须进行招标的项目以特定行政区域或者特定行业的业绩、奖项作为加分条件或者中标条件；（四）对潜在投标人或者投标人采取不同的资格审查或者评标标准；（五）限定或者指定特定的专利、商标、品牌、原产地或者供应商；（六）依法必须进行招标的项目非法限定潜在投标人或者投标人的所有制形式或者组织形式；（七）以其他不合理条件限制、排斥潜在投标人或者投标人。"

如果违反上述禁止性规定，按照《招标投标法实施条例》第二十三条规定处理。依法必须招标项目在确定中标人前发现资格预审文件或者招标文件存在本条规定的情形的，招标人应当修改资格预审文件或者招标文件的内容重新招标；中标人确定后，合同已经订立或者已经开始实际履行的，应当根据《招标投标法实施条例》第八十一条规定办理。对于非依法必须招标项目而言，可以在修改后重新招标，也可以终止招标，采取其他采购方式。

招标文件内容在合法合规的基础上也要注意语言文字要规范、严谨、准确、精练，避免使用原则性的、模糊的或者容易引起歧义的词句，避免出现文件前后不一致或重大漏洞等现象，损害招投标当事人的利益。需要注意的是，招标文件是招标公告的细化，其内容应当与招标公告一致，不得擅自变更招标公告已经载明的投标人资格条件等实质性内容，个别招标人通过在招标文件中变更招标公告已经载明的投标人资格条件或者通过发出招标文件澄清和修改去调整该项内容以放宽投标人资格条件、扩大合格投标人范围的做法有违诚信和公平原则，因二者受众范围不同，存在对潜在投标人偏袒、倾向或排斥、歧视的可能。

【疑难解析 3-7】对于招标文件不同部分就同一问题的内容表述前后不一致，发生争议时，如何解释和处理？

按照《民法典》《招标投标法》对诚实信用原则、平衡各方权利义务关系的原则性规定，在对类似的前后矛盾问题进行解释时，需要注意平衡各方权利、义务的关系，做到公平合理，同时也要考虑实践中的交易习惯。存在分歧、争议的，一般采取按照有利于投标人，不利于招标人的原则进行解释。如《重庆市招标投标条例》第二十一条规定："对资格预审文件或者招标文件的评标标准和方法，以及资格审查和否决投标条款理解有争议的，应当作出不利于招标人的解释，但违背国家利益、社会公共利益的除外。对投标文件理解有争议的，应当作出不利于提交该投标文件的投标人的解释。"

2019 年 A 市招标人 B 发布的招标文件中规定：投标单位应出具无拖欠农民工工资承诺书。经评标 C 为第一中标候选人，公示期间 D 质疑 C 在 2009 年有严重拖欠农民工工资行为，不符合招标文件规定条件。后 B 组织原评标委员会对异议进行重新评审，结果为：评标委员会完全按招标文件进行评审，投标人提供了无拖欠农民工工资的承诺，其他投标人的异议招标人查实后可根据招标文件相关条款进行处理。B 认为，招标文件关于无拖欠农民工工资的承诺要求无时间限制，应解释为从未发生过拖欠工资行为，C 自认 2009 年在某项目中存在拖欠农民工工资行为但已结清欠款，故 C 构成虚假承诺，按招标文件规定中标无效，后决定否决投标并公示。而 C 认为不构成虚假承诺，B 否决投标不合法，遂向 A 市招标办进行投诉。A 市招标办针对如何解释招标文件关于无拖欠农民工工资内容也存在两种不同观点：一种观点认为 B 的解释不违背法律规定；而另一种观点则认为 B 的解释虽然不违法，但是有悖常理且明显不公。

该案例比较明确地提出了中标后因招标文件内容存在歧义引发争议时，应当考量哪些因素对招标文件进行解释才符合公平合理原则的法律问题，而我国现行法律规范缺乏相应的处理规则。

根据《招标投标法》及其实施条例的规定，招标投标作为一种特殊的合同缔结方式，其本质上涉及的实体权利义务关系属于《民法典》所调整的合同法律关系。因此，因招标文件的规定存在歧义引发争议时，首先应当考虑从遵循《民法典》原则或规则的角度进行解释。

招标文件通常是由招标人自行或其委托的招标代理机构拟定的格式性文书，当其内容存在歧义而引发争议时，《民法典》关于格式合同条款理解争议的规定能够为解决解释问题提供相应的规则指引。虽然招标文件系合同缔结过程中的要约邀请，由于招标投标活动的特殊性，招标文件又不同于一般的邀约邀请，投标人的投标必须符合招标文件所提出的实质性要求和条件，因此招标文件对招标人和中标人具有合同的约束力。于是，根据《民法典》第四百九十八条"对格式条款的理解发生争议的，应当按照通常理解予以解释。对格式条款有两种以上解释的，应当作出不利于提供格式条款一方的解释。格式条款和非格式条款不一致的，应当采用非格式条款"的规定，对招标文件中的格式条款有两种以上解释的，应当作出不利于提供格式条款一方即招标人的解释。综合上述考量因素，就本文前述案例而言，因 B 拟定招标文件，投标期间未对不明确的条件作出及时澄清和修改，评标委员会也未尽审慎义务，且建设工程项目招标投标实践中存在招标人通常仅要求投标人近三年无拖欠农民工工资行为的惯例，而且招标人存在拖欠农民工工资的情形距今已近十年，对本项投标项目合同的履行不会产生实质性影响。故在 C 已经中标且公示的情况下，应当按照有利于投标人 C 的原则进行解释，不宜认定 C 存在虚假承诺。当然，在具体的招标文件解释争议中仍需要结合争议实际情况，综合考量上述因素进行解释，以期达到在符合公平正义原则下解决招标投标争议。

（4）应按规定使用标准招标文件。《招标投标法实施条例》第十五条规定："编制依法必须进行招标的项目的资格预审文件和招标文件，应当使用国务院发展改革部门会同有关行政监督部门制定的标准文本。"目前，已经出台了《标准施工招标资格预审文件》《标准施工招标文件》《简明标准施工招标文件》《标准设计施工总承包招标文件》《标准设备采购招标文件》《标准材料采购招标文件》《标准勘察招标文件》《标准设计招标文件》《标准监理招标文件》9 本标准文件。

对于依法必须招标的工程建设项目，应当采用这些标准招标文件和资格预审文件起草文件，标准文件中的"投标人须知"（投标人须知前附表和其他附表除外）、"评标办法"（评标办法前附表除外）、"通用合同条款"，应当不加修改地引用。招标人根据招标项目需要，对《标准设备采购招标文件》《标准材料采购招标文件》中的"专用合同条款""供货要求"，《标准勘察招标文件》《标准设计招标文件》中的"专用合同条款""发包人要求"及《标准监理招标文件》中的"专用合同条款""委托人要求"作出具体规定。其中，招标人可以补充、细化和修改一些内容，"投标人须知前附表"用于进一步明确"投标人须知"正文中的未尽事宜，招标人应结合招标项目具体特点和实际需求编制和填写，但不得与"投标人须知"正文内容相抵触，否则抵触内容无效。"评标办法前附表"用于明确评标的方法、因素、标准和程序。招标人应根据招标项目具体特点和实际需求，详细列明全部审查或评审因素、标准，没有列明的因素和标准不得作为评标的依据。招标人可根据招标项目的具体特点和实际需求，在"专用合同条款"中对《标准文件》中的"通用合同条款"进行补充、细化和修改，满足项目的个性化需求，但不得违反法律、行政法规的强制性规定，以及平等、自愿、公平和诚实信用原则，否则相关内容无效。

目前，一些行业（通信、公路、铁路、民航、房屋建筑、水利等）、地方、国有企业都在上述标准文件基础上，结合实际，制定了本地、本行业、本企业的招标文件范本，比如《通信建设项目施工招标文件范本（试行）》《通信建设项目货物招标文件范本（试行）》《房屋建筑和市政工程标准施工招标资格预审文件》《房屋建筑和市政工程标准施工招标文件》《公路工程标准施工招标资格预审文件（2018 年版）》《公路工程标准施工招标文件（2018 年版）》《公路工程标准勘察设计招标资格预审文件（2018 年版）》《公路工程标准勘察设计招标文件（2018 年版）》《铁路工程标准施工招标资格预审文件》《铁路工程标准施工招标文件》等；《雄安新区工程建设项目标准招标文件（2020 年版）》包括材料设备采购、监理、勘察设计、施工、设计施工总承包、全过程咨询服务、选择投资人等 13 件招标文件。再如《中国三峡集团招标文件范本》首批发布了水力发电工程建筑与安装工程、水力发电工程金结与机电设备、水力发电工程大宗与通用物资、咨询服务、新能源工程 5 类 9 册 15 个招标文件范本。

二、招标文件的基本框架

招标文件内容一般涵盖招标项目需求、招标投标程序规则、投标文件编制要求和合同条件，且根据不同项目类别的特点进行不同组合的编排。国务院发展改革委等部门颁布的 9 个标准文件的体例、内容可供编制招标文件借鉴参考。

以《标准设备采购招标文件》为例，招标文件内容包括招标公告（或投标邀请书）、投标人须知、评标办法、合同条款及格式、供货要求、投标文件格式六章内容。

第一章招标公告，包括：（1）招标条件，阐述本招标项目名称、招标人名称、招标项目资金来源，招标项目基本内容。（2）项目概况与招标范围，说明工程建设项目的建设地点、规模、建设工期、标段划分和本次招标采购设备的名称、数量、技术规格、交货地点、交货期。（3）投标人资格要求。（4）招标文件的获取时间、手续、费用。（5）投标文件的递交时间、地点，并强调逾期送达投标文件将予以拒收的后果。（6）发布公告的媒介。（7）招标人、招标代理机构联系方式。适用于邀请招标项目的投标邀请书内容与此大致相同，有一点不同的是要求受邀请的潜在投标人收到邀请书后应以书面形式确认是否参加投标，"在本邀请书规定的时间内未表示是否参加投标或明确表示不参加投标的，不得再参加投标"。

第二章投标人须知，由投标人须知前附表和正文组成，投标人须知前附表是将该部分需要结合不同项目特点专门进行填写的内容全部集中于此，对正文不确定内容进行明确。（1）总则，包括：招标项目概况（说明招标人、招标代理机构、招标项目名称、工程项目名称等基本信息），招标项目的资金来源和落实情况，招标范围、交货期、交货地点和技术性能指标，投标人资格要求（包括资质、财务、业绩、信誉、其他 5 个方面要求）、投标费用承担、保密、语言文字、计量单位、投标预备会（是否召开以及召开时间、地点）、分包（是否允许分包以及分包内容、分包金额及对分包人的资质要求）、响应和偏差等内容。（2）招标文件，包括招标文件的组成以及对招标文件进行澄清、修改、异议的程序要求等内容。（3）投标文件，包括投标文件的组成、投标报价（可以设定最高投标限价）、投标有效期、投标保证金（是否提交以及投标保证金的形式、金额、退还期限以及不予退还的情形）、资格审查资料（对提交的资格审查资料的形式、内容要求）、备选投标方案（是否允许提交备选投标方案以及如何评审）、投标文件的编制（形式、包装、签字、盖章等要求）等内容。（4）投标，包括投标文件的密封和标记要求、投标文件的递交、修改与撤回等程序性要求，可以明确投标文件是否退还。（5）开标，包括开标时间和地点、开标程序、开标异议等内容。（6）评标，包括评标委员会的组建与回避、评标原则、评标程序等内容。其中需要明确评标委员会的人数、推荐的中标候选人的人数。这部分仅作原则性规定，在第三章专章规定评标方法、评标细则、评标程序。（7）合同授予，包括中标候选人公示、评标结果异议、中标候选人履约能力审查、定标、中标通知、履约保证金交纳（是否提交以及履约保证金的形式、金额）、签订合同等程序性规定。（8）纪律和监督，包括对招标人、投标人及评标委员会成员以及与评标活动有关的工作人员等当事人的纪律要求，还规定了投诉的程序。（9）是否采用电子招标投标。（10）需要补充的其他内容。附件有开标记录表、问题澄清通知、投标人对问题的澄清回复、中标通知书、招标结果通知书、招标文件澄清/修改的确认通知等。这一部分系统阐述了招标投标完整的程序。

第三章评标办法，区分综合评估法和经评审的最低投标价法，规定了以下内容：（1）评标方法；（2）评审标准；（3）评标程序，分初步评审（主要是否决投标条件）、详细评审、评标文件的澄清和评审结果等内容。这部分是评标委员会评标的依据。需要强调的是，在第三章一定要列明所有否决投标的因素，因为评标委员会必须依据事前列明的评标标准和方法评标，未列明的评标标准，不能作为否决投标的依据。

第四章合同条款及格式，包括通用合同条款（这部分不需要填写）、专用合同条款（需要在通用条款基础上结合招标项目的特点填写，内容可以对通用条款进行细化补充完善或对通用条款进行变更，二者不一致的，以专用条款内容为准）。还包括合同协议书、履约保证金格式。

第五章供货要求，也就是采购货物的数量、质量、供货时间、地点、验收、技术服务和质保期服务等条款。实际上 9 本标准文件都有第五章，就是技术指标，对于工程施工及勘察设计项目称作"发包人要求"，对于监理项目称作"委托人要求"，名称虽有区别，但性质是完全一样的，均规定了招标项目的需求，将来作为合同文件的重要组成部分。关键技术参数作为招标文件的重要组成部分，是体现采购人真实需求、决定采购质量好坏的核心内容。设置招标文件中的"技术参数"需要注意：(1) 技术参数的分值应当根据偏离对采购标的质量的影响程度确定。在招标文件中，非实质性技术参数设置偏离扣分时，应合理、合规。所谓合理，就是要科学分析偏离的范围和幅度对采购标的质量的影响程度，来决定多少项偏离符合采购需求，每项偏离应扣多少分；所谓合规，就是不能限制、排斥供应商，不能针对供应商设置评分标准，不能设定与采购项目和合同履行无关的评分标准。(2) 不得以某个供应商独一无二的产品技术参数作为实质性响应内容，不得以任何方式和理由在采购文件中指定或者变相指定品牌、型号、产地等。采购需求中的技术、服务等不能要求指向特定供应商、特定产品；不得以供应商产品独一无二的技术参数、性能指标作为实质性响应内容，不得通过技术参数、性能指标设置排斥潜在供应商公平参与竞争，不得照搬照抄个别供应商产品的技术参数、性能指标。(3) 不得利用非核心参数（比如产品的颜色）对供应商实行差别待遇。(4) 技术参数需详细、合法才能真正实现"物有所值"。技术规格提供的要求越详细、越接近采购人合法的实际要求，才能使采购结果更符合采购需求，才能真正实现"物有所值"。

第六章投标文件格式，包括投标函、法定代表人（单位负责人）身份证明、授权委托书、联合体协议书、投标保证金、商务和技术偏差表、分项报价表、资格审查资料（含基本情况表、近年财务状况表、近年完成的类似项目情况表、正在供货和新承接的项目情况表、近年发生的诉讼及仲裁情况、制造商授权书）、投标设备技术性能指标的详细描述、技术支持资料、技术服务和质保期服务计划、其他资料 12 个组成部分的格式。这一部分目的在于提供统一格式，方便投标人编制投标文件，也有利于评标委员会评审。

上面是《标准设备采购招标文件》的内容组成，其他类别招标项目的标准招标文件内容与此类似，不同之处就在于采购内容、技术要求不同，如《标准施工招标文件》中对应"供货要求"的部分是"工程量清单""图纸""技术标准和要求"三部分，其他组成部分基本一致。

参照《标准施工招标资格预审文件》，资格预审文件的内容一般包括资格预审公告、申请人须知、资格预审的方法、资格预审申请书格式、招标项目概况五个部分。

三、投标人的资格条件

投标人资格是指投标人参与具体项目投标所需具备的条件。投标人资格设定是招标活动的关键环节，也是最容易出现问题的环节。投标人资格条件设定不当，轻则导致无法选择到适当的中标人，给项目的实施造成困难；重则可能引起投诉，导致中标结果及所签订的合同无效，招标人甚至可能因此受到行政处罚。投标人的资格条件是招标文件的必备、核心内容，决定了投标人参与投标竞争的"门槛"，也决定了招标人需要选择什么样的交易对象，是衡量招标文件是否公平的核心内容，较容易产生争议。

在招标阶段，重点关注制定完善合规的招标文件，核心是投标人资格条件合法合规、符合招标项目实际，基本原则就是这些资格条件不具有倾向性、歧视性，对所有潜在投标人是公平的，这是"底线"。

（一）设定投标人资格条件的基本要求

《招标投标法》第十八条规定："招标人可以根据招标项目本身的要求，在招标公告或者投标邀请书中，要求潜在投标人提供有关资质证明文件和业绩情况，并对潜在投标人进行资格审查；国家对投标人的资格条件有规定的，依照其规定……"第二十六条规定："投标人应当具备承担招标项目的能力；国家有关规定对投标人资格条件或者招标文件对投标人资格条件有规定的，投标人应当具备规定的资格条件。"因此，投标人资格条件分为法定资格条件（基本上是强制性的资质规定）和约定资格条件（如信誉、业绩条件）。

法定资格条件，指法律规定的投标人参与具体项目投标，所必须具备的条件，主要为资质要求，就是国家为了保障生产安全、人民健康和交易秩序，对特定行业授予的经营资格、资质等行政许可。工程类、服务类和货物类交易都有不同的资质要求。比如工程勘察设计、施工、监理项目都需要建筑业企业资质，货物有工业产品生产许可证、安全生产许可证等生产许可、强制认证，律师、注册会计师等服务行业也有执业许可证等行政许可证书。对于法定条件，即使招标文件没有规定，如果投标人不满足这些条件，仍需依据法律规定拒绝其投标。

约定资格条件，是招标人根据招标项目实际需求，在不违反国家法律法规的前提下设置的资格条件，比如关于业绩、财务等资格条件，由招标人自主决定，没有法律规定，但是必须与招标项目相关，且不违反法律规定。

设置投标资格条件的原则，有三点：

一是具有合法性。只能将法律允许设置的资格条件，作为投标人的资格条件，投标文件设定的资格条件不违反相关法规的禁止性规定。如国家已经命令取消的物业服务管理等资质，不得设置为投标人的资格条件。招标文件中不得将经营范围作为投标人的资格条件，否则视为歧视投标人。

二是具有合理性。设置的资格条件门槛应与本招标项目的规模相适应，比如6层高的房屋建筑项目，要求必须是一级施工资质的企业方可投标，这个限制性条件就不具有合理性。

三是具有必要性。也就是设置的资格条件为完成该招标项目所必需，或者具备该条件后，其履约能力才能得到保障，就是"非此不可"，也就是与招标采购项目的特殊要求存在实质上的关联性。如果不具有必要的关联性，比如印刷、物业、维修等服务，要求必须具有铁路行业业绩，没有必要性，就属于与招标项目无关，构成歧视性。

【疑难解析 3-8】招标人在招标文件中要求投标人提供无诉讼证明是否合理？

这种做法不合理。曾经或正在参与诉讼案件并不一定会影响企业参加投标及履行合同，有些诉讼案件反而是企业为了维护自身合法权益而主动起诉的，这属于生产经营中的正常现象。只有案件终审结果认定企业有严重违约、失信行为或其他违法行为，或者可能对该企业将来履行合同产生不利影响，才可以适当考虑列入否决投标的条件或评审时予以扣减相应分值处理较为合理。实践中，有的投标人如有结果不利的诉讼案件信息往往不会在其投标文件中如实提供，评标委员会进行核实和评审也存在一定困难。

综上，建议招标人在招标文件中不要简单地将是否涉诉作为投标资格条件，可以考虑将未及时履行法院或仲裁机构的生效判决或裁定，也就是将具有失信被执行人信息作为否决投标的条件之一，也可要求投标人自行承诺是否有违约案件、行贿犯罪记录或失信行为，同时规定如果投标人进行虚假承诺，招标人有权取消其在特定期限内的投标资格，以起到一定的制约作用，可能更具有可操作性。

（二）正面：投标人资格条件常见条款

一般来说，投标人资格条件主要从资质、财务、业绩、信誉、其他5个方面提出具体要求，确保选中的中标人，具有履行招标项目的资格和能力。下面以《标准设备采购招标文件》规定的框架为例来说明。

1. 资质要求

资质条件是门槛。建筑业企业资质是工程建设项目比较常见的资质，施工、勘察、设计、监理等企业均需要相应的资质。比如工程施工企业的资质分三个序列，施工总承包序列、专业承包序列、施工劳务序列；勘察设计招标则需要投标人具有相应的工程勘察资质、工程设计资质。货物许可伴随从生产到使用的各个环节，比如：设计资质、各类生产许可、安装许可等。以工业产品为例，要有工业产品生产许可证、特种设备生产（包括设计、制造、安装、改造、修理）许可、强制性认证产品，以上是建设工程、服务、货物涉及的主要类型资格许可，但还是有其他一些行业也实施许可证制度，较常见的有：医疗器械、特种设备、计量器具、压力管道等。服务类项目的行政许可，也是比较常见的，如印刷业、保安、律师、会计师等行业，都需要行政许可方可从事经营活动。涉及秘密的信息化项目可能需要涉及秘密的计算机系统集成资质。具体资质要求由招标人在满足国家相关法律法规前提下，根据招标项目具体特点和实际情况确定。

有一些招标项目，不但对投标人的资格条件应当提出要求，而且对关键技术人员、项目经理也应当提出资质、资格的要求。如常见的建设工程项目施工、勘察设计、监理等项目，可以对项目经理、总监理师、主设计师的资格（职业资格、业绩条件）提出具体要求。如某光伏电站 EPC 总承包招标公告规定，"（3）项目经理要求：拟任项目经理必须是投标人在册职工，具有一级注册建造师执业资格（建筑或机电或水利水电工程专业）和安全生产考核合格证（B证），具有高级工程师或以上职称，且近 5 年具有在高原或山地区域实施的光伏发电工程 EPC 总承包项目的管理经历（担任项目经理或副经理或技术负责人）"。对于法律服务、审计等服务项目，除了机构具有经营资格，项目人员也应当具备注册会计师、司法职业资格等专业资格，否则其不具有办理诉讼业务、出具审计报告的资格。应对于资质条件，属于法定资格条件，即使招标文件未作任何明示要求，供应商也首先必须满足国家规定的资质条件和强制性认证要求。如果投标人未满足，亦得以法律规定拒绝其投标。

需要强调几点：

一是随着国家"放管服"改革的深入推进，有一些资质被取消，如工程、政府采购、机电产品及中央投资项目招标代理资格、物业服务企业资质、计算机信息系统集成资质等，也有一些资质被合并调整，如近期建筑业企业资质调整、合并，这些变化都要及时在招标文件中实事求是予以反映。招标人在编制招标文件时，应当对国家规定的资质、资格、许可、认证进行梳理，关注国家出台的资质管理权限下放及取消的文件，对投标人资格条件要求进行严格审查，国家已取消的资质一律不得设定为投标人的资格要求，不论该资质是否仍然存续；如果在招标文件发出后发现某些资格条件设置没有合法依据，或者国家出台了最新的政策规定影响到资格条件要求合法性的，招标人应当根据《招标投标法实施条例》第二十一条的规定对已发出的资格预审文件或者招标文件进行必要的澄清或者修改，使之合法合规。

二是现在还有行业协会、社会机构自行组织培训、发放所谓的资格证书，这些都没有法律依据，不具有强制性和普遍适用性，不宜作为投标人的资格条件，否则构成歧视性资格条件。除非能够证明该资格，是该行业普遍适用、普遍具备（如 ISO9000 质量体系认证），或者设置该资质条件与招标项目的具体特点、实际需求有关，投标人具备该资格方可以确保具有圆满的履约能力，方可以作为投标人资格条件。还有一些非法社会组织发放所谓的资质证书，应予禁止。如《安防工程企业资质证书》为"中国安全技术防范行业协会"发放。2020 年 4 月 15日，浙江省民政厅发布公告称："中国安全技术防范行业协会"为非法社会组织，由该德清县民政局依法予以处理。2018 年 5 月开始，"中国安全技术防范行业协会"在中国大陆地区颁发的《安防工程企业资质证书》《安防经销企业资质证书》《安防制造企业证书》均不具有合法性。经公安部、民政部批准成立的全国性安防行业协会的名称是："中国安全防范产品行业协会"。

【类案释法 3-2】以已取消的强制认证为由投诉被驳回案

某市地铁 9 号线一期工程防火门（含配套五金）和防火卷帘采购投诉事项处理意见

投诉人：辽宁鹏某防火门业有限公司（投标人）

被投诉人：安徽通某防火门有限公司（中标候选人）

第三人 1：某市地铁集团有限责任公司（招标人）

第三人 2：评标委员会

投诉事项及主张：本项目中标候选人安徽通某防火门有限公司投标时提供的办公室功能锁、教室功能锁、无障碍卫生间及母婴寝室锁三种机械锁只有一种强制产品认证，不符合国家强制性产品认证要求。投诉人要求取消其中标候选人资格，重新组织招标。

省发改委查明：（一）招标文件在"第一章招标公告"明确约定了投标人资

格条件为"1. 具有独立法人资格的制造商；2. 投标产品（防火门和防火卷帘）需具有中国国家强制性产品认证证书"。

招标文件对其他配套五金产品未作强制性产品认证资格要求、实质性响应资料要求或否决性技术要求。

（二）根据应急管理部消防产品合格评定中心 2019 年 7 月 30 日印发的《关于对十三类消防产品开展自愿性认证工作的通知》（应急消评〔2019〕21 号）规定，2019 年 7 月 30 日起，防火锁为自愿性认证消防产品，不再实行强制性产品认证，对于持有原强制性产品认证有效证书的企业，应急管理部消防产品合格评定中心直接为其颁发自愿性认证证书。

（三）被投诉人在投标文件中提供了其投标品牌 U（主形）形防火锁中国国家强制性产品认证证书。

省发改委认为：防火锁为自愿性认证消防产品，本项目招标文件亦未对其作出强制性产品认证的资格要求、实质性响应资料要求或否决性技术要求，投诉事项缺乏事实依据。根据《工程建设项目招标投标活动投诉处理办法》第二十条第一项之规定，作出如下处理决定：驳回投诉。

2. 财务要求

财务要求反映投标人的经济实力。具体财务要求由招标人在满足国家相关法律法规前提下，根据招标项目具体特点和实际情况确定。对于可以现货供应的标准设备（非定制设备），投标人的财务状况一般不宜作为审查投标人履约能力的因素。货物招标中一般没有必要关注投标人的财务指标，除非是供货期较长的大宗货物、定制的货物，供货期长、有风险，可考虑财务指标要求。施工是期货，需要投标人投入大量的人力、物力、财力来完成，因此需要考察投标人的财务指标。设计招标竞争的核心是方案的优劣，不是设计报价，设计招标一般都采用综合评估法，而且报价一般仅占到 10-15 分，财务指标一般没有必要作为投标人的资格条件。有的勘察项目有必要考察投标人的财务指标，因为勘察企业中标以后，中标人需要携带大量的设备在施工场地开挖勘测，这些工作相当于施工，需要勘察单位投入大量的人力、物力、财力，所以勘察招标需要考察投标人财务指标。财务要求可以设置，但是一定不能量身定做，一定要和招标项目规模相适应、相匹配，不能设置超过项目实际需求的企业注册资本、资产总额、净资产规模、营业收入、利润以及授信指标。

【疑难解析 3-9】 企业注册资本能否设置为投标人资格条件?

建议不要规定为投标人的资格条件。2014 年 3 月 1 日《公司法》修订,注册资本由实缴制改为认缴制,从某种程度上讲,注册资本无法反映企业的履约能力、经营状况,不如实收资本、营业收入更能反映资金实力、经营实力。这样,以注册资本作为资格条件或以注册资本金的大小作为加分条件,没有实质意义。当然,对于劳务派遣等法律规定有最低注册资本要求的公司,国家仍然坚持实缴制,对这类企业设置注册资本有一定意义。目前依据法律规定有最低注册资本要求的公司有证券类公司、基金类公司、信托公司、商业银行、金融租赁、管理公司、保险类公司、外商投资类公司、文化产业类公司、典当行、旅游行业类公司、运输类公司、电信业务类公司、劳务派遣企业等。如根据《劳动合同法》第五十七条规定,经营劳务派遣业务的公司最低注册资本为人民币 200 万元。根据《保险法》第六十九条规定,保险公司注册资本的最低限额为人民币 2 亿元,且为实缴货币资本。

另外,企业经营年限的长短与履行合同无关,设定经营年限要求也属于不合理地排斥潜在投标人。

3. 业绩要求

业绩要求体现投标人的履约能力。具体业绩要求,在满足国家相关法律法规前提下,招标人根据招标项目具体特点和实际情况,在招标文件中自主确定,但不得设置过高的业绩条件。特定行政区域特定行业业绩和奖项作为投标条件、加分条件和中标条件,不符合法律规定,但是可以设置行业普遍具有的业绩和奖项。需要注意的是,该业绩和奖项必须与履行招标项目相关,比如对于施工项目,鲁班奖、重合同守信用奖项与招标项目履约能力相关联,但是行政部门、行业协会或者其他机构对投标人作出的计划生育等荣誉奖励和慈善公益证明等,就与招标项目履行本身关系不大,不能作为投标条件。

并不是所有的招标项目都要考察投标人的业绩,技术简单的项目不需要,只有技术复杂的项目才需要。投标人应当用经过验收合格的、已经完成的业绩来证明履约能力、履约经验。原则上,投标人正在承揽、建设中的项目,它并不能保证将来一定验收合格,不能客观反映投标人的实际履约能力,因此不能作为业绩评审。

招标文件中设定业绩条件,应考虑四个方面:

(1) 业绩期限。一是明确合同的执行状态,如要求项目已执行完毕,应明确为已完结项目并要求提供项目验收报告等作为证明材料;二是日期应明确以何作为判定标准，一般以合同签字日期为准，要求项目验收报告的，也可以以项目验收日期为准；三是业绩期限如想采用"近一年"的描述，也应明确"近一年"的起止时间，如"2021年1月1日至本项目开标之日"。（2）业绩主体。一是制造商的业绩和代理商的业绩反映其不同的能力。对于可能有代理商参加的项目，如果为了考察货物的市场占有情况、技术成熟度和可靠性及制造商的制造能力和售后服务水平等，要求提供制造商的业绩。评标中，制造商的业绩不区分销售主体，制造商自己销售、代理商销售都计算为制造商的业绩，都可以反映上述因素。如果为了侧重考察投标人的供货能力、售后服务水平等，就要求提供投标人自己的业绩。评标中，代理商投标的，只能提交自己的销售业绩，制造商及其他代理商的业绩均不能作为该代理商的业绩。二是母公司与子公司均为独立法人，是两个独立的民事主体，所以相互之间不能混用业绩。（3）地域及行业的业绩限定。业绩是不能对特定行政区域或者特定行业进行限定的。（4）类似项目的界定。招标文件一般规定要求投标人提供与招标项目类似项目（同类工程）的业绩，类似项目（同类工程）一般是指与招标项目在项目性质、项目规模、使用功能、技术复杂性等方面相同或相近的项目。

现行法律对于如何设定投标人的业绩条件并无具体的规定，比如，设备招标时对于设备供应商，是要求具有500台同类产品的销售业绩合适，还是要求具有5000台同类产品的销售业绩合适，理论上完全取决于本行业竞争态势和招标人的意愿。最基本的一条标准，就是要保证竞争性，至少有三家以上的潜在投标人可以参加投标。如果说，要求具有500台销售业绩时，有三家以上的潜在投标人可以参加投标；而要求具有5000台销售业绩时变成了只有两家，甚至一家潜在投标人可以参加投标，那么5000台的业绩要求就是不适当的。在保证竞争性的前提下，招标人有权自主确定投标人的业绩条件。

【类案释法3-3】以业绩不合格为由主张重新招标的投诉案
杭州至绍兴城际铁路工程声屏障施工Ⅰ标投诉事项处理意见书
投诉人：江苏新某环保工程有限公司
被投诉人：江苏金某交通工程有限公司
招标人：绍兴市柯桥区杭某城际轨道交通建设投资有限公司
投诉事项及主张：中标候选人江苏金某交通工程有限公司提供的资格条件业绩"广州市轨道交通二十一号线高架轨道附属降噪设备工程"为中铁五局集团有限公司的分包业绩，该工程应尚未完工，该业绩项目业主广州地铁集团有限公司应未组织对该工程进行竣（交）工验收，可知江苏金某交通工程有限公司的业绩不符合招标文件要求。

投诉人要求重新组织招标。

省发改委查明：（一）招标公告对投标人资格条件作出了明确的业绩要求：2014年1月1日起至今［时间以竣（交）工验收日期为准］完成过单个施工造价金额不小于3000万元人民币的国内声屏障工程施工业绩。

（二）被投诉人本项目电子投标文件中提交的类似项目业绩有且仅有："广州市轨道交通二十一号线高架轨道附属降噪设备工程"。提供的证明材料为《中标通知书》《高架轨道附属降噪设备买卖合同》《单位工程交工验收证明书》。《单位工程交工验收证明书》中"总包单位"的名称与签章不一致，《中标通知书》和《高架轨道附属降噪设备买卖合同》载明的内容未能证明上述不一致的正当性。

（三）评标委员会在评审时未经询标即认定被投诉人提供的"广州市轨道交通二十一号线高架轨道附属降噪设备工程"业绩符合招标文件要求并将其确定为中标候选人。

综合上述调查，被投诉人在投标时提交的投标人资格业绩"广州市轨道交通二十一号线高架轨道附属降噪设备工程"的证明材料不足以证明该业绩符合招标文件的业绩要求。

省发改委认为：由招标人编制并公开发布的明确资格条件、合同条款、评标方法和投标文件响应格式等内容的招标文件是招标、投标和评标的依据。评标委员会在评标过程中未按招标文件规定进行评标，违反了《招标投标法实施条例》第四十九条"评标委员会成员应当依照招标投标法和本条例的规定，按照招标文件规定的评标标准和方法，客观、公正地对投标文件提出评审意见……"之规定。

根据《招标投标法实施条例》第七十一条"评标委员会成员有下列行为之一的，由有关行政监督部门责令改正；……（三）不按照招标文件规定的评标标准和方法评标……"的规定，作出如下处理决定：责令评标委员会改正。

联合体的业绩，不能简单地按照各成员业绩算术之和评审，而应当按承担任务比例相应加权计算，也可以提出其他办法，需要在招标文件中约定。如某光伏电站EPC总承包项目招标公告规定："业绩要求：2016年1月1日至投标截止日（以项目完工或竣工验收时间为准）至少具有2项在高原或山地区域实施的，已完工或竣工的50MW以上光伏电站EPC总承包项目业绩［含联合体业绩，须提供合同、完工（或竣工）验收证明]。如为联合体投标，联合体各方均应满足上述业绩要求。"

4. 信誉要求

信誉要求证明企业诚信度。投标人信誉一般包括申请人履行合同的市场信誉情况和银行资信状况。招标人可要求投标人在投标文件中提供指定年份经营活动中发生的工程重大安全和质量事故、违法犯罪行为记录及有关行政处罚等相关情况的声明和证明材料，包括法院或仲裁机构作出的判决、裁决、行政机关的处罚决定等法律文书；银行在规定期限内出具的资信状况证明等。具体信誉要求由招标人在满足国家相关法律法规前提下，根据招标项目具体特点和实际情况确定。关于信誉要求，正面规定很难评价，一般根据法律和招标人的供应商管理规定制定负面清单。

国家发展改革委等九部委联合颁布的标准招标文件载明投标人因被公示为失信被执行人而丧失投标资格，但是并未具体规定投标人如何证明其未被列为失信被执行人。实践中招标人一般可以采用下列三种做法：①招标文件规定投标人需要提供"信用中国"网站网页截图，以证明该投标人未被列为失信被执行人，并由评标委员会在评标阶段认定；②招标文件仅要求投标人提供承诺书，承诺其未被列为失信被执行人，评标委员会在评标阶段查询"信用中国"网站信息复核认定；③招标文件不要求投标人提供任何证明资料，评标委员会在评标阶段直接查询"信用中国"网站后认定该投标人是否为失信被执行人[1]。

5. 其他要求（如有）

根据项目不同适当设置。如规定是否接受联合体、代理商投标，对投标人的必要施工机具、生产设备、人力资源等提出要求，只要符合合法性、必要性、合理性三要件即可。比如，接受联合体投标的，联合体除应符合其他资格要求外，还应遵守以下规定：一是联合体各方应按招标文件提供的格式签订联合体协议书，明确联合体牵头人和各方权利义务，并承诺就中标项目向招标人承担连带责任；二是由同一专业的单位组成的联合体，按照资质等级较低的单位确定资质等级；三是联合体各方不得再以自己名义单独或参加其他联合体在本招标项目中投标，否则各相关投标均无效。也可以约定如下内容：一是联合体所有成员数量不得超过 N 家；二是联合体牵头人应具有什么资质；三是联合体的资格认定标准：招标人应在此明确由同一专业或不同专业组成的联合体中各专业的资质、财务、

① 素材来源于《投标人是否需要提供"信用中国"网站截图或其他证明资料?》，载于"中国招标公共服务平台"微信公众号，最后访问时间 2021 年 5 月 8 日。

业绩、信誉、主要人员等的认定方法，以最终认定联合体的资格。

【疑难解析 3-10】在招标文件中能否对投标单位提出业绩要求和人员资格要求①？

《招标投标法》第十八条规定："招标人可以根据招标项目本身的要求，在招标公告或者投标邀请书中，要求潜在投标人提供有关资质证明文件和业绩情况，并对潜在投标人进行资格审查；国家对投标人的资格条件有规定的，依照其规定。"依据这一规定，招标人可以在招标文件中对潜在投标人提出业绩要求。需要注意的是：根据《招标投标法实施条例》第三十二条的规定，依法必须进行招标的项目，招标人不得以特定行政区域或者特定行业的业绩、奖项作为加分条件或者中标条件。《工程项目招投标领域营商环境专项整治工作方案》（发改办法规〔2019〕862号）规定，招标人不得在招标文件中"设定企业股东背景、年平均承接项目数量或者金额、从业人员、纳税额、营业场所面积等规模条件"。该规定意在禁止招标人通过设置规模条件对潜在投标人实行差别或歧视待遇，而非禁止招标人对潜在投标人提出相应业绩要求。此外，现行相关法律对一些特殊工作岗位的从业资格有明确规定，如工程施工管理人员、工程造价人员必须取得相应资格方可从业。因此，《工程项目招投标领域营商环境专项整治工作方案》中的"从业人员"应当理解为"从业人数"，即《工程项目招投标领域营商环境专项整治工作方案》并非禁止对投标人从业人员的资格条件提出要求，而是禁止对从业人员的数量等涉及企业规模的条件提出要求。

一些服务类企业，对于本地化服务要求比较强烈、确有必要，如印刷、汽车维修、电梯保养，但是不得要求投标人在本地注册设立子公司或分公司，在本地拥有一定办公面积，在本地缴纳社会保险等。住建部《关于印发推动建筑市场统一开放若干规定的通知》（建市〔2015〕140号），财政部、税务总局、住建部《关于进一步做好建筑行业营改增试点工作的意见》（税总发〔2017〕99号）等文件都明确禁止招标文件规定投标人已有或承诺在当地设立分（子）公司。国家住建部发布的《关于开展建筑企业跨地区承揽业务要求设立分（子）公司问题治理工作的通知》（建办市函〔2021〕36号），再次强调"不得要求或变相要求建筑企业跨地区承揽业务在当地设立分（子）公司"。也就是说，不能把本地化作为资格条件。为了实现采购目的，可以对其服务响应时间、服务质量，作出

---

① 中国招标投标协会主编：《招标采购常见问题汇编——解疑释惑400问》，中国计划出版社2020年版，第27页。

具体规定进行约束。

（三）反面：投标人资格条件负面清单

1. 法律规定的歧视性、倾向性条件

依法合规体现的重点领域之一是，招标人不得对投标人有倾向性或歧视性条款。如《招标投标法实施条例》第三十二条第二款规定："招标人有下列行为之一的，属于以不合理条件限制、排斥潜在投标人或者投标人：（一）就同一招标项目向潜在投标人或者投标人提供有差别的项目信息；（二）设定的资格、技术、商务条件与招标项目的具体特点和实际需求不相适应或者与合同履行无关；（三）依法必须进行招标的项目以特定行政区域或者特定行业的业绩、奖项作为加分条件或者中标条件；（四）对潜在投标人或者投标人采取不同的资格审查或者评标标准；（五）限定或者指定特定的专利、商标、品牌、原产地或者供应商；（六）依法必须进行招标的项目非法限定潜在投标人或者投标人的所有制形式或者组织形式；（七）以其他不合理条件限制、排斥潜在投标人或者投标人。"

适用这些条件，要注意适用范围，比如依据第三项，只有针对依法必须进行招标的项目，才不得以特定行政区域或者特定行业的业绩、奖项作为加分条件或者中标条件；更进一步，可以根据业绩多少、奖项级别不同给予不同的加分，但是不能根据业绩、奖项分布的行业或地域的不同给予加分。如果是自愿招标的项目，就没有这个限制。这也是招标投标法区别管理原则的具体体现。

【类案释法 3-4】投诉处理决定书

投诉人对省国土资源数字化综合楼——楼宇智能信息化项目（以下简称本项目）招标文件《技术标详细审查评分表》部分评审项的设置和招标文件中推荐品牌未能均符合招标技术规范要求向招标人提出异议，因对招标人异议答复不满意，提出投诉。

市住房和城乡建设局经查：

一、本项目招标公告第五点和招标文件《投标须知前附表》第七项均明确，本项目的招标范围为：承包人应保证按质、按量、按时完成全部智能化楼宇智能信息化项目工程（主要包括但不限于各系统的深化设计（优化设计）、材料设备供应、施工、安装、配合相关专业的施工、调试、验收，提供包括（但不只限于）下列项目：（1）本项目所有的智能化各子系统的全部设备材料的供应、安装、调试、试运行、验收等；（2）提供本项目所有的智能化各子系统的软件，应用软件开发，软件升级等技术服务与支持等。

本项目招标公告第九点及补充公告第一点要求，投标人应具备以下资质：投标人具有承接本工程所需的电子与智能化工程专业承包一级资质或相应的建筑智能化工程设计与施工资质（以资质证书许可范围为准，在有效期内）专业承包资质。

二、根据本项目招标文件中的《用户需求书》《技术规格书》相关内容以及本项目所采用的建设标准和规范，本项目是常规的建筑智能化项目，相应的电子与智能化工程专业承包资质能够承接本项目的全部内容。本项目的主要软件可以在市场中购买，在项目实施过程中需要对部分软件功能做二次开发。

三、本项目招标文件《技术标详细审查评分表》中，设置投标人具备 ISO/IEC 27001 信息安全管理体系认证证书、ISO/IEC 20000 IT 服务管理体系认证证书和 ITSS 信息技术服务运行维护标准符合性一级证书；设置投标人具有信息安全等级保护安全建设服务机构能力评估合格证书和信息安全风险评估服务一级资质证书；设置投标人具有 CMMI5 认证证书和信息系统安全集成一级服务资质证书；设置项目经理具有信息安全保障人员认证证书（安全集成）和信息系统集成及服务项目管理人员高级项目经理证书；设置拟投入本项目的服务人员中拥有 PMP 证书、信息系统集成及服务项目管理人员高级项目经理、项目团队拥有 CISP（注册信息安全专业人员）、CCRC（信息安全保障人员）、ITIL 认证人员、ITSS-IT 服务项目经理。以上评审项均具有明显的信息技术行业的特点，且分值设置偏高，明显超出本项目具体特点和实际需求。

四、本项目招标文件《技术规格书》中规定：下列清单中标"★"项为关键项，任意一条不满足将导致废标且不允许在开标后补正；"▲"项为重要商务或技术要求，如有负偏离，不作为无效投标条款，但在技术部分评审中作为评分项。招标文件《技术标详细审查评分表》中，设置"技术评价（设备选用及品牌情况、技术性能）"评分项，本项目技术规格书中设备的重要参数（标"▲"的）全部满足得 54 分，若不满足一项扣 2 分，扣完为止。本项目产品技术参数"▲"项逾 140 项，且并非所有的推荐品牌满足"▲"项的要求，实质上对品牌进行了限定，限制了投标人的竞争。

综上，被投诉人在《技术标详细审查评分表》中评分项的设定与本项目的具体特点和实际需求不相适应，产品技术参数"▲"项的设定实质上起到限制、排斥的效果。以上情况与《招标投标法实施条例》第三十二条的有关情形不符。根据《招标投标法》第五十一条的规定，广州市住房和城乡建设局决定，责令被投诉人依法改正。

实践中，"以不合理条件限制、排斥潜在投标人或者投标人"表现多样。招标人都有指定品牌和厂家确保质量的动机。商品的规格、型号、品牌与生产厂家都是与商品功能与品质相关的信息，其中规格、型号是对商品主要功能与物理结构的参数指标式的量化表述，品牌、厂家则与商品的信誉、稳定性和质地存在某种隐性的关联，它们都附着于具体商品之上的标签并与商品的价格存在紧密和错综复杂的联系。招投标各方只有合理合法地表述对目标货物规格、型号、品牌与厂家的要求与响应，才能更好地维护招投标的公正性。下列行为就属于违法指定特定品牌和厂家：（1）直接指定采购某个生产厂家的产品和服务；（2）指定采购某个主要产品的具体规格型号，而该规格型号实际上只由唯一的生产厂家生产；（3）表面上推荐2~3个品牌，或者招标文件声明其他品牌只需要技术性能达到推荐品牌的标准，也可以参与投标，但口头告知非某品牌不予考虑；（4）以原先使用某个品牌的设备为由，要求新设备的供应商同时提供原设备的免费升级，或者取得原品牌的维保授权；（5）按照某公司产品的技术性能和外观设计量身定做，详细列明一些与使用功能完全无关而该厂家独特的技术指标、外观参数，从而变相指定唯一的品牌。

当然，《工程建设项目施工招标投标办法》第二十六条和《工程建设项目货物招标投标办法》第二十五条均规定，如果必须引用某一生产供应者的技术标准才能准确或清楚地说明拟招标项目的技术标准时，则应当在参照后面加上"或相当于"的字样。所以，在编制工程建设项目货物和施工招标文件时，当遇到技术规格难以描述清楚的情况时，允许引用某些供应商的技术标准为例说明技术规格要求，但同时要求必须在参考品牌后面加上"或相当于"的字样，用来表达招标人对拟招标项目的技术要求，而且引用的货物品牌在市场上具有可选择性，具有足够的竞争性。实践中，评标委员会在判定投标产品是否属于同等档次品牌时，完全凭业界口碑以及评标专家的主观判断，缺乏相对固定的标准，评判尺度不统一，主观判断容易产生较大偏差。

再如设定特殊的资格门槛，包括：（1）地域限制。比如要求产品为本地厂家生产；要求提供产品和服务的必须为本地知名企业；要求本地企业获得某指定品牌生产厂家的唯一授权等。（2）要求取得某些特殊的资格。比如，产品须获得某项国家发明专利；要求投标人提供与采购的产品和服务无关的资质、认证。（3）提出远高于项目规模的过往销售业绩要求，如采购50万元的产品，却要求提供3年内至少3个销售额5000万元以上同类产品的合同和发票复印件。

《工程项目招投标领域营商环境专项整治工作方案》（发改办法规〔2019〕

862号）列举了一些倾向性、排他性的规定，也需要注意防范。包括：（1）违法设置的限制、排斥不同所有制企业参与招投标的规定，以及虽然没有直接限制、排斥，但实质上起到变相限制、排斥效果的规定。（2）违法限定潜在投标人或者投标人的所有制形式或者组织形式，对不同所有制投标人采取不同的资格审查标准。（3）设定企业股东背景、年平均承接项目数量或者金额、从业人员、纳税额、营业场所面积等规模条件；设置超过项目实际需求的企业注册资本、资产总额、净资产规模、营业收入、利润、授信额度等财务指标。（4）设定明显超出招标项目具体特点和实际需求的过高的资质资格、技术、商务条件或者业绩、奖项要求。（5）将国家已经明令取消的资质资格作为投标条件、加分条件、中标条件；在国家已经明令取消资质资格的领域，将其他资质资格作为投标条件、加分条件、中标条件。（6）将特定行政区域、特定行业的业绩、奖项作为投标条件、加分条件、中标条件；将政府部门、行业协会商会或者其他机构对投标人作出的荣誉奖励和慈善公益证明等作为投标条件、中标条件。（7）限定或者指定特定的专利、商标、品牌、原产地、供应商或者检验检测认证机构（法律法规有明确要求的除外）。（8）要求投标人在本地注册设立子公司、分公司、分支机构，在本地拥有一定办公面积，在本地缴纳社会保险等。（9）没有法律法规依据设定投标报名、招标文件审查等事前审批或者审核环节。（10）对仅需提供有关资质证明文件、证照、证件复印件的，要求必须提供原件；对按规定可以采用"多证合一"电子证照的，要求必须提供纸质证照。（11）在开标环节要求投标人的法定代表人必须到场，不接受经授权委托的投标人代表到场。（12）评标专家对不同所有制投标人打分畸高或畸低，且无法说明正当理由。（13）明示或暗示评标专家对不同所有制投标人采取不同的评标标准、实施不客观公正评价。（14）采用抽签、摇号等方式直接确定中标候选人。（15）限定投标保证金、履约保证金只能以现金形式提交，或者不按规定或者合同约定返还保证金。（16）简单以注册人员、业绩数量等规模条件或者特定行政区域的业绩奖项评价企业的信用等级，或者设置对不同所有制企业构成歧视的信用评价指标。（17）不落实《必须招标的工程项目规定》《必须招标的基础设施和公用事业项目范围规定》，违法干涉社会投资的房屋建筑等工程建设单位发包自主权。（18）其他对不同所有制企业设置的不合理限制和壁垒。这些情形中，"国家已经明令取消的资质资格作为投标条件"最典型的是，以前对信息化项目常用计算机信息系统集成资质，工信部取消该资格后，有的还作为资格条件，后面又用中国电子信息行业联合会的"计算机信息系统集成及服务资质"，就属于这种情况，后面也被叫停了，《工业和信息化部关于计算机信息系统集成行业管理有关事项的通告》（工信部信软函〔2018〕507号）规定："根据国务院'放管服'改革要求，'计算机信息系统集成企业资质认定'已于2014年由国务院明令取消，任何组织和机构不得继续实施。"

有的地方也对"限制、排斥潜在投标人或投标人"出台了具体的认定办法，如四川省住房与建设厅《关于加强房屋建筑和市政工程招标文件监督工作的通知》，明确了28种情形，比较典型的行为有：（1）设定投标人获得过"天府杯"等特定区域奖项；（2）设定投标人具有四川省内业绩等特定区域业绩；（3）设定投标人具有教育建筑、医疗建筑等特定行业业绩；（4）限定进口产品或对进口产品加分；（5）限定必须在招标文件列举的品牌、厂家中选择；（6）设定特定的专利、品牌、厂家加分；（7）设定投标人为国有企业，对国有企业加分等；（8）随意压缩勘察设计周期或施工工期；（9）将国家已经明令取消的资质资格、非国家法定的资格作为加分条件或者中标条件；（10）在国家已经明令取消资质资格的领域（例如园林绿化、土石方、体育场地设施等）将其他资质资格作为加分条件或者中标条件；（11）将未列入国家公布的职业资格目录和国家未发布职业标准的人员资格作为加分条件或者中标条件；（12）施工招标要求投标人提供材料供应商授权书等；（13）限定投标保证金、履约保证金的提交形式；（14）设定最低投标限价或者变相设定最低投标限价（例如低于最高投标限价一定比例的投标直接作否决或零分处理）；（15）拟签订合同主要条款约定不公平公正（例如工程款支付不符合国家规定、风险分担采用无限风险、质量保证金比例超过规定等）。

上述这些规定，是对"倾向性、歧视性"的具体阐释，应当作为招标文件设置投标人资格条件的"红线"，作为负面清单予以规定。

【疑难解析3-11】招标文件能否将经营范围列入投标人资格条件，限定投标人的经营范围？

经营范围是营业执照中的必要记载事项，记载企业法人生产和经营的商品类别及服务项目，反映其经营活动内容、方向和业务范围。在计划经济体制下，我国严格管控市场主体经营范围，随商事主体登记一同对其核准审批。经营范围是企业法人业务活动范围的法律界限，是衡量其民事权利能力和民事行为能力的依据之一，企业法人超出营业执照登记的经营范围从事经营活动的，依据当时的法律，属无效民事法律行为。《最高人民法院经济审判庭关于如何认定企业是否超越经营范围问题的复函》（法经〔1990〕101号）明确规定："企业的经营范围，必须是以工商行政管理机关核准登记的经营范围为准。企业超越经营范围所从事的经营活动，其行为应当认定无效。"据此，企业法人应在其经营范围内参与投标；超越经营范围投标的，投标无效。

但随着我国市场经济的不断发展，市场主体经营活动日趋多元化、全球化，原有法律规定越来越难以适应市场主体高效率运营需求和经济快速发展需要，如仍然严禁超经营范围经营，不利于保障交易安全、激发市场活力，也不利于维护诚信的市场秩序。因此，理论与实践越来越倾向于认为，经营范围并不影响企业法人的民事权利能力和民事行为能力，不宜认定超越经营范围从事的经营活动和订立的合同无效。1999年发布的《最高人民法院关于适用〈中华人民共和国合同法〉若干问题的解释（一）》第十条规定："当事人超出经营范围订立合同，人民法院不因此认定合同无效。但违反国家限制经营、特许经营以及法律、行政法规禁止经营规定的除外。"照此，只要不违反国家限制经营、特许经营（如烟草专卖、药品特许经营）及禁止经营规定的，企业法人超越经营范围投标竞争、订立合同均为有效。《民法典》对市场主体超越经营范围从事经营活动持明确肯定的立场，第五百零五条规定："当事人超越经营范围订立的合同的效力，应当依照本法第一编第六章第三节和本编的有关规定确定，不得仅以超越经营范围确认合同无效。"

《国家发展改革委办公厅市场监管总局办公厅关于进一步规范招标投标过程中企业经营资质资格审查工作的通知》（发改办法规〔2020〕727号）进一步明确规定："企业依法享有经营自主权，其经营范围由其章程确定，并依法按照相关标准办理经营范围登记，以向社会公示其主要经营活动内容。招标人在招标项目资格预审公告、资格预审文件、招标公告、招标文件中不得以营业执照记载的经营范围作为确定投标人经营资质资格的依据，不得将投标人营业执照记载的经营范围采用某种特定表述或者明确记载某个特定经营范围细项作为投标、加分或者中标条件，不得以招标项目超出投标人营业执照记载的经营范围为由认定其投标无效。招标项目对投标人经营资质资格有明确要求的，应当对其是否被准予行政许可、取得相关资质资格情况进行审查，不应以对营业执照经营范围的审查代替，或以营业执照经营范围明确记载行政许可批准证件上的具体内容作为审查标准。"

综上，只要市场主体不违反法律、行政法规的效力性强制性规定，即可参与投标竞争，签订合同，不能再以经营范围限制投标人的资格，否则涉嫌以不合理的条件排斥、限制投标人竞争。应取消招标文件中关于"营业执照的经营范围必须涵盖招标要求的货物和服务等，否则投标无效"或者"本项目经营范围应当包括××"等类似的规定。评标过程中，评标委员会不再逐一审核各投标人营业执照记载的经营范围，不再评价营业执照的经营范围是否与招标项目相吻合，也不再将经营范围作为否决投标或加分的条件。

2. 法律禁止利害关系人投标

《招标投标法实施条例》第三十四条规定："与招标人存在利害关系可能影响招标公正性的法人、其他组织或者个人，不得参加投标。单位负责人为同一人或者存在控股、管理关系的不同单位，不得参加同一标段投标或者未划分标段的同一招标项目投标。违反前两款规定的，相关投标均无效。"这一条很重要，实践中对于投标人之间旧有控股、管理关系争议不算太大，但对于两个投标人的法定代表人是夫妻、父子等近亲属，同一个公司下的不同子公司及不同公司的高管、股东有重叠时能否适用，认识不同。实际上，因为这些情形都不符合上述"不同单位存在控股、管理关系"的条件，所以不能适用该法条限制投标。当然，招标人可以事先在招标文件中明确将上述情形因具有利害关系约定为限制投标条件，作为评标依据。

《工程建设项目施工招标投标办法》第三十五条规定："……招标人的任何不具独立法人资格的附属机构（单位），或者为招标项目的前期准备或者监理工作提供设计、咨询服务的任何法人及其任何附属机构（单位），都无资格参加该招标项目的投标。"

《建设工程质量管理条例》第三十五条规定："工程监理单位与被监理工程的施工承包单位以及建筑材料、建筑构配件和设备供应单位有隶属关系或者其他利害关系的，不得承担该项建设工程的监理业务。"

《标准设备采购招标文件》规定投标人不得存在下列情形之一：（1）与招标人存在利害关系且可能影响招标公正性；（2）与本招标项目的其他投标人为同一个单位负责人；（3）与本招标项目的其他投标人存在控股、管理关系；（4）与本招标项目其他投标人代理同一个制造商同一品牌同一型号的设备投标；（5）为本招标项目提供过设计、编制技术规范和其他文件的咨询服务；（6）为本工程项目的监理人，或者与本工程项目的监理人存在隶属关系或者其他利害关系；（7）为本招标项目的代建人；（8）为本招标项目的招标代理机构；（9）与本工程项目的监理人或本招标项目的代建人或招标代理机构同为一个法定代表人；（10）与本工程项目的监理人或本招标项目的代建人或招标代理机构存在控股或参股关系。其他标准文件也都规定了类似因具有一定关联关系禁止投标的情形。这些都是防范具有利害关系、关联关系的投标人参与投标可能串通、协同一致，对他人投标不公平作出的特别规定。

3. 对违法、失信行为人联合惩戒

一般招标人是不愿与具有违法、失信行为记录，以往履约信誉不良的供应商进行合作的，可以依据法律规定或者自主约定一些限制投标的惩戒措施。主要有：

一是因违法行为被限制投标、限制经营。如此前因违法行为被行政监督部门依法暂停或者取消投标资格；被责令停产停业，暂扣或者吊销许可证，暂扣或者吊销执照，失去履约资格；在近三年内发生重大产品质量问题（以相关行业主管部门的行政处罚决定或司法机关出具的有关法律文书为准）。

二是失信记录。常见的有：（1）被市场监管部门在全国企业信用信息公示系统中列入严重违法失信企业名单；（2）被最高人民法院在"信用中国"网站或各级信用信息共享平台中列入失信被执行人名单；（3）在近三年内投标人或其法定代表人（单位负责人）有行贿犯罪行为。这类情形还有很多，国家发展改革委与其他部委下发了联合惩戒的备忘录约 40 个，如列入建筑市场主体"黑名单"和拖欠农民工工资"黑名单"等情形下都可能作为失信记录被限制投标。还有对违法失信上市公司、安全生产、环境保护领域失信生产经营单位等各个领域失信企业参加工程建设项目投标活动，都进行了限制。这些可以列入负面清单写到招标文件中。

【类案释法 3-5】招标文件未将列入经营异常名录作为否决投标条件即不能以此为由限制投标

中国某大厦建设项目培训楼电动窗帘采购（标段二）复评结束，投标人对评标结果不满意提出异议，后又对异议答复不服提出投诉。

投诉事项及主张：本项目中标候选人杭州某公司被杭州市江干区市场监督管理局列入经营异常名录且未被解除，多次被杭州市江干区市场监督管理局进行行政处罚，我司认为其不具备良好履约能力及售后服务体系，不符合招标文件资格条件要求，要求本项目重新招标。

省发改委查明：（一）对列入经营异常名录的投标人，招标文件未作出限制性或禁止性规定。

（二）国家企业信用信息公示系统显示，被投诉人于 2020 年 3 月 30 日因"通过登记的住所或者经营场所无法联系的"被杭州市江干区市场监督管理局列入经营异常名录，2020 年 4 月 13 日因"提出通过登记的住所或者经营场所可以重新取得联系"被移出经营异常名录。被投诉人在投标文件递交截止时间时，并未列入经营异常名录。

（三）国家企业信用信息公示系统显示，被投诉人于 2019 年 1 月 25 日因"其他广告违法行为"被杭州市江干区市场监督管理局实施行政处罚，但无被列入严重违法失信企业名单（黑名单）信息。

省发改委认为：由招标人编制并公开发布的招标文件是招标、投标和评标的依据。被市场监督管理部门列入经营异常名录、行政处罚的情形并未违反本项目招标文件的禁止性要求。同时，反映被投诉人提供虚假资格业绩的证据不足。投诉缺乏事实根据和法律依据。根据《工程建设项目招标投标活动投诉处理办法》第二十条第一项的规定，作出如下处理决定：驳回投诉。

评析：在这个案例中，尽管中标候选人被列入经营异常名录，也因"其他广告违法行为"被实施行政处罚，但是并没有被列入严重违法失信企业名单（黑名单），故不在招标文件规定的禁止投标之列。

三是招标人自建"黑名单"。招标人也可以建立自己的征信系统，根据供应商以往履约情况，对供应商进行评价，对于履约失信的供应商，也可以自主约定进行投标限制。如《河北雄安新区标准设备采购招标文件（2020 年版）》规定的"信誉要求"中可以选择对以下情形的企业否决性惩戒，禁止投标：（1）近 3 年内曾被本项目招标人评价为履约不合格的投标人；（2）近 2 年内在本项目招标人实施的项目中存在无正当理由放弃中标资格、拒不签订合同、拒不提供履约担保情形的投标人；（3）近 3 年内受到雄安新区政府有关部门警告、罚款等行政处罚，达到××次或累计罚款××元的投标人；（4）本项目对因违反工程质量、安全生产管理规定，或者因串通投标、转包、以他人名义投标或者违法分包等违法行为，正在接受雄安新区政府有关部门立案调查的投标人。前面的期限从提交投标文件截止之日起倒算。这个规定值得借鉴。一些国企有专门的供应商不良行为处理管理制度，招标文件中也都有类似"不良行为"要否决投标的内容，考虑非常全面。当然一定要注意，招标文件规定的投标人不得有的这个"违法行为记录"，必须与合同的履行有关联性，才可以作为资格条件。比如，投标人单位公车在高速上超速，就有了违法行为记录，但是与合同履行没有太大关系（如归属于运输服务项目才有关联性），一般不能以此为由否决投标。再如，施工招标项目出现质量、安全问题引起的违法行为记录，就属于与合同履行相关。

【疑难解析 3-12】对严重失信信息处在调查处理公示期内的供应商，能否禁止其投标？

如果供应商因违法行为，正在被行政机关调查处理，但尚未正式做出行政处罚或列为失信黑名单，严重失信信息处在公示期内，依据现行法律规定，就说明该失信记录尚没有生效，既然没有生效，招标人也就不能以此为由禁止其投标。但是，根据民法上的意思自治原则，招标人有权利在招标文件中限制其投标资格，比如《河北雄安新区标准施工招标文件（2020 年版）》"投标人资格要求"中"信誉要求"部分就规定了"本项目对被雄安新区机构评为严重失信企业且正处在信用评价结果公示期内的投标_____（采用或不采用）否决性惩戒方式"的内容，赋予了招标人对处于信用评价结果公示期内的供应商的投标资格予以限制的权利。因此，因违法行为正在接受有关部门立案调查，这个事实还没有锁定，法律并没有禁止其来投标，但并不意味着其有合格的资格投标，招标人可以在法律之外补充更新其他禁止投标的情形。

【疑难解析 3-13】可否以被列入招标人的供应商黑名单为由拒绝企业参加投标？

招标人作为民事主体之一，在民事活动中有权设定合理的投标人资格条件和限制中标条件，有权拒绝具有不良履约行为的投标人参与投标。为此，近年来，越来越多的企业，尤其是大的企业集团都颁布实施了供应商管理制度，其中很重要的一项内容就是供应商评价机制，根据供应商管理制度规定的方法和标准对有交易往来的单位进行评价，对具有严重违约、失信行为记录的供应商采取一定的投标限制措施，如根据情节轻重取消其一年至三年时间不等的中标资格。招标人在招标文件中可以规定："根据《××公司供应商不良行为处理管理细则》的规定，投标人存在导致其被暂停中标资格或取消中标资格的不良行为，且在处理有效期内的，将被否决投标。"其目的在于对供应商起到震慑作用，约束其诚信履约。如果某些单位因违约被列入不合格供应商名单（即黑名单）的，则其无权参加该企业的招标活动，即使参加，招标人亦将予以拒绝。这种做法也得到了一些部门规章和标准招标文件的认可。如《铁路工程建设项目招标投标管理办法》（交通运输部令 2018 年第 13 号）第四十四条第二款规定："招标人应当加强对合同履行的管理，建立对中标人合同履约的考核制度。依法必须进行招标的铁路工程建设项目，招标人、中标人应当按规定向铁路工程建设项目招标投标行政监管部门提交合同履约信息。"当然，企业如果依据本企业设定的黑名单制度对不良供应商进行否决性惩戒，第一，应当有具体详尽的供应商评价及不良履约行为惩戒措施；第二，供应商评价制度在招标文件中事前告知招标人，要求供应商按照招标文件要求签署相关承诺文件或者在其投标文件中认可，以避免发生争议甚至引起投标人的投诉；第三，对不良供应商的评价结果及作出的否决性惩戒措施应及时告知该供应商。企业对合作伙伴作出后评价列入黑名单的，以后该投标人来投标时，即可以对其决定暂停投标资格或中标资格。

同理，项目业主在项目管理过程中，根据供应商管理办法规定，对评级为优秀的企业，可以在评分时予以奖励，可以规定投标时不用递交投标保证金或降低投标保证金金额。

通过上面正面清单和负面清单两个方面，基本就可以把投标人资格条件规定齐全了，最核心的是要把握好既符合项目实际，也合法合规。

四、投标有效期

招标文件中应当设定投标有效期。投标有效期，是指为保证招标人有充足的时间在开标后完成评标、定标、合同签订等工作，而要求投标人提交的投标文件在一定时间内保持有效的期限，是为了督促招标投标当事人有序推进招标投标活动，控制因招标投标缔约程序时间跨度过大从而引起的市场价格变动等风险作出的一种制度安排。

（一）投标有效期的效力

一般的商业交易民事行为基于意思自治和鼓励交易的原则，对缔约时间不作限定，可随时谈判达成交易，也可以随时终止交易。而招标投标活动则要求事先在招标文件中对缔约的时间进行限定，对招标投标当事人均产生一定的约束力，主要体现为督促招标人应在限期内完成定标、签约，以及限制投标人修改、撤销招标文件。投标人一旦响应招标公告（要约邀请）做出投标行为（发出要约），即受约定的投标有效期约束，一旦违反该约定，如投标有效期内投标人撤销投标文件，就要承担失去投标保证金的后果。如遇特殊情形，招标人发出延长投标有效期的意思表示，如投标人同意延长，则同时产生延长投标保证金的效果。

对招标人而言，《民法典》第四百八十六条规定："受要约人超过承诺期限发出承诺，或者在承诺期限内发出承诺，按照通常情形不能及时到达要约人的，为新要约；但是，要约人及时通知受要约人该承诺有效的除外。"因此，超过投标有效期后，投标文件就对招标人和投标人都丧失了约束力。招标人在投标有效期届满且未经延长投标有效期的情况下发出中标通知书，则已经不属于对于投标文件（要约）的回复（承诺），而是发出了新的要约，投标人有权拒绝接受。因此，招标人应当在投标有效期内完成评标、定标工作，发出中标通知书。如遇特别情形，应发起延长投标有效期的新要约程序。

对投标人而言，投标有效期虽然是招标人在招标文件中要求的，但一般均将其视为招标文件中的实质性要求和条件。这一点，在国家发展改革委等部委颁布的勘察、设计、监理、施工、设备和材料采购《标准招标文件》中均有体现，即投标人承诺的投标有效期短于招标文件要求的，视为非响应投标将予以否决。根据《民法典》第四百七十六条规定，要约人以确定承诺期限或者其他形式明示要约不可撤销的，该要约不得撤销。对应于招标投标缔约活动，投标人的投标为《民法典》中的要约。招标文件规定的投标有效期就自然成了投标要约的承诺期限，即应当遵从上述规定，投标要约不得撤销。投标人在其承诺期内撤销投标的，势必影响投标竞争，违反《招标投标法》规定的诚实守信原则。因此，根据《民法典》第四百七十八条"承诺期限届满，受要约人未作出承诺"要约失效的规定，投标人的投标只能在投标有效期终止以后自行失效。《招标投标法实施条例》第三十五条规定，投标截止后投标人撤销投标文件的，招标人可以不退还投标保证金，目的在于约束投标人一旦投标生效则不得擅自撤销其投标。《工程建设项目施工招标投标办法》第四十条和《工程建设项目勘察设计招标投标办法》第二十五条也均作同样的表述：在提交投标文件截止时间后到招标文件规定的投标有效期终止之前，投标人不得撤销其投标文件，否则招标人可以不退还其投标保证金。

【疑难解析 3-14】中标通知书发出后发现投标有效期已到期，怎么处理？

在实际工作中可能会发生这种情况，因投标有效期设置时间过短或不可抗力等原因导致招标投标采购流程未全部结束而投标有效期已经到期。根据《民法典》规定，投标有效期从法律性质上看就是一种要约有效期，对投标人、招标人都具有法律约束力。如果要约的承诺期限已过，或者已超过一个合理的时期，则不应再作出承诺，对应招投标活动，即投标文件已经失效，招标人不应再发出中标通知书。但是，招标人发出了中标通知书，招标人与中标人双方都愿意签订合同，这份中标通知已经不再视为承诺，而只能视为一项新的要约，中标人同意订立合同，视为其作出承诺，该合同是有效的，不因超出投标有效期而无效。当然，收到招标人迟到的中标通知书时，中标人也可以拒绝接受该新的要约，拒绝订立合同。

（二）投标有效期的设定

《招标投标法实施条例》第二十五条规定："招标人应当在招标文件中载明投标有效期。投标有效期从提交投标文件的截止之日起算。"《评标委员会和评标方法暂行规定》第四十条也规定："评标和定标应当在投标有效期结束日 30 个工作日前完成。……招标文件应当载明投标有效期。投标有效期从提交投标文件截止日起计算。"《工程建设项目施工招标投标办法》第二十九条第一款规定："招标文件应当规定一个适当的投标有效期，以保证招标人有足够的时间完成评标和与中标人签订合同。投标有效期从投标人提交投标文件截止之日起计算。"其他部门规章也有类似规定。

根据上述规定，招标文件中应考虑实际情况设定一个合理的投标有效期，尽可能确保招标人在投标有效期内完成开标、评标、定标、订立合同等相关工作。实践中投标有效期一般设定为 90 天，如有必要可设定为 120 天。此外，还应避免将有效期设定得过长，否则可能会导致投标有效期内价格变动等市场风险大大增加，风险分配失衡，既可能导致潜在的投标人为规避价格波动等市场风险而放弃投标，或者为了规避潜在的价格波动而提高投标价格，也可能导致招标人承担更大的市场风险。

（三）投标有效期的延长

如果招标项目比较复杂，在投标有效期内无法完成评审，也有一些项目通常情况下在投标有效期内足以完成招标，但实践中可能发生异议、投诉、举报等事由，招标人、监管部门处理异议、投诉或监督检查处理完毕时，投标有效期已经不足或者超期，由此导致本次招标活动无法在投标有效期内发出中标通知书，招标人可向参加本次招标的有效投标人发出延长投标有效期通知书，告知将延长一定期限的投标有效期。对此，《评标委员会和评标方法暂行规定》第四十条规定："评标和定标应当在投标有效期结束日 30 个工作日前完成。不能在投标有效期结束日 30 个工作日前完成评标和定标的，招标人应当通知所有投标人延长投标有效期。拒绝延长投标有效期的投标人有权收回投标保证金。同意延长投标有效期的投标人应当相应延长其投标担保的有效期，但不得修改投标文件的实质性内容。因延长投标有效期造成投标人损失的，招标人应当给予补偿，但因不可抗力需延长投标有效期的除外。招标文件应当载明投标有效期。投标有效期从提交投标文件截止日起计算。"《工程建设项目施工招标投标办法》第五十六条、《工程建设项目货物招标投标办法》第四十七条、《工程建设项目勘察设计招标投标办法》第四十六条也都有类似规定。

当招标人征求投标人意见是否延长投标有效期时，投标人应根据市场行情和自身履约能力等具体情况，作出是否同意延长投标有效期的意思表示，可以拒绝延长，也可以同意延长，这是投标人的自主权，而且根据其同意延期与否，承担相应的权利义务。投标人拒绝延长投标有效期的，其投标自投标有效期届满时失效，招标人应退还其投标保证金。投标人同意延长投标有效期的，继续加入延期后的招标程序，但不能借此机会修改投标文件的实质性内容。而且，投标保证金是投标文件的组成部分，也是招标人对投标人的重要约束手段，保证金有效期应当与投标有效期一致，延长投标有效期的，自动相应延长投标保证金的有效期，避免因约定不明出现投标保证金"断档"。投标人答复不明确或者逾期未答复的，均视为拒绝延长投标有效期。

投标人可以选择同意或不同意延长投标有效期，但投标人不能主动发起延长投标有效期的请求，这相当于在投标截止时间之后修改投标文件。另外，非因不可抗力也就是招标人的主观意愿导致延长投标有效期的，可以要求招标人补偿其因延长导致的损失，但实践中投标人很少也很难要求招标人赔偿损失。

同意延长投标有效期的投标人至少达到三个的，招标活动继续进行。同意延长投标有效期的投标人少于三个的，招标人应当重新招标。《工程建设项目货物招标投标办法》第二十八条第三款明确规定："同意延长投标有效期的投标人少于三个的，招标人应当重新招标。"《评标委员会和评标方法暂行规定》《工程建设项目勘察设计招标投标办法》尽管没有作出类似规定，但这一规定也应类推适用于除施工招标以外的其他招标项目，道理相同。

对于机电产品国际招标项目，《机电产品国际招标投标实施办法（试行）》的规定并无二致，商务部对外贸易司制定的《机电产品国际招标标准招标文件（试行）》也对有关内容作出指引，即"16.1 投标应自投标资料表中规定的提交投标文件的截止之日起，并在投标资料表中表述期限内保持有效。投标有效期不足的投标将被视为非实质性响应，并予以否决。16.2 特殊情况下，在原投标有效期截止之前或合理期限内，招标人可要求投标人延长投标有效期。这种要求与答复均应以书面形式提交。投标人可拒绝招标人的这种要求，其投标保证金将予以退还，但其投标在原投标有效期期满后不再有效。同意延长投标有效期的投标人将不会被要求和允许修正其投标，而只会被要求相应地延长其投标有效期。在这种情况下，本须知第15条有关投标保证金的退还和不予退还的规定在延长了的有效期内继续有效"。

五、资格预审文件、招标文件的发售

（一）资格预审文件、招标文件的发售时间

潜在投标人应按照招标公告、投标邀请书或资格预审合格通知书载明的时间、地点、方式领取或下载招标文件。《招标投标法实施条例》第十六条规定"招标文件的发售期不得少于 5 日"，这里规定"发售期不得少于 5 日"，是最低期限的规定，以保证潜在投标人有足够的时间获取招标文件，尽可能多地吸引潜在投标人参与投标竞争，防止招标人缩短发售期限，利用较短的时间控制投标人数量、限制或排斥潜在投标人。上述规定规制的是招标人的行为，要求招标人应当留给投标人足够的投标准备时间。如投标人在出售招标文件的最后几天购买文件，其投标准备时间不足 15 日，属投标人自身原因导致，招标人无须为此承担责任。招标人应当综合考虑节假日、文件发售地点、交通条件和潜在投标人的地域范围等情况，在资格预审公告或者招标公告中规定一个不少于 5 日的合理期限。

《招标公告和公示信息发布管理办法》第五条规定的依法必须招标项目的资格预审公告和招标公告应当载明的内容包括"获取资格预审文件或招标文件的时间、方式"。该期限是指日历天，并不是工作日，当然招标人不得故意利用节假日，尤其是类似国庆节、春节等长假发售资格预审文件或者招标文件，特别是发售期最后一天应当回避节假日。发售招标文件的起始时间是招标公告中载明的时间，一般是招标公告发布之时或稍后的时间，而且是招标人或招标代理机构在招标公告中载明的发售工作时间（该时间应明确几日几点几分到几日几点几分，表述明确完整，以免引起误会），其下班时间不发售招标文件。

【类案释法 3-6】招标人或招标代理机构只在其办公时间发售招标文件

招标代理公司受某单位委托公开招标采购设备，招标公告明确："符合资格的供应商应在 2016 年 9 月 14 日起至 2016 年 9 月 21 日期间（办公时间内，法定节假日除外）到……购买招标文件。"某贸易公司于 2016 年 9 月 21 日 17 点 01 分购买标书时，被告知"已超过 17 点，该项目购买标书已截止"，并告知该公司下班时间为 17 点。贸易公司提交《异议函》，提出："本项目购买标书的时间中的'办公时间内'表述不明确，不完整。常规下班时间为 17 点 30 分，如贵公司上班时间与常规时间不一样，应当表述明确，但贵公司的网站与该项目的招标公告、招标文件并没有明确标明办公时间为几点到几点，而是到了现场咨询工作人员的时候告知已经截止。请求标明办公时间段为几点至几点，应当出售给其标书。"招标代理公司作出《异议答复函》，答复如下："我单位办公时间就是 9 点30 分到 17 点整，国家没有硬性规定下班时间必须到 17 点 30 分，我单位从未在17 点之后售卖任何招标文件，对每一个投标供应商均采取的是公开、公平、公正、一视同仁态度。超过时间不予出售标书"。贸易公司对异议答复不满意投诉。行政监督管理部门以无证据证明招标代理公司的工作时间必须是 17 点 30 分为由驳回其投诉请求。

对于两阶段招标项目，由于第一阶段的主要任务是组织投标人按照招标公告或者投标邀请书的要求提出技术建议，招标人根据投标人提交的技术建议确定技术标准和要求，编制招标文件，此阶段并未形成招标文件，只有到了第二阶段，招标人才向在第一阶段提交技术建议的投标人提供招标文件。

（二）资格预审文件、招标文件的收费

《招标投标法实施条例》第十六条第二款规定，招标人发售资格预审文件、招标文件收取的费用应当限于补偿印刷、邮寄的成本支出，不得以营利为目的。

实践中，制作招标文件的工本费（以下简称标书费）成了一些招标代理机构创收的源头，一个建设工程项目，报名参加投标的单位多则百来家，少则也有几十家，代理公司每家收取 300 元至 500 元的标书费，整体经济效益可能大大高于代理费的收入，一些招标代理机构将其作为牟利手段之一，此结果与对招标文件收费的初衷是相悖的，应当回归补偿成本的目的。鼓励招标人免费提供纸质资格预审文件和招标文件或提供下载地址供潜在投标人免费下载。尤其随着电子化招投标流程的不断完善和改进，全面实现电子化招标文件的下载功能，已不存在必须采取纸质招标文件印刷和邮寄的前提要求，不存在"补偿印刷、邮寄的成本支出"的需求，故取消标书费为大势所趋，有利于优化营商环境，减轻投标人负担，促进市场竞争。招标人也不能对购买招标文件的潜在投标人设置任何限制环节，一般来说，只要潜在投标人出示单位介绍信、自然人身份证等有效身份证明文件进行登记即应向其发售资格预审文件、招标文件，而不能在该环节设置报名、要求提供资质证书甚至进行"资格预审"等限制性条件。

另外，根据《工程建设项目施工招标投标办法》第十五条第三款规定，对招标文件或者资格预审文件所附的设计文件，招标人可以向投标人酌收适当金额的押金；对于开标后投标人退还设计文件的，招标人应当向投标人退还押金。

【疑难解析 3-15】建设工程施工招标项目的招标文件是否应当包含图纸？发售招标文件可以向潜在投标人收取印刷费、邮寄费等费用，那么对于设计图纸是否也应当收取这些费用？

根据《工程建设项目施工招标投标办法》第二十四条规定，招标文件的内容中包括设计图纸，只有提供了设计图纸，投标人才可能编制出满足工程建设项目实质性需求的投标文件。《招标投标法实施条例》第十六条第二款规定了"招标人发售资格预审文件、招标文件收取的费用应当限于补偿印刷、邮寄的成本支出，不得以营利为目的"，但这里所规定的招标文件发售费用并不包括图纸等资料的押金。《工程建设项目施工招标投标办法》第十五条第三款明确规定："对招标文件或者资格预审文件的收费应当限于补偿印刷、邮寄的成本支出，不得以营利为目的。对于所附的设计文件，招标人可以向投标人酌收押金；对于开标后投标人退还设计文件的，招标人应当向投标人退还押金。"因此，对于工程建设项目施工而言，对招标文件所附的设计文件，招标人可以向投标人酌收押金，开标后投标人退还设计文件时招标人应当退还押金。

六、资格预审文件、招标文件的澄清与修改

在提交资格预审申请文件、投标截止时间之前，招标人发现资格预审文件、招标文件存在错漏，或者接到潜在投标人对资格预审文件、招标文件内容提出的询问或异议后认为需要澄清、解释、补正的，可以对发出的资格预审文件、招标文件进行澄清或修改。澄清，是指招标人对资格预审文件和招标文件中表述不清楚、不明确、含义不清、容易引起歧义的内容进行解释和说明；修改，是指招标人对资格预审文件或者招标文件中存在的遗漏、错误、相互矛盾、需要调整一些要求或者存在违法的内容进行修订、补正。需要特别说明的是，《招标投标法实施条例》第二十三条明确规定了资格预审文件或招标文件违反法律规定的，应当进行修改，即"招标人编制的资格预审文件、招标文件的内容违反法律、行政法规的强制性规定，违反公开、公平、公正和诚实信用原则，影响资格预审结果或者潜在投标人投标的，依法必须进行招标的项目的招标人应当在修改资格预审文件或者招标文件后重新招标"。

（一）澄清、修改资格预审文件、招标文件的起因

招标人对招标文件进行澄清、修改，可能是自己主动而为，也可能是因潜在投标人提出询问、异议而进行解释说明或补正错漏而被动所为。"主动"与"被动"的差别仅在于需要修改和澄清的问题来源不同，前者来源于招标人自己，后

者来源于潜在投标人。

1. 招标人主动澄清、修改

招标人在资格预审文件、招标文件发出之后，如果发现资格预审文件、招标文件中存在表述不清、规则不明确、前后矛盾有歧义，或者存在与招标项目实际不吻合、与法律规定有偏差错误的内容，需要修改资格预审文件、招标文件内容，调整招标采购需求的，可以主动发起澄清、修改进行补救。

2. 应潜在投标人的要求澄清、修改

有些错误遗漏、含混不清、意思不明的内容，是招标人有意为之，也有些是招标人"当局者迷，旁观者清"，因工作疏忽大意、认识不足造成的，文件起草者较难发现不合理、不合法的内容，有待潜在投标人发现并向其提出。潜在投标人领取资格预审文件、招标文件后，首要的事情就是"做功课"，认真研读资格预审文件、招标文件的规定和要求，发现资格预审文件或招标文件可能存在错漏、含义不清、自相矛盾之处，可以向招标人提出疑问，请教招标人此部分内容的真实意思，此时招标人可以进一步解释、说明或对错误、遗漏进行补正。对于资格预审文件或招标文件可能存在限制、排斥潜在投标人，实行差别待遇、歧视待遇或存在其他损害潜在投标人合法利益的违法问题时，可以提出异议，要求招标人进行澄清、解释。

关于投标人提出询问，招标投标法并没有规定（政府采购法规定了询问制度），实际上相当于潜在投标人向招标人咨询问题、提出建议，一般不涉及招标文件违法问题，没有明确的答复期限和程序要求。异议是招标投标法专门设计的招标人纠错的程序，一般涉及招标文件的违法问题，有明确的答复期限和程序要求。

（二）澄清、修改资格预审文件、招标文件的时间

《招标投标法》第二十三条未加区分，不论何种情形的澄清、修改，都应当在投标截止时间至少 15 日前做出，《招标投标法实施条例》第二十一条区分澄清、修改是否影响投标文件的编制作出不同的时限规定，即，在资格预审文件、招标文件发出之后、开标之前，招标人可以对其进行澄清或修改，但澄清或者修改的内容可能影响资格预审申请文件或者投标文件编制的，招标人应当在提交资格预审申请文件截止时间至少 3 日前，或者投标截止时间至少 15 日前发出澄清；不足 3 日或者 15 日的，招标人应当顺延提交资格预审申请文件或者投标文件的截止时间。

从上述规定可以看出，澄清、修改招标文件的时间与该澄清、修改的内容是

否影响资格预审申请文件、投标文件的编制有关联。分开来说，不影响资格预审申请文件、投标文件的编制的，招标人可以对招标文件进行澄清、修改；影响资格预审申请文件、投标文件的编制的，招标人应当在提交资格预审申请文件截止时间至少 3 日前，或者投标截止时间至少 15 日前发出澄清；不足 3 日或者 15 日的，应当顺延提交资格预审申请文件或者投标文件的截止时间。也就是说，澄清、修改资格预审文件、招标文件时，距离提交资格预审申请文件时间不足 3 日或距离投标截止时间不足 15 日，此时是否需要顺延提交资格预审申请文件时间或投标截止时间，取决于该澄清、修改的内容是否影响资格预审文件、招标文件的编制。

一般来讲，减少资格预审申请文件或投标文件需要包括的资料、信息，调整暂估价的金额，增加暂估价项目，开标地点由同一栋楼的一个会议室调换至另一个会议室，延迟投标截止时间、变更开标程序、变更投标文件密封条件等，这些情形不会增加潜在投标人编制资格预审申请文件或投标文件的工作量，不影响潜在投标人编制资格预审申请文件或投标文件。调整资格审查的内容和标准，改变资格预审申请文件、投标文件的格式，增加资格预审申请文件、投标文件应当包括的资料、信息，修改采购需求（如变更施工范围、技术规格、质量要求、竣工交货时间、提供服务时间等），修改合同条件，变更进度质量安全等商务条件，改变投标担保的形式和金额，改变工程、货物的相关随附服务内容等，这些改变将给潜在投标人带来额外工作，可能影响投标文件编制，此时应给予潜在投标人足够的时间，以便投标人编制完成并按期提交资格预审申请文件或者投标文件。

是否影响资格预审申请文件或者投标文件的编制，最有发言权的是投标人。因此，招标人可以在发出澄清、修改文件时，要求潜在投标人发出回执，回执中要求潜在投标人必须明确是否影响资格预审申请文件或招标文件的编制。投标人收到修改内容后，应以书面形式回复招标人，确认已收到该修改，并对"该修改是否影响投标文件编制"提出意见，如有投标人提出"影响投标文件编制"，则招标人应当推迟投标截止时间。如果投标人一致认为不影响文件编制，则可以不推迟投标截止时间。

【类案释法 3-7】修改评分分值的调整可能影响投标文件的编制

某招标代理机构代理的某公司设备项目采购中，根据招标人的要求，对售后服务的评审标准作了这样的规定：本市投标人得 5 分，本市外省内其他投标人得

2 分，省外投标人得 1 分。招标文件发出当天，一家省内企业 Q 公司提出异议称，此次招标给市内投标人设置 5 分太高了，很明显是在排斥市外企业，尤其是省外企业参与投标。收到异议后，招标代理机构建议招标人调整该条规定，但招标人代表表示，售后服务会对今后的使用产生很大的影响，本地化服务将能更好地满足其需求。不同意对该评分细则进行调整。

由于招标代理机构的异议答复未能满足 Q 公司的诉求，Q 公司又向当地发展改革部门提起投诉。当地发展改革部门受理投诉后认为，这是非常明显的以不合理的条件对供应商实行差别待遇或者歧视待遇，责令招标代理机构修改招标文件。招标代理机构与招标人沟通后，组织专家论证，决定不论省内外还是区内外都实行一个标准，将上述评分细则删除，其他评分项标准得分进行调整。修改招标文件的初步方案确定后，项目负责人提出了新的问题进行探讨：这个项目招标人挺着急的，距离投标截止时间只有 11 日，不足 15 日。如果再延长 15 日，招标人肯定不高兴。就是分值上的细微调整，应该不会影响投标文件编制吧，项目可以不延期吗？经集体分析，该项目延期后顺利完成了招标。

在这个案例中，上述分值的调整是否会影响投标文件的编制？招标文件的修改会不会影响投标文件的编制谁说了算？影响投标文件就得延长 15 日的理解是否正确？

评析：第一，案例中的分值调整，可能影响投标文件编制，因为按照原来的分值设定，市内外的其他企业以及省外企业可能都已经放弃了投标。但招标文件修改后，不利因素减少了，相关企业可能又会选择参与竞标，这不能说对相关投标人完全没有影响。招标文件的修改会不会影响投标文件的编制，应当由投标文件的编制主体投标人说了算。

第二，《招标投标法实施条例》要求，澄清或者修改的内容可能影响投标文件编制的，应当以书面形式通知所有获取招标文件的潜在投标人。以书面形式通知潜在投标人时，为了避免引起不必要的异议和投诉，应当要求潜在投标人发回签收回执。该签收回执中，就可以针对采购文件的修改给出"有影响"和"无影响"两个选项，要求潜在投标人在发回签收回执前，在"有影响"和"无影响"中勾选其一。如果所有潜在投标人发回的签收回执均是"无影响"时，就可以不延期。否则，就得延期。这是招标人了解是否可能影响投标文件编制的有效可行的方式。

第三，案例中相关项目负责人对相关法条中"15 日"的理解是对相关法条的误读。《招标投标法实施条例》规定，澄清或者修改的内容可能影响投标文件编制的，招标人或者招标代理机构应当在投标截止时间至少 15 日前，以书面形式通知所有获取招标文件的潜在投标人；不足 15 日的，招标人或者招标代理机构应当顺延提交投标文件的截止时间。根据此规定，不足"15 日"，顺延够"15 日"即可，而非延长 15 日。

第四，售后服务中对省内企业和省外企业进行差别对待，是很容易引发异议和投诉的。这不符合《招标投标法实施条例》第三十二条的规定，属于以不合理的条件对供应商实行差别待遇或者歧视待遇。剔除本案例中类似规定的同时，如何保障招标人及时获得服务呢？可以提出类似的要求：接故障通知 3 小时内到达现场维修的得 5 分，6 小时内到达现场维修的得 3 分，24 小时内到达现场维修的得 1 分。需要投标人在多长时间内提供什么样的服务，直接明确达到什么样的条件可以得多少分即可，而不是从地域上加以区分。外地企业如果能提供相应的售后服务就不应该被排斥。根据《优化营商环境条例》等法律、政策，任何单位和个人不得采用任何方式，阻挠和限制供应商自由进入本地区和本行业的采购市场。

（三）澄清、修改文件的发布形式及发送对象

根据《招标投标法》第二十三条规定，招标人对已发出的招标文件进行必要的澄清或者修改的，应当以书面形式通知所有招标文件收受人。该澄清或者修改的内容为招标文件的组成部分，是评标委员会评审的依据之一。《招标投标法实施条例》第二十一条也规定了澄清、修改文件"以书面形式通知所有获取资格预审文件或者招标文件的潜在投标人"。书面形式包括纸质文件以及电报、电传、传真、电子数据交换和电子邮件可以有形地表现所载内容的形式。

一般来讲，招标文件采取何种形式、何种途径发出，其澄清、修改的文件亦应以何种形式或类似形式、何种途径告知已经获取招标文件的潜在投标人。实践中通常采用发送电子邮件、上传电子文件供下载等形式。当前，随着电子招标投标的盛行，有些招标项目的资格预审文件和招标文件实现网上免费下载，已获取资格预审文件或者招标文件的潜在投标人的名称和联系方式可能无法事先知悉。在这种情形下，招标人如需对资格预审文件或招标文件进行澄清和修改，可以在资格预审文件和招标文件的原发布网站上公布澄清、修改文件，并提前在招标公告、招标文件中提醒潜在投标人后续如有澄清、修改文件，也将在原发布网站公布，请有意向的潜在投标人随时关注该网站有无澄清、修改信息并自行下载即可。

【疑难解析 3-16】在招标文件发出以后，能否修改招标文件，降低投标人的资质等级？

对招标文件进行修改，只能针对不影响潜在投标人资格条件的内容进行修改，而不能对影响合格投标人资格条件的内容进行修改，否则会影响公平性。例如，某工程建设项目招标公告中资格条件要求投标人须具备建筑施工总承包一级资质。在招标文件发售截止时间之后，通过修改方式向所有获取招标文件的潜在投标人发出修改文件，资格条件中资质等级降低为"具备建筑施工总承包二级及以上资质"。在招标文件售卖截止时，不具备条件的施工企业因得知其资质等级不符合招标文件要求而放弃购买招标文件，事后修改招标文件、降低资质等级，对这些已经放弃投标的潜在投标人来说是不公平的，可能提前得知内幕且只具备建筑施工总承包二级资质的潜在投标人已经购买招标文件，在降低资质等级后却具备合格的投标人资格，该投标人可以在排挤大量其他二级资质的潜在投标人之后参与该项目投标，明显违反了诚实信用原则和公平原则，涉嫌招标人与投标人串通投标。因此，确实发生招标文件发售截止时间之后要降低资质等级、降低投标人资格条件，应当修改招标公告并重新组织招标，使其他二级资质的潜在投标人亦有机会参与投标，这样才公平合理。

还要注意几点，一是招标文件的澄清或修改必须提供给所有获取招标文件的潜在投标人，招标人应要求潜在投标人在收到澄清或修改后予以回函确认。二是在招标文件的澄清或修改过程中，不得指明澄清问题的来源，不得泄露已购买招标文件的潜在投标人的名称、数量以及可能影响公平竞争的有关招标投标的其他情况。三是潜在投标人提出的问题涉及技术标准和要求、设计图纸或工程量清单等内容，需要设计单位代表或其他单位予以澄清或说明的，招标代理机构应提请招标人予以协调。

七、对资格预审文件和招标文件内容的异议

《招标投标法实施条例》第二十二条规定："潜在投标人或者其他利害关系人对资格预审文件有异议的，应当在提交资格预审申请文件截止时间 2 日前提出；对招标文件有异议的，应当在投标截止时间 10 日前提出。招标人应当自收到异议之日起 3 日内作出答复；作出答复前，应当暂停招标投标活动。"根据该条规定，潜在投标人或者其他利害关系人认为资格预审文件、招标文件中可能存在限制或者排斥潜在投标人、对潜在投标人实行歧视待遇、可能损害潜在投标人合法权益等违反法律法规规定和"三公"原则的问题时，可以向招

标人提出异议，要求招标人予以纠正，这是对招标活动合法合规性进行的一种监督，目的在于督促招标人必须依法制定资格预审文件、招标文件，公平公正地对待投标人。

（一）异议人

异议人，也就是提出异议的主体。此处的异议人是"潜在投标人或者其他利害关系人"。

一是潜在投标人。潜在投标人是对招标项目感兴趣、购买招标文件，可能参与投标的法人或者非法人组织。实行资格预审的项目，也就包含所谓的资格预审申请人，它也是潜在投标人。潜在投标人与投标人是有实质性区别的，核心区别是投标人实际制作投标文件参与投标；在投标之前都属于潜在投标人。因此，在领取或购买资格预审文件和招标文件的时候，没有投标，所以是潜在投标人。当潜在投标人拿到资格预审文件、招标文件，经过研究，认为这些文件内容有错误、违法之处，限制其投标资格、提出不合理的交易条件，可能影响其公正参与投标的，就可以向招标人提出异议，要求修改。这种情况下，因为与自己的权益有直接或间接的利害关系，所以潜在投标人和其他利害关系人有主动进行监督、及时提出异议的动机。

二是其他利害关系人。"其他利害关系人"是指投标人以外的，与招标项目或者招标活动有直接或者间接利益关系的法人、非法人组织和自然人。主要有：（1）潜在投标人如果投标后中标将与其共同分享利益的分包人或供应商。实践中，投标人为控制投标风险，在准备投标文件时可能采用订立附条件生效协议的方式与符合招标项目要求的特定分包人或供应商绑定投标，这些分包人、供应商和投标人有共同的利益，与招标投标活动存在利害关系。（2）受投标人中标与否影响其个人收益或职业发展的投标项目负责人。投标人的项目负责人一般是投标工作的组织者，其个人的付出相对较大，中标与否与其个人职业发展等存在相对较大的关系，是招标投标活动的利害关系人。他们期望潜在投标人投标中标后能因该中标项目受益，也就是有利害关系，当其分析资格预审文件、投标文件后认为该文件内容不合法，可能影响他的利益相关方、合作伙伴中不了标，所以会提起异议。

【疑难解析 3-17】投标人能否对资格预审文件、招标文件提起异议？

投标人不是对资格预审文件、招标文件提起异议的适格主体。因为，根据法律的规定，对这两类文件必须是在提交资格预审申请文件、提交投标文件之前提出。也就是说，在投标之前才能提出异议，投标之后不允许再对这些文件提出异议。

（二）异议常见内容

潜在投标人或者其他利害关系人认为招标文件中有含混不清、自相矛盾或错误遗漏的问题，或存在"倾向性"，限制、排斥潜在投标人或实行歧视待遇，或对招标文件内容有不同意见的，都可以向招标人提出异议。

《招标投标法》第十八条第二款规定："招标人不得以不合理的条件限制或者排斥潜在投标人，不得对潜在投标人实行歧视待遇。"第二十条规定："招标文件不得要求或者标明特定的生产供应者以及含有倾向或者排斥潜在投标人的其他内容。"这些是关于招标文件中不得载有歧视性内容的规定。《招标投标法实施条例》第三十二条在上述法条基础上，列举了招标人以不合理的条件限制、排斥潜在投标人或者投标人的常见情形：（一）就同一招标项目向潜在投标人或者投标人提供有差别的项目信息；（二）设定的资格、技术、商务条件与招标项目的具体特点和实际需求不相适应或者与合同履行无关；（三）依法必须进行招标的项目以特定行政区域或者特定行业的业绩、奖项作为加分条件或者中标条件；（四）对潜在投标人或者投标人采取不同的资格审查或者评标标准；（五）限定或者指定特定的专利、商标、品牌、原产地或者供应商；（六）依法必须进行招标的项目非法限定潜在投标人或者投标人的所有制形式或者组织形式；（七）以其他不合理条件限制、排斥潜在投标人或者投标人。

在招投标实践中，潜在投标人以资格预审文件、招标文件违反上述规定提出异议的案例比较常见。

【类案释法3-8】各类异议事由

1. 某公司暖通工程项目进行公开招标。招标文件有两条评分项（一是"投标产品核心部件为进口的1个得1分，国产的1个得0.5分"；二是"投标人必须具有2018年以来已完工取得竣工验收报告的政府采购项目业绩，并对此进行评分"），某供应商认为实行差别待遇，就此提出异议。

评析：对进口产品和国产产品区别对待，构成歧视待遇；要求投标人必须具有政府采购项目业绩，对于没有政府采购业绩，只有对企业或其他单位供货业绩的供应商构成差别、歧视待遇。

2. 在一次服务器采购项目招标中，招标人已经在招标文件中列出技术参数，又担心一些小品牌厂商参与投标，于是在招标文件的补充说明中提出"采购××

品牌××型号服务器"这一要求，引起一些供应商的不满，认为招标文件的补充具有很明显的倾向性，不符合规定，由此提出异议。招标人解释，补充说明中的表述只是打个比方，目的是作为参考，并不具有倾向性。

评析：招标文件直接提出采用××品牌设备，明显含有倾向性。如果仅供参考，在招标文件中应注明"供应商产品的主要技术参数和性能应具有和××品牌××型号服务器一样的品质和功能"为妥。

3. 某公路工程项目，为了制约供应商串通投标、弄虚作假等违法行为，招标文件载明"投标人应当在投标截止时间之前提交诚信保证金 50 万元"。某供应商就此提出异议。

评析：国务院文件明确规定"对建筑业企业在工程建设中需缴纳的保证金，除依法依规设立的投标保证金、履约保证金、工程质量保证金、农民工工资保证金外，其他保证金一律取消。"也就是说，招投标活动中允许设置的保证金仅限于投标保证金、履约保证金、工程质量保证金、农民工工资保证金四项，设置如本案例中的诚信保证金等其他类型的保证金欠缺法律依据。对于串通投标、弄虚作假等违法行为，招标文件可以规定不退还投标保证金。

4. T 公司就某工程货物项目招标文件内容提出异议，认为招标文件将计算机信息系统集成二级以上资质作为资格条件属于以不合理条件对供应商实行差别待遇或歧视待遇的问题，但代理机构以该异议事项超期为由拒绝答复。故 T 公司投诉。某行政监督部门认为：2014 年 1 月 28 日《国务院关于取消和下放一批行政审批项目的决定》明确取消了"计算机信息系统集成企业资质认定项目"条件，即该资质不再是法定资质，将这一资质作为资格性条款的行为，构成《招标投标法》第十八条规定的"对潜在投标人实行歧视待遇"的情形。最终做出"投诉事项成立，责令修改招标文件"的投诉处理结果。

评析：国家明令取消的企业资质与合同履行无关，不得将其作为投标人资格条件，招标文件作出此类规定的，构成对供应商实行差别待遇或者歧视待遇。

5. 某建设工程项目招标文件"投标人的资格要求"规定，投标商具建筑企业三级及以上资质证书，且要求在购买招标文件时提供给代理机构审核，审核通过向其发售招标文件。T 公司提出异议，后因不满异议答复提起投诉。住建部门认为将本应在评审阶段由评标专家审查的因素作为投标人获取招标文件的条件，构成《招标投标法》第十八条规定的"以不合理的条件限制或者排斥潜在投标人"的情形。另发现，本项目自招标文件开始发出之日 2017 年 7 月 3 日 09 时起，至投标人提交投标文件截止之日 2017 年 7 月 21 日 09 时 30 分止，不足 20

日。最终，责令招标人限期改正。

评析：一是招标文件要求投标人在购买招标文件时需具备一定的条件，这属于应当在评审阶段审查的因素，不应前置到招标文件购买阶段。购买招标文件不应设置任何投标人资格审查前提条件。这种做法属于《招标投标法》第十八条规定的"招标人不得以不合理的条件限制或者排斥潜在投标人"的行为。二是本项目属于依法必须招标项目，自招标文件开始发出之日至投标人提交投标文件截止之日不足 20 日，也违反了《招标投标法》第二十四条等标期"最短不少于 20 日"的规定。

6. 某单位 X 光机采购招标文件发布后，潜在投标人 A 公司提出异议，之后提起投诉，投诉事项为：招标文件将"具备民用航空安全检查设备使用许可"设置为"▲"条款，不满足扣 4 分，属于"以不合理的条件限制或者排斥潜在投标人"的情形。行政监督部门调查认为，本项目采购的 X 光机用于对货物进行安全检查，部分用于机场，部分用于港口、公路口岸等。根据《民用航空安全检查规则》第二十一条的规定，用于民航安检工作的民航安检设备应当取得"民用航空安全检查设备使用许可证书"。若非应用于民用机场，将"民用航空安全检查设备使用许可"设置为技术条件进行评审，属于《招标投标法实施条例》第三十二条规定的"设定的资格、技术、商务条件与招标项目的具体特点和实际需求不相适应或者与合同履行无关"的情形，因此责令修改招标文件。

评析：招标文件设定的资格条件应与招标项目的具体特点和实际需求相适应，将与实际采购需求没有直接关联的其他相关要求作为资格条件，构成以不合理条件限制、排斥潜在投标人或者投标人。

（三）异议时间和异议答复期限

1. 异议时间

为了督促及时提出异议，确保招投标活动的效率，《招标投标法实施条例》第二十二条对于提出异议和答复的期限也作出明确限制，即资格预审申请人和潜在投标人在获取资格预审文件和招标文件后，发现存在问题且有异议的，应当在资格预审申请截止时间 2 日前或者投标截止时间 10 日前提出，以便招标人有足够的时间采取措施予以纠正，尽可能减少对正常招标投标程序的影响，避免事后纠正造成损失过大。

因此，潜在投标人、利害关系人拿到资格预审文件和投标文件后，应当全面分析文件内容，发现存在错漏、违法的，应当在最短时间内向招标人提出。按照前面时间推算，如果是在发售第一时间取得资格预审文件和招标文件的，应当是在取得资格预审文件之日起 3 日内、取得招标文件之日起 5 日内提出异议，如果取得文件的时间延后，可以提出异议的时间就逐渐缩短。异议人应当充分重视异议提出时限，避免异议权甚至投诉权因时效原因而灭失。超过这个时间，提起异议，属于无效的异议，招标人可以不予受理、不予答复。

【类案释法 3-9】对招标文件内容逾期提出的异议无效

某单位仓库建设项目招标，C 公司对招标文件内容认为评分标准设置不合法，对潜在投标人实行差别待遇，提出异议被驳回后，提起投诉。住建部门认为，投诉事项属于对招标文件的异议。C 公司购买招标文件的时间为 2017 年 3 月 24 日，应在投标截止时间（2017 年 4 月 14 日）10 日前提出异议。而 C 公司提出异议的时间（2017 年 4 月 18 日）已超过法定异议期限。因此，投诉事项属于无效投诉事项，决定驳回投诉。

2. 异议答复期限

为了保障潜在投标人异议权，相对应地，招标人负有在限期内履行答复义务，即应当自收到异议之日起 3 日内尽快核实异议事项，并作出答复，及时消除疑惑、化解争议，这就是异议答复期限，该日期从收到异议的第二天开始起算。招标人或受招标人委托的招标代理机构应当在 3 天之内正式答复，最晚时间是第三天本单位业务结束时间，也就是下班时间。超出该期限未予答复或异议人对答复不满意的，都可以根据《招标投标法实施条例》第六十条规定向行政监督部门提出投诉。

（四）异议和答复的形式

基于效率的考虑，现行法律对答复质量、答复形式未作统一要求，鼓励当事人以异议方式尽快消除分歧，不至于因对异议和回复设置过多的程序性要求，增加异议人、招标人的负担，降低采购效率，拖延招投标活动。

实践中异议和回复的形式可以由当事人根据具体情况在招标文件中事先予以明确，或者完全由当事人自主决定。考虑到这类异议是投诉的前置条件，为保障异议的可追溯性，异议的提出和答复应尽可能采用书面形式，并应当妥善保存备查。潜在投标人尽量采用书面形式，有利于留存证据，也有利于招标人准确把握异议人的诉求。招标人对异议的答复构成对招标文件澄清或者修改的，招标人应当按照《招标投标法实施条例》第二十一条规定办理，也就是必须是书面形式。

（五）对异议作出答复前招标人应当暂停招投标活动

根据《招标投标法实施条例》第二十二条规定，招标人在答复异议之前，应当暂停招标投标活动。要求暂停招投标活动的规定，可以进一步强化招标人及时回复异议的义务，防止招标人故意拖延，也是为了防止招标文件确有错误如不及时纠正将可能引起后续更大的损失或导致不可逆转的后果。该条规定应当暂停的招投标活动，是指异议一旦成立即受到影响，且在异议答复期限需要采取的下一个招投标环节的活动。暂停的具体期限取决于异议的性质、对资格预审文件和招标文件的影响以及招标人处理异议的效率。如果异议成立，招标人将修改招标文件。如果异议不成立，答复之日即可取消暂停的决定，恢复招投标程序，进入下一个环节。

（六）异议处理结果

招标人收到异议之后，应当组织专业人员或专家进行研究论证，根据论证结果及时答复异议人。

一是驳回异议。认为资格预审文件、招标文件合法合规不存在错误、问题的，可以驳回异议。

二是异议成立，修改资格预审文件、招标文件。经过核实，招标文件确实存在排斥潜在投标人、对投标人实行歧视待遇等情形，存在不合法、不合规或者存在错误或其他问题的，影响投标人公平公正投标、影响招标投标活动正常进行的，异议成立，应当在规定的时间内作出回复，并不得组织开标活动。招标人可以依据《招标投标法实施条例》第二十一条规定，对资格预审文件、招标文件进行澄清或修改。

也正因如此，当招标人收到异议之后，经研究认为异议成立需对资格预审文件或招标文件进行澄清、修改，因此，对资格预审文件和招标文件进行澄清或者修改的时间会稍晚于异议的时间。

如果异议成立，招标人不及时主动澄清、修改资格预审文件、招标文件，则会更加被动。有关资格预审文件或招标文件内容的异议成立而又未及时给予纠正，潜在投标人如果投诉，则招标人应当按照规定修改文件内容后重新组织招标。《招标投标法实施条例》第二十三条有相应规定，即招标人编制的资格预审文件、招标文件的内容违反法律、行政法规的强制性规定，违反公开、公平、公正和诚实信用原则，影响资格预审结果或者潜在投标人投标的，依法必须进行招标的项目的招标人应当在修改资格预审文件或者招标文件后重新招标。

第五节　现场踏勘和投标预备会

一、现场踏勘

根据《招标投标法》第二十一条规定，招标人根据招标项目的具体情况，可以组织潜在投标人踏勘项目现场。踏勘现场是指招标人组织潜在投标人对项目的实施现场场地客观条件和周围环境进行的现场调查。招标人在发出招标公告或者投标邀请书以后，可以根据招标项目的实际需求，通知并组织潜在投标人到项目现场进行实地勘察，有助于投标人了解项目实施现场情况并作出科学、合理的投标决策。这样的招标项目通常以工程项目居多，工程设计、监理、施工和总承包项目招标有必要组织现场踏勘。

（一）招标人和潜在投标人在现场踏勘中的职责

《招标投标法实施条例》第二十八条规定："招标人不得组织单个或者部分潜在投标人踏勘项目现场。"《工程建设项目施工招标投标办法》第二十二条第一款规定，招标代理机构也可以在招标人委托的范围内，承担组织投标人踏勘现场事宜。第三十二条规定，招标人根据招标项目的具体情况，可以组织潜在投标人踏勘项目现场，向其介绍工程场地和相关环境的有关情况。潜在投标人依据招标人介绍情况作出的判断和决策，由投标人自行负责。招标人不得单独或者分别组织任何一个投标人进行现场踏勘。综合考虑，在现场踏勘中，招标人和潜在投标人应履行的职责如下：

第一，是否组织踏勘现场，由招标人根据招标项目的具体情况需要自主决定。如果招标人不组织集体踏勘现场的，潜在投标人可以自行到现场踏勘，但招标人不参与、不负责单独介绍任何工程场地和相关环境的有关情况。

第二，招标人不得单独或者分别组织任何一个投标人进行现场踏勘。也就是说，招标人如果组织现场踏勘，潜在投标人决定参与的，应当在指定时间到指定地点参与踏勘现场的活动。为了避免对不同的潜在投标人提供差别信息，招标人不能单独只组织一个或其中若干投标人踏勘现场，也不得分批次组织踏勘现场，要求必须在同一时间踏勘同一现场。

第三，通知潜在投标人踏勘现场是招标人的义务，是否参加现场踏勘是潜在投标人的权利。招标人组织踏勘现场的，应当通知每一个潜在投标人，但是否参加踏勘现场，是投标人的权利而非义务，由其自主决定。招标人不得要求潜在投标人必须参加现场踏勘，不得以潜在投标人不参加现场踏勘就否决投标或拒绝其投标为由拒绝潜在投标人。为了全面准确了解项目实施背景情况，潜在投标人应当重视现场踏勘，调查掌握准确的第一手资料，有利于制订科学的实施方案，准确拟定投标价格标准。

【类案释法 3-10】未参加现场踏勘不能作为无效投标的条件

某招标代理机构受采购人委托，对某专业设备供货以及安装改造项目进行招标，采购预算 315 万元。该项目在投标文件中明确，鉴于项目现场较为复杂，场地狭窄，而且需要拆除旧的设备后安装，项目设定了现场踏勘时间、地点、联系人，建议投标人务必前往现场踏勘。投标截止时，共有 A、B、C、D、E 五家单位参与。在进行资格条件和实质性响应审查期间，招标人代表指出，最低报价的 C 公司没有去现场踏勘，建议作无效投标处理。

评标委员会主任指出，在招标文件中，并没有规定不去现场踏勘是无效投标的条件，因此不可以作为无效投标处理。其他专家同意通过 C 公司的资格条件。

分析：本案例的招标文件规定了现场踏勘时间、地点，建议投标人务必前往现场踏勘，但去不去现场踏勘并不是实质性响应指标，招标文件也不宜将是否去现场踏勘作为实质性响应条件或拒绝投标的条件，不能拒绝不去现场踏勘的投标人的投标。如果招标文件要求投标人必须参加现场踏勘，或者具有招标人出具的现场踏勘证明或测试证明，才能参加投标，或将不去现场踏勘作为无效投标的条件，可能涉嫌《招标投标法实施条例》第五十一条规定的属于以不合理的条件对供应商实行差别待遇或者歧视待遇。

第四，招标人应当向潜在投标人介绍相关情况，但投标人对根据现场踏勘结果作出的投标决策由其自行负责。招标人一般会带投标人参观项目现场，并向潜在投标人介绍工程场地和相关环境，其目的在于帮助投标单位充分了解项目的基本情况，以便合理计算投标价、科学作出投标决策。招标人介绍的内容应当相同，确保潜在投标人获知的信息是相同的。招标人也会就投标人所提出的有关投标的各种疑问做出回答，潜在投标人踏勘现场和摸底后对于"拿不准"和重要的问题可以以书面形式向招标人提出疑问，并由招标人作出书面答复，该书面答复构成招标文件的组成部分，应当通知到所有潜在投标人，并不标明提出该问题的潜在投标人名称。潜在投标人依据招标人介绍的情况作出的判断和决策，由投标人自行负责，招标人不对投标人了解现场情况的全面性、准确性负责，也不对其最终判断、决策正确与否负责。

第五，招标人应注意对潜在投标人信息进行保密。招标人应当对购买招标文件的潜在投标人的数量和名称等信息进行保密，因此在组织现场踏勘的过程中，不得集中点名或集中签到，如果有必要，可以单独报名或单独签到，防止在现场踏勘过程中暴露潜在投标人身份。

（二）现场踏勘的内容

潜在投标人到现场调查，进一步了解招标者的意图和现场周围环境情况，以获取有用信息并据此作出是否投标或投标策略以及投标价格决定。投标人如果在现场踏勘中有疑问，应当在投标预备会前以书面形式向招标人提出。

潜在投标人可以根据招标文件和技术要求、图纸等附件的要求，对影响工程施工的现场条件进行全面考察，了解经济、地理、地质、气候、法律环境等情况，了解工程周边道路交通、用水、用电、运输、场地等施工条件，了解环境敏感点、保护区、河流、水污染、古树名木、人文遗迹、自然保护区等影响项目实施的因素，也能对工程周边地方材料、人工成本等进行了解，更能对招标人提供的图纸是否与工程现场情况相一致进行核实，若发现不符可及时向招标人提出疑问要求其澄清答疑。

如果不进行现场踏勘，可能出现投标报价无准备、无法发现招标文件中的问题等，若出现工程造价与投标价格出入较大的情形，施工企业将面临较大损失。但是，并非所有的招标项目，招标人都有必要组织潜在投标人进行实地勘察，对于采购对象比较明确如货物招标，往往就没有必要进行现场踏勘。

（三）现场踏勘的操作程序

对于现场踏勘的操作程序，招标人可以参照中国招标投标协会编写的《招标采购代理规范》来执行，即：

7.4　组织潜在投标人踏勘现场

7.4.1　根据招标项目实际需求，拟组织现场踏勘的，招标代理机构应在招标文件中明确现场踏勘的时间、地点和相关注意事项。

7.4.2　踏勘现场过程中，招标代理机构应组织相关人员向潜在投标人介绍招标项目有关情况。踏勘项目现场的组织程序一般如下：

（1）招标代理机构在招标文件中规定的时间和地点，召集潜在投标人；

（2）组织潜在投标人前往项目现场；

（3）依据事先确定的踏勘路线，介绍项目现场内外实施条件；

（4）潜在投标人踏勘项目现场；

（5）现场踏勘结束。

7.4.3　对潜在投标人在踏勘现场过程中提出的问题，招标代理机构当场不能说明的，可以在投标预备会上予以集中澄清或说明，也可以按照本规范第7.6款规定通过书面形式予以解答。

7.4.4　组织踏勘现场过程中，需要招标人给予必要支持的，招标代理机构应提请招标人进行协助，包括现场进入和相关设施的临时使用、招标项目及其现场有关信息的提供和介绍、相关专业机构（勘察、设计、造价等）或其他涉及单位的协调等事项。

7.4.5　招标代理机构不得组织单个或者部分潜在投标人踏勘项目现场，并应注意避免在现场踏勘过程中泄露潜在投标人名称、数量以及可能影响公平竞争的有关招标投标的其他情况。

7.4.6　踏勘项目现场工作应组织有序，招标代理机构应提醒潜在投标人采取必要的安全保护措施。

招标人应在招标文件中载明"标前会"和"踏勘现场"的时间、集合地点和是否由投标人自带车辆等内容。按照招标文件规定的时间、地点，组织由设计单位和所有购买招标文件的潜在投标人参加的"标前会"和"踏勘现场"。为便于操作和节省大家的时间及费用，"标前会"和"踏勘现场"最好一起组织。

二、投标预备会

投标预备会是招标人为了澄清、解答潜在投标人在阅读招标文件或现场踏勘后提出的疑问，按照招标文件规定时间组织的投标答疑会。可以不经现场踏勘径行组织标前答疑会，也可以在现场踏勘之后组织标前答疑会。对于复杂的招标项目，招标人可以决定召开投标预备会，集中解答投标人在踏勘现场或对招标文件提出的疑问，对招标文件中有关重点、难点等内容主动作出说明，也可以对投标人的相关疑惑进行澄清解释说明，以便投标人更详细准确地掌握招标文件要求，更准确编制投标文件作出实质性响应。所有的澄清、解答均应当以书面形式发给所有获取招标文件的潜在投标人，并属于招标文件的组成部分。潜在投标人在标前答疑会上仍可以就存在的疑问进行咨询。

对于标前答疑会的操作程序，招标人可以参照中国招标投标协会编写的《招标采购代理规范》来执行，即：

7.5　组织召开投标预备会

7.5.1　根据招标项目实际需求，拟组织召开投标预备会的，招标代理机构应在招标文件中明确召开投标预备会的时间、地点和相关注意事项。

投标预备会的召开时间不宜距离招标文件出售截止时间过近，应保证所有潜在投标人有足够的时间阅读和了解招标文件相关内容。

7.5.2 招标代理机构应根据潜在投标人的数量预定投标预备会召开场所，准备会议所需的必要设备、设施，并提请招标人予以支持。

7.5.3 招标代理机构应对潜在投标人在踏勘现场过程中提出的问题以及潜在投标人对招标文件提出的其他疑问进行汇总、分析，提出初步答复建议，与招标人充分沟通后，确定最终答复方案。

潜在投标人提出的问题涉及技术标准和要求、设计图纸或工程量清单等内容，需要设计单位代表或其他单位予以澄清或说明的，招标代理机构应提请招标人予以协调。

7.5.4 投标预备会由招标代理机构负责组织召开。招标代理机构应提前通知招标人，确定其是否派代表参加投标预备会。投标预备会的组织程序一般如下：

（1）宣布会议开始；

（2）介绍招标代理机构代表及有关参会人员；

（3）集中澄清潜在投标人在要求提交澄清问题截止时间前提出的问题，必要时，可以对有关事项进行统一说明；

（4）宣布会议结束。

7.5.5 在组织召开投标预备会过程中，招标代理机构不得指明澄清问题的来源，并应注意避免泄露潜在投标人的名称、数量以及可能影响公平竞争的有关招标投标的其他情况。

7.5.6 对于在投标预备会上予以口头澄清或说明的问题，招标代理机构应在会后整理形成书面文件，并作为招标文件澄清与修改的一部分内容，按照本规范第7.6款的规定发出。

针对现场踏勘及投标预备会上潜在投标人提出的问题和招标文件中有待补充完善的内容，招标人应及时将其对潜在投标人问题的澄清，以及对招标文件的补充修改进行汇总整理，形成书面的招标文件澄清与修改，提供给所有下载或购买招标文件的潜在投标人。

第六节　暂停招标活动和终止招标

一、暂停招标活动

招标过程中出现应当暂停招标的特殊情况时，招投标活动应暂停，暂停的原因消除后再行恢复。

（一）暂停招标活动的情形

1. 因异议暂停招标活动

《招标投标法实施条例》第二十二条规定："潜在投标人或者其他利害关系人对资格预审文件有异议的，应当在提交资格预审申请文件截止时间 2 日前提出；对招标文件有异议的，应当在投标截止时间 10 日前提出。招标人应当自收到异议之日起 3 日内作出答复；作出答复前，应当暂停招标投标活动。"

第五十四条规定："依法必须进行招标的项目，招标人应当自收到评标报告之日起 3 日内公示中标候选人，公示期不得少于 3 日。投标人或者其他利害关系人对依法必须进行招标的项目的评标结果有异议的，应当在中标候选人公示期间提出。招标人应当自收到异议之日起 3 日内作出答复；作出答复前，应当暂停招标投标活动。"

需要注意的是，只要当事人依法提起异议，招标人就应当暂停招标投标活动。

2. 因投诉暂停招标活动

《招标投标法实施条例》第六十二条规定："行政监督部门处理投诉，有权查阅、复制有关文件、资料，调查有关情况，相关单位和人员应当予以配合。必要时，行政监督部门可以责令暂停招标投标活动。"

与因异议必须暂停招标投标活动不同，在当事人提起投诉的情况下，不是必须暂停招标投标活动，是否暂停，由行政监督部门根据投诉事项具体情况，酌情考虑如果不暂停可能导致不可逆的结果，可以决定暂定招标投标活动并责令招标人执行该决定。

此外，招标人也可能因为其他原因暂停招标，比如 2020 年上半年因新冠肺炎疫情导致某些现场招标会无法按时召开，招标人就有可能宣布"暂停招标"。

（二）暂停招标的影响

暂停招标只是招标投标程序的暂缓进行，待暂定事由消失后，招标投标程序恢复进行，并未取消招标活动，一般对投标人不会有太大影响，所以法律并没有规定相应法律责任或具体的程序。

二、终止招标

一般来说，终止招标是在资格预审公告或招标公告发布后，中标通知书发出之前，招标人结束招标投标活动的行为。《招标投标法实施条例》第三十一条规定："招标人终止招标的，应当及时发布公告，或者以书面形式通知被邀请的或者已经获取资格预审文件、招标文件的潜在投标人。已经发售资格预审文件、招标文件或者已经收取投标保证金的，招标人应当及时退还所收取的资格预审文件、招标文件的费用，以及所收取的投标保证金及银行同期存款利息。"虽然仅规定了在投标文件提交前的终止招标，但是事实上，招标开始后的任何阶段招标人都可能终止招标，只不过引发的法律后果有所不同。

（一）终止招标的情形

实践中，经常发生招标人在启动招标工作后因为各种原因未能将招标流程进行到底的情况。比如因招标准备工作不够充分，在招标文件发出后发现技术规范书编制存在重大缺陷，如果继续进行招标活动，可能导致无法采购到所需要的货物或者服务；或者开标以后发现投标人报价远超预期，招标人无力承担；或者由于计划有变需要取消采购活动等。根据《招标投标法实施条例》第三十一条规定，在发出招标公告或发出招标文件（或资格预审文件）后，除非因不可抗力，不得随意终止招标。

除非有正当理由，招标人启动招标程序后不得擅自终止招标。其理由在于，一是招标人终止招标的行为违背了《招标投标法》规定的诚实信用原则。二是若允许招标人能够擅自终止招标，会影响招投标活动的公正与公平，可能会出现先定后招、虚假招标、排斥潜在投标人的情况。三是招标人擅自终止招标会打击投标人参与投标的积极性。四是不得擅自终止招标有助于促使招标人更好地完成招标前的计划与准备工作。但是，如果招标过程中出现了因非招标人原因而无法继续招标的特殊情况，招标人不得不终止招标，也能防范造成更大损失。

根据现行法律，合法终止招标主要包括以下情形：（1）因不可抗力原因终止招标。包括自然因素（如地震、洪水、海啸、火灾等）和社会因素（如颁布新的法律、政策、行政措施以及罢工、骚乱等）。（2）因投标人不足三家而终止招标。(3) 因有效投标不足三家，缺乏竞争性而终止招标。(4) 因排名第一的中标候选人放弃中标或不提交履约保证金，招标人终止招标。(5) 依法必须进行招标的项目因招标投标活动违反法律规定而终止招标。(6) 招标项目所必需的客观条件发生了变化，例如招标项目启动所需的一些先决条件（如审批和核准手续、所需资金、规划许可证等）因国家产业政策调整、规划改变、用地性质变更等非招标人原因而发生变化，导致招标工作不得不终止。

除去上述因客观原因或不可抗力原因等可以终止招标的特殊情况，实践中比较常见的情形还有：招标人重新调整标段划分；招标人改变投标人资格条件或者招标范围；已发布的招标项目基本信息不准确，需要修改招标文件等。实际上，这些情况或多或少都与招标准备工作的不充分有关。因此，招标人充分完成招标前的计划与准备工作，能有效防止终止招标的情况发生。

《工程建设项目施工招标投标办法》《工程建设项目货物招标投标办法》《工程建设项目勘察设计招标投标办法》均规定，除不可抗力原因外，招标人在发布招标公告、发出投标邀请书后或者售出招标文件或资格预审文件后不得终止招标。

【疑难解析 3-18】招标人到底能不能终止招标？

根据《招标投标法实施条例》第三十一条规定，招标人有权终止招标活动；而《工程建设项目施工招标投标办法》第十五条第四款规定，招标文件或者资格预审文件售出后，不予退还。招标人在发布招标公告、发出投标邀请书后或者售出招标文件或资格预审文件后不得擅自终止招标。上述两个法条是否存在冲突？招标人到底能不能终止招标？

《招标投标法实施条例》第三十一条是关于终止招标后招标人应尽的法律义务方面的规定。也就是说，法律虽然赋予招标人有终止招标的权利，但招标人一旦行使了该权利，就得承担相应的法律义务。因此，《招标投标法实施条例》第三十一条本质上不是赋予招标人行使终止招标的权利，而是在约束招标人随意终止招标的行为。

仅从表面上看二者的规定是相抵触的，实则不然。在我国的法律体系中，下位法对上位法作出具体的、可操作性的实施性规定不仅必要而且重要。作为《招标投标法实施条例》下位法的《工程建设项目施工招标投标办法》有权对上位法作出实施性规定，其中《工程建设项目施工招标投标办法》第十五条对允许招标人终止招标的情形作了补充和完善，规定除不可抗力原因外，招标人在启动招标程序后，不得终止招标。从这个意义上看，两个法条的立法目的是一致的，不存在矛盾和冲突之处。

（二）终止招标的程序要求

招标人如因特殊事由（但并非不可抗力）终止招标的，仍应遵循"公开、公平、公正"的原则，履行必要的告知及法定退款义务，以争取减少或降低被潜在投标人、投标人以及其他利害关系人投诉和涉诉的法律风险。根据《招标投标法实施条例》第三十一条规定，终止招标时招标人应承担的义务如下：应当及时发布公告，或者以书面形式通知被邀请的或者已经获取资格预审文件、招标文件的潜在投标人。已经发售资格预审文件、招标文件或者已经收取投标保证金的，招标人应当及时退还所收取的资格预审文件、招标文件的费用，以及所收取的投标保证金及银行同期存款利息。

（三）擅自终止招标的法律责任

终止招标的法律责任因终止的阶段以及是否具有法律依据而有所不同。招标人合法终止招标的，一般无须承担法律责任。但是如果系因招标投标活动违反招标投标法的规定，导致不得不终止招标，重新招标的，过错方需依法承担相应的法律责任。

1. 行政责任

招标人在投标人提交投标文件之后终止招标的，可能产生以下后果：一是无法确定中标人（如果在中标人确定前终止招标）；二是无法签订合同（如果在中标人确定后终止招标）。《招标投标法实施条例》第七十三条规定，无正当理由不发出中标通知书或者无正当理由不与中标人订立合同的，对于依法必须进行招标的项目，招标人将承担以下行政责任：由有关行政监督部门责令改正，处中标项目金额 10‰以下的罚款；对单位直接负责的主管人员和其他直接责任人员依法给予处分。

【疑难解析 3-19】非依法必须招标项目终止招标是否也要承担行政责任？

《招标投标法实施条例》第七十三条规定，无正当理由不发出中标通知书或者无正当理由不与中标人订立合同的，对于依法必须进行招标的项目，招标人将承担以下行政责任：由有关行政监督部门责令改正，处中标项目金额 10‰以下的罚款；对单位直接负责的主管人员和其他直接责任人员依法给予处分。从上述规定可以看出，因终止招标导致未发出中标通知书或不与中标人订立合同时，只有依法必须招标的项目，招标人需承担相应的行政责任。

对于非依法必须招标的项目，在招标人终止招标时，无论是《招标投标法》《招标投标法实施条例》，还是配套的部委规章，均未规定需承担任何行政责任。但是需要注意的是，对于施工、货物和勘察设计招标，在招标文件或招标公告发出后终止招标的，均属违法行为（因不可抗力原因终止招标的除外），对于国有企业来说，即使不会受到行政处罚，也可能面临审计风险。

2. 民事责任

《民法典》第五百条规定，当事人在订立合同过程中有违背诚实信用原则的行为，给对方造成损失的，应当承担损害赔偿责任。招标人在投标人提交投标文件后无正当理由不按照法律和招标文件规定发送中标通知书；在确定中标人后无正当理由不与中标人签订合同，属于明显的违背诚实信用原则的行为。

根据上述规定，由此给投标人造成损失的，理应承担损害赔偿责任。实践中，司法机关认定的投标人损失一般包括投标人编制投标文件和参加投标的费用；对于拒绝与中标人签订合同的，招标人甚至需承担违约赔偿责任（部分案例中法院认为中标通知书发出即视为合同已成立并生效）。

【疑难解析 3-20】招标文件规定招标人终止招标不承担法律责任的条款是否有效？

实务中，招标人为了规避终止招标的法律风险，经常在招标文件中规定以下类似内容："招标人有权在授标之前拒绝任何投标或终止招标程序，不承担由于招标终止而产生的任何责任。"但是事实上，上述规定并不能达到招标人的预期目的。关于终止招标的行政法律责任是由行政法规作出的强制性规定，招标文件中关于招标人终止招标不承担法律责任的规定与行政法规冲突，是无效的。

关于招标人是否需要承担民事责任的问题，目前理论界尚无统一的答案。有人认为，如果投标文件对于招标文件的上述规定未提出偏差，则视为同意招标文件的要求，招标人在终止招标时，即无需承担民事法律责任，包括缔约过失责任和违约赔偿责任。招标文件中的免责规定涉嫌违反《民法典》第四百九十七条的规定，提供格式条款一方不合理地免除或者减轻其责任、加重对方责任、限制对方主要权利或者提供格式条款一方排除对方主要权利的，该格式条款无效。该规定不影响招标人单方终止招标时所需承担的民事责任。

实践中，招标人常常因为自身原因不得不中途终止招标。比如，投标报价超出预算、招标文件技术要求不够准确导致投标产品无法满足实际需求等。这些情况主要是由于招标准备工作不充分所导致的，责任在招标人。因此，招标人应当充分重视招标准备工作（比如设置合理的投标限价、编制具体明确的技术要求等），尽量避免出现因自身原因而不得不终止招标的情况。

第七节　招标无效与重新招标

一、招标无效

《招标投标法》《招标投标法实施条例》未规定招标无效，只有《招标投标法实施条例》第八十一条规定，依法必须进行招标的项目的招标投标活动违反招标投标法和本条例的规定，对中标结果造成实质性影响，且不能采取补救措施予以纠正的，招标、投标、中标无效，应当依法重新招标或者评标。但是何为招标无效并没有作出具体规定。大概来说，招标无效，就是招标人的招标行为因违反法律、行政法规的强制性规定而导致招标投标活动的全部环节无效。招标被确认无效的，依法必须招标项目的招标人应当重新招标。

（一）认定招标无效应当满足的条件

一是存在违法行为。具体来说，就是依法必须进行招标的项目的招标投标活动违反了《招标投标法》和《招标投标法实施条例》的强制性规定。例如，不在指定媒介发布招标公告，应当公开招标的项目在缺乏正当理由的情况下邀请招标等。

二是对中标结果造成实质性影响。所谓实质性影响，就是由于该违法行为的发生，未能实现最优采购目的，包括应当参加投标竞争的人未能参加、最优投标人未能中标等。对中标结果造成的影响，包括已经造成的和必然造成的。比如招标文件规定评标标准明显偏向特定投标人，即便在评标过程中发现，也可以认定招标无效，不需要等中标候选人推荐出来后再认定。

三是不能采取措施予以纠正。具体来说，就是违法行为已经发生，相关影响已经造成或者必然造成。为了及时纠正违法行为，防止造成既成事实，《招标投标法实施条例》第二十二条、第五十四条以及第六十二条规定了暂停制度，第二十三条规定了资格预审文件和招标文件的修改制度，第三十八条规定了投标人的告知义务，第五十六条规定了履约能力审查制度，法律责任一章中规定了责令改正措施。即便如此，也不能完全避免一些既成事实的发生。因此，有必要对相关行为的效力作出明确规定，以便纠正违法行为。

【类案释法 3-11】招标文件内容违法将导致招标无效，应当重新招标

（2000）绵行初字第 11 号行政判决书：绵阳市中级人民法院认为，参加投标的企业及其申报的项目经理，必须具备相应的资质等级。四川省建委（1998）1260 号文件依据《招标投标法》《建筑法》的授权对在四川省境内参与招投标企业的项目经理资质等级作出了具有强制效力的明确规定。而某邮政局在此次招标活动中，招标文件约定项目经理取得培训合格证即可，该约定低于国家强制性规范的要求，显然是违法的。县、市两级招标行政管理机关据此认定此次招标活动无效，并要求招标单位重新招标是正确的，其处理于法有据。

（二）招标无效的常见情形

根据《机电产品国际招标投标实施办法（试行）》等部门规章规定，招标无效的常见情形有：（一）招标文件重要商务或技术条款（参数）出现内容错误、前后矛盾或与国家相关法律法规不一致的情形；（二）与投标人相互串通、虚假招标投标；（三）以不正当手段干扰招标投标活动；（四）不履行与中标人订立的合同；（五）违法泄露应当保密的与招标投标活动有关的情况、材料或信息；（六）无故废弃随机抽取的评审专家；（七）不依法发出中标通知书或者擅自变更中标结果；（八）未在指定的媒介发布招标公告；（九）应当公开招标而不公开招标；（十）不具备招标条件而进行招标；（十一）应当履行核准手续而未履行；（十二）在提交投标文件截止时间后接收投标文件；（十三）投标人数量不符合法定要求；（十四）其他违反招标投标法、招标投标法实施条例和部门规章影响评标结果公正性的行为。

招标无效，需由招标投标行政监督部门认定。只有招标人的违法行为情节严重可能影响评标结果公正性的，才认定为招标无效。

（三）招标无效的法律后果

当招标投标行政监督部门认定招标无效的，该次招标活动全部环节归于无效，招标投标行政监督部门将依据不同情形予以责令改正、罚款等行政处罚。如果是依法必须招标项目，招标人应当改正违法行为（如修改招标文件），重新组织招标。如果是非依法必须招标项目，招标人可以重新组织招标，也可以采用非招标的其他采购方式。

二、重新招标

重新招标在招标活动中也比较常见，引起重新招标的具体事由包括出现法定情形导致招标投标程序无法进行，招标人、投标人或者评标委员会的违法行为导致招投标或评标无效等。

（一）重新招标的常见情形

（1）招标失败。一是依据《招标投标法实施条例》第十九条规定，通过资格预审的申请人少于3个的，应当重新招标。二是依据《招标投标法》第二十八条、《招标投标法实施条例》第四十四条规定，截止提交投标文件的时间，投标人少于3个的，不得开标，招标人应当重新招标。三是投标截止时间即将届满，招标人提出延长投标截止时间但同意延长投标有效期的投标人少于3个。四是依据《招标投标法》第四十二条规定，必须招标项目经评标委员会评审，认为所有投标都不符合招标文件要求，所有投标被否决的，招标人应当重新招标。

【疑难解析3-21】依法必须招标的工程建设项目重新招标再次失败后，是否还要继续组织招标，能否不再招标而采用其他采购方式？

《工程建设项目施工招标投标办法》第三十八条第三款规定："依法必须进行施工招标的项目提交投标文件的投标人少于三个的，招标人在分析招标失败的原因并采取相应措施后，应当依法重新招标。重新招标后投标人仍少于三个的，属于必须审批、核准的工程建设项目，报经原审批、核准部门审批、核准后可以不再进行招标；其他工程建设项目，招标人可自行决定不再进行招标。"《工程建设项目货物招标投标办法》第三十四条第四款也有类似规定。因此，对于重新招标后投标人仍少于三个的情形，可以不再进行招标，但属于依法必须审批、核准的工程建设项目需要报经原审批、核准部门审批、核准，这样既要确保采购效率也要注意保障规范性；对于其他工程建设项目，本身就没有要求必须招标，因此招标人可自行决定不再进行招标，不需要办理什么审批手续。

机电产品国际招标中，重新招标后如投标人仍少于3个的，根据《机电产品国际招标投标实施办法（试行）》第四十六条第二款规定，可以进入两家或一家开标评标；按国家规定需要履行审批、核准手续的依法必须招标的项目，报项目审批、核准部门审批、核准后可以不再进行招标。

（2）有效投标缺乏竞争性。参与投标的实际投标人数量大于或等于3个，但在评标过程中出现个别投标人被否决投标，导致有效投标人少于3个时，评标委员会认为投标缺乏竞争性的，有权决定是否继续进行招标程序。出现上述两类情况时，由于投标人数过少而不能保证充分必要的竞争，因此，招标人应当终止本次招标，依法重新组织招标。

（3）资格预审文件、招标文件内容违法。依据《招标投标法实施条例》第二十三条规定，招标人编制的资格预审文件、招标文件的内容违反法律、行政法规的强制性规定，违反公开、公平、公正和诚实信用原则，影响资格预审结果或者潜在投标人投标的，必须招标项目的招标人应当在修改资格预审文件或者招标文件后重新招标。

（4）招标、中标无效。一是《招标投标法实施条例》第五十五条规定，国有资金占控股或者主导地位的必须招标项目，排名第一的中标候选人放弃中标、因不可抗力不能履行合同、不按照招标文件要求提交履约保证金，或者被查实存在影响中标结果的违法行为等情形，不符合中标条件的，招标人有权重新招标，也可依次确定其他中标候选人为中标人。也就是招标人有权在重新招标或者评标中选择。二是《招标投标法实施条例》第八十一条规定，必须招标项目的招标投标活动违反招标投标法和本条例的规定，对中标结果造成实质性影响，且不能采取补救措施予以纠正的，招标、投标、中标无效，应当依法重新招标或者评标。三是依据《招标投标法》第六十四条规定，必须招标项目违反该法规定，中标无效的，应当重新确定中标人或者重新招标，由招标人决定。但《房屋建筑和市政基础设施工程施工招标投标管理办法》第四十九条规定，招标投标活动中有《招标投标法》规定中标无效情形的，由县级以上地方人民政府建设行政主管部门责令重新组织招标。此处与《招标投标法》第六十四条有两点差异，一是由县级以上地方人民政府建设行政主管部门宣布中标无效，二是责令重新招标，并没有规定招标人还可从其余中标候选人中重新确定中标人。

（二）"应重新招标而未重新招标"的法律责任

在出现依法应当重新招标的法定情形时，招标人应当重新招标。如果招标人对依法应当重新招标的项目没有重新进行招标的，中标将被认定为无效，并且招标人、投标人还将承担行政责任，但是对于不属于法定必须招标的项目，招标人可以不再重新招标，采取其他采购方式也可以。

第四章　投标环节法律实务

第一节　投标人的主体资格

一、投标人的民事主体资格

招标投标是民事活动，投标人应当具备民事主体资格。《民法典》规定的民事主体有法人、非法人组织和自然人。《招标投标法》第二十五条规定："投标人是响应招标、参加投标竞争的法人或者其他组织。依法招标的科研项目允许个人参加投标的，投标的个人适用本法有关投标人的规定。"从招标投标本身属于一种竞争性缔约的民事法律行为的角度来讲，二者规定的民事主体称谓虽然不尽一致，但其外延是一致的。结合《民法典》来看，投标人主要是法人、非法人组织，个别情况下是自然人。

法人是具有民事权利能力和民事行为能力，依法独立享有民事权利和承担民事义务的组织。《民法典》将"法人"细分为三大类，分别为营利法人（包括有限责任公司、股份有限公司和其他企业法人）、非营利法人（包括事业单位、社会团体、基金会、社会服务机构）和特别法人（包括机关法人、农村集体经济组织法人、城镇农村的合作经济组织法人、基层群众性自治组织法人）。尽管法人都可以作为民事主体，但是从其设立目的来说，投标人主要是营利法人，部分事业单位往往也参与投标竞争，特别法人是不参与市场投标竞争的。

非法人组织是指不具有法人资格，但是能够依法以自己的名义从事民事活动的组织，包括个人独资企业、合伙企业、不具有法人资格的专业服务机构等，与招标投标法中的"其他组织"不完全一致。对它的理解来自《最高人民法院关于适用〈中华人民共和国民事诉讼法〉的解释》，其第五十二条解释"其他组织"是指合法成立、有一定的组织机构和财产，但又不具备法人资格的组织，包括个人独资企业、合伙企业、中外合作经营企业、外资企业、社会团体的分支机构和代表机构、法人的分支机构、银行和非银行金融机构的分支机构、乡镇企业和街道企业等。从这个范围可以看出，"其他组织"包括法人的分支机构，也包括大量的非法人组织，与《民法典》中的"非法人组织"是有区别的。非法人组织可以以自己的名义从事民事活动，也就是适格的"投标人"。

自然人是从出生时起到死亡时止，具有民事权利能力，依法享有民事权利，承担民事义务的民事主体。《招标投标法》中的"个人"实际指的就是"自然人"，但是"个人"不是规范的法律术语，应采用"自然人"的称谓。

由此，按照《民法典》对民事主体的划分，"投标人"应当按该法界定为法人（含领取营业执照的法人分支机构）、非法人组织和自然人，都可能作为适格的投标人。

【疑难解析 4-1】个体工商户是"非法人组织"还是"自然人"，能不能参加招标活动？

一般认为，个体工商户是在我国特殊的历史背景下所出现的自然人参与民事法律关系的特殊形式，并非一类独立的民事主体，而是包含在自然人这种民事主体中。《民法典》将自然人、法人、非法人组织并列，"个体工商户"的内容规定在"自然人"章节下，该法第五十四条规定："自然人从事工商业经营，经依法登记，为个体工商户。个体工商户可以起字号。"《个体工商户条例》第二条也规定："有经营能力的公民，依照本条例规定经工商行政管理部门登记，从事工商业经营的，为个体工商户。个体工商户可以个人经营，也可以家庭经营。个体工商户的合法权益受法律保护，任何单位和个人不得侵害。"家庭经营的个体工商户，本质上是两个或多个自然人的集合，并不构成法律地位的变化。上述法律规定将个体工商户作为一种特殊的公民（自然人）主体授予其民事主体资格，由于其具有经营性质，故区别于普通自然人。同时，个体工商户不是一类社会组织，其不具备独立于法人设立人及其成员的财产这一实质要件，且主要由自然人或家庭从事经营管理，故其非组织性特征也决定其不属于法人或非法人组织。因此，个体工商户适用《招标投标法》中关于"个人"也就是自然人的规定。结合《招标投标法》第二十五条规定，投标人应当是法人或者其他组织，一般不包括自然人，只有依法必须招标的科研项目才可能作为投标主体参加，成为适格的投标主体。

【疑难解析 4-2】法人的分支机构能否以自身名义参加投标？

《招标投标法》第二十五条规定的"投标人"中的"其他组织"包括"法人的分支机构"，可以参加投标。《民法典》第七十四条规定："法人可以依法设立分支机构。法律、行政法规规定分支机构应当登记的，依照其规定。分支机构以自己的名义从事民事活动，产生的民事责任由法人承担；也可以先以该分支机构管理的财产承担，不足以承担的，由法人承担。"根据该条规定，法人的分支机构（如分公司）虽不具有法人资格，不能独立承担民事责任，但也属于适格的民事主体，可以以自己的名义从事民事活动。具体而言，分支机构在投标时应以自己的名义购买招标文件、提交投标保证金，提供自有业绩。如果总公司在概括授权之外单独委托分支机构以总公司名义投标、订立合同，则该投标行为视为总公司所为。分公司依法设立并领取营业执照，其合法经营权已经得到法律认可，可以用自己的名称对外签订合同，不需要在参与投标、签署合同时得到公司的专项授权或加盖公司的印章。不论何种情形，由于分支机构不能成为最终民事责任的承担主体，故该投标、订立合同行为的民事责任最终都归属于法人，则招标人无需担心分支机构投标后法律责任的落实问题。

《招标投标法实施条例》第三十二条进一步规定，对于依法必须招标的项目不得非法限定潜在投标人或者投标人的所有制形式或者组织形式，否则属于以不合理条件限制、排斥潜在投标人或者投标人。换言之，依法设立且取得营业执照的分公司享有投标权；对于依法必须招标的项目，招标人应当接受分公司参与投标，不得以其不具备法人资格而拒绝，否则属于以不合理的方式限制或者排斥潜在投标人。当然，对于建设工程施工招标等项目，现行法律规定只有企业法人方可申请工程勘察设计和施工类资质，法人的分支机构不具备这些资质，是不能参与投标的，此情形不属于"非法限定潜在投标人或者投标人的组织形式"。

投标人不但具备前述规定的民事主体资格，还需要满足《招标投标法》第二十五条等规定的投标人资格条件，以及招标文件中约定的投标人资格条件。

二、对投标人资格的限制性法律规定

即便满足前述条件，具有承担招标项目的能力，但因投标人与招标人或其他投标人存在一定利害关系可能影响招标公正性，也可能被法律禁止其投标资格，以维护公平公正的市场竞争秩序。从现行法律来看，下列情形的投标资格受到限制：

（一）与招标人存在利害关系可能影响招标公正性

《招标投标法实施条例》第三十四条规定："与招标人存在利害关系可能影响招标公正性的法人、其他组织或者个人，不得参加投标。……违反前两款规定的，相关投标均无效。"该条款基于公平公正原则，针对存在利害关系、可能影响招标公正性的民事主体的投标资格进行限制。但需要注意的是，"与招标人是否存在利害关系"且该"利害关系"足以达到"可能影响招标公正性"标准的，方应限制其投标资格，两项条件缺一不可。

1. 关于"利害关系"

"利害"指利益和损害，也指难以对付或忍受等，应指"利"与"害"的一体两面。与招标人存在利害关系可能影响招标公正性。考虑到我国经济体制改革还需要进一步深化，各行业、各地区经济社会发展水平不一，以及产业政策与竞争政策的协调，本条没有一概禁止与招标人存在利害关系人、其他组织或者个人参与投标，构成本条第一款规定情形需要同时满足"存在利害关系"和"可能影响招标公正性"两个条件。即使投标人与招标人存在某种"利害关系"，但如果招投标活动依法进行、程序规范，该"利害关系"并不影响其公正性的，就可以参加投标[1]。与招标人具有"利害关系"的情况比较常见，包括招标人不具有独立法人资格的附属机构，招标人与潜在投标人之间相互控股或参股、相互任职或工作的，潜在的施工投标人为招标项目前期准备提供设计或咨询服务等情形，这种"利害关系"有投资、管理、业务关系，内涵太广，不易界定，《标准施工招标文件》第二章"投标人须知"条款列举的情形可供参考，如为项目做过前期咨询服务、设计工作、编制技术规范或监理机构、代建人、招标代理机构等，都不能投标。

根据《招标投标法实施条例》第三十四条的规定，"利害关系"既指投标人与招标人存在利益关系的积极一面，根据一般的生活法则，招标人在利益面前自然难以做到"公正公平"对待，影响招标的公平公正性。还指投标人与招标人存在损害或利益纠葛，彼此有恩怨的消极一面。此时，作为其他投标人也就没有必要担心招标人会对投标人"优厚的特殊待遇"或暗箱操作，关键是该投标人是否还愿意参加投标。因此，此处的"利害关系"应狭义理解为投标人与招标人存在利益关联关系，而不是利益冲突，或不融洽、不友好等情形[2]。判定"利

---

[1] 国家发展和改革委员会法规司、国务院法制办公室财金司、监察部执法监察司编著：《中华人民共和国招标投标法实施条例释义》，中国计划出版社 2012 年版，第 92 页。

[2] 李承蔚：《存在利害关系，必然影响招标公正性吗?》，载《中国招标》2019 年第 44 期。

害关系"的主体是评标委员会，但客观来讲，评标委员会系临时组建，对各投标人与招标人之间是否存在"利害关系"知之甚少，从而导致评标委员会客观评判存在实际难度。这样就导致实践中有无"利害关系"多为其他投标人异议、投诉或举报才被发现。

【疑难解析 4-3】总公司和分公司能否参加同一个招标项目的投标？

《民法典》第七十四条规定："法人可以依法设立分支机构。法律、行政法规规定分支机构应当登记的，依照其规定。分支机构以自己的名义从事民事活动，产生的民事责任由法人承担；也可以先以该分支机构管理的财产承担，不足以承担的，由法人承担。"《公司法》第十四条规定："公司可以设立分公司。设立分公司，应当向公司登记机关申请登记，领取营业执照。分公司不具有法人资格，其民事责任由公司承担。"可知，总公司为法人，而分公司不具备法人资格，分公司作为总公司的分支机构是基于财税和经营便利等原因，根据总公司的意志所设立的对外从事总公司部分经营业务的机构，且分公司的经营范围不得超出总公司的经营范围。分公司经营的业务只是总公司经营业务的一部分。也就是说，二者实则为同一个法人主体。分公司投标，相当于总公司所为的民事法律行为。分公司不能独立承担民事责任，其民事责任的承担者为总公司。因此，总公司和分公司不能参加同一个招标项目，如果其同时投标，就相当于总公司递交了两份投标文件，违背"一标一投"的基本规则。

2. 关于"可能影响招标公正性"

"可能影响招标公正性"属于主观认知的范畴，对其客观评价存在现实困境。实践中，也确实普遍存在一旦与招标人存在利害关系的投标人参与投标并且中标后，就会被其他投标人投诉举报。此规定客观上是允许"与招标人有利害关系"的法人、其他组织或个人参与投标的。实践中影响最大的是，招标人投资的具有法人资格的下属单位如果投标，很可能影响招标公正性，如果不允许其投标，又不甚合理，剥夺其竞争机会和生存条件，尤其是对于业务大而全的国有企业集团来说，更是如此。如果所有投标人都是企业集团内部企业，处于同一竞争环境中，地位相同，一般视为不存在"可能影响招标公正性"的问题；但集团内部企业和外部单位一起来投标，其公正性就会受到严格审视和质疑。有的人认为只要是招标人投资的企业就应当拒绝投标。但由于《招标投标法实施条例》并未对该种情形一概禁止，故只要招标人能够保证招标文件编制、评标专家的抽取、开标、评标、定标等环节，有充分理由证明对每一位投标人均做到公开、公平、公正，并没有任何证据明显显示对其他单位不公，并做好相关资料的存档工作，以备投标人提出异议时，招标人可以给予合理的答复，能够出具有说服力的书面证据，在这样的情况下，可允许有利害关系的单位投标。"公正性"难以保证的，则不应允许其投标，否则对其他投标人不公，在面对"不公正"的指责时难以作出有说服力的解释。

【疑难解析4-4】子公司能否参加母公司招标项目的投标？

在现阶段，我国很多企业的子公司，尤其是国有企业的子公司是依赖母公司（或系统内单位）而生存的，参加招标是其获取业务的主要渠道。如果一概禁止其参加母公司组织的招标活动，不仅影响到大量企业的正常经营，还关系到职工的生存问题和社会稳定。与招标人存在利害关系，不一定就可能影响招标公正性。只有与招标人存在利害关系，且可能影响招标公正性这两个条件同时满足时，子公司才不能参加母公司招标项目的投标。如招标人采用违反法律法规强制性规定的方法促成该法人、其他组织或者个人中标，以实现招标人利益最大化。当只存在其一时，并不适用《招标投标法实施条例》第三十四条第一款的规定。这里"可能影响招标公正性"中的"可能"，不是一般意义上的潜在可能，而是指违反招标公正性的事实。从这个意义上讲，某集团公司招标，其子公司和参股、控股公司可以投标，但不得影响招标公正性，即招标人招标过程中，不得出现对其子公司和参股、控股公司的故意倾向行为，如资格预审文件、招标文件违反法律法规的强制性规定对其特意倾向，采用不合理条件限制其他投标人等。国家发展改革委在其网站就"国有企业下属参股子公司能否作为投标人公平参与国有企业组织的招投标工作？"这一问题公布的答复意见是：《招标投标法实施条例》第三十四条第一款规定，与招标人存在利害关系可能影响招标公正性的法人、其他组织或者个人，不得参加投标。该条没有一概禁止与招标人存在利害关系的法人、其他组织或者个人参与投标，构成该条第一款规定情形需要同时满足"存在利害关系"和"可能影响招标公正性"两个条件。即使投标人与招标人存在某种"利害关系"，但如果招投标活动依法进行、程序规范，该"利害关系"并不影响其公正性的，就可以参加投标。

需要注意的是，现行法律有一些关于与招标人存在利害关系不得参加投标的规定，也应当注意遵守，比如《招标投标法实施条例》第十三条第二款规定："……招标代理机构不得在所代理的招标项目中投标或者代理投标，也不得为所代理的招标项目的投标人提供咨询。"《建设工程质量管理条例》第三十五条规定："工程监理单位与被监理工程的施工承包单位以及建筑材料、建筑构配件和设备供应单位不得有隶属关系或者其他利害关系的，不得承担该项建设工程的监理业务。"《工程建设项目施工招标投标办法》第三十五条规定："……招标人的任何不具独立法人资格的附属机构（单位），或者为招标项目的前期准备或者监理工作提供设计、咨询服务的任何法人及其任何附属机构（单位），都无资格参加该招标项目的投标。"

（二）不同投标人单位负责人为同一人

根据《招标投标法实施条例》第三十四条第二款规定，单位负责人为同一人的不同单位，不得参加同一标段或未划分标段的同一招标项目投标。这里的"单位负责人为同一人"，是指不同投标单位的法定代表人，或者法律、行政法规规定代表单位行使职权的主要负责人相同。单位负责人是指单位法定代表人或者法律、行政法规规定代表单位行使职权的主要负责人。根据《公司法》第十三条规定，公司法定代表人依照公司章程的规定，由董事长、执行董事或者经理担任，并依法登记。所谓法定代表人，是指由法律或者法人组织章程规定，代表法人对外行使民事权利、履行民事义务的负责人。所谓法律、行政法规规定代表单位行使职权的主要负责人，是指除法人以外，法律、行政法规规定的代表单位行使职权的主要负责人。如个人独资企业的负责人，依照《个人独资企业法》的规定，是指个人独资企业的投资人；代表合伙企业执行合伙企业事务的合伙人等。投标人的单位负责人一般可以从营业执照或者其他登记证书的登记事项中查找到，法人单位的表述为法定代表人，非法人组织单位的表述为负责人。单位的其他高级管理人员不视为"单位负责人"，当董事长登记为单位法定代表人时，总经理也不能视为"单位负责人"。

特殊情况下，单位任命了新的单位负责人，但营业执照或者其他登记证书尚未变更登记。只要投标人出具任命了新的单位负责人的有效文件，即使营业执照或者其他登记证书尚未变更登记，该任命有法律效力，新任命的单位负责人就是该单位的负责人。通过比较所有投标人的营业执照或者其他登记证书的登记事项，就可以发现单位负责人是否为同一人。

（三）不同投标人之间存在"控股关系"

根据《招标投标法实施条例》第三十四条第二款规定，存在控股关系的不同单位，不得参加同一标段投标或者未划分标段的同一招标项目投标。控股是指通过持有某一公司一定数量的股份，而对该公司进行控制的情形。所谓"控股关系"，是针对企业而言的，表现为一方供应商为另一方供应商的控股股东，凭借其控股地位，通过行使《公司法》赋予的参与经营决策权，足以直接决定、支配其所控股的公司的经营管理事项。拥有另一个公司一定比例以上的股份的公司称为母公司。相对而言，一定比例以上的股份被另一个公司持有的公司称为子公司。母公司与子公司是一组相对的概念，二者都具有法人资格，可以独立承担民事责任。母公司、子公司之间既有控股关系也有参股关系。母公司、子公司能否同时参加同一招标项目的投标，主要看母公司对子公司是否达到控股或者是否直接管理的程度。

参考《公司法》第二百一十六条第二项规定，"控股"是指以下两种情况：一是指股东的出资额占有限责任公司资本总额50%以上或者其持有的股份占股份有限公司股本总额50%以上；二是出资额或者持有股份的比例虽然不足50%，但依其出资额或者持有的股份所享有的表决权已足以对股东会、股东大会的决议产生重大影响，一般将前一种控股情形称为"绝对控股"，后一种控股情形称为"相对控股"。这里的控股关系指的是直接控股关系，不包括间接控股关系，如不是公司的股东，但是通过投资、协议或者其他安排，能够实际支配公司行为的实际控制人，与公司之间的关系就不属于直接控股关系。

国家统计局《关于统计上对公有和非公有控股经济的分类办法》（国统字〔2005〕79号）对于"绝对控股"和"相对控股"作了更为明确的表述："绝对控股"是指在企业的全部实收资本中，某种经济成分的出资人拥有的实收资本（股本）所占企业的全部实收资本（股本）的比例大于50%。投资双方各占50%，且未明确由谁绝对控股的企业，若其中一方为国有或集体的，一律按公有绝对控股经济处理；若投资双方分别为国有、集体的，则按国有绝对控股处理。"相对控股"是指在被投资企业的全部实收资本中，某出资人拥有的实收资本（股本）所占的比例虽未大于50%，但根据协议规定拥有企业的实际控制权（协议控股）；或者相对大于其他任何一种经济成分的出资人所占比例（相对控股）。

【类案释法4-1】存在控股关系的两家公司不得同时投标

某市域轨道交通工程电梯、自动扶梯设备供货及相关服务投标投诉处理决定书：投诉人某机电电梯有限公司（投标人）提起投诉事项及主张：中标候选人某达（中国）电梯有限公司持有另一投标人西某迅达（许昌）电梯有限公司46%的股权（是第一大控股股东，且两家公司有多名相同的董事），两者同时参与本项目的投标，违反了《招标投标法实施条例》第三十四条"单位负责人为同一人或者存在控股、管理关系的不同单位，不得参加同一标段投标或者未划分标段的同一招标项目投标”的规定。要求否决上述两家公司的投标。

某市发改委认为：根据《公司法》第二百一十六条第二项"控股股东，是指其出资额占有限责任公司资本总额百分之五十以上或者其持有的股份占股份有限公司股本总额百分之五十以上的股东；出资额或者持有股份的比例虽然不足百分之五十，但依其出资额或者持有的股份所享有的表决权已足以对股东会、股东大会的决议产生重大影响的股东"的规定，控股股东是对公司最高权力机构的决策具有控制力或者重大影响的股东。迅某（中国）电梯有限公司持有西某迅达（许昌）电梯有限公司46%的股权，虽然未超过50%，但不能简单以数字决定是否属于控股股东，而应考量对公司最高权力机构的控制力。根据西某迅达（许昌）电梯有限公司公司章程规定的董事会人员组成、法定人数和议事规则等内容，迅某（中国）电梯有限公司与其全资控股母公司瑞士迅达控股有限公司对西某迅某（许昌）电梯有限公司董事会决策足以构成实际控制、产生重大影响。迅某（中国）电梯有限公司与西某迅达（许昌）电梯有限公司之间存在控股关系，两者同时参与本项目投标的行为违反了《招标投标法实施条例》第三十四条之规定，投诉情况属实。根据《工程建设项目招标投标活动投诉处理办法》第二十条第二项的规定，作出如下处理决定：一、投诉成立。二、招标人应根据《招标投标法实施条例》第五十五条之规定，做好后续招标投标工作。

（四）不同投标人之间存在"管理关系"

根据《招标投标法实施条例》第三十四条第二款规定，存在管理关系的不同单位，不得参加同一标段投标或者未划分标段的同一招标项目投标。国家发展改革委法规司等编著的《中华人民共和国招标投标法实施条例释义》中，对存在管理关系的解释如下："这里所称的管理关系，是指不具有出资持股关系的其他单位之间存在的管理与被管理关系。"如一些上下级关系的事业单位和团体组织，或者两个企业之间虽然没有出资持股关系，但是其中一个企业因其股东（出资人）决定由另一企业代管，这些情况都属于具有"管理关系"。还有，不是公司的股东，但通过投资、协议或其他安排，能够实际支配管理另一公司，属于有管理关系。这种存在管理关系的两个单位在同一标段或者同一招标项目中投标，容易发生事先沟通、私下串通等现象，影响竞争的公平，因此有必要禁止其投标。

【类案释法 4-2】存在管理关系的两家单位不得同时投标

在温州市瓯江引水工程一标段平行检测、第三方检测标段招标过程中，投诉人湖北某水利水电工程质量检测有限公司（投标人）经异议程序不服招标人温州市某引水发展有限公司答复，提起投诉。

投诉事项及主张：温州市某引水工程一标段平行检测、第三方检测标段中标候选人某农村电气化研究所（以下简称某农电所）与投标人水利部交通运输部国家能源局某水利科学研究院（以下简称某水利科学研究院）存在管理关系，违反了《招标投标法实施条例》第三十四条"单位负责人为同一人或者存在控股、管理关系的不同单位，不得参加同一标段投标或者未划分标段的同一招标项目投标"的规定。投诉人要求取消中标候选人的中标资格。

省发展改革委查明：（一）招标文件投标人须知第1.4.3条规定："投标人不得存在下列情形之一：……（4）单位负责人为同一人或者存在控股、管理关系的不同单位，同时参加本标段投标的。"

（二）国家事业单位登记管理局"事业单位在线"（http：//www.gjsy.gov.cn/cxzl/）查询，水利部农电所2014年度《事业单位法人年度报告书》有"经水利部、南科院批准，工程技术研究中心挂牌成立"的表述。

（三）2021年3月16日向某水利科学研究院发函，告知投诉事项并要求进行陈述申辩，至今未收到相关回复。

（四）2021年3月17日在水利部网站申请公开《关于调整水利部农村电气化研究所水利部长江勘测技术研究所管理体制的通知》（水人教〔2002〕12号）。3月29日，水利部作出《水利部政府信息公开申请告知书》（〔2021〕8号）"您申请公开的政府信息，属于本机关的内部事务信息，……本机关决定不予公开"。

（五）2021年3月23日向水利部办公厅发出《关于咨询某水利科学研究院与某农村电气化研究所关系的函》，至今未收到回复。

（六）某农电所和某水利科学研究院均未提供《关于调整水利部农村电气化研究所水利部长江勘测技术研究所管理体制的通知》（水人教〔2002〕12号）终止、废止或不予实行的有效证据，调查过程中也未找到该文件终止、废止或不予实行的相关材料。根据该文件，水利部将某农村电气化研究所划归某水利科学研究院管理。

省发展改革委认为：根据水人教〔2002〕12号文内容："决定将某农村电气化研究所划归某水利科学研究院管理，转为科技企业"，结合某农村电气化研究所2014年度《事业单位法人年度报告书》相关表述，应认定两家单位存在管理关系。上述两家单位共同参与本项目投标的行为，违反了《招标投标法实施条例》第三十四条"单位负责人为同一人或者存在控股、管理关系的不同单位，不得参加同一标段投标或者未划分标段的同一招标项目投标"的规定，投诉情况属实。

根据《工程建设项目招标投标活动投诉处理办法》第二十条第二项的规定，投诉成立。招标人应按招投标法律法规和招标文件的规定，完成招投标后续工作。

【疑难解析 4-5】具有关联关系的投标人是不是都不能同时投标？

除了《招标投标法实施条例》第三十四条第二款规定的三种情形外，具有其他关联关系（如同一母公司的多家子公司同时参与同一项目的投标，或者两家部分股东相同，或者两个投标人的负责人存在交叉任职情形，如 A 投标人的董事同时也是 B 投标人的监事，或者 A 投标人的股东同时也是 B 投标人的股东，或者两个投标人的法定负责人存在夫妻、父子等亲属关系）的投标人是否可以参与同一项目投标？

目前，《招标投标法实施条例》第三十四条第二款仅仅规定了两个以上投标人之间单位负责人为同一人、存在控股关系、存在管理关系这三种情形的，不得参加同一招标项目投标，并没有规定存在其他关联关系的不同投标人不得参加同一招标项目投标。因此，根据"疑罪从无"原则，我们不能因为投标人之间具有上述关联关系就一概推断他们之间可能存在串标，应当禁止其投标，缺乏法律依据。当然，由于投标人之间存在的这种特殊关系，更容易发生事先沟通、协同串通投标等情形，实践中同一人投资几家公司同时投标实现围标的情形确实并不少见。故此，在评标阶段应该更加审慎，严格按照法律法规规定的串通投标的情形进行评审，如可以着重核对投标人的投标文件是否存在异常雷同、投标文件是否为同一人编制、投标保证金是否从同一账户汇出、是否由同一单位或同一人办理投标事宜等，如没有确凿证据证明投标人之间存在串通投标，则不应否决其投标。有鉴于此，我们可以事前在招标文件中对此设置一些限制，如可以在招标文件中明确"同一母公司下的多家子公司不得参与投标，否则按否决其投标处理"，或者"在开标后如发现参加投标的为同一母公司下的多家子公司，则以最先递交投标文件的为投标人"，或者"不同单位的法定代表人、负责人、董事或监事有夫妻、直系血亲关系的，应主动向招标人告知，否则事后一经查实，属于弄虚作假，已经中标的则取消中标资格并承担相应法律责任"等。

需要注意的是，存在《招标投标法实施条例》第三十四条第二款规定的情形的两家以上供应商投标无效，但其可以参加资格预审。其理由在于，资格预审阶段是选择合格潜在投标人阶段，还未到投标竞价阶段。参加同一招标项目资格预审的，只能选择其中一家符合资格条件的单位参加投标。具体选择方法应当在资格预审文件中载明。

《工程建设项目货物招标投标办法》第三十二条也规定："投标人是响应招标、参加投标竞争的法人或者其他组织。法定代表人为同一个人的两个及两个以上法人，母公司、全资子公司及其控股公司，都不得在同一货物招标中同时投标。一个制造商对同一品牌同一型号的货物，仅能委托一个代理商参加投标，否则应作废标处理。"违反前两款规定的，相关投标均无效。

第二节　联合体投标

一、是否接受联合体投标

所谓联合体，是指由两个或两个以上法人或其他组织组成的作为承包人的临时机构，联合体各方共同向发包人承担连带责任。联合体投标，就是指两个以上法人或者其他组织组成一个联合体，以一个投标人的身份共同投标的行为。联合体投标有利有弊，利的一面，能够增强投标人的竞争力和中标后的履约能力，弥补联合体有关成员技术、资金、人力资源等方面力量的相对不足，达到强强联合和优势互补的效果；弊的一面，投标联合体虽然是利益共同体，联合体成员各方向招标人承担连带责任，但其内部仍存在利益分配和调整的问题，需要密切配合和有效协调，才有利于招标项目的顺利实施。

招标人有权根据招标项目的实际情况和潜在投标人的数量自主决定是否允许联合体投标。一些项目对投标人的资格能力要求较高，能够满足要求的单个潜在投标人较少，具备一定资格能力的潜在投标人只有组成联合体，才具备参与竞争的条件。为保证充分竞争，招标人有必要对潜在投标人进行摸底调查。如果市场上单个潜在投标人的数量能引起竞争，且单个潜在投标人具备独立承担招标项目的能力，可以不接受联合体投标，以防止潜在投标人利用组成联合体降低竞争效果。如果单个潜在投标人不具备独立承担招标项目的能力，或者不容易引起竞争，则应允许联合体投标。无论何种情形，招标人都不得通过限制或者强制组成联合体达到排斥潜在投标人、造成招标失败以规避招标等目的[1]。一般来说，技

---

[1]　国家发展和改革委员会法规司、国务院法制办公室财金司、监察部执法监察司编著：《中华人民共和国招标投标法实施条例释义》，中国计划出版社2012年版，第97页、第98页。

术特别复杂的大型项目或者要求必须具备多个专业资质要求的项目，联合体投标是比较适宜的。如《建筑法》第二十七条中规定"大型建筑工程或者结构复杂的建筑工程，可以由两个以上的承包单位联合共同承包"。

对于设计—施工总承包（EPC）项目而言，因为设计、施工属于两个专业，往往同时具备这两个专业资质的投标人不多，为了扩大竞争、确保招标的成功率，有必要允许其组成联合体投标。《房屋建筑和市政基础设施项目工程总承包管理办法》第十条即规定："工程总承包单位应当同时具有与工程规模相适应的工程设计资质和施工资质，或者由具有相应资质的设计单位和施工单位组成联合体。……"因为双资质要求的限制，设计单位和施工单位组成联合体开展工程总承包业务将成为一种常态。相对来说，对于技术并不复杂、规模不大的招标项目，不适宜允许联合体投标。

《招标投标法实施条例》第三十七条第一款规定："招标人应当在资格预审公告、招标公告或者投标邀请书中载明是否接受联合体投标。"《招标公告和公示信息发布管理办法》第五条也规定了依法必须招标项目的资格预审公告和招标公告，应当载明"是否接受联合体投标"。根据上述规定，对于公开招标的项目，是否接受联合体投标应当在资格预审公告或招标公告中载明，以便有意参加投标的潜在投标人能够综合招标项目的具体要求和自身能力，有足够的时间决定是否参与投标以及是否与其他潜在投标人组成联合体参与投标。对于邀请招标的项目，投标邀请书中也应当明确是否接受联合体投标。

【疑难解析4-6】招标人能否拒绝联合体投标，可否在招标文件中明确规定："本项目不接受联合体投标"？

《招标投标法》第三十一条允许"两个以上法人或者其他组织可以组成一个联合体，以一个投标人的身份共同投标"。《招标公告和公示信息发布管理办法》第五条规定："依法必须招标项目的资格预审公告和招标公告，应当载明以下内容：……（二）投标资格能力要求，以及是否接受联合体投标……"也就是说，是否接受联合体投标，由招标人自主决定，并在资格预审公告和招标公告中进行明确规定，一般应根据项目的不同、进度要求、标段划分、潜在投标人参与程度等因素进行综合考虑是否接受联合体投标。法律没有明确规定必须采用联合体投标，也没有规定招标人必须接受联合体投标，招标人在不影响竞争程度的情况下，有权拒绝联合体投标，该行为并不属于以不合理的条件限制潜在投标人的行为。国家发展改革委颁布的标准招标文件中也都在"投标人须知前附表"中要求招标人对"是否接受联合体投标"的选项选择"接受"还是"不接受"。

如果招标人不愿意接受联合体投标，可以在招标文件中明确本项目不接受联合体投标。如果在招标文件中没有注明"不接受联合体投标"，就视为默认供应商可以组成联合体进行投标，招标人不得拒绝其投标。

二、联合体的组成

（一）联合体的构成

《招标投标法》第三十一条第一款规定："两个以上法人或者其他组织可以组成一个联合体，以一个投标人的身份共同投标。"第一，组成联合体的成员可以是两个以上法人、两个以上非法人单位或者兼而有之，这里排除了自然人组成联合体的可能性。第二，联合体成员的数量为两家及以上，没有规定上限，但其数量不宜过多，并非"多多益善"，以减少联合体成员之间工作协调、利益调整、权责安排的难度。第三，潜在投标人是否组成联合体共同投标，由其自主决定。《招标投标法》第三十一条第四款规定："招标人不得强制投标人组成联合体共同投标，不得限制投标人之间的竞争。"第四，与谁组成联合体，取决于投标人的意思自治，其他单位和个人不得干涉或者指定联合体成员。

【疑难解析4-7】单位负责人为同一人或存在控股、管理关系的两家单位能否组成联合体参加投标？

《招标投标法实施条例》第三十四条第二款规定的单位负责人为同一人或存在控股、管理关系的两家单位，不得参加同一招标项目投标，主要考虑到此情形下因其具有利益上的关联关系，可能这些投标人之间相互协商串通、一致行动，影响招标公正性，有必要对其投标进行限制，以防止利益冲突，维护投标公正性。但是，如果这些具有利益冲突的两个单位组成联合体投标，是以一个投标人身份参与投标的，此情形下不会产生利益冲突，也就没有限制该联合体投标的必要，因此单位负责人为同一人或存在控股、管理关系的两家单位可以组成联合体参加投标。

（二）联合体组建时间

对于公开招标的项目，在投标截止时间之前组成联合体并以联合体身份提交投标文件即可。对于邀请招标项目，被邀请的潜在投标人如决定组成联合体投标的，应当在收到投标邀请书后，按照投标邀请书的要求以书面形式确认是否组成联合体，以及联合体的组成情况，以便招标人事先掌握有关信息，决定是否需要补充邀请其他潜在投标人，以保证竞争的充分性，避免因提交投标文件的投标人少于3个而导致招标失败①。

根据《招标投标法实施条例》第十九条规定，只有通过资格审查的潜在投标人才具备参与投标竞争的资格，联合体也不例外。因此，对于实行资格预审的招标项目，联合体应当在提交资格预审申请文件前组成，以联合体身份提交资格预审申请文件。对此，《招标投标法实施条例》第三十七条第二款规定："招标人接受联合体投标并进行资格预审的，联合体应当在提交资格预审申请文件前组成。资格预审后联合体增减、更换成员的，其投标无效。"还需要注意的是，第一，未通过资格预审的联合体直接参加投标的，依据《招标投标法实施条例》第三十六条第一款的规定，招标人应拒绝接收其投标文件。第二，通过资格预审的联合体其资格条件已经固化，成员已经固定，其组成不得再改变，增减成员数量或更换联合体成员，已经与原已经通过资格预审的联合体不是同一联合体，该联合体的资格条件已发生实质性变化，实际上这是一个新的联合体，有可能影响联合体的资格条件和履约能力，也可能影响招标公正性，视为未通过资格预审，故其投标无效。当然，通过资格预审的联合体成员发生变化的，联合体投标人应当按照《招标投标法实施条例》第三十八条规定，及时书面告知招标人，由招标人再行进行审查确认其投标资格是否合格。

三、联合体的资格条件认定

联合体是以一个投标人的身份参加投标的，和其他投标人一样，其也应满足投标人的资质、业绩、信用等资格条件。《招标投标法》第三十一条第二款规定："联合体各方均应当具备承担招标项目的相应能力；国家有关规定或者招标文件对投标人资格条件有规定的，联合体各方均应当具备规定的相应资格条件。由同一专业的单位组成的联合体，按照资质等级较低的单位确定资质等级。"这里规定的"联合体各方均应当具备承担招标项目的相应能力"，并不是指联合体成员各方都要满足本项目要求的所有资格条件，而是应将"均应当具备"与"相应资格条件"结合起来一并阅读和理解，即联合体各方都要满足自己所承担的那部分专业工作内容所要求的资质（或资格）条件。如《河北雄安新区标准施工招标文件（2020年版）》明确规定："同一专业的单位组成的联合体，按照联合体各方资质等级最低的认定其资质及业绩；不同专业的单位组成的联合体，

---

① 国家发展和改革委员会法规司、国务院法制办公室财金司、监察部执法监察司编著：《中华人民共和国招标投标法实施条例释义》，中国计划出版社2012年版，第98页。

按照联合体协议分工所承担的专业工作对应各自的专业资质及其业绩认定。"

（一）关于联合体的资质

第一，联合体协议约定同一专业分工由两个及以上单位共同承担的，按照"就低不就高"的原则确定联合体的资质，比如两个成员都承担相同的房屋建筑工程施工内容的，A企业的资质等级为一级，B企业的资质等级为二级，则按照"就低不就高"的原则确定该联合体资质等级为二级。第二，对于由不同专业的单位组成的联合体的资质，需要根据承担不同专业工作的联合体成员的专业资质分别认定。如A工程施工项目要求施工单位应同时具备建筑工程总承包二级和市政工程总承包二级两项资质，接受联合体投标。甲、乙两家公司组成联合体，各自只满足其中一项资质要求，联合体协议载明，由具备建筑工程施工总承包二级资质的甲公司负责建筑工程施工，由具备市政工程施工总承包二级资质的乙公司负责市政工程施工，则该联合体的资质应确定为建筑工程总承包二级（即以甲公司资质为准）和市政工程总承包二级（即以乙公司资质为准）。再从合理性角度分析，要求不承担建筑工程施工任务的企业具备建筑施工资质是不合理的；同样的道理，要求不承担市政工程施工任务的企业也应具备市政资质，也属于不合理要求。因此，投标联合体各方都只要具备各自所承担的那部分工作内容的相应资质即可。

（二）关于联合体的业绩

与资质的确定原则一致，具体来讲，联合体协议约定同一专业分工由两个及以上单位共同承担的，业绩的考核以联合体成员各自的工作量所占比例加权折算；不同专业分工由不同单位分别承担的，业绩的考核按照联合体成员各自承担的专业分别计算为宜。还是以上述A工程施工项目为例，该联合体的业绩认定方法应当是：建筑工程业绩＝甲公司建筑工程业绩×100%＋乙公司建筑工程业绩×0%，市政工程业绩＝甲公司市政工程业绩×0%＋乙公司市政工程业绩×100%。从合理性角度分析，乙公司不承担建筑工程施工任务，考察该项业绩对于本项目实施无实质性意义。

（三）关于联合体的信誉

最高人民法院、国家发展改革委等联合发布的《关于在招标投标活动中对失信被执行人实施联合惩戒的通知》（法〔2016〕285号）规定："两个以上的自然人、法人或者其他组织组成一个联合体，以一个投标人的身份共同参加投标活动的，应当对所有联合体成员进行失信被执行人信息查询。联合体中有一个或一个以上成员属于失信被执行人的，联合体视为失信被执行人。"对联合体信誉的条件，应当对所有联合体成员进行考察，只要有成员之一信誉不合格（如被列入失信被执行人名单、建筑市场主体"黑名单"、严重违法失信企业、拖欠农民工工资"黑名单"，近三年内有重大违法记录或有骗取中标或严重违约或重大工程质量问题，近三年内企业或其法定代表人、拟委任的项目负责人有行贿犯罪行为，被行政机关取消一定期限内的投标资格，因以往不良履约记录被招标人限制中标资格等）的，即可认定该联合体信誉不合格。

四、联合体协议书

联合体协议书（也称"共同投标协议"）用以明确联合体牵头人及各成员方的权利、义务以及各自拟承担的项目内容。一般认为，联合体投标属于合同型合伙，联合体协议书就是合伙合同，联合体成员相互之间的权利义务依据联合体协议书确定，合伙的运转依靠联合体协议书维系。《招标投标法》第三十一条第三款规定："联合体各方应当签订共同投标协议，明确约定各方拟承担的工作和责任，并将共同投标协议连同投标文件一并提交招标人。联合体中标的，联合体各方应当共同与招标人签订合同，就中标项目向招标人承担连带责任。"联合体协议书，对于联合体内部来讲，是确定联合体成员各方的权利义务关系、产生纠纷后确定责任承担的重要依据；对于联合体外部来讲，联合体的投标资格、法律责任划分均需通过联合体协议书认定。《招标投标法实施条例》第五十一条规定："有下列情形之一的，评标委员会应当否决其投标：……（二）投标联合体没有提交共同投标协议……"因此作为联合体投标，必须提交联合体投标协议书，这是联合体投标必须具备的文件，不可缺失。

招标人确认联合体投标资格、联合体成员具体分工，依据就是联合体协议书，评标委员会应当对其进行严格审核。招标人可在招标文件中提供联合体协议书的格式，国家发展改革委及地方政府发布的标准招标文件都包含联合体协议书的格式。联合体应当按照招标文件给定的格式和内容签订联合体协议书，不得随意修改删减，并附在投标文件中一并提交。联合体投标协议书是投标文件的有效组成部分，一是约定联合体各成员单位内部的职责分工；二是明确联合体一方为牵头人，接受联合体所有成员的委托，负责投标和合同履行、项目组织和协调等工作，申明联合体牵头人在本项目中签署的一切文件和处理的一切事宜，联合体各成员均予以承认；三是约定联合体各方都应当按期完成所承担的项目任务，及时向牵头人及其他各方通报所承担项目的进展和实施情况；四是约定共同履行投标义务和合同义务，向招标人及其他外部相关方承担连带责任等。

联合体协议如果未按招标文件提供的格式签订联合体协议或者有限制、免除联合体成员连带责任的内容，则属于联合体协议内容有瑕疵，也属于重大偏差。根据《招标投标法实施条例》第五十一条规定："有下列情形之一的，评标委员会应当否决其投标：……（六）投标文件没有对招标文件的实质性要求和条件作出响应……"如《河北雄安新区标准施工招标文件（2020年版）》就把"联合体投标时，提交了符合招标文件要求的联合体协议书"作为初评阶段通过响应性评审的标准之一。

【疑难解析4-8】中标合同签订后，联合体各方变更共同投标协议或者联合体协议是否有效[①]？

我国现行法律法规并未就联合体各方能否变更联合体协议作出明确的规定，根据"法无禁止即自由"的原则，联合体各方可以在协商一致的基础上变更联合体协议，其效力在不违反《民法典》及其他法律法规的强制性规定的情况下应当认定为有效。联合体各方对各方责任及工作内容作出变更，属于联合体内部权利义务的调整，不改变其对中标项目的建设单位承担的合同责任，联合体各方变更联合体协议不对工程总承包项目建设单位的权利造成实质性影响。联合体协议是联合体之间关于权利义务的约定，仅具有约束联合体成员各方的效力，并不及于协议外的第三方，因此联合体各方变更联合体协议不对中标合同的效力和履行造成影响，也不影响其共同对招标人承担的连带责任。变更联合体协议后对建设单位的权利及中标合同的效力不产生影响。实践中，有的招标文件中规定"联合体协议经发包人确认后作为合同附件。在履行合同过程中，未经发包人同意，不得修改联合体协议"。该约定并不能作为判定变更后的联合体协议的效力的依据，只是表明未经招标人同意的变更对招标人无约束力。

五、联合体投标与签约事务办理

供应商组成联合体投标的，应当按招标文件提供的格式签订联合体协议书，明确联合体牵头人和各方权利义务，并承诺就中标项目向招标人承担连带责任。联合体牵头人合法代表联合体各成员，负责网上确认投标、购买或下载招标文件，负责组织编制投标文件、对投标文件进行加密、上传或将书面投标文件递交

---

① 摘自《80则建设工程总承包合同纠纷裁判指引［条文主旨版］》，来源于"法律出版社"微信公众号，最后访问时间2021年12月25日。

给招标人，负责合同谈判活动，代表联合体提交和接收相关的资料、信息及指示，并处理与之有关的一切事务，负责合同实施阶段的主办、组织和协调工作。联合体牵头人在本项目中签署的一切文件和处理的一切事宜，联合体各成员均予以承认。

联合体的投标保证金，一般由牵头人递交，当然联合体其他成员递交的，也应予以认可。以联合体中牵头人名义或其他成员名义提交的投标保证金，对联合体各成员具有约束力。

若为联合体投标，投标文件封面中投标人落款处需填写联合体所有组成成员单位的名称，投标文件封面仅由联合体牵头人盖单位章即可，联合体协议书应由联合体各方盖单位章后将扫描件编入投标文件。联合体中标的，其履约担保以联合体各方或者联合体中牵头人的名义提交。招标人向中标的联合体发出的中标通知书应当载明联合体所有组成成员单位的名称，标注"联合体"字样。中标的联合体各方应当共同与招标人签订合同，就中标项目向招标人承担连带责任。

【疑难解析 4-9】联合体牵头人单独对外签订合同是否有效？[①]

联合体牵头人在联合体全体成员的授权范围内，代表联合体全体成员共同的意志，其单独与发包人签订的工程总承包合同、补充协议、会议纪要、经济签证等与工程总承包活动相关的文件，对联合体其他成员具有约束力，其他未直接参与签订上述文件的联合体成员同样应受上述文件的约束并向发包人承担连带责任。联合体牵头人单独与发包人以外的主体签订的合同，以及与发包人签订的与联合体中标项目无关的其他合同，鉴于其他联合体成员并非该合同的当事人，我国法律也并未规定联合体其他成员应当对牵头人单独对外签订的合同承担责任，因此不能突破合同相对性原则随意要求联合体其他成员就牵头人单独实施的对外行为承担责任。因此，这些合同仅对合同当事人具有约束力，该合同效力原则上不及于联合体其他各方。

合同执行过程中，合同款项的分配及支付方式根据联合体协议和合同约定执行。实践中可以由发包人按联合体成员的分工分别向各成员直接支付工程款；也可以由发包人向联合体牵头人支付，牵头人向发包人开具发票，再由牵头人向成员方支付。

需要说明的是，如果是联合体提起的投诉，必须是联合体全体成员提起或者

---

① 摘自《80 则建设工程总承包合同纠纷裁判指引［条文主旨版］》，来源于"法律出版社"微信公众号，最后访问时间 2021 年 12 月 25 日。

授权牵头人提起，才是有效的投诉，如果仅仅是联合体成员之一或部分成员提起，该投诉无效，因为其毕竟不是投标的"联合体"，与联合体不是一回事。但是联合体成员在签订中标合同之后，因合同履行与招标人产生争议，可以单独以自己的名义提起民事诉讼，而无需由联合体所有成员共同提起诉讼。

【类案释法 4-3】联合体成员就合同争议可以单独提起诉讼

（2020）川 0191 民初 706 号民事判决书[①]：中冶某勘察研究总院有限公司（以下简称中冶公司）与信息产业电子第××设计研究院科技工程股份有限公司（以下简称第××设计院公司，联合体牵头人）联合体投标四川某建设开发有限公司（以下简称某开发公司）某项目，中标后共同与某开发公司签订勘察设计合同，约定中冶公司负责勘察，第××设计院公司负责设计。合同签订后，中冶公司支付了履约保证金，但某开发公司未支付首期工程款，中冶公司也未进场勘察。后中冶公司单独起诉业主某开发公司，要求解除合同，返还保证金。

被告某开发公司（发包人）答辩观点之一是：原告在本案中的主体身份不适格，其诉讼请求不应得到支持。本案的案涉项目牵头人为第××设计院公司，该公司是代表联合体向被告进行对接、处理相关的一切事务，原告仅是该项目中的实施单位，原告越过第××设计院公司向被告主张权利与投标文件约定不符。

就该争议问题，法院审理认为：关于原告的主体资格问题。虽案涉合同是中冶公司及案外人第××设计院公司组成承包联合体与发包人某开发公司共同签订，但中冶公司与第××设计院公司是不同的权利义务主体，合同约定中冶公司履行勘察义务，第××设计院公司履行设计义务，双方在合同中各自的权利义务不相同，可以进行区分。同时某开发公司也是分别向设计承包方和勘察承包方支付费用，故即使案外人第××设计院公司未对某开发公司提起诉讼，原告仍有权就与某开发公司之间的合同权利义务内容单独提起诉讼，其原告的主体身份适格。

六、联合体内外部法律责任承担

（一）联合体内部责任

联合体成员之间按照联合体协议的约定承担法律责任。联合体协议是明确各成员权、责、利的重要依据。联合体之间的分工和权限主要依据联合体协议的具

---

① 来源于裁判文书网：中某成都勘察研究总院有限公司与四川某岔湖建设开发有限公司建设工程勘察合同纠纷一审民事判决书。

体约定来执行，各成员所承担的工作内容必须是其资质范围和业务领域内能够胜任的工作，且各成员通常仅对各自承担的工作负责，因此，联合体各方应当按照联合体协议中的分工，承担相应的责任。联合体协议中各成员之间责任的界定和划分仅限于联合体内部，并不对外免除联合体成员依照法律规定应当对招标人承担的连带责任。如果联合体中的任何一方成员违反联合体协议，则应向联合体其他成员承担违约责任，如联合体中标，一方成员放弃中标的，视为联合体整体放弃中标，联合体各方需要共同对招标人承担连带责任，其内部放弃中标的一方成员也应就此向其他成员承担违约责任。

（二）联合体外部责任

联合体各方成员共同对招标人承担连带责任。联合体是作为一个投标主体参与到招投标活动中的，其只是一个临时组织，不具有承担法律责任的主体资格，其在招标投标活动中涉及的法律责任，应由联合体成员共同承担。再者，联合体的投标行为，不管是合法行为还是违法行为，都属于联合体成员共同作出了同一的"意思表示"，就应对其共同的意思表示存在的瑕疵或违法行为共同承担法律责任，也就是共同对招标人承担连带责任。招标人可以要求联合体的任何一方依法履行全部的义务，承担相应的法律责任；联合体的任何一方也均有义务履行招标人依法提出的债权要求或承担应当履行的法律责任。当联合体的某一方成员对外承担责任后，有权向其他成员方追偿。联合体协议对外只能向招标人证明联合体各成员的职责分工，而不能以"内部订立的权利义务关系"为由而拒绝履行其义务，不能以内部约定限制联合体成员对外承担的连带责任。

【类案释法4-4】联合体成员在招标投标活动中存在违法行为的，其他成员亦连带承担责任

（2017）浙民终449号民事判决书[①]：本案就贵州某建、某中水公司是否应承担相应的赔偿责任的争议问题，温州市中级人民法院认为，虽然投标时的虚假材料系宁波中水鼎某公司提供，但宁波中水鼎某公司、贵州某建、某中水公司三被告系组成一个联合体以一个投标人的身份参与投标，并共同作为投资建设人一方与瓯某口公司、港某公司订立案涉合同，故宁波中水鼎某公司的行为应视为联合体的行为，三被告应当共同对投标行为负责。根据《招标投标法》第三十一

---

① 来源于裁判文书网：（2017）浙民终449号，宁波某水鼎鸿建设有限公司与温州市某江口开发建设投资集团有限公司、温州某城发展有限公司等建设工程合同纠纷二审民事判决书。

条第三款的规定，联合体中标的，联合体各方应当共同与招标人签订合同，就中标项目向招标人承担连带责任。贵州某建、某中水公司辩称该条款仅适用中标有效的情形以及其三者并非法律意义上的联合体，上述辩解意见依据不足，本院不予采信。贵州某建、某中水公司另辩称其仅提供资质，并未在合同履行过程中享有任何权益，本院认为，此系其联合体内部关于权利义务的约定，并不影响其二者作为联合体成员对外应当承担的连带责任。因此，二原告诉请三被告共同赔偿二次招标服务代理费及监理费，于法有据，本院予以支持。

七、联合体投标的禁止行为

《招标投标法实施条例》第三十七条第三款规定："联合体各方在同一招标项目中以自己名义单独投标或者参加其他联合体投标的，相关投标均无效。"这是联合体成员不得在同一招标项目中同时投标的规定。第一，联合体投标的同时，联合体成员同时还以自己的名义在同一招标项目或划分标段时的同一标段中投标的，联合体和联合体成员的投标均无效。第二，联合体成员参加联合体投标后，又加入到其他联合体，在同一招标项目或划分标段时的同一标段中投标的，有该成员参加的所有联合体投标均无效。之所以这样规定，其目的在于避免投标人滥用联合体，以多重身份参与投标实现"一标多投"、围标，导致不公平竞争。当然，联合体成员如果同时以自己的名义在其他标段中投标或者参加其他联合体在其他标段中投标的，并不受法律限制。

第三节　投标文件

一、编制投标文件的前期准备工作

为了确保投标文件内容符合招标项目实际及招标人的采购意图，更好地响应招标文件的实质性要求和条件，更符合投标人的自身实际，投标人应当认真研究招标文件的要求，积极踏勘现场、开展市场调研和尽职调查，在通盘考虑自身竞争实力、利弊、合同风险等因素后编制科学合理、富有竞争性的投标文件。这样的投标决策前期工作对于提升中标概率、控制投标风险是非常有必要的。

（1）核实招标项目背景。一是核实招标项目的真实性、合法性。如调查工程建设项目的用地、立项、规划状况等真实性、合法性，尤其是应当核准的工程项目是否经过核准。未经核准、立项的工程项目不具备实施招标的前提条件。"未核先建"的工程面临被行政监督部门责令停工的风险。二是核实招标人的资金、信用。招标人是否就是建设单位、是否具有足额项目资金、是否诚信守法，这是投标人控制合同风险的必要措施。三是项目技术、市场及环境状况。尤其是工程建设项目现场的地质条件、气候条件和施工条件以及工程当地的设备、材料、劳动力市场以及税收、行政监管环境等，对于工程建设能否顺利完成、能否按期收回工程款具有重要的意义，投标人应当事前翔实了解。

（2）研究招标文件。招标文件（含拟签订的合同文本）是招标人向投标人提供其编写投标文件所需的资料并向其通报招标投标规则和程序等内容的书面文件，是招标人的真实意思表示，能够反映出招标项目的合法性、可靠性以及招标人的资信能力和采购意图。投标人应反复研读招标文件，有疑惑之处应及时提出，如果招标文件中出现表述不清楚、模糊及容易引起歧义、漏洞等问题时，投标人应要求招标人做出澄清和修改，防止出现因投标人对招标文件理解有误而造成投标失误的情况。投标人主要分析研究以下内容，一是投标人资格条件。通过比对分析招标文件中对资格预审申请人或投标人的资质、财务、业绩、信誉、人员、技术、管理能力等方面提出的条件要求，可以判定自身是否具有参与项目投标和履行合同的资格及能力。二是评标办法。仔细对照分析评标办法的评审标准和评审程序，结合自身实力发现自己在客观分（如业绩、财务情况、进度安排）和主观分（如技术方案）等方面的优势和劣势，据以采取适当的投标策略，扬长避短提升竞争力。三是投标人须知。投标人须知（包括前附表）里面涵盖的都是关键性条款，不可偏离的实质性要求和条件，包含了很多投标注意事项，投标人应仔细阅读每一项条款的内容，不应遗漏任何关键信息。四是商务条款。比如分析结算方式、付款条件、合同条件是否苛刻，是否有投标人不能接受的事项，是否存在商业风险，有针对性地对招标文件的商务要求进行响应和风险控制。五是技术规范书。投标人需要重点关注实质性要求和条件的技术参数，客观把握自身长处与不足，有针对性地对招标文件的技术条件逐一进行响应。六是关键环节程序要求。比如投标文件格式、装订、盖章以及投标截止日期、投标保证金、投标地点、开标地点等内容，确保投标活动按程序要求参与，不出现程序性失误。

（3）积极参加答疑会、现场踏勘。如果招标人组织答疑会、现场踏勘，应当积极参加，更充分、全面、准确了解招标项目实际情况，有助于有的放矢制定出符合实际的投标文件，提升竞争实力、控制项目风险。

二、投标文件的编制

(一) 投标文件的编制时间

投标人应当在招标文件中规定的编制投标文件的时间内完成编写工作。《招标投标法》第二十四条规定了编制投标文件的时间，即"招标人应当确定投标人编制投标文件所需要的合理时间；但是，依法必须进行招标的项目，自招标文件开始发出之日起至投标人提交投标文件截止之日止，最短不得少于二十日"。通常我们将发出投标文件之日至投标截止之日不少于 20 日的期间，称为"等标期"，目的是让更多的潜在投标人获得招标信息参与到招投标活动当中，有足够时间编制投标文件，最大限度地扩大竞争。当然，20 日的等标期是针对依法必须招标项目而言的。对于非依法必须招标项目，等标期由招标人自主决定其长短。

【类案释法 4-5】依法必须招标项目招标文件中关于给予投标人编写投标文件的时间少于 20 日的内容违法

(2004) 行终字第 6 号行政判决书：最高人民法院认为，根据《招标投标法》第二十四条关于"依法必须进行招标的项目，自招标文件开始发出之日起至投标人提交投标文件截止之日止，最短不得少于二十日"之规定，给投标人的准备时间不得少于 20 日。市计委给投标人的准备时间自 2003 年 5 月 2 日起，截止至同年 5 月 12 日，共计 10 日，明显少于法律规定的准备时间，构成违反法定程序。被上诉人市政府提出，由于招标时离"西气东输"在周口开口的时间已非常紧迫，故给投标人的准备时间短于法定时限情有可原。本院认为，被上诉人市政府提出的答辩理由虽具有一定合理性，但不能改变其行为的违法性。

(二) 投标文件的内容

《招标投标法》第二十七条规定："投标人应当按照招标文件的要求编制投标文件。投标文件应当对招标文件提出的实质性要求和条件作出响应。招标项目属于建设施工的，投标文件的内容应当包括拟派出的项目负责人与主要技术人员的简历、业绩和拟用于完成招标项目的机械设备等。"投标文件如果对招标文件提出的实质性要求和条件未全部作出响应的，依据《招标投标法实施条例》第五十一条规定，评标委员会应当否决投标。招标文件一般会提供投标文件所应包括内容的目录及格式，投标人应按照给定格式编写投标文件、按照给定目录进行编排。没有给定格式的，投标人应按照招标文件中提出的招标项目的实质性要求和条件编写投标文件。投标文件应当逐条响应招标文件提出的实质性要求和条件，且内容完备、格式准确，防范投标无效被否决的风险。

总体来说，投标文件包括开标一览表、商务文件和技术文件三大部分，也可能有更为细致的划分。

一是开标一览表（或称投标函）。其内容包括表达投标人参加投标的意愿、投标报价以及依法参与招标投标活动、中标后依法签约履约的承诺等内容，该内容应和后面的商务文件、技术文件的相应内容在逻辑和内容上完全一致。如果有价格优惠或其他优惠条件，也应集中在此处体现。

二是商务文件。商务文件是招标文件要求提供的包括投标人基本情况介绍、营业执照、资质、业绩、财务状况、信用资料和各种行政许可证件等，重点是提供资格审查所需的资料和内容。这些文件资料一般需要提供影印件或复印件。必要时，根据招标文件要求提供原件供核对。如果商务文件提供的内容与招标文件要求有不一致的地方，应在《商务条款响应/偏离表》中列明。

三是技术文件。技术文件是指投标人提供产品的设计图纸、投标设备技术性能指标、施工技术方案、勘察设计或监理等工作方案、技术服务方案以及各种技术标准、实验报告等技术支持资料。如果技术文件提供的内容与招标文件要求有不一致的地方，应在《技术规格、参数响应/偏离表》中列明。

不同类别招标项目要求的投标文件内容是不同的，投标人应确保招标文件提出的实质性要求和条件在投标文件中都有所反映和回应，正面、直接回答招标人的"问题"。投标文件也不宜"多多益善"，招标文件中不需要的内容，比如大量的产品说明书、宣传彩页、各式各样的获奖证书、荣誉以及超出要求数量的合同业绩等材料，均不宜在投标文件中体现，这样影响评审工作效率，也不会挣得更多"印象分"。目前，部分国企通过电子招标投标系统对投标文件提出格式化、结构化要求，只允许投标人"点对点"输入所需的内容进行应答，多余的内容不允许也无法输入系统、纳入投标文件中。

【疑难解析4-10】招标文件规定："投标人应当按照招标文件规定制定投标文件，不得改变投标文件格式"，投标人能否自行制作投标文件格式？

根据《招标投标法》第二十七条规定，投标人应当按照招标文件的要求编制投标文件，对招标文件提出的实质性要求和条件作出响应，其中包括按照招标文件中明确设定的投标文件格式和内容编写投标文件。评标委员会评审投标文件，主要针对投标文件内容是否符合招标文件要求和条件，逐一进行审核与评价。投标文件的格式如果与招标文件拟定的投标文件格式不一致，内容也有删减或修改，从中无法区分、辨别评审所需的必要信息，影响评标专家正常评标，或者导致投标文件内容不符合招标文件的实质性要求和条件，都可以否决投标。当然，投标人对投标文件格式的调整，如果涉及评审因素的内容无缺漏，实质性响应招标文件要求，且并不影响评审工作的，可以不否决投标，宜作评审减分处理。

因此，招标文件给定投标文件格式的，投标文件应当按照此格式编写，不要擅自变更其中实质性内容；如果没有给定格式，投标人可以根据自己的理解来编写。

（三）投标报价

投标报价是招标文件的核心内容，是最能体现竞争性的因素，需要细致、科学、合理编制。编制投标报价应针对不同的评标办法、不同的地区惯例、不同的项目类别等采用有差别的策略。例如采取最低评标价法的项目，关注价格分，报价时就需要侧重基于成本价的计算进行合理的低报价才有可能赢得竞争优势；采用综合评分法的招标项目，关注价格、技术等方面的综合实力，投标报价需要侧重对业主的预算标底进行估算，综合考虑其他因素进行报价。应当围绕报价的合理性、竞争性、营利性和风险性，作出最优报价决策。

为了在激烈的市场竞争中获胜，投标单位既要维持投标报价的竞争力，又想获得超额利润，投标人必然会采取各种投标策略尽量降低或转移风险，其中不平衡报价成为一条最为常见的途径。所谓不平衡报价，是相对常规报价而言的，它指在投标总价不变的前提下，将某些工程量清单子目中的单价定得高于常规价，同时将另一些工程量清单子目的单价定得低于常规价，从而保证总报价有竞争力并能获得较好的经济效益。不平衡报价主要有两种办法，一是投标人将先施工的工程量清单子目的单价报高，后施工的工程量清单子目的单价报低，以增加投标人收到工程款的时间价值，即俗称的"早收钱"；二是投标人将预计会增加的工程量清单子目的单价报高，预计会减少或取消的工程量清单子目的单价报低，以使投标人获得超额利润，即俗称的"多收钱"。

不平衡报价具有"双刃剑"的特性，它并不总是对投标人有利，有时也会表现为对其不利的情形。如果投标人对目标工程的变量预期错误，比如投标人预期工程量会增加的工程，其实际工程量减少，则会导致实际工程造价高于投标人的报价，此时投标人也应当严格遵守合同约定从而承受其不利结果。因此，正常的不平衡报价是合法有效的，无须进行调整。严重不平衡报价本质上是一种投机行为，当投标人的严重不平衡报价造成招标人利益严重损失时，基于民法中的公平原则，法律应当加以干预，对该不平衡报价予以调整①。

我国现行法律法规并不禁止不平衡报价，但技术规范、合同范本对不平衡报价作了一定限制，如2017版《建设工程施工合同（示范文本）》"10.4.1变更估价原则"规定："……变更导致实际完成的变更工程量与已标价工程量清单或预算书中列明的该项目工程量的变化幅度超过15%的，或已标价工程量清单或预算书中无相同项目及类似项目单价的，按照合理的成本与利润构成的原则，由合同当事人按照第4.4款〔商定或确定〕确定变更工作的单价。"同时《建设工程工程量清单计价规范》第9.6.2条规定："对于任一招标工程量清单项目，当工程量偏差超过15%时，可进行调整。当工程量增加15%以上时，增加部分的工程量的综合单价应予调低。当工程量减少15%以上时，减少后剩余部分的工程量的综合单价应予以确认。"

【类案释法4-6】不平衡报价虽然未被法律禁止，但必须在合理的范围内进行，采取不正当手段造成价格畸高违背诚信原则

（2016）浙11民终585号民事判决书②：浙江某装饰工程有限公司中标承建丽水市莲都区林业局办公楼装修工程，并与丽水市莲都区林业局签订《建设工程施工合同》。案涉工程施工完成后，双方当事人就欠付工程款争议形成诉讼。丽水市中级人民法院认为，关于人工工资是否按省信息价补差的问题，依据相关法律规定，案涉工程系必须进行招投标的工程，双方应当按照招标文件和中标人的投标文件订立书面合同。根据招标文件第（三十四）单价按以下原则结算：1. 与投标相同的项目，结算单价仍按中标报价单价结算；2. 新增项目的工程量，其结算单价应采取类似套用原则，套用中标报价中类似项目组成；没有类似项目单价的，由业主和承包商根据项目具体情况参照中标价的下浮率确定，但新增项目的工程量单价不能高于浙江省和丽水市现行工程造价计价依据确定的单价。而上诉人中标后与被上诉人签订的《建设工程施工合同》第三部分专用条款第23.2第2款约定：采用可调价格合同，合同价款调整方法：按招投标文件工程结算方式第（三十三）、（三十四）调整，增加工程不让利，人工工资按省信息价补差。《建设工程施工合同》中关于"增加工程不让利，人工工资按省信息价补

---

① 史鹏舟、李成博：《不平衡报价效力问题的若干思考》，载于"建纬律师"微信公众号，最后访问时间2018年7月19日。

② 来源于裁判文书网：浙江佳某时代装饰工程有限公司与丽水市某区林业局建设工程施工合同纠纷二审民事判决书。

差"的约定实质性变更了招投标文件的内容，且上诉人并没有提供证据证明该实质性变更具有正当事由，故应认定该约定无效，上诉人要求按该约定对人工工资按省信息价补差，缺乏依据，本院不予支持。

关于网线工程的结算价款问题，案涉工程招投标时虽然未禁止不平衡报价，但仍应在合理范围内进行，本案中，上诉人承包案涉工程的负责人李某在招投标和增加工程量等方面采取了不正当的手段，明显存在恶意；上诉人不仅投标单价畸高，而且实际工程量比标底增加约 10 倍，上诉人的上述行为，不仅有违民事活动应遵循的诚实信用原则，更有损社会公共利益、扰乱社会经济秩序。一审法院对超投标范围 15% 以内工程量按中标价计算工程价款，对超投标范围 15% 以外工程量按鉴定机构重新组下浮后造价 12880 元作为工程价款，并无不当。

招标人也会对不平衡报价采取一些控制措施，比如重视招标前期准备工作，认真审查图纸的设计深度和质量，避免出现"边设计、边招标"的情况，尽可能使用施工图招标，从源头减少工程变更的出现；在招标文件中明确对涉及暂定价格项目的调整方法；安排有经验的造价工程师编制工程量清单，严格执行《建设工程工程量清单计价规范》，避免多算、少算和漏算；合理设置招标控制价；改进评标办法，对严重偏离价格评分基准价的项目要进行惩罚性扣分，限制使用不平衡报价的投标人中标，等等。

（四）投标文件的签字、盖章

"签字"主要是指投标人的法定代表人（负责人）或者其授权的被授权人的签字。签字的形式有多种，常见的包括手写签名、加盖人名章、加盖手签章、加盖电子印鉴等。有时，由签字人盖手印也是一种签字形式。既然签字形式如此之多，招标人有必要在招标文件中对签字的形式作出规定，否则极易产生争议。有时，评标委员会以法定代表人授权书的被授权人没有在授权书上签字而认为授权书无效。这种认识是错误的，接受授权的人是否在授权书上签字并不影响授权书的效力。

"盖章"指的是投标人加盖单位印章。招标文件一般会提出需要盖章的原则性规定，或者在其提供的投标文件格式中注明盖章的地方，比如提供的授权委托书、投标函等格式右下角都会注明签字、盖章。只有单位公章才是单位对外承担责任的标志。除了公章以外的其他印章，都不能独立对外产生效力，例如投标专用章、合同专用章、财务专用章等。只有当投标人出具了加盖单位公章的证明该类专用章等同于行政公章的文件或专门授权专用章可以用于本项目投标的授权书或证明，该投标方为有效。印章应保持字迹清楚。

为了便于评审和投标人把握，招标人可以对投标文件盖章或签字的位置作出规定。招标文件一般会规定在关键文件部分，如授权委托书、投标函、报价表、偏差表，应当签字盖章，但是没有必要要求逐页签字盖章，实则独立装订的投标文件只需在投标文件封面上盖章即为有效，无须要求在多个地方重复盖章。投标文件正本应当加盖红章，副本是否可以用正本复印件，具体看招标文件的规定。

【疑难解析 4-11】采用电子签名认证方式提交的电子投标文件中，是否还需要加盖投标人单位印章？

在采用电子签名认证电子投标时，不再需要加盖印章，无论是要求采用电子印章，还是在纸质文件上加盖印章后再扫描上传，都是不合理的要求。所谓的电子签名，是基于国际 PKI 标准的网上身份认证系统，数字证书相当于网上的身份证，它以数字签名的方式通过第三方权威认证有效地进行网上身份认证，帮助各个主体识别对方身份和表明自身的身份，具有真实性和防抵赖功能。它与物理身份证不同的是，数字证书还具有安全、保密、防篡改的特性，可以对企业网上传输的信息进行有效保护和安全传递。也就是说，采用电子签名的文件更具真实性，而且根据《电子签名法》第三条，"当事人约定使用电子签名、数据电文的文书，不得仅因为其采用电子签名、数据电文的形式而否定其法律效力"，采用电子签名的投标文件已经具有法律效力，不需要在已经进行电子签名的文件上再加盖一个印章。所以，没有采用电子签名的所谓电子投标实际上不属于电子投标，最多只算是采用电子标书来代替纸质标书，从根本意义上来说算不上电子投标[①]。当然，电子投标文件中提供的扫描上传的第三方证明文件（如实验报告、检测报告、营业执照、业绩合同等）中，必须有该第三方机构的印章，以证明该文件的有效性，没有第三方机构印章的文件不具有证明力。

另外，没有必要要求盖章和签字必须同时具备，无论是盖章还是签字，都代表投标人的意思表示，都要承担责任，因此只要有其一，就视为有效。《招标投标法实施条例》第五十一条也规定只有投标文件未经投标单位盖章和单位负责人签字的，评标委员会才应当否决其投标，用的是"和"而非"或"字，也就是说，只有既无签字也无盖章，该投标文件才是无效的。

（五）投标文件的密封

投标文件编制完成后，在密封前，应当检查投标文件的完整性。比如对照招

---

① 秦志龙：《电子投标是否必须加盖电子印章？》，载于"中国招标公共服务平台"，最后访问时间2019 年 3 月 7 日。

标文件、招标公告要求，检查价格文件中分项价格与总价是否有计算错误、逻辑是否一致，检查商务文件是否提供齐全，检查技术文件是否响应齐全、有没有前后矛盾，检查签字盖章有无缺失，检查各部分文件之间内容是否具有一致性等，避免投标文件与招标文件中的条款与规定有重大偏差，确保资料齐全、响应完全、不遗不漏、前后一致、逻辑合理。检查整改完毕，就要按照招标文件规定的投标文件密封格式细致密封投标文件。密封不合格的投标文件，存在被招标人拒收的风险。

一般来说，《开标一览表》、正本必须独立封装，并明确在密封袋上标记"正本"字样。副本可以封装在一起。如果未按照招标文件分开包装而是将三个部分或其中两个部分包装在一起，也不宜仅以该形式上的不符而否决投标。投标文件打包之后，一般外包装正面通常会按要求打印或单独贴上封面，封面上盖投标人印章并密封或贴上封条即可。

三、投标文件的送达与接收

（一）投标文件的送达

纸质投标文件一般采取亲自递交的送达方式，按时送达到招标文件指定的送达地点，递交给指定的接收人。采用电子招标投标的，投标人应使用 CA 数字证书对投标文件进行文件加密，形成加密的投标文件，并将加密的投标文件按时上传至招标文件指定的电子招标投标交易平台。上传成功后，系统自动反馈上传结果和时间，递交时间即为系统反馈结果时间。投标人应充分考虑上传文件时的不可预见因素，未在投标截止时间前完成上传的，系统将自动拒绝其投标文件并对其关闭投标通道。

是否允许以邮寄方式递交投标文件，需要看招标文件要求。实践中一般不采取邮寄方式递交投标文件，其原因在于担心投标文件被泄露。其实，招标人应当允许邮寄方式递交投标文件，给予投标人现场提交或邮寄送达投标文件两种选择方式，同时规定："投标文件的签收时间以邮寄查询系统显示的签收时间为准"。需要提醒的是，在邮寄投标文件的过程中，有可能会引发投标文件因邮寄运输过程中的各种原因导致的密封破损问题，届时可能导致投标文件被拒收的风险。投标人会基于自身风险的考虑决定是否采取邮寄方式，再者如果开标现场由公证处对投标文件的密封性进行公证的话，也可以有效防范投标文件被提前拆封的风险。至于传真、电子邮件等方式递交投标文件，保密性难以满足，不宜采用。

（二）投标文件的接收与保管

《招标投标法》第二十八条第一款规定："投标人应当在招标文件要求提交投标文件的截止时间前，将投标文件送达投标地点。招标人收到投标文件后，应当签收保存，不得开启。投标人少于三个的，招标人应当依照本法重新招标。"招标人应当在招标文件中指定接收投标文件的时间、地点，一般在开标当天、投标截止时间之前的一定时间段安排专人接收投标文件。对于规模较大的招标项目，招标人也可以考虑在开标前一天即接收投标文件。对于电子投标文件，招标人应在电子招标投标交易平台开通投标文件上传功能，以便接收电子投标文件。招标人收到投标文件后，应当向投标人出具签收凭证；投标人完成电子投标文件上传后，电子招标投标交易平台应当即时向投标人发出递交回执通知，递交时间以递交回执通知载明的传输完成时间为准。

需要注意的是，投标文件的接收时间和地点确需变更的，招标人应预留合理时间，提前发布变更公告并通知所有购买招标文件的潜在投标人。投标人应按照变更后的接收时间和地点递交投标文件。

招标人或招标代理机构接收投标文件时，应该履行完备的签收、登记和保存手续。接收投标文件的工作人员应记录投标文件递交的时间、地点及密封情况，登记投标人的联系人和联系方式，向投标人出具接收凭据。招标人必须做好投标文件的保管工作，在开标之前不得提前打开纸质投标文件的密封，也不得提前解密电子投标文件。

（三）投标文件的拒收

《招标投标法》第二十八条第二款规定："在招标文件要求提交投标文件的截止时间后送达的投标文件，招标人应当拒收。"《招标投标法实施条例》第三十六条第一款也规定："未通过资格预审的申请人提交的投标文件，以及逾期送达或者不按照招标文件要求密封的投标文件，招标人应当拒收。"结合实践来看，下列情形下的投标文件，招标人应当拒收：一是未参加资格预审（等同于未通过资格预审）的投标人以及未通过资格预审的申请人提交的投标文件；二是投标人超出投标截止时间逾期送达的投标文件（投标人逾期上传电子投标文件，电子招标投标交易平台将直接予以拒收）；三是未按照招标文件要求密封的投标文件；四是未按照招标文件规定的投标文件载体形式提交的投标文件（如要求只接受投标人上传电子投标文件但投标人递交纸质投标文件）。另外，两阶段招标中，在第一阶段未提交技术建议方案的潜在投标人提交的投标文件、未按照招标文件规定的形式提交的投标文件（如违背招标文件规定以电报、电传、传真以及电子邮件形式提交的投标文件）以及邀请招标项目中未收到投标邀请书的潜在投标人提交的投标文件，招标人也应当拒收。

【类案释法 4-7】 接收不应当接收的投标文件引起的投诉案

穗建招监〔2017〕55 号投诉处理决定书①：上海某电子工程有限公司（以下简称投诉人）在参加了广州市轨道交通八号线北延段等 LED 灯具采购项目（以下简称本项目）（Ⅰ、Ⅱ标段）投标后，对其投标文件是否符合招标文件要求及重新评标问题向招标人某地铁集团有限公司（以下简称被投诉人）提出异议，因对被投诉人的异议答复不满意，提出投诉。经查，情况如下：

投诉人称，其公司投标文件完全符合招标文件的封装要求，不存在任何封装瑕疵，不属于法定或招标文件规定的应被拒收的范围，其公司未将封装好的电子文件装入正本文件袋里的情况并不属于封装瑕疵，其公司提交的投标文件完全符合招标文件封装要求，被投诉人根据"投标人须知通用条款"第四章"投标文件的递交"第 26 条针对封装瑕疵的规定拒收其投标文件不符合招标文件的规定。

经查：

一、招标文件"投标人须知通用条款"第 24"投标文件的密封和标记"中的第 24.1：投标人应将投标文件的"价格标"或"技术标"或"商务标"正本和所有副本独立封套装好密封，且在封套上标明"正本"或"副本"、"价格标"或"技术标"或"商务标"字样。全部投标报价文件（含电子文件）必须有单独的封套，不得与投标文件的技术、商务部分封装在一起。技术、商务部分不能出现任何有关报价的内容，如出现则否决其投标。

二、招标文件"投标人须知前附表第 8 项"第 23.6：正本份数：1 份；副本份数：5 份。电子文件：对应投标文件各册内容的电子文件 2 套（CD-R 光盘）必须分别装入对应的投标文件正本中。

三、招标文件"投标人须知通用条款第 26.2"：投标文件未按招标文件要求密封和标志的，招标人将拒绝接收投标文件。

四、开标时，投诉人投标文件为正本 3 包，副本 3 包，投标文件电子版 3 包，共 9 包。

综上，根据《招标投标法实施条例》第三十六条和本项目招标文件的规定，

---

① 案例来源于：广州市住房和城乡建设局官网 http：//zfcj. gz. gov. cn/zwgk/zsdwxxgkzl/jsgczbgl-bgs/jgxx/content/post_ 2574777. html，最后访问时间 2021 年 12 月 26 日。

投标文件未按招标文件要求密封和标志的，招标人将拒绝接收投标文件。被投诉人接受了应当拒收的投标文件，应当改正。否定被投诉人组织原评标委员会对评标结果进行复核无依据。根据《工程建设项目招标投标活动投诉处理办法》第二十条第一项的规定，驳回投诉。

这个案例也告诉我们，未密封或者密封不合格的投标文件应当拒收，招标人应当如实记载投标文件的送达时间和密封情况，并存档备查。接收后又进行开标的，不符合法律规定。根据《招标投标法实施条例》第六十四条规定，招标人如接收未按要求密封（应当拒收的）投标文件，由有关行政监督部门责令改正，可以处10万元以下的罚款，对单位直接负责的主管人员和其他直接责任人员依法给予处分。

需要注意的是，第一，投标文件的逾期送达，无论是投标人自身原因导致的，还是不可抗力等客观原因导致的，招标人都应当拒绝接收。第二，即使投标文件的密封情况与招标文件规定存在偏离，也应当允许投标人在投标截止时间前修正完善后再提交，而不应将其扣留作为无效投标。投标人重新密封合格后，可于投标截止时间前再递交给招标人。如果超过投标截止时间再递交，等同于"逾期送达"，应当拒收。第三，投标人未提交投标保证金、投标文件未实质性响应招标文件要求或者投标文件内容不全的，投标人都应当接收投标文件，不得拒收，至于是否属于无效投标，则由评标委员会进行评审认定。

四、投标文件的修改、撤回与撤销

（一）投标文件的修改与撤回

投标文件是要约文件，是投标人应招标人缔结合同的邀请做出的响应招标人采购需求、希望与招标人订立合同的意思表示。依据《民法典》第一百三十七条、第四百七十四条规定，一般来说，以书面形式这种非对话方式作出的意思表示，到达相对人时生效；采用数据电文形式的意思表示，相对人指定特定系统接收数据电文的，该数据电文进入该特定系统时生效。但在投标截止时间前，虽然投标文件已到达招标人或进入招标人指定的电子招标投标系统，但因投标文件是密封（未解密）的，在开标时拆封（解密）投标文件前其要约事项招标人无从得知、并未真正到达招标人，故不能视为其生效，可以认为该投标要约在开标时被招标人知道其内容时生效。这样，按照《民法典》第一百四十一条、第四百七十五条规定，投标人可以在要约生效或投标截止时间之前撤回其投标要约。既然在投标截止时间之前可以投标也可以撤回投标，那么也就可以修改其投标文件，该"修改"的行为实则就是"撤回投标文件"＋"重新递交投标文件"。为此，《招标投标法》第二十九条规定："投标人在招标文件要求提交投标文件的截止时间前，可以补充、修改或者撤回已提交的投标文件，并书面通知招标人。补充、修改的内容为投标文件的组成部分。"

根据上述法律规定，在投标截止时间前，投标人可以修改或撤回已递交的投标文件，但应以书面形式通知招标人。投标人修改或撤回已递交投标文件的书面通知应按照编制投标文件的要求签字或盖章，撤回的通知应当是载明撤回已提交投标文件的意思表示的书面函件，修改的投标文件应按照招标文件的规定进行编制、密封、标记和递交，并标明"修改"字样。招标人收到撤回或修改的书面通知文件后，向投标人出具签收凭证。采取电子招标投标方式的，投标人在投标截止时间前可自行、多次修改投标文件，投标文件修改完成后按递交投标文件的方式重新加密、上传，替换已上传的原投标文件。投标人撤回已递交投标文件的通知，应按照招标文件关于电子投标文件的要求加盖电子印章并上传至电子招标投标交易系统中。电子招标投标交易平台收到通知后，即时向投标人发出确认回执通知。

《招标投标法实施条例》第三十五条第一款规定："投标人撤回已提交的投标文件，应当在投标截止时间前书面通知招标人。招标人已收取投标保证金的，应当自收到投标人书面撤回通知之日起5日内退还。"投标人有在投标截止时间前撤回投标文件的权利，投标人撤回其投标，就是撤回要约，并不违反法律规定，且不需要承担任何法律责任。投标保证金约束的是投标人的投标义务，在投标截止时间后生效。投标人撤回投标文件后，也就放弃了投标，再无要求其提交投标保证金的必要性，如果已经收取投标保证金的，招标人应当自收到投标人书面撤回投标文件的通知之日起5日内予以退还。采取电子招标方式的，投标人已递交投标保证金的，电子招标投标交易系统应当自投标人最终撤回投标文件之日起5日内自动将已收取的投标保证金退还至投标人原账户。实践中存在迟迟不退还投标保证金的情形，招标人应当自逾期之日起支付占用的利息损失。

（二）禁止撤销投标文件

从合同订立的角度，投标属于要约。投标截止时间就是投标（要约）生效的时间，也是投标有效期开始起算的时间。潜在投标人是否作出要约，完全取决于自己的意愿，但是该权利也是有所限制的。《民法典》第四百七十六条规定："要约可以撤销，但是有下列情形之一的除外：（一）要约人以确定承诺期限或者其他形式明示要约不可撤销……"对于招标投标活动而言，投标截止后，投标文件对招标人和投标人产生约束力，投标人在投标文件中承诺在投标有效期内其投标要约有效、不可撤销，在投标有效期内投标人的投标文件对投标人具有法律约束力。投标人如果在投标有效期内撤销其投标文件，则应当承担相应的法律责任。根据前述法律规定，当要约生效之时（投标截止时间之时）起，投标人在投标有效期内也就不得撤销其投标要约，否则将削弱投标的竞争性，也违背诚信原则。《招标投标法实施条例》第三十五条第二款规定："投标截止后投标人撤销投标文件的，招标人可以不退还投标保证金。"

投标人撤销其投标给招标人造成损失的，应当根据《民法典》第五百条规定，承担缔约过失责任。如果招标文件要求投标人递交投标保证金的，投标人在投标有效期内撤销投标，招标人有权扣留其投标保证金；投标保证金不足以弥补招标人损失的，投标人依法还应对超出部分的损失承担赔偿责任。是否退还投标保证金，由招标人在招标文件中明确。

【类案释法 4-8】投标人发出不可撤销要约后反悔撤销投标文件的，投标保证金可不予退还

（2017）吉 01 民终 1103 号吉民事判决书[①]：长春市中级人民法院认为，2010年 3 月，被上诉人省高建局作为招标人发出《招标文件》。《招标文件》系对投标人公开发布，投标人阅读招标文件后决定参与投标，即属于接受文件内容。该《招标文件》关于期间内容等规定，对于投标人即具有约束力。并且，2010 年 4月 26 日，上诉人作为投标人向被上诉人省高建局提交《投标文件》。投标文件中的《投标函》记载："我方承诺在投标有效期内不修改、撤销投标文件"，"我方承诺按照招标文件规定向你方递交履约担保"。根据该承诺，双方均应履行《招标文件》中关于保证金如何缴纳及是否可以返还的条款。根据《招标文件》规定，投标人在规定的投标有效期内撤销或修改其投标文件的，保证金不予返还。本案中，2010 年 4 月 26 日投标截止，投标有效期 120 天。但上诉人于 2010 年 8月 17 日向被上诉人发函，表示"决定放弃大广高速公路解放至二莫段 SLR02 标段的竞争"。该函件中，虽未出现撤销投标文件的表述，但函件的结尾上诉人已经明确告知被上诉人将放弃该投标。且上诉人在本院审理过程中亦认可该函件系撤回投标。撤回投标即撤销了招标文件。而上诉人发出此函件时仍处于投标有效期内。根据双方招投标文件的规定，在有效期内撤销了投标文件，已缴纳的保证金不予返还。

---

① 来源于裁判文书网：吉林省长某路桥建工有限责任公司与吉林省某公路建设局合同纠纷二审民事判决书。

第四节　投标担保

一、投标保证金法律制度

投标担保，约定俗成称"投标保证金"，是投标人按照招标文件规定的形式和金额向招标人递交的，约束投标人履行其投标响应义务的担保。收取投标保证金是国际惯例。《联合国贸易法委员会公共采购示范法》规定了投标担保制度，定义"投标担保"系指采购实体要求供应商或承包商向采购实体提供的，用以保证履行本法第十七条第一款第（f）项所述任何义务的一项担保，包括诸如银行保函、第三方担保书、备用信用证、由银行负主债务人责任的支票、现金押金、本票和汇票等安排。设置投标担保的目的，就是督促投标人依法履行投标义务，在投标有效期内不撤销其投标文件；收到中标通知书后依法与招标人签订书面合同；招标文件要求提交履约保证金的，按招标文件要求提交履约保证金。违反上述承诺，投标人将丧失该笔保证金，以示惩戒，并可以此补偿招标人的损失。

投标担保制度符合市场规律，符合国际惯例，也是约束投标人投标行为的有效手段。《招标投标法实施条例》第二十六条规定，招标人在招标文件中要求投标人提交投标保证金的，投标保证金不得超过招标项目估算价的2%。这里使用了"投标保证金"的称谓，实则是指"投标担保"。

二、投标保证金的提交

《招标投标法实施条例》第二十六条规定："招标人在招标文件中要求投标人提交投标保证金的……"言下之意就是如果招标人在招标文件中提出要求的，投标人就应当提交投标保证金；这也意味着，招标人也可以不要求投标人提交投标保证金。是否提交投标保证金，决定权在招标人。

（一）投标保证金的提交人

实践中，存在不同投标人的投标保证金由同一家投标人提交的现象，其原因是，部分投标人为谋取中标，在投标活动中围标串标，通过各种方式从其设立的不同账户分别为参与围标串标的其他投标人提供投标保证金。对该类违法行为，立法予以关注。《招标投标法实施条例》第二十六条第二款规定："依法必须进行招标的项目的境内投标单位，以现金或者支票形式提交的投标保证金应当从其基本账户转出。"作出如此规定，目的就在于遏制围标串标行为。《招标投标法实施条例》第四十条进一步规定，不同投标人的投标保证金来自同一单位或者个人账户的构成串通投标。上述规定是针对依法必须招标项目的，非依法必须招标项目也可以参照该规定在招标文件中作出类似的规定。如果招标文件中未作出特别规定的，不能作为串通投标处理。

（二）投标保证金的接收人和退还人

投标保证金是投标人向招标人做出的担保，其受益人是要约邀请人，也就是招标人。既然投标保证金是投标人向招标人提交的保证，则只能递交给招标人。实践中投标保证金的收受人各有不同，既有招标人、招标代理机构，也有当地公共资源交易中心，甚至还有行政监督部门。根据《招标投标法实施条例》的规定，其他主体应当取得招标人的授权委托，方能代为收取投标保证金和退还投标保证金及利息。

【疑难解析 4-12】公共资源交易中心代收代退投标保证金有无法律依据？

招标人及其委托授权的代理机构是收取和退还投标保证金的合法主体。目前，一些地区出台规定，对纳入公共资源交易平台开展招标采购活动项目或进场交易项目，要求投标人把投标保证金打到其指定账户，由公共资源交易中心代收代退投标保证金。实际上，这一做法没有法律依据。投标保证金是向招标人提交的保证，其收取、退还主体应当是招标人而非公共资源交易中心，公共资源交易中心在法律没有授权的前提下，不能收取投标保证金。根据一些地方政府规定，公共资源交易中心作为统一规范的公共资源交易平台，为交易活动提供场所、设施和服务，其中包括建立保证金代收代退制度，按照有关规定代收代退保证金。从民事代理的角度来看，这种代收代退行为本身属于委托代理行为，而不能成为法定代理行为，招标人可以委托公共资源交易中心收取投标保证金。

如果招标人委托的实际收受人没有按照《招标投标法实施条例》规定，及时退还投标保证金及其利息，则招标人作为《招标投标法实施条例》规定的退还义务人，仍然需要承担退还投标保证金及其利息的义务。

至于《工程建设项目施工招标投标办法》和《工程建设项目货物招标投标办法》在规定投标人应当在提交投标文件截止时间前将投标保证金提交给招标人的基础上，还增加了投标保证金接收单位招标代理机构，这也符合《民法典》关于民事代理的规定，该受招标人委托接收投标保证金行为的后果归属于招标人，且《招标投标法》第十五条规定，招标代理机构应当在招标人委托的范围内办理招标事宜，并遵守本法关于招标人的规定。同理，投标保证金的退还义务人也应当是招标人。招标代理机构可以代招标人退还投标保证金。

【类案释法 4-9】招标人是退还投标保证金的当然义务主体

（2018）闽 01 民终 3741 号民事判决书①：福州市中级人民法院认为，案涉《招标公告》第 1 条载明"招标人为聚某园公司，委托的招标代理单位为鸿某监理中心"，故根据《合同法》第四百零二条关于"受托人以自己的名义，在委托人的授权范围内与第三人订立的合同，第三人在订立合同时知道受托人与委托人之间的代理关系的，该合同直接约束委托人和第三人，但有确切证据证明该合同只约束受托人和第三人的除外"的规定，本案代理人鸿某监理中心因代理行为产生的法律后果，应由其委托人聚某园公司承担。本案中，被上诉人依据《招标公告》第 6.2 条、第 9 条的规定，向聚某园公司指定的投标保证金银行账户即鸿某监理中心福建分公司账户汇入了保证金 18 万元。在被上诉人未中标后，无论上诉人是否实际收取该保证金，其作为招标委托人均应依照《招标投标法实施条例》第三十一条关于"招标人终止招标的，应当及时发布公告……已经收取投标保证金的，招标人应当及时退还所收取的……投标保证金及银行同期存款利息"的规定退还投标保证金。上诉人未按时退回保证金，构成违约，一审判决上诉人返还保证金并支付利息是正确的。聚某园公司作为招标委托人在承担相应责任后，可另行向受委托人鸿某监理中心主张权利。

（三）投标保证金的形式

2016 年 6 月 23 日，国务院办公厅印发《关于清理规范工程建设领域保证金的通知》（国办发〔2016〕49 号），规定：全面清理各类保证金，对建筑业企业在工程建设中需缴纳的保证金，除依法依规设立的投标保证金、履约保证金、工程质量保证金、农民工工资保证金外，其他保证金一律取消。转变保证金缴纳方式，对保留的上述 4 类保证金，推行银行保函制度，建筑业企业可以银行保函方式缴纳。以往，很多地区和单位自行创设了"诚信保证金"等"变异"的保证金，既要求投标人一个项目支付一笔金额，又要求入库时就交纳年度保证金或入库保证金，这些显然不属于法定的投标保证金范围，应依法予以取缔。

---

① 来源于裁判文书网：福州聚某园饭店有限公司、福建旺某建设有限公司合同纠纷二审民事判决书。

　　投标保证金应采用招标文件明确接受的形式提交，除现金外，可以是银行出具的银行保函、保兑支票、银行汇票或现金支票，现行政策鼓励采用银行保函、工程保证保险等非现金形式，以减少市场主体资金被占用，防范资金保管和挪用风险。《融资担保公司监督管理条例》规定，除经营借款担保、发行债券担保等融资担保业务外，经营稳健、财务状况良好的融资担保公司还可以经营投标担保、工程履约担保、诉讼保全担保等非融资担保业务以及与担保业务有关的咨询等服务业务。《国家发展改革委中国保监会关于保险业支持重大工程建设有关事项的指导意见》（发改投资〔2015〕2179号）规定，开展工程建设项目投标保证金保险试点工作，以进一步降低投标单位投标成本，减轻投标单位负担，充分发挥社会信用等市场机制的作用。

　　总体来看，投标保证金形式主要有：

　　（1）银行票据，即投标人通过银行将保证金款项从投标人的账户划转到招标人的账户作为投标保证金，一般包括保兑支票、汇票和银行本票。支票是出票人签发的，委托办理支票存款业务的银行或者其他金融机构在见票时无条件支付确定的金额给收款人或者持票人的票据。支票可以支取现金（即现金支票），也可以转账（即转账支票）。对于用作投标保证金的支票而言则是由投标人开出，并由投标人交给招标人，招标人再凭支票在自己的开户银行支取资金。银行汇票是汇票的一种，是一种汇款凭证，由银行开出，交由汇款人转交给异地收款人，异地收款人再凭银行汇票在当地银行兑取汇款。对于用作投标保证金的银行汇票而言则是由银行开出，交由投标人递交给招标人，招标人再凭银行汇票在自己的开户银行兑取汇款。银行本票是出票人签发的，承诺自己在见票时无条件支付确定的金额给收款人或者持票人的票据。对于用作投标保证金的银行本票而言则是由银行开出，交由投标人递交给招标人，招标人再凭银行本票到银行兑取资金。银行本票与银行汇票、转账支票的区别在于银行本票是见票即付，而银行汇票、转账支票等则是从汇出、兑取到资金实际到账有一段时间。一般不接受商业承兑汇票。采用现金、支票、汇票或转账等方式提交投标保证金的，招标文件应明确收取投标保证金的开户银行和账号名称，并要求依法必须招标项目的境内投标人的投标保证金应当从投标人的基本账户转出，金额不得少于招标文件规定的金额，且在招标文件规定的提交截止时间前到达招标文件指定账号。

【类案释法 4-10】境内投标人的投标保证金应当从其开户银行基本账户转出

（2017）闽行申 507 号行政裁定书①：福建省高级人民法院认为，本案中，招标公告中的资格审查申请人须知第十一款明确规定"本工程投标保证金采用以下（1）或（2）的形式提交：（1）通过投标人基本账户开户银行以转账或电汇的方式提交；（2）使用福建省建筑业龙头企业年度保证金"。由此可见，招标文件规定了若按（1）的形式提交投标保证金的，应通过投标人"基本账户"且是"开户银行"以转账或电汇方式提交。原审第三人某房公司在投标截止时间 10 日前并没有对招标文件提出异议。依照上述法律规定，招标文件中关于投标保证金提交方式的规定应当作为评标的依据，对各方当事人均具有约束力。《招标投标法》第二十八条规定："投标人应当在招标文件要求提交投标文件的截止时间前，将投标文件送达投标地点……"本案中，从某房公司在投标文件的截止时间前提交的材料及上杭县公共资源配置中心出具的投标保证金到账对账单来看，某房公司提交的投标保证金虽是由其"基本账户"支出，但付款的银行是建设银行厦门禾祥支行，并非其基本账户"开户银行"——建设银行厦门分行营业部。且某房公司也未按照招标文件中的资格审查申请人须知第十一款关于"投标人采用方式（1）提交投标保证金的，若须由上一级银行出具的，应补充提供基本开户行出具的证明材料复印件"的规定，提供基本开户行出具的证明材料。因此，原审第三人某房公司提交的投标保证金只符合从"基本账户"支出的条件，并不符合从"开户银行"支出的条件。因此，二审法院认为评标委员会作出原审第三人某房公司不符合招标文件规定的评判符合法律规定。

（2）保函，即投标人提交合法有效机构出具的书面承诺或书面信用保证凭证作为投标保证金，该机构承担付款责任。保函分为银行出具的保函、非银行金融机构出具的保函、公司制融资性担保公司出具的保函和保险机构出具的保证保险等，一般不接受非融资性担保公司出具的保函。保函应为见索即付独立保函，申请人是投标人，开立人/担保人是银行等机构，且是见索即付，受益人是招标人。采用保函形式提交投标保证金的，招标文件应规定出具保函的机构（如金融机构、担保机构等）的级别和保函格式，并要求保函原件应单独密封，与投标文件一起递交。招标代理机构应当在接收投标文件时一并接收投标人的投标保函，在招标投标过程中妥善保管并在签订合同后予以退还。

---

① 来源于裁判文书网：某市住房和城乡建设局、福建省国某建设有限公司城乡建设行政复议决定再审审查与审判监督行政裁定书。

（3）电汇等网上银行支付（转账），即投标人使用电汇等网上银行支付（转账）作为投标保证金提交给招标人。

最为常见的是保兑支票、银行保函，目前工程投标保证保险也越来越被广泛应用。对于投标保证金数额较小的招标项目而言，采用现金方式也是一个选择。但对于数额较大（如万元以上）的投标保证金就不宜采用现金方式，现金方式既不易携带，在开标会上清点大量的现金也耗费时间，且不符合我国的财务制度和现代的交易支付习惯。

工程投标保证保险是指保险机构针对工程项目向招标人提供的保证投标人履行投标阶段（至订立合同为止）法定义务的保险。本保证保险的投保人为投标人，被保险人为招标人。投标保证保险由保险机构依据保险合同出具保险保函，保险保函与保证金具备同等效力。投标人可以按项目购买投标保证保险，也可以根据经营情况经与保险机构协商后按年度一次性购买。投标人支付的保险费必须由本单位基本账户支付。投标人向招标人递交保险保函后，投标人不履行投标阶段法定义务的，由保险机构代为履行或承担代偿责任。保险机构在代为履行或承担代偿责任时，应当充分保障招标人的合法权益，在收到招标人的书面索赔申请和相关证明材料后，应当在 30 日内先行履行赔付义务。由于投标人的原因造成的损失，保险机构依照法律法规和合同约定予以追偿。

招标人要求提供投标担保的，可以在招标文件中明确采用投标保证金、保险保函、银行保函等任一形式作为投标担保。作为国有企业招标来说，应当认同上述任何一种方式，方便投标人投标。

（四）投标保证金的金额

《招标投标法实施条例》第二十六条规定"招标人在招标文件中要求投标人提交投标保证金的，投标保证金不得超过招标项目估算价的2%……"第一，投标保证金最多是招标项目估算价的2%。这个数额是相对合理的，既能够约束投标人，又不会给投标人带来过大的财务压力。注意，这里的招标项目估算价，是招标人在提出招标项目的同时，按招标项目市场价进行的估算，或者工程的概算、预算，可能与实际价格有一定偏离，但最高不得超过招标项目的预算价或投资额。不能以最终中标价格的高低反过来衡量投标保证金金额是否合法，比如一个估算价为100万元的工程，招标文件规定提交2万元保证金。最终中标价格为80万元，不能认为投标保证金最高不得超过1.6万元，交纳2万元是违法的，还是应以招标项目的估算价而不是实际的中标价格来计算投标保证金。

第二，不同种类的招标项目投标保证金数额有不同的限制值。《工程建设项目勘察设计招标投标办法》规定保证金数额不得超过勘察设计估算费用的 2%，最多不超过 10 万元人民币；《工程建设项目施工招标投标办法》《工程建设项目货物招标投标办法》规定，投标保证金不得超过项目估算价的 2%，但最高不得超过 80 万元人民币。换言之，勘察设计招标投标保证金不得超过招标项目估算价 2% 及 10 万元人民币中的较小值；施工、货物招标投标保证金不得超过招标项目估算价 2% 及 80 万元人民币中的较小值。注意，对于工程建设项目监理招标，目前尚没有规定具体金额限值。但由于其属于咨询项目，其投标保证金金额可以参照勘察设计招标项目设置。

实务中，有人认为《招标投标法实施条例》法律层级高于《工程建设项目施工招标投标办法》等部门规章，故数额上仅执行 2% 而不同时执行规章中具体数额上限的规定，因为前者是上位法，部门规章是下位法，按照"上位法优先于下位法"的适用原则，应当仅执行 2% 的规定。实际上，这种观点是错误的，因为这些部门规章都是在《招标投标法实施条例》的 2% 基础上，对工程建设项目勘察设计、施工或货物采购招标投标作出的补充性规定，并没有违反《招标投标法实施条例》的规定，应一体适用。

实践中，有的招标人还设置投标报名环节并收取报名费。从现有文件来看，收取投标报名费用的做法不符合法律规定。《招标投标法》中就没有"投标报名"一说，更谈不上报名费。2019 年 5 月 29 日国务院办公厅转发的国家发展改革委《关于深化公共资源交易平台整合共享的指导意见》中也再次强调，坚决取消没有法律法规依据的投标报名事项。

另外，《房屋建筑和市政基础设施工程施工招标投标管理办法》第二十六条规定了投标保证金不得超过投标总价的 2%，最高不得超过 50 万元，该规定与《工程建设项目施工招标投标办法》规定的上限金额"80 万元"不同，按照"特别法优于一般法"的适用原则，对于房屋建筑和市政基础设施工程施工招标项目，投标保证金不得超过招标项目估算价 2% 及 50 万元人民币中的较小值。对于其他工程建设项目。如没有特别规定，仍应适用前述"80 万元"的限制性规定。

需要注意的是，关于投标保证金金额的限制性规定属于强制性法律规定，故投标保证金超出限额的部分，因违背强制性法律规定而不能得到法院的支持。招标人占有该多余部分的投标保证金缺乏正当性，理应返还投标人。

【类案释法 4-11】超出规定金额收取的投标保证金应当退还

（2017）川 03 民终 1083 号民事判决书[①]：自贡市中级人法院认为，依照《招标投标法实施条例》第二十六条第一款"招标人在招标文件中要求投标人提交投标保证金的，投标保证金不得超过招标项目估算价的 2%。投标保证金有效期应当与投标有效期一致"和《工程建设项目施工招标投标办法》第三十七条第二款"投标保证金一般不得超过投标总价的百分之二，但最高不得超过八十万元人民币。投标保证金有效期应当超出投标有效期三十天"规定，盛某公司可以在招标文件中要求普某公司提交投标保证金，但应以 80 万元为限，现普某公司根据盛某公司的要求提交了 135 万元投标保证金，盛某公司违反规定多收取了普某公司 55 万元投标保证金，即使普某公司存在应当不予退还投标保证金的情形，盛某公司仍应退还其向普某公司多收取的 55 万元投标保证金。

（五）投标保证金的有效期

《招标投标法实施条例》第二十六条规定了"投标保证金有效期应当与投标有效期一致。"投标保证金有效期是承诺该投标保证金对投标人具有法律约束力的期限，应当与投标有效期一致。该有效期应当在投标文件或银行保函文件、保险合同中载明具体期限，该期限应当等于或者长于投标有效期，否则因该有效期期限不足，可能作为重大偏差而否决投标。

【类案释法 4-12】投标保证金有效期短于投标有效期的投标被否决

某供热公司暖气设备采购招标文件规定："投标截止时间为 2020 年 6 月 3 日；投标有效期为 100 日历日；投标人需以自己的名义提交投标保证金，投标保证金可以银行保函、保兑支票、银行汇票或现金支票等形式提交；投标保证金的有效期不得短于投标有效期，否则将被否决投标。"截至开标时间，共收到 8 家供应商的投标文件。其中，投标人 F 公司以银行保函的形式提交了投标保证金，但该保函注明"本保函的有效期自投标截止时间起 3 个月内有效"。

分析：《招标投标法实施条例》第二十六条明确规定："……投标保证金有效期应当与投标有效期一致。"只要招标文件确定了投标有效期，就等于确定了投标保证金有效期。投标保证金有效期可以比投标有效期更长，但不能短于投标有效期，否则将因不满足招标文件的实质性要求而被否决投标。《评标委员会和评标方法暂行规定》第二十五条也将投标人"所提供的投标担保有瑕疵"作为

---

① 来源于中国裁判文书网：上诉人某顺县盛某房屋租赁有限公司与被上诉人自贡某天建筑有限公司保证合同纠纷二审民事判决书。

"重大偏差"，规定评标委员会应作否决投标处理。"投标担保有瑕疵"包括投标保证金金额不足、投标保证金有效期短于投标有效期等情形。本案例中，投标人提交的银行保函注明"本保函的有效期自投标截止时间起 3 个月内有效"，而招标文件规定的投标有效期是 100 日历日，导致银行保函的失效日期早于投标有效期的终止日期，不符合招标文件"投标保证金的有效期不得短于投标有效期"的规定，对此情形招标文件明确规定"将被否决投标"，因此，评标委员会应依法否决 F 公司的投标。

三、投标保证金的退还

（一）应当退还投标保证金的三种情形

《招标投标法实施条例》第三十一条规定："招标人终止招标的，应当及时发布公告，或者以书面形式通知被邀请的或者已经获取资格预审文件、招标文件的潜在投标人。已经发售资格预审文件、招标文件或者已经收取投标保证金的，招标人应当及时退还所收取的资格预审文件、招标文件的费用，以及所收取的投标保证金及银行同期存款利息。"第三十五条第一款规定："投标人撤回已提交的投标文件，应当在投标截止时间前书面通知招标人。招标人已收取投标保证金的，应当自收到投标人书面撤回通知之日起 5 日内退还。"第五十七条第二款规定："招标人最迟应当在书面合同签订后 5 日内向中标人和未中标的投标人退还投标保证金及银行同期存款利息。"

上述法条规定了退还投标保证金的三种情形，一是招标人终止招标的，应当及时退还已收取的投标保证金及银行同期存款利息；二是投标人在投标截止时间前撤回已提交的投标文件的，招标人应当自收到投标人书面撤回通知之日起 5 日内退还已收取的投标保证金；三是定标之后，招标人最迟应当在书面合同签订后 5 日内向中标人和未中标的投标人退还投标保证金及银行同期存款利息。

（二）同时退还银行存款利息

在上述三种情形下，招标人都应当依法、按时、足额退还投标保证金，并且要支付利息（在投标截止时间之前撤回投标的，考虑此时一般尚未提交投标保证金，或者因时间短产生的利息少可以忽略不计，故未规定计付利息，如果占有期间长仍应支付利息）。规定招标人退还投标保证金的同时应当退还银行同期存款利息，旨在打破以往招标人或其委托的招标代理机构不正当获取投标保证金利息的"潜规则"。第一，这里的"银行同期存款利息"，是以现金、电汇、网上支付等方式提交的投标保证金，因其实际发生了金钱的转移占有，金钱在银行存放期间本身产生的利息，也就是其孳息，该孳息通常归属于本金的所有权人，不具任何赔偿性质，故投标保证金利息应归属于投标人所有，除非投标人与招标人另有约定。这一点与逾期退还投标保证金应支付的资金占用费属于赔偿损失的性质不同。以银行保函、专业担保公司保证、工程保证保险等担保方式提交的投标保证金并不产生孳息，因为投标保函等本质上是银行或保险公司、担保公司等应投标人申请向招标人出具的一种书面信用担保凭证，实际上并未发生金钱的转移占有，故不涉及利息退还的问题；当以银行汇票、银行本票、支票形式支付投标保证金时，因为实际并未发生金钱的转移（招标人将上述凭证实际入账的除外），并未实际产生利息，因此也不涉及利息退还的问题，但招标人将相应权利凭证实际兑现入账的除外。判断是否需要退还投标保证金的利息，主要依据的是是否发生了金钱的转移占有。

第二，关于退还投标保证金利息的期限。根据《招标投标法实施条例》规定，招标人终止招标的，投标保证金利息的退还期限是"及时退还"，根据招标人根据具体工作进展情况自行确定一个合理期限的权限。招标人确定中标人并签订合同后，投标保证金利息的退还期限是"最迟应当在书面合同签订后5日内"。这个期限很明确，因为招标人一旦确定中标人并与之签订书面合同后，整个招标投标程序已经基本结束，招标人的主要工作已经基本完成，此时招标人应当尽快退还中标人特别是未中标的投标人的投标保证金及利息，以避免不合理占用资金给投标人造成不必要的资金成本压力。

第三，招标文件约定投标人无息退还投标保证金的内容无效。在上述三种情形下，招标人退还投标保证金的同时应当一并退还利息，这属于强制性法律规定，招标人应当依法退还利息。招标文件应当明确约定投标保证金的银行同期存款利息标准及其计算和退还办法。

【类案释法 4-13】招标文件约定投标人无息退还投标保证金是否有效？

（2016）鄂 10 民终 985 号民事判决书[①]：一审松滋市人民法院认为，招标文件约定如投标人未中标则一周内无息全额退还投标保证金。该约定违反了《招标投标法实施条例》第五十七条第二款"招标人最迟应当在书面合同签订后 5 日内向中标人和未中标的投标人退还投标保证金及银行同期存款利息"的规定，应视为无效。按照该条例的规定，原告在被告招标中未中标，被告中某公司应在书面

[①] 来源于裁判文书网：武汉某海石化重型装备有限公司与湖北某哈能源科技有限公司招标投标买卖合同纠纷二审民事判决书。

合同签订约定开标之日起后 5 日内，即在 2014 年 3 月 30 日前向原告退还投标保证金及银行同期存款利息。依据招标文件的规定，"如未中标一周内无息全额退还……"被告中某公司应在 2014 年 4 月 1 日前向原告退还投标保证金及银行同期存款利息。因此，原告要求退还投标保证金理由正当，予以支持。

第四，投标保证金的利息按照银行活期存款利率计算为宜。对于招标人或招标代理机构合法占有投标保证金期间的利息利率，考虑到招标人不能挪用投标保证金投资经营受益，且投标保证金与投标有效期（一般为 90 天，国际招标时间长一些）一致，招标人占有投标保证金期间较短等因素，以银行同期活期存款利率计算利息为宜。实践中，部分招标项目的投标保证金存放期限不足三个月，而且招标人一般也不会有意识地将投标保证金进行定期存放，如果要求招标人按照定期存款利率支付投标保证金利息，对招标人显然不公平，因此，《招标投标法实施条例》第三十一条和第五十七条第二款所述的"银行同期存款利息"，应当理解为"按照银行活期存款利率计算的银行同期存款利息"。因此招标文件一般约定按照银行同期活期存款利率计算投标保证金利息，且按照投标保证金退还之日的存款利率计息为宜。投标保证金利息应按照投标保证金的实际占有期间计算利息，即自投标保证金实际到账之日起至实际退还之日止。

第五，"入不敷出"的可以不计付利息。招标人退还投标保证金及利息时，需要办理跨行转账、汇款等业务，按照银行规定要收取一定的银行手续费，该银行手续费应由投标人承担较为妥当。投标保证金利息在扣除银行手续费后退还，利息不足以支付银行手续费的，全额退还投标保证金本金即可。招标人逾期退还投标保证金的，还应赔偿投标人损失。只有对于规模小、投标有效期短、投标保证金利息非常少的项目，可以事前在招标文件中约定退还投标保证金时不计付利息。

第六，招标人逾期退还投标保证金应当参照银行贷款利息赔偿损失。投标保证金为投标人提交给招标人的投标责任担保，招标人依法占有期间，其所有权仍属于投标人，故退还时应一并计付银行存款利息这一法定孳息。当招标人未依法及时退还投标保证金，属无理由不当占有，由此造成投标人的损失，对此《招标投标法实施条例》第六十六条规定："招标人超过本条例规定的比例收取投标保证金、履约保证金或者不按照规定退还投标保证金及银行同期存款利息的，由有关行政监督部门责令改正，可以处 5 万元以下的罚款；给他人造成损失的，依法承担赔偿责任。"该条中的"不按照规定"应当包括不按照《招标投标法实施条例》规定的退还期限和计算方式（银行同期存款利息）退还投标保证金利息这两种情况。但其中对于赔偿损失的计算标准并没有明确规定。

如果招标人逾期退还投标保证金，投标人当然有权要求招标人支付逾期退还期间的投标保证金利息，该利息本质上是招标人无权占有投标保证金期间给投标人造成的损失赔偿，《政府采购货物和服务招标投标管理办法》第三十八条规定了"采购人或者采购代理机构逾期退还投标保证金的，除应当退还投标保证金本金外，还应当按中国人民银行同期贷款基准利率上浮20%后的利率支付超期资金占用费，但因投标人自身原因导致无法及时退还的除外"。该规定对于政府采购货物和服务招标项目逾期退还投标保证金的损失计算标准作出了规定，虽不适用于国企招标投标活动，但是其损失计算方法是相通的。也就是说，对于非法占用他人一定金额资金给他人造成的损失，可以支付银行贷款利息的方式来弥补、赔偿。《招标投标法实施条例》第六十六条规定的招标人依法承担的赔偿责任，可以招标人非法占有投标保证金期间为计算周期、参照中国人民银行同期贷款基准利率计算的利息作为损失赔偿金额，比较妥当，具体金额一般由人民法院自由裁量。实践中，一般可以按照同期全国银行间同业拆借中心公布的贷款市场报价利率计算（注：2019年8月19日前，应按照中国人民银行同期同档次贷款基准利率计算，下同）。

【类案释法4-14】招标人逾期退还投标保证金应参照银行贷款利息赔偿投标人损失

（2014）民一终字第155号民事判决书[①]：最高人民法院认为，台某公司取消广某公司中标资格后，应将广某公司交纳的投标保证金及时退还，台某公司未及时退还，应对该保证金承担相应的资金占用利息损失赔偿责任。一审判决对广某公司该项请求未予支持错误，本院予以纠正。就投标保证金占用费数额的具体计算，本院认为，广某公司主张按照月息1.5%的标准计算，缺乏合同和法律依据，该项占用费损失，应参照中国人民银行同期同类贷款利率标准计算，自2010年12月15日起，计算至其实际将投标保证金退还给广某公司之日止。

（三）招标人可以不退还投标保证金的情形

《招标投标法实施条例》第三十五条第二款规定："投标截止后投标人撤销投标文件的，招标人可以不退还投标保证金。"第七十四条规定："中标人无正当理由不与招标人订立合同，在签订合同时向招标人提出附加条件，或者不按照招标文件要求提交履约保证金的，取消其中标资格，投标保证金不予退还……"根据该条规定，在下列情况下，招标人不退还投标保证金：一是投标人撤销投标

---

① 来源于裁判文书网：广某建设集团有限责任公司与福州市某区房地产开发公司其他合同纠纷二审民事判决书。

文件；二是中标人无正当理由不与招标人订立合同；三是中标人在签订合同时向招标人提出附加条件；四是中标人不按照招标文件要求提交履约保证金。在这些情况下招标人不退还投标保证金，自然也不需要退还投标保证金利息。之所以作出上述规定，正体现了投标保证金的功能所在，如果投标人有撤销投标、悔标拒签中标合同、拒绝提交履约保证金等违法违约行为，将不退还该保证金，以示对其进行制裁，并对招标人进行补偿。

【疑难解析 4-13】招标人能否事先在招标文件中规定："开标前投标人未递交投标文件的，投标保证金将不予退还"？[①]

不可以。具体理由如下：一方面，《招标投标法实施条例》第三十五条明确规定，投标人撤回已提交的投标文件，应当在投标截止时间前书面通知招标人。招标人已收取投标保证金的，应当自收到投标人书面撤回通知之日起 5 日内退还。因此，投标人开标前撤回投标文件属于法律赋予投标人的权利。既然撤回已经递交的投标文件是投标人的权利，那么，投标人不予递交投标文件亦应当属于自身权利。招标文件关于投标人开标时未递交投标文件则投标保证金不予退还的要求，存在强制交易以及不当排斥投标人权利的嫌疑，明显不符合前述法条的规定，不应得到支持。另一方面，从招标投标法律法规设置投标保证金制度的意义进行分析，要求投标人提交投标保证金，目的在于规范已经递交投标文件且没有在规定时间依法撤回而正式参与投标活动的投标人的投标以及签约行为，比如招标投标相关法律规定，中标通知书发出后，中标人放弃中标项目的，或者无正当理由不与招标人签订合同的，或者在签订合同时向招标人提出附加条件或者更改合同实质性内容的，或者拒不提交所要求的履约保证金的，投标保证金就不予退还。设置投标保证金制度的目的，不是要求投标人一旦获取招标文件、提交投标保证金后就必须参与投标，因为这明显是不合理的，且与整个招标投标法律体系和机制不相吻合。而投标人在开标前没有递交投标文件，说明其最终决定放弃投标，法律后果是没有正式参与投标，投标保证金理应退还。

除上述四种法定情形之外，招标人可以以投标人违法或者具有过错为由，在招标文件之中规定其他情形下不退还投标保证金。在实践中，有的招标人会在招标文件中规定：当投标人出现诸如串通投标、以行贿评委或招标人工作人员、提供虚假材料骗取中标，或存在其他弄虚作假等行为时，招标人有权不予退还投标

---

① 素材来源于《投标人在开标前未递交投标文件，招标人是否可不予退还其投标保证金？》，载于"弘石律所法律风险管理团队"微信公众号，最后访问日期 2021 年 6 月 6 日。

保证金。因为招标投标行为属于民事法律行为，招标人与投标人两方当事人可以自行设定不悖法律规定之权利义务，设定权利义务之民事法律行为自成立时即具有约束力，如上述约定，该约定并不违反招标投标法的强制性规定。当投标人明知招标文件关于投标保证金的规定并进行投标，表明其愿意遵守该规定，与招标人就投标保证金的交纳与退还问题达成了合意，属于其真实意思表示，双方均应信守。招标文件如有投标人弄虚作假骗取中标将不退还其投标保证金的条款的，对投标人具有法律约束力。

【类案释法4-15】投标人提交虚假资质文件的，招标人可依据招标文件规定不予退还其投标保证金

（2015）二中民（商）终字第08352号民事判决书①：北京市第二中级人民法院认为，本案系招标投标合同纠纷，双方在招标投标过程中可以自行设定不悖法律规定之权利义务，设定权利义务之民事法律行为自成立时即具有约束力。根据《招标投标法》第十八条的规定，招标人可以根据招标项目本身的要求，在招标文件中要求投标人提供有关资质证明文件并进行资格审查。故本案中，某通信北京公司在招标文件中要求投标人提供《环境管理体系认证证书》，并对该证书的真实性进行审查的行为合法有效。招标文件同时规定，投标人在投标文件中提供虚假的文件和材料，意图骗取中标的，投标保证金不予退还。本院认为，投标人提交真实、合法且有效的资质证明文件是确保招标投标法律活动得以顺利实施的基础，亦是投标人具备基本履约能力的前提，招标文件的上述规定，其目的在于通过保证金的方式约束投标人在投标时即具备相应资质，该项规定之内容不悖法律规定，应为合法有效。投标人在招投标阶段可依自身资质情况选择是否接受招标文件之规定，并自由决定是否选择投标，但投标人一经投标并交纳相应的保证金，该规定即对投标人产生约束力。现某腾飞管业公司在本案投标时并不具有《环境管理体系认证证书》，某通信北京公司根据其提交虚假资质文件的行为，不予退还其投标保证金，并无不当，某腾飞管业公司的上诉请求本院不予支持。

投标保证金是投标人向招标人提交的保证，其受益人是招标人，保障的是招标人利益不受损害，则当投标人从事撤销投标、拒不签约、拒交履约保证金等行为时，损害的是招标人利益，此时招标人可以不退还其投标保证金。该扣留的投标保证金应当归属于招标人，而不是招标代理机构。

---

① 来源于裁判文书网：天津某滕飞管业有限公司与中国某通信集团北京有限公司招标投标买卖合同纠纷二审民事判决书。

第五章　开标环节法律实务

第一节　开标活动

一、开标时间、地点

开标是投标人提出的要约被招标人所知悉，且向其他投标人公开的过程。只有经过开标的投标文件，才可以被评标委员会评审。《招标投标法》第三十四条规定："开标应当在招标文件确定的提交投标文件截止时间的同一时间公开进行；开标地点应当为招标文件中预先确定的地点。"《招标投标法实施条例》第四十四条第一款也规定："招标人应当按照招标文件规定的时间、地点开标。"之所以规定在投标截止时间的同一时间即行开标，二者做到无缝衔接，目的还是在于将投标文件在开标前被泄露的风险降至最低，并提高采购效率。

招标人按招标文件规定的投标截止时间（开标时间）和开标形式、开标地点进行开标，并邀请所有投标人准时参加。投标人的法定代表人或其委托代理人未出席开标活动的，视为默认开标结果。

如采用电子招标形式，则需投标人按照招标文件规定的操作办法登录电子招标投标交易平台远程在线参加开标，解密投标文件。

二、开标活动参加人

《招标投标法》第三十五条规定："开标由招标人主持，邀请所有投标人参加。"开标活动由招标人组织或者委托招标代理机构组织。一般，参加开标会议的人员有：招标人（招标代理机构）、投标人（投标人代表）、监督人员。开标现场也可以邀请公证处见证开标过程，对开标过程的合法合规性进行公证，出具公证书。

【疑难解析 5-1】要求投标人的法定代表人必须亲自到开标评标现场，否则投标无效的规定是否合法？

有的招标项目招标文件要求投标人的法定代表人必须到开标现场，也有一些地方招投标管理部门的规范性文件强制要求投标人的法定代表人必须亲自到开标评标现场，否则投标无效。如江苏省海门市《关于投标企业法定代表人、项目负责人等参与招投标全过程实施细则（试行）》、安徽省砀山县《投标企业法定代表人、项目负责人等参与招投标全过程实施细则》、江西省住房和建设厅《关于全面推行由项目经理担任投标人授权委托人的通知》，均不同程度规定政府或国有（集体）资金投资项目在满足一定条件的情况下，必须由法定代表人或项目负责人到现场开标。上述规定不符合优化营商环境的政策，也与招标投标法的基本原则相悖。第一，招标投标法只是要求招标人应当邀请投标人参加开标，但并没有规定投标人必须参加开标，只有电子招标，才要求投标人应当在线参加开标，其也是为了投标人参与解密投标文件，因此投标人参加开标是其权利而非义务；若不参加的，视同认可开标结果。招标人有邀请所有投标人参加开标会的义务，投标人有放弃参加开标会的权利。而且即使投标人参加投标，也没有必要投标人的法定代表人参加，规定如果不参加开标就决定投标无效，更加没有法律依据。第二，《招标投标法实施条例》第三十二条规定："招标人不得以不合理的条件限制、排斥潜在投标人或者投标人。"这样的规定对外地供应商，尤其是对那些频繁参加各地招标采购活动的企业而言，就是一种歧视待遇或差别待遇。若不加区分直接要求投标人参与开标的应为法定代表人或将参与开标的授权委托人限定为技术负责人或项目负责人，对不同规模的企业来讲是不公平的，可能存在同一天需要参加多个地区开标或者同一天在同一地区有多个项目开标的情况，限定为技术负责人或项目经理参加开标会，如大企业的法定代表人参加开标可能会很困难，但小企业的法定代表人参加开标就容易得多。《公路工程建设项目招标投标管理办法》第二十一条规定："……除《中华人民共和国招标投标法实施条例》第三十二条规定的情形外，招标人有下列行为之一的，属于以不合理的条件限制、排斥潜在投标人或者投标人：……（二）强制要求潜在投标人或者投标人的法定代表人、企业负责人、技术负责人等特定人员亲自购买资格预审文件、招标文件或者参与开标活动……"可见在一定程度上，要求投标人的法定代表人或项目经理、负责人等特定人员参加开标会，将涉嫌以不合理的条件限制、排斥潜在投标人。

如果由于项目特殊情况，确需拟任项目经理进行现场答辩的，招标人可以事先在招标文件中规定投标人的项目经理应到开标现场答辩。从私法角度讲，如果招标人根据项目特点在招标文件中要求投标人参加开标会的授权代表应为技术负责人或项目负责人等特定人员的，投标人应予响应和遵守。可以借鉴《上海市建设工程监理管理办法》第十二条规定："……国家或者本市重点建设工程监理评标时，应当通过总监理工程师现场答辩的方式评估总监理工程师的业务能力。"若招标人事先在招标文件中规定投标人的项目经理应到开标现场答辩，则投标人应遵守招标文件对项目经理现场开标答辩的规定。

评标委员会成员不得参加开标活动，否则违反"评标委员会成员名单在评标结果公告前应当保密"的规定。招标人代表作为评标委员会成员，也不得参加开标。

《电子招标投标办法》第二十九条规定："电子开标应当按照招标文件确定的时间，在电子招标投标交易平台上公开进行，所有投标人均应当准时在线参加开标。"该条特别强调"所有投标人均应当准时在线参加开标"，目的在于电子投标文件的解密、开启需要投标人的配合。

三、开标程序

《招标投标法》第三十六条规定："开标时，由投标人或者其推选的代表检查投标文件的密封情况，也可以由招标人委托的公证机构检查并公证；经确认无误后，由工作人员当众拆封，宣读投标人名称、投标价格和投标文件的其他主要内容。招标人在招标文件要求提交投标文件的截止时间前收到的所有投标文件，开标时都应当当众予以拆封、宣读。开标过程应当记录，并存档备查。"具体而言，开标可以分为下列三个环节：

1. 检查密封性

检查投标文件的密封情况是开标的必须程序。投标文件密封检查的目的，是验明正身，确认拟开标的投标文件是投标人递交的投标文件，确认拟开标投标文件的封装和标识与投标人递交时的状况一致，未被提前拆封、毁坏或泄密，也是为了见证招标人是否履行了对接收的投标文件的照管责任。在开标时，密封情况由投标人代表或招标人聘请的公证机构检查。对密封不符合招标文件要求的，招标人（招标代理机构）应当请监督人员以及投标人代表一同见证和签字确认。开标过程中，招标人（招标代理机构）只需对所有投标人的投标情况和开标情况做好记录，不能对其效力进行审查和判断，不得在开标现场对已拆封的投标文件宣布投标无效或否决投标。

【类案释法 5-1】密封不合格属轻微瑕疵的不影响投标文件效力

某设备采购项目开标之后，A 公司提出异议，认为 B 公司投标文件的外包装存在开口现象，未按照招标文件要求密封，应当拒收，但招标代理机构却予以接收并正常开标，该开标违法。后对招标人作出的异议答复不满意而提起投诉。

行政监督部门认为，经调查，B 公司提交的密封的投标文件外包装处有一道约两厘米的开口，通过此开口不能看到投标文件内容，并未当场拒收。对投标文件密封完好的要求应当在合理范围内，不能过于机械地追求形式合规，增加投标人交易成本。虽然 B 公司投标文件外封装存在轻微瑕疵，但不实质影响封闭性，不能仅以此认定 B 公司投标无效，最终决定投诉事项不成立。

2. 拆封唱标

实践中，招标文件一般要求投标人提供开标一览表（报价表），该一览表的目的就是记载投标人名称、投标价格等需要开标的内容，方便唱标用。因此，开标时只宣读投标文件中开标一览表（报价表）的内容，一般包括投标人名称、标段/标包名称和编号、投标保证金递交情况、投标报价、质量目标、履约期限、地点，以及招标文件上载明开标要公布的其他事项。唱标时，监督人对照唱标人的唱标和记录人的记录结果，发现不一致的，以正本为准及时更正。唱标的原则，是唱标人按投标的事实，如实宣读投标，不能添加个人的主观判断或是喜好。

【类案释法 5-2】唱标价的故事①

某国有企业采用公开招标方式购买汽车。主持人翻开投标人 C 的投标函与投标函附录的正本，发现提供了两种投标方案。一是原装进口，报价为 468.00 万元，另一个是国内组装，发动机为进口，报价为 259.00 万元，其他投标人的投标函及投标函附录上，只有一个报价。主持人问投标人 C 的代表："你公司的最终报价是哪一个？"投标人 C 的代表看了看其他投标方案和报价，回答："我公司的最终报价是 259 万元那个！"主持人要求记录人在电脑上记录其投标方案为国内组装、报价为 259.00 万元；投标人 D 在投标函与投标函附录上填写的报价，大写为贰佰陆拾伍元零角零分，小写为 2650000.00 元。主持人要求工作人员查对了投标人 D 的分项报价表，发现投标函与投标函附录上填报的小写金额与报价

---

① 素材来源于毛林繁编著：《招标采购析案辩理》，Chinese Branch Xiquan House 2020 年版，第 183 页。

汇总结果一致，于是质问投标人 D："你公司投标函与投标函附录上载明的投标报价，小写是 2650000.00 元，大写是贰佰陆拾伍元零角零分，差了一个万字。"投标人 D 的代表从座椅上站起来，确认到："我公司在此申明，投标报价是贰佰陆拾伍万元零角零分。"要求记录人记录其投标报价时，按小写数值记录，主持人表示同意，按 2650000.00 元进行唱标，并吩咐记录人按这一数值进行记录。

投标人 A 和 B 提出异议，认为招标人主持唱标中，允许投标人 C 选择国内组装、报价为 259.00 万元和对投标人 D 的特殊照顾，允许其在报价大写数值中添加一个"万"字，实质是允许了投标人在投标截止时间后二次报价，要求招标人更正。主持人电话咨询公司外聘的采购顾问。采购顾问明确告诉他，开标是招标文件载明的开标公布事项，对投标文件载明的投标结果，如实公布，不能允许投标人对其投标文件上载明的价格进行调整、选择或是二次报价等违反招标投标规则的行为。还回答："坚持按投标文件载明的事实如实唱出的原则。投标人 C 有两个投标方案、两个报价，如实唱出，即方案一：原装进口、报价 468.00 万元，方案二：国内组装、发动机进口，报价 259.00 万元；投标人 D 的报价，大写和小写数值不一致，大写缺了一个万字，也是如实唱，即大写贰佰陆拾伍元零角零分，小写 2650000.00 元，并如实记录即可。"主持人听明白后，按采购顾问的建议，重新唱出投标人 C 和 D 的报价，更正了开标记录。

这则故事对开标的启迪在于，开标是按照投标事实，如实唱标和公布，即投标文件载明的开标事项是怎样就怎样唱标并记录，因为开标过程中，招标人的责任在于对投标事实公布，投标人按照其投标文件载明的结果确认，按投标事实公布是开标一项最基本原则。类似地，对质量目标、履约期限、地点以及招标文件载明开标公布的其他事项，如实公布。招标人不能违反招标文件载明的招标投标规则，凭借主持人或唱标人的个人主观判断或喜好，给予投标人在投标截止时间后撤换、修改投标的机会，因为招标投标规则仅是要求招标人如实公布，并没有也不能赋予投标人在投标截止时间后，依据其他投标情况调整或是修改其投标文件载明的事项。这一原则同时蕴含，唱标的语言必须客观，以事实为依据进行唱标。

正如上述案例，出现投标文件载明的报价的大写金额和小写金额不一致、总价金额与按单价金额汇总不一致等价格不一致的情形时，招标人（招标代理机构）应该如实唱标（按开标一览表唱）、如实记录，而不能由招标人（或招标代理机构）择其一招标。对上述出现的情形，评标时由评标委员会核实其投标报价。

对于电子招标投标活动而言，开标时，电子招标投标交易平台自动提取所有投标文件，提示招标人和投标人按招标文件规定方式按时在线解密。解密全部完成后，应当向所有投标人公布投标人名称、投标价格和招标文件规定的其他内容。

3. 记录

唱标结束，开标人员应当作成书面的开标记录，记载开标项目、时间、地点、投标人名称、投标价格和招标文件规定的其他重点内容。主持人、唱标人和记录人在开标记录上签字，表明其按照招标文件载明的事项履行开标职责；投标人代表在开标记录上签字，确认开标的合规性。投标人代表也可以不在开标记录上签字，并当场向招标人提出异议，要求更正。招标人拒不更正的，投标人可以在开标后向有关行政监督机构投诉，主张其权益。监督人在开标记录上签字，是对开标合法的肯定，即在开标过程中没有发现违法违规行为。如果有异议的，应记载异议内容及处理结果。根据《电子招标投标办法》第三十二条规定，电子招标投标交易平台应当生成开标记录并向社会公众公布，但依法应当保密的除外。

四、开标现场异常情况的处理

（一）投标人不足 3 个

投标人应当具备一定数量，一般认为至少有 3 个，才具有一定竞争性，招标活动的价值方可有效发挥。投标人少于 3 个的，形不成有效竞争，就失去了招标的意义。因此，《招标投标法》第二十八条第一款规定："……投标人少于 3 个的，招标人应当依照本法重新招标。"《招标投标法实施条例》第四十四条第二款也规定："投标人少于 3 个的，不得开标；招标人应当重新招标。"根据上述规定，截止投标时间，投标人少于三个的，该招标活动失败，应终止招标，不得开标、继续评审，以免泄露投标人的投标信息，保证重新招标的竞争性，保护投标人的权益。终止招标之后，对于依法必须招标项目，招标人应当分析导致这种结果的原因并予以纠正（如修改招标文件中的错误内容、降低投标人资格门槛），之后组织重新招标；但是对于非依法必须招标项目而言，因为其依法本来可以不招标，因此终止招标后，既可以重新招标，也可以采用其他采购方式，都是符合法律规定的，并不能强制其必须重新招标。

（二）投标文件存在无效的情形

在开标中经常会发现投标文件有缺失、投标文件未加盖单位公章及法定代表人或委托代理人印鉴，未按招标文件格式要求编制投标文件、投标报价超出最高投标限价、投标人未提供投标保证金或投标保证金金额不足等偏差，应在开标记录上如实记录，留待评标委员会处理，如果评标委员会认定构成重大偏差，则按照无效投标处理，如仅属于"含义不明确"或有笔误的细微偏差，应允许投标人予以澄清、说明和补正。但是开标工作人员包括监督人员都不应在开标现场对投标文件作出有效或者无效的判断处理，对投标文件进行评审并作出投标有效与否的判断是专属于评标委员会的权利。

【疑难解析 5-2】招标人可否不开启应当否决投标的投标文件?

目前有的地方确实存在开标前先对投标人进行"资格验证"的情况，经验证参加开标会人员、资质证件、投标保证金等符合招标文件规定后再进行开标，经验证不合格的不予开启标书，当场退还投标人。《招标投标法》第三十六条规定，招标人在招标文件要求提交投标文件的截止时间前收到的所有投标文件，开标时都应当当众予以拆封、宣读。只要投标人未在开标前撤回投标文件，招标人都有权拆封宣读，不存在侵犯商业秘密的问题。先验证后开标的做法看似保护了可能被否决投标的投标人的商业秘密，但明显是违法的，很有可能因为开标现场的错误判定导致投标人丧失中标机会。此外，评标（包括判定否决投标）是评标委员会的法定职责，有关工作人员可以为评标委员会提供必要的信息和配合，如将投标保证金的到账情况提供给评标委员会，配合评标委员会进行原件的审验等，但判定否决投标是开标后评标委员会评标时所做的工作，招标人和有关工作人员不能越俎代庖。

（三）电子投标文件上传不成功

《电子招标投标办法》第二十七条第一款规定："投标人应当在投标截止时间前完成投标文件的传输递交，并可以补充、修改或者撤回投标文件。投标截止时间前未完成投标文件传输的，视为撤回投标文件。投标截止时间后送达的投标文件，电子招标投标交易平台应当拒收。"也就是说，在电子招标投标环境下，投标人将投标文件上传至指定的电子招标投标交易系统，视为递交投标文件。在投标时间截止时，因投标人未传输、主动停止传输或因技术等原因传输未完成的，一概视为"撤回"，也就是"弃标"。投标截止时间后电子招标投标交易平台拒收投标文件，投标人就无法进行投标文件上传操作。对于电子投标文件传输是否成功的判定，应以加密的投标文件是否在投标截止时间前存在于电子招标投标交易平台服务器为准。至于上传不成功的原因，可另行查究，但不影响招标投标程序的继续进行。

（四）投标文件解密失败

在电子招标投标过程中，投标文件虽然传输至招标投标交易平台，但因公网问题、平台问题、CA证书问题、操作人员技术问题等因素存在不能解密的风险，对此，《电子招标投标办法》第三十一条规定了处理规则，即"因投标人原因造成投标文件未解密的，视为撤销其投标文件；因投标人之外的原因造成投标文件未解密的，视为撤回其投标文件，投标人有权要求责任方赔偿因此遭受的直接损失。部分投标文件未解密的，其他投标文件的开标可以继续进行。招标人可以在招标文件中明确投标文件解密失败的补救方案，投标文件应按照招标文件的要求作出响应"。因此，在电子招标投标过程中，因网络阻塞、断电或交易平台的技术障碍等非投标人原因导致投标文件不能解密的，视为投标人撤回投标文件，投标保证金将不会被扣留，此时投标人有权要求责任方赔偿其直接损失，一般应承担缔约过失责任，但现有规定对解密不成功的责任主体、程序和认定标准等没有作出规定，需要在实践基础上完善立法解决。由于投标人自身的原因导致投标文件不能解密的，视为撤销其投标文件，投标人将承担撤销投标文件的责任，招标人有权不退还投标保证金[①]。

需要注意的是，因解密失败视为撤销投标，并不影响对投标人数量的认定，如果招标项目参加投标的投标人数量恰好为3个，但解密失败的投标人有1个到2个，也不影响对其他投标文件的开标，评标委员会可以对其他1个或2个投标人的投标文件继续进行评审，如果1个或2个投标仍具有竞争性，可以按招标文件载明的评标办法完成评审并推荐中标候选人；如果失去竞争性，评标委员会可以否决所有投标，依法必须招标项目的招标人应当重新招标。

当然，《电子招标投标办法》也允许招标人在招标文件中明确投标文件解密失败的补救方案，这样，如果出现投标文件解密失败的以外情形，首先可以按照事先规定的补救方法来解决；解决不了，再按照前述撤回或撤销投标文件的规定处理。对于投标文件解密失败补救方法，《河北雄安新区标准施工招标文件（2020年版）》提供的办法可供参考，具体内容如下：

5.3　开标补救措施

5.3.1　当出现以下情况时，按5.3.2项、5.3.3项采取相应措施：

（1）系统服务器发生故障，无法访问或无法使用系统；

---

① 白如银主编：《招标投标法律解读与风险防范实务》，中国法制出版社2019年版，第350页。

（2）系统的软件或数据库出现错误，不能进行正常操作；

（3）系统发现有安全漏洞，有潜在的泄密危险；

（4）出现断电事故且短时间内无法恢复供电；

（5）其他无法保证招投标过程正常进行的情形。

5.3.2　在开标前出现本章第5.3.1项情况且预计在原定开标时间时无法解决的，招标人应延期开标。通过"交易平台"的"开标补救措施"菜单向所有投标人发出延期开标的通知，若"开标补救措施"菜单无法正常使用，则待系统功能恢复后向所有投标人发出延期开标的通知。发出延期开标通知的同时"交易平台"将以向投标人在系统中预留的手机号（投标人可预留不超过3个手机号并可自行随时维护更新）发送短信的方式友情提醒投标人登录平台查看。

5.3.3　在开标过程中出现本章第5.3.1项情况的，招标人应中止开标，待系统功能恢复后，通过"交易平台"的"开标补救措施"菜单向所有投标人发出延期开标的通知，并以向投标人在系统中预留的手机号（投标人可预留不超过3个手机号并可自行随时维护更新）发送短信的方式友情提醒投标人登录平台查看。再次开标时系统将自动接续前次开标时的进度。

5.3.4　采取补救措施时，必须对应保密的原有资料及信息作出妥善保密处理。

第二节　开标现场异议

一、异议人与受理主体

《招标投标法实施条例》第四十四条第三款规定："投标人对开标有异议的，应当在开标现场提出，招标人应当当场作出答复，并制作记录。"对于资格预审文件、招标文件的异议以及对评标结果的异议主体，包括潜在投标人、投标人和其他利害关系人。但是对于开标的异议，异议人只能是投标人，也就是响应招标、实际参加投标竞争的法人、非法人组织或者自然人，而且只能是参加开标仪式的投标人，不能是其他人。没有参加开标仪式的投标人不能提出异议。因为，提出异议的时间和答复时间都是在开标现场，只有在开标现场的投标人才有机会当场提出异议；不在开标现场的投标人，也就无法在开标现场当场提出异议；开标结束提出的异议，是无效的异议，招标人可以不予受理。

采取电子开标的，开标现场是虚拟的场所，投标人远程在线参与网络开标，不见面，在开标结束可以通过数据电文方式在线提出开标异议。

根据《招标投标法》第三十五条规定，招标人有邀请所有投标人参加开标会的义务。投标人应当尽可能委派代表出席开标会，以便在对开标结果有意见时能当场提出异议。

受理异议的主体是招标人，开标活动很多情况下委托招标代理机构主持进行，由于招标代理机构是招标人的代理人，招标代理机构也可以代招标人接受异议，进行答复。

二、异议常见内容

异议的内容主要是三方面：可以是对开标参加人，也可以是对开标程序提出异议，还可以就开标公示的内容有不同意见，提出异议，后两者是较为常见的异议。

开标现场可能出现对投标文件提交、截标时间、开标程序、投标文件密封检查和开封、唱标内容、标底价格的合理性、开标记录、唱标次序等的争议，以及就投标人和招标人或者投标人相互之间是否存在《招标投标法实施条例》第三十四条规定的利益冲突的情形，对投标人存在串通投标、虚假投标、报价不合理等情形提出异议。

实践中，如果异议是关于反映开标人员公示投标文件出错，或者程序出错（如只有两个投标人，但未终止招标而是正常开标）等问题，招标人应当现场核实后当场予以纠正、答复。如果反映涉及对投标文件有效与否进行评判的内容（如反映别的投标人的投标文件内容不全、弄虚作假、投标保证金不合格应当否决投标等），则提交评标委员会评判，不宜当场作出实质性的答复。

【类案释法 5-3】对开标程序的异议处理

某监理招标项目，有 10 家单位在截止时间前递交了投标文件。进入开标程序后，一家单位才进入开标现场并向招标人提出继续提交投标文件的申请。招标人经商量后认为多一家企业可以提升竞争力，因此接纳了其投标文件。对此，有投标人提出异议，认为招标人违反了有关规定。招标人当场纠正了其做法，拒绝了迟到单位的投标文件。在开标过程中，又有一家企业提出，有两家投标人的法定代表人是同一个人，应当否决这两家单位的投标。招标人经核实，发现情况属实，当场否决了这两家单位的投标。最终只有 8 家单位的投标文件进入了评审阶段。

分析：该案例是有关开标现场的异议处理，第一，关于拒绝迟到投标人的投标文件，招标人当场予以纠正其行为是正确的；第二，关于两家投标人的法定代表人为同一人的异议，招标人现场否决了两家单位投标，并且两份投标文件未提交评标委员会评审的做法是不妥的。正确做法应该是，招标人在现场将有关异议内容予以记录，并提交评标委员会评审判断。

三、异议时间与答复期限

提出异议和答复异议均有很强的时效性，《招标投标法实施条例》第四十四条第三款规定了两个"当场"。投标人认为开标不符合有关规定的，应当在开标现场当场提出异议，招标人必须当场作出答复，以便及时解决争议，确保招投标工作效率。

从另一个角度来讲，只有在开标活动现场当即提出异议，招标人才有义务接受并答复；开标活动结束后，投标人若再提出异议，即为迟到的异议，不能发生应有的法律效果，招标人可不予接受，并不予答复。同理，如果招标人对于开标的异议没有当场作出答复，则异议人有权立即向行政监督管理部门进行投诉。

开标仅仅是公布投标人名称、投标报价等重要信息，对于投标文件的效力以及响应程度评审，都是由评标委员会在评标环节解决。开标时仅记录开标情况，无权对投标文件的实质性内容进行评判，只能如实记录交由评标委员会进行评审，对于投标人提出的关于投标文件实质性内容的异议不作评判，也无权答复。如提出个别投标单位报价过低，是否低于成本价？个别单位的投标保证金金额过低？个别投标单位未拿到此项目的授权等。对此类问题，招标代理机构人员不予以回答，对投标人的此类"异议"应这样回应："我们记录在案且将提交评标委员会评审判断"，而不能越权或代行评标后当场答复，应该交由评标委员会处理。

在开标现场，异议的提出和答复原则上口头进行，需书面记录并经双方签字确认后存档。同时，需要特别注意的是，开标异议的提出和答复都必须在开标现场进行，开标程序结束后或者离开开标现场再提出异议或答复异议都是不合法和无效的。

另外，对于开标以外的异议（如对开标前事项的异议）应告知投标人另行提出，开标现场不予答复。按照《招标投标法实施条例》第三十六条规定，被拒收投标文件的投标人不能对开标提出异议，其可按照有关规定提出意见，反映问题或者投诉。

四、异议处理结果

只要投标人提出异议，招投标活动即应暂停进行，直至招标人对异议作出答复，可恢复进行。异议成立的，招标人应当及时采取纠正措施，或者答复提交评标委员会评审确认；投标人异议不成立的，招标人应当当场给予解释说明，招标投标活动也继续进行。异议和答复应记入开标会记录或者制作专门记录予以备查。

【类案释法 5-4】 开标人员无权评判投标无效

在某设备采购项目的开标仪式上，当招标代理机构开标人员宣读了某设备制造公司的投标报价之后，另一投标人当场提出异议，称："前面宣读的某设备制造公司提交了两份不同的报价，应当按照无效投标对待，否决其投标，不应当对其投标文件进行评审。"招标代理机构立即决定暂停开标活动，组织人员进行核实，实际情况是，对于招标文件允许投标人在提交主选方案的同时提交一份备选方案。某设备制造公司提交了主选、备选方案各一份，但由于工作疏忽，在投标函中未注明哪个是主选方案报价，哪个是备选方案报价，按照招标文件规定应当否决投标。于是，招标代理机构开标人员当场宣布：经过核实，投标人异议有道理，某设备制造公司投标无效。

在本案中，招标人对投标人提出的开标异议应当在开标现场当场答复，但不一定必须是实质性答复，也不保证异议人对答复表示满意。一般，对于开标程序方面的异议，如推迟或延长开标时间、密封检查、开标顺序的问题，招标人或招标代理机构完全可以立即予以实质性的答复，但是对于涉及投标是否有效、投标人资格条件是否合规、投标人是否存在违法行为等方面实体性的问题，都只能如实记录在案，之后提交评标委员会评审作出结论，招标人或招标代理机构无权作出评价，无须作出实质性的答复。在本案中，开标人员当场对某设备制造公司的投标判定为无效的做法为越权行为。

第六章　评标环节法律实务

第一节　评标委员会

一、评标委员会的组建

评标，是指按照招标文件规定的评标标准和方法，对各投标人的投标文件进行评价分析和比较，从中选出最佳投标人的过程。负责评标工作的专门机构就是评标委员会。《招标投标法》第三十七条建立评标委员会制度，招标人必须将评标工作委托给评标委员会，评标委员会的评标结果直接决定定标结果，可以在发挥专家的咨询和决策参谋作用的同时，制约招标人的权利，保障评标工作的独立性、公正性。组建一个客观、公正、高效的评标委员会，对于保障评标工作质量、遴选出最优投标、实现整个招标投标活动公平公正至关重要。

（一）组建主体

《招标投标法》第三十七条第一款规定："评标由招标人依法组建的评标委员会负责。"要求由招标人组建专门的评标委员会、专司评标之职。评标委员会是受招标人的委托从事评标工作，对投标文件进行评审，从中择优推荐中标候选人，在招标人授权的情况下还可以代为定标。评标委员会与招标人的关系有几种观点，一是法定代理关系，二是委托代理关系，三是雇佣关系，四是委托合同关系，五是其他特殊关系，目前仍存在争论。笔者认为本质上仍属于委托关系，只不过评标委员会并不是完全听从招标人的指示行事，反而《招标投标法》要求招标人不能擅自干预评标委员会依法独立评标。当然，招标人认为评标结果有误、不公正，可以要求评标委员会核实、纠正，或者向行政监督部门投诉，二者形成相互制衡的关系。

（二）组建方法

尽管评标委员会由招标人组建且其依靠专业技能为招标人提供专业的评审服

务，但对于依法必须招标的项目，招标人组建评标委员会的自主权是受到限制而不是完全意思自治的。《招标投标法》第三十七条规定："……依法必须进行招标的项目，其评标委员会由招标人的代表和有关技术、经济等方面的专家组成，成员人数为五人以上单数，其中技术、经济等方面的专家不得少于成员总数的三分之二。前款专家应当从事相关领域工作满八年并具有高级职称或者具有同等专业水平，由招标人从国务院有关部门或者省、自治区、直辖市人民政府有关部门提供的专家名册或者招标代理机构的专家库内的相关专业的专家名单中确定；一般招标项目可以采取随机抽取方式，特殊招标项目可以由招标人直接确定……"《招标投标法实施条例》第四十六条第一款补充规定："除招标投标法第三十七条第三款规定的特殊招标项目外，依法必须进行招标的项目，其评标委员会的专家成员应当从评标专家库内相关专业的专家名单中以随机抽取方式确定。任何单位和个人不得以明示、暗示等任何方式指定或者变相指定参加评标委员会的专家成员。"

从上述规定来看，依法必须招标项目的评标委员会必须符合下列条件：

一是人员构成上，评标委员会由招标人的代表和评标专家组成。招标人代表由招标人指派，其参加评标委员会，在评标过程中充分表达招标人的意见，与评标委员会的其他成员进行沟通，并对评标的全过程实施必要的监督，都是必要的[1]。评标专家一般分为技术专家和商务专家。由相关专业的技术专家对投标文件所提方案的技术上的可行性、合理性、先进性和质量可靠性等技术指标进行评审比较，以确定在技术和质量方面确能满足招标文件要求的投标。由商务专家对投标文件所报的投标价格、投标方案的合理性、可行性以及投标人的财务状况、商业信用、资格条件等投标文件的商务条款进行评审比较，以确定在经济上对招标人最有利的投标。还可以聘请法律方面的专家参加评标委员会，对投标文件的合法性进行审查把关，当然一般将法律方面的专家编入商务专家。

二是成员人数上，评标委员会成员总人数为 5 人以上单数，其中评标专家不得少于成员总数的 2/3。要结合投标文件数量、涉及专业等因素，邀请足够数量的评标专家参与评标，以保证评审结论的科学性、合理性。之所以要求评标委员会成员人数须为单数，是为了便于在各成员评审意见不一致时，按照"少数服从多数"通过的原则产生评标委员会的评审结论，推荐中标候选人或直接确定中标人。

---

[1]　卞耀武主编：《中华人民共和国招标投标法释义》，法律出版社 2000 年版，第 92 页。

三是评标专家确定方式上，《招标投标法》第三十七条第三款虽然规定了依法必须进行招标的项目的评标专家从专家库中产生，"……一般招标项目可以采取随机抽取方式，特殊招标项目可以由招标人直接确定"，这里用的是"可以"的措辞，表明既"可以"采取，也"可以"不采取，并没有强制性地要求必须采用随机抽取方式。但《招标投标法实施条例》第四十六条对其进一步限定，要求"除……特殊招标项目外，依法必须进行招标的项目，其评标委员会的专家成员应当从评标专家库内相关专业的专家名单中以随机抽取方式确定"。这里"可以"一词被"应当"一词所取代，强制性地规定招标人"应当"采用随机抽取的方式确定评标专家。也就是说，对依法必须进行招标的项目来说，一般情况下应当以随机抽取的方式确定，以防止招标人在确定评标专家时的主观随意性和倾向性，避免人为因素干扰，确保评标专家独立产生和公正评标。而且应根据招标内容、项目特点和评审深度确定所需评标专家的专业、数量、经验等条件，从评标专家库中随机抽取，以提高评标专家与所评审项目的匹配性，确保评标质量。现实中，专家库中的专家不乏滥竽充数者、鱼龙混杂者，一些专家空闲时间多，逐渐成了"常务评委"。更有甚者，有的评标专家为所欲为、收取好处，为个人的利益要挟招标人及其代理机构。因此，规范和建设好评标专家库尤其重要。

对于特殊招标项目的评标专家，可以由招标人直接确定。根据《招标投标法》第三十七条第三款、《招标投标法实施条例》第四十七条规定，这类特殊招标项目应具备两个条件：一是技术复杂、专业要求高或者国家有特殊要求。二是随机抽取的方式确定的专家不能满足项目评标的需要。具体情形主要有：专家库中没有相应专业的专家；专家库中有相应专业的专家，但不能满足招标项目的实际需求；专家库中有相应专业的专家，但满足招标项目要求的专家数量不足。

上述规定是针对依法必须招标项目而言的，对于非依法必须招标的项目来说，评标专家的确定方式比较自由，可以从依法组建的评标专家库中抽取或者指定，也可以从自行组建的评标专家库中抽取或者指定，并没有明确的限制性规定。另外，《招标投标法》第三十七条第五款规定："评标委员会成员的名单在中标结果确定前应当保密。"评标委员会成员名单一般选择在临近开标前一两天，或者开标前几个小时确定，有利于对评标委员会成员名单保密。

【疑难解析 6-1】第一次招标因评标时否决全部投标招标失败，该项目重新招标时能否由原来的评标委员会评标？

现行法律法规未规定重新招标是否可以继续由原评标委员会进行评标，但考虑到原评标委员会在第一次招标活动结束评标后已经解散，第二次招标从头再来，是全新的招标投标活动，与第一次招标已经没有关系，所有程序应当重新组织，包括评标委员会也应当重新组建。而且，第一次招标活动的评标过程和评标委员会组成人员名单在评标结束后极容易泄密，再使用原评标委员会难以保障评标活动的保密性、公正性，也应当组建新的评标委员会评标。

（三）评标委员会成员的来源及其条件

评标委员会成员由评标专家和招标人代表组成，评标委员会的组成人员如果不是招标人代表，就必须是评标专家。

1. 评标专家

依法必须招标的项目评标专家必须来源于政府部门（即国务院有关部门或者省、自治区、直辖市人民政府有关部门）组建的专家库或者招标代理机构的专家库。根据《评标委员会和评标方法暂行规定》第十一条规定，参加评标委员会的评标专家应当同时具备以下条件：（1）从事相关领域工作满 8 年。（2）具有高级职称或者具有同等专业水平。具有高级职称，即具有经国家规定的职称评定机构评定，取得高级职称证书的职称，包括高级、正高级工程师、经济师、会计师，正、副教授，正、副研究员等。对于某些专业水平已达到与本专业具有高级职称的人员相当的水平，有丰富的实践经验，但因某些原因尚未取得高级职称的专家，也可聘请作为评标专家。（3）熟悉有关招标投标的法律法规，并具有与招标项目相关的实践经验。（4）能够认真、公正、诚实、廉洁地履行职责。

2. 招标人代表

招标人代表即受招标人委托，代表招标人参与评审、发表意见和确认有关事项的人。从《招标投标法》建立专家评审制度的初衷来看，为了实现分权制衡，制约招标人干预评标，促进廉政建设，对招标人参加评标做出严格限定，其人数不超过评标委员会总数的 1/3，确保不能左右评标结果。但是，又考虑到为了维护招标人的正当权益，有必要评标委员会中有其代表参与，有助于了解评标过程，在评审环节行使知情权、参与权，可以对评标委员会的评审起到补充完善作用，在一定程度上也可以对评标专家是否公正、客观评标形成监督制约，限制专家对评标权利的滥用。

【疑难解析6-2】参加评标委员会的招标人代表需要什么资格条件？

目前，《招标投标法》及其实施条例、《评标委员会和评标方法暂行规定》等相关法律均没有对评标委员会中招标人代表的资格条件作出限制性规定。因此，除依法应当回避的情形之外，招标人指派的招标人代表的身份资格不应受到特别限制。招标人选派代表参加评标委员会，需要注意以下几点：（1）招标人代表可以是本单位人员，也可以不是本单位人员，应当得到招标人的书面授权。（2）招标人代表需要熟悉招标项目背景、熟悉采购需求，具有代表招标人发表意见的能力及胜任项目评审的基本素质。（3）招标人代表可以是专家（或具备专家条件），也可以不是。实践中，不是专家的招标人代表，在评审过程中起着"与评标专家互补"的关键作用。（4）招标人代表的人数有限制性规定，不得超过1/3。招标人如果想增加招标人代表，必须同时增加评标专家的人数，确保相互之间的制约关系不被打破。（5）招标人代表不得以专家身份参与本单位项目评审。

评标委员会中招标人代表人数有上限规定，不能超过评标委员会成员总数的1/3，以保证各方面专家的人数在评标委员会成员中占绝对多数，但没有规定下限。同时，也没有对评标专家人数上限作出规定。因此，从字面意思理解，评标专家可以100%占据评标委员会名额，即没有招标人代表。在实践中，招标人代表参加评标是有必要性的，他们了解招标人需求，熟悉招标项目实际，可以通过与评标专家充分沟通，为评标专家对项目的重点及招标文件、采购需求进行介绍解释，快捷有效地为专家提供评标所需要的信息，帮助评标专家更加熟悉招标项目的实际需求及相关的重要信息，深入了解招标文件内容的实质含义，更加精准、客观地进行评标。再者，招标人代表可充当"见证人"与"参与者"的双重角色，从而提高招标人对于招标结果的认可度。当然，招标人代表不能借机向评标专家介绍其倾向性意见，不能干预评标专家独立、公正评标，不能诱导影响评标专家发表意见。

【疑难解析6-3】《招标投标法》规定依法必须招标项目的评标委员会由招标人代表和评标专家组成，是不是评标委员会中必须要有招标人代表？

《招标投标法》关于"评标委员会由招标人代表和评标专家组成"的规定属于授权性规范，而不是义务性规范。招标人选派代表参加评标委员会是一种法定权利，而不是一种法定义务。从这个角度分析，招标人有放弃选派代表参加评标委员会的权利，这属于招标人对其自身权利的处分。招标人放弃参加后，评标委员会的成员缺额由评标专家来替补，而不能由其他任何人来替补。替补的评标专家仍然是以评标专家身份参加评标委员会，而不是以招标人代表的身份。当然，招标人选派代表参加评标委员会的法定权利也不得被无故剥夺，有些地方性规定禁止招标人参与评标的做法，涉嫌违背上位法的相关规定。

招标人代表与评标专家具有相同的评审投标文件的权利，承担的义务与责任也相同，比如与供应商有利害关系的应当回避，应当客观公正进行评审，不得干预影响其他人员独立评标等。

二、评标委员会成员的调整

《招标投标法实施条例》第四十六条第二款明确要求："依法必须进行招标的项目的招标人非因招标投标法和本条例规定的事由，不得更换依法确定的评标委员会成员。更换评标委员会的专家成员应当依照前款规定进行。"也就是说，原则上，非因法定事由不得随意更换评标委员会成员，以确保评标委员会的稳定性、公正性。但是在评标过程中，确有特殊原因不能继续评标的，为了保证评标工作正常进行，还是有必要更换不适合继续评标的专家的。

（一）更换评标委员会成员的情形

《招标投标法实施条例》第四十八条第三款规定："评标过程中，评标委员会成员有回避事由、擅离职守或者因健康等原因不能继续评标的，应当及时更换。被更换的评标委员会成员作出的评审结论无效，由更换后的评标委员会成员重新进行评审。"根据其规定，需要更换评标专家的具体情形主要有：一是回避事由，二是擅离职守，三是健康原因，四是其他原因导致评标委员会成员无法继续评标。这些情形不仅仅适用于评标专家，对评标委员会中的招标人代表也同样适用。

1. 回避

为了保障评标委员会独立、客观公正地履行评标职责，招标投标法设定了回避制度。《招标投标法》第三十七条第四款规定："与投标人有利害关系的人不得进入相关项目的评标委员会；已经进入的应当更换。"《招标投标法实施条例》第四十六条第三款也规定："评标委员会成员与投标人有利害关系的，应当主动回避。"《评标委员会和评标方法暂行规定》第十二条规定："有下列情形之一的，不得担任评标委员会成员：（一）投标人或者投标人主要负责人的近亲属；（二）项目主管部门或者行政监督部门的人员；（三）与投标人有经济利益关系，可能影响对投标公正评审的；（四）曾因在招标、评标以及其他与招标投标有关活动中从事违法行为而受过行政处罚或刑事处罚的。评标委员会成员有前款规定情形之一的，应当主动提出回避。"综合上述规定来看，要求与招标项目存在利害关系或者监督管理关系以及曾经在招投标活动中有违法行为记录的人均不能担任评标委员会成员，已经进入的应当更换。

（1）与投标人有利害关系。主要指以下情形：一是投标人或者投标人主要负责人的近亲属。具有近亲属关系，与评标结果无疑有直接或间接的利害关系，可能影响评标公正性或极易引起对评标公正性的质疑，因此有必要回避。"主要负责人"是能够代表单位行使职权的负责人，比如法定代表人、个人独资企业的负责人等。"近亲属"的范围，根据《民法典》第一千零四十五条规定，即指配偶、父母、子女、兄弟姐妹、祖父母、外祖父母、孙子女、外孙子女。二是与投标人有经济利益关系，可能影响对投标公正评审的。这里经济利益关系通常是指3年内曾在参加该招标项目的投标人中任职（包括一般职务）或担任顾问，配偶或直系亲属在参加该招标项目的投标人中任职或担任顾问，与参加该招标项目的投标人发生过法律纠纷，以及其他可能影响公正评标的情况，主要有：投标人的上级主管、控股或被控股单位的工作人员；评标委员会成员任职单位与投标人单位为同一法定代表人；评标委员会成员持有某投标单位股份[①]。

（2）行政监督部门的人员。《招标投标法实施条例》第四十六条第四款中规定："……行政监督部门的工作人员不得担任本部门负责监督项目的评标委员会成员。"这里的"行政监督部门"既包括招标项目的招标投标行政监督部门，也包括招标项目的审核部门、主管部门和审计部门等。也就是说，对招标项目直接行使监督、管理等职责的部门的人员都不得在所监督、管理的项目中担任评标委员会成员，以避免监管不分、确保监督效果。即使其是被从评标专家库中随机抽取出来的，也应当回避。

（3）曾因在招标、评标以及其他与招投标有关活动中从事违法行为而受过行政处罚或刑事处罚的。这是对这类人员能否客观、公正行使评标职责的质疑，也是对其违法行为的惩戒措施。《国家综合评标专家库试运行管理办法》第五条第一款第一项规定的评标专家入库条件之一就是，"未曾因违法、违纪被取消评标资格，未曾在招标、评标以及其他与招投标有关活动中从事违法行为而受过行政处罚或者刑事处罚"。

评标委员会成员具有上述情形之一的，应当在知晓时即主动提出回避，否则

---

① 国家发展和改革委员会法规司、国务院法制办公室财金司、监察部执法监察司编著：《中华人民共和国招标投标法实施条例释义》，中国计划出版社2012年版，第120页。

其评审意见无效。招标人、招标代理机构或者其他评标委员会成员发现存在上述情形的，都可以提出要求其回避。实践中，招标人可以要求评标委员会成员签署承诺书，确认其不存在上述回避情形。

【类案释法 6-1】 评标专家不依法回避受处罚

重庆市公共资源交易监督局于 2020 年 4 月 15 日发布的行政处理决定书显示，2019 年 11 月 21 日，水电站工程施工监理项目开标评标，重庆市设计研究院在职职工夏某（专家证号：0142××）、退休职工何某（专家证号：0014××）被抽取参加项目评标工作。经调查，投标人某江河工程建设监理有限公司由重庆市某设计研究院和重庆某工程咨询中心有限公司共同出资设立，其中重庆市设计研究院出资比例 60%，故重庆市设计研究院实际控股重庆某工程建设监理有限公司。

重庆市公共资源交易监督局表示，重庆市设计研究院职工参与重庆某工程建设监理有限公司作为投标人的评标活动，其行为违反了《招标投标法实施条例》第四十六条第三款"评标委员会成员与投标人有利害关系的，应当主动回避"的规定、《评标委员会和评标办法暂行规定》第十二条"不得担任评标委员会成员"第三项规定"与投标人有经济利益关系，可能影响对投标公正评审的"和《重庆市综合评标专家库和评标专家管理办法》第二十二条"应当主动提出申请回避"第四项规定"与招标项目的投标人有经济利益关系，可能影响对投标公正评审的"。

依据调查认定的事实，重庆市公共资源交易监督局认定夏某、何某在参与上述项目评标活动时存在违规行为，决定暂停夏某、何某 3 个月评标活动。

2. 其他原因

在评标过程中，评标委员会成员因个人原因不适宜或者难以坚持继续评标的，也应当及时予以更换，主要有：（1）擅离职守、工作不认真，不能胜任评标工作，被招标人取消评标资格。（2）违规违纪，被招标人取消评标资格。例如，评标委员会成员违反工作纪律，私下接触投标人，收受他人的财物或者其他好处，透露对投标文件的评审和比较、中标候选人的推荐情况以及与评标有关的其他情况，招标人查实后可以取消其评标资格。（3）评标委员会成员因如家庭或单位有重要事情必须亲自办理向招标人请假或者因生病或其他个人原因无法继续履行评标职责，需要招标人更换。

实际上《招标投标法实施条例》第四十八条第三款规定并没有穷尽更换评

标委员会成员的所有情形。需要注意的是，更换评标委员会成员的原因应当是客观存在的、已严重影响评标正常进行的事由，招标人不得因为某个成员坚持正确意见、不执行招标人的不正当要求而滥用更换权，操纵、左右评标委员会。

（二）更换评标委员会成员的方法

因上述事由需要调整评标委员会的，实践中有以下方法处理：一是自然减员，不再补充，但必须保证剩余评标委员会成员达到人数为 5 人以上单数，其中评标专家不得少于成员总数的 2/3。二是补选，依据法律规定的抽取评标专家的方法重新抽取或重新指定，或者从以前抽取的备用专家里面补充。有经验的招标人会在抽取评标专家时，根据项目数量等情况多抽取 2 名以上候补评标专家，并按先后顺序排列递补。重新抽取、指定的专家也应按照《招标投标法》第三十七条和《招标投标法实施条例》第四十六条规定的方式随机抽取或直接指定，退出的专家不得指定其他人员代替其参加评标。招标人代表需要更换的，由招标人重新选派人员即可。一些部门规章也作出明确规定，如《公路工程建设项目招标投标管理办法》第四十七条第三款规定："根据前款规定被更换的评标委员会成员如为评标专家库专家，招标人应当从原评标专家库中按照原方式抽取更换后的评标委员会成员，或者在符合法律规定的前提下相应减少评标委员会中招标人代表数量。"

需要注意的是，第一，调整后的评标委员会成员构成、人数等，仍然应当符合《招标投标法》第三十七条、《招标投标法实施条例》第四十六条的规定。第二，被更换的成员已作出的评审结论无效，由更换后的成员重新进行评审。对此，《招标投标法实施条例》第四十八条第三款规定："……被更换的评标委员会成员作出的评审结论无效，由更换后的评标委员会成员重新进行评审。"第三，被更换的评标委员会成员在退出评标工作后，仍应遵守《招标投标法》第四十四条第三款规定，不得透露对投标文件的评审和比较、中标候选人的推荐情况以及与评标有关的其他情况。

三、评标委员会的权利与职责

（一）评标专家的权利

《评标专家和评标专家库管理暂行办法》第十三条规定："评标专家享有下列权利：（一）接受招标人或其招标代理机构聘请，担任评标委员会成员；（二）依法对投标文件进行独立评审，提出评审意见，不受任何单位或者个人的干预；（三）接受参加评标活动的劳务报酬；（四）法律、行政法规规定的其他权利。"简言之，评标专家享有四大权利，即接受聘请担任评标委员会成员、独立评审、获取劳务报酬、其他权利。

评标专家核心权利是独立评审的权利，该权利是法律赋予的权利，也是相对独立于招标人、投标人、其他单位或个人，不受非法干预的权利。专家独立评标制度是招标投标法律体系中一个重要的制度设计，包括评标专家的抽取使用、评审权的行使规则、评审权的依法保障、招标参与方的监管职责等一系列内容。对评标委员会独立评审的这一层意思，《招标投标法》还从招标人、投标人或其他人的义务的角度来进行阐述，比如《招标投标法》第三十八条第二款规定："任何单位和个人不得非法干预、影响评标的过程和结果。"《招标投标法实施条例》第四十八条第一款规定："招标人应当向评标委员会提供评标所必需的信息，但不得明示或者暗示其倾向或者排斥特定投标人。"这些规定都是为了确保评标工作效率和质量。招标人应当提供的"评标所必需的信息"，可以包括招标文件及其澄清与修改、标底文件（如有）、投标文件、开标记录、资格预审文件和资格预审申请文件（如有）等；在评标委员会提出特别要求时，招标人或招标代理机构可以在评标过程中就招标文件中的一些重要信息和数据，包括对招标范围、性质和特殊性，招标项目的质量、价格、进度等需求目标和实施要点，主要技术标准和要求、投标报价要求、评标标准和方法、合同主要条款等内容进行解释或说明。这样可以让评标专家全面准确了解招标项目的特点，了解招标人的采购需求，这样的评审更有针对性，既提高了评标的质量，也提高了评标的效率。

有些人认为评标专家如果跟招标人代表接触，招标人代表可能向评标专家传递不正当的信息，所以有些地方规定评标委员会成员不能有招标人代表，招标人、招标代理机构工作人员不得进入评标现场等绝对性隔离措施，这些做法是没有道理的。但是，在提供上述有关信息和数据以及进行解释、说明的过程中，招标人或招标代理机构不得向评标委员会作倾向性、误导性的解释或者说明，不得以明示或者暗示的方式倾向或者排斥特定投标人，比如招标人特意提到某个投标人的技术标准、履约能力最符合该招标项目的特殊需要。

（二）评标专家的义务

《招标投标法》尽管规定了评标委员会客观、公正、独立进行评标，但不能认为评标专家能够持此"尚方宝剑"突破既定规则。评标委员会成员应当履行评标权不得滥用、不得擅自转委托、勤勉谨慎三项义务，应当严格遵守评审工作纪律，按照依法、客观、公正、审慎的原则，根据招标文件规定的评标程序、评标方法和评标标准进行独立评审，不得自主改变或解释招标规则、自行编制评标标准和方法进行评审。

根据《招标投标法实施条例》第四十九条规定，评标委员会的法律义务主要是：（1）依照《招标投标法》和本条例的规定，按照招标文件规定的评标标准和方法，客观、公正地评审；（2）招标文件没有规定的评标标准和方法不得作为评标的依据；（3）不得私下接触投标人；（4）不得收受投标人给予的财物或者其他好处；（5）不得向招标人征询确定中标人的意向，不得接受任何单位或者个人明示或者暗示提出的倾向或者排斥特定投标人的要求；（6）不得有其他不客观、不公正履行职务的行为。

根据《评标专家和评标专家库管理暂行办法》第十四条规定，评标专家承担以下义务：（1）依法回避；（2）遵守评标工作纪律，不得私下接触投标人，不得收受投标人或者其他利害关系人的财物或者其他好处，不得透露对投标文件的评审和比较、中标候选人的推荐情况以及与评标有关的其他情况；（3）客观公正地进行评标；（4）协助、配合有关行政监督部门的监督、检查；（5）其他义务。

实践中，有些专家评审打分与其他评标专家的平均打分情况相比较畸高或畸低，超出了评标委员会其他成员的基本共识，可能对个别投标人存在倾向性或歧视性，违背客观、公正、审慎的原则，招标人或招标代理机构应予以提醒建议纠正。出现此类情形，一般是评标专家主观故意所为，而非其专业水平不足、认识错误所致，已构成了评标权利滥用。招标人应对招标文件（资格预审文件）的编制及其评标标准、评标办法等把好关，避免评标委员会自由裁量权过大。招标人或招标代理机构可以对评标委员会成员履职进行评价，作为专家考核的依据。如《铁路工程建设项目招标投标管理办法》第三十六条规定："依法必须进行招标的铁路工程建设项目的招标人，应当对评标委员会成员履职情况如实记录并按规定对铁路建设工程评标专家予以评价。"《铁路建设工程评标专家库及评标专家管理办法》第二十一条、第二十二条规定了对评标专家实施记分管理、年度考核的具体办法。

【疑难解析6-4】评标委员会成员对客观评审因素评分不一致，该怎么办?

评标委员会成员应当按照招标文件规定的评标标准和方法，客观、公正地对投标文件提出评审意见。按照评分标准打分是基本原则，评标委员会对于客观评审因素的评分理论上应当是一致的。但实践中，往往会出现不一致的情况。比如：某公司公开招标项目招标文件的评分因素中项目报价、企业盈利状况、通过质量管理体系认证证书为客观分。评审企业盈利状况需要根据企业最近两年年度损益表，两年均盈利为 3 分，一年盈利为 2 分，两年均亏损或者未提供损益表等情况为 0 分。但对于 B 公司的企业盈利状况打分上，评标委员会成员的打分不一致，有的打 3 分，有的打 2 分，有的打 0 分。主观内容打分不一致属于正常，但针对客观内容的评审分数竟然不一致。客观分是指唯一确定，不会引起争议的打分内容。评委能从评标标准中直接地确定应给予的分数，不需要评委个人的主观判断。客观分一般是可定量的内容，每家供应商的客观分不论由哪个评委评，只要严格按评标细则打分，都应当是一样的。主观分，是指评委依据主观判断的打分，与评委个人的主观因素有很大关系。每个评委具体打分可能不同，评分可能会有误差。比如，某招标项目对于服务方案合理性的评标标准中规定：由评委根据投标人对招标项目的理解程度、对阐述的技术方案的科学性、可行性、经济性进行评判，评判为"优秀"的视情况得 16-20 分，"合理"的视情况得 11-15 分，"基本合理"的视情况得 6-10 分。对于"合理性"的认定，需要评委根据自身的经验和专业能力进行把握，并作出主观判断，因此是主观分。

对于前述业绩的评审因素，不需要评委主观判断，可以作为客观分。评分标准设定得越具体，越接近客观分。对供应商的价格分等客观评分项的评分应当一致。当然，过于具体也容易带来歧视性和倾向性。招标人、招标代理机构要对评审数据进行校对、核对，对畸高、畸低的重大差异评分，可以提示评审委员会复核或书面说明理由。评标委员会成员对客观评审因素评分不一致的，可以申请原评标委员会进行重新评审。招标人应该对评审数据进行校对、核对，经复核发现存在评标委员会成员对客观评审因素评分不一致的情形的，评标委员会应当当场修改评标结果，并在评标报告中记载。

第二节　评标标准和方法

一、评标依据

评标标准和方法，是指导评标委员会如何评标的文件，合法、科学、具有可操作性是其最基本要求，既可以使评标委员会能够按照统一的标准和方法进行评标，也可以对评标委员会自由裁量权进行合理约束，确保评标结果公平、公正和科学。《招标投标法》第四十条规定："评标委员会应当按照招标文件确定的评标标准和方法，对投标文件进行评审和比较……"《招标投标法实施条例》第四十九条第一款规定："评标委员会成员应当依照招标投标法和本条例的规定，按照招标文件规定的评标标准和方法，客观、公正地对投标文件提出评审意见。招标文件没有规定的评标标准和方法不得作为评标的依据。"评标标准和方法实际就是评标细则，通常包括以下内容：评标方法、评标纪律、评标委员会组成及来源、评标程序、评审因素及其评审标准、确定中标候选人原则等。

评标标准和方法必须在招标文件中载明，是公开原则的具体体现，有利于投标人了解招标人的招标目的，有效引导投标人投标，编制出高质量的投标文件。因此，在评标过程中，评标委员会的权力就是依据招标文件中的评标标准和方法进行评标，没有权力修改与制订评标标准，招标人和评标委员会都不得随意增加、删减评审因素，也不得调整每个评审因素的评审标准和权重。评标发现招标文件存在歧义、重大缺陷导致评标工作无法进行，或者招标文件内容违反国家有关强制性规定的，应当停止评标工作。

【疑难解析 6-5】招标人复核评标报告发现评标委员会没有按招标文件规定的评标标准来评审，该如何处理？[①]

第一，复核后发现评委有误，招标人应当采取补救措施。评标委员会由招标人组建，招标人与评标委员会的关系，是委托与被委托的关系，招标人认为被委托人的工作不符合法律规定或评审工作有失公允的，招标人有权采取补救措施，组织原评标委员会重新评审。需要说明的是，评标委员会认为招标人要求改正是违法的，评标委员会有权拒绝改正，并向行政监督部门报告。

第二，评标委员会拒绝补救的，由行政监督部门裁定是否重新评审，必要时由行政监督部门给予行政处罚。如果评标委员会继续坚持原有结果，招标人可向行政监督部门投诉，由行政监督部门裁定是否重新评标，此阶段评审工作可由招标人重新组建评标委员会重新评审，原评标委员会评审结论无效；也可由原评标委员会继续承担（是否由原评标委员会承担以行政监督部门的裁定为准）。

第三，因招标文件存在歧义导致评审存在争议的，应修改招标文件后重新招标。如招标人认为评分标准或招标文件确实存在歧义，招标人的意思表达不够充分，提供给评标委员会的资料不够充足，导致出现重大分歧的，或招标文件表述

[①] 来源：招标采购导航网 https：//www.okcis.cn/info-shidian-3830/，最后访问时间 2021 年 12 月 25 日。

有错误，前后不一致等导致评标委员会评审结果与招标人的判断不一致时，应修改招标文件后重新招标。如《公路工程建设项目评标工作细则》第三十五条规定："评标结束后，如招标人发现提供给评标委员会的信息、数据有误或者不完整，或者由于评标委员会的原因导致评标结果出现重大偏差，招标人应当及时邀请原评标委员会成员按照招标文件规定的评标标准和方法对评标报告内容进行审查确认，并形成书面审查确认报告。"

如果评标标准和方法含有违法内容、未按照招标文件规定的评标方法和标准评标影响评标结果，都会直接导致评标无效的后果。评标无效，就是指评审结果无效，是招标人违法组成评标委员会，或在评标过程中评标委员会违法违规评标的行为导致评审结论失去法律约束力。评标无效可归纳为评标主体不合格或行为违法两大类。评标主体不合格造成的评审结论无效的情形主要是根据《招标投标法实施条例》第七十条规定，违法确定或者更换评标委员会成员（依法必须进行招标的项目的招标人不按照规定组建评标委员会，或者确定、更换评标委员会成员违反法律规定的）做出的评审结论无效。根据《招标投标法实施条例》第七十一条规定，评标过程行为违法可能造成原评审结论无效，就是评标委员会成员有违法行为被责令改正或取消资格被更换导致评审结论无效。这些违法情形主要包括：（一）应当回避而不回避；（二）擅离职守；（三）不按照招标文件规定的评标标准和方法评标；（四）私下接触投标人；（五）向招标人征询确定中标人的意向或者接受任何单位或者个人明示或者暗示提出的倾向或者排斥特定投标人的要求；（六）对依法应当否决的投标不提出否决意见；（七）暗示或者诱导投标人作出澄清、说明或者接受投标人主动提出的澄清、说明；（八）其他不客观、不公正履行职务的行为。

二、评标方法

评标方法是对投标作出评价时采用的具体方式和步骤以及涉及的评价因素和标准。根据《评标委员会和评标方法暂行规定》第二十九条规定，评标方法包括经评审的最低投标价法、综合评估法或者法律、行政法规允许的其他评标方法。经评审的最低投标价法和综合评估法是最基本的，也是最常用到的两类评标方法。《招标投标法》第四十一条规定了"中标人的投标应当符合下列条件之一：（一）能够最大限度地满足招标文件中规定的各项综合评价标准；（二）能够满足招标文件的实质性要求，并且经评审的投标价格最低；但是投标价格低于成本的除外"。上述条款分别对应综合评标法和经评审的最低投标价法，规定了确定中标人的基本规则。

各行业招标投标监督部门制定的部门规章中，结合行业特点规定了一些具体的评标方法，名目繁多，但总体来说都是在最低投标价法、综合评估法等评标方法基础上适当进行调整，内涵差别不大。

表6　部门规章规定的评标方法

序号	部门	规章名称	评标方法
1	住房城乡建设部	房屋建筑和市政基础设施工程施工招标投标管理办法	综合评估法、经评审的最低投标价法或者法律法规允许的其他评标方法
2	水利部	水利工程建设项目招标投标管理规定	综合评分法、综合最低评标价法合理最低投标价法、综合评议法及两阶段评标法
3	交通运输部	公路工程建设项目招标投标管理办法	综合评估法（包括合理低价法、技术评分最低标价法和综合评分法）或者经评审的最低投标价法
4	工业和信息化部	通信工程建设项目招标投标管理办法	综合评估法、经评审的最低投标价法或者法律法规允许的其他评标方法
5	中国民用航空局	民航专业工程建设项目招标投标管理办法	综合评分法
6	商务部	机电产品国际招标投标实施办法（试行）	最低评标价法、综合评价法

（一）综合评估法

综合评估法，是指在招标文件中设定商务、技术评价内容的标准和权重，并由评标委员会对投标人的投标文件进行综合评审以确定中标人的一种评标方法。根据综合评估法，最大限度地满足招标文件中规定的各项综合评价标准的投标，应当推荐为中标候选人。综合评估法综合考虑了各项投标因素，可以适用于所有招标项目。

采用综合评估法评标，最大限度地满足招标文件中规定的各项综合评价标准的投标，应当推荐为中标候选人。衡量投标文件是否最大限度地满足招标文件中规定的各项评价标准，可以采取折算为货币的方法、打分的方法或者其他方法，相应综合评估法可以分为综合评价法、综合评分法或者综合评议法等其他方法。需量化的因素、分值权重和评分方法应当在招标文件中明确规定。评标委员会对各个评标因素进行量化时，应当将量化指标建立在同一基础或者同一标准上，使各投标文件具有可比性。对技术部分和商务部分进行量化后，评标委员会应当对这两部分的量化结果进行加权，计算出每一投标的综合评估价或者综合评估分。

实践中常采用打分的方法，就是综合评分法，也称打分法，是指评标委员会按预先确定的评分标准，对各投标文件需要评审的要素（报价和非价格因素）进行量化、评审计分，以投标文件综合分的高低确定中标人的评标方法。使用综合评分法，首先将需要评审的内容划分为几大部类，并根据招标项目的性质、特点及评审要素的影响程度具体分配分值权重（即"得分"），然后再将各类评审要素细分成评审小项并确定评分的标准，一般将各评审因素的指标分解成100分，因此也称百分法。

综合评分法比较适用于技术复杂的工程项目或服务，例如特大工程、广告创意服务等的招标。工程总承包评标宜采用综合评估法，评审的主要因素包括工程总承包报价、项目管理组织方案、设计方案、设备采购方案、施工计划、工程业绩等。也可以说，不宜采用经评审的最低投标价法的招标项目，尤其是除价格因素以外的商务因素、技术因素对完成项目影响较大的招标项目，一般应当采取综合评估法进行评审。完成评标后，评标委员会应当拟定一份"综合评估比较表"，连同书面评标报告提交招标人。"综合评估比较表"应当载明投标人的投标报价、所作的任何修正、对商务偏差的调整、对技术偏差的调整、对各评审因素的评估以及对每一投标的最终评审结果。

（二）经评审的最低投标价法

经评审的最低投标价法，是对满足招标文件各项实质性要求的投标，按照招标文件中规定的调整方法，对投标文件与价格有关的因素作必要的调整，使所有投标文件的报价按统一的标准进行比较，计算出经评审的投标价，并按照由低到高的顺序确定中标人的一种评标方法。

采用经评审的最低投标价法的，评标委员会应当根据招标文件中规定的评标价格调整方法，以所有投标人的投标报价以及投标文件的商务部分作必要的价格调整。中标人的投标应当符合招标文件规定的技术要求和标准，但评标委员会无需对投标文件的技术部分进行价格折算。对于资质、资格、业绩等条件，采取的是"合格者通过、不合格者淘汰"的办法，优于或者超出不予"加分"。价格因素可能调整的内容包括投标范围偏差、投标缺漏项（或多项）内容的加价（或减价）、付款条件偏差引起的资金时间价值偏差、交货期（工期）偏差给招标人带来的直接损益，以及虽未计入报价但评标中应当考虑的税费、运输保险费及其他费用的增减等。

根据经评审的最低投标价法，能够满足招标文件的实质性要求，并且经过以上价格因素调整后的价格即为经评审的投标价，该价格最低者应当推荐为中标候选人，但价格低于成本的除外。经评审的最低投标价法一般适用于具有通用技术、性能标准或者对技术、性能没有特殊要求的招标项目。

根据经评审的最低投标价法完成详细评审后，评标委员会应当拟定一份"投标价比较表"，连同书面评标报告提交招标人。"投标价比较表"应当载明投标人的投标报价、对商务偏差的价格调整和说明以及经评审的最终投标价。

两种评标方法适用于不同的招标项目。具体来说，工程类招标评标方法的选择：（1）对于具有通用技术性能标准或者招标人对其技术性能没有特殊要求的工程施工，可以采用经评审的最低投标价法。（2）对不适宜采取经评审最低投标价法的工程项目，皆可采用综合评估法。

物资类招标评标方法的选择：（1）对于具有通用技术、性能标准或者招标人对其技术、性能没有特殊要求的原材料类物资，或技术规格、性能、制作工艺要求统一，标准化程度高的物资，可以采用经评审的最低投标价法。（2）对于技术含量高、工艺或技术方案复杂的大型或成套设备，技术规格、性能、制作工艺要求难以统一，标准化程度低或非标准的物资，可以采用综合评估法。

服务类招标评标方法的选择：（1）对完成项目的人员素质及能力要求不高，达到基本条件就能保证项目工作质量，同时潜在投标人较多、市场竞争充分的服务项目，可以采取经评审的最低投标价法。（2）对完成项目需要人员素质、技术储备、设备设施、质量控制等有较高要求，需要综合评价投标人各项能力的服务项目，宜采用综合评估法。

实践中，存在采用"经评审的最低投标价法"就是纵容最低价中标甚至是低于成本中标的认识，对该问题，国家发展改革委进行了解释，即在《关于政协十三届全国委员会第三次会议第 0091 号（财税金融类 019 号）提案答复的函》（发改提案〔2020〕215 号）中阐述了对"经评审的最低投标价法"和最低价中标问题的认识，载明：我国《招标投标法》第四十一条规定的"经评审的最低投标价法"，是一种重要评标方法，也是国际上确定中标人的通行做法之一。《招标投标法》及其实施条例对"经评审的最低投标价法"的适用范围是有明确规定的。第一，这一评标方法一般适用于具有通用技术、性能标准或者招标人对其技术、性能没有特殊要求的招标项目；第二，投标人必须满足招标文件的实质性要求；第三，投标价格不得低于成本。因此，"经评审的最低投标价法"不等于唯价格论，更不等于接受和纵容低于成本中标。实践中，"经评审的最低投标价法"经常被滥用和错误使用,导致最低价中标问题,主要有四方面原因:一是招标人和评标委员会没有严格执行评标办法的有关规定。"综合评估法"需要对投标人各项指标作出综合评价,主观性较强,存在较大自由裁量空间。有些招标人为了规避异议、投诉、审计等风险,无论何种类型的采购项目均"一刀切"采用"经评审的最低投标价法",在评标中简单地将价格作为决定性标准,忽略"满足招标文件的实质性要求"的条件,对投标价格是否低于成本,既不进行测算,也不要求投标人进行澄清说明,没有及时对低于成本报价的投标予以否决。二是投标人通过低价中标的收益远大于风险。投标人低价中标后,有的通过弄虚作假、偷工减料降低成本,有的以设计方案变更等种种理由要求招标人变更合同、追加投资,有的甚至直接倒卖项目、违法转包赚取非法收益。三是招标人责任没有得到有效落实。标后履约管理不到位,尚未建立起有效的合同履行和评价体系。如果招标人能够在项目实施和检查验收中严把质量关口,投标人如存在工程和产品质量问题将面临严格的责任追究,是不敢也不会以牺牲工程或产品质量的方式谋求低价中标的。四是行政监督管理不到位。由于行政监督部门监管力量不足、责任落实不到位,对工程和产品质量缺乏及时有效监管,对于中标人的违法失信行为缺乏及时有效制约和有力惩处,也是导致最低价中标问题的原因之一。该文还阐述了综合施策治理最低价中标问题的工作安排。

三、评标标准

评标标准是专家评标的标尺,评分标准是否科学、合理主要是通过评标标准体现的,须以客观事实为依据,限制专家评审的自由裁量权。评标标准主要由评标因素及其相应权重构成。评标标准编制应遵循以下原则:(1)评标标准应明确评标时的所有评标因素。(2)评标因素的设置应体现公平原则。不得针对特定投标人设置评标因素;不得设定与招标项目的具体特点和实际需求不相适应或者与合同履行无关的资格、技术或商务因素;不得以特定行政区域或者特定行业的业绩、奖项作为加分条件或者中标条件。(3)采用经评审的最低投标价法的,应在初步评审标准中规定出除价格因素外其他商务因素、技术因素的合格标准,对满足合格标准的不再进行量化评审;需要对投标价格进行调整的,应规定出调整的内容和方法。(4)采用综合评估法的,除初步评审标准外,还应规定出详细评审标准,包括需要量化的评标因素、分值权重和评分方法及细则。(5)评标因素分值的设置应根据具体情况设置,使投标人的得分范围覆盖整个分值区间,避免所有投标人得分一致,失去比较的作用。(6)对同一评标因素不得重复计分。

采用经评审的最低投标价法的项目，通过初步审查合格后，评标委员会只需根据合格投标人的投标报价，按从低到高顺序推荐中标候选人，或将报价最低的投标人确定为中标人即可，既简化了评标程序，也限制了评标委员会的自由裁量权。在编制招标文件时，需要将招标人关注的指标列为招标文件的实质性条款。在招标文件中力求量化评标标准，减少主观性评分。不能量化评标标准的项目，宜采用经评审的最低投标价法，以减少评审中自由裁量权的使用。

采用综合评估法时，应合理设定各评分因素的分值。一是评分因素要准确反映招标人的需求特点，分数占比要切实反映招标人对相关内容的关切程度。二是要将与投标报价和招标标的质量相关的技术或服务指标设定为评分因素。三是评分标准的分值设置要与评审因素的量化指标相对应。综合评分的因素必须量化为客观分，最大限度限制专家的自由裁量权。如将业绩分设定为"1-5 分"，专家就有可能给业绩差距不大的两家供应商分别打 1 分和 5 分，相差较大，直接影响到中标结果，因此设置得分应当在该区间内进一步量化评分标准，比如"供货数量在 100 套以下得 1 分，200 套以下得 2 分，300 套以下得 3 分，400 套以下得 4 分，超出 400 套得 5 分"。

招标人在招标文件中公布不完整的评标标准和方法，只公布评审因素和指标，而不公布评审权重和评分方法，或者评审因素及各因素的评审标准设置不合理，脱离招标项目实际或者脱离预期采购目标的做法在实践中比较常见，都会影响评标工作正常进行，要引以为鉴。

【类案释法 6-2】评标委员会未按照规定的评标办法评标被责令改正

穗建招监〔2019〕153 号投诉处理决定书[①]：投诉人参加了金融城 AT0909××地块施工总承包项目（以下简称本项目）投标后，就本项目评标问题向招标人提出异议，因对招标人的异议答复不满意，提出投诉。情况如下：

投诉人称：（一）第一中标候选人投标文件（技术标）中提供的"投标人业绩的获奖"评审项存在不应计分情况。（二）第一中标候选人投标文件（技术标）中"投标人施工管理机构骨干人员配备"的部分配备人员和证明材料不符合招标文件要求，存在不应计分情况。（三）本项目评标委员会对投诉人的投标文件（技术标）中的"施工组织设计"的评审项评分偏低。投诉人提出对其投

---

① 案例来源：广州市住房和城乡建设局官网，http://zfcj.gz.gov.cn/zwgk/zsdwxxgkzl/jsgczbglbgs/jgxx/content/post_ 2574753.html，最后访问时间 2021 年 12 月 26 日。

标文件（技术标）和第一中标候选人的投标文件（技术标）进行复核的诉求。

本项目评标委员会 5 名成员对投诉问题进行了陈述和申辩：5 名成员均认为对第一中标候选人投标文件（技术标）中的"投标人业绩的获奖"和"投标人施工管理机构骨干人员配备"的评审存在疏漏。5 名成员均表示没有对投诉人的技术标评低分的情形。

市住房和城乡建设局经查：

一、招标文件的"投标人业绩的获奖"评审项的规定，2014 年 1 月 1 日至今独立完成过质量合格的建筑工程施工总承包业绩获得过工程质量奖的予以计分。本项目《答疑文件》第十一条明确：获奖业绩的竣工日期需要在 2014 年 1 月 1 日之后。

投诉反映的第一中标候选人投标文件（技术标）中提供的获奖业绩"滨海花园 8 期高层住宅 2-3 栋、4-7 栋、8-10 栋、11-13 栋、14-15 栋、20-21 栋、16-17 栋、22-23 栋、18-19 栋、24-25 栋、地下室、会所（自编 8-1-1 栋）及垃圾房（自编 8-1-27 栋）工程施工总承包及总承包管理服务"的竣工时间为 2012 年 11 月 5 日。评标委员会成员在此项评审中均有不按照招标文件规定的标准和方法评标的行为。

二、招标文件中的"投标人施工管理机构骨干人员配备"评审标准为"全部满足招标文件第五章《人员基本配备表》要求的，得 10 分；专业工程师未按该表足额配备的或配备人员未满足该表相应要求的，每名扣 2 分；未按该表足额配备或配备人员未满足该表相应要求的专业工程师累计达到 3 名时，本项得 0 分"。

第一中标候选人在投标文件（技术标）相关证明材料中，存在配备人员学历、专业等不符合评审要求的情形。评标委员会成员在此项评审中均有不按照招标文件规定的评标标准和方法评标的行为。

三、招标文件中"投标人施工组织设计"中的"施工质量目标"的评审标准为：优 10 分、良 8 分、中 5 分、差 1 分。评标委员会成员此项评审中出现 9 分、7 分和 6 分的评审结论。评标委员会部分成员在"投标人施工组织设计"其他评审项中也存在不按规定的分值进行评审的情况。评标委员会成员有不按照招标文件规定的标准和方法评标的行为。

综上，评标委员会成员存在不按照招标文件规定的评标标准和方法评标的行为，根据《招标投标法实施条例》第七十一条规定，责令改正。

（一）评标因素

评标因素，是指评审投标是否合格的具体对象及评价投标文件响应符合程度的具体内容，一般包括商务因素（含价格因素或经济因素）和技术因素。评标因素有多种分类，按照内容类别可以分为商务因素和技术因素。按是否属于价格因素可分为价格因素和非价格因素；按评标因素是否有具体的数值，可分为可量化评标因素（如价格、交货期、技术参数等）和非量化评标因素（如施工设计组织、项目管理机构）；按所属评标阶段可分为投标合格性因素和投标价值评标因素。合格性因素应在初步评审标准中规定，不满足要求的作否决处理；投标价值评标因素应在详细评审标准中规定。

1. 商务因素

商务因素主要包括：投标价格、投标人的资质、投标人业绩、投标人管理水平、投标人信誉评价、投标人财务状况、服务承诺、投标人资源状况（包括企业的设备、设施、技术人员等）及其它商务因素（如交货期、质保期、投标文件对招标文件的响应等）。

2. 技术因素

技术因素区分工程、服务和货物招标项目而有明显不同。

工程类技术因素可以包括：项目总体目标及总体实施方案、项目管理组织机构及主要管理人员、职业健康安全环境管理体系及措施、质量管理体系及措施、进度计划及措施、资源配备计划、设计方案及主要施工图、采购管理、施工方案及技术措施、分包管理、风险控制、保修承诺及措施、综合评价及其他评标因素。

物资采购类技术因素可以包括：质量性能指标、技术经济指标、配套性和兼容性、使用寿命、节能和环保指标及其他技术因素（如设备先进性和成熟性、零配件供应、维修保养情况及原材料等）。

服务招标技术因素可以包括：项目总体目标及总体实施方案、项目管理组织机构及主要人员、健康、安全与环境管理体系、质量管理体系、进度计划、主要技术措施、资源配备计划、风险控制及其他评标因素。

招标人可以根据招标项目的要求从上述所列内容中选择合适的商务因素、技术因素作为评标因素。

（二）评标权重

"权重"，是指某一因素或指标相对于某一事物的重要程度，其不同于一般的比重，体现的不仅仅是某一因素或指标所占的百分比，强调的是因素或指标的相对重要程度，倾向于贡献度或重要性。评标因素的权重不仅反映某一因素或指标在采购项目中的重要程度，而且还反映招标人对某一因素或指标的关注程度。评审因素权重设置的问题主要是针对综合评估法。采用经评审的最低投标价法的项目，只需要将交货期、付款条件、技术服务等作为价格调整因素，相应设置价格调整标准，评审时折算成价格，最终加总计算出经评审的投标价即可。

对于初评阶段的投标合格性评标因素，只有"合格、不合格"或"满足、不满足"的评价值，不考虑权重。对于详评阶段的投标价值评标因素，需要对投标文件响应程度、价值高低进行量化评审，且各评价因素对招标项目的重要程度不同，故需要设置相应权重。评标因素权重，就是指评标因素在投标价值评价中的相对重要程度，一般以权重系数表示，乘以标准分就可以得出该项相应的评标得分。

实践中，工程类招标采用综合评估法时，商务部分投标报价分值权重一般不低于40%，技术部分分值权重一般不高于60%；物资类招标项目采用综合评估法的，需对商务、技术进行量化评价的，技术部分分值权重一般不高于60%，商务部分中投标报价分值权重一般不低于30%；无需对技术因素进行量化评价的，商务部分中投标报价分值权重应不低于70%。服务项目采用综合评估法时，应根据具体项目特点，设置商务与技术部分分值权重。对科技含量高、技术专业性较强，主要依靠人的智力完成的创新性服务项目，技术部分分值权重不宜低于60%，商务部分分值权重不宜高于40%；对投标人能力要求差异性不大的服务项目，技术部分分值权重不宜高于40%，商务部分分值权重不宜低于60%；其他服务项目可根据具体项目的情况，结合上述情况适当设置。

各地或行业、国企集团公司也有一些具体的规定，制定招标文件时也要注意这些规定，如《公路工程建设项目招标投标管理办法》规定，公路工程勘察设计和施工监理招标，评标价的评分权重不宜超过10%；公路工程施工招标，评标价的评分权重不得低于50%。商务部《机电产品国际招标综合评价法实施规范（试行）》第八条规定："综合评价法应当对每一项评价内容赋予相应的权重，其中价格权重不得低于30%，技术权重不得高于60%。"

招标项目的特点不同，需求不同，评审因素和权重也不应该一样，哪一个评审因素对设备全寿命周期影响最大、在招标项目中最重要、最受招标人关注，它的权重就应当相对大一些。但是权重到底是多高合适，就需要根据项目实际和实践经验来考量和确定，找到一个相对比较合理的权重指数。不同的项目需求不一样，各个评审因素所处的地位不一样，招标人不能设立放之四海而皆准的统一的评标标准和方法。因此，标准招标文件中统一的评审标准不能满足招标项目的个性化需求。行业管理部门也不可能制定一个统一的评审标准，所以标准招标文件使用规定中，也说明招标人选择使用综合评估法的各评审因素的评审标准、分值和权重，由招标人自主确定。招标人编制招标文件时，在参考国家发展改革委发布的各类项目标准招标文件中的评标方法和标准中设计的评审因素、权重的基础上，一定要把握准最核心的内容，也就是项目的特点和需求来有针对性地设置招标条件、评标细则，而不能都是抄袭复制来的。

【疑难解析6-6】评标委员会发现招标文件简要规定了评标方法和主要评标因素但缺失具体详细的评标标准，应当怎么办？

《招标投标法》第十九条规定："……招标文件应当包括招标项目的技术要求、对投标人资格审查的标准、投标报价要求和评标标准等所有实质性要求和条件以及拟签订合同的主要条款……"评标标准是招标文件必备的实质性内容，关系到以何种评审依据进行公正评审，关系到招标人选择交易对象的衡量标准，不可或缺。

如果招标文件未设定评标标准，在投标截止前发现，根据《招标投标法实施条例》第二十一条规定，招标人可以通过修改、澄清方式，对招标文件进行修正补救。

本题所述情形是在投标截止时间之后评标时才发现招标文件缺失评标标准。由于《招标投标法实施条例》第四十条又强调评标委员会应当按照招标文件确定的评标标准和方法进行评审，招标文件中没有规定的标准和方法不得作为评标的依据。因此，评标委员会不得自行制定评标标准。最好的做法是停止评标，报告招标人宣布终止当次招标活动，并在修改招标文件后重新组织招标。

需要提醒的是，《招标投标法实施条例》第四十九条第一款规定："评标委员会成员应当依照招标投标法和本条例的规定，按照招标文件规定的评标标准和方法，客观、公正地对投标文件提出评审意见。招标文件没有规定的评标标准和方法不得作为评标的依据。"这是一条强制性规定，在评标过程中，评标委员会不得自行设置评标标准，不得随意增加、删减评审因素，也不得调整每个评审因素的评审标准和权重。

四、评标程序

评标是对投标进行分析、判断、比较并作出评价的过程。不论采取哪种评标方法，整个评标过程一般分为初步评审和详细评审两个阶段。

（一）初步评审

初步评审是按照招标文件确定的评标标准和方法，对投标文件进行形式、资格、响应性评审，以判定投标文件是否存在重大偏离，是否实质上响应了招标文件的要求。实质性响应招标文件的投标为合格的投标，应当进入下一阶段的评审；非实质性响应招标文件的投标为不合格的投标，应当予以否决，不再进入下一阶段的评审。初步评审包括形式评审、资格评审和响应性评审。

1. 形式评审：主要对投标文件的形式要件进行审核，剔除不满足要求的投标。以《标准设备采购招标文件》为例，评审因素和评审标准主要包括：（1）投标人名称：与营业执照、资质证书一致。（2）投标函签字盖章：有法定代表人（单位负责人）或其委托代理人签字或加盖单位章。由法定代表人（单位负责人）签字的，应附法定代表人（单位负责人）身份证明，由代理人签字的，应附授权委托书，身份证明或授权委托书应符合招标文件中"投标文件格式"的规定。（3）投标文件格式：符合招标文件中"投标文件格式"的规定。（4）联合体投标人：提交符合招标文件要求的联合体协议书，明确各方承担连带责任，并明确联合体牵头人。（5）备选投标：方案除招标文件明确允许提交备选投标方案外，投标人不得提交备选投标方案。

2. 资格评审，主要审查投标人的资格条件、履约能力是否满足招标文件实质性要求。以《标准设备采购招标文件》为例，评审因素和评审标准主要是：（1）具备有效的营业执照和组织机构代码证；（2）资质要求、财务要求、业绩要求、信誉要求及其他要求符合招标文件"投标人须知"规定；（3）联合体投标人符合招标文件"投标人须知"规定；（4）不存在招标文件"投标人须知"规定的禁止投标的任何一种情形；（5）投标设备制造商的资质要求（如有）、投标设备的业绩要求（如有）符合招标文件"投标人须知"规定。

3. 响应性评审，主要审查投标文件是否完全响应招标文件的实质性要求和条件。以《标准设备采购招标文件》为例，评审因素和评审标准主要是：（1）投标报价、投标内容、交货期、交货地点、技术性能指标、投标有效期、投标保证金、技术支持资料等符合招标文件"投标人须知"规定；（2）当事人权利义务符合招标文件"投标人须知"及"合同条款及格式"中的实质性要求和条件；（3）投标设备及技术服务和质保期服务等符合招标文件"供货要求"中的实质性要求和条件。

工程施工、勘察设计、监理、货物采购等不同类别的初步评审因素、评审标准不同，可以参照国家发展改革委颁布的标准招标文件，结合不同项目实际特点规定不同的评审标准。评标委员会可以要求投标人提交前述与评审因素相关的证明和证件的原件，以便核验。评标委员会依据规定的标准对投标文件进行初步评审。

（二）详细评审

详细评审是对投标竞争性的评审和比较，是根据招标文件确定的评标方法、因素和标准，对通过初步评审的投标文件作进一步的评审、比较。

采用经评审的最低投标价法时，应对投标报价进行算术性错误修正，并按招标文件规定的方法、因素和标准调整计算评标价，评标委员会按照评标价由低到高的顺序推荐中标候选人或依招标人授权确定中标人。

采用综合评估法时，评标委员会根据投标文件对商务、技术、投标报价及其他部分等各项评价因素的响应程度，按招标文件规定的评审因素和分值，计算出综合评估得分。评标委员会按照综合得分由高到低的顺序推荐中标候选人或依招标人授权确定中标人。

详细评审一般包括投标报价的算术错误修正、报价文件评审、技术文件评审、商务文件评审、汇总评审结果进行排序及出具评标报告等环节。

1. 投标报价算术错误修正

投标报价有算术错误（即指在加减乘除运算过程中出生的错误）及其他错误的，评标委员会按以下原则要求投标人对投标报价进行修正，并要求投标人书面澄清确认：（1）投标文件中的大写金额与小写金额不一致的，以大写金额为准；（2）总价金额与单价金额不一致的，以单价金额为准计算并调整总价，但单价金额小数点有明显错误的除外；（3）投标报价为各分项报价金额之和，投标报价与分项报价的合价不一致的，应以各分项合价累计数为准，修正投标报价；（4）如果分项报价中存在缺漏项，则视为缺漏项价格已包含在其他分项报价之中。

算术错误一般系投标人工作失误所致，并非故意所致，不代表投标人的真实意思表示，故对投标报价经修正算术错误后的价格才是投标人真实无误的投标价，是投标人的真实意思表示。经修正算术错误后的投标价格，必须经投标人书面确认后才具有约束力。投标人确认修正后价格的，评标委员会按照修正后的价格对其继续评审；投标人拒不确认修正价格的，对其投标予以否决。

2. 报价文件评审

对报价的评审，是对报价价格构成的完整性、合理性及可能隐含的履约风险进行分析，以确定投标人价格水平和是否具有利润。必要时，评标委员会应要求投标人进行必要的澄清说明，以减少合同履约的风险，并在评标报告中提示招标人签约或履约中预防可能发生的合同风险及注意事项。发现可能低于成本报价的，应要求投标人进行解释说明，不能给予合理解释说明的，可以否决投标。

3. 技术文件评审

对技术文件的评审，是为了确认投标人是否具备履约设备、设施和相应人员等履约能力以及投标的技术水平和排序。

4. 商务文件评审

对商务文件的评审，是对投标人满足招标文件规定的人员、业绩和信誉等要求的实际评价。

5. 投标文件澄清说明

投标文件澄清说明是评标赋予投标人对其投标文件进一步解释说明的机会，消除评标委员会对投标文件的疑惑，以期对投标做出正确判断。

6. 综合排序和评标报告

对投标进行综合排序，是评标委员会对投标进行评审、比较的结果，是招标人择优确定中标人的依据。评标的实质，是对符合采购需求的投标进行比较，进而择优确定中标结果，因此，评标委员会评审结束，必然会产生评标结果排序，这也符合评标择优原则，评标委员会据此出具评标报告。评标报告是评标委员会按照招标文件规定评标标准和方法对投标文件进行评审和比较的记录，其中要按评审综合排序结果和招标文件的要求择优推荐排序在前的投标人为中标候选人，如实记载评审过程以及招标人需要注意的合同事项。

五、评标时间

招标人必须给予评标委员会合理、充足的评标时间，确保评标效率和质量，确保评标委员会成员公正客观地履行评标职责。招标项目性质、规模、复杂程度、投标人数量等都会影响评标时间，因此评标所需时间需要根据招标项目的具体情况合理确定。《招标投标法实施条例》第四十八条第二款规定："招标人应当根据项目规模和技术复杂程度等因素合理确定评标时间。超过三分之一的评标委员会成员认为评标时间不够的，招标人应当适当延长。"也就是说，招标人应依据招标项目规模和技术复杂程度等因素合理确定评标时间，以使评标委员会有充分的时间按照招标文件中规定的评标标准和方法对投标文件进行评审和比较。超过评标委员会成员总数 1/3 以上的成员认为缺乏足够时间研究招标文件和评审比较投标文件时，只要其提出延长评标时间的需求，招标人就应当按照评标委员会意见适当延长评标时间，并做好相关服务性工作。

六、述标、答辩

"述标"，有的称"讲标"，就是投标人在评标工作正式开始前在评标现场或通过视频传送方式简要介绍投标人及投标文件要点，以方便评委对投标方案要点的把握，同时也可以比较项目经理（或总监理工程师或其他项目负责人）的语言表达能力和快速反应能力。"述标"多用于设计或设计施工一体化招标，大型项目的监理招标中有时也会安排述标环节，但提法有所不同，如"总监答辩""总监陈述"，等等。

"述标"一般采用投标人与评委面对面的方式，此种安排的优点是方便交流，口试与面试兼顾。但缺点是与"评标委员会名单在中标结果确定前保密""应当在保密的环境下评标"的规定不完全吻合，因此有条件的招标人将述标进行了改进，即通过视频传送方式进行，评委可以看到投标人，但投标人看不到评委。

【疑难解析6-7】评标过程中，能否设置投标人讲标、答辩的环节？

否定投标人在评标过程中向评标委员会讲标或答辩的做法，目的在于防范投标人与评标委员会成员接触干扰影响评标公正性，所以一般情况下要采取物理隔离措施隔绝投标人与评标委员会成员，确保评标委员会在保密的环境下评标。但是有一些项目，确实需要当面考察项目主要负责人的管理能力、主要技术人员对项目的技术研发能力，或者对技术复杂的项目需要考察投标人的熟悉掌握程度才能做出客观、全面评价时，可以考虑投标人现场讲标或者答辩。实践中，有的设计项目比较特殊，其设计理念等方面的内容，往往很难通过投标文件直观地、形象地表达出来。因此，在设计招标项目中，招标人增加述标环节，介绍项目团队、设计理念、设计方案等方面的内容，便于评标委员会进行客观评审。

招标文件要求投标人须对投标文件进行现场讲解或介绍，接受评标委员会相关问询的，需要注意评标保密的问题。《招标投标法》第三十八条规定了"招标人应当采取必要的措施，保证评标在严格保密的情况下进行"。为避免违反法律要求的评标保密问题，可以在招标文件中规定，让投标单位把需要展示的内容做成光碟或U盘之类的电子数据，交由现场工作人员播放，以代替现场述标环节。在评审过程中，如确实需要与设计团队进行现场质询或沟通，以便了解设计人的真实想法和设计理念的，必须采取一定的物理隔离措施。招标代理机构应准备专用房间，配备电话、视频传输（单方向）等必要设施，并分别安排投标人进入该房间进行讲解或介绍，但不得采取组织评标委员会与投标人见面等泄露评标过程中需要保密的信息的方式。

第三节 评标中的澄清、补正

一、澄清

招标投标是由招标人和投标人的一系列意思表示构成的民事法律行为。投标文件前后矛盾、表述含糊，都会影响评标委员会对投标人真实意思表示的判断。投标人真实意思表示是投标文件和投标行为有效的要件之一。关于投标文件澄清、投标报价修正、细微偏差补正的规定，其实质都是探求投标人投标真实意思表示的过程，都可以统一归为"澄清"一类。

招标投标法中允许通过澄清、修正、补正的方式来解决问题，将投标文件不清晰的意思表达清晰，对细微偏差进行补充完善，便于评标委员会准确评审。通过澄清，有利于评标委员会准确地理解投标文件的内容，把握投标人的真实意思表示，从而对投标文件做出更为公正客观的评价；也有助于消除评标委员会和招标人、投标人对招标文件、投标文件理解上的偏差，避免在合同谈判签约和履行过程中出现不必要的分歧和争议。

评标过程中的澄清，是指评标委员会要求投标人对投标文件中特定内容进行解释、说明。从这个意义上来讲，有人将评标过程中的澄清分为"确认型"澄清和"补正型"澄清两种。当出现计算错误，根据招标文件规定的修正规则，对报价进行修正时，属于"确认型"澄清。当出现含义不明确、对同类问题表述不一致、涉嫌低于成本价、疑似串通投标，或有其他细微偏差等情形，需要投标人给出明确说明的，属于"补正型"澄清。"确认型"澄清属于在已有规则范围内对投标文件部分内容进行确认，本质上没有超出投标文件范围，不会改变投标文件实质性内容。而"补正型"澄清则可能会导致投标人额外补充投标资料，超出投标文件范围，改变投标文件实质性内容，所以除了低于成本价、涉嫌串通投标等需做解释性澄清说明外，对于含义不明确、对同类问题表述不一致、细微偏差的澄清，评标委员会应严格审查，防范该违法违规事情的发生。①

（一）澄清的发起

《招标投标法》第三十九条规定："评标委员会可以要求投标人对投标文件中含义不明确的内容作必要的澄清或者说明，但是澄清或者说明不得超出投标文件的范围或者改变投标文件的实质性内容。"《招标投标法实施条例》第五十二条规定："投标文件中有含义不明确的内容、明显文字或者计算错误，评标委员会认为需要投标人作出必要澄清、说明的，应当书面通知该投标人。投标人的澄清、说明应当采用书面形式，并不得超出投标文件的范围或者改变投标文件的实质性内容。评标委员会不得暗示或者诱导投标人作出澄清、说明，不得接受投标人主动提出的澄清、说明。"《评标委员会和评标方法暂行规定》第十九条规定："评标委员会可以书面方式要求投标人对投标文件中含义不明确、对同类问题表述不一致或者有明显文字和计算错误的内容作必要的澄清、说明或者补正。澄清、说明或者补正应以书面方式进行并不得超出投标文件的范围或者改变投标文件的实质性内容。投标文件中的大写金额和小写金额不一致的，以大写金额为准；总价金额与单价金额不一致的，以单价金额为准，但单价金额小数点有明显错误的除外；对不同文字文本投标文件的解释发生异议的，以中文文本为准。"

上述法律规定均授权评标委员会有权向投标人发起澄清，评标委员会是澄清工作的启动者。评标委员会评审时发现投标文件中有含义不明确的内容、对同类问题表述不一致、明显文字或者计算错误，认为需要投标人作出必要澄清、说明的，就可以主动提起澄清，要求投标人进行答复说明。澄清是评标委员会在评标过程中与投标人直接沟通的主要渠道，也只有评标委员会可以要求投标人进行澄清，招标人、招标代理机构或行政监督部门都没有启动澄清的权限。法条中还使用"可以"字样，说明澄清不是必选方式，评标委员会可根据实际情况判断是否有必要要求投标人进行澄清，主动权、决定权在评标委员会。需要注意的是，投标人只能根据评标委员会的书面通知给予澄清或者说明，不能主动向招标人提出澄清、说明，评标委员会也不得接受投标人主动提出的澄清、说明，而仅对其原有投标内容进行评审，以保证招投标活动的公正和公平。

（二）澄清的法定情形

根据《招标投标法》《招标投标法实施条例》《评标委员会和评标方法暂行

---

① 该素材来源于徐原：《如何澄清？需要注意哪些澄清事项？》，载于"中国招标公共服务平台"微信公众号，最后访问时间 2020 年 12 月 23 日。

规定》，澄清的情形主要有以下几种。

1. 含义不明确

含义不明确，是指投标人在投标文件中虽有表达但评标委员会理解不清楚、不明白、不透彻的内容。例如，招标文件规定"产品质保期至少一年"，某投标人在应答"满足"，但没有具体说明承诺的质保期究竟是一年、两年还是三年，存在不确定因素，但其应答又满足招标文件基本要求，此情形评标委员会可以要求该投标人进行澄清，说明具体质保期限。

要求投标人给予澄清、说明的内容既可能涉及投标文件的实质性内容，也可能涉及投标文件的非实质性内容，但是对于投标文件中意思表示明确或者根据投标文件的上下文能够准确判断其含义的内容，评标委员会不得要求投标人进行澄清或者说明。在投标文件中未表达的内容，不属于含义不明确的情形，也不能要求投标人澄清或者说明。不能因为投标文件中缺失应答材料而认为无法判断其投标是否满足招标文件要求，都归为含义不明确而予以澄清。澄清只是对已有内容的解释说明，而不是对未有内容的补充。例如，招标文件要求投标人提供房屋建筑工程施工总承包资质复印件，如有投标人未进行应答，则不能因"无法判断该投标人是否具备该资质"而归为含义不明确情形，应当视为其不具备该资质。

2. 对同类问题表述不一致

对同类问题表述不一致，是指在投标文件不同的地方，对相同问题前后表述不一致、自相矛盾。例如，投标人在点对点应答中对质保期承诺为三年，而在投标函中承诺为一年，招标文件又未规定前后内容不一致时的修正规则，此时评标委员会可以要求该投标人进行澄清。

【类案释法 6-3】营业执照与企业资质证书中载明的投标人名称不一致，提起澄清还是否决投标？[①]

2018 年 5 月 22 日某建设工程开标，评标时评标委员会发现，投标人 A 营业执照名称为 A，但资质证书、安全生产许可证上的名称为 B，根据招标文件第三章"投标人须知前附表""初步评审"中的"形式评审"规定，因前述二者不一致，评标委员会否决该投标，公示期间，投标人 A 提出异议，理由是 A 公司经营需要，于 2018 年 5 月 15 日变更了公司名称，资质证书和安全生产许可证书变更正在办理之中，因此不存在"名称不一致"的问题。

---

① 该案例素材来源于倪剑龙：《营业执照与企业资质证书名称不一致，一定否决吗？》，载于"龙哥讲招标"微信公众号，最后访问时间 2020 年 10 月 28 日。

分析：如前所述，国家发展改革委发布的各类项目标准招标文件都将"投标人名称：与营业执照、资质证书一致"列为初评阶段"形式评审"的必要评审项目，不符合该项评审标准的即被否决投标。《标准施工招标文件》"第三章评标办法（经评审的最低投标价法）"的"评标办法前附表"项下"形式评审标准"中，第一项评审因素就是"投标人名称"，评审标准是"与营业执照、资质证书、安全生产许可证一致"，要求评标委员会在形式评审时核查投标人名称与营业执照、资质证书、安全生产许可证是否一致，其根本目的是防止投标人以他人名义或借用资质投标。但要注意的是，上述情形形式上符合"不一致"的条件，但是该不一致是否有其特殊原因尚需要核实，不能主观臆断就直接否决投标。

实践中，存在企业变更名称，但未同时完成资质证书、生产许可证等证件更名工作，这种情况下名称不同的几项证书实际仍为同一单位持有，不存在借用资质等违法情形。《建筑业企业资质管理规定》第十九条规定："企业在建筑业企业资质证书有效期内名称、地址、注册资本、法定代表人等发生变更的，应当在工商部门办理变更手续后 1 个月内办理资质证书变更手续。"就是说，企业在名称变更后应当在 1 个月内同步办理资质证书更名手续，该资质证书是有效的；即使超出 1 个月未变更资质证书更名，根据该规定第三十八条，只是由住房城乡建设主管部门责令限期办理或予以罚款，也并不导致该资质无效。同理，根据《建筑施工企业安全生产许可证管理规定》第九条"建筑施工企业变更名称、地址、法定代表人等，应当在变更后 10 日内，到原安全生产许可证颁发管理机关办理安全生产许可证变更手续"的规定，企业名称发生变更时未及时办理安全生产许可证变更手续，也不会导致安全生产许可证无效，何况该规定没有逾期未办理更名的法律责任规定。

出现上述情形，评标委员会应当及时启动澄清。本案例中，投标人 A 在投标文件中已附营业执照，且营业执照上发证时间为 2018 年 5 月 15 日，与其成立时间明显不一致，从这一点评标委员会应当可以判定出投标人 A 的名称可能发生变更，当发现三者不一致时，应当启动澄清。经澄清后发现投标人 A 只是营业执照变更登记，但其资质证书、安全生产许可证没有办理变更手续或者虽然更名但仍附有更名前证书复印件的，不属于实质上的"不一致"，该投标应当认定有效。如果经澄清查实，投标人营业执照并未更名，上述证书之间名称不一致并无合理理由，就可以否决投标。

本案例也提示投标人，当企业营业执照更名完成后，应及时办理资质证书、安全生产许可证的更名手续；在投标时来不及办理变更手续的，在投标文件中应当附营业执照变更的证明材料，避免投标文件因此被否决。

3. 有明显文字和计算错误

明显的文字错误，指的是文字个别内容存在笔误、错别字或者明显不合逻辑的情形。例如，投标授权委托书中被授权人姓名和其身份证复印件上姓名一致，但其身份证号码与身份证复印件上的身份证号码尾数不一致，此时，评标委员会可以要求澄清。投标文件中大写金额表述不规范等错误，多属于明显的文字错误，根据《评标委员会和评标方法暂行规定》第十九条第二款规定，投标报价以大写金额为准。

明显的计算错误，指的是单价×数量≠合价，或者∑合价≠总价等情形，这时可根据《评标委员会和评标方法暂行规定》第十九条"总价金额与单价金额不一致的，以单价金额为准，但单价金额小数点有明显错误的除外"的规定以单价修正总价。评标委员会可启动确认型澄清，请该投标人确认修正后的总价。

4. 涉嫌低于成本价

《评标委员会和评标方法暂行规定》第二十一条规定："在评标过程中，评标委员会发现投标人的报价明显低于其他投标报价或者在设有标底时明显低于标底，使得其投标报价可能低于其个别成本的，应当要求该投标人作出书面说明并提供相关证明材料。投标人不能合理说明或者不能提供相关证明材料的，由评标委员会认定该投标人以低于成本报价竞标，应当否决其投标。"也就是说，当评标委员会发现投标人报价明显低于其他投标人的报价或市场行情时，不能直接以其"低于成本价竞标"而否决投标，应当通过澄清给予其解释的机会，该投标人不能给出合理的说明和理由，或者未作说明时，评标委员会才能以其"低于成本价竞标"否决投标。该投标人澄清时，只要能证明其报价不低于其自身成本即可，而不能要求该投标人证明其报价不低于行业平均成本。

5. 有串通投标嫌疑但需要投标人进行说明

《招标投标法实施条例》第四十条列出了六种视为投标人相互串通投标的情形，但其中有可能为意外情形所致。例如，投标人 A 和 B 投标文件中项目管理组成员有相同人员甲，形式上符合第三种情形"不同投标人的投标文件载明的项目管理成员为同一人"。实际有可能甲之前在 A 公司工作，后跳槽到 B 公司，这时，A 公司属于"弄虚作假"行为，B 公司属于正常投标行为。如果以此情形简单武断地认为 A 和 B 公司存在串通投标情形，直接把 A 和 B 公司都否决了，会造成对 B 公司的不公平。

国家发展改革委编著的《中华人民共和国招标投标法实施条例释义》也说明："'视为'的结论并非不可推翻和不可纠正。为避免适用法律错误，评标过程中评标委员会可以视情况给予投标人澄清、说明的机会。"因此，在评标过程中对于此种疑似的行为，应让投标人 A 和 B 进行澄清说明，评标委员会根据澄清说明的情况再进行判断。类似还有不同投标人上传投标文件的 IP 地址相同、投标文件作者名相同等其他需要澄清的情形①。

《招标投标法》第三十九条特别强调"澄清或者说明不得超出投标文件的范围或者改变投标文件的实质性内容"。所谓投标文件的实质性内容包括投标报价、质量标准、履行期限等主要内容。如果允许超出投标文件的范围澄清或者通过澄清改变投标文件的实质性内容，相当于投标人在投标截止时间之后对投标文件进行修改，实质为提出新的投标要约，改变其竞争优势，对其他投标人也不公平，还可能使原本不合格的投标成为合格的投标，都严重违背招投标活动应当遵循的公正和公平原则。因此，投标人澄清、说明的内容不得超出投标文件的范围或者改变投标文件的实质性内容。

（三）澄清的程序

澄清，由评标委员会主动提出澄清要求；投标人按照评标委员会提出的问题照题作答、做出明确回复，而且该问题是"必答题"。投标人如果拒绝回答、超出评标委员会限定的时间回复，或者"答非所问""顾左右而言他"，避免正面回答，评标委员会都可能做出不利于该投标人的评价甚至否决其投标。对此，《评标委员会和评标方法暂行规定》第二十二条明确规定："投标人资格条件不符合国家有关规定和招标文件要求的，或者拒不按照要求对投标文件进行澄清、说明或者补正的，评标委员会可以否决其投标。"该规定也适用于对细微变差进行补正的情形。

《招标投标法实施条例》第五十二条规定了"投标人的澄清、说明应当采用书面形式"，也就是说，评标委员会发出的要求投标人进行澄清、说明的通知和投标人的澄清、说明均应采用书面形式。评标委员会以书面形式通知投标人有关澄清、说明的内容和要求，有利于准确传递信息，保证投标人准确把握。投标人应评标委员会要求所作的澄清、说明对投标人有约束力，在一定意义上应等同于

---

① 该素材来源于徐原：《如何澄清？需要注意哪些澄清事项？》，载于"中国招标公共服务平台"微信公众号，最后访问时间 2020 年 12 月 23 日。

投标文件，理应采用书面形式①。投标人按照评标委员会要求作出的澄清、说明的内容构成投标文件的组成部分，但超出投标文件的范围或者改变投标文件的实质性内容的除外。

至于可以要求投标人澄清的次数，并没有限制性的法律规定，从减轻投标人负担的角度，尽量一次性提出澄清通知，投标人一次性回复。根据需要，也可以发出多次澄清通知。评标委员会对投标人提交的澄清、说明有疑问的，可以要求投标人进一步澄清、说明，直至满足评标委员会的要求。

二、投标报价修正

投标报价修正是指评标委员会对投标人投标报价进行算术校核时，对投标报价中存在的计算错误，或者投标单价、投标报价表述前后不一致等法定情形进行修正，并经投标人书面确认的行为。投标报价修正有利于评标委员会准确把握投标人的真实意思表示，做出公正、客观的评价；有利于提前消除分歧、化解风险，避免计算错误未依法进行修正导致后期双方争议不断，影响合同履行，还可以遏制投标人故意制造"文字错误""计算错误"，以选择性报价手段谋求不正当利益的企图。

实践中，由于投标人的主客观原因，常会出现投标报价计算错误、投标报价表述前后不一致、投标报价低但实际各分部分项工程综合单价高等情形，可能是计算错误、文字错误，也可能是投标人有意为之，评标委员会对此难以准确认定。为探求投标人的真实意思表示，《招标投标法实施条例》授权评标委员会可以要求投标人进行修正，该条例第五十二条第二款规定，投标文件中有明显文字或者计算错误的，评标委员会可以要求澄清、说明。《评标委员会和评标方法暂行规定》进一步作出规定："投标文件中的大写金额和小写金额不一致的，以大写金额为准；总价金额与单价金额不一致的，以单价金额为准，但单价金额小数点有明显错误的除外；对不同文字文本投标文件的解释发生异议的，以中文文本为准。"根据该条规定，评标委员会可以直接按照上述规则修正投标报价并要求投标人进行确认。修正后的价格只有经投标人确认后才能产生约束力，投标人不确认修正结果的投标无效。因此，评标委员会对投标报价进行修正并启动澄清说明机制的，投标人应按照要求以书面形式进行修正确认，此时修正价即投标人的

---

① 国家发展和改革委员会法规司、国务院法制办公室财金司、监察部执法监察司编著：《中华人民共和国招标投标法实施条例释义》，中国计划出版社 2012 年版，第 133 页。

投标报价，为投标人的真实意思表示，对投标人产生约束力。评标委员会以此投标报价进行评审，投标人一旦中标，该投标报价即是中标价，亦是签约合同价。如果投标人拒绝确认，即认为修正后的投标报价非其真实意思表示，其投标属无效的民事法律行为，评标委员会应否决其投标①。

需要说明的是，对投标报价依法进行修正并不是给投标人两次报价的机会，而是一次性报价，只是在澄清中对其计算错误进行纠正、找出其正确的报价而已。

对于价格修正的办法，《工程建设项目施工招标投标办法》第五十三条提出"……（一）用数字表示的数额与用文字表示的数额不一致时，以文字数额为准；（二）单价与工程量的乘积与总价之间不一致时，以单价为准。若单价有明显的小数点错位，应以总价为准，并修改单价……"实践中，还有一些复杂情况下的投标报价修正方法：

（1）大写正确并与分项合计一致、小写错误，以大写金额修正小写金额。如：投标函投标价大写为柒仟肆佰捌拾贰万元、与分项合计一致，小写金额为7482000元，很明显小写少了一个0，按照"大写金额和小写金额不一致的，以大写金额为准"规定，该投标人的投标价小写应为74820000元。

（2）小写正确并与分项合计一致、大写错误，应以反映投标人真实意图的小写报价修正大写投标报价。如：投标报价金额小写为288080元、与各单价汇总后的金额一致，大写金额为贰拾捌万捌仟零捌元整，与小写相比漏写了一个"拾"字，应属于明显的文字性错误。如以"大写金额和小写金额不一致的，以大写金额为准"，将其投标价认定为288008元属机械地生搬硬套法条、有悖常识。

另外，当大小写不一致并均与分项合计不一致，难以判定真实意图的，评标委员会可以否决投标。如：投标函报价大写为伍仟壹佰万元，小写投标价为51400000元，投标文件中各分项合计的投标价为54100000元，三个投标价格都不相同，评标委员会找不到体现投标人真实报价意思表示的报价，可否决其投标。

三、对细微偏差的补正

根据《评标委员会和评标方法暂行规定》第二十四条规定，评标委员会应

---

① 卢海强：《投标报价修正原理及实务操作探讨》，载《招标采购管理》2017年第8期。

当根据招标文件，审查并逐项列出投标文件的全部投标偏差，该投标偏差按其是否满足招标文件的实质性要求和条件，区分为细微偏差和重大偏差，其法律后果不同。投标文件内容存在细微偏差的，可以进行补正。补正的内容纳入投标文件内容一并评审。

《评标委员会和评标方法暂行规定》第二十六条规定："细微偏差是指投标文件在实质上响应招标文件要求，但在个别地方存在漏项或者提供了不完整的技术信息和数据等情况，并且补正这些遗漏或者不完整不会对其他投标人造成不公平的结果。细微偏差不影响投标文件的有效性……"也就是说，虽存在"偏差"，但是并不属于实质性不响应招标文件的偏差，因此不影响投标文件的有效性。此情形下，投标文件因存在一定瑕疵，一般评标委员会都会要求投标人对其进行补正，如补充作出承诺、更正错误表述、提供辅助性说明资料等。

例如，在某笔记本电脑采购招标文件关键条款对"CPU 主频、内存大小、硬盘容量、屏幕尺寸"提出了要求，其规格参数表要求投标人列出投标产品的 USB 接口数量。若某投标人未列出投标产品 USB 接口数量，则评标委员会应要求该投标人进行澄清，补正投标产品 USB 接口数量。该投标人拒不补正的，在详细评审时可以对此进行扣分。扣分标准应当提前在招标文件中规定。例如，技术评分表应规定"每发生一次对非关键条款的负偏离或未应答的，扣 1 分"。为防止投标人在实际中提供对非关键条款偏差较大的产品，应当在招标文件中规定对非关键条款允许偏离的最大范围，如为满足日常使用，可规定投标产品的 USB 接口至少应有 2 个。

如果确实不能补正或者投标人拒绝补正的，将可能降低评标委员会作出的评价。《评标委员会和评标方法暂行规定》第二十六条规定："……评标委员会应当书面要求存在细微偏差的投标人在评标结束前予以补正。拒不补正的，在详细评审时可以对细微偏差作不利于该投标人的量化，量化标准应当在招标文件中规定。"

因此，对于细微偏差，评标委员会要求补正的，投标人应当按照澄清函要求及时补正，补正的内容应符合招标文件要求；客观上确实不能满足招标文件要求的，也应实事求是地提出。补正答复如有虚假内容，将会因其失信行为承受更为不利的后果。拒不按照要求对投标文件进行澄清、说明或者补正的，招标人可以作出不利于该投标人的量化和评审结果，量化标准应当在招标文件中规定。根据《评标委员会和评标方法暂行规定》第二十二条规定，评标委员会还可以否决其投标。如果属于对招标文件实质性要求和条件未进行响应、有遗漏，则属于重大偏差，其投标将被否决，而不允许通过补正解决。

【疑难解析 6-8】评标中发现投标漏项如何处理？

所谓投标漏项，是指招标文件要求投标人作出响应而投标文件未予响应的事项。对于评标过程中发现的投标漏项，主要依据招标文件的规定确定处理方式：属于未响应招标文件中规定的实质性要求和条件的，则构成重大偏差，评标委员会应对其作出否决投标处理；如果投标漏项并未构成重大偏差，评标委员会可以进行澄清，根据澄清结果、招标文件或者法律法规等规定决定是否作出对该投标人不利的量化。如果投标漏项只是细微偏差，且投标人已根据评标委员会的要求补正的，则不应在评审时对投标人进行不利的量化。

对于报价漏项，为明确、统一评审标准，招标文件均应事先明确报价漏项的评审标准。《机电产品国际招标投标实施办法（试行）》第六十三条提供了很好的处理办法，即："投标人应当根据招标文件要求和产品技术要求列出供货产品清单和分项报价。投标人投标报价缺漏项超出招标文件允许的范围或比重的，为实质性偏离招标文件要求，评标委员会应当否决其投标。缺漏项在招标文件允许的范围或比重内的，评标时应当要求投标人确认缺漏项是否包含在投标价中，确认包含的，将其他有效投标中该项的最高价计入其评标总价，并依据此评标总价对其一般商务和技术条款（参数）偏离进行价格调整；确认不包含的，评标委员会应当否决其投标；签订合同时以投标价为准。"该办法值得其他类别招标文件借鉴。

第四节　否决投标

一、否决投标的法律基础

否决投标，就是剔除不合格的投标，具体来说，就是指在评标过程中，投标文件没有对招标文件提出的实质性要求和条件作出响应，评标委员会作出对其投标文件不再予以进一步评审，投标人失去中标资格的决定。之所以使用"否决投标"而非以往大家熟悉的"废标"一词，是因为《招标投标法》使用了"否决投标"而非"废标"，也是为了避免与《政府采购法》规定的"废标"（相当于否决全部投标）概念相混淆。

所谓不合格投标，一是不符合法律规定，投标民事法律行为无效。二是不符合招标人意思表示，投标要约被招标人拒绝而失效。分头来说，第一，投标属于民事法律行为，如果依据《民法典》规定符合民事法律行为无效情形的，则投标的行为自然无效。如《民法典》第一百五十三条规定："违反法律、行政法规的强制性规定的民事法律行为无效。但是，该强制性规定不导致该民事法律行为无效的除外。违背公序良俗的民事法律行为无效。"结合《建筑法》，要求工程施工、勘察设计、监理等单位必须具有相应资质才能承揽工程，这就是法律强制性规定，如果不具备相应资质或等级的单位参与投标，该法律行为就无效。同样道理，不具有相应产品生产许可证、安全生产许可证或者律师、注册会计师执业资格，就属于投标无效。

第二，招标投标是当事人缔结合同的过程，合同必须是双方当事人之间的合意，就是投标人提出的要约、提出的交易意愿被招标人所接受，招标人与投标人就交易条件达成一致，投标人提出的要约，被招标人接受而做出承诺。招标投标活动中，一个招标项目或一个标包，有多个要约（至少三个要约），总有一些要约不符合招标人的采购要求、交易条件，也就是不符合招标人的意思表示，为了保证采购项目顺利实现，招标人有权拒绝这个投标要约，也就是否决投标，自拒绝该要约时要约失效。法律依据是《民法典》第四百七十八条规定，"有下列情形之一的，要约失效：（一）要约被拒绝……"从这个意义上讲，否决投标是招标人行使拒绝要约权利的表现。

从这个基础出发，前者，只要是招标项目按照法律规定必须具备相应资质的，或者法律明确规定为否决投标的情形，属于法定否决投标条件，即使该资质未在招标文件中明确载明，也应作为评标标准，评标委员会也应当将此作为判定否决投标的依据。如根据《最高人民法院关于审理建设工程施工合同纠纷案件适用法律问题的解释（一）》第一条的规定，施工企业没有资质或资质等级不合格的，施工合同无效，实际上投标这个民事行为也是无效的。后者，需要在招标文件中列明招标人的采购要求和实质性条件，或者列明否决投标的情形，属于约定否决投标条件。只要投标人的投标文件没有完全满足招标文件中规定的实质性要求和条件，就相当于不满足招标人的意思表示，双方就谈不上能够意思表示一致协商达成合意，对这样的投标要约，招标人有权拒绝，也就是否决投标。

二、否决投标的主体

《招标投标法实施条例》第五十一条规定了评标委员会行使否决投标权，这是其行使评标权的应有之义。《招标投标法》第四十二条第一款还规定，评标委员会经评审，认为所有投标都不符合招标文件要求的，可以否决所有投标。因此，否决投标的主体是评标委员会，而招标人的权力主要存在于事前约定否决投标事由上，招标人可以在招标文件中规定否决投标的具体情形。否决投标的规则由招标人制定，但由评标委员会执行，评标委员会无权变更该规则，只能按照招标文件事前确定的规则作出否决投标决定，而不能超出规则范围、滥用自由裁量权。当然，违反法律规定的否决投标情形，评标委员会有权拒绝作为否决投标的判定依据。在这方面，实则二者构成相互补充、相互制衡，评标委员会作为相对独立的第三方独立评标，在一定程度上减少了招标人和投标人相互串通、破坏招标投标活动公平性的情况。

否决投标是评标委员会对投标文件的有效性、合格性进行否认的评审结果，也只有评标委员会才能对投标文件是否符合法律规定、符合招标文件要求进行评审判定。因此，否决投标只能是在评标阶段做出该判断，而且，只能由评标委员会做出该决定。在开标阶段，即使发现投标文件缺失、超出最高投标限价、投标担保不足等重大偏差，也不能由招标人或招标代理机构做出投标无效决定，只能移交给评标委员会在评标时予以判定并否决投标。

三、否决投标的程序

否决投标事项，评标委员会成员在审阅投标文件发现存在未实质性响应招标文件时即可提出，由评标委员会集体讨论决定。意见不一致时，采取多数决原则做出决策，一般以超过评标委员会成员总人数一半的成员的意见为准。评标委员会中评标专家和招标人代表对否决投标的表决权相同。

【类案释法 6-4】评标委员会决定否决投标的，无须给予投标人澄清、说明、补正的机会

（2018）粤 2071 行初 586 号行政判决书[①]：中山市第一人民法院认为，至于原告提出评标委员会未予其公司作出澄清、说明机会，便直接作否决处理，属于不客观、不公正履行评标职务行为的主张，本院认为，本案中，评标委员会认为原告的《投标文件》对施工工期的承诺不符合《招标文件》要求，应当否决其投标，因此未要求原告对《投标文件》作出澄清、说明，评标委员会的做法并

---

① 来源于裁判文书网：江西省梦某建设有限公司与某市建设工程招标投标管理办公室一审行政判决书。

不违反招标投标法律规定，亦不构成"违反招标文件规定的标准和方法进行评标"或"不公正、不客观履行评标职务"。另外，原告提出据其了解中山市其他建设工程招投标活动中，投标人关于施工工期的表述与其公司"计划工期"的表述相同，但并未导致废标的主张，本院认为，每一个工程项目的要求、评标委员会的组成、招标文件的规定各有不同，不能用简单类比的方法，一概而论。因此，对原告的上述主张，本院不予采纳。

《招标投标法》第四十二条第一款规定："评标委员会经评审，认为所有投标都不符合招标文件要求的，可以否决所有投标。"《评标委员会和评标方法暂行规定》第二十七条规定："评标委员会……否决不合格投标后，因有效投标不足三个使得投标明显缺乏竞争的，评标委员会可以否决全部投标……"由此不难理解，《招标投标法》对否决投标是持谨慎态度的。即使经初步评审合格投标只有一家时，也没有授予评标委员会对该投标的否决权。毕竟只要经初步评审合格，该投标人就有中标机会，如果因为其他投标人被否决投标后合格投标人不足三家导致合格的投标也被否决，很显然对合格的投标人也是不公平的。

因此，评标委员会只有能够证明"投标明显缺乏竞争"才可以否决全部投标，而非需要证明"具有竞争性"才可以推荐中标候选人。招投标的竞争性不是靠比较各家投标人投标报价、资质资格、优惠承诺等的差异大小来判定。只要招投标程序合法，且投标截止时间前递交投标文件的投标人不少于三家，就应当视为该投标有竞争性。评标委员会只要不能证明投标明显缺乏竞争，就应当推荐为中标候选人，或依据招标人的授权直接确定其为中标人。经初步审查合格的投标人只有一家时，由评标委员会直接推荐为中标候选人。

四、否决投标的法定情形

评标委员会作出否决投标的决定，必须是出现了约定或法定的否决投标的事由。《招标投标法实施条例》第五十一条规定了评标委员会应当否决投标的法定情形：

（1）投标文件未经投标单位盖章和单位负责人签字。这里用了"和"，就是投标文件既无签字，也无盖章方可以否决投标。只缺少一个是不能否决投标的。这是因为投标文件既无签字，也无盖章，就不能证明是投标人的真实意思表示。而且投标人还不能通过事后追认来弥补投标文件签字盖章方面的瑕疵和偏差。如果是其他民事行为，事后追认可以弥补其法律上的效力瑕疵，但是，对于招投标活动而言，投标截止时间之后是不允许对投标文件进行修改补正的，所以投标人事后作出意思表示进行追认是不能被接受的。

（2）投标联合体没有提交共同投标协议。这个共同投标协议，也就是联合体协议，需要表明联合体共同投标的意思表示，载明联合体分工、承担连带责任等内容，如果没有联合体协议，无法区分各成员分工，就难以按照分工评审联合体的资质、业绩等是否满足法律和招标文件要求。

（3）投标人不符合国家或者招标文件规定的资格条件。这个条件是用得比较多的，只要法定的或者约定的资格条件有一项不满足，就应当否决投标。投标人资格条件，前面已有详细阐述。

【类案释法6-5】招标文件将已被取消的资质作为投标人资格条件，该如何处理？[①]

某国有公司组织公路项目可行性研究报告编制服务招标，招标文件明确投标人必须具有公路工程咨询乙级以上资质。但事实上国务院于2017年9月22日印发的《国务院关于取消一批行政许可事项的决定》（国发〔2017〕46号）已经取消了工程咨询资质审批。评标委员会在评标时发现，投标人A公司无公路工程咨询资质，但考虑到该资质已被取消，因此未在初评阶段对其投标作否决处理。A公司正常进入详评阶段，经综合评审A公司被确定为第一中标候选人。中标候选人公示期间有公司提出异议，认为A公司不具有工程咨询资质，不满足招标文件要求，应当否决其投标，且招标人应重新进行招标。上述异议是否合理、A公司的投标是否应予以否决呢？

该招标文件涉嫌对潜在投标人实行歧视待遇。《招标投标法》第十八条第二款规定，招标人不得以不合理的条件限制或者排斥潜在投标人，不得对潜在投标人实行歧视待遇。根据《国务院关于取消一批行政许可事项的决定》（国发〔2017〕46号），开展工程咨询服务不再需要特定的资质，《工程咨询单位资格认定办法》业已随之废止。本案中，招标人规定投标人必须具有公路工程咨询乙级资质，显然是违反国发〔2017〕46号文件精神的，导致的后果就是一些曾经取得工程咨询资质的单位有资格参加投标，而另外一些国家同样允许其开展工程咨询服务但是未（或者无法）取得资质或者资质已过期的单位则不具备参加投标的资格。这显然构成了对未（或者无法）取得资质或者资质已过期的单位的歧视，违反了《招标投标法》的强制性规定。

---

① 案例素材来源于：徐新河、鲁轲：《招标文件将已被取消的资质许可作为投标人资格条件时如何处理》，载《招标采购管理》2019年第1期。

A 公司的投标不应当被否决。《招标投标法实施条例》第五十一条规定，投标人不符合国家或者招标文件规定的资格条件的，评标委员会应当否决其投标。A 公司不具备招标文件规定的公路工程咨询乙级资质这一资格条件，正常情况下其投标应当被否决。但是，如上所述，本案招标文件要求投标人具有国家已不再批准的工程资质，对部分潜在投标人构成了歧视，违反了《招标投标法》的规定。《民法典》第一百五十三条规定，违反法律、行政法规的强制性规定的民事法律行为无效。根据该规定，本案招标人要求投标人必须具有公路工程咨询乙级资质的做法，违反了《招标投标法》的规定，是无效的。也就是说招标文件关于该项资格条件的设定是无效的，因此，A 公司不存在不符合招标文件规定的资格条件的情况，不能因为 A 公司不具有招标文件规定的公路工程乙级资质而否决其投标。

本项目无须重新进行招标。《招标投标法实施条例》第二十三条规定，招标人编制的招标文件的内容违反法律、行政法规的强制性规定，违反公开、公平、公正和诚实信用原则，影响潜在投标人投标的，依法必须进行招标的项目的招标人应当在修改招标文件后重新招标。本案招标文件关于投标人资格条件的规定，违反了《招标投标法》关于不得对潜在投标人实行歧视待遇的规定，对不具备工程咨询资质的单位参加投标造成不利影响，不合理限制了投标人之间的公平竞争，但是由于本案中的工程咨询服务不属于依法必须招标的项目，因此并不会导致重新进行招标的法律后果。需要注意的是，对于依法必须进行招标的项目，如果出现上述情况，根据《招标投标法》，监管部门将有权要求招标人删除招标文件中针对潜在投标人的歧视性规定，并重新进行招标。

（4）同一投标人提交两个以上不同的投标文件或者投标报价，但招标文件要求提交备选投标的除外。这是因为，"一标一投"是基本原则，一个投标人只投一个标，确保投标人的竞争机会公平。如果允许一标多投，会出现围标、竞争不公平，所以提交两个报价、两个投标文件的，都应当否决投标。当然，招标文件允许提交备选投标的除外，即使在这种情况下，也只是评审主选投标方案，备选投标方案是依附于主选方案的，没有被评标委员会评审的资格，只有主选方案中标，才有可能选择备选方案。

（5）投标报价低于成本或者高于招标文件设定的最高投标限价。《招标投标法》第三十三条明确规定，投标人不得以低于成本的报价竞标，也不得以他人名义投标或者以其他方式弄虚作假，骗取中标。对"低于成本的报价"的判定，在实践中是比较复杂的问题，需要根据每个投标人的不同情况加以确定。最高人民法院在裁判文书中亦指出，同行业之间的成本差异是必然存在的。开展招标投标活动的初衷，也是希望在市场客观规律的刺激下，挑选出更具优势的企业。个别成本具有相对合理性，符合市场优胜劣汰的原则。多数地方法院在审理类似案件时，也采纳了投标报价不低于企业个别成本而非社会平均成本的观点。如对方不能提供充分的证据证明其报价高于其个别成本，则缺乏诚信履约的基础。

第一，低于成本，影响履约质量、进度，以次充好，甚至中标人以低于成本、将要停止履约要挟招标人提高合同价款，或者中标人在履约过程中违约跑路，最终损害的是招标人利益。而且，低于成本竞标，也是不正当竞争行为，破坏市场竞争秩序，违背诚信原则。

第二，高于最高投标限价，也就是超出招标人的采购预算或期望值，或者招标人没有支付能力，这种投标当然会被否决。注意几点：一是这里的投标限价，可以是一个明确的数值，也可以是一个计算公式，比如依据所有投标报价的算术平均值或者上浮一定比例作为投标限价。不管采取哪种方式表述，都应当在招标文件中告知投标人，而不是在开标前三天或者开标现场公布。二是最高投标限价是针对采购类项目而言的，报价封顶，原则上报价低有优势，所以不允许设置最低投标限价。但是对于出售转让类的招标项目，如房屋招租、出售物资，相当于拍卖，肯定是价格越高越好，如果设置最高投标限价，不让设置最低限价，不符合常理。这种项目，应当允许设置最低限价，而不能设置最高限价。三是除了要求投标人提供书面说明之外，评标委员会必要时也可以要求供应商提供相关证明材料。供应商针对自身投标"低价"负有"举证"责任。必要时评标委员会可以要求供应商提供包括价格构成、标的物成本、合同实施进度、风险等证明文件，或者是以相近价格实施过类似项目的合同业绩证明。四是在代理商投标的情况下，成本应该是产品生产商的成本，而不是代理商的成本。代理商不直接制造产品或提供服务，只清楚自身的经营成本，并不直接掌握制造成本的相关数据。只有制造商或服务提供商的证明才能作为衡量真实成本的依据。五是报价是否低于成本，由评标委员会根据供应商现场澄清状况来认定。如果供应商提供的书面澄清和其他证明材料，经评标委员会认定合情合理，并可以保证其能顺利实施项目的话，就不能随意判定其投标无效，避免引起不必要的争议。

（6）投标文件没有对招标文件的实质性要求和条件作出响应。这一条非常重要。大多数投标人资格条件，如业绩、信誉等条件都属于招标文件的实质性要求和条件，都需要在招标文件中具体规定。还有，招标人采购技术参数、商务条件（如投标保证金交纳、投标有效期）、合同条件（如采购标的、付款期限）等都可以设置为招标文件的实质性要求和条件。只要不满足这些实质性要求和条件，就可以否决投标，属于约定否决投标条件。需要注意的是，不是招标文件中的任何内容都属于招标文件的实质性要求和条件，都不允许有偏差，而是只有招标文件中明确用文字说明或者特殊符号（如打＊号、黑体字）标注的实质性要求和条件，才可以作为否决投标的条件，这是最能体现招标人交易条件、意思表示的领域。

（7）投标人有串通投标、弄虚作假、行贿等违法行为。适用该项，也要注意到，投标人有违法行为，即使其报价最优、投标文件完全符合招标人要求，也将因为投标人的违法行为而被限制投标，这是对违法行为人的惩戒措施。另外，招标文件还可以将转包、违法分包等其他违法行为规定为否决投标条件。

这个法条系统地规定了否决投标的情形。同样，《评标委员会和评标方法暂行规定》将未能对招标文件作出实质性响应的偏差确定为重大偏差，由评标委员会作否决投标处理，如第二十五条规定了下列情况属于重大偏差：（一）没有按照招标文件要求提供投标担保或者所提供的投标担保有瑕疵（比如投标保证金方式、金额、有效期等不符合招标文件要求就可以否决投标）；（二）投标文件没有投标人授权代表签字和加盖公章；（三）投标文件载明的招标项目完成期限超过招标文件规定的期限；（四）明显不符合技术规格、技术标准的要求；（五）投标文件载明的货物包装方式、检验标准和方法等不符合招标文件的要求；（六）投标文件附有招标人不能接受的条件；（七）不符合招标文件中规定的其他实质性要求，并允许招标文件对重大偏差另作出规定。这里第六项、第七项也有待于招标文件做出细化的认定标准。第二十条至第二十三条还规定了一些否决投标条件，一是在评标过程中，评标委员会发现投标人以他人的名义投标、串通投标、以行贿手段谋取中标或者以其他弄虚作假方式投标的，应当否决该投标人的投标。二是在评标过程中，评标委员会发现投标人的报价明显低于其他投标报价或者在设有标底时明显低于标底，使得其投标报价可能低于其个别成本的，应当要求该投标人作出书面说明并提供相关证明材料。投标人不能合理说明或者不能提供相关证明材料的，由评标委员会认定该投标人以低于成本报价竞标，应当否决其投标。三是投标人资格条件不符合国家有关规定和招标文件要求的，或者拒不按照要求对投标文件进行澄清、说明或者补正的，评标委员会可以否决其投标。比如投标人如果不接受评标委员会依法作出的对大小写金额不一致、总价和单价不一致等价格修正结果的，就可以否决投标。四是评标委员会应当审查每一份投标文件是否对招标文件提出的所有实质性要求和条件作出响应。

未能在实质上响应的投标，应当予以否决。

其他招标投标部门规章也都规定了否决投标条件。《机电产品国际招标投标实施办法（试行）》规定最为细致，分为商务否决投标条件和技术否决投标条件。该办法第五十七条规定："在商务评议过程中，有下列情形之一者，应予否决投标：（一）投标人或其制造商与招标人有利害关系可能影响招标公正性的；（二）投标人参与项目前期咨询或招标文件编制的；（三）不同投标人单位负责人为同一人或者存在控股、管理关系的；（四）投标文件未按招标文件的要求签署的；（五）投标联合体没有提交共同投标协议的；（六）投标人的投标书、资格证明材料未提供，或不符合国家规定或者招标文件要求的；（七）同一投标人提交两个以上不同的投标方案或者投标报价的，但招标文件要求提交备选方案的除外；（八）投标人未按招标文件要求提交投标保证金或保证金金额不足、保函有效期不足、投标保证金形式或出具投标保函的银行不符合招标文件要求的；（九）投标文件不满足招标文件加注星号（'＊'）的重要商务条款要求的；（十）投标报价高于招标文件设定的最高投标限价的；（十一）投标有效期不足的；（十二）投标人有串通投标、弄虚作假、行贿等违法行为的；（十三）存在招标文件中规定的否决投标的其他商务条款的。前款所列材料在开标后不得澄清、后补；招标文件要求提供原件的，应当提供原件，否则将否决其投标。"第五十八条规定："对经资格预审合格且商务评议合格的投标人不能再因其资格不合格否决其投标，但在招标周期内该投标人的资格发生了实质性变化不再满足原有资格要求的除外。"第五十九条规定："技术评议过程中，有下列情形之一者，应予否决投标：（一）投标文件不满足招标文件技术规格中加注星号（'＊'）的重要条款（参数）要求，或加注星号（"＊"）的重要条款（参数）无符合招标文件要求的技术资料支持的；（二）投标文件技术规格中一般参数超出允许偏离的最大范围或最多项数的；（三）投标文件技术规格中的响应与事实不符或虚假投标的；（四）投标人复制招标文件的技术规格相关部分内容作为其投标文件中一部分的；（五）存在招标文件中规定的否决投标的其他技术条款的。"这些否决投标条件值得我们在制定招标文件时参考借鉴。

五、实务中否决投标的常见情形

招标文件中规定的否决投标条件越具体越好，评标委员会评审时有了明确判定依据，在一定意义上也限制了其自由裁量权。对投标人而言，事前为其设定了投标行为"红线"，编制投标文件有了详细的参考指引。实践中，招标文件可以规定的评标委员会否决投标情形比较繁杂细微，常见的否决投标情形如下①。

（一）投标人资格条件不合格

1. 投标人不具备投标或订立合同的资格

主要包括以下情形：（1）自然人参加依法招标的科研项目以外的其他项目投标；（2）无营业执照（事业单位法人证书）的单位投标；（3）未办理注册登记领取营业执照的分支机构投标；（4）招标文件不允许分支机构投标时领取营业执照的法人分支机构投标；（5）营业执照（事业单位法人证书）被吊销、注销；（6）非依法必须招标项目投标人不符合招标文件限定的所有制形式；（7）非依法必须招标项目投标人不符合招标文件限定的单位类型；（8）法人与其分支机构同时参加同一招标项目的投标；（9）同一法人的若干分支机构参加同一招标项目的投标；（10）法人分支机构投标未按照招标文件要求提交法人授权书。

2. 招标投标当事人之间有关联关系可能影响招标公正性

主要包括以下情形：（1）投标人为招标人不具有独立法人资格的附属机构；（2）投标人与本招标项目的其他投标人存在控股关系；（3）投标人与本招标项目的其他投标人存在管理关系；（4）同一招标项目的两个投标人单位负责人为同一人；（5）工程建设项目施工招标的投标人为本招标项目的监理工作提供咨询服务的任何法人及其任何附属机构（单位）；（6）工程建设项目施工招标的投标人为本招标项目前期准备提供设计服务的任何法人及其任何附属机构（单位）（但设计施工总承包的除外）；（7）工程建设项目施工招标的投标人为本标段前期准备提供咨询服务的任何法人及其任何附属机构（单位）（但设计施工总承包的除外）；（8）工程建设项目施工、监理、勘察、设计招标项目的投标人，为本标段（本招标项目）的代建人；（9）投标人为本招标项目的招标代理机构；（10）工程建设项目施工、勘察、设计招标的投标人，与本标段的监理人或代建人或招标代理机构的法定代表人为同一人；（11）工程建设项目施工、勘察、设计招标的投标人，与本招标项目的代建人或招标代理机构相互控股或参股关系；（12）工程建设项目监理招标的投标人，与本标段的代建人或招标代理机构的法定代表人为同一人；（13）工程建设项目监理招标的投标人，与本招标项目的代建人或招标代理机构相互控股或参股关系；（14）工程建设项目监理招标的投标人与本招标项目的施工承包人以及建筑材料、建筑构配件和设备供应商有隶属关

---

① 就否决投标和投标无效的情形，本书限于篇幅，结合实践仅不完全列明常见情形。另作者主编的《为何"废"我的标——否决投标和投标无效200例》（机械工业出版社2022年版）一书专门有系统、详尽的阐述，读者可自行查阅。

系或者其他利害关系；（15）工程建设项目设备采购的投标人为本招标项目提供过设计、编制技术规范和其他文件的咨询服务；（16）工程建设项目设备采购的投标人为本工程项目的相关监理人，或者与本工程项目的相关监理人存在隶属关系或者其他利害关系；（17）投标人是本招标项目使用的电子招标投标交易平台的运营机构；（18）投标人与本招标项目使用的电子招标投标交易平台的运营机构有控股或者管理关系；（19）本招标项目使用的电子招标投标交易平台的运营机构为他人代理投标；（20）与本招标项目使用的电子招标投标交易平台的运营机构有控股或者管理关系的单位为他人代理投标。

3. 代理商投标资格不合格

主要包括以下情形：（1）招标文件限制代理商投标时代理商投标；（2）制造商及其授权的代理商同时投标；（3）两个以上投标人代理同一个制造商同一品牌同一型号的设备投标；（4）代理商未按照招标文件要求提供制造商出具的代理证书；（5）代理证书载明的代理商与投标人不一致；（6）代理证书过期；（7）代理项目或代理范围不涵盖本次招标项目。

4. 联合体投标违反法律或招标文件规定

主要包括以下情形：（1）招标文件明确规定不接受联合体投标时有联合体投标；（2）未提交联合体协议书；（3）联合体各方未按招标文件提供的格式签订联合体协议书；（4）联合体资质等级不合格；（5）联合体不具备招标文件要求的资格条件；（6）联合体成员以自己名义单独在本招标项目中投标；（7）联合体成员同时参加其他联合体在本招标项目中投标；（8）在提交资格预审申请文件后组成联合体；（9）联合体通过资格预审后联合体增减、更换成员。

5. 投标人不具备规定的资质、资格证书

主要包括以下情形：（1）投标人未提交法律规定的资质等级证书；（2）投标人提交的资质证书载明的资质等级与本招标项目要求不符；（3）矿山企业、建筑施工企业和危险化学品、烟花爆竹、民用爆炸物品生产企业不具备安全生产许可证；（4）列入国家统一监督管理产品目录中的重要工业产品不具备工业产品生产许可证；（5）列入国家强制性产品认证（CCC）目录内的产品不具备强制性产品认证（CCC认证）证书；（6）列入《特种设备目录》的产品不具备特种设备生产单位许可；（7）列入《特种设备目录》的产品不具备特种设备检验检测机构出具的检测报告；（8）投标人提交的生产许可证、认证证书有效期届满；（9）投标人提交的生产许可证、认证证书与本招标项目的产品型号规格不对应，不涵盖本招标项目；（10）拟委任的关键技术人员专业技术资格不合格；

（11）拟委任的关键技术人员职业资格不合格；（12）拟委任的项目负责人的资格条件不合格；（13）拟委任的项目其他主要人员资格条件不合格；（14）服务类行业不具备国家规定的相应资格证书；（15）投标人未按照招标文件要求提交相关资格证明文件；（16）提供他人资格证明文件投标；（17）投标人提供的资格证明超过有效期；（18）投标人提供的资格证明文件涵盖范围不包含本招标项目。

6. 投标人信用条件不合格

主要包括以下情形：（1）投标人被列入建筑市场主体"黑名单"；（2）投标人被列入拖欠农民工工资"黑名单"；（3）投标人未依法缴纳税收；（4）投标人未依法缴纳社会保障资金；（5）投标人 3 年内在经营活动中有重大违法记录；（6）投标人在最近 3 年内有骗取中标或严重违约或重大工程质量问题；（7）投标人在最近 3 年内发生重大监理、勘察、产品质量问题；（8）投标人被市场监督管理部门列入严重违法失信企业名单；（9）投标人被最高人民法院列入失信被执行人名单；（10）投标人在近 3 年内投标人或其法定代表人、拟委任的总监理工程师、项目负责人有行贿犯罪行为；（11）投标人被行政机关取消一定期限内的投标资格；（12）投标人因以往不良履约记录被招标人限制中标资格。

【疑难解析6-9】如何认定供应商的"无行贿犯罪记录"

2015 年 5 月 22 日，最高人民检察院与住房和城乡建设部、交通运输部、水利部等部委共同印发了《关于在工程建设领域开展行贿犯罪档案查询工作的通知》，建立了工程建设领域行贿犯罪档案查询制度。同年 6 月 26 日，最高人民检察院与国家发展和改革委员会共同发布了《关于在招投标活动中全面开展行贿犯罪档案查询的通知》，要求"依法必须招标的工程建设项目应当在中标通知书发出前对投标人进行行贿犯罪档案查询"。"具有良好的商业信誉"是供应商参加投标活动应当具备的条件，而供应商及其法定代表人、项目负责人无行贿犯罪记录又是"具有良好商业信誉"的直接体现。因此，在招标投标活动中引入了行贿犯罪记录查询的制度，并将无行贿犯罪记录列为供应商应当具备的资格要件。

2018 年，我国监察体制进行改革，《监察法》颁发实施，国家监察委员会随之设立，检察机关反贪反渎部门转隶监察委，各级检察机关自 2018 年 8 月 1 日起停止了行贿犯罪档案查询工作。如有需要，可以通过中国裁判文书网自行查询。2019 年 6 月 4 日，最高人民检察院废止了前述两规范性文件。但是行贿犯罪记录制度在实践中得以保留，通过裁判文书查询行贿犯罪记录的结果仍可以作为供应商资格条件的判定依据。

具体到招标投标领域，当事人被人民法院的生效判决、裁定认定构成行贿罪或单位行贿罪，亦即行贿犯罪罪名成立而需承担刑事责任的才构成存在行贿犯罪记录。单位或个人在没有被法院生效判决判处行贿罪名成立而承担刑事责任的情况下，仅凭借其在其他主体受贿罪名成立的判决中记载有行贿行为的事实，是不能认定该单位或个人存在行贿犯罪记录的。供应商资质条件中的"无行贿犯罪记录"，系指该供应商或相关人员未被法院生效裁判认定行贿犯罪罪名成立而需承担刑事责任。即便在关于其他主体的受贿犯罪罪名成立的判决中有列举该供应商或相关人员的行贿行为，也不等同于该供应商或相关人员即构成行贿犯罪，更无法据此认定该供应商或相关人员存在行贿犯罪记录。

7. 投标人不具备履约能力

主要包括以下情形：（1）投标人不具备相应的生产制造能力；（2）投标人的施工能力（服务能力）不满足招标文件要求；（3）投标人被依法暂停或者取消投标资格；（4）投标人被责令停产停业，暂扣或者吊销许可证、执照；（5）投标人进入清算程序，或被宣告破产、财产被接管或冻结；（6）投标人项目经理等技术人员未提供劳动关系证明材料；（7）投标人项目经理等关键人员提供的劳动关系证明材料已过期；（8）投标人财务报表不合格。

8. 资格预通过后投标人发生变化

主要包括以下情形：（1）通过资格预审后的投标人发生合并、分立、破产等重大变化，资格条件不合格；（2）通过资格预审后的投标人发生合并、分立、破产等重大变化，与其他投标人存在控股关系、管理关系。

（二）投标文件格式不合格

1. 投标文件格式不符合招标文件规定

主要包括以下情形：（1）投标人修改投标文件格式，增加或者减少招标文件要求的项目；（2）投标人自行制作投标文件格式，与招标文件规定不一致，影响评标判断；（3）采用暗标形式进行评审的，投标文件泄露或暗示投标人信息；（4）未按照招标文件要求封装投标文件；（5）投标文件未按照招标文件要求的份数提供；（6）提交投标文件的载体不符合招标文件要求；（7）电子招标时未按照招标文件要求同时提供纸质文件。

2. 电子投标文件格式不合格

主要包括以下情形：（1）电子投标文件无电子签名；（2）电子签名失效；（3）电子签名人与投标人不是同一人。

3. 授权委托书不合格

主要包括以下情形：（1）授权代表签署投标文件但未提交授权委托书；（2）提交的授权委托书未经法定代表人签署；（3）授权委托书授权期限届满；（4）授权委托书载明的授权范围不涵盖本招标项目；（5）联合体未提交所有联合体成员法定代表人签署的授权委托书。

4. 投标文件内容缺失不完整

主要包括以下情形：（1）投标人未按招标文件组成要求编制投标文件；（2）投标文件关键字迹模糊，无法辨认，影响评标；（3）投标文件有外文资料但未按照招标文件要求提供中文译本；（4）投标文件项目名称与招标文件不完全一致。

5. 投标文件签字盖章不合格

主要包括以下情形：（1）投标文件无投标人单位盖章且无其法定代表人签字；（2）投标文件无投标人单位盖章且无其法定代表人授权的代理人签字；（3）工程施工招标项目投标文件的报价封面，造价人员未签字、未盖执业专用章；（4）投标文件未按照招标文件规定签字、盖章；（5）投标文件加盖"投标专用章"但无证明其效力的文件。

6. 未经允许提交两份投标方案

主要包括以下情形：（1）招标文件不允许提交备选投标时，投标人提交备选投标方案；（2）同一投标人提交两个以上不同的投标报价；（3）招标文件允许提交备选方案时，投标文件未区分主选方案和备选方案；（4）招标文件要求提交备选投标时，投标文件未区分主选、备选投标报价。

【疑难解析 6-10】招标文件中未要求提供备选方案，某投标人提供了两个报价方案且未注明主选、备选方案，评标委员会如何评审？

"一标一投"是基本要求，但是经招标人同意，投标人可以提交备选标，该备选标也应实质性响应招标文件要求。《招标投标法实施条例》第五十一条明确规定："同一投标人提交两个以上不同的投标文件或者投标报价，但招标文件要求提交备选投标的除外。"《评标委员会和评标方法暂行规定》第三十八条规定："根据招标文件的规定，允许投标人投备选标的，评标委员会可以对中标人所投的备选标进行评审，以决定是否采纳备选标。"《工程建设项目货物招标投标办法》第二十四条也规定："招标人可以要求投标人在提交符合招标文件规定要求的投标文件外，提交备选投标方案，但应当在招标文件中作出说明。不符合中标条件的投标人的备选投标方案不予考虑。"

根据上述规定，只要招标文件允许，投标人投标时可以提供两个报价方案。如果招标文件中未规定是否可以提交两个报价方案而投标人提交两个报价方案时，若已列明主选方案和备选方案的，可以不否决投标，仅对主选报价方案进行评审；如果提交了两个报价方案，但是没有注明主选方案和备选方案的，因评标委员会无从选择以哪个方案评审，此时应当否决投标。

7. 投标截止后投标人补充、修改或撤回投标文件

主要包括以下情形：（1）投标截止时间之后，投标人补充其投标文件；（2）投标截止时间之后，投标人修改其投标文件；（3）投标截止时间之后，投标人撤销其投标文件。

（三）投标文件内容存在重大偏差

1. 投标保证金不合格

主要包括以下情形：（1）投标人未按时提交投标保证金；（2）投标保证金金额不足；（3）投标保证金有效期短于投标有效期；（4）投标保证金方式不符合招标文件要求；（5）出具投标保函的银行不符合招标文件要求；（6）对投标保证金的支付设置不合理的限制性条件；（7）依法必须招标项目的境内投标单位，以现金或者支票形式提交的投标保证金未从其开户银行基本账户转出；（8）投标保证金未在投标截止时间前到账；（9）银行保函、投标保证保险的受益人与招标文件要求不符；（10）投标保函格式不正确，不符合招标文件要求；（11）年度投标保证金证明不在有效期限内使用；（12）年度保证金应用范围不涵盖本招标项目。

2. 投标有效期不合格

主要包括以下情形：（1）投标文件未载明投标有效期；（2）投标文件载明的投标有效期短于招标文件要求的期限。

3. 业绩不合格

主要包括以下情形：（1）投标人未提供供货业绩或者工程、服务项目业绩；（2）投标人提供的业绩证明达不到招标文件要求；（3）业绩证明材料载明的供货人（承包人、监理人等）与投标人名称不一致；（4）招标文件对业绩取得时间有要求，业绩证明材料无法证明业绩何时取得；（5）要求提供终端用户业绩时，投标人提供"非终端用户"供货业绩；（6）要求提供代理商销售代理业绩时，投标人提供制造商业绩。

4. 报价不合格

主要包括以下情形：（1）投标报价低于成本；（2）投标报价高于招标文件设定的最高投标限价；（3）投标报价文件组成有缺项；（4）未按照国家法律法规规定填报增值税税率；（5）投标报价违反招标文件规定；（6）规费、安全生产文明施工费费率未依法计取；（7）违反招标文件要求提交不平衡报价；（8）投标报价函未按照招标文件的规定格式填写影响评审。

5. 合同条件存在重大偏差

主要包括以下情形：（1）投标文件载明的招标项目完成期限严重超过招标文件规定的期限；（2）投标文件载明的货物包装方式、检验标准和方法等不符合招标文件要求；（3）投标文件的供货范围（工程范围、服务范围）与招标文件要求存在实质性偏差；（4）投标文件中承诺的交货地点、服务地点不满足招标文件要求；（5）投标方案与招标文件要求不符，经评审认为不能实现招标项目目的；（6）修改招标文件中合同主要条款，提出不利于招标人的条件；（7）投标文件附加招标人不能接受的交易条件。

6. 技术响应不符合招标文件要求

主要包括以下情形：（1）投标文件中的主要技术参数、技术标准、技术方案不满足招标文件规定；（2）投标文件技术规格中一般参数超出允许偏离的最大范围或最高项数；（3）投标文件技术规格中的响应与事实不符或虚假投标；（4）投标人复制招标文件的技术规格相关部分内容作为其投标文件的一部分；（5）未提交招标文件要求的技术证明文件；（6）提交的技术证明文件与所投产品的规格型号不一致；（7）提交的技术证明文件能够证明的技术参数与招标文件要求的主要技术参数不对应，或达不到招标文件要求的主要参数值；（8）实验报告内容有缺项，不能完全涵盖招标文件中的实验内容要求；（9）出具实验报告的试验机构未经国家认定或授权；（10）出具实验报告的试验机构超出承检项目范围开展实验、测试并出具报告；（11）技术证明文件过期；（12）技术证明文件缺乏有效签字、盖章。

7. 投标人拒绝澄清

主要包括以下情形：（1）投标人拒不按照要求对投标文件进行澄清、说明或者补正；（2）投标人对评标委员会的澄清要求不予正面回答、"答非所问"；（3）投标人未在规定时间内对投标文件进行澄清、说明或者补正；（4）投标人不接受评标委员会依法所作的修正价格。

（四）投标人有违法行为

1. 串通投标

主要包括以下情形：（1）投标人之间协商投标报价等投标文件的实质性内容；（2）投标人之间约定中标人；（3）投标人之间约定部分投标人放弃投标或者中标；（4）属于同一集团、协会、商会等组织成员的投标人按照该组织要求协同投标；（5）投标人之间为谋取中标或者排斥特定投标人而采取的其他联合行动；（6）不同投标人的投标文件由同一单位或者个人编制；（7）不同投标人委托同一单位或者个人办理投标事宜；（8）不同投标人的投标文件载明的项目管理成员为同一人；（9）不同投标人的投标文件异常一致或者投标报价呈规律性差异；（10）不同投标人的投标文件相互混装；（11）不同投标人的投标保证金从同一单位或者个人的账户转出；（12）不同投标人的电子投标文件上传计算机的网卡 MAC 地址、CPU 序列号和硬盘序列号等硬件信息均相同；（13）不同投标人的投标文件所记录的软件（如加密锁序列号信息）、硬件信息（如计算机网卡 MAC 地址、CPU 序列号和硬盘序列号）均相同；（14）不同投标人的技术文件经电子招标投标交易平台查重分析，内容异常一致或者实质性相同；（15）不同投标人编制的投标文件存在两处以上错误一致；（16）不同投标人提交电子投标文件的 IP 地址相同；（17）不同投标人的投标文件由同一投标人的附属设备打印、复印；（18）不同投标人的投标文件从同一投标人处领取或者由同一投标人分发；（19）电子招标投标系统运营机构协助投标人串通投标。

2. 以他人的名义投标

主要包括以下情形：（1）使用通过受让或者租借等方式获取的资格、资质证书投标；（2）投标人挂靠其他单位投标；（3）项目负责人或者主要技术人员不是本单位人员，投标人不能按照招标文件要求提供项目负责人、主要技术人员的劳动合同、社会保险等劳动关系证明材料；（4）由其他单位及其法定代表人在自己编制的投标文件上加盖印章和签字；（5）承包人派驻施工现场的项目负责人、技术负责人、财务负责人、质量管理负责人、安全管理负责人中部分人员不是本单位人员。

3. 虚假投标

主要包括以下情形：（1）使用伪造、变造的许可证件；（2）提供虚假的财务状况或者业绩；（3）提供虚假的项目负责人或者主要技术人员简历、劳动关系证明；（4）提供虚假的信用状况；（5）提供虚假的资格证明文件、剩余生产能力表、试验报告等；（6）在投标文件中修改招标文件要求，然后以原要求或者更高要求响应投标；（7）电子招标投标系统运营机构帮助投标人伪造、篡改、损毁招标投标信息，或者以其他方式弄虚作假。

4. 以行贿手段谋取中标

主要包括以下情形：（1）投标人以谋取中标为目的，给予招标人（包括其工作人员）财物或其他好处；（2）投标人以谋取中标为目的，给予评标委员会成员财物。

5. 转包、违法分包

主要包括以下情形：（1）投标人在投标文件中提出要将工程项目转包或者肢解工程后分包给其他单位或个人；（2）母公司拟在承接建筑工程后将所承接工程交由具有独立法人资格的子公司；（3）投标人在投标文件中提出要将主体工程或者关键性工作分包给他人；（4）招标文件不允许分包的情况下投标人自行决定分包；（5）投标人选定的分包人的资格条件不满足招标文件要求；（6）承包单位将其承包的工程分包给个人；（7）施工总承包单位或专业承包单位将工程分包给不具备相应资质的单位；（8）施工总承包单位将施工总承包合同范围内工程主体结构的施工分包给其他单位；（9）专业分包单位将其承包的专业工程中非劳务作业部分再分包；（10）专业作业承包人将其承包的劳务再分包。

国企在编制招标文件时，可以参考上述情形，结合招标项目实际编写详尽的否决投标条件。

六、否决全部投标

《评标委员会和评标方法暂行规定》第二十七条第一款规定，"评标委员会根据本规定第二十条、第二十一条、第二十二条、第二十三条、第二十五条的规定否决不合格投标后，因有效投标不足三个使得投标明显缺乏竞争的，评标委员会可以否决全部投标"。

实践中，经常遇到"评标委员会在否决不合格投标后，使得有效投标不足三个"的情况。"有效投标不足三个"发生在评标中，它的前提是有了响应招标、参加投标竞争的至少三家投标人，并且经过了开标环节，进入到评标过程，是因否决不合格投标造成的，而不是递交投标的个数过少造成的。"有效投标不足三个"不是招标失败的充分条件。这里适用"否决全部投标"应同时具备两个前提，一是有效投标不足三个，二是出现投标明显缺乏竞争的后果。"有效投标不足三个"并不是"投标明显缺乏竞争"的必要和充分条件。若只具备前一项，构不成否决全部投标的充分条件，而应该继续评审。而且在"否决全部投标"前用的措辞是"可以"，从法律术语角度讲，这是授权性的规范，表示这种行为法律规定可以"为",也可以"不为",要由被授权的评标委员会根据不同的情况而定,具有一定的自由裁量权。

【类案释法 6-6】经初步评审合格的投标人不足三家时评标委员会可以推荐中标候选人

某工程施工招标,经过评审,否决投标之后有效的投标人只剩下一家,评标委员会对是否推荐中标候选人进行了讨论,认为虽然经初步评审合格的投标人不足三家,但投标具有竞争性,遂推荐投标人丙为中标候选人。事后,投标人甲向招标人提出质疑,经评审合格的投标人只有一家,不符合《招标投标法》规定,招标人应当重新招标,其说法是否正确?

分析:《招标投标法》第四十二条规定,评标委员会经评审,认为所有投标都不符合招标文件要求的,可以否决所有投标。由此不难理解,招标投标法对否决投标是持谨慎态度的。《评标委员会和评标方法暂行规定》第二十七条规定,评标委员会否决不合格投标后,因有效投标不足三个,使得投标明显缺乏竞争的,评标委员会可以否决全部投标。本规定同样倡导不否决全部投标,评标委员会只有能够证明"投标明显缺乏竞争"才可以否决全部投标,而非需要证明"具有竞争性"才可以推荐中标候选人,也是以推荐中标候选人为原则。因为投标竞争是潜在的竞争,投标人在制作投标文件时并不知道有几家投标人参与投标,也无从知道其他各家的投标内容,更不知道哪些投标会被否决投标,因此投标人在制作投标文件时都是有竞争压力的,其是在竞争压力下投标。招投标的竞争性不是靠比较各家投标人投标报价、资质资格、优惠承诺等的差异大小能够判定的,相反往往没有竞争性的投标会故意做足表面文章,使得投标看起来竞争非常"激烈"。招投标程序才是竞争性的保证,只要招投标程序合法,且投标截止时间前递交投标文件的投标人不少于三家,就应当视为该投标有竞争。在本案例中,评标委员会只要不能证明投标明显缺乏竞争,就应当推荐投标人丙作为中标候选人,或依据招标人的授权直接确定其为中标人。当然,经初步评审合格投标人不足三家时,有时会出现原评标办法不再具有可操作性的问题,建议招标人在招标文件中提前约定经初步评审合格投标人不足三家时的评标办法和推荐中标候选人的方法。如:经初步审查合格的投标人只有一家时,不再适用本评标办法,由评标委员会直接推荐中标候选人。

一些人认为"有效投标不足三个"就意味着"投标明显缺乏竞争",这是一个认识误区。首先,投标人的竞争是在投标截止前形成,而不是在评标过程中形成，既然能够开标，投标竞争数量就符合法律规定。正常情况下，某个投标人不可能知道其他投标人信息，它只能根据市场情况，结合自身实力参加投标竞争，因此，即便只有一个有效投标，它也是带有竞争性的，只是竞争性的强弱，需要评审后才能决定。其次，"有效投标不足三个"是因否决不合格投标造成的，实际前来投标的可能有十多家单位，或因招标条件苛刻、不合理，或因投标中缺签字、缺盖章、有漏项、忘带资质原件等情况被否决到"有效投标不足三个"，实际上这样的竞争非常激烈。《世界银行采购指南》中也有这样的规定，"缺乏竞争性不应仅仅以投标人的数量来确定。如果招标广告的刊登令人满意，而所报的价格与市场价格相比是合理的，即使只有一份投标书，招标过程也可以被认为有效"。最后，《招标投标法》第四十二条规定，"评标委员会经评审，认为所有投标都不符合招标文件要求的，可以否决所有投标"。这里否决所有投标的前提是，所有投标都不符合招标文件要求，内在逻辑是，只要有符合招标文件要求的投标，就不应该被否决，而是继续评标。

综上，当"有效投标不足三个"时，直接否决所有投标重新招标，不符合法律精神。在其他有效投标人符合中标条件，能够满足采购需求的情况下，招标人应尽量确定其为中标人，以节约时间和成本，提高效率；在所有投标人与采购预期差距较大，选择中标人对招标人明显不利时，招标人可以选择重新招标。

第五节　评标报告与评标结果

一、评标报告

《招标投标法》第四十条第一款规定："……评标委员会完成评标后，应当向招标人提出书面评标报告，并推荐合格的中标候选人。"《招标投标法实施条例》第五十三条第一款也规定："评标完成后，评标委员会应当向招标人提交书面评标报告和中标候选人名单……"评标报告是评标委员会在评标工作结束后向招标人提交的全面阐述评标情况、记载评标结果的工作报告。该书面评标报告既报告评标工作基本情况，也提出中标候选人建议，是招标人确定中标人的依据。

（一）评标报告的内容

评标报告，是评审阶段的综合性结论报告，应对评标情况作出说明，并提出推荐中标候选人的意见。根据《评标委员会和评标方法暂行规定》第四十二条规定，评标报告应当如实记载以下内容：（一）基本情况和数据表；（二）评标委员会成员名单；（三）开标记录；（四）符合要求的投标一览表；（五）否决投标的情况说明；（六）评标标准、评标方法或者评标因素一览表；（七）经评审的价格或者评分比较一览表；（八）经评审的投标人排序；（九）推荐的中标候选人名单与签订合同前要处理的事宜；（十）澄清、说明、补正事项纪要。这些内容基本涵盖了评标机构、评标过程及评标结果等主要内容，全面反映了评标工作的全过程信息。评标委员会可以在上述基本内容基础上增加招标人需要了解的其他信息。

【类案释法 6-7】投标文件、评标报告不得作为政府信息予以公开

（2014）苏中行终字第 0009 号行政判决书①：人民法院认为，被上诉人某市住建局作为本市住房和建设主管部门，对轨道交通 4 号线及支线工程 400V 开关柜采购项目的招标投标工作有依法实施监管的职责，对于其在监管过程中形成的相关政府信息，公民、法人或者其他组织提出公开申请，被上诉人具有依法进行答复的职责，是本案适格被告。对于未中标的投标文件，《房屋建筑和市政基础设施工程施工招标投标管理办法》和《工程建设项目货物招标投标办法》等相关法律法规均未规定被上诉人对该类文件有保存的义务，不属于政府信息。被上诉人作出的不予公开答复虽未就该理由进行详细说明，做法欠妥，但未影响上诉人的实体权利。上诉人要求被上诉人公开此信息，缺乏依据，本院不予支持。对于中标的投标文件，根据《招标投标法》第四十四条第三款、《江苏省招标投标条例》第四十一条、《关于禁止侵犯商业秘密行为的若干规定》第二条的规定，属于涉及第三人商业秘密的信息。对于涉及第三人商业秘密的政府信息的公开申请，被上诉人应当按照《信息公开条例》第十四条第四款、第二十三条的规定，征求相关第三人是否同意公开的意见。本案中，被上诉人自行直接决定不予公开，适用法律、法规错误，程序违法。原审法院责令被上诉人重新作出答复并无不当。对于书面评标报告，根据《招标投标法》第四十四条第三款、《江苏省招标投标条例》第四十一条的规定，评标报告中有关"对投标文件的评审和比较、中标候选人的推荐情况以及与评标有关的其他情况"的内容不得泄露。被上诉人据此不公开书面评标报告，符合《信息公开条例》第十四条的规定。评标报告

---

① 来源于无讼网：薛某明与苏州市住房和城乡建设局政府信息公开二审行政判决书，最后访问时间 2020 年 1 月 23 日。

属于一个整体的信息载体，上诉人认为可以区分处理的观点，本院不予支持。

（二）推荐中标候选人

评标委员会的职责就是评标，评标工作的结果就是推荐中标候选人，供招标人从中选定中标人。评标委员会完成评标后，推荐中标候选人就是其主要义务。根据《招标投标法实施条例》第五十三条第一款规定，评标委员会推荐的中标候选人应当不超过3个，建议数量为2个或者3个，并标明排序，以便于招标人从中选择一名最符合其要求的投标人作为中标人。这样，在有中标候选人放弃中标资格、因不可抗力不能履行合同、不按照招标文件要求提交履约保证金，或者被查实存在影响中标结果的违法行为等情形时，为招标人另行选择中标人提供一定选择余地。另外，国有资金占控股或主导地位的依法必须进行招标项目以外的其他招标项目，招标人可以根据招标项目的特点和实际需求，自主从多个中标候选人中确定中标人，使其定标有了选择权，而不是只能定向选择评标委员会推荐的唯一中标候选人。

（三）评标报告的签字

评标由评标委员会负责，评标报告就是评标委员会在评标结束向招标人出具的集体意见，提交的委托评标成果。评标委员会成员签字既是参与评标的证明，也是明确评标责任的证明。因此，评标报告应当由所有评标委员会成员签字，表明其是否认可评标结果的意见。为了避免因评标委员会成员拒绝签字而得不出评标结论，《招标投标法实施条例》第五十三条第二款规定："评标报告应当由评标委员会全体成员签字。对评标结果有不同意见的评标委员会成员应当以书面形式说明其不同意见和理由，评标报告应当注明该不同意见。评标委员会成员拒绝在评标报告上签字，又不书面说明其不同意见和理由的，视为同意评标结果。"也就是说，评标委员会成员对于评标结果尤其是推荐中标候选人的意见可能是相同的，也可能意见不一致，这些意见都可以在评标结果中如实反映，最终评标结果以超过半数的评标委员会成员的意见为准。对最终评标结果不认同、有不同意见的评标委员会成员可以不在评标报告中签字，但应提交记载其不同意见的书面说明。评标委员会成员既拒绝在评标报告上签字又不书面说明其不同意见和理由的，视为同意评标结果。

从另一个角度来讲，评标委员会成员签字或提出不同意见，是界定其个人责任的依据，也是对少数坚持正确意见的评标委员会成员的一种保护。根据《招标投标法》第四十四条第一款规定，评标委员会成员对所提出的评审意见承担个人责任。判断评标委员会成员是否承担个人责任的重要依据就是书面评标报告。因此，对评标结果有不同意见的评标委员会成员应当在评标报告中注明不同意见，并说明其不同意见的理由。

二、评标结果公示

为了落实公开原则，增强招标活动的透明度，接受投标人对评标结果的监督和社会的监督，《招标投标法实施条例》设定了评标结果公示制度，要求依法必须进行招标的项目必须公示中标候选人名单，该条例第五十四条第一款规定："依法必须进行招标的项目，招标人应当自收到评标报告之日起 3 日内公示中标候选人，公示期不得少于 3 日。"根据该规定，在操作上要注意：

第一，公示中标候选人的项目范围限于依法必须进行招标的项目，对于自愿招标项目，招标人也可以借鉴该制度自主决定公示中标候选人信息。

第二，除非因异议、投诉等改变了中标候选人名单或者排名次序，全部中标候选人应同时公示，而不是只公示排名第一的中标候选人，以免其因不符合或被取消中标资格后重复公示其他中标候选人以及可能存在的评标结果异议程序带来的效率风险。

第三，《招标公告和公示信息发布管理办法》第六条规定了依法必须招标项目的中标候选人公示应当载明的内容，即：（一）中标候选人排序、名称、投标报价、质量、工期（交货期），以及评标情况；（二）中标候选人按照招标文件要求承诺的项目负责人姓名及其相关证书名称和编号；（三）中标候选人响应招标文件要求的资格能力条件；（四）提出异议的渠道和方式；（五）招标文件规定公示的其他内容。

第四，招标人收到评标报告时中标候选人已经确定，即具备公示的条件，公示的起始时间为招标人收到评标报告后 3 日内。

第五，公示期限不得少于 3 日，这是自然日不是工作日。该公示期限同样是一个低限规定，具体公示期限应当综合考虑公示媒介、节假日、交通通信条件和潜在投标人的地域范围等情况合理确定，以保证公示效果。

第六，公示的媒体，与发布招标公告的媒体相同。

【疑难解析 6-11】招标人发现中标候选人不满足中标条件或因处理异议、投诉而改变中标候选人排序或中标资格的，是否需要再次公示？[①]

在中标候选人公示期间，招标人自行发现中标候选人不满足招标文件中规定

---

① 素材来源于毛林繁编著：《招标采购析案辩理》，Chinese Branch Xiquan House 2020 年版，第236 页。

的中标条件，或者其他投标人提出异议或投诉，经招标人处理异议或行政监督部门处理投诉而改变中标候选人排序或取消中标候选人中标资格的，是否需要再次公示，没有统一规定，由招标人自行决定。但依法必须进行招标项目重新调整后的评标结果需要公示。那么，对于依法必须进行招标的项目，招标人在确定中标人过程中，组织原评标委员会或是新组建的评标委员会，改变了最初公示的评标结果的，依法当然需要公示改变后的评标结果。这一点，对依法必须招标项目以外的招标项目不适用，因为这类项目是否公示评标结果在法律法规中没有要求，而是由招标人自行决定。

三、评标结果异议

中标候选人公示后，投标人或者其他利害关系人可以根据招标文件规定的评标标准和方法、开标情况等，作出评标结果是否符合有关规定的判断，如评标结论是否符合招标文件规定的评标标准和方法等，认为评标结果不公正的，可以对该评标结果提出异议。

《招标投标法实施条例》第五十四条第二款规定：“投标人或者其他利害关系人对依法必须进行招标的项目的评标结果有异议的，应当在中标候选人公示期间提出。招标人应当自收到异议之日起3日内作出答复；作出答复前，应当暂停招标投标活动。”本条规定了中标候选人公示及对中标结果异议制度，将需要公示中标候选人的项目范围限定在依法必须进行招标的项目，对评标结果的异议也主要针对依法必须进行招标的项目。全部中标候选人一次性进行公示。相应地，投标人和其他利害关系人对评标结果有异议的，其异议应当针对全部中标候选人，而不是仅针对排名第一的中标候选人，否则将可能因逾期错失先机，丧失针对排名第二和第三的中标候选人提出异议和投诉的权利。

（一）异议人

异议人是投标人和其他利害关系人，也就是与中标结果有利害关系的其他人。主要是投标人，尤其是排名在后的中标候选人，也有未被列入中标候选人名单的其他投标人。他们最有动力提起异议和投诉，以便自己有机会排名靠前，获取中标。

（二）异议常见内容

一般是认为未依法评标、评审结论不公正、公示的中标候选人不符合投标人资格条件，具有串通投标、虚假投标等违法行为，应当被取消中标资格。

（三）异议时间和答复时间

为了控制招投标活动程序时长，确保一定的招投标效率，《招标投标法实施条例》第五十四条规定中标人对依法必须进行招标项目的评标结果的异议应当在中标候选人公示期间提出，也就是在3天的公示期内提出，以便招标人及时采取措施予以纠正。

招标人应当自收到异议之日起3日内作出答复。招标人对异议作出答复前应当暂停招投标活动。招标人未在3日内答复或者异议人对答复不满意的，异议人可以投诉。

（四）异议的处理

招标人处理投标人或者其他利害关系人不服评标结果提出的异议时，可以组织原评标委员会对异议涉及的事项按照招标文件规定的评标标准和方法复核确认。此举可以通过专家审核方式查清事实，实事求是，客观准确地作出处理决定。招标人无法组织原评标委员会予以纠正或者评标委员会无法自行予以纠正的，招标人应当报告行政监督部门，由有关行政监督部门依法作出处理，问题纠正后再公示中标候选人。招标人对投标人和其他利害关系人提出的异议作出答复后，投标人和其他利害关系人对答复不满意的，应当根据《招标投标法实施条例》第六十条规定向有关行政监督部门投诉，但不应当就同样的问题反复提出异议，以提高工作效率。

【类案释法6-8】异议不成立的应予以驳回

某国有企业投资公共建筑施工招标，采用公开招标方式。评标结果进行公示期间，招标人收到第二中标候选人B公司针对第一中标候选人A公司存在涉嫌在其他项目中串通投标违法行为记录的举报，怀疑第一中标候选人没有按照招标文件的要求如实填报，按照招标文件的规定，招标人应当取消其中标资格。

招标人进行调查，结果显示，第一中标候选人曾因涉嫌串通投标而被否决投标，但不承认其存在串通投标的行为，认为此次工程招标文件要求"投标人对近3年来的包括受到省级以上建设行政监督部门通报等的履约情况进行填报"，但第一候选人当初并没有因涉嫌串通投标而受到行政监督部门的行政处罚，仅是在项目公示中以此作为否决投标理由，那么也就无须填报。招标人经过讨论，基本认可了第一中标候选人的回复意见，作出了第二中标候选人异议不成立的结论并予以回复。

四、中标候选人履约能力审查

投标人的履约能力是动态发展的，招标也需要一个较长的时间阶段，在确定中标人前投标人发生变化或存在违法行为可能影响履约能力的，对投标人进行履约能力审查就很有必要。《招标投标法实施条例》第五十六条规定，"中标候选人的经营、财务状况发生较大变化或者存在违法行为，招标人认为可能影响其履约能力的，应当在发出中标通知书前由原评标委员会按照招标文件规定的标准和方法审查确认"。但是，中标候选人履约能力审查制度不能被滥用，招标人不能无视评标委员会的评审意见，试图以履约能力审查的方式修改评标结果。

（一）招标人可以启动履约能力审查的情形

根据前述法律规定，招标人启动履约能力审查的原因必须是中标候选人的经营状况、财务状况发生较大变化或者存在违法行为，且招标人认为可能影响其履约能力。具体来说，从评标结束，甚至是从递交投标文件起，到发出中标通知书的这段时间里，中标候选人不仅经营状况、财务状况可能发生重大变化，甚至也可能因违法而受到停产停业整顿、吊销营业执照等处罚，或者被采取查封冻结财产和账户等强制措施，这些情况均可能影响中标候选人的履约能力。另外，中标候选人存在违法行为，招标人认为可能影响其履约能力，这些情形都可以启动履约能力审查程序。

【疑难解析6-12】招标人发出中标通知书后，认为投标人履约能力有问题，是否可以提起履约能力审查？

从《招标投标法实施条例》第五十六条规定来看，法律对招标人提起履约能力审查作了严格规定：在启动原因方面，必须是中标候选人的经营状况、财务状况发生较大变化或存在违法违规行为，且招标人认为可能影响其履约能力；在启动时间方面，法条中用了"中标候选人"而非"中标人"一词，说明应适用于评标结束后至中标通知书发出之前这一时间段。

本项目中标通知书已发出，表明招标人和该投标人之间的合同关系已成立，不适用提起履约能力审查的前提条件，如招标人不与中标人签订合同，应当按照《招标投标法》及其实施条例、《民法典》等相关法律的规定进行处理。

（二）履约能力审查的注意事项

第一，履约能力审查的主体是原评标委员会。如果原评标委员会成员因违法违纪、回避或其他个人原因不能承担审查任务的，可以另选专家；如果缺席专家过多的，可另组成评标委员会审查。

第二，履约能力审查的时间是在评标结束后发出中标通知书前。评标结束前还处于评标阶段，此时尚未产生中标候选人；中标通知书发出后已经处于合同执行阶段，如中标人履约能力发生变化可能会产生违约，其均不属于履约能力审查时间段。

第三，履约能力审查的对象是中标候选人，审查的主体是原评标委员会。这样的制度设计，既可以防范招标人擅自变更评标结果，也有利于统一评审尺度。

第四，履约能力审查的标准仍然是招标文件规定的评标标准和方法。

第五，履约能力审查的结果应运用于定标工作中，经核实确实影响履约能力的，可以取消中标资格，另定中标人。

第七章　定标环节法律实务

第一节　定　标

一、定标的主体

（一）招标人是法定的定标主体

定标亦称决标，是指招标人对所有投标者进行公开评定，对于被评为最优的投标人与之订立合同的意思表示[①]，是对确定为中标人的投标要约作出了承诺的法律行为，是招标人根据评标委员会的评标报告和中标候选人推荐意见决定中标人，并向中标人发出中标通知书授予合同的行为。

可见，定标是招标人向提出要约的中标人做出的承诺，承诺的主体必然是受要约人，也就是招标人。招标投标本身就是竞争性缔约行为，合同双方主体是招标人和中标人，定标也自然是招标人同意与中标人缔结合同的意思表示。因此，招标人是天然的定标主体。再者，《民法典》第一百六十一条规定："民事主体可以通过代理人实施民事法律行为。依照法律规定、当事人约定或者民事法律行为的性质，应当由本人亲自实施的民事法律行为，不得代理。"基于此，定标这项事务也可以委托评标委员会，这是招标人意思自治范畴。因此，《招标投标法》第四十条第二款规定："招标人根据评标委员会提出的书面评标报告和推荐的中标候选人确定中标人。招标人也可以授权评标委员会直接确定中标人。"从这个意义上来说，要么由招标人以评标委员会提供的评标报告为依据，从中标候选人名单中确定中标人，要么招标人委托评标委员会根据评标结果直接确定一名中标人。评标委员会本身是不具有定标权的，但可以接受招标人授权代为行使其定标权，该定标主体的安排可在招标文件中对投标人明示。

[①]　王利明等：《合同法新论·总则》，中国政法大学出版社 1996 年版，第 155 页。

【疑难解析7-1】行政监督部门处理投诉认定招标人确定中标人错误时，能否直接确定其他中标候选人为中标人？

招标投标是招标人和投标人通过要约邀请—要约—承诺的方式达成交易的民事活动，相关权利义务应由双方当事人享有、行使，包括定标权应由招标人自主行使，招标人也可以委托他人定标，这一点在《招标投标法》第四十条、第四十五条以及《招标投标法实施条例》第五十五条中均有体现。

尽管根据《招标投标法》第七条规定，招标投标活动及其当事人应当接受依法实施的监督；有关行政监督部门依法对招标投标活动是否严格执行《招标投标法》实施监督，并依法查处违法行为，但这里的监督必须"依法实施"，不能成为变相的行政干预。对不属于行政监督管理范围内，而应由招标投标活动当事人自主决定的事项，行政监督部门不得凭借其行政权力代为作出决定或违法进行干预，否则就是越权或滥用职权。

因此，招投标行政监督部门有权受理投诉，发现存在违法行为时有权要求当事人纠正并可作出行政处罚，但是如果代替招标人决定中标人、发布中标结果公告，就属于《行政诉讼法》规定的超越职权的行政行为，依法应予撤销。

二、定标的时间

招标人应当在投标有效期内定标。招标文件对投标有效期提出要求，投标文件也都会对投标有效期进行承诺。该投标有效期就是要约有效期，是判定投标文件也就是投标人提出的要约受法律约束的期限，相当于投标人提出了一项附承诺期限要求的要约。招标人就应当在该投标有效期内做出承诺的意思表示，否则，一旦投标有效期届满，也就是承诺期限届满，要约失效，招标人再定标就不属于承诺而属于新要约。故此，《评标委员会和评标方法暂行规定》第四十条也规定，在投标有效期内，招标人应当完成评标、定标以及签署合同等工作。

根据《民法典》第四百八十一条、第四百八十六条规定，承诺应当在要约确定的期限内到达要约人；受要约人超过承诺期限发出承诺的，除要约人及时通知受要约人该承诺有效的以外，为新要约。因此，招标人超过投标有效期（承诺期限）定标的，招标人发出的中标通知为"新要约"，投标人有权决定是否接受。接受该中标通知的，视为投标人作出"承诺"，该中标通知有效；拒绝接受中标通知的，视为该"新要约"被拒绝，该中标通知无效。

三、定标的规则

《招标投标法》第四十一条规定："中标人的投标应当符合下列条件之一：

（一）能够最大限度地满足招标文件中规定的各项综合评价标准；（二）能够满足招标文件的实质性要求，并且经评审的投标价格最低；但是投标价格低于成本的除外。"根据该条规定，采用综合评估法评标的项目，在评价方法中通常采用打分的办法，在对各项评标因素进行打分后，以累计得分最高的投标确定为中标人。采用经评审的最低投标价法的项目，对投标文件中的各项评标因素尽可能折算为货币量，加上投标报价进行综合评审、比较之后，确定评审价格最低的投标（通常称为最低评标价）为中标人。这是定标的基本规则。

《招标投标法实施条例》在此基础上，按照分类管理、区别对待的原则，对国有资金占控股或者主导地位的依法必须进行招标的项目和其他招标项目做出不同的定标规则，赋予非国有资金控股或者主导的招标项目更大定标自主权。该条例第五十五条规定，"国有资金占控股或者主导地位的依法必须进行招标的项目，招标人应当确定排名第一的中标候选人为中标人。排名第一的中标候选人放弃中标、因不可抗力不能履行合同、不按照招标文件要求提交履约保证金，或者被查实存在影响中标结果的违法行为等情形，不符合中标条件的，招标人可以按照评标委员会提出的中标候选人名单排序依次确定其他中标候选人为中标人，也可以重新招标"。根据该条规定，对国有资金占控股或者主导地位的依法必须进行招标项目，招标人应当选择排名第一的中标候选人为中标人，避免招标投标活动因随意确定中标人而失去规范性、严肃性和公信力。但对于非国有资金占控股或者主导地位的依法必须进行招标项目以及所有非依法必须招标的项目，招标人可以在中标候选人名单中自主确定中标人，并未强制要求必须是排名第一的中标候选人中标。对国有企业而言，非依法必须招标的项目可以在中标候选人中任意确定中标人。本着公开透明、诚实信用原则，应当在招标文件中明确列明排名第一的中标候选人不一定必然中标，招标人可能依据价格优先、技术优先等原则从中标候选人中确定中标人。

【类案释法7-1】取消第一中标候选人后，是否重新招标系招标人的法定权限

芜市建函〔2020〕121号投诉处理决定书[①]：投诉人某林绿化集团有限公司投诉事项：（1）我司于2020年6月24日对某小区雨污混接整治工程第一中标候选人（鹏某公司）向被投诉人2（本项目代理机构）提出质疑，被投诉人2于

---

① 来源于"芜湖市人民政府官网"，https://www.wuhu.gov.cn/openness/public/6596831/26884891.html，最后访问时间：2021年12月25日。

2020 年 7 月 10 日通知我公司领取 6 月 28 日就认定的回复，确认我公司质疑属实。根据《招标投标法》第五十五条规定，第一中标人废标后我公司作为该项目的第二中标人，被投诉人 1（本项目招标人）可以按照评标委员会提出的中标候选人名单排序确定我公司为中标人。（2）被投诉人 1 与被投诉人 2 违规违法无视招投标公平公正原则，现组织二次招标，无理由恶意流标。

相关请求：停止本项目二次招标，确定递补第二中标人中标，对相关单位违法事实予以严惩打击处理。

市住房城乡建设局查明：本项目被投诉人 2 于 2020 年 6 月 24 日收到投诉人未查询到鹏某公司拟派项目负责人刘某在鹏某公司注册信息的异议。被投诉人 2 询问鹏某公司，鹏某公司回复承认拟派项目负责人刘某已于 2020 年 5 月 22 日注销注册。被投诉人 1 和被投诉人 2 于 2020 年 6 月 28 日对投诉人的异议进行回复，并于 2020 年 7 月 21 日组织原评标委员会对鹏某公司第一中标候选人资格进行复核，经复核，鹏某公司拟派项目负责人刘某不满足招标文件要求，取消第一中标候选人资格。被投诉人 1 于 2020 年 7 月 24 日发布本项目重新招标公告。2020 年 7 月 31 日，我局约谈鹏某公司，该公司承认本项目拟派项目负责人刘某于 2020 年 5 月 22 日从该公司注销注册。本项目投标文件中以刘某的相关材料参与投标。

市住房城乡建设局认为：

投诉事项一：依据《招标投标法实施条例》第五十五条之规定；本项目是否重新招标系被投诉人 1（本项目招标人）的法定权限，本项目被投诉人 1 依法选择程序实施本项目招投标事宜于法有据。

投诉事项二：投诉人列举的芜湖市公共资源交易管理局发布的《推行综合监管落实主体责任着力提高公共资源配置效率——我市启动新一轮公共资源交易管理改革》作为政务信息并未就招标人是否有权重新招标作出与《招标投标法实施条例》相反的规定。故此，投诉人认为被投诉人 1 就本项目决定重新招标不符合规定的主张于法无据。

市住房城乡建设局决定：根据《工程建设项目招标投标活动投诉处理办法》第二十条第一项之规定，驳回投诉。

如前所述，正常情况下，国有资金占控股或者主导地位的依法必须进行招标的项目应当由排名第一的中标候选人作为中标人，但排名第一的中标候选人有特殊情形的，可突破上述一般规定，按照评标委员会提出的中标候选人名单排序依次确定其他中标候选人为中标人，或者重新进行招标。根据《招标投标法实施条例》第五十五条规定，这些特殊情形包括：（1）排名第一的中标候选人放弃中标；（2）因不可抗力不能履行合同；（3）不按照招标文件要求提交履约保证金；（4）被查实存在影响中标结果的违法行为。当然碰到上述情形，第一名中标候选人不合格的，是否由排名在后的中标候选人递补中标，还是决定重新招标，由招标人根据招标项目需求、投标竞争情势来决定。

【疑难解析 7-2】排名第一的中标候选人不符合中标条件时，重新招标适用于哪种情形？

根据《招标投标法实施条例》第五十五条规定，第一名中标候选人不合格的，依次确定后续排名在前的中标候选人为中标人或重新招标分别适用于哪种情形，《招标投标法实施条例》没有具体规定，缺乏可操作性。

《评标委员会和评标方法暂行规定》第四十八条规定："……排名第一的中标候选人放弃中标、因不可抗力提出不能履行合同，或者招标文件规定应当提交履约保证金而在规定的期限内未能提交，或者被查实存在影响中标结果的违法行为等情形，不符合中标条件的，招标人可以按照评标委员会提出的中标候选人名单排序依次确定其他中标候选人为中标人。依次确定其他中标候选人与招标人预期差距较大，或者对招标人明显不利的，招标人可以重新招标……"此外，《工程建设项目勘察设计招标投标办法》第四十条、《工程建设项目施工招标投标办法》第五十八条、《工程建设项目货物招标投标办法》第四十八条也有类似规定。简单归纳如下：第一，排名第一的中标候选人不符合中标条件的，以依次确定其他中标候选人为中标人为宜（若仅有一名中标候选人则只能重新招标），这样可以减少重新招标增加的费用支出和时间成本，提高采购效率，对投标人而言也更加公平，由于其价格已经公开，重新招标可能会改变原有竞争地位。第二，依次确定其他中标候选人与招标人预期差距较大，或者对招标人明显不利的，可以重新招标。对于"预期差距较大""对招标人明显不利"，具体应根据项目实际判断，如其他中标候选人响应的技术参数或投标报价离招标人期望值差距较大，可以重新招标，判定权在招标人。

第一中标候选人放弃中标后，招标人应理性地做出顺延中标人或重新招标的选择。《招标投标法实施条例释义》对《招标投标法实施条例》第五十五条的释义是这样讲述的："本条虽然赋予了招标人选择权，但招标人要理性行使这一权利。在其他中标候选人符合中标条件，能够满足采购需求的情况下，招标人应尽量依次确定中标人，以节约时间和成本，提高效率。当然，在其他中标候选人与采购预期差距较大，或者依次选择中标人对招标人明显不利时，招标人可以选择重新招标。例如，排名在后的中标候选人报价偏高，或已在其他合同标段中标，履行能力受到限制，或存在串通投标等违法行为等，招标人可以选择重新招标。"第一名不适宜中标的，并非第二名必然递补中标，也可以重新招标，其决定权在招标人。实践中，如果第一中标候选人和第二中标候选人的报价差距不大，或者扣留的投标保证金能够弥补这种价格差距的，招标人可以直接选择顺延中标人的方式。

顺延中标人可以提高采购效率，避免重复采购，节约采购成本，使采购项目能够按时、按计划完成。但是在选择这种方式时，招标人一定要慎重。比如，一些供应商为了赚取高额利润，组成利益共同体，以第一中标候选人放弃中标的方式抬高中标价格。此时，招标人应分析第一中标候选人放弃中标的理由是否足够充分，第一中标候选人、第二中标候选人的投标文件是否有相似之处……总之，要谨防第一中标候选人为第二中标候选人铺路抬高价格的情况上演。

【类案释法 7-2】招标人处理异议查实中标候选人未实质性响应招标文件应否决投标的，招标人是否可以依次确定第二中标候选人为中标人？

某依法必须招标的工程项目，中标候选人公示期间第一中标候选人被提出异议。后经核查，该中标候选人未实质性响应招标文件的要求，应当予以否决投标。请问：招标人是否可以依次确定第二中标候选人为中标人？

不可以直接确定。本例所述情形，不属于《招标投标法实施条例》第五十五条规定的可以依序定标或重新招标的四种情形之列，招标人不宜依据该法条直接确定中标人或选择重新招标。对照《招标投标法》的相关规定，本例应属于《招标投标法实施条例》第七十一条规定的评标委员会"不按照招标文件规定的评标标准和方法评标"情形。依据该条规定，招标人应提请行政监督部门责令原评标委员会改正，并重新推荐中标候选人。

"多个标段，投标人兼投不兼中"的做法在大型国企集中采购中比较常见，招标人需求量大、涉及地域广，一个供应商产能或服务区域无法满足招标人的生产需要，所以需要多家供应商共同提供标的。这种情况下，可以将采购项目分为多个标段，按照供货区域、供货数量或者供货份额划分标段，从而实现多个中标人中标。引入多家供应商还有防止少数几家企业"寡头垄断"被供应商"绑架"、有多家供应商提供技术支持、后续扩容时增加谈判空间等诸多好处。

如果同一投标人可能在多个标包均排名第一但只允许中一个标包时，在中标人选择顺序上主要存在以下几种选择：一是按照标包顺序选择，从第一个标包开始，逐个确定；二是根据情况随机确定选择顺序；三是在所有标包综合评审结束后，获得第一名的先确定，重复标包的第一名先"挑选"，不重复的直接确定；四是由投标人自己在投标文件中明确优先中标顺序；五是将排名第一的标包的金额中的最大者确定为招标人。建议在招标文件中事前约定采取哪种确定方式。

【类案释法 7-3】招标文件可以规定投标人必须同时参与两个标段的投标，且只能中一个标段

穗建招监〔2018〕30 号投诉处理决定书[①]：投诉人蒂某电梯有限公司参与某机场扩建工程第三跑道安置区二期电梯采购及相关服务项目（标段一、标段二）投标后，对本项目标段二评标结果提出异议，因对招标人的异议答复不满意，提出投诉。

投诉人称，本项目标段一中标候选人公示显示杭州西某电梯有限公司（以下简称被投诉人）的投标文件在收标过程中被否决投标，情况及理由为"没有递交投标文件，放弃投标"，即被投诉人没有递交本项目标段一的投标文件，被投诉人不符合本项目标段二招标文件第 13 页 8.12.2 推荐中标候选人原则"投标人必须同时参与两个标段的投标，且只能中一个标段"的规定。投诉人认为，此情形属于没有对招标文件提出的实质性要求和条件作出响应，违反了《招标投标法》第二十七条的规定，被投诉人不具备成为本项目标段二中标候选人及第一中标候选人的资格。

本项目评标委员会五名评委在协助调查时，招标人代表表示，被投诉人符合推荐为本项目标段二第一中标候选人；另外四位评委表示，被投诉人在本项目中参加了标段一、标段二的报名，只递交了标段二的投标文件，没有参与标段一的投标，不符合招标文件推荐中标候选人原则。

经查：

一、本项目招标文件 8.12.2 推荐中标候选人原则：投标人必须同时参与两个标段的投标，且只能中一个标段。分别推荐两个标段的第一中标候选至第三中标候选人。若同一投标人在两个标段同时评审排名第一，则将确定其为控制价最大标段的第一中标候选人，并视为自动放弃另一标段的中标候选人资格，另一标段的中标候选人按该标段评审排名的先后顺序依次上升替补确定。

二、被投诉人只递交了标段二的投标文件，未递交标段一的投标文件，被投

---

① 来源于："广州市住房和城乡建设局"官网，http：//zfcj. gz. gov. cn/zwgk/zsdwxxgkzl/jsgczbglbgs/jgxx/content/post_ 2574770. html，最后访问时间 2021 年 12 月 25 日。

诉人被评标委员会推荐为本项目标段二第一中标候选人。

综上，评标委员会未按招标文件规定的评标标准和方法评标。根据《招标投标法实施条例》第七十一条第三项规定，责令改正。

四、定标依据

评标的目的是对所有投标文件全面评审、分析优劣、排出次序，为定标提供决策依据。定标就应当根据评标报告载明的评标结果尤其是评标委员会推荐的中标候选人名单进行。如果超越评标报告定标，就架空了评标程序，使评标结果失去意义，也破坏了评标报告的权威性、法定价值。故此，《招标投标法》第四十条第二款中明确规定："招标人根据评标委员会提出的书面评标报告和推荐的中标候选人确定中标人。"也就是说，招标人定标的依据只能是评标委员会提出的书面评标报告和推荐的中标候选人。但实践中，也有招标人不按照规定确定中标人，比如对国有资金占控股或者主导地位的依法必须进行招标的项目，不根据评标报告中载明的中标候选人顺序确定中标人，在评标委员会推荐的中标候选人之外确定中标人，依法必须进行招标的项目在所有投标被评标委员会否决后自行确定中标人，这些都是比较典型的违法行为。按照《招标投标法》第五十七条、《招标投标法实施条例》第七十三条规定，该项目中标无效，有关行政监督部门应责令改正并予以行政处罚。

五、定标前禁止实质性谈判

在招标投标活动中，各投标人应当公开公平竞争，机会均等，招标人不得与投标人私下进行谈判，尤其是双方不得就投标文件或将来的合同实质性内容进行谈判，这是基本要求。在确定中标人以前，如果允许招标人与个别投标人就其投标价格、投标方案等投标的实质性内容进行谈判，招标人可能会利用一个投标人提交的投标对另一个投标人施加压力，迫使其降低投标报价或作出对招标人更有利的让步。同时还有可能招标人与投标人串通，投标人可能会借此机会根据从招标人处得到的信息对有关投标报价等实质性内容进行修改，从而提升自己的竞争优势。因此，《招标投标法》第四十三条规定："在确定中标人前，招标人不得与投标人就投标价格、投标方案等实质性内容进行谈判。"

针对实践中存在的招标人以中标为条件向中标人施加压力的做法，部门规章作出了针对性规定，如《工程建设项目施工招标投标办法》第五十九条规定："招标人不得向中标人提出压低报价、增加工作量、缩短工期或其他违背中标人意愿的要求，以此作为发出中标通知书和签订合同的条件。"《工程建设项目货物招标投标办法》第四十九条也规定："招标人不得向中标人提出压低报价、增加配件或者售后服务量以及其他超出招标文件规定的违背中标人意愿的要求，以此作为发出中标通知书和签订合同的条件。"

第二节 中标通知

一、中标通知书

中标通知书，是招标人在确定中标人后向中标人发出的通知其中标的书面凭证，是招标人向中标人发出的承诺性书面文件。《招标投标法》第四十五条规定："中标人确定后，招标人应当向中标人发出中标通知书，并同时将中标结果通知所有未中标的投标人。中标通知书对招标人和中标人具有法律效力。中标通知书发出后，招标人改变中标结果的，或者中标人放弃中标项目的，应当依法承担法律责任。"

【类案释法 7-4】 中标人不能强制招标人发送中标通知书①

2008 年 1 月，被告重庆市 A 培训中心就该培训中心大楼经营权租赁项目公开进行招标，并于 2008 年 1 月 10 日编制了招标文件（项目编号：HCXD×××-0X）。在招标过程中，原告重庆 B 酒店管理有限公司参加投标，并按照招标文件的要求编制了投标文件，且在规定的时间内于 2008 年 2 月 1 日向被告 A 培训中心提交了投标文件，投标文件载明投标价为年租金 30 万元。该租赁项目经开标、评标，被告 A 培训中心确定中标人为原告重庆 B 酒店管理有限公司，并于 2008 年 2 月 1 日至 2008 年 2 月 3 日在"重庆市发展和改革委员会"网站上公示了该中标结果。但被告 A 培训中心一直未向原告重庆 B 酒店管理有限公司发出中标通知书。原告重庆 B 酒店管理有限公司为此起诉至法院，请求判令被告向原告发出中标通知书。

法院认为：招标人向中标人发出中标通知书的行为，实质上就是招标人对中标人作出的将会产生法律效力的承诺行为。中标通知书是否向中标人发出并到达

---

① 本案例素材来源于：《中国招标》2019 年第 11 期案例分析文章《中标人不能强制招标人发送中标通知书》。

中标人，决定了承诺是否生效，也就决定了合同是否成立。结合本案而言，双方就培训中心大楼租赁项目而各自进行的招标、投标、定标及公示中标结果等活动过程，实质上就是原、被告之间签订租赁合同全过程中的预备阶段。被告公示中标结果的行为，就是被告在经招投标程序后，对外公示其决定对原告的要约予以承诺（即决定与原告订立租赁合同）的行为，但并不能以此认定双方之间的租赁合同就已成立。只有当被告向原告发出中标通知书，且中标通知书到达中标人时，被告的承诺才生效，双方之间的租赁合同始告成立。本案被告在已确定原告为中标人后不向原告发出中标通知书的行为，确已违反了《招标投标法》第四十五条第一款的规定，该行为是产生于双方缔约过程中（即合同成立前）的行为。

但根据合同自愿原则，当事人依法享有自愿订立合同的权利，任何人不能强制一方当事人在缔约过程中就对方当事人的要约必须作出将会产生合同效力的承诺。合同法同时规定：当事人采用书面形式订立合同的，自双方当事人签字或盖章时合同成立。

可见，中标时，合同尚未成立，若在中标后，招标人拒绝签订合同的责任在法理上应归为缔约过失责任。缔约过失责任是违反先合同义务而造成对方信赖利益的损失而应承担的责任。它仅限于赔偿责任，而且赔偿范围仅为信赖利益的损失（违约责任通常为实际损失和预期利益损失）。

所以原告要求法院判令被告向其发出中标通知书的诉讼请求，就是要求法院强制被告就原告的要约必须作出将会产生合同效力的承诺，该请求与合同自愿原则相违背，应不予支持。

当然，若原告的利益确因被告在缔约过程中的过错行为而遭受损害，原告可要求被告承担缔约过失责任。

（一）中标通知书的性质

结合《民法典》的规定来看，招标人与中标人通过招标投标方式订立合同，采取要约邀请—要约—承诺的方式。招标是招标人采取招标公告或者投标邀请书的方式吸引他人投标的意思表示，属于要约邀请。招标文件是招标公告内容的具体化，也属于要约邀请；投标是投标人按照招标人要求在规定的期限内向招标人发出的包括合同主要条款的意思表示，属于要约。招标人收到投标文件后，经过法定的开标、评标、定评程序，确定中标人后应当向中标人发出中标通知书，该中标通知书实质上就是招标人的承诺，是接受中标人的投标的意思表示。中标通知书一经发出即可产生法律效力，也就是对招标人和中标人发生法律拘束力。

　　中标通知书发出后，一方当事人不按中标通知书内容签订"中标合同"的情形时有发生。根据上述规定，招标人改变中标结果或者中标人放弃中标项目的，应当承担相应的法律责任。但对于该法律责任，是缔约过失责任还是违约责任抑或是违反预约的违约责任，法律却没有具体规定，理论界和实务界一直有争论，存在"缔约过失责任说""违约责任说""预约的违约责任说"三种观点。争议的缘由是中标通知书的法律效力，也就是对中标通知书发出后合同何时成立、生效存在认识上的分歧。目前，以中标通知书发出为分界点主要存在以下四种观点：（1）发出中标通知书时合同尚未成立，需要在招标人和中标人签署书面合同之后，合同才成立并同时生效；（2）中标通知书发出后合同成立但未生效，招标人、中标人签订书面合同后合同生效；（3）发出中标通知书时，招标人和投标人在要约和承诺方面已经达成一致，书面合同成立并生效；（4）发出中标通知书后，招标人和投标人之间已经成立合同并生效，但双方成立的是预约合同，违反合同应承担预约合同的违约责任。最高人民法院倾向于认为，招标人发出中标通知书后，即产生在招标人、中标人之间成立书面合同的效力①。正如最高人民法院在（2019）最高法民申 2241 号民事判决书中所阐述的②："在招标活动中，当中标人确定，中标通知书到达中标人时，招标人与中标人之间以招标文件和中标人的投标文件为内容的合同已经成立。签订书面合同，只是对招标人与中标人之间的业已成立的合同关系的一种书面细化和确认，其目的是履约的方便以及对招投标进行行政管理的方便，不是合同成立的实质要件。"站在实务的角度，基于诚信原则，招标人既然已经确定中标人发出中标通知书，就等同于认可了对方作为合同主体的法律地位，认可了对方的投标文件已经构成合同基本内容的事实。因此，确定中标通知书到达中标人时合同成立，符合招标人、投标人的意思自治，也有利于尽快促成交易。因此，中标通知书能够产生合同成立的法律效力。至于中标通知书发出以后，双方按照招标文件和中标人的投标文件订立的书面合同，只不过是对双方已成立的合同关系的进一步确认和细节补充，它并不影响当事人之间已形成的合同关系。中标通知书发出后，任何一方毁标、拒绝订立合同的，必须承担违约责任而非缔约过失责任。

---

　　① 　各种观点的具体阐述及最高人民法院对该倾向性观点的分析参见最高人民法院民事审判第一庭编著：《最高人民法院新建设工程施工合同司法解释（一）理解与适用》，人民法院出版社 2021 年版，第 223—227 页。

　　② 　来源于裁判文书网：中国石化集团资产经营管理有限公司某岭分公司、中国某化集团资产经营管理有限公司合资、合作开发房地产合同纠纷再审审查与审判监督民事裁定书。

进一步来说,《民法典》规定的承担违约责任的方式有继续履行、采取补救措施或者赔偿损失等。在发出中标通知书后,如果其中一方当事人毁标拒绝订立合同,双方就没有互相协作、继续履行合同的基础,属于法律上或者事实上不能履行,也属于债务的标的不适于强制履行,要求毁标一方承担继续履行或采取补救措施的违约责任不切实际,赔偿损失更为可行。对于损失赔偿额的确定,《民法典》的规定是应当相当于因违约所造成的损失,包括合同履行后可以得到的利益,但不能超过违反合同一方订立合同时预见的或者应当预见的因违反合同可能造成的损失。从招标人角度看,如果发生中标通知书生效后中标人毁标的情形,招标人可以根据《招标投标法》的规定,对中标人的履约保证金不予退还,其损失超过履约保证金数额的还可以要求赔偿,中标人没有提交履约保证金的,可以要求中标人承担全部损失。招标人毁标时应承担的法律责任,一是要求招标人返还履约保证金,二是赔偿中标人在整个招投标过程中实际支出的费用,三是要求招标人赔偿合同履行后的可得利益损失即合理利润。

(二) 中标通知书发出主体

中标通知书是招标人向中标的投标人发出的告知其中标的书面通知文件,是招标人向中标人作出的接受其要约的承诺。承诺应当由受要约人作出,故中标通知书应当由招标人发出或者招标人授权的招标代理机构或其他单位发出。实践中,也有招标人和招标代理机构在中标通知书上联合盖章的做法。未经招标人明确授权,其他人发出的中标通知书无效,不属于招标人作出的承诺,对招标人不具有约束力。

【类案释法 7-5】未经招标人授权发出的中标通知书无效①

(2003)彭州民初字第 511 号民事审判书:四川省彭州市人民法院审理查明,2001 年 4 月 6 日,原告参与了被告绿色药业公司关于科研质检楼建设工程招投标活动,原告通过现场竞标后,由彭州市公证处对原告经评标委员会评议被确定为中标单位进行了公证,但没有证据证明招标人要求评标委员会确定中标人的授权;4 月 9 日,彭州市建设工程招标投标管理办公室给原告出具了一份编号为 2001-019 的 "中标通知书",但被告认为原告没有合法的投标资格条件,不具备履约能力,不同意确定原告为中标人,并拒绝与原告签订书面合同。为此,原告

---

① 本案例素材来源于国家法官学院、中国人民大学法学院编:《中国审判案例要览(2004 年商事审判案例卷)》,人民法院出版社、中国人民大学出版社 2005 年版,第 7-11 页。

认为被告有违诚实信用，向法院提起诉讼，请求判令被告赔偿因缔约过失给原告造成的损失 8000 元。

法院认为：原告参与被告于 2001 年 4 月对自己的科研质检楼建设工程进行招投标活动未中标的事实存在。招标投标作为一种特殊的签订合同的方式，招标公告或者招标通知应属要约邀请，而投标是要约，招标人选定中标人，应为承诺，承诺通知到达要约人时生效，承诺生效时合同成立。本案中的中标通知书因未经招标人同意，不应视为承诺通知，而中标是合同是否成立的标志，原告未中标即表明合同尚未成立，故原、被告之间的招投标活动应属合同订立过程，应按照《招标投标法》的规定进行。

原告主张被告有违诚实信用，应承担缔约过失责任。根据《合同法》第四十二条关于对在订立合同过程中的恶意谈判、欺诈和其他违背诚信原则的行为适用缔约过失责任的规定，缔约过失责任采用的是过错责任原则。缔约过失责任应具备三个构成要件，对本案分析如下：（1）被告是否违反先合同义务。《招标投标法》第七条、第四十条、第四十五条规定：行政监督部门应依法对招投标活动实施监督并查处违法行为；招标人根据评标委员会提出的书面评标报告和推荐的中标候选人确定中标人，也可以授权评标委员会直接确定中标人；中标人确定后，应由招标人核发中标通知书。但被告不授权评标委员会直接确定中标人，也不同意在评标委员会推荐的中标候选人中确定原告为中标人，不给原告核发中标通知书，均应是被告的权利；原告没有举出证据证明被告有违反先合同义务的情形。（2）被告在主观上并无过错，原告并未举出证据证明被告有仅为自己利益而故意隐瞒与订立合同有关的重要事实或提供虚假情况的过失存在，不能构成缔约过失责任。（3）原告请求赔偿的 8000 元损失中仅有 2700 元的费用票据合法，且 2700 元也不完全属于一种信赖利益的损失，即一方实施某种行为后，另一方对此产生了信赖（如相信其会订立合同），并因此而支付了一定的费用，因一方违反诚信原则使该费用不能得到补偿。本案中原告提出的在招投标活动中所支出的费用 2700 元部分，只有公证费 300 元可认为是一种信赖利益的损失，其余均是原告在招投标活动中的正常开支，即原告在开支这些费用时并不能相信其定会中标，且都属被告在招标文件中明示不予承担的费用范围。综上所述，原告诉称要求被告承担缔约过失责任因并不同时具备以上三个要件，故原告要求被告承担责任的理由不充分，证据不足，不应支持。

法院判决：驳回原告要求被告绿色药业公司承担缔约过失责任，并赔偿损失 8000 元的诉讼请求。案件受理费 330 元，其他诉讼费 170 元，合计 500 元。由原告亚峰公司负担。

正常情况下，招标人或者招标代理机构应主动向中标人发出中标通知书，而不是等待中标人领取中标通知书。实务操作中，中标人在外地的可以通过传统的邮寄方式发出纸质的中标通知书。在电子招标中，招标人或者代理机构可以通过电子化采购系统发出中标通知书；或者通过手机短信、微信等方式发出中标通知书，注意留存电子证据也可。实践中，有些中标人经通知故意不领取中标通知书而试图以"未收到中标通知书"为由达到不签约目的的想法和做法，没有法律依据，也规避不了"拒绝签约"的法律责任。

（三）中标通知书发出时间

根据《民法典》第四百八十一条规定，中标通知书是招标人作出的承诺，应当在要约中载明的承诺期限内到达中标人，也就是最晚应当在投标有效期届满前向中标人发出中标通知书，该中标通知书对招标人和中标人都具有法律效力。招标人逾期作出承诺，也就是超出投标有效期发出中标通知书，因承诺期限已经届满，按照《民法典》第四百八十六条规定，该中标通知书属于"新要约"，并不构成承诺，此时是否成立合同主动权转移到中标人手中，中标人有权不接受该中标通知书，可以拒绝订立合同；如果中标人明确回复接受该中标通知书或者按照中标通知书的要求与招标人履行订立合同的手续，构成"承诺"的意思表示，双方达成合意，合同成立。

【疑难解析7-3】招标项目因投诉被行政监督部门责令暂停活动等原因，招标人发出中标通知书时已经超出投标有效期，中标人因原材料大幅度涨价拒不与招标人签订合同是否合法？

按照《民法典》规定，招标文件是要约邀请，投标文件是要约，中标通知书是承诺，"承诺必须在要约的有效期内作出"，就是说中标通知书应当在投标有效期内向招标人发出。根据《招标投标法实施条例》第二十一条规定，投标有效期从递交投标文件的截止之日起算。根据工程建设项目施工、货物、勘察设计等招标投标办法规定，招标人和中标人都应当在投标有效期内完成合同的签订。本题目中，招标人发出中标通知书已经超出了投标有效期，不论什么原因，中标人都有权拒绝接受逾期送来的"新要约"、拒绝签订合同，而不问其事由，这是合法的。

二、中标结果通知与公示

（一）中标结果通知

根据《招标投标法》第四十五条规定，招标人应当向中标人"一对一"发出中标通知书；与此同时，招标人也应当将中标结果通知所有未中标的投标人。该通知实际上是招标人向未中标的投标人发出的拒绝其要约的意思表示。

（二）中标结果公示

为了增强招标投标活动的公开透明度，接受社会监督，《招标公告和公示信息发布管理办法》第二条还将中标结果作为依法必须招标项目必须要公示的信息，按照该办法规定进行公示。该办法第六条第二款规定："依法必须招标项目的中标结果公示应当载明中标人名称。"需要公示的内容，除了"中标人名称"，实践中招标人可以决定公示更为详细的其他内容。对于非依法必须招标项目，并没有规定必须要公示其中标结果，是否公示由招标人自主决定。

【疑难解析 7-4】 中标结果公示的期限应不少于多少天？

《招标公告和公示信息发布管理办法》第二条规定："本办法所称招标公告和公示信息，是指招标项目的资格预审公告、招标公告、中标候选人公示、中标结果公示等信息。"依据该办法第六条、第十条等相关法条的要求，中标结果应当进行公示。对于公示的期限，《招标采购代理规范》（ZBTB/T01-2016）第8.5.3项给出了建议，即："中标公告应在招标文件明确的媒介上予以发布，公告期不得少于 3 日。"

对于中标结果公示内容，投标人及其他利害关系人能否如同中标候选人公示后提出异议，《国家发展改革委办公厅关于中标结果公示异议和投诉问题的复函》（发改办法规〔2018〕465 号）规定：由于在中标候选人公示环节已经充分公布了中标候选人的信息，并保障了投标人或者其他利害关系人提出异议的权利，因此中标结果公示的性质为告知性公示，即向社会公布中标结果，《招标投标法》《招标投标法实施条例》及 10 号令均未规定投标人或者其他利害关系人有权对中标结果公示提出异议。投标人或者其他利害关系人认为中标结果公示，以及有关招标投标活动存在违法违规行为的，可以依法向有关行政监督部门投诉。

第三节　中标无效

一、认定中标无效的情形

招标投标活动实际上是一种以缔结合同为目的的民事法律行为。招标投标行为如果违反法律、行政法规的强制性规定，实质性影响中标结果的，应当认定中标无效，否决中标通知书的法律效力，以制裁违法行为。所谓中标无效，是指招标人确定的中标结果失去法律效力，也就是招标人发出的中标通知书无效。中标是招标人对招标结果的承诺，也是签订正式合同的依据，招标投标双方就招标投标过程中的行为发生争议要求确认中标无效的，必须具有法定事由，且须由人民法院或仲裁机构确认。

中标无效因不同的民事主体，可分为因招标人的行为无效，因投标人的行为无效，因招标代理机构的行为无效，因招标代理机构和招标人、投标人的共同行为无效，以及因招标人和投标人的共同行为无效。

（1）因招标人的行为导致中标无效的情形。一是依法必须进行招标的项目的招标人向他人透露已获取招标文件的潜在投标人的名称、数量或者可能影响公平竞争的有关招标投标的其他情况，或者透露标底，影响中标结果（《招标投标法》第五十二条）。二是依法必须进行招标的项目招标人与投标人就投标价格、投标方案等实质性内容进行谈判，影响中标结果（《招标投标法》第五十五条）。这种情形常见的就是"明招暗定""未招先定"，违法实施排挤竞争对手公平竞争的行为。三是招标人在评标委员会依法推荐的中标候选人以外确定中标人，或依法必须进行招标的项目在所有投标被评标委员会否决后自行确定中标人的，中标无效（《招标投标法》第五十七条）。

（2）因投标人的行为导致中标无效的情形。一是投标人相互串通投标（《招标投标法》第五十三条、《招标投标法实施条例》第六十七条）。二是投标人以向招标人或评标委员会成员行贿或者提供其他不正当利益的手段谋取中标（《招标投标法》第五十三条、《招标投标法实施条例》第六十七条）。此情形下认定中标无效，也不以该行贿行为是否影响中标结果为前提，只要行为人实施了行贿行为，其中标即无效。三是投标人以他人名义投标或者以其他方式弄虚作假，骗取中标（《招标投标法》第五十二条、《招标投标法实施条例》第六十八条）。四是中标人无正当理由不与招标人订立合同，在签订合同时向招标人提出附加条件，或者不按照招标文件要求提交履约保证金的，取消其中标资格，投标保证金不予退还（《招标投标法实施条例》第七十四条）。

（3）因招标代理机构的行为导致中标无效的情形。招标代理机构泄露应当保密的与招标投标活动有关的情况和资料，影响中标结果的，中标无效（《招标投标法》第五十条）。

（4）因招标代理机构和招标人、投标人的共同行为导致中标无效的情形。招标代理机构与招标人、投标人串通损害国家利益、社会公共利益或者他人合法权益，影响中标结果的，中标无效（《招标投标法》第五十条）。需要说明的是，因招标代理机构与投标人串通的违法行为使中标无效，必须以串通行为影响中标结果为前提，只有行为人实施了串通行为且该串通行为实际影响中标结果的，该中标才无效。

（5）因招标人和投标人的共同行为导致中标无效的情形。招标人和投标人串通投标（《招标投标法实施条例》第六十七条）。需要说明的是，投标人之间相互串通投标或者与招标人串通投标导致中标无效，不以串通行为是否影响中标结果为前提，只要行为人实施了串通行为，其中标一律无效。

除了上述规定，实践中根据《招标投标法实施条例》第八十一条"依法必须进行招标的项目的招标投标活动违反招标投标法和本条例的规定，对中标结果造成实质性影响，且不能采取补救措施予以纠正的，招标、投标、中标无效，应当依法重新招标或者评标"的规定，其他违法行为也可能导致中标无效，不限于以下情形：一是招标人或者招标代理机构接受未通过资格预审的单位或者个人参加投标；二是招标人或者招标代理机构接受应当拒收的投标文件；三是评标委员会的组建违反《招标投标法》和《招标投标法实施条例》规定；四是评标委员会成员有《招标投标法》第五十六条以及《招标投标法实施条例》第七十一条、第七十二条所列行为之一。以上行为，如果在中标通知书发出前发现并被查实的，责令改正，重新评标；如果在中标通知书发出后发现并查实，且对中标结果造成实质性影响的，中标无效。其他法律规定可能导致招标无效、投标无效的行为，如果是在中标通知书发出后被查实且影响中标结果的，中标亦无效。

对于机电产品国际招标项目，《机电产品国际招标投标实施办法（试行）》第一百零二条还规定："评标委员会成员有下列行为之一的，将被从专家库名单中除名，同时在招标网上予以公告：（一）弄虚作假，谋取私利的；（二）在评标时拒绝出具明确书面意见的；（三）除本办法第一百零一条第八项所列行为外，其他泄漏应当保密的与招标投标活动有关的情况和资料的；（四）与投标人、招标人、招标机构串通的；（五）专家1年内2次被评价为不称职的；（六）专家无正当理由拒绝参加评标的；（七）其他不客观公正地履行职责的行为，或违反招标投标法、招标投标法实施条例和本办法的行为。前款所列行为影响中标结果的，中标无效。"

【疑难解析7-5】评标结束发现中标候选人的投标无效，如何处理？

中标候选人公示后发现投标无效的应区分处理。第一种情况，中标候选人公示后发现投标无效的情形，若属于评标委员会评审事项如资质、资格要求、在"信用中国"网站查询被列入失信被执行人、在"国家企业信用信息公示系统"查询企业被列入异常经营名录等，且评标委员会确实存在未按照招标文件规定的标准和方法评标或对应当否决的投标不提出否决意见等违法违规行为，应当责令评标委员会改正，此时可能涉及修正评标委员会评审结果，甚至还要对投标人进行重新排序。第二种情况，中标候选人公示后发现投标无效的情形，若不属于或招标文件未明确规定属于评标委员会评审事项，如项目负责人有其他在建工程未完工、投标人被责令停业、弄虚作假、串通投标、出借资质（挂靠）及本项目所涉及的"行政处罚"事项等，招标人或行政监督部门应当直接取消中标候选人的中标资格，无须启动评标委员会重新评审程序。

合同签订后，若发现投标无效情形属于违反法律法规强制性规定的事项，中标人的合同当然属于无效，依法应当恢复原状，不能恢复原状的中标人应当赔偿相关主体因此造成的损失；若发现投标无效情形仅属于违反招标文件规定的事项而不涉及违反法律法规强制性规定，处理要视具体情况，不能一概而论。

二、中标无效的法律后果

如果发生符合中标无效的法定情形，认定中标无效后，中标通知书因不具备合法性而失效，合同因中标失效也不能有效成立，也就是说，发出的中标通知书和签订的合同自始没有法律约束力。《最高人民法院关于审理建设工程施工合同纠纷案件适用法律问题的解释（一）》第一条第一款第三项就明确规定，建设工程中标无效的，订立的建设工程施工合同亦无效。

【类案释法 7-6】依法必须进行招标的项目招标人违法与投标人就实质性内容进行谈判影响中标结果的，中标无效，合同亦无效

（2016）最高法民终 574 号民事判决书①：最高人民法院认为，双方当事人在涉案工程招标前即签订了《某项目工程土建施工总承包合同》，约定涉案工程由鸿某公司发包给八某公司，合同估算总价为 107 743 700 元。同时，双方就承包方式、承包范围、工期等实质性内容亦达成了一致，且在合同中多次以"中标人"代称八某公司。据此可见，在涉案工程招标程序启动前，双方已将中标人内定为八某公司，此举属于为法律所禁止的招标人与投标人串通投标行为。在此情形下，八某公司在涉案工程的招标程序中中标，涉案双方遂依据三份中标通知书的内容就涉案工程签订了三份《建设工程施工合同》并进行了备案。该备案的三份合同中约定的工程价款合计仅为 59 042 223.39 元，此价格明显低于涉案工程的合理成本。而无论八某公司还是鸿某公司均认可双方实际履行的是《某项目工程土建施工总承包合同》，而非前述三份备案的《建设工程施工合同》。对此，本院认为，涉案工程为商品住宅建设项目，属于《招标投标法》第三条第一款第一项规定的关系社会公共利益、公众安全的公用事业项目，是依法必须招标的工程项目。虽然鸿某公司与八某公司通过招投标程序签订了《建设工程施工合同》，但结合《某项目工程土建施工总承包合同》签订的时间、价款等内容以及双方实际的履行行为看，鸿某公司与八某公司以对外招投标为名，行串通投标之事，违反了《招标投标法》第四十三条"在确定中标人前，招标人不得与投标人就投标价格、投标方案等实质性内容进行谈判"、第五十五条"依法必须进行招标的项目，招标人违反本法规定，与投标人就投标价格、投标方案等实质性内容进行谈判的，给予警告，对单位直接负责的主管人员和其他直接责任人员依法给予处分。前款所列行为影响中标结果的，中标无效"等效力性强制性规定，双方于 2012 年 4 月 10 日签订的三份《建设工程施工合同》依法无效。

按照《招标投标法》第六十四条规定，在中标无效的情况下，招标人可以选择"从其余投标人中重新确定中标人"，也可以选择"依照本法重新进行招标"，由其根据招标项目实际自主决定，这两种做法均不违反法律规定。一般情况下，在投标有效期限内的，招标人可以重新从符合条件的其他中标候选人中确定中标人发出中标通知书并签订合同；如果违法行为涉及所有的中标候选人，或者投标人中根本没有符合中标条件的，或者根据招标项目实际，如果从剩余的投

---

① 来源于裁判文书网：浙江八某建设集团有限公司与锦州鸿某房地产开发有限公司建设工程施工合同纠纷二审民事判决书。

标人中重新确定中标人有可能违反公开、公平、公正原则，从而产生不公平的结果或者明显对招标人不利的，招标人应当重新进行招标。超过投标有效期的，应重新组织招标或者经过审批采用其他采购方式。

中标无效后，招标人与中标人签订的合同无效。根据《民法典》第一百五十七条规定，合同无效后，因该合同取得的财产，应当予以返还；不能返还或者没有必要返还的，应当折价补偿。有过错的一方当事人还应当赔偿对方因此所受的损失；双方都有过错的，应当各自承担相应的责任。

第八章　签约履约法律实务

第一节　合同的签订

一、合同的签订

中标合同承载着招标投标结果，招标人、中标人期盼中标合同合法合规并得到全面履行，实现各自经济目的。《招标投标法》第四十六条第一款专项对中标合同的订立作出规定，即："招标人和中标人应当自中标通知书发出之日起三十日内，按照招标文件和中标人的投标文件订立书面合同。招标人和中标人不得再行订立背离合同实质性内容的其他协议。"

（一）合同的签订主体

《招标投标法》第四十六条规定了招标人和中标人应当订立书面合同。从合同法来讲，中标合同是经过要约邀请—要约—承诺的方式订立的，要约人（投标人）与承诺人（要约邀请人，招标人）是明确固定的，合同由要约人和承诺人订立，自然由招标人和中标人签订。参加招标投标是成为合同当事人的必要条件之一。未参加招标投标的其他法人或非法人组织，不得在定标之后直接成为合同当事人。实践中，出现甲企业中标后交给乙企业签订合同，形同以他人名义投标或允许转包，会使招标投标制度落空，违反《招标投标法》第四十六条规定。故由招标人和中标人来签订合同，这是原则。

【类案释法 8-1】法人中标后可以授权分支机构代理其订立合同

（2018）最高法民终 407 号民事判决书[1]：最高人民法院认为，案涉工程系

---

[1]　来源于裁判文书网：青海亿某房地产开发有限公司、中某国际工程有限责任公司建设工程施工合同纠纷二审民事判决书。

亿某公司自主招标的工程，某省工程建设招标投标管理办公室根据亿某公司的申请向中某公司下发了中标通知书，并在某省工程建设招标投标管理办公室备案，招投标程序不违反《招标投标法》强制性规定，不存在无效之情形。双方据此订立的施工合同和补充协议均属有效。二审庭审中，亿某公司还提出施工合同签订主体和中标通知书记载不一致因此合同无效的抗辩理由。本院认为，虽然《中标通知书》载明案涉工程中标单位为中某公司，但公司的中标项目交与其分支机构中某国际工程有限责任公司青海分公司（以下简称中某公司青海分公司）施工，并不为法律所禁止，且亿某公司与中某公司青海分公司签订施工合同和补充协议，明确同意中某公司青海分公司施工并支付工程款，亿某公司亦无证据证明中某公司青海分公司系借用资质挂靠施工，故亿某公司该抗辩理由不能成立。一审判决认定案涉施工合同、补充协议和《协议书》合法有效并无不当。

在上述案例中，最高人民法院的裁判观点很明确：公司可以将中标项目交与其分公司承担，分公司代为签订中标合同有效。根据《公司法》第十四条规定，分公司作为总公司的分支机构，是总公司内部的一个组成部分，是总公司基于财税和经营便利等原因，根据总公司的意志所设立的对外从事总公司部分经营业务的机构，且分公司的经营范围不得超出总公司的经营范围，总公司可以将其经营业务交由分公司来办理。分公司经营的业务只是总公司经营业务的一部分，总公司的业务必然要包含对分公司经营业务的部分，因此，中标人在中标后将其中标项目交由其分公司来办理，就属于其亲自办理，分公司代表其签订合同、履行合同，实际上相当于中标人亲自与招标人签订合同，亲自履行合同。对此，《民法典》第七十四条第二款规定："分支机构以自己的名义从事民事活动，产生的民事责任由法人承担；也可以先以该分支机构管理的财产承担，不足以承担的，由法人承担。"所以，从最终法律责任承担这个角度讲，分公司订立、履行合同，由法人保底承担责任，也不损害招标人利益。如果法人订立合同，且将该合同实际交由其分公司履行的，该履约行为也是合法有效的，其履约行为就是总公司的履约行为，履约后果由总公司承受，并非转包行为。特别是分公司在招标项目执行的所在地，而总公司却不在当地时，考虑到服务的属地化，项目由当地的分公司提供服务会更加便捷。

但如果是子公司，它与其母公司同为独立的企业法人，母公司并不为其子公司承担连带责任，子公司也不能代替母公司订立合同，否则属于合同主体转让，子公司替代中标的母公司订立合同，构成转包行为，违反《招标投标法》的规定。住房和城乡建设部《建筑工程施工发包与承包违法行为认定查处管理办法》

（建市规〔2019〕1号）第八条第一款第一项也明确规定，母公司承接建筑工程后将所承接工程交由具有独立法人资格的子公司施工的情形，应当认定为转包，但有证据证明属于挂靠或者其他违法行为的除外。

当前，一些国企集团实施集中采购，母公司作为招标人，最终用户、实际"买方""项目业主"是其所属子公司，可以在招标文件中事前明确中标合同由其子公司分别签订的情况下，定标之后，可由该子公司与中标人分别订立和执行合同；也可以由母公司与中标人签订合同，在合同中明确由其子公司具体执行合同、组织验收、支付合同款项。

【疑难解析 8-1】定标后，招标人、中标人主体已经发生了变更，由谁签订合同？

在招标投标过程中会发生招标人或投标人因改制、招标项目转让等原因发生变更，造成签约主体与招标投标时的名称不一致，可能签约者与原来招标人、投标人并非同一人的情况，此时应根据不同情况进行处理：

第一，如果仅仅是变更名称、股东、组织形式、法定代表人或非公司制企业（如全民所有制企业、集体所有制企业）实行公司制改制，并不影响其主体资格，则以更名后的名称为准，只要把变更的原因告知对方并附相关的证明材料即可。

第二，如果发生合并情形，合并后法人或非法人组织承继合并前的招标人或者投标人的主体资格，由合并后存续企业签约。

第三，如果发生分立情形，需要重新审核其履约能力，履约能力不受影响的，分立后的法人或者非法人组织承继原法律主体资格，履约能力不足的，可以不承认对方的法律主体资格，拒绝签约。

第四，如果招标人在招标投标过程中，将其招标项目转让给他人的，投资主体发生变化，类似合同权利义务一并转让的情形，参照《民法典》第五百五十五条规定，投标人认可的，已经完成的招标投标程序或者先前通过招标投标确定的中标结果，可以延续、承继；投标人因不承认新的招标人的履约能力等原因不认可的，可以退出招标投标活动。由于《招标投标法》禁止转包，因此中标人无权将其中标项目转让给他人。

如有其他情形，需针对不同情况分别处理。

（二）合同的订立时间

招标人和中标人对及时签订中标合同，尽早确定交易关系并尽快履约实现合同目的都有着一定期待。招标效率与效益同样是招标人关注的重要因素，中标人也希望尽早订立合同，防范因合同过度延误导致投资增加、收益减少的不确定性风险。因此，《招标投标法》第四十六条强调招标人和中标人应当自中标通知书发出之日起 30 日内订立合同。《评标委员会和评标方法暂行规定》第四十九条也规定："中标人确定后，招标人应当向中标人发出中标通知书，同时通知未中标人，并与中标人在投标有效期内以及中标通知书发出之日起 30 日之内签订合同。"《民法典》规定承诺应该在有效期内提出，《招标投标法实施条例》也规定了投标有效期。投标文件一般都标有投标有效期，属于附期限的要约，一旦超出有效期，投标文件自动失效。如投标人在超出该期限后才做出承诺，则该承诺不具有法律效力。如果超出中标通知书发出之日起 30 日且投标有效期届满，任何一方都有权拒绝签订合同。

实践中，由于谈判拖延等各种原因，总会有一些合同签订得比较晚，那么招标人和中标人超过中标通知书发出 30 日可否订立合同，签订的合同是否有效？下面这个案例作出了解答。

【类案释法 8-2】中标通知书发出之日起 30 日后订立的中标合同有效

（2009）浙民终字第 45 号民事判决书①：浙江省高级人民法院认为《招标投标法》第四十六条"招标人和中标人应当自中标通知书发出之日起三十日内，按照招标文件和中标人的投标文件订立书面合同。招标人和中标人不得再行订立背离合同实质性内容的其他协议"的规定，主要价值取向是规范招标投标活动，保证项目质量，维护国家利益与社会公共利益，就建设工程施工招投标签订中标备案合同后，当事人变更合同的权利仅限于与合同内容不发生实质性背离的范围。目的也仅仅是限定一定时间约束当事人尽快订立合同，并未规定在限定时间内未签订书面合同而导致合同无效的法律后果。因此，并不能仅因双方当事人根据招标文件和中标人的投标文件内容签订的合同超过了该规定时间即认定无效。

上述裁判观点非常清楚：中标通知书发出之日起 30 日后，双方可以签订合同，且签订的合同有效，这个答案可以从《民法典》找到依据。《民法典》第一百五十三条第一款规定："违反法律、行政法规的强制性规定的民事法律行为无效。但是，该强制性规定不导致该民事法律行为无效的除外。"关于经营范围、交易时间、交易数量等行政管理性质的强制性规定，一般应当认定为"管理性强

---

① 来源于无讼网：某远建设集团股份有限公司与温岭市某电影发行放映公司建设工程施工合同纠纷上诉案民事判决书，最后访问时间 2020 年 7 月 4 日。

制性规定"。《招标投标法》第四十六条的规定虽然属于法律的强制性规定，但不属于效力性强制性规定。因为，《招标投标法》并没有规定超过 30 日签订的合同无效，也不能判断超过 30 日签订的合同必将损害国家利益和社会公共利益。超过 30 日签订合同，只可能损害合同当事人一方的期待利益。但合同签约原则之一是自愿，当事人本来有权拒绝签订合同，但其自愿同意订立合同，则法律就没有必要干涉当事人订立合同的自由，反而应尊重当事人的意思自治，鼓励达成交易。因此，双方签订合同逾期并不构成合同无效的情形，该合同有效。

（三）合同形式

合同订立形式有书面形式、口头形式或者其他形式。《民法典》第四百六十九条规定："当事人订立合同，可以采用书面形式、口头形式或者其他形式。书面形式是合同书、信件、电报、电传、传真等可以有形地表现所载内容的形式。以电子数据交换、电子邮件等方式能够有形地表现所载内容，并可以随时调取查用的数据电文，视为书面形式。"对于合同形式，有的法律作出明确规定，如《民法典》第七百八十九条明确规定"建设工程合同应当采用书面形式"。当事人也可以约定合同形式。《招标投标法》第四十六条要求中标合同必须是书面合同，对招标投标结果进行确认。因此，中标合同应当采用书面形式，包括纸质合同和电子合同等以有形表现合同内容的形式。

二、合同的内容

（一）必须按照招标文件和中标人投标文件的内容来签订合同

如果允许当事人随意变更中标合同的实质性内容，那么整个招标、投标过程将沦为形式，既损害了良好的招标、投标秩序，又损害了其他未中标的第三人的合法权益。

根据《招标投标法》第二十七条规定，投标文件应当按照招标文件的要求编制，应当对招标文件提出的实质性要求和条件作出响应，这样才可能不被否决，才有机会中标。中标人的投标文件更是最大限度响应包括合同条件在内的招标文件实质性要求，中标合同应当是对招标文件、投标文件的内容的照单全收。故此，《招标投标法》第四十六条强调"招标人和中标人应当……按照招标文件和中标人的投标文件订立书面合同。招标人和中标人不得再行订立背离合同实质性内容的其他协议"。《招标投标法实施条例》第五十七条第一款也规定："招标人和中标人应当依照招标投标法和本条例的规定签订书面合同，合同的标的、价款、质量、履行期限等主要条款应当与招标文件和中标人的投标文件的内容一致。招标人和中标人不得再行订立背离合同实质性内容的其他协议。"

【类案释法 8-3】合同与招、投标文件约定不一致的按招、投标文件执行

（2014）嘉民二终字第 4 号民事判决书①：嘉峪关市中级人民法院认为，根据"招标投标法"规定，招标人和投标人应当依照招、投标文件签订采购合同，而合同主要条款应当与招、投标文件一致，否则合同条款因违反法律的强制性规定而无效。本案争议的两个焦点履行期限及合同标的均为合同主要条款。双方签订的合同既约定由被上诉人提前 20 天书面通知供货，同时又约定必须在招标文件要求时间内送到被上诉人指定的地点，被上诉人不接受上诉人任何延期交货的理由，该约定相互矛盾，故双方应按照招、投标文件约定的 2011 年 6 月 16 日前交货。上诉人主张已按约履行交货义务，不构成违约的上诉理由不能成立，不予支持；虽然采购合同并未约定交付两套备品备件，但上诉人在投标文件中明确表示免费提供两套备品备件，且该备品备件不计入投标总价。而招标文件、投标文件、中标通知书等均为签订合同的依据，双方不得签订背离合同实质性内容的其他协议，据此，上诉人理应以投标文件的内容履行备品备件的供货义务。

在这个案例中，法院认为"招标人和投标人应当依照招、投标文件签订采购合同，而合同主要条款应当与招、投标文件一致"，但当事人另行经过谈判签订的中标合同中交货时间、供货范围等合同实质性内容，与招标文件和中标人的投标文件不一致，故应当按照招投标文件来确定合同交货时间，增加供货范围，很好地诠释了《招标投标法》第四十六条的核心要求，维护了诚信原则和投标竞争的公正性。

（二）禁止招标人和中标人就合同的实质性内容进行谈判

中标通知书发出后，招标人与中标人往往要为签订合同进行谈判。招标人有时会为了降低造价、提高质量或其他目的提出要求，投标人在中标以后也可能要求提高价格、延长工期、修改付款方式，双方就合同的实质性内容进行谈判。如果允许经过谈判变更合同实质性内容，则可能出现招标人与投标人虚假招投标，或者一方利用自己的优势逼迫对方订立合同的情形，致使招投标活动有失公正。因此，尽管《民法典》第五百四十三条允许当事人协商一致可以变更合同。但基于招投标关系市场竞争秩序、受严格监管的特殊性，《招标投标法》第四十六

---

① 来源于裁判文书网：上海康某泵业制造有限公司与某市建设局招标投标买卖合同纠纷二审民事判决书。

条禁止招标人和中标人随意变更合同实质性内容。《最高人民法院关于审理建设工程施工合同纠纷案件适用法律问题的解释（一）》第二条第一款规定："招标人和中标人另行签订的建设工程施工合同约定的工程范围、建设工期、工程质量、工程价款等实质性内容，与中标合同不一致，一方当事人请求按照中标合同确定权利义务的，人民法院应予支持。"第二十二条规定："当事人签订的建设工程施工合同与招标文件、投标文件、中标通知书载明的工程范围、建设工期、工程质量、工程价款不一致，一方当事人请求将招标文件、投标文件、中标通知书作为结算工程价款的依据的，人民法院应予支持。"

法律规定中标合同不得进行背离实质性内容的变更，主要目的是防止合同双方通过变更合同的方式改变中标结果，保证招投标结果能够落到实处，防止招标人或中标人迫使对方在合同价格等实质性条款上做出让步，或者招标人与中标人串通影响公平竞争，损害国家利益或社会公共利益。因此，价款、质量和履行期限是影响双方当事人权益的关键因素，对这些内容进行变更会直接损害招标投标制度的公开、公平、公正，认定为实质性内容符合立法原意。进一步来讲，"合同实质性内容"应主要以是否影响合同双方的实质性权利义务为标准来判断。招标投标是一种竞争性缔约方式，通过竞争在质量、期限（交货期）和价款三项内容上获得最优的条款，是招标人的主要目的，这三项内容应当属于不得变更的合同实质性内容（有设计变更、国家政策调整等合理理由的除外）。

【类案释法 8-4】工程价款计价标准、合同工期、违约责任等内容属于中标合同实质性内容

（2018）最高法民申 1235 号民事裁定书[①]：最高人民法院认为，本案中，双方根据招投标文件于 2009 年 8 月 24 日就 5#、6#楼工程签订《建设工程施工合同》并向建设主管部门备案后，分别就 5#、6#楼工程又签订了两份《建设工程施工合同补充协议书》，该两份补充协议约定的工程价款计价标准、合同工期、违约责任等内容与备案《建设工程施工合同》的约定不一致，系对备案中标合同实质性内容的变更，违反了前述强制性规定，二审判决认定两份补充协议中实质性条款变更的内容无效，适用法律正确。《合同法》第三十条规定，有关合同标的、数量、质量、价款或者报酬、履行期限、履行地点和方式、违约责任和解决争议方法等的变更，是对要约内容的实质性变更。宇华公司主张违约条款并非

---

① 来源于裁判文书网：新乡市宇某房地产开发有限公司建设工程施工合同纠纷再审审查与审判监督民事裁定书。

法定的实质性条款，即使与招标文件不一致也属有效，缺乏法律依据。

合同实质性内容，是招标文件载明的，中标人履约必须遵从且招标项目条件不改变的情形下，不得调整或修改的合同事项。目前司法实践认为，"合同实质性内容"是指影响或者决定当事人基本权利义务的条款。对于"实质性内容"的判断标准，可综合考量：第一，是否有违要约承诺的镜像原则，即改变了招标文件，投标文件中所涉及的主要条款；第二，合同内容是否改变了中标条件或影响其他中标人中标；第三，合同内容是否对责权利进行了调整。虽然合同以当事人自治为原则，但对于招标投标则不然，因招标投标活动不只具有民商事性质，还具有强制措施和监管，为促进公平营商环境构建，不允许双方背离招标文件、投标文件另行达成协议。合同实质性内容须是合同的核心内容，即变更该项内容将使当事人的权利义务发生较大变化。就立法者本意而言，法律法规或司法解释规定不得对招投标合同实质性内容进行变更，是防止招标人迫使中标人在合同实质性条款上做出让步，以维护招投标市场秩序。上述案例中法院认为"合同实质性内容"包括合同标的、数量、质量、价款或者报酬、履行期限、履行地点和方式、违约责任和解决争议方法等内容。《招标投标法实施条例》第五十七条也规定"合同的标的、价款、质量、履行期限等主要条款应当与招标文件和中标人的投标文件的内容一致"，这就是"合同实质性内容"。

实践中，不同类型的合同实质性内容是不同的，比如房屋租赁合同的"租赁目的"就是实质性内容。对于工程建设领域，根据《最高人民法院关于审理建设工程施工合同纠纷案件适用法律问题的解释（二）》第一条第一款规定，"实质性内容"一般指工程范围、建设工期、工程质量、工程价款等条款，不完全列举。

【类案释法 8-5】建设工程施工合同对招标文件和投标文件的实质性内容进行变更和修改，该合同应为无效

（2019）最高法民终 1905 号民事判决书[①]：最高人民法院认为，根据《招标投标法》第四十六条："招标人和中标人应当自中标通知书发出之日起三十日内，按照招标文件和中标人的投标文件订立书面合同。招标人和中标人不得再行订立背离合同实质性内容的其他协议"的规定，案涉《建设工程施工合同》是否有效，应当视该合同的内容是否与双方招投标文件载明的内容一致，是否进行

---

① 来源于裁判文书网：重庆建工某建筑工程有限责任公司青海分公司、某县水利局建设工程施工合同纠纷二审民事判决书。

了实质变更。而如何认定实质变更问题，应当根据案涉工程的建设工期、工程价款、违约责任等实质性内容加以认定。结合原审法院原审和再审查明的事实看，本院分别比较说明如下：

（一）关于建设工期。《招标文件》中的《招标公告》载明：计划工期16个月、《投标须知前附表》的工期要求为工期16个月，有效工期11个月。《投标文件》中的《投标函》载明：建设工期485日历天（工期为2012年11月1日至2014年2月28日）。《建设工程施工合同》载明：开工日期为2012年11月13日，竣工日期为2013年7月30日。二审中，都某水利局举证认为案涉工程存在冬休期无法施工问题，重庆某建存在缩短工程工期的事实。虽然重庆某建认为其实际履行过程中并未冬休，是应都某水利局的要求加班加点完成施工，但并未提供相关证据证明，故本院认定《建设工程施工合同》对案涉工程的工期进行了缩短。

（二）关于工程价款。《招标文件》载明：工程总投资为71809900元。《投标文件》载明：建安工程费为人民币58800800元。《建设工程施工合同》载明：合同价款金额58800800元。三个文件对于工程总价款并无实质差异。

（三）关于资金占用率。《招标文件》资金占用率处显示空白。《投标文件》载明：资金占用率1470020元（5.0%）。《建设工程施工合同》载明：合同价款58800800元整［建安工程费+当年同期银行贷款利率的资金占用率%］可见《建设工程施工合同》将资金占用率由5.0%变更为当年同期银行贷款利率。

（四）关于回购。《招标文件》载明：项目投融资建设的回购期为三年，自实际交付使用之日起计算，招标人按合同签订的回购方式及时间每年向中标人支付一次回购款，在三年内分三期全额回购项目资产（第一年：在中标人完成工程一个月后向中标人支付50%回购款，但不计资金占用成本；第二年：在中标人完成工程13个月后支付30%回购款和当期资金占用成本；第三年：在中标人完成工程25个月后支付20%回购款和当期资金占用成本）。回购总价由工程结算价款（中标价格+经审计确认的签证和工程量调整的建安工程费）、资金占用成本组成。《建设工程施工合同》载明：……即在全部工程竣工验收合格一个月内支付工程总价的50%。工程验收合格后第13个月内再付工程总价的30%，第25个月内全部付清。具体为：工程总价的50%不计息，30%计算二年，20%计算三年。可见，《建设工程施工合同》关于回购款的支付和回购期利息问题，对案涉招投标文件进行实质性修改，无论是付款期限还是支付利息的金额，均加重都某水利局的合同义务。

（五）关于违约责任。《招标文件》载明：不能按期支付回购款并且超过15日宽限期，乙方有权就未付款额按与招标人确定的10%收取延误期的资金占用成本。《建设工程施工合同》载明：如果甲方应支付的合同款延误支付，每拖延一天，按未付款额的10%收取延误期的资金占用成本。可见，《建设工程施工合同》在违约责任方面对《招标文件》内容进行了变更。

此外，对履约保证金由工程验收合格后30日内返还变更为施工中返还、竣工验收程序和步骤等方面，《建设工程施工合同》亦对招投标文件进行了变更和修改。

综合以上事实，虽然《招标文件》和《投标文件》并不是正式的合同，但属双方的真实意思表示，《建设工程施工合同》并不是对《招标文件》和《投标文件》的具体和细化，而是在实质上对内容进行变更和修改，违反了《招标投标法》第四十六条关于招标人和中标人不得再行订立背离合同实质性内容的其他协议的规定，一审法院据此认定案涉《建设工程施工合同》无效，并无不当。

合同双方签订中标合同后，又签订补充协议，在补充协议中作出让利，构成合同实质性内容变更，相应条款无效。对此，《最高人民法院关于审理建设工程施工合同纠纷案件适用法律问题的解释（一）》第二条第二款规定："招标人和中标人在中标合同之外就明显高于市场价格购买承建房产、无偿建设住房配套设施、让利、向建设单位捐赠财物等另行签订合同，变相降低工程价款，一方当事人以该合同背离中标合同实质性内容为由请求确认无效的，人民法院应予支持。"

【类案释法 8-6】中标人对工程款让利的合同条款无效

（2019）川民终 885 号民事判决书[①]：四川省高级人民法院认为，关于三河某达公司主张工程总造价中应当核减 500 万元让利金额及工程款 4628732.08 元合计 9628732.08 元是否成立的问题。本院认为，2011 年 1 月 4 日某建设集团以投标报价 103628732.08 元中标后，三河某达公司要求林某刚让利 4628732.08 元至 9900 万元，之后又与三河某达公司签订《建设工程补充协议补充条款》，约定广安建设集团一次性让利 500 万元，该事实表明双方订立的协议条款与招投标文件载明的工程价款不一致，违反了《招标投标法》，实际施工人林某刚主张该约定无效，要求按照双方签订的《建设工程施工合同》与招投标文件载明的工程价款结算工程款，符合法律规定，因此，一审法院对该款项不予扣减正确，本院

---

① 来源于裁判文书网：林某刚、三河市科某房地产开发有限公司建设工程施工合同纠纷二审民事判决书。

予以维持。

为了防范争议，招标人可依据《招标投标法实施条例》第五十七条关于合同的标的、价款、质量和履行期限等主要条款应当与招标文件和中标人的投标文件内容一致的规定，在招标文件中对"合同实质性内容"事前做出具体详细的约定，防范后续的争议发生。招标人可依据招标项目实际和采购需求，在招标文件中对"合同实质性内容"事前做出扩大性的约定。实践操作中，可以借鉴中国招标投标协会颁布的《招标采购代理规范（2016 年版）》第 2.13.2 条，该规定将"合同实质性内容"定义为"合同标的、数量、质量、价款或者报酬、履行期限、履行地点和方式、违约责任和解决争议方法等内容"。

（三）并不禁止对合同非实质性内容进行谈判，当事人可以订立不背离合同实质性内容的其他协议

理论上，不影响、不决定当事人基本权利义务的条款都不属于"合同实质性内容"，《招标投标法实施条例》第五十七条、《最高人民法院关于审理建设工程施工合同纠纷案件适用法律问题的解释（一）》第二条点明的条款以外的内容都可能是非实质性内容。至于哪些条款不是合同实质性内容，没有法律明确规定，需要根据个案认定，如在（2014）民一终字第 155 号民事判决书中，最高人民法院认为，履约保证金的提交期限，不属于中标合同的实质性内容；在（2016）晋民辖终 87 号民事裁定书中，山西省高院认为，对争议解决方式的变更不属于再行订立背离合同实质性内容的其他协议。其总体考虑是，对合同实质性内容变更如果变化幅度较小，并未对当事人的主要合同权利义务产生重大影响，不涉及当事人利益的重大调整，就属于正常的合同变更，不构成背离合同实质性内容。也有一些法院将"违约责任""争议解决方式"条款作为合同实质性内容，缺乏统一、明确的裁判标准。

（四）招标文件和中标人的投标文件都没有涉及的实质性内容，允许经过谈判在中标合同中做出补充约定

如果编制招标文件疏忽，招标项目的一些实质性要求未写进招标文件，投标文件一般也不会响应，这两个文件都没有，中标合同对此不约定，合同无法履行，如果经协商补充约定是否涉嫌对合同实质性内容进行变更？对这个问题，从以下方面考虑：一是，根据《招标投标法》第四十六条规定，应当将招标文件、中标人的投标文件的实质性内容写到合同里。二是，《民法典》第五百一十条规定可以补充约定合同缺失的内容，即：当事人就质量、价款或者报酬、履行地点等内容没有约定或者约定不明确的，可以协议补充；不能达成补充协议的，按照

合同有关条款或者交易习惯确定；还不能确定的，可以根据《合同法》第五百一十一条处理。所以，既然招标文件和中标人的投标文件都没有这些内容，双方就可以协商谈判在中标合同中进行补充约定，谈不上背离招标文件和投标文件的实质性内容。

《招标投标法》禁止订立的中标合同与招投标文件不一致，但并不限制对未商定事宜、招投标文件未涉及的内容洽谈协商写到合同里。正如在（2019）云04民终632号民事判决书中，玉溪市中级人民法院认为："通过招标、投标方式协商订立书面合同的，《中标通知书》发出后法律限制了双方对招标、投标过程中达成的合同主要内容的随意变更，但未限制对招标、投标过程中未商定事宜的继续洽谈协商。"

实际上，招标人和中标人就履行合同的一些细节问题继续协商敲定，就招投标文件未明确或忽略的实质性问题协商一致后订立合同，有利于促成合同交易，明确双方权利义务和顺利履行合同。

（五）"黑白合同"规则

背离中标合同实质性内容另行签订的协议即产生"黑白合同"的问题。背离中标合同实质性内容另签协议，既损害正常的招标投标程序，也可能损害中标人的合法权益。中标合同可被称为白合同，另行订立的与中标合同实质性内容不一致的合同可被称为黑合同。白合同有效是黑合同无效的前提。《招标投标法》第四十六条禁止背离合同实质性内容订立其他协议，实质上是对合同自由原则的规范和限定。当事人另行签订的建设工程施工协议无论是在中标合同之前还是在中标合同之后订立，均不得背离中标合同的实质性内容，否则该协议无效①。如果是招标文件和中标人的投标文件都没有涉及的实质性内容，允许经过谈判在中标合同中做出补充约定，这不属于"黑合同"。

《最高人民法院关于审理建设工程施工合同纠纷案件适用法律问题的解释（一）》第二条第一款规定："招标人和中标人另行签订的建设工程施工合同约定的工程范围、建设工期、工程质量、工程价款等实质性内容，与中标合同不一致，一方当事人请求按照中标合同确定权利义务的，人民法院应予支持。"这里明确"白合同"是中标合同。目前，无论是依法必须进行招标投标的工程项目还是非强制招标投标的工程项目，当事人通过招标投标的方式进行发包与承包，

---

① 该部分观点摘自《最高人民法院新建设工程施工合同司法解释（一）理解与适用》第36-37页，人民法院出版社2021年版。

并根据招标投标结果签订建设工程施工合同即可。所谓"白合同"仅指招标人即发包人与中标人即承包人依据招标文件、投标文件等签订的建设工程施工合同。"黑合同"是对中标合同的实质性背离。

必须正确把握"实质性背离"与合同变更之间的关系。建筑工程是一项复杂的系统工程，合同签订之后，由于履行期限长、变化大，随着施工进度的深入，发包方与承包方之间就工程中出现的具体问题进行补充、变更是正常和普遍的。如果合同变更的内容，与中标合同不一致并未构成对其实质性内容的违反或者背离，属于正常的合同变更，是合同自由原则的体现。

《最高人民法院关于审理建设工程施工合同纠纷案件适用法律问题的解释（一）》第二十二条规定："当事人签订的建设工程施工合同与招标文件、投标文件、中标通知书载明的工程范围、建设工期、工程质量、工程价款不一致，一方当事人请求将招标文件、投标文件、中标通知书作为结算工程价款的依据的，人民法院应予支持。"本条强调当事人背离合同实质性内容而另行签订建设工程施工合同时，无论该合同是否为实际履行所需，结算时仍须以招标文件、投标文件、中标通知书为依据。实践中，就同一建设工程项目，当事人之间可能存在招投标文件及中标通知书、中标合同、备案合同、实际履行的合同等四份文本。招投标文件和中标通知书属于当事人订立合同过程中的原始文件，且《招标投标法》第四十六条明确规定，招标人和中标人应当按照招标文件和中标人的投标文件订立书面合同，故如果就合同实质性内容存在多份合同文本时，以招标文件、投标文件、中标通知书作为结算依据。

《最高人民法院关于审理建设工程施工合同纠纷案件适用法律问题的解释（一）》第二十三条规定："发包人将依法不属于必须招标的建设工程进行招标后，与承包人另行订立的建设工程施工合同背离中标合同的实质性内容，当事人请求以中标合同作为结算建设工程价款依据的，人民法院应予支持，但发包人与承包人因客观情况发生了在招标投标时难以预见的变化而另行订立建设工程施工合同的除外。"本条遵循《招标投标法》第四十六条的规定，规定了对不属于必须招标的建设工程，招标后当事人又另行订立了背离中标合同实质性内容的合同时，仍需根据当事人请求以中标合同作为结算依据，这样有利于维护招标投标市场秩序和保护其他投标人的利益。适用的前提条件：第一，发包人将依法不属于必须招标的建设工程项目进行招标，且中标合法有效；第二，发包人完成招标后，与承包人另行订立背离中标合同实质性内容的建设工程施工合同；第三，发包人与承包人双方对作为结算建设工程价款的合同依据产生争议，一方当事人向人民法院请求以中标合同作为结算建设工程价款的依据；第四，不存在因客观情况发生了发包人与承包人双方在招标投标时难以预见的变化而另行订立建设工程施工合同的情形。该条不区分是否属于依法必须招标项目，对"黑白合同"的处理做出相同规定。

同时，考虑到建筑市场具有多变性，如果当事人在招标投标完成后，因客观情况发生了在招标投标时难以预见的变化，确需另行订立建设工程施工合同的，基于合同自由的考虑，人民法院允许当事人按照另行订立的合同进行结算，这是对《民法典》第五百四十三条规定的合同当事人变更权的维护，也在一定程度上体现对当事人意思自治的尊重，防止因客观情况的变化而造成发包人与承包方权利义务的失衡。

三、中标合同的效力

（一）合同的效力

合同的效力是国家法律对当事人合意的评价。合同效力影响处理合同纠纷时法律适用、权利义务确定、合同价款结算、承担违约责任还是缔约过失责任、诉讼时效的确定等当事人利益相关的基本所有问题，因此，确认合同效力是审理合同案件的基础。根据《民法典》规定，当事人订立的合同存在不生效、有效、无效、可撤销和效力待定等状态。其中合同无效，是指法律对当事人签订的合同予以否定评价，当事人订立合同时所预期的法律效果不能实现，但可能会因此承担返还原物、赔偿损失等法定义务。最高人民法院印发的《全国法院民商事审判工作会议纪要》（法〔2019〕254 号）明确规定："人民法院在审理合同纠纷案件过程中，要依职权审查合同是否存在无效的情形，注意无效与可撤销、未生效、效力待定等合同效力形态之间的区别，准确认定合同效力，并根据效力的不同情形，结合当事人的诉讼请求，确定相应的民事责任。"如果合同当事人在起诉时未提出确认合同效力的诉讼请求或者未提出确认合同无效的诉讼主张，则法院在审理案件时也需要首先对该合同的效力进行确认。

《民法典》第一百四十三条规定了民事法律行为有效的条件，即："具备下列条件的民事法律行为有效：（一）行为人具有相应的民事行为能力；（二）意思表示真实；（三）不违反法律、行政法规的强制性规定，不违背公序良俗。"中标合同必须符合上述条件，才可能是有效的合同。经过招标投标程序订立合同，合同是否有效还要符合《招标投标法》的规定。一般来说，经过招标投标订立的中标合同，只要符合上述条件的，都是有效合同。

【类案释法 8-7】 中标通知书发出后即使未订立书面合同，双方之间的建设工程施工合同也成立并生效

（2017）赣民终 325 号民事判决书①：华某公司通过招投标中标某公司的建设工程施工项目后，向开发区建投公司转账支付履约保证金。之后，某公司向华某公司发出《告知函》，载明由于政府规划调整，华某公司中标项目取消，并退还华某公司履约保证金。事后，双方当事人就损失赔偿问题协商不成，引发本案诉讼。

就双方是否成立建设工程施工合同的问题，江西省高级人民法院认为，涉案工程经开发区建投公司以公开招标的形式向相关施工单位进行招标，而华某公司依据招标文件向某公司发出《江西省房屋建筑和市政基础设施工程施工招标投标文件》，某公司依该文件向华某公司出具了中标通知书。招标人某公司的招标公告是要约邀请，投标人华某公司投标属于要约，某公司发出中标通知书实质上是招标人对其经评标委员会评审确定的中标人华某公司的承诺，是招标人同意中标人华某公司要约的意思表示，其法律性质是承诺行为，发生合同法关于承诺的效力。该中标通知书到达华某公司时，双方之间的建设工程施工合同成立并生效。虽然之后双方没有签订书面的建设工程施工合同，但由于中标通知书中包含了建设工程施工合同的基本要素，故未签订书面合同并不影响双方之间成立建设工程施工合同关系。某公司认为没有签订书面合同，故双方之间的合同关系未成立的理由不能成立。具体理由如下：……案涉投标文件的内容具有足以使得合同成立的主要条款，且投标文件表明投标人的主观目的是缔结合同，中标后将受投标文件的约束。同时，《招标投标法》第四十五条规定明确了中标通知书的法律效力和对双方当事人的法律约束力。当招标人向中标人发出中标通知书，表示招标人接受该投标人的要约并向其发出中标通知书的行为，应属承诺。中标通知书到达中标人时，招标人与中标人既有要求对方签订施工合同的权利，也有及时配合对方签订施工合同的义务。《招标投标法》第四十六条的规定进一步强化了中标通知书对双方的法律约束力，招投标双方应在中标通知书发出后 30 日内，依据招投标文件所确定的内容，签订书面合同。另外，《合同法》第十一条规定，书面形式是指合同书、信件和数据电文（包括电报、电传、传真、电子数据交换和电子邮件）等可以有形地表现所载内容的形式。投标人发出的投标文件（要约）

---

① 来源于裁判文书网：华某建设工程有限公司、某开发区建设投资（集团）有限公司建设工程施工合同纠纷二审民事判决书。

和招标人发出的中标通知书（承诺）显然均已符合书面形式的要求，招投标双方当事人未签订书面合同并不影响双方之间成立建设工程施工合同的法律关系，任何一方拒绝履行都应承担违约责任。

（二）中标合同无效情形

1. 依据《民法典》判定中标合同无效的情形

"合同无效"，是对双方当事人合意的否定性评价，体现了国家基于公序良俗的考虑而对当事人意思自治的干预。原《合同法》中合同无效条款也被《民法典》总则编民事法律行为无效的条款完全取代，该编第五百零八条也明确规定："本编对合同的效力没有规定的，适用本法第一编第六章的有关规定。"这些规定是今后判断合同无效的基本依据。原《合同法》第五十二条规定的 5 项合同无效情形，在《民法典》总则编中都有承继，但也都有文字修改或实质性内容的修改，需要准确理解。

第一项，《民法典》第一百四十八条规定："一方以欺诈手段，使对方在违背真实意思的情况下实施的民事法律行为，受欺诈方有权请求人民法院或者仲裁机构予以撤销。"该规定适用于招标人欺诈订立合同的情形。如果是投标人采取欺诈的手段，如以他人名义投标或者以其他方式弄虚作假骗取中标，根据《招标投标法》第五十四条规定，中标无效，则订立合同的基础不存在，不论侵害何种利益，所签订合同也都无效，这与民法典的一般规定有差异。

第二项，《民法典》第一百五十四条规定"行为人与相对人恶意串通，损害他人合法权益"，合同无效（民事法律行为无效）。串通投标是"恶意串通"的典型表现形式，依据《招标投标法》第五十三条，投标人相互串通投标或者与招标人串通投标的，中标无效，基于无效的中标结果订立的合同也自然无效，与民法典的规定一致。

第三项，《民法典》第一百四十六条规定："行为人与相对人以虚假的意思表示实施的民事法律行为无效。以虚假的意思表示隐藏的民事法律行为的效力，依照有关法律规定处理。"比如招标投标项目订立的"黑白合同"，依据前述规定，"黑合同"属于无效合同。

第四项，《民法典》第一百五十三条第二款规定"违背公序良俗的民事法律行为无效"。"公序良俗"包括公共秩序和善良风俗两方面。最高人民法院《全国法院民商事审判工作会议纪要》（法〔2019〕254 号）第三十一条列举涉及金融安全、市场秩序、国家宏观政策就属于公序良俗范畴。这是兜底条款，根据《民法典》其他条款不能直接判定合同效力的，如果违背公序良俗也属无效合同。

第五项，《民法典》第一百五十三条第一款规定"违反法律、行政法规的强制性规定的民事法律行为无效。但是，该强制性规定不导致该民事法律行为无效的除外"。《民法典》没有采用原《最高人民法院关于适用〈中华人民共和国合同法〉若干问题的解释（二）》（现已废止）提出的"效力性强制规定"的概念。但是二者认定的范围差异不会太大，有待司法实践继续探索和总结。如《最高人民法院关于审理建设工程施工合同纠纷案件适用法律问题的解释（一）》第一条规定的建设工程施工合同无效的 3 种情形（即：承包人未取得建筑施工企业资质或者超越资质等级、没有资质的实际施工人借用有资质的建筑施工企业名义、建设工程必须进行招标而未招标或者中标无效），就是因为违反法律、行政法规的强制性规定而导致合同无效。

2. 依据《招标投标法》判定中标合同无效的情形

（1）未依法履行招标投标程序订立的合同无效。《招标投标法》第三条第一款规定了依法必须招标项目的范围，招标人如果规避招标直接订立合同，违反法律、行政法规的强制性规定，为无效合同。对此，最高人民法院《全国法院民商事审判工作会议纪要》（法〔2019〕254 号）也规定："下列强制性规定，应当认定为'效力性强制性规定'：……交易方式严重违法的，如违反招投标等竞争性缔约方式订立的合同。"《最高人民法院关于审理建设工程施工合同纠纷案件适用法律问题的解释（一）》第一条明确规定："建设工程施工合同具有下列情形之一的，应当依据民法典第一百五十三条第一款的规定，认定无效：……（三）建设工程必须进行招标而未招标或者中标无效的。"可见，强制招标制度是国家法律强制性规定，违反该制度规避招标订立的合同，依据《民法典》第一百五十三条第一款的规定自然无效。

【类案释法 8-8】必须招标的建设工程规避招标签订的合同无效

（2017）最高法民终 766 号民事判决书①：最高人民法院认为，关于案涉建设工程施工合同效力问题……中心城项目包括总建筑面积 71793.34 平方米的安置房，工程总造价超过 2 亿元，属于关系社会公共利益、公众安全的重大项目，依据上述法律规定，必须进行招标。但金某公司在未履行公开招标程序的情况下，即确定由中某公司进场开始垫资施工。后金某公司虽补办了招标手续，中某公司中标，但双方均确认该招标投标程序仅是为办理相关证件而进行的形式意义

---

① 来源于裁判文书网：中某建设有限责任公司、德化金某置业有限公司建设工程施工合同纠纷二审民事判决书。

上的招投标。因此，一审法院依据《最高人民法院关于审理建设工程施工合同纠纷案件适用法律问题的解释》第一条关于建设工程必须进行招标而未招标或者中标无效的，建设工程施工合同应认定无效的规定，认定双方当事人就案涉工程签订的建设工程施工合同及补充协议均无效，并无不当。中某公司关于案涉工程招投标程序合法，双方签订的建设工程施工合同及补充协议有效的上诉主张，于法无据。

前已述及，《招标投标法》要求工程建设项目中符合特定条件的勘察、设计、监理和货物采购等必须进行招标的规定与要求工程建设项目中特定施工项目必须进行招标的规定性质完全相同，同属于效力性强制性规定，依法必须招标的建设工程勘察、设计、监理和货物采购合同等未经招标合同也属无效，这一观点在司法实践中已被法院普遍接受，如典案释法 2-4 所述。

（2）依法必须进行招标的项目中标无效的，合同亦无效。《招标投标法》第五十条、第五十二条、第五十三条、第五十四条、第五十五条、第五十七条规定了中标无效的六种情形，出现这些情形，都将直接导致订立的合同无效。《最高人民法院关于审理建设工程施工合同纠纷案件适用法律问题的解释（一）》第一条也规定，"建设工程施工合同具有下列情形之一的，应当依据民法典第一百五十三条第一款的规定，认定无效：……（三）建设工程必须进行招标而未招标或者中标无效的"。实践中中标合同无效的情形主要有：

一是定标前进行实质性谈判的，中标无效，合同亦无效。实务中，虽然从形式上看招标人与投标人是通过招投标程序签订施工合同，但事实上在投标前，招标人与投标人就已经进行实质性谈判达成一致意见确定"中标人"、确定了施工合同内容，或者已经签订合同或执行合同项目之后补办招标程序，这实际属于"未招先定""明标暗定"的虚假招标投标行为，违反《招标投标法》第四十三条规定："在确定中标人前，招标人不得与投标人就投标价格、投标方案等实质性内容进行谈判。"《招标投标法》第五十五条对此明确规定，依法必须进行招标的项目招标人违法与投标人就投标价格、投标方案等实质性内容进行谈判，影响中标结果的，中标无效。中标无效，则签订的合同失去合法的基础，应随之无效。

【类案释法 8-9】招标前谈判签订的合同无效

（2018）最高法民申 983 号民事裁定书[①]：最高人民法院经审查认为，关于补充合同与施工合同的效力问题。《招标投标法》第四十三条规定："在确定中

---

① 来源于裁判文书网：浙江大某建设集团有限公司、新余市渝某房地产开发有限责任公司建设工程施工合同纠纷再审审查与审判监督民事裁定书。

标人前，招标人不得与投标人就投标价格、投标方案等实质性内容进行谈判。"第五十五条规定："依法必须进行招标的项目，招标人违反本法规定，与投标人就投标价格、投标方案等实质性内容进行谈判的，给予警告，对单位直接负责的主管人员和其他直接责任人员依法给予处分。前款所列行为影响中标结果的，中标无效。"渝某公司在再审审查阶段向本院提交了案涉项目的中标通知书，大某公司经质证对该中标通知书的真实性无异议。该中标通知书显示，案涉工程中标时间为 2009 年 12 月 15 日，而补充合同的签订日期为 2009 年 9 月 8 日，在中标时间之前。也即双方先是签订了标前合同（补充合同），后进行招投标并另定了中标合同（施工合同）。根据补充合同的内容，大某公司与渝某公司在招投标前已对案涉项目的实质性内容达成了一致，构成恶意串标，该行为违反了法律强行性规定，双方签订的补充合同与施工合同均应认定无效。

二是串通投标的中标无效，合同亦无效。《招标投标法》第五十三条规定："投标人相互串通投标或者与招标人串通投标的，投标人以向招标人或者评标委员会成员行贿的手段谋取中标的，中标无效。"《民法典》第一百五十四条明确规定："行为人与相对人恶意串通，损害他人合法权益的民事法律行为无效。"串通投标行为违反诚实信用原则，违反法律、行政法规的强制性规定，损害招标人和其他投标人的合法权益，破坏市场竞争秩序，故应认定中标无效。

三是投标人以他人名义投标或者以其他名义弄虚作假，骗取中标的，中标无效，合同亦无效。《招标投标法》第五十四条规定："投标人以他人名义投标或者以其他名义弄虚作假，骗取中标的，中标无效。""以他人名义投标"，实践中多表现为借用资质或称"挂靠"。"挂靠"一词并非专门的法律术语，其指的是无资质或低资质民事主体通过协议的形式依附于有资质或者更高资质民事主体，并以后者的名义参与特定行业经营活动的行为。《建筑工程施工发包与承包违法行为认定查处管理办法》规定了"挂靠"的常见表现情形。《最高人民法院关于审理建设工程施工合同纠纷案件适用法律问题的解释（一）》（法释〔2020〕25 号）第一条规定，没有资质的实际施工人借用有资质的建筑施工企业名义的，据此签订的建设工程施工合同应当根据《民法典》第一百五十三条第一款的规定认定无效。

【类案释法 8-10】借用他人名义投标骗取中标的，订立的合同无效

（2019）最高法民申 1731 号民事裁定书[①]：最高人民法院认为，涉案合同的

---

① 来源于裁判文书网：邓某、河某市政府代建项目管理局建设工程施工合同纠纷再审审查与审判监督民事裁定书。

性质与效力对本案结果的影响。《最高人民法院关于审理建设工程施工合同纠纷案件适用法律问题的解释》第一条规定，建设工程施工合同具有下列情形之一的，应当根据合同法第五十二条第五项的规定，认定无效：（一）承包人未取得建筑施工企业资质或者超越资质等级的；（二）没有资质的实际施工人借用有资质的建筑施工企业名义的；（三）建设工程必须进行招标而未招标或者中标无效的。第四条规定，承包人非法转包、违法分包建设工程或者没有资质的实际施工人借用有资质的建筑施工企业名义与他人签订建设工程施工合同的行为无效。第二条规定，建设工程施工合同无效，但建设工程经竣工验收合格，承包人请求参照合同约定支付工程价款的，应予支持①。建设工程施工合同纠纷审理中，人民法院对于涉案合同的性质及效力应予认定，尤其是存在挂靠、转包等情形下，更应根据合同的性质与效力明确相关责任主体。涉案工程虽是河某代建局与光某盛公司签订，但实质是邓某、和某公司借用光某盛公司的名义参与投标，实际投标人为邓某、和某公司，光某盛公司与河某代建局形成发承包关系的意思表示不真实，因此河某代建局与光某盛公司签订的《施工合同》应为无效。光某盛公司将中标工程通过内部承包的方式转给无施工资质的和某公司，双方签订的《项目施工内部承包合同》应为无效。和某公司与邓某签订《联营协议书》，但只收取管理费，没有参与工程建设和管理，实际施工人为邓某，因此双方名为联营，实为非法转包，双方签订的《联营协议》亦为无效。

另外，《招标投标法实施条例》第四十二条规定了弄虚作假投标的常见表现形式。对弄虚作假导致中标无效的情形，根据《民法典》第一百五十三条第一款的规定，双方签订的建设工程施工合同因基于中标结果而签订，中标结果无效，则该合同也就随之无效。

四是投标人低于成本投标中标的，签订的合同无效。《招标投标法》第三十三条规定："投标人不得以低于成本的报价竞标……"第四十一条规定，中标人的投标应当符合下列条件之一：……（二）能够满足招标文件的实质性要求，并且经评审的投标价格最低；但是投标价格低于成本的除外。最高人民法院《全国民事审判工作会议纪要》（法办〔2011〕442号）第二十四条规定："对按照'最低价中标'等违规招标形式，以低于工程建设成本的工程项目标底订立的施工合同，应当依据招标投标法第四十一条第（二）项的规定认定无效……"因此，承包人以低于成本的价格投标或竞标不满足《招标投标法》第四十一条规

---

① 该司法解释已经废止，现《民法典》第七百九十三条第一款规定：建设工程施工合同无效，但是建设工程经验收合格的，可以参照合同关于工程价款的约定折价补偿承包人。

定的中标条件，损害社会公共利益和公众安全，违反法律的强制性规定的，发包人与承包人据此签订的建设工程施工合同无效。需要注意的是，"低于成本"中的"成本"是投标人为完成招标项目所需支出个别成本，并非指社会平均成本，正如最高人民法院在（2015）民申字第 884 号民事裁定书中的意见："《招标投标法》第三十三条所称的'低于成本'，是指低于投标人的为完成投标项目所需支出的个别成本。每个投标人的管理水平、技术能力与条件不同，即使完成同样的招标项目，其个别成本也不可能完全相同，个别成本与行业平均成本存在差异，这是市场经济环境下的正常现象。实行招标投标的目的，正是通过投标人之间的竞争，特别在投标报价方面的竞争，择优选择中标者，因此，只要投标人的报价不低于自身的个别成本，即使是低于行业平均成本，也是完全可以的。"

（3）违背中标合同实质性内容另行订立的合同无效。依据《招标投标法》第四十六条、《最高人民法院关于审理建设工程施工合同纠纷案件适用法律问题的解释（一）》第二条之规定，招标人与中标人按照招标文件和中标人的投标文件订立《建设工程施工合同》后，中标人出具让利承诺书，承诺对承建工程予以大幅让利，实质上是对工程价款的实质性变更，应当认定该承诺无效。同时，中标人作出的以明显高于市场价格购买承建房产、无偿建设住房配套设施、向建设方捐献等承诺，亦应认定为变更中标合同的实质性内容，属于无效。

【类案释法 8-11】合同工程价款、工程质量的约定与招投标文件内容不一致，属于再行订立的背离合同实质性内容的其他协议

（2013）民申字第 876 号民事裁定书[①]：最高人民法院认为，《招标投标法》第四十六条第一款规定："招标人和中标人应当自中标通知书发出之日起三十日内，按照招标文件和中标人的投标文件订立书面合同。招标人和中标人不得再行订立背离合同实质性内容的其他协议。"上述规定属于法律的强制性规定。所谓"背离合同实质性内容"，是指在工程价款、工程期限以及工程质量等内容方面有所违背，而不是一般的合同内容变更或者其他条款的修改。本案新星公司与二建公司在工程招投标后签订的施工合同，有关工程价款、工程质量的约定与经过备案的招投标文件的内容不一致，属于招标人和中标人再行订立的背离合同实质性内容的其他协议。该合同违反了《招标投标法》第四十六条的强制性规定，应认定为无效合同。施工合同未经备案，只是二审判决认定本案不存在备案的中

---

① 来源于无讼网：再审申请人新乡市某星房地产开发有限公司与被申请人河南省第 x 建设集团有限公司建设工程施工合同纠纷一案申请再审民事裁定书，最后访问时间 2020 年 7 月 23 日。

标合同的理由，并非否定合同效力的理由。因施工合同违反法律的强制性规定而无效，二审判决依据备案的招投标文件结算工程价款，并无不当。

四、拒绝签约的法律责任

《招标投标法》第四十五条第二款规定，"中标通知书对招标人和中标人具有法律效力。中标通知书发出后，招标人改变中标结果的，或者中标人放弃中标项目的，应当依法承担法律责任"。这一规定没有明确中标通知书具有什么法律效力，也没有明确招标人改变中标结果或者中标人放弃中标项目应当承担什么法律责任。如前所述，中标人不签订合同应当承担什么法律责任，这个问题涉及中标通知书的法律性质的认定问题。对此，在理论和实践中存在较大的争议。目前，理论和实务界存在"缔约过失责任说""违约责任说""预约的违约责任说"三种观点。但由于尚无法律规定，该问题还是没有定论。但无论如何定性中标通知书的性质，中标人不签合同，需要承担的民事法律责任都不仅限于根据《招标投标法实施条例》第七十四条规定不退还投标保证金，还应包括赔偿招标人的实际损失，甚至承担违约责任。在（2015）珠斗法民二初字第 102 号民事判决书中[①]，被告在某排水工程的设备采购中标通知书发出后放弃中标资格，法院认为根据《招标投标法》的规定，中标通知书发出后，招标人改变中标结果的，或者中标人放弃中标项目的，应当依法承担法律责任，被告在签收中标通知书后又放弃中标资格，客观上造成原告的投标目的无法实现，应按照招标文件的规定承担废除中标的违约责任。最终法院判决除没收投标保证金之外，被告还应承担二次中标价格的差价。

需要特别注意的是：中标人中标后不签订合同，还需要承担行政法律责任。《招标投标法实施条例》第七十四条规定，中标人无正当理由不与招标人订立合同，对依法必须进行招标的项目的中标人，由有关行政监督部门责令改正，可以处中标项目金额10‰以下的罚款。

一般情况下，对于中标候选人放弃中标的行为，招标人通常会在招标文件中规定以下内容：没收投标人的投标保证金，给招标人造成损失的并应赔偿招标人的损失。甚至会将投标人列入供应商黑名单，禁止其在特定时间内参加招标人组织的采购活动。

---

① 详见裁判文书网：珠海市某区政府投资建设工程管理中心与乐某市水泵厂、上某市华某风机有限公司招标投标买卖合同纠纷一审民事判决书。

【类案释法 8-12】 中标通知书到达中标人时，合同已经成立

（2019）最高法民申 2241 号民事裁定书①：最高人民法院认为，（一）关于原审判决认定中石化某分公司与富某公司之间的合同成立，是否属于适用法律错误的问题。招投标活动是招标人与投标人为缔结合同而进行的活动。招标人发出招标通告或投标邀请书是一种要约邀请，投标人进行投标是一种要约，而招标人确定中标人的行为则是承诺。承诺生效时合同成立，因此，在招标活动中，当中标人确定，中标通知书到达中标人时，招标人与中标人之间以招标文件和中标人的投标文件为内容的合同已经成立。《招标投标法》第四十六条和涉案招标文件、投标文件要求双方按照招标文件和投标文件订立书面合同的规定和约定，是招标人和中标人继中标通知书到达中标人之后，也就是涉案合同成立之后，应再履行的法定义务和合同义务，该义务没有履行并不影响涉案合同经过招投标程序而已成立的事实。因此，签订书面合同，只是对招标人与中标人之间的业已成立的合同关系的一种书面细化和确认，其目的是履约的方便以及对招投标进行行政管理的方便，不是合同成立的实质要件。一审法院适用《合同法》第二十五条，二审法院适用《最高人民法院关于适用〈中华人民共和国合同法〉若干问题的解释（二）》第一条，认定涉案合同成立并无不当，本院予以维持。

（二）关于原审判决认定的证据能否证明中石化某分公司应就富某公司的损失承担责任的问题。首先，二审判决认定中石化某分公司对富某公司的损失承担50%的责任，是因为中石化某分公司单方提出增加开发主体，违反了中标通知书中关于中标人的约定，属于违约行为。该违约事实有〔2003〕04 号《关于"长岭花园"二期项目有关事项的函》、〔2004〕1 号《关于推荐新天地置业发展有限公司共同参与开发"长岭花园"二期工程项目的函》、〔2004〕11 号《关于"长岭花园"二期工程有关事宜的复函》作为证据支持。根据《合同法》第一百零七条规定，当事人一方不履行合同义务或者履行合同义务不符合约定的，应当承担继续履行、采取补救措施或者赔偿损失等违约责任。中石化某分公司有违约行为，应当承担赔偿损失的违约责任，其认为对富某公司的损失承担责任无证据支持的主张，本院不予支持。其次，富某公司违约在先，不是中石化某分公司不承担赔偿损失责任的理由。富某公司在中标通知书送达之后，提出要求中石化某分公司另行投入资金和增加商业面积等诸多实质性背离招投标文件的内容，导致不能签订书面合同。虽然是富某公司违约在先，但中石化某分公司没有按约取消

---

① 来源于裁判文书网：中国石化集团资产经营管理有限公司长某分公司、中国某化集团资产经营管理有限公司合资、合作开发房地产合同纠纷再审审查与审判监督民事裁定书。

富某公司的中标资格，而是继续就新条件展开延期协商，其行为也违反了招投标文件和中标合同的约定，造成富某公司在长期磋商过程中经济损失不断扩大。因此，中石化某分公司认为是富某公司违约在先，不应由其承担富某公司损失的主张，于法无据，本院不予支持。

站在实务的角度，基于诚信原则，招标人既然已经确定中标人、发出中标通知书，就等同于认可了对方作为合同主体的法律地位，认可了对方的投标文件已经构成合同基本内容的事实。因此，确定中标通知书到达中标人时合同成立，符合招标人、投标人的意思自治，也有利于尽快促成交易。此考虑已经与《招标投标法》出台时的立法环境有所变化，当时立法倾向认为"招标采购合同的成立生效时间应当是招标人和中标人订立书面合同的时间"，"中标通知书发出后，招标人改变中标结果的，或者中标人放弃中标项目的行为，都属于缔约过失行为，应当承担相应的责任"[1]，这种责任对应的就是缔约过失责任。

第二节　履约保证金

一、履约保证金的交纳

履约保证金是中标人按照招标文件要求，向招标人提供的用以保障其履行合同义务的一种担保。《招标投标法》第四十六条第二款规定："招标文件要求中标人提交履约保证金的，中标人应当提交。"履约保证金的目的是促使中标人严格按照合同约定履行合同，中标人不履行合同义务的，招标人将按照合同约定扣除其全部或部分履约保证金，或由担保人承担担保责任。

目前，《招标投标法实施条例》第五十八条仅规定了履约保证金的缴纳形式和金额，即："招标文件要求中标人提交履约保证金的，中标人应当按照招标文件的要求提交。履约保证金不得超过中标合同金额的10%。"履约保证金的形式，通常为中标人出具的银行汇票、支票、现钞等，以及由银行或第三方担保机构出具的履约担保函。招标文件可以根据合同履行的需要，要求中标人在签订合同前提交或不提交履约保证金。招标文件要求提交的，应载明履约保证金的形式、金额以及提交时间。履约保证金的金额不能过高，最高不得超过中标合同金额的

---

[1]　具体阐述参见卞耀武主编：《中华人民共和国招标投标法释义》，法律出版社 2000 年版，第 107 页、第 108 页。

10%，以免增加中标人的负担。履约保证金通常作为合同订立的条件，要在合同签订前提交。联合体中标的，其履约担保以联合体各方或者联合体中牵头人的名义提交。中标人不能按招标文件要求提交履约担保的，视为放弃中标，其投标保证金不予退还，给招标人造成的损失超过投标保证金数额的，中标人还应当对超过部分予以赔偿。

【疑难解析 8-2】何时收取履约保证金比较合适？

招标人如果决定收取履约保证金，应在招标文件中约定履约保证金条款，将履约保证金作为合同订立的条件，如：（1）在签订合同前，中标人应按招标文件规定的金额、担保形式向招标人提交履约保证金（可规定履约保函格式）。（2）中标人不能按要求提交履约保证金的，招标人将取消其中标资格，其投标保证金不予退还。在此情况下，招标人可将合同授予排名在后的中标候选人，或重新招标。（3）中标人的投标保证金可转为履约保证金，金额不足的由中标人在限定时间内补足。特殊情况下，如果招标人允许中标人在签订合同之后一定时间内提交履约保证金的，应将提交履约保证金作为合同生效的先决条件，根据《民法典》第一百五十八条规定，自中标人提交足额履约保证金时合同生效。

二、履约保证金的退还

现行法律没有明确履约保证金退还的相关内容。一般来说，履约保证金的有效期自合同生效之日起至合同约定的中标人主要义务履行完毕止。中标人合同主要义务履行完毕，招标人应按合同约定及时退还履约保证金，履约担保函自行失效。与退还投标保证金必须退还利息的法律规定不同，《招标投标法》《招标投标法实施条例》等都没有规定退还履约保证金必须退还利息，对此，履约保证金使用现金等形式的，可以根据需要约定利息计取办法，招标人不得将履约保证金挪作他用。实际工作中，履约保证金的缴纳往往通过银行转账方式交至招标人或招标代理机构的指定账户中，退还时也必须通过账户转出。

【类案释法 8-13】逾期退还履约保证金的，应当承担迟延退还的资金占用费

（2014）川民初字第 53 号民事判决书[①]：四川省高级人民法院认为，根据施工合同约定，400 万元履约保证金分期退还，主体完工并验收合格后五日内退清

---

① 来源于裁判文书网：四川亚某建设有限公司与广元市某程实业有限公司、广元市某陕甘农产品批发市场有限公司建设工程施工合同纠纷一审民事判决书。

余下的全部履约保证金，该履约保证金不计利息。亚泰公司施工的工程虽未经竣工验收，但根据新程公司于 2014 年 8 月 14 日与亚泰公司就江南星城 A 幢工程住宅房屋移交签订《江南星城项目交付协议》及新程公司于当日收到住宅房屋钥匙的事实，证明亚泰公司已交付了工程所涉房屋。新程公司应向亚泰公司退还履约保证金。虽然合同约定履约保证金不计利息，但该约定的内容应为在合同约定退还保证金的期间内不计利息。因新程公司至今仍未退还履约保证金，故新程公司应从 2014 年 8 月 15 日起按人民银行同期贷款利率计算支付迟延退还保证金的资金占用费。

履约保证金属于中标人。由于合同履行期限较长或其他一些主、客观原因，导致履约保证金的滞留时间较长。这期间，供应商往往会发生各种各样、难以预期的变化，导致履约保证金无法正常退还。第一，根据《公司法》和《公司登记管理条例》的相关规定，公司注销后，虽然其民事权利主体资格消灭，但其债权、债务应由新公司继承，或者应依法进行清算，因此，公司注销后，需要调查核实公司注销后是否存在债权、债务承继主体。若有承继主体的，可以将履约保证金退还给承继主体；若没有承继主体或无法清算，可不再予以退还。第二，中标人失联后，通过原留存电话无法联系时，可根据中标人参与投标时的通信地址邮寄一份带送达回执的"限期办理履约保证金退还通知书"。若无人签收，可参照《民事诉讼法》有关送达的相关规定，将该通知内容在省级或者全国有影响力的报纸上进行公告。公告期限届满后，中标人仍未办理履约保证金退还手续的，可以根据《民法典》关于"提存"的规定，将履约保证金交付提存部门（如公证部门）。提存交付成立后，即视为履约保证金的退还义务已履行。提存有效期为 5 年，中标人可在提存交付后 5 年内领取该履约保证金，过期不领取，则该债权自动消失。第三，中标人银行账户被有关行政或司法部门依法冻结，不影响履约保证金退还，相关资金仍可正常转入该冻结账户。招标人或招标代理机构在收到有关行政或司法机关的协助执行函后，应按正常程序办理履约保证金退还手续，并将履约保证金转到该冻结账户。若冻结账户确实不能转入资金，或者转入资金又被退回，可与行政或司法部门取得联系，说明情况，由行政或司法部门予以处理。需要说明的是，如果被冻结账户的中标人提出将履约保证金转至第三人账户，此情况下，须让中标人提供合理说明和相关证据材料，否则，应当拒绝中标人的这种不合理要求，这样做是为了履行协助执行义务，同时防止中标人恶意隐匿或转移财产逃避执行而受到牵连。

第三节 合同的履行

一、合同履行的基本要求

合同就是当事人之间的法律。合同当事人应全面地、适当地完成其合同义务，以确保对方当事人的合同利益得到完全实现。合同当事人根据合同规定履行自己的合同义务，享有合同规定的权利。《民法典》第五百零九条规定了合同履行的原则，即："当事人应当按照约定全面履行自己的义务。当事人应当遵循诚信原则，根据合同的性质、目的和交易习惯履行通知、协助、保密等义务。当事人在履行合同过程中，应当避免浪费资源、污染环境和破坏生态。"招投标作为规范选择交易主体、订立合同的法定程序，通过招投标订立的合同，对招标人和中标人双方均具有法律约束力。

中标人应当全面履行合同约定的义务，完成中标项目。所谓中标人全面履行合同约定的义务，是指中标人应当按照合同约定的有关招标项目的标的、质量、数量、履行期限、造价及结算办法等要求，全面履行其义务，完成中标项目，不得瑕疵履行，擅自变更合同，也不得随意毁约。《招标投标法》第四十八条规定："中标人应当按照合同约定履行义务，完成中标项目……"《招标投标法实施条例》第五十九条也规定，"中标人应当按照合同约定履行义务，完成中标项目……"当然，招标人也同样应当按照合同的约定履行其义务。

根据上述规定，中标合同的履行应遵循如下原则：

（1）遵守约定原则，亦称约定必须信守原则。依法订立的中标合同对当事人具有法律约束力。招标人和中标人双方的履行过程都要服从于中标合同中的明确约定，信守该约定，严格按照合同约定的内容来履行。一是适当履行，即合同当事人按照合同约定的履行主体、标的、时间、地点以及方式等履行，且均须适当，完全符合合同约定的要求，不得随意变更履行，尤其依据《招标投标法》第四十六条规定，招标人和中标人在合同履行过程中不得擅自变更合同实质性内容后进行履行。二是全面履行，要求招标人和中标人等合同当事人按照合同所约定的各项条款，全部而完整地完成合同履行义务，不得选择性履行、部分履行。

（2）诚实信用原则，要求在合同履行过程中，招标人和中标人都应当根据合同的性质、目的和交易习惯履行合同义务。一是协作履行，要求在中标合同履行过程中，招标人和中标人等合同当事人要基于诚实信用原则的要求，对对方当事人的履行债务行为给予协助，包括及时通知、相互协助和保密。比如货物采购招标项目，中标人交付货物时，招标人需要安排接收货物、组织验收，双方需要密切配合才能完成货物交付。二是经济合理，要求当事人在履行合同时应当讲求经济效益，付出最小的成本，取得最佳的合同利益。

（3）绿色原则，依照《民法典》第九条规定，履行合同应当避免浪费资源、污染环境和破坏生态，遵守绿色原则。中标合同的履行，也应当注意遵从绿色原则，实施绿色采购，如对于货物包装提出相关要求，并在履行中注意保护环境、减少资源浪费。

合同没有规定或者规定不明确的，按照法律法规的规定或者行业惯例执行。对此，《民法典》第五百一十条规定了合同没有约定或者约定不明的补救措施，即："合同生效后，当事人就质量、价款或者报酬、履行地点等内容没有约定或者约定不明确的，可以协议补充；不能达成补充协议的，按照合同相关条款或者交易习惯确定。"第五百一十一条进一步规定了合同约定不明确时的履行规则，即："当事人就有关合同内容约定不明确，依据前条规定仍不能确定的，适用下列规定：（一）质量要求不明确的，按照强制性国家标准履行；没有强制性国家标准的，按照推荐性国家标准履行；没有推荐性国家标准的，按照行业标准履行；没有国家标准、行业标准的，按照通常标准或者符合合同目的的特定标准履行。（二）价款或者报酬不明确的，按照订立合同时履行地的市场价格履行；依法应当执行政府定价或者政府指导价的，依照规定履行。（三）履行地点不明确，给付货币的，在接受货币一方所在地履行；交付不动产的，在不动产所在地履行；其他标的，在履行义务一方所在地履行。（四）履行期限不明确的，债务人可以随时履行，债权人也可以随时请求履行，但是应当给对方必要的准备时间。（五）履行方式不明确的，按照有利于实现合同目的的方式履行。（六）履行费用的负担不明确的，由履行义务一方负担；因债权人原因增加的履行费用，由债权人负担。"

为了防止层层转包，保证工程安全和质量，法律规定中标人在合同实施过程中，不得转让中标项目，不得非法分包项目。中标人可以亲自履行合同完成整个项目所有工作，但是，考虑到有些项目的综合性、复杂性和分工专业化的特点以及从项目成本方面考虑，也可以依法将项目的部分非关键性、非主体工作分包给不同的分包商。对此，《招标投标法》第四十八条规定，"……中标人不得向他人转让中标项目，也不得将中标项目肢解后分别向他人转让。中标人按照合同约定或者经招标人同意，可以将中标项目的部分非主体、非关键性工作分包给他人完成。接受分包的人应当具备相应的资格条件，并不得再次分包。中标人应当就分包项目向招标人负责，接受分包的人就分包项目承担连带责任"。《招标投标法实施条例》第五十九条也作了相同规定。如果中标人转让项目或者非法分包可能导致合同无效。《招标投标法》第五十八条规定，"中标人将中标项目转让给他人的，将中标项目肢解后分别转让给他人的，违反本法规定将中标项目的部分主体、关键性工作分包给他人的，或者分包人再次分包的，转让、分包无效，处转让、分包项目金额千分之五以上千分之十以下的罚款；有违法所得的，并处没收违法所得；可以责令停业整顿；情节严重的，由工商行政管理机关吊销营业执照"。《招标投标法实施条例》第七十六条也作了相同的规定。《最高人民法院关于审理建设工程施工合同纠纷案件适用法律问题的解释（一）》第一条第二款规定："承包人因转包、违法分包建设工程与他人签订的建设工程施工合同，应当依据民法典第一百五十三条第一款及第七百九十一条第二款、第三款的规定，认定无效。"

劳务分包行为不属于转包。《最高人民法院关于审理建设工程施工合同纠纷案件适用法律问题的解释（一）》第五条规定："具有劳务作业法定资质的承包人与总承包人、分包人签订的劳务分包合同，当事人请求确认无效的，人民法院依法不予支持。"据此，不能把劳务分包看作转包而认定为无效。

【类案释法 8-14】以劳务分包为名行转包之实

（2018）川 09 民终 123 号民事判决书①：遂宁市中级人民法院认为，关于德某鸿源装饰公司与长某劳务乐山分公司签订的《四川省四维环保设备有限公司办公楼装修劳务分包合同》《材料采购委托合同》《补充协议》的效力问题。长某劳务乐山分公司具有承包劳务作业的资质，若其仅仅是以劳务分包即"包工不包料"的方式承包涉案工程则该三份合同应是合法有效的，故德某鸿源装饰公司是否是将施工任务分解为材料和劳务两部分分别与长某劳务乐山分公司签订合同即变相地以"包工包料"的方式将涉案工程进行转包是认定该三份合同效力的关键。从双方签订的合同来看，德某鸿源装饰公司将其从四维环保公司承建的装饰装修工程的全部劳务工程分包给了长某劳务乐山分公司，再将该劳务分包工程范围内的全部材料委托给长某劳务乐山分公司代为采购，实际上德某鸿源装饰公司

---

① 来源于裁判文书网：四川省某久劳务有限公司乐山分公司、北京某创鸿源装饰工程有限公司装饰装修合同纠纷二审民事判决书。

是将整个装饰装修合同的施工部分分解成劳务分包合同和材料采购委托合同，两个合同标的加起来就是德某鸿源装饰公司承接的装饰装修工程的所有施工工作。虽然双方对于长某劳务乐山分公司是否享有材料采购的自主性这一问题各执一词，但德某鸿源装饰公司并没有证据证明向长某劳务乐山分公司提出了采购材料的具体要求或有相应的采购清单，这与受托人需按照委托人的指示处理委托事务的惯例明显不符。另外，在劳务分包的法律关系中，劳务费用一般是通过工日的单价和工日的总数量进行费用结算，不发生主要材料、大型机械、设备等费用的结算，这就与双方补充协议所确认的最终结算价包含了劳务合同与材料采购委托合同的内容存在矛盾。综合以上分析，能够认定德某鸿源装饰公司与长某劳务乐山分公司签订的《四川省四维环保设备有限公司办公楼装修劳务分包合同》和《材料采购委托合同》是借劳务分包之名，将涉案的装修施工工程进行违法转包，且长某劳务乐山分公司不具备相应的装修施工企业的资质，根据《建筑法》第二十八条及《最高人民法院关于审理建设工程施工合同纠纷案件适用法律问题的解释》第一条和第四条的规定，该二份合同应属无效合同。

二、中标项目禁止转包、违法分包

违法发包、转包、挂靠及违法分包是建设工程施工领域比较突出的违法行为，不但扰乱了建筑市场秩序，也是施工安全、工程质量事故频发的主因。《建筑法》第二十八条规定："禁止承包单位将其承包的全部建筑工程转包给他人，禁止承包单位将其承包的全部建筑工程肢解以后以分包的名义分别转包给他人。"《民法典》第七百九十一条规定："发包人可以与总承包人订立建设工程合同，也可以分别与勘察人、设计人、施工人订立勘察、设计、施工承包合同。发包人不得将应当由一个承包人完成的建设工程支解成若干部分发包给数个承包人。总承包人或者勘察、设计、施工承包人经发包人同意，可以将自己承包的部分工作交由第三人完成。第三人就其完成的工作成果与总承包人或者勘察、设计、施工承包人向发包人承担连带责任。承包人不得将其承包的全部建设工程转包给第三人或者将其承包的全部建设工程支解以后以分包的名义分别转包给第三人。禁止承包人将工程分包给不具备相应资质条件的单位。禁止分包单位将其承包的工程再分包。建设工程主体结构的施工必须由承包人自行完成。"《招标投标法》第四十八条第一款规定："中标人应当按照合同约定履行义务，完成中标项目。中标人不得向他人转让中标项目，也不得将中标项目肢解后分别向他人转让。"住房和城乡建设部专门印发《建筑工程施工发包与承包违法行为认定查处管理办法》（建市规〔2019〕1 号）对此进行规制。因此，中标人必须亲自、全面履行中标合同，不得转包、违法分包，否则该类合同无效。

（一）转包

根据《建设工程质量管理条例》第七十八条第三款规定，转包，是指承包单位承包建设工程后，不履行合同约定的责任和义务，将其承包的全部建设工程转给他人或者将其承包的全部建设工程肢解以后以分包的名义分别转给其他单位承包的行为。

根据《建筑工程施工发包与承包违法行为认定查处管理办法》第八条，存在下列情形之一的，应当认定为转包，但有证据证明属于挂靠或者其他违法行为的除外：（一）承包单位将其承包的全部工程转给其他单位（包括母公司承接建筑工程后将所承接工程交由具有独立法人资格的子公司施工的情形）或个人施工的；（二）承包单位将其承包的全部工程肢解以后，以分包的名义分别转给其他单位或个人施工的；（三）施工总承包单位或专业承包单位未派驻项目负责人、技术负责人、质量管理负责人、安全管理负责人等主要管理人员，或派驻的项目负责人、技术负责人、质量管理负责人、安全管理负责人中一人及以上与施工单位没有订立劳动合同且没有建立劳动工资和社会养老保险关系，或派驻的项目负责人未对该工程的施工活动进行组织管理，又不能进行合理解释并提供相应证明的；（四）合同约定由承包单位负责采购的主要建筑材料、构配件及工程设备或租赁的施工机械设备，由其他单位或个人采购、租赁，或施工单位不能提供有关采购、租赁合同及发票等证明，又不能进行合理解释并提供相应证明的；（五）专业作业承包人承包的范围是承包单位承包的全部工程，专业作业承包人计取的是除上缴给承包单位"管理费"之外的全部工程价款的；（六）承包单位通过采取合作、联营、个人承包等形式或名义，直接或变相将其承包的全部工程转给其他单位或个人施工的；（七）专业工程的发包单位不是该工程的施工总承包或专业承包单位的，但建设单位依约作为发包单位的除外；（八）专业作业的发包单位不是该工程承包单位的；（九）施工合同主体之间没有工程款收付关系，或者承包单位收到款项后又将款项转拨给其他单位和个人，又不能进行合理解释并提供材料证明的。两个以上的单位组成联合体承包工程，在联合体分工协议中约定或者在项目实际实施过程中，联合体一方不进行施工也未对施工活动进行组织管理的，并且向联合体其他方收取管理费或者其他类似费用的，视为联合体一方将承包的工程转包给联合体其他方。

【疑难解析 8-3】 母公司承接工程能否交给子公司实施？

在建筑施工行业，母公司承接工程后交由子公司实施的情况屡见不鲜，该行为是否应认定为转包。就此问题，住房和城乡建设部向全国人大常委会法制工作委员会进行请示，全国人大常务委员会法制工作委员会经过研究，于 2017 年 9 月 4 日发布《对建筑施工企业母公司承接工程后交由子公司实施是否属于转包以及行政处罚两年追溯期认定法律适用问题的意见》（法工办发〔2017〕223 号），明确规定："关于母公司承接建筑工程后将所承接工程交由其子公司实施的行为是否属于转包的问题。建筑法第二十八条规定，禁止承包的全部建筑工程转包给他人，禁止承包单位将其承包的全部建筑工程肢解以后以分包的名义分别转包给他人。合同法第二百七十二条规定，发包人不得将应当由一个承包人完成的建设工程肢解成若干部分发包给几个承包人。承包人不得将其承包的全部建设工程转包给第三人或者将其承包的全部建设工程肢解以后以分包的名义分别转包给第三人。禁止承包人将工程分包给不具备相应资质条件的单位，禁止分包单位将其承包的工程再分包。建设工程主体结构的施工必须由承包人自行完成。招标投标法第四十八条规定，中标人不得向他人转让中标项目，也不得将中标项目肢解后分别向他人转让。中标人按照合同约定或者经招标人同意，可以将中标项目的部分非主体，非关键性工作分包给他人完成，接受分包的人应当具备相应的资质条件，并不得再次分包。上述法律对建设工程转包的规定是明确的，这一问题属于法律执行问题，应当根据实际情况依法认定、处理。"对此内容，尽管全国人大常委会法制工作委员会没有直接给出答案，但认为住房和城乡建设部请示的问题"属于法律执行问题"，而且在引用了大量关于禁止转包的规定后提出"上述法律对建设工程转包的规定是明确的"，言下之意是这个问题不属于法律理解的问题，明显属于转包，其态度很明确。其实，从《民法典》的民事主体制度来看，母公司与子公司都是独立的民事法律主体，都具有民事权利能力和民事行为能力，可以独立从事民事行为、独立承担民事责任，这一点与总公司和分公司实为一体不同，故母公司承接工程交给子公司实施属于法律禁止的转包行为确定无疑。随后，2019 年，住房和城乡建设部印发《建筑工程施工发包与承包违法行为认定查处管理办法》，明确提出：存在承包单位将其承包的全部工程转给其他单位（包括母公司承接建筑工程后将所承接工程交由具有独立法人资格的子公司施工的情形）或个人施工的情形，应当认定为转包。但总公司中标后，可以将该项目交由其分公司来完成，如同其亲自履行合同，不属于转包行为。

值得注意的是工程实务中的"视同转包"行为。根据《房屋建筑和市政基

础设施工程施工分包管理办法》第十一条、第十三条规定，分包工程发包人应当
设立项目管理机构，组织管理所承包工程的施工活动。项目管理机构应当具有与
承包工程的规模、技术复杂程度相适应的技术、经济管理人员。其中，项目负责
人、技术负责人、项目核算负责人、质量管理人员、安全管理人员必须是本单位
的人员。本单位人员的认定标准是指与本单位有合法的人事或劳动合同、工资以
及社会保险关系。分包工程发包人并应当在施工现场设立项目管理机构、派驻相
应管理人员对工程的施工活动进行组织管理，否则，违反上述规定则认定为"视
同转包"行为。

【类案释法 8-15】 总承包人将工程主体或基础工程以分包名义进行转包

（2017）最高法民终 730 号民事判决书[①]：最高人民法院认为，中建某公司
存在转包行为。双方当事人签订的《施工协议书》第六条第二款第十四项明确
约定，"中建某公司承诺本工程全部管理人员及施工人员均来自中建某公司江苏
管理团队及完全的江苏施工队。任何情况下不得出现转包现象，否则由中建某公
司负全责"，根据中建某公司在一审中举示的误工索赔台账所附的相关函件记载，
中建某公司将其承建的全部案涉工程以分包名义分别交由天津洪某建筑工程有限
公司、天津益某建筑工程有限责任公司、苏州永某建筑劳务有限公司、重庆丰都
县某建筑有限公司、上海某建设（集团）有限公司、哈尔滨某建筑工程公司及
中建某公司下属的子公司第三建筑工程有限公司施工，其中部分楼房的主体或基
础工程由上述两个施工单位共同施工。中建某公司上诉主张，应当以管理人员、
建筑主材和大型施工机械设备是否由施工总承包人中建某公司提供为标准，判断
案涉工程是否存在转包。中建某公司仅将案涉工程中的劳务部分进行分包，施工
现场的管理人员均由中建某公司调配，建筑主材和大型施工机械设备均由中建某
公司提供，因此，中建某公司不存在转包行为。根据双方当事人签订的施工合同
约定，案涉工程的施工人员也应来自中建某公司的江苏管理团队及完全的江苏施
工队，且中建某公司一审提交的《苏州永某建筑劳务有限公司现场误工报价表》
窝工明细中明确标明"5 台塔吊处于停工状态，每台塔吊的费用 1133.34 元/
天"，由此可以判断，中建某公司主张的大型机械设备均由中建某公司提供与事
实不符。另外，中建某公司于 2013 年 8 月 23 日出具给哈尔滨市平房区人民政府
的《回函》中，亦自认案涉工程在中建某公司不知情的情况下被层层转包给不

---

① 来源于裁判文书网：中国建筑第 X 工程局有限公司、哈尔某凯盛源置业有限责任公司建设工程施
工合同纠纷二审民事判决书。

具有施工资质的自然人。《合同法》第二百七十二条第三款规定，禁止承包人将工程分包给不具备相应资质条件的单位。禁止分包单位将其承包的工程再分包。建设工程主体结构的施工必须由承包人自行完成。《建筑法》第二十八条规定，禁止承包单位将其承包的全部建筑工程转包给他人，禁止承包单位将其承包的全部建筑工程肢解以后以分包的名义分别转包给他人。因此，一审认定中建某公司转包证据充分，适用法律正确；中建某公司上诉主张其不存在转包行为，与案件事实不符，本院不予支持。因中建某公司将其作为总承包方承建的讼争建设工程转包给低施工资质等级的施工企业或者工头等自然人施工，有违诚信和有损承揽合同的信赖基础，显然实际施工人的施工能力较合同约定的施工人中建某公司相比有所减损，案涉工程质量缺陷与中建某公司转包行为间存在一定的因果关系。

"内部承包"又称"内包"，是承包人承包工程后，将工程交由内部职能机构、分支机构负责完成的一种经营行为。实务中的表现形式主要有内设项目部承包、分公司承包。根据法律的规定和工程行业的惯例，内包是合法有效的。因为内包的主体是承包人的内设机构或分支机构，承包人承包工程项目后，将工程交由内设机构或分支机构完成的行为不属于《建筑法》《民法典》《建设工程质量管理条例》规定的"将工程转包给他人或第三人"的行为。根据《公司法》的规定，法人的内设机构和分支机构不具有独立人格，属于法人的一个部分，法人对内设机构或分支机构的行为负责。因此，内设机构或分支机构和法人属于同一主体，内设机构或分支机构的行为视为法人的行为，内设机构或分支机构不属于法律意义上的"他人"或"第三人"；内包只是法人经营的策略或手段，不属于转包。建设工程施工合同的承包人与其下属分支机构或职工就所承包的全部或部分工程施工所签订的承包合同为企业内部承包合同，符合内包情形下的建设工程施工合同，不应以转包或挂靠而认定无效。但是要注意与名义上为内部承包、签订内部承包协议，实则由独立的第三方公司或个人承包的挂靠行为相区别。

【类案释法 8-16】名为内包实为转包

（2017）苏 12 民终 2219 号民事判决书[①]：泰州市中级人民法院认为，吴某与勤某公司签订的两份《项目内部承包责任书》名为内部承包，实为非法转包，合同无效。内部承包，是指发包方与其内部的职能部门、分支机构、职工之间为实现一定的经济目的，而就特定的生产资料及相关的经营管理权所达成的双方权

---

① 来源于裁判文书网：泰州市某良节能建材有限公司与泰兴市某源房地产开发有限公司、安徽某丰建设工程有限公司等建设工程施工合同纠纷二审民事判决书。

利义务的约定。首先，就主体而言，内部承包中发包方与承包方除具备平等民事主体间的合同关系以外，还存在一定意义上的隶属管理关系。本案中，勤某公司否认吴某是其职工，吴某亦认为其是挂靠勤某公司，故现有证据不能认定吴某与勤某公司之间存在劳动关系。其次，内部承包关系中，发包工程的单位须给承包的人员提供一定的资金、机械、设备、技术、人员等必要的物质条件，并由单位最终承担经营风险。本案中，吴某与勤某公司签订的两份《项目内部承包责任书》分别约定"承包方式：包工包料；乙方承包责任范围内必须实现独立核算、自负盈亏""承包方式：包工包料；乙方承包责任范围内必须实现独立核算、自负盈亏，自行承担相应债权债务、经济纠纷、行政处罚等费用"，这与内部承包关系有着根本区别。住房和城乡建设部《建筑工程施工转包违法分包等违法行为认定查处管理办法（试行）》（建市〔2014〕118号）第七条规定："存在下列情形之一的，属于转包：……（六）施工总承包单位或专业承包单位通过采取合作、联营、个人承包等形式或名义，直接或变相的将其承包的全部工程转给其他单位或个人施工的……"本案中，吴某与勤某公司签订的两份《项目内部承包责任书》符合上述情形，故对勤某公司应认定为转包。《合同法》第五十二条规定："有下列情形之一的，合同无效：……（五）违反法律、行政法规的强制性规定。"《合同法》第二百七十二条第二款规定："……承包人不得将其承包的全部建设工程转包给第三人或者将其承包的全部建设工程肢解以后以分包的名义分别转包给第三人。"第三款规定："禁止承包人将工程分包给不具备相应资质条件的单位……"《建筑法》第二十六条规定："承包建筑工程的单位应当持有依法取得的资质证书，并在其资质等级许可的业务范围内承揽工程。禁止建筑施工企业超越本企业资质等级许可的业务范围或者以任何形式用其他建筑施工企业的名义承揽工程……"《最高人民法院关于审理建设工程施工合同纠纷案件适用法律问题的解释》第一条规定："建设工程施工合同具有下列情形之一的，应当根据合同法第五十二条第（五）项的规定，认定无效：（一）承包人未取得建筑施工企业资质或者超越资质等级的……"第四条规定："承包人非法转包、违法分包建设工程或者没有资质的实际施工人借用有资质的建筑施工企业名义与他人签订建设工程施工合同的行为无效……"故吴某与勤某公司签订的两份《项目内部承包责任书》约定勤某公司将承包的工程转包给没有施工资质的吴某个人，合同无效。

近些年来产生了大量以合作、联营、内部个人承包等形式或名义，直接或变相地将其承包的全部工程转给他人施工的违法情形。该种情形下，对于转包行为的认定，关键从以下两个方面把握：第一，承包人是否实际参与工程的组织施工与管理及合作、联营人是否以自身身份或联合体身份参与施工。第二，合作、联营人是否具有实施该工程的资质。两者必须全部满足才能被认定为合作、联营施工，而不是转包或挂靠。如果合作、联营人没有资质，或者是在项目上不是以其自身身份或联合体身份出现，仍然以承包人名义对外，对合作、联营人应认定存在挂靠行为，对承包人应认定为转包。内部承包关键是看是否组成项目管理机构以及现场主要管理人员与施工单位之间有没有劳动合同、工资、社保关系，有没有统一的资产、财务关系等，如果没有这些关系，对施工单位可认定为转包。

（二）违法分包

根据《建筑法》《建设工程质量管理条例》等法律法规，分包是承包人承包工程后，将其承包范围内的部分工程交由第三人完成的行为。施工总承包企业承接总承包工程之后，可以将其中的专业工程或劳务作业分包给具有相应资质的专业承包企业或劳务分包企业；专业承包企业承接施工总承包企业分包的专业工程和建设单位依法发包的专业工程之后，可以将其中的劳务作业依法分包给具有相应资质的劳务分包企业。换言之，建设工程施工分包分为专业工程分包和劳务作业分包。分包是法律允许的行为，合法的分包不为法律所禁止。

根据《建筑业企业资质管理规定》，建筑业企业资质序列分为施工总承包、专业承包、劳务分包。分包的内容分为专业工程的分包（又称"工程分包"）和劳务作业分包（又称"劳务分包"）。两种分包形式都需要具有相应资质且必须在资质等级许可范围内从事活动。工程分包和劳务分包的法律区别是分包内容是否指向分部分项工程、是否计取工程款。专业工程分包，是指施工总承包企业将其所承包工程中的除主体结构施工外的其他专业工程发包给具有相应资质的建筑业企业完成的活动。劳务作业分包，是指施工总承包企业或者专业承包企业将其承包工程中的劳务作业发包给劳务分包企业完成的活动，劳务分包的内容为分包工程中的劳务作业部分。劳务作业分包有合法与违法之分。专业工程分包允许将工程中的劳务部分进行再分包（工程本身不得再分包），而劳务分包企业不得将其承包的劳务进行再分包。

【疑难解析 8-4】总承包单位或专业承包单位未有合同关于劳务分包的约定或者没有得到建设单位认可而将承包范围内的劳务作业分包给其他单位完成的情况是否属于违法分包？

要区分情况来看，如果其将劳务作业分包给具备资质且在资质条件允许范围内的分包，不属于违法分包；如果其将劳务作业分包给无资质或虽然有资质但不在资质许可条件允许范围内的分包，属于违法分包。

另外，劳务分包是否违法，不以合同约定或建设单位认可为条件。即认定劳务分包是否属于违法分包不以《建设工程质量管理条例》第七十八条第二款第二项："建设工程总承包合同中未有约定，又未经建设单位认可，承包单位将其承包的部分建设工程交由其他单位完成的"为条件。因为该项法律规定规范的是专业工程的分包，而劳务作业不属于专业工程范畴，不需要经过双方约定或招标人（分包人）认可才能分包。对此，《房屋建筑和市政基础设施工程施工分包管理办法》第十四条第二项作了细化规定："下列行为，属于违法分包：……（二）施工总承包合同中未有约定，又未经建设单位认可，分包工程发包人将承包工程中的部分专业工程分包给他人的。"这条规定根据分包的内容不同而确立了是否属于违法分包的认定标准。同理，也不能把劳务分包看作"二次分包"而认定为违法分包。

【疑难解析 8-5】以劳务分包为名、工程分包为实的分包形式，如何定性？

根据《建筑业企业资质管理规定实施意见》的规定，劳务分包企业可以申请本序列内各类别资质，但不得申请施工总承包序列、专业承包序列各类别资质。由此可见，劳务分包企业只能具备劳务作业的资质，而不能具备施工总承包或专业承包的资质；劳务分包企业只能接受劳务作业的分包，而不能接受工程分包。

劳务分包和工程分包最大的区别是分包内容是否指向分部分项工程，是否计取工程款。劳务分包的指向对象是专业工程中剥离出来的简单劳务作业、计取的是直接费中的人工费和一定的管理费，其对价属于法律上的"劳务报酬"；工程分包的指向对象是分部分项工程、计取的是直接费、间接费、税金和利润，其对价属于法律上的"工程款"。

工程实务中经常遇到以劳务分包为名行工程分包之实的分包行为。因为劳务分包企业不具备专业承包的资质，虽然以劳务分包为名实施分包行为，但这种行为属于《建设工程质量管理条例》第七十八条第二款第一项规定的将建设工程分包给不具备资质条件的单位的行为，属于违法分包行为。

根据分包是否符合法律规定，可以分为合法分包和违法分包。违法分包是相对于合法分包而言的，合法分包作为一种有效整合企业资源、提高施工效率、增强企业核心竞争力的科学组织手段，在促进我国建筑行业健康有序发展方面起到了至关重要的作用。然而在实践中，承包人与实际施工人往往无视工程分包相关法律法规，一方为以更少的投入取得更高的利润、另一方为得到施工机会的"默契"，使得违法分包行为大量滋生，不仅引发农民工工资拖欠纠纷，造成建设工程质量缺陷、重大工程事故等隐患，甚至还严重危及不特定人民群众的生命财产安全以及社会经济秩序的正常发展。《建筑法》第二十九条第三款规定："禁止总承包单位将工程分包给不具备相应资质条件的单位。禁止分包单位将其承包的工程再分包。"《民法典》第七百九十一条第三款规定："禁止承包人将工程分包给不具备相应资质条件的单位。禁止分包单位将其承包的工程再分包。建设工程主体结构的施工必须由承包人自行完成。"《建设工程质量管理条例》第二十五条第三款规定："施工单位不得转包或者违法分包工程。"此外，《最高人民法院关于审理建设工程施工合同纠纷案件适用法律问题的解释（一）》第一条第二款亦将承包人违法分包建设工程订立的合同认定为无效合同。可见，我国法律法规对于建设工程领域中的违法分包行为均持否定态度，并赋予具有强制性的禁止规定。

合法分包主要是指主体符合资质要求、专业工程经约定或认可条件下的分包、分包的内容是除主体结构的施工外的部分内容，只允许一次分包且分包指向内容合法。违法分包的法律特征是：（1）分包给不具备资质的单位；（2）未经约定或认可的分包；（3）将主体结构施工分包；（4）二次分包。不论是否招标，工程建设项目都禁止违法分包。《建设工程施工合同（示范文本）》（GF-2013-0201）通用条款第3.5.1条同样对分包作了如下规定：承包人不得将其承包的全部工程转包给第三人，或将其承包的全部工程肢解后以分包的名义转包给第三人。承包人不得将工程主体结构、关键性工作及专用合同条款中禁止分包的专业工程分包给第三人，主体结构、关键性工作的范围由合同当事人按照法律规定在专用合同条款中予以明确。承包人不得以劳务分包的名义转包或违法分包工程。

根据《建设工程质量管理条例》第七十八条第二款的规定，违法分包主要是指以下情形：（一）总承包单位将建设工程分包给不具备相应资质条件的单位的；（二）建设工程总承包合同中未有约定，又未经建设单位认可，承包单位将其承包的部分建设工程交由其他单位完成的；（三）施工总承包单位将建设工程主体结构的施工分包给其他单位的；（四）分包单位将其承包的建设工程再分包的。

根据《建筑工程施工发包与承包违法行为认定查处管理办法》第十二条，存在下列情形之一的，属于违法分包：（一）承包单位将其承包的工程分包给个人的；（二）施工总承包单位或专业承包单位将工程分包给不具备相应资质单位的；（三）施工总承包单位将施工总承包合同范围内工程主体结构的施工分包给其他单位的，钢结构工程除外；（四）专业分包单位将其承包的专业工程中非劳务作业部分再分包的；（五）专业作业承包人将其承包的劳务再分包的；（六）专业作业承包人除计取劳务作业费用外，还计取主要建筑材料款和大中型施工机械设备、主要周转材料费用的。

【类案释法 8-17】违法分包的分包人对实际施工人欠付工资支付承担连带责任

（2017）川 01 民终 16711 号民事判决书[①]：成都市中级人民法院认为，双方当事人在二审中的争议焦点为：康某工程公司是否应对鞠某支付康某工资及损失的义务承担连带责任。根据康某工程公司、鞠某确认的"工资表"，足以认定康某工资被拖欠的事实。而本案中，康某工程公司在承包案涉工程后，将部分装修工程分包给鞠某也系事实。康某工程公司虽主张鞠某仅承包辅助工程。首先，该主张与鞠某关于案涉工程系包工、包料的陈述不一致；其次，根据康某工程公司与鞠某相关陈述及鞠某组织康某等 14 名人员进行施工的事实看，显然系康某工程公司作为案涉工程承包人，在承包相关项目后，又以发包方身份，将本应由康某工程公司自己组织完成的部分项目，交由鞠某代为组织进行。该事实所反映出的双方关系与康某工程公司关于仅将辅助工程交由鞠某实施有本质区别。即康某工程公司相关主张与事实不符，双方系违法分包关系；……一审法院认定事实清楚，对双方关系定性准确。根据《国务院办公厅关于全面治理拖欠农民工工资问题的意见》（国办发〔2016〕1 号）第九条相关规定，康某工程公司应当对鞠某所负支付康某欠付工资及损失的义务承担连带责任。

要注意分包与转包的区别。分包可以是合法的，也可以是违法的；转包则没有合法与否的分别。因此，分包不合法称为"违法分包"，而转包则没有"违法转包"一说。合法分包的内容是除主体结构施工外的部分工程，转包的内容是全部工程。合法分包的情况下，承包人要对分包工程进行现场管理；转包的情况下，转包人则不对工程进行管理。合法分包情况下，需要分包工程承包人具有资质才是有效的；转包情况下，无论转承包人是否具有资质，都是无效的。二次分包属于违法分包，肢解分包则名为分包实为转包。

---

① 来源于裁判文书网：四川康某建筑装饰工程有限公司、康某营劳务合同纠纷二审民事判决书。

（三）转包和违法分包的法律后果

一是转包人、违法分包人与实际施工人之间签订的转包、违法分包合同无效。《最高人民法院关于审理建设工程施工合同纠纷案件适用法律问题的解释（一）》第一条第二款明确规定承包人因转包、违法分包建设工程与他人签订的建设工程施工合同无效。转包、违法分包合同无效并不影响建设单位与承包单位之间签订的建设工程施工合同的效力。此时，发包人一方面有权要求承包人按照原合同约定的内容继续履行，另一方面也可以因承包人违反了不得转包、违法分包的法律禁止性规定或违反了原合同中关于不得转包、违法分包的约定而拥有法定或约定的合同解除权。转包合同无效，根据《民法典》第一百五十七条规定，一方当事人因该合同取得的财产，应当予以返还；不能返还或者没有必要返还的，应当折价补偿。有过错的一方应当赔偿对方因此所受到的损失，双方都有过错的，应当各自承担相应的责任。

相较于普通合同而言，建设工程施工合同有其特殊性，表现为从合同的订立到履行，相当于一个将包括建筑材料与劳动力等在内的所有支出全部物化为不动产的过程，一旦项目工程建成，"恢复原状"的返还原则即失去适用空间，"折价补偿"是主要责任承担方式。根据《民法典》第七百九十三条规定，建设工程施工合同无效，但是建设工程经验收合格的，可以参照合同关于工程价款的约定折价补偿承包人。建设工程施工合同无效，且建设工程经验收不合格的，按照以下情形处理：（一）修复后的建设工程经验收合格的，发包人可以请求承包人承担修复费用；（二）修复后的建设工程经验收不合格的，承包人无权请求参照合同关于工程价款的约定折价补偿。发包人对因建设工程不合格造成的损失有过错的，应当承担相应的责任。因此，建设工程施工合同因转包被确认无效后，已履行的合同内容无法直接返还，应折价补偿。建设工程经竣工验收合格，实际施工人可参照合同约定主张工程款，在转包合同履行过程中发生的损失由转包人与实际施工人根据过错责任来承担。

二是承包人将工程转包、违法分包给实际施工人后，实际施工人在施工过程中可能会以承包人的名义对外从事商事行为，包括购买施工材料、租赁机械设备、组织施工班组等，当出现实际施工人拖欠材料款、租赁款、农民工工资等情况时，因转包、违法分包行为违法，且实际施工人的行为还可能会构成代表承包人的职务行为或表见代理行为，从而被法院判决转包人单独或与实际施工人共同承担连带支付的责任。根据《最高人民法院关于审理建设工程施工合同纠纷案件适用法律问题的解释（一）》第四十三条规定，实际施工人以转包人、违法分包人为被告起诉的，人民法院应当依法受理。实际施工人以发包人为被告主张权利的，人民法院应当追加转包人或者违法分包人为本案第三人，在查明发包人欠付转包人或者违法分包人建设工程价款的数额后，判决发包人在欠付建设工程价款范围内对实际施工人承担责任。

【类案释法 8-18】名为协作实为转包，实际施工人有权起诉

（2015）吉民再终字第 6 号民事判决书①：吉林省高级人民法院认为，中某公司与双某公司签订的《建设工程施工合同》，系双方真实意思表示，内容不违反法律法规的禁止性规定，该合同有效。工程已经竣工并交付使用，双某公司应按合同约定支付工程价款。中某公司与长某公司签订的《专业工程外协合同协议书》，与中某公司与双某公司签订的《建设工程施工合同》中约定的工程标的一致，价款为前合同价款减去管理费，故该合同名为协作，实为转包。合同履行中，中某公司已给付长城公司工程款 50185286 元的事实，亦可证明上述转包关系。在《建设工程施工合同》中，中某公司与双某公司明确约定工程不准分包。且《招标投标法》第四十八条、《建筑法》第二十八条、《合同法》第二百七十二条第三款均规定对建设工程禁止非法转包、违法分包，《最高人民法院关于审理建设工程施工合同纠纷案件适用法律问题的解释》第四条规定："承包人非法转包、违法分包建设工程或者没有资质的实际施工人借用有资质的建筑施工企业名义与他人签订建设工程施工合同的行为无效。人民法院可以根据民法通则第一百三十四条的规定，收缴当事人已经取得的非法所得。"故中某公司与长某公司签订的《专业工程外协合同协议书》无效。长某公司实际进行了施工，应为上述司法解释规定的实际施工人，其有权请求中某公司支付相应的工程价款。

三、合同的变更

合同变更是《合同法》根据意思自治原则赋予合同当事人的一项基本权利，中标合同在履行过程中也存在变更的可能。《民法典》第五百四十三条允许合同双方当事人经协商一致对合同进行变更。中标合同的非实质性内容可以变更，这没有争议。但《招标投标法》第四十六条禁止招标人和中标人对"合同实质性内容"进行变更，其立法目的就是防止招标人与投标人串通起来搞虚假招标，任意变更招投标文件的实质性内容，使得招投标流于形式；也防止招标人或中标人

---

① 来源于裁判文书网：中某天工集团有限公司与吉林市双某环保能源利用有限公司建设工程施工合同纠纷再审民事判决书。

在中标后利用自己的优势逼迫对方,如招标人让中标人降价让利;在竞争不充分或者招标项目比较紧急的情况下,中标人也可能乘人之危要求招标人提高价格、延长合同履行期限等,而侵害对方当事人利益。因此,对于经过招标投标程序订立的合同,中标合同在履行过程中,其实质性内容不允许变更,这是一般情况下的原则性规定,但并非绝对。

在合同履行过程中会出现一些新的客观情况,完全按照原合同约定无法履行,或者即使能够履行,也会导致双方当事人权利义务严重失衡,对一方明显不公平,这个时候就需要对双方的权利义务关系重新进行调整,就会变更合同实质性内容,这并不违反法律规定的目的,也符合民事活动公平原则。《民法典》第五百九十条规定:"当事人一方因不可抗力不能履行合同的,根据不可抗力的影响,部分或者全部免除责任,但是法律另有规定的除外。因不可抗力不能履行合同的,应当及时通知对方,以减轻可能给对方造成的损失,并应当在合理期限内提供证明。当事人迟延履行后发生不可抗力的,不免除其违约责任。"《民法典》第五百三十三条规定:"合同成立后,合同的基础条件发生了当事人在订立合同时无法预见的、不属于商业风险的重大变化,继续履行合同对于当事人一方明显不公平的,受不利影响的当事人可以与对方重新协商;在合理期限内协商不成的,当事人可以请求人民法院或者仲裁机构变更或者解除合同。人民法院或者仲裁机构应当结合案件的实际情况,根据公平原则变更或者解除合同。"因此,当经过招投标程序后,在合同履行过程中出现不可抗力或情势变更的情形,双方当事人依照法律规定可以变更合同条款,这种变更就是合法的。与此相类似,例如发生不可抗力、设计变更、地质情况与招标时有重大变化等其他合理合法情形下,双方当事人拥有变更合同条款的权利,而在依此变更后如果发生争议,也不应当依据《招标投标法》第四十六条认定合同无效。现有司法观点也认为:因法律法规变化、设计变更、工程规划调整、遇特殊地质情况、不可抗力等客观原因,变更合同实质性内容的,不属于"再行订立背离合同实质性内容的其他协议",该变更内容有效。

【类案释法 8-19】协议变更工期具有客观因素,不构成对合同实质性变更

(2018)辽 02 民终 4617 号民事判决书[①]:大连市中级人民法院认为,至于强某铝业公司又辩称《最高人民法院关于审理建设工程施工合同纠纷案件适用法律

---

① 来源于裁判文书网:辽宁某大铝业工程股份有限公司与大连某信置业有限公司、庄某杰等装饰装修合同纠纷二审民事判决书。

问题的解释》第二十一条规定，案涉合同的补充协议系无效合同一节，根据《招标投标法》第四十六条、《招标投标法实施条例》第五十七条规定，招标人和中标人不得再行订立背离合同实质性内容的其他协议，实质性内容主要指合同的标的、价款、质量、履行期限等主要条款。虽然《招标投标法》规定招标人、投标人应按照招投标文件签订合同，双方不得再行订立背离合同实质性内容的其他协议，但该规定旨在保护其他竞标人在同等条件下参与竞争，以维护招投标活动所应遵循的公开、公平、公正原则，但该规定并不禁止招标人、投标人在非恶意串通及非损害第三人利益的情况下根据施工过程中的市场变化、设计变更、工程规划调整等影响合同实质性内容的客观情况对合同相应条款进行合理调整。经审查，补充协议虽然对付款节点及付款方式进行了变更，但并未对合同价款予以变更；至于工期，因案涉工程属于外装修工程，其工期有赖于主体工程的施工进度，双方约定强某铝业公司进场施工时间根据鸿某置业公司进场通知函通知为准，为推进工程进度，协议变更工期，具有客观因素。现有证据不足以认定补充协议对案涉合同进行了实质性的变更，故强某铝业公司的此项上诉理由，于法无据，本院亦不予采纳。

上述案例启示我们，既要防范对"合同实质性内容"随意变更签订"黑白合同"，同时也要保障当事人合同正当变更权的行使。最高人民法院《全国民事审判工作会议纪要》（法办〔2011〕442号）也明确："协议变更合同是法律赋予合同当事人的一项基本权利。建设工程开工后，因设计变更、建设工程规划指标调整等客观原因，发包人与承包人通过补充协议、会议纪要、来往函件、签证等洽商记录形式变更工期、工程价款、工程项目性质的，不应认定为变更中标合同的实质性内容。"也就是说，因客观情况发生变化或合同另有约定等原因签订补充协议，一般不认定是对合同实质性内容的变更，相应条款有效。

合法的工程变更不等于"再行订立背离合同实质性内容的其他协议"。在工程实施过程中发生工程变更的情况是比较常见的，在工程建设合同中一般会有专门条款规定工程变更。如果发生合同规定的工程变更的情况，只要依照合同中工程变更条款实行即可，不需要变更合同。但是，如果工程变更涉及工程重要内容的变更或者工程变更超过一定的数量，则需要按照法律法规或者部门规章的规定执行，如达到法律规定的标准必须进行招标等。如果违反了法律的公平、公开、公正、诚实信用原则和社会公共利益，则应当认定为非法的合同变更。

另外，在建设工程施工领域，常因施工过程中的实际情况发生变化而导致工程设计变更，这种变更需要按照约定的变更程序履行变更手续。对于必须经过招投标的工程，发包人往往以变更与招投标文件的约定不符，不同意进行变更。但这种变更是依据实际情况的客观变化导致的设计变更，与招投标文件的约定并不矛盾，并没有变更合同中的实质性内容。施工合同一般都会事前将因设计变更引起的合同变更列入中标合同条款，在履行过程中，仅仅是依据合同条款确定合同价款、工期等内容，实际执行合同条款而已。

【类案释法 8-20】履约过程中根据实际施工情况对合同部分内容进行修改，属于正常的合同变更

（2017）最高法民申 1006 号民事裁定书[①]：最高人民法院认为，关于 2010 年 10 月 20 日双方签订的《土石方外运补充协议书》对土石方价格的约定是否合法有效的问题。按照《合同法》第七十七条的规定，当事人协商一致，可以变更合同。对于经过招投标的合同，原则是以中标合同作为结算工程价款的依据，但在这一原则下，双方在履行合同过程中根据实际施工情况协商对中标合同的部分内容进行修改，属于正常的合同变更情形。本案中，从双方提交的施工文件看，施工中曾对倒土场和运距的变化进行过协商，且该剩余土石方的工程量只占工程的小部分，楚某公司与某学院根据实际情况对一标段剩余土石方价格进行变更属于正常的合同变更，并不构成对中标合同内容的实质性变更，应为合法有效。汽车学院主张因剩余土石方价格变更增加的工程款属违法无效的再审申请理由不能成立。

实践中，要准确区分"实质性内容不一致"与"依法进行的正常合同变更"的界限，只有内容的变更足以影响当事人的基本合同权利义务，才可认定为构成"实质性内容不一致"。如在建筑工程合同中，事关当事人权利义务的核心条款是工程结算，主要涉及四个方面：工程范围、建设工期、工程质量和工程价款。如果合同在建设工期、施工质量、计价付款等方面发生变化，则属于实质性内容的变化。当事人经协商在上述四个方面以外对合同内容进行修改、变更的行为，都不会涉及利益的重大调整，不会对合同的性质产生影响，不属于实质性内容的变化。《全国法院第八次民商事审判座谈会纪要（民事部分）》第三十一条也明确规定："招标人和中标人另行签订改变工期、工程价款、工程项目性质等影响中标结果实质性内容的协议，导致合同双方当事人就实质性内容享有的权利义务发生较大变化的，应认定为变更中标合同实质性内容。"由此不难看出，最高人

---

① 来源于裁判文书网：湖北楚某建筑工程有限公司与湖北某学院建设工程施工合同纠纷申诉、申请民事裁定书。

民法院主张"合同实质性内容"的范围不宜过于宽泛。

四、合同的解除

中标通知书发出后，招标人发现中标人的投标文件未能响应招标文件的实质性要求，可以邀请专家核实中标人的投标文件是否有效并向有关行政监督部门报告。若中标人的投标文件确未响应招标文件的实质性要求，则属于法律规定的中标无效情形，招标人可以发出通知取消中标人资格。中标人资格被确认无效后，应当按照《招标投标法》等法律法规，依法必须进行招标的项目由招标人从符合条件的其余投标人中重新确定中标人或者重新招标。

合同在签订之后已经进入合同执行期，这时再有人向发包人举报中标人有弄虚作假、串通投标的问题，应由相关行政监督部门调查核实，并提出处理意见；或者招标人核实后依据《民法典》向人民法院或仲裁机构申请裁决合同无效或撤销合同。在相关行政监督部门或法院、仲裁机构确定违法，而判定合同无效、撤销合同时，招标人可以终止合同的执行，由此造成的所有损失，由承包人承担。

需要注意的是，依法必须招标项目的中标合同解除之后，剩余尚未完成的合同项目金额超过法律规定的强制招标的规模标准的，该项目剩余部分的采购仍然需要通过招标确定承包人实施剩余工作量。

五、违约责任

如前所述，本书对中标通知书的性质采用"合同生效说"，即：在招标人向中标人送达中标通知书之后，招标人与中标人之间的合同即成立，此后签署的书面合同是对双方合同内容的进一步确认。合同成立并生效之后，当事人应当按照诚实信用原则各自履行合同义务。如果合同当事人一方在合同实施过程中，不履行合同义务或者履行合同义务不符合约定，就构成违约，违约方应当承担违约责任。

（一）违约行为

（1）不能履行。合同不能履行，是指合同债务人在法律上已经没有履行能力或者法律上禁止其履行。合同不能履行还包括合同全部不能履行与合同部分不能履行。如果当事人全部或者主要部分不能履行，则其救济方式一般为终止合同，赔偿损失。

（2）拒绝履行。合同拒绝履行，是指合同债务人有履行合同的能力，但是以语言或者行为表明不履行合同债务。合同拒绝履行的救济方式一般为继续履行，违约严重的，守约方还可以要求解除合同，赔偿损失。预期违约即是拒绝履行的情形。《民法典》第五百七十八条规定了预期违约责任，即："当事人一方明确表示或者以自己的行为表明不履行合同义务的，对方可以在履行期限届满之前请求其承担违约责任。"有支付能力却拒不支付合同价款的也属于拒绝履行。《民法典》第五百七十九条规定："当事人一方未支付价款、报酬、租金、利息，或者不履行其他金钱债务的，对方可以请求其支付。"

（3）逾期履约。合同逾期履行，是指债务人履行合同义务超过了合同约定或者法律规定的履行期限。逾期履约的救济方式一般为赔偿损失、承担履约预期产生的其他后果等，严重违约的，守约方还可以解除合同。如《民法典》第八百零三条规定，"发包人未按照约定的时间和要求提供原材料、设备、场地、资金、技术资料的，承包人可以顺延工程日期，并有权请求赔偿停工、窝工等损失"。第八百零四条规定："因发包人的原因致使工程中途停建、缓建的，发包人应当采取措施弥补或者减少损失，赔偿承包人因此造成的工、窝工、倒运、机械设备调迁、材料和构件积压等损失和实际费用。"第五百一十三条规定，"执行政府定价或者政府指导价的，在合同约定的交付期限内政府价格调整时，按照交付时的价格计价。逾期交付标的物的，遇价格上涨时、按照原价格执行；价格下降时，按照新价格执行。逾期提取标的物或者逾期付款的，价格上涨时，按照新价格执行；价格下降时，按照原价格执行"。

（4）不完全履行。不完全履行，是指合同义务人虽然履行了义务，但是其履行不符合合同约定或法律规定的要求，因而构成违约。合同不完全履行的救济方式一般为维修、返工、退货、减少价款或报酬、拒收等方式。合同履行的质量不符合合同约定或者法律规定的情况，为不完全履行。《民法典》第五百八十二条规定："履行不符合约定的，应当按照当事人的约定承担违约责任。对违约责任没有约定或者约定不明确，依据本法第五百一十条的规定仍不能确定的，受损害方根据标的的性质以及损失的大小，可以合理选择请求对方承担修理、重作、更换、退货、减少价款或者报酬等违约责任。"第五百八十三条规定："当事人一方不履行合同义务或者履行合同义务不符合约定的，在履行义务或者采取补救措施后，对方还有其他损失的，应当赔偿损失。"

根据违约的严重程度，违约行为可以分为一般违约和严重违约。一般违约，是指合同当事人违反了合同义务，但是，还不足以导致非常严重的后果的违约行为。严重违约，是指合同当事人违反了合同义务，情节或后果非常严重。一般违约的救济方式为采取补救措施、赔偿损失、承担违约金、继续履行合同等。严重违约的救济方式一般为解除合同、拒收货物，除了具有法定或者约定的免责情形以外，还应当赔偿损失等。《民法典》第五百六十三条规定，"有下列情形之一的，当事人可以解除合同：（一）因不可抗力致使不能实现合同目的；（二）在履行期限届满前，当事人一方明确表示或者以自己的行为表明不履行主要债务；（三）当事人一方迟延履行主要债务，经催告后在合理期限内仍未履行；（四）当事人一方迟延履行债务或者有其他违约行为致使不能实现合同目的；（五）法律规定的其他情形。以持续履行的债务为内容的不定期合同，当事人可以随时解除合同，但是应当在合理期限之前通知对方"。合同当事人行使合同解除权应当非常谨慎，必须达到以下条件：一是违约方的违约行为的严重程度致使守约方不能实现或达到合同目的，二是违约方没有法定或者约定的免责事由。

（二）承担违约责任的方式

《民法典》第一百七十九条规定了承担民事责任的方式主要有：（一）停止侵害；（二）排除妨碍；（三）消除危险；（四）返还财产；（五）恢复原状；（六）修理、重作、更换；（七）继续履行；（八）赔偿损失；（九）支付违约金；（十）消除影响、恢复名誉；（十一）赔礼道歉。法律规定惩罚性赔偿的，依照其规定。违约责任是民事责任的一种类型。《民法典》第五百七十七条规定："当事人一方不履行合同义务或者履行合同义务不符合约定的，应当承担继续履行、采取补救措施或者赔偿损失等违约责任。"承担违约责任的方式主要有：

（1）继续履行。就是按照合同的约定继续履行义务。对合同一方当事人不能自觉履行合同的，另一方当事人有权请求违约方继续履行合同或者请求人民法院、仲裁机构强制违约当事人继续履行合同。根据《民法典》第五百八十条规定，有下列情形之一的，不适宜强制继续履行：（一）法律上或者事实上不能履行；（二）债务的标的不适于强制履行或者履行费用过高；（三）债权人在合理期限内未请求履行。在工程招标投标中，中标人不履行合同时，通常无法采取强制执行措施；但在货物招标中，一旦中标人签订合同后拒不履行合同，招标人可以通过司法途径要求中标人继续履行。

（2）赔偿损失。赔偿损失是指行为人向受害人支付一定额数的金钱以弥补其损失的责任方式，是运用较为广泛的一种责任方式。赔偿的目的，最基本的是补偿损害，使受到损害的权利得到救济，使受害人能恢复到未受到损害前的状态。《民法典》第五百八十三条规定："当事人一方不履行合同义务或者履行合同义务不符合约定的，在履行义务或者采取补救措施后，对方还有其他损失的，应当赔偿损失。"第五百八十四条规定："当事人一方不履行合同义务或者履行合同义务不符合约定，造成对方损失的，损失赔偿额应当相当于因违约所造成的损失，包括合同履行后可以获得的利益；但是，不得超过违约一方订立合同时预见到或者应当预见到的因违约可能造成的损失。"通常实际损失包括以下几个方面：一是招标人另行签订合同的总价与原中标合同总价的差额。中标人不履行合同，招标人可以重新招标，如果重新招标签订的合同总价高于原中标总价，则原中标人可能需要赔偿招标人因此遭受的价差损失，此类损失通常被认定为"一方订立合同时预见到或者应当预见到的因违反合同可能造成的损失"，实践中获得支持的可能性较大。二是如中标人不履行合同，将可能导致项目建设进度延后，招标人可能需要向其上游或者其他第三方承担违约责任，如工期延误的责任，中标人对此可能需要承担赔偿责任。三是招标人能够予以证明的因中标人违约所产生的其他实际经济损失，比如重新招标所支付的招标代理费、招评标费用、合同签约和解除过程中的差旅费用等。

【类案释法 8-21】中标人拒签合同应按照招标文件约定赔偿其投标报价与招标人另行选定中标人的投标报价之间的差价损失

（2014）闽民终字第 758 号民事判决书①：福建省高级人民法院认为，（二）关于招标文件中中标人弃标的违约责任规定是否对上诉人第某工程公司适用的问题。上诉人第某工程公司认为，被上诉人的招标书包含内容很多，上诉人出具的投标函仅对招标文件中部分内容进行了答复，对招标文件中约定的违约责任没有承诺。根据《合同法》第三十条之规定，上诉人对被上诉人要约的内容已经作出了实质性变更，因此为新的要约。在上诉人没有收到被上诉人的新承诺之前，该招标文件中规定的违约责任对上诉人依法没有法律效力。被上诉人林某公司认为，上诉人虽未与被上诉人订立书面合同，但双方权利义务受招标文件、投标文件、中标通知书的约束。同时，投标函具有担保性质，是单方声明行为，并非对招标文件进行答复，更不是新的要约。上诉人未按照招标文件要求在规定期限内提交履约保证金、签订施工合同，并回函表示无法履约，根据《中华人民共和国招标投标法》第四十五条、第四十六条、第六十条和《招标投标法实施条例》第七十四条、《福建省招标投标条例》第七十二条规定，应承担相应的责任。本院认为，招标文件第三章评标办法中已经明确将"投标人对合同纠纷、事故处理办法未提出异议"作为评审标准之一，而上诉人自愿参加投标并在投标函中明确表示其已仔细研究了施工招标文件的全部内容，且通过了评审，即说明其投标时

---

① 来源于裁判文书网：长泰县某墩资产运营有限公司与湖南省第 X 工程有限公司合同纠纷二审民事判决书。

未对招标文件中的合同纠纷、事故处理办法提出异议，并认可了有关合同纠纷、事故处理办法对其适用。同时，上诉人已经收到了中标通知书，故双方合同关系成立。而根据《招标投标法》第四十六条的规定，双方应严格按照招标文件和中标人的投标文件订立书面合同。故尽管双方尚未订立书面合同，但招标文件中有关合同纠纷、事故处理办法（包括违约责任）的规定应对于双方当事人均具有法律效力。

（三）关于被上诉人林某公司的直接经济损失能否按第一中标价与第二中标价之间的差价（即2776445.67元）来认定的问题。上诉人第某工程公司认为，本案所涉工程概算建安总投资为4263万元，上诉人因失误给出的投标报价为27240947.36元，远远低于工程概算造价，也严重低于成本价。同时，被上诉人在取消上诉人中标资格后，确定哈尔滨市公路工程处为中标单位，中标价为30017393.03元，也低于工程概算造价。因此，上诉人的行为并没有给被上诉人造成直接经济损失。被上诉人以第一中标价与第二中标价之间的差价计算直接经济损失，违背了公平、诚信原则。本案中，在上诉人及时通知被上诉人其无法履约后，被上诉人完全可以进行二次招标来减少损失并防止损失扩大。被上诉人林墩公司认为，根据《评标委员会和评标方法暂行规定》第二十一条规定，出现低于成本报价竞标的情况，由评标委员会认定，否决其投标。本案中评标委员会并未认定上诉人投标报价低于成本报价否决其投标，而是确认上诉人为第一中标人。故上诉人认为由于其中标价低于成本价，没有给被上诉人造成损失的主张完全不成立。根据本案投标文件的评标结果条款约定，第一中标人放弃中标的，可以直接确认第二中标人为中标人。根据此约定，无须再次举行招标活动。上诉人仅以其中标价低于工程概算造价和工程最高控制价（不含暂列金）为由，认为其中标价低于成本价的主张缺乏依据，依法不予认定，且中标价格低亦不能构成导致其无法履约的不可抗力原因。因此，上诉人应对其中标后拒绝履约的行为承担违约责任。由于招标文件已经对当第一中标候选人放弃中标时，招标人可直接依排名顺序确定中标人，以及中标人非因不可抗力原因放弃中标导致招标人从其他中标候选人中重新确定中标人的情况下，招标人直接损失的计算方法进行了明确规定，即"直接损失＝中标人的中标价与评标推荐排序次中标候选人投标报价差额"。故被上诉人以第一中标价格与第二中标价格之间的差价2776445.67元作为其直接经济损失的主张并无不当。综上，本院认为，上诉人同被上诉人合同关系成立并生效。在未存在不可抗力的情况下，上诉人拒绝履约，应承担违约责任，依约向被上诉人赔偿因第一中标价格与第二中标价格之间差价造成的损失

2776445.67 元。故除由被上诉人没收的投标保证金 70 万元外，上诉人还应向被上诉人赔偿经济损失 2076445.67 元。

（3）违约金。违约金是当事人在合同中约定的或者由法律直接规定的一方违反合同时应向对方支付一定数额的金钱，这种方式只适用于合同当事人有违约金约定或者法律规定违反合同应支付违约金的情形。违约金的标的物通常是金钱，但是当事人也可以约定违约金标的物为金钱以外的其他财产。《民法典》第五百八十五条规定："当事人可以约定一方违约时应当根据违约情况向对方支付一定数额的违约金，也可以约定因违约产生的损失赔偿额的计算方法。约定的违约金低于造成的损失的，人民法院或者仲裁机构可以根据当事人的请求予以增加；约定的违约金过分高于造成的损失的，人民法院或者仲裁机构可以根据当事人的请求予以适当减少。当事人就迟延履行约定违约金的，违约方支付违约金后，还应当履行债务。"

（4）定金。《民法典》第五百八十六条规定："当事人可以约定一方向对方给付定金作为债权的担保。定金合同自实际交付定金时成立。定金的数额由当事人约定；但是，不得超过主合同标的额的百分之二十，超过部分不产生定金的效力。实际交付的定金数额多于或者少于约定数额的，视为变更约定的定金数额。"第五百八十七条规定："债务人履行债务的，定金应当抵作价款或者收回。给付定金的一方不履行债务或者履行债务不符合约定，致使不能实现合同目的的，无权请求返还定金；收受定金的一方不履行债务或者履行债务不符合约定，致使不能实现合同目的的，应当双倍返还定金。"第五百八十八条规定："当事人既约定违约金，又约定定金的，一方违约时，对方可以选择适用违约金或者定金条款。定金不足以弥补一方违约造成的损失的，对方可以请求赔偿超过定金数额的损失。"

（5）修理、重作、更换。修理包括对产品、工作成果等标的物质量瑕疵的修补，也包括对服务质量瑕疵的改善，这是最为普遍的补救方式。在存在严重的质量瑕疵，以致不能通过修理达到约定的或者法定的质量的情形下，受损害方可以选择更换或者重作的补救方式。

（三）违约责任的减免

一是因不可抗力减免违约责任。《民法典》第五百九十条规定："当事人一方因不可抗力不能履行合同的，根据不可抗力的影响，部分或者全部免除责任，但是法律另有规定的除外。因不可抗力不能履行合同的，应当及时通知对方，以减轻可能给对方造成的损失，并应当在合理期限内提供证明。当事人迟延履行后发生不可抗力的，不免除其违约责任。"

二是因未履行减损义务减免违约责任。《民法典》第五百九十一条规定："当事人一方违约后，对方应当采取适当措施防止损失的扩大；没有采取适当措施致使损失扩大的，不得就扩大的损失请求赔偿。当事人因防止损失扩大而支出的合理费用，由违约方负担。"

三是因双方违约和与有过失减免违约责任。《民法典》第五百九十二条规定："当事人都违反合同的，应当各自承担相应的责任。当事人一方违约造成对方损失，对方对损失的发生有过错的，可以减少相应的损失赔偿额。"

需要注意的，在合同实施过程中，也可能会因为第三人的原因导致一方违约。在这种情况下，根据合同相对性原则，因第三方原因造成违约的，违约责任也应由违约方承担而不能由造成违约的第三方承担，就是说不能减免违约方的违约责任。对此，《民法典》第五百九十三条规定："当事人一方因第三人的原因造成违约的，应当依法向对方承担违约责任。当事人一方和第三人之间的纠纷，依照法律规定或者按照约定处理。"也就是说，如果没有法律规定或者合同规定的免责的情形，应当由违约方先行承担违约责任，然后，再由该当事方向造成损害的第三方追偿。另外，中标人与分包人承担连责任。《招标投标法》第四十八条第三款规定，"中标人应当就分包项目向招标人负责，接受分包的人就分包项目承担连带责任"。《建筑法》第二十九条第二款规定，"建筑工程总承包单位按照总承包合同的约定对建设单位负责；分包单位按照分包合同的约定对总承包单位负责。总承包单位和分包单位就分包工程对建设单位承担连带责任"。

如果中标人已经与招标人按照招标投标文件的约定，签订了合同，但中标人不履行合同或者履行合同有瑕疵，构成违约，应按照前述规定承担违约责任。根据《招标投标法》的规定，中标人不履行合同的，对于中标人已经按照招标文件要求提交的履约保证金，招标人有权不予退还。同时，中标人还要承担行政法律责任，如《招标投标法》规定，中标人不按照与招标人订立的合同履行义务，情节严重的，取消其二年至五年内参加依法必须进行招标的项目的投标资格并予以公告，直至由市场监督管理机关吊销营业执照。另外，根据《建筑市场信用管理暂行办法》，中标人如不履行合同遭受行政处罚，或被法院判决承担违约责任，均属于"不良信用信息"，将可能通过省级建筑市场监管一体化工作平台和全国建筑市场监管公共服务平台公开该信息，从而将面临重点监管、市场限制准入等多项不利后果。

第三部分　监督篇

第九章　招标投标内外部监督

第一节　招标投标监督方式

一、国企招标采购监督法律与政策

国有企业采购领域是监督管理的重点，原因在于使用国有资金，国有企业经营者、管理者、运营者都是国有企业代理人，存在权力寻租等诱惑，仅仅依靠道德约束不能解决存在的问题，需要强化法律制度约束和审计、纪检等监督，也需要社会监督、行政监督、司法监督等各种监督方式综合运用，确保招标投标活动依法合规、防范贪腐和不正当交易，提高采购效益。

我国对国有企业招标采购领域的监督是全方位、立体化、全覆盖的。

在国有资产监督方面，从《招标投标法》立法精神来看，推行招标投标制度，目的就是通过构建市场化竞争机制对国有资金投资的使用进行规范，实现国有资产保值增值，构建公平、公正、公开、透明的市场竞争秩序。《企业国有资产法》规定："国家出资企业从事经营活动，应当遵守法律、行政法规，加强经营管理，提高经济效益，接受人民政府及其有关部门、机构依法实施的管理和监督，接受社会公众的监督，承担社会责任，对出资人负责。国家出资企业应当依法建立和完善法人治理结构，建立健全内部监督管理和风险控制制度。"《企业国有资产监督管理暂行条例》要求国有资产监督管理机构"加强企业国有资产监督管理工作，促进企业国有资产保值增值，防止企业国有资产流失"。《中央企业投资监督管理办法》《中央企业境外投资监督管理办法》要求做好项目实施过程中的风险监控。

《国务院办公厅关于加强和改进企业国有资产监督防止国有资产流失的意见》（国办发〔2015〕79 号）明确，"健全涉及财务、采购、营销、投资等方面的内部监督制度和内控机制"，"严格规范境外大额资金使用、集中采购和佣金管理，确保企业境外国有资产安全可控、有效经营"，"严肃查办发生在国有企业改制改组、产权交易、投资并购、物资采购、招标投标以及国际化经营等重点领域和关键环节的腐败案件"。

《国务院办公厅关于建立国有企业违规经营投资责任追究制度的意见》（国办发〔2016〕63号）规定："未按照规定进行招标或未执行招标结果""工程物资未按规定招标；违反规定转包、分包""购建项目未按规定招标，干预或操纵招标"的，将追究责任。

《中央企业违规经营投资责任追究实施办法（试行）》规定，对"未按规定招标或未执行招标结果""工程以及与工程建设有关的货物、服务未按规定招标或规避招标""违反规定分包""购建项目未按规定招标，干预、规避或操纵招标"的，将追究责任。

以上制度规定和要求的核心在于落实国有资产保值增值责任，严防国有资产流失。

从审计监督角度讲，审计的目的是维护国家财政经济秩序，提高财政资金使用效益，促进廉政建设和经济健康发展。审计机构对招标采购活动的监督，主要是检查有没有按照法律法规规定开展有关工作，程序是否合规、公正。《审计署关于内部审计工作的规定》（审计署令第8号）规定内部审计机构应当履行"对本单位及所属单位内部控制及风险管理情况进行审计"的职责。《中央企业内部审计管理暂行办法》（国务院国资委令第8号）规定，中央企业内部审计机构应当履行"对本企业及其子企业的物资（劳务）采购、产品销售、工程招标、对外投资及风险控制等经济活动和重要的经济合同等进行审计监督"职责，"纠正违规行为，规避经营风险"。

从纪检监察角度讲，其目的是通过纪检机构、监察机构的监督，确保有关领导和从业人员廉洁从业，防治、惩治腐败行为，打造风清气正的环境。在招标采购活动中通过党纪党规、行政规章监督检查，实现对权力使用的规范，把权力关进制度的笼子里，防止不受约束的权力干预市场竞争，干涉招标采购活动，造成利益输送、国有资产流失和个人腐败行为。

《中国共产党纪律处分条例》规定，对于"利用职权或者职务上的影响，为配偶、子女及其配偶等亲属和其他特定关系人在审批监管、资源开发、金融信贷、大宗采购、土地使用权出让、房地产开发、工程招投标以及公共财政支出等方面谋取利益"的，视情节严重性给予相应处分。对于"党员领导干部违反有关规定干预和插手市场经济活动"，如干预和插手建设工程项目承发包、土地使用权出让、政府采购、中介机构服务等活动的，视情节严重性给予相应处分。

《党员领导干部违反规定插手干预工程建设领域行为适用〈中国共产党纪律处分条例〉若干问题的解释》（中纪发〔2010〕23号）明确了对违反规定插手工程建设项目招标投标、物资采购的有关具体情况，并要求按照处分条例相应规定进行处理。

《国有企业领导人员廉洁从业若干规定》规定，"国有企业领导人员应当切实维护国家和出资人利益。不得有滥用职权、损害国有资产权益的下列行为：……违反规定投资、融资、担保、拆借资金、委托理财、为他人代开信用证、购销商品和服务、招标投标等"。

《关于中央企业构建"不能腐"体制机制的指导意见》（驻国资纪发〔2017〕23号）明确，"建立覆盖企业所有业务和岗位的廉洁风险防控措施。依据纪律要求、制度规定，紧盯投资决策、兼并重组、产权转让、物资采购、招标投标、财务管理、选人用人、境外经营等重点领域和关键环节，加强廉洁风险排查，制定防控措施，实现廉洁风险防控全覆盖"。

国务院国资委在对央企采购对标工作中，通过公开采购率指标等对央企公开采购提出了明确要求，督促企业采购活动走上合规、科学的道路。

《招标投标法》第七条规定招标投标活动及其当事人应当接受依法实施的监督。在招标投标法规体系中，对于当事人监督、社会监督、行政监督、司法监督都有具体规定，构成了招标投标活动的行政监督与行业自律相结合的监督体系。《国有企业采购管理规范》专章规定了"采购活动的监督管理"，规定了供应商的监督、社会监督、行政监督、审计监督和纪检监察，这些都是企业外部的监督机制。国有企业内部也会按照职务不相容、权利相互制衡等原则建立内部的监督体系。

二、招标人内部监督

企业对招标过程自行监督的行为，属于"自律管理"范畴，关键是要构建国有企业内部约束制约机制和覆盖采购全过程的监督体系，综合发挥企业相关部门的监督、约束作用，对招标采购活动实行全过程监督，构建有效的风险防控机制，切实提高风险防控能力，确保招标采购活动依法合规，降低国有企业采购成本，提高国有资金使用效率，杜绝采购中的"暗箱操作"。

（一）企业内部监督部门

在招标领导小组的统一领导下，由纪检监察部门组织协调，发展计划、财务资产、物资管理、审计、法律等职能部门共同参与、各司其职，统筹发挥各职能部门专业内控作用，建立协调配合、信息互通、形成合力、内控到位的约束制约机制，确保采购依法合规。

招标领导小组是企业招标工作唯一的领导机构，负责指导和监督本企业贯彻执行国家有关招投标的法律、法规、政策和上级单位有关招投标的规定，决定企业招投标工作中的重大事项，指导招投标活动，听取重大项目的评标工作汇报并负责重大项目定标工作。

发展计划部门负责参与招标采购计划审查，对计划的确认进行内控，定期检查对招标采购项目的投资计划安排及落实情况。

财务部门负责对招标采购项目的资金预算、使用、拨付、结算、核算等情况进行监督。

物资采购部门应对招、投标文件中有关商务条款进行审查，建立招标采购活动投标人"黑名单"制度，加强招标采购领域诚信体系建设。

基建部门主要负责对企业工程建设项目的立项，对项目的安全、质量、造价、进度进行控制和监督，对工程项目建设的勘察、设计、监理、施工单位及其他相关单位进行监督；组织审查项目标书和承、发包合同中有关安全文明施工的条款；对施工单位的施工资质和安全资质进行审查，规范合同管理。

纪检监察部门监督履行企业内部行政监督和纪律检查职责，负责建立和完善招标采购活动监督管理制度，监督招标程序流程是否依法合规，监督对国家、地方政府和企业等有关招标采购法律法规及规章制度的执行，督促相关职能部门在招标采购活动中履行工作职责。对招标采购活动进行监督管理，对有无索贿受贿、违反职业道德和工作纪律的行为进行监督，受理对招标采购活动的投诉举报，查处招标采购活动的违纪违规行为。

审计部门对国有企业招投标的审计监督，实际上是把监督关口前移，有利于提高国有资金的使用效益。审计部门主要对项目采购预算、资金拨付、款项支付、合同履行进行跟踪审计监督，防止某些漏洞的发生，监督整个招标采购过程，纠正不正确的操作和程序，确保采购资金支出的合理性，也可以开展招标采购管理审计、内控审计，对招标采购内控制度体系的完整性、招标投标活动的合规性进行审计监督。

法律部门对招标采购文件及有关资料的合法性进行审核；对其他违反有关招标采购法律、法规的行为进行约束；对招标采购活动的全过程进行法律保障。

（二）企业内部监督关键环节

容易发生合规风险的环节应当是企业内部监督的重点。要保证国有企业招标采购内部约束机制有效运行并能达到预期目标，其约束管理过程必须程序化、规范化，抓住前期市场调研、采购审批、评标专家抽取、开标、评标、定标、合同签订和履行等关键环节的约束，以保证招投标活动在公开公平公正的市场环境中进行，消除容易滋生腐败的关节点。

（1）采购方式审批环节。采购项目申请单位在采购活动中，依据市场调研情况，提出采购方式的申请，提请项目审批部门或招标领导小组批准。对于应招标而不招标或符合公开招标条件而不公开招标，项目申请单位如果认为所实施的项目不具备招标或公开招标条件，必须对项目进行充分的论证，阐明原因，提供调研报告，并对推荐的供应商进行书面说明理由，报项目审批部门批准。

（2）采购文件编制环节。投标人的资格、评标标准和方法、合同主要条款等各项实质性条件和要求都要在招标文件中得以确定，因此编制招标文件对于整个招标投标过程是否合法、科学，能否实现招标目的，具有基础性影响。招标文件的编制应当依照《招标投标法》的规定，符合国家相关法律法规，各项技术标准应符合国家强制性标准，不得含有倾向性或者排斥投标人的内容，保证投标人的机会均等，体现公平性，评标标准要统一，体现公正性。

（3）开标、评标环节。开标的最基本要求和特点是公开，保障所有投标人的知情权，维护各方的合法权益。开标要按照招标文件确定的时间、地点进行，对投标人逾期送达的投标文件要拒收；检查投标文件的密封情况；公开投标文件的主要内容。评标应当合法、规范、公平、公正，重点关注以下问题：评标委员会的组成是否符合经济、技术专家占评标委员会总人数的 2/3 以上等有关规定；评标专家是否按照招标文件规定的评标标准和办法进行评标，有无异常打分、发表倾向性意见的情况；评标委员会成员是否私下接触投标人并是否严格执行回避制度；评标委员会成员、招标采购工作人员和代理机构人员是否履职尽责等情况。

（4）定标及合同签订环节。招标的目的就是选定中标人，定标环节主要是监督招标人是否在评标委员会推荐的中标候选人中按照规定确定中标人，是否严格履行中标人公示环节，公示时间是否合理。合同签订是项目执行的法律依据，招投标双方要按照招标文件和中标人的投标文件的相关条款，在中标人确定后30 日内签订书面合同，招投标双方不得私下订立背离合同实质性内容的其他协议。

企业内部加强监督，强化内控制度，将采购程序、要求内嵌、固化到信息系统中非常有必要，可以减少人为干预和工作失误，堵塞管理漏洞。国有企业已逐步开始建设电子采购交易平台，大部分中央企业已建立专属的电子采购交易平台开展全流程电子化采购，有些还对办公用品、工业易耗品等开展电商采购，对于规范管理、预防腐败发挥了重要作用。

三、外部监督

（一）投标人与利害关系人的监督

根据《招标投标法》第六十五条规定，供应商的监督，主要是通过异议和投诉制度为重要表现形式，参与投标的供应商及利害关系人可以对招标活动提出异议或投诉，要求招标人纠正违法行为。提出异议的供应商对招标人的解释答复不满意或其没有在规定时间内答复的，可向招标人的上级管理部门或行政监督部门投诉，对于投诉处理决定不服，还可以继续提起行政复议、行政诉讼要求查处违法行为，对相关人员涉嫌违纪违法行为的，可向企业纪检或纪检监察机关举报。

（二）社会监督

社会监督，是指国家机关以外的社会组织和公民依据宪法和法律赋予的权利，以法律和社会及职业道德规范为准绳，对招标投标活动的合法性进行的不具有直接法律效力的监督，主要有公众监督和舆论监督两种。公众监督主要是指公民通过批评、建议、检举、揭发、申诉、控告等基本方式对他人行为的合法性与合理性进行监督。舆论监督是指社会利用各种传播媒介和采取多种形式，表达和传导有一定倾向的议论、意见及看法，以实现对社会中偏差行为的矫正和制约。社会监督的特点是非国家权力性和法律强制性。社会监督虽然不具有国家监督所具有的运用国家权力的性质，但其在监督主体、客体、内容、范围和影响上的广泛性和普遍性，监督方式和途径上的灵活多样，使其成为法律监督体系中不可缺少的重要组成部分。除需要保密的事项外，企业主要通过信息公开的方式主动接受社会监督。相关利害关系人或新闻媒体、社会组织或个人都可以对招标投标活动中的违法行为向有关部门检举、揭发或者提出批评、建议，可以及时发现和纠正招标投标违法违规行为，这都是有效的监督途径。

（三）行政监督

行政监督是法律授权行政机关对招标投标活动进行的法定监督活动。行政监督的程序性、时效性强，发起较为主动，程序较为便捷，能够高效地发挥招投标监管职能。行政监督部门依法对招标投标活动进行监督是招标投标交易秩序的基本保障。国务院办公厅印发《关于国务院有关部门实施招标投标行政监督的职责分工的意见》，确立了国家发展改革委总体指导协调、各行业和专业部门分工协作的行政监管体制。《招标投标法》第七条规定，招标投标活动及其当事人应当接受依法实施的监督。同时规定，有关行政监督部门依法对招标投标活动实施监督，依法查处招标投标活动中的违法行为，这是招标投标行政监督的权力之源。《招标投标法实施条例》第四条对有关行政部门，包括财政部门、监察部门的监督职责进行了分工，使行政监督有法可依。

（四）司法监督

司法监督是指国家司法机关对法律实施中严重违反国家法律的情况所进行的监督。监督的主体是国家司法机关，也就是人民法院和人民检察院。人民检察院的法律监督，在内容上受到严格的限制，即对法律执行情况的监督只限于对国家工作人员职务活动中构成犯罪的行为进行立案、侦查和公诉，对法律遵守情况的监督只限于对严重违反法律以至构成犯罪的行为进行追诉，对法律适用情况的监督只限于对民事、行政、刑事三大诉讼活动中确有错误的判决、裁定以及违反法定程序的情况进行监督。人民法院的监督主要是通过处理诉讼案件实现的，对当事人之间的纠纷进行裁判，对违法行为确定法律责任。司法机关作出的决定，必须得到严格执行，非经法定条件和程序，不得推翻。对于招投标纠纷，当事人既可以通过行政监督等途径加以解决，也可以通过提请仲裁或者诉讼进行解决。同时，通过行政诉讼将违法或者不当的行政监督行为诉诸法院，或者对招投标过程中的违法犯罪行为追究其刑事责任，也是司法监督的重要渠道。

（五）巡视监督

巡视制度是党内监督的一项重要制度，指中央和省（区、市）党委，按照有关规定，通过建立专门机构、开展巡行视察，对下级党组织和领导干部进行监督的制度。《中国共产党党内监督条例》第十九条规定："巡视是党内监督的重要方式。中央和省、自治区、直辖市党委一届任期内，对所管理的地方、部门、企事业单位党组织全面巡视……"《中国共产党巡视工作条例》，成为巡视制度的基础性文件。巡视组对巡视对象执行《中国共产党章程》和其他党内法规，遵守党的纪律，落实党风廉政建设主体责任和监督责任等情况进行监督。其中，经济领域违法违纪行为是专项巡视内容之一。

在对国有企业党组织巡视的工作中，购销管理、工程建设、物资购销是巡视监督的重点。是否在招标采购活动准确执行招标投标法是巡视的关注点之一。在党组织的巡视过程中，往往会对下级党组织和领导干部参与招标投标活动进行巡视监督。有的地方党委巡视开展招投标专项巡视，重点关注以下问题：一是招投标监管制度不完善，制度落实不到位。如招投标监管制度不够完善和严格，政策措施不够到位，重出台政策、轻检查落实；制度建设有短板，制度设计不够科学，制度落地见效不佳，"打招呼登记制度""串通投标等违法行为认定查处办法""黑名单管理办法"等没有落到实处；招标投标活动中存在非法干涉、利益输送、行贿受贿等违法行为。二是行政监管缺乏有效手段，监管力度弱，招投标领域违法违规问题突出。如对规避招标把关不严，对量身定做监管不力，对围标串标查处不深，对违法分包监督不实，招标代理存在垄断倾向。

一些国有企业内部也建立党委巡察制度，对下属企业招标采购活动进行巡察，主要巡察招标采购制度是否落实到位、是否存在领导干部干预招标采购活动、是否存在损公肥私、贪污受贿、失职渎职、近亲属交易、套取资金等违法违纪行为。

另外，国家审计机关对国企招标采购活动进行专项审计；纪检监察部门对企业招标采购活动的中共党员和监察对象也进行纪律检查和监督。

第二节 行政监督

一、招标投标行政监督的基本原则

"行政监督"，就是行政机关对公民、法人或者其他组织是否守法的监督，是通过行政命令、行政检查、行政处罚、行政强制等行政行为来体现监督功能。行政机关对招标投标活动的监督，目的在于依法规范招标投标行为，维持正常、公平的招标投标市场秩序，维护国家利益、社会公共利益和当事人的合法权益。

招标投标行政监督应坚持以下原则：

（1）职权法定原则。政府对招标投标活动实施行政监督，应当在法定职责范围内依法实行。任何政府部门、机构和个人都不能超越法定权限，直接参与或干预招标投标活动。

（2）合理行政原则。政府对招标投标活动实施行政监督，应当遵循公平、公正的原则。要平等对待招标投标活动当事人，不偏私、不歧视；所采取的措施和手段应当是必要、适当的。

（3）程序正当原则。政府对招标投标活动实施行政监督，应当严格遵循法定程序，依法保障当事人的知情权、参与权和救济权。

（4）高效便民原则。政府对招标投标活动实施行政监督，无论是核准招标事项，还是受理投诉举报案件，都应当遵守法定时限，积极履行法定职责，提高办事效率，切实维护当事人的合法权益。

二、招标投标行政监督主体与职责分工

行政部门依法对某一招标投标活动实施监督的前提，是其具有对该类招标投标活动行政监督的主体资格。《招标投标法》第七条规定："招标投标活动及其当事人应当接受依法实施的监督。有关行政监督部门依法对招标投标活动实施监督，依法查处招标投标活动中的违法行为，对招标投标活动的行政监督及有关部门的具体职权划分，由国务院规定。"加强对招标投标活动的监督管理，依法查处违法行为，规范招标投标活动，维护公平竞争的市场秩序，是各级行政监督部门的权力，同时也是其法定职责。

2000年3月4日，国务院办公厅印发《关于国务院有关部门实施招标投标活动行政监督的职责分工的意见》（国办发〔2000〕34号）作出了行政监督职权划分。2011年颁布的《招标投标法实施条例》第四条又进一步对有关部门在招标投标活动中的具体职权进行明确，即国务院发展改革部门指导和协调全国招标投标工作，对国家重大建设项目的工程招标投标活动实施监督检查。国务院工业和信息化、住房城乡建设、交通运输、铁道、水利、商务等行政主管部门，按照规定的职责分工对有关招标投标活动实施监督依法查处招标投标活动中的违法行为。其中，财政部门依法对实行招标投标的政府采购工程建设项目政府采购政策执行情况实施监督，监察机关依法对参与招标投标活动的监察对象实施监察。

由于招标投标活动涉及的部门、领域极其广泛，所以形成目前"九龙治水"的监督格局，也存在监督力量分散，难以步调一致形成监督合力。超越部门利益，统一招标投标行政监督执法更有利于对招标投标活动的监督管理。为此，不少省市按照监督和管理分离的要求，积极改革和完善行政监督体制，努力创新监管方式，设立了统一的综合行政监督执法机构，如招标投标监督管理局，尝试建立与招标投标活动相适应的监督管理体制。为鼓励地方行政监督部门改革，《招标投标法实施条例》第四条在确立地方监督体制的同时明确规定"县级以上人民政府对其所属部门有关招标投标的监督职责分工另有规定的，从其规定"，这

为招投标监督管理制度创新提供了必要的法律依据。

以前，很多人普遍认为，采用招标方式采购是防止腐败的利器，只要招标采购程序合法，就可以防止腐败。于是很多地方的纪检监察部门和行政监督部门一起参与对招标投标程序的监督，主要是通过旁站方式对开标进行监督，甚至担任监标员参与到招标程序中。实践证明，这类监督效能也是有限的，容易产生"瞎指挥"的问题，增加监督成本，还可能被个别人利用成为其推卸责任的保护伞。因此，《招标投标法实施条例》第四条第四款规定，监察机关依法对与招标投标活动有关的监察对象实施监察。随着国家监察体制改革，纪检监察部门已经退出招标投标活动行政监督，纪检监察干部不再参与具体的程序监督，集中精力对监察对象进行监督。同时更加注重发挥行业诚信自律和社会监督对于规范招标投标市场秩序的积极作用。

三、行政监督的内容与方式

（一）行政监督的内容

从监督内容看，政府针对招标投标活动实施行政监督主要分为程序监督和实体监督两方面。程序监督，是指政府针对招标投标活动是否严格执行法定程序实施的监督；实体监督，是指政府针对招标投标活动是否符合《招标投标法》及有关配套规定的实体性要求实施的监督。

按照《招标投标法》的相关规定，政府有关部门主要通过核准招标方案和自行招标备案，受理投诉举报、违法行为记录公告、检查、稽查、审计、查处违法行为以及招标投标情况书面报告等方式对招标投标过程和结果进行监督。

根据《招标投标法》第七条规定，政府有关部门对招标投标活动监督的职能有：

（1）对招标范围、招标方式和招标组织形式审批、核准。

（2）受理并处理投诉。这是有关行政部门对招标投标违法行为进行监督的重要职能，《招标投标法》第六十五条、《招标投标法实施条例》和有关部门规章对投诉受理程序、处理和监督措施有明确规定。

（3）公告招标投标违法行为。《招标投标法实施条例》第七十八条规定："国家建立招标投标信用制度。有关行政监督部门应当依法公告对招标人、招标代理机构、投标人、评标委员会成员等当事人违法行为的行政处理决定。"

（4）招标投标过程监督。是指政府有关部门工作人员在开标、评标的现场行使监督权，及时发现并制止有关违法行为。现场监督也可以通过网上监督来实现，即政府有关部门利用网络技术对招标投标活动实施监督管理。如商务部通过"中国国际招标网"对机电产品国际招标投标活动实施过程监督，机电产品国际招标的主要程序都需要在"中国国际招标网"上进行，既规范了招标程序的合法、公正，又为相对人提供了公开、公平的交易市场。

（5）监督检查。这是行政机关行使行政监督权最常见的方式。在招标投标活动中，各级行政机关对招标投标活动实施行政监督时，一般采用专项检查、重点抽查、调查等方式，依法调取和查阅有关文件、调查和核实招标投标活动是否存在违法行为。

（6）查处违法行为。行政执法过程中发现违法违规行为的，有责任要求责令整改，作出行政处分、行政处罚，恢复正常的法律秩序，维护各方当事人的合法权益和社会公共利益。主要是：对招投标过程中泄露保密资料、泄露标底、串通投标、虚假投标、歧视排斥投标等违法活动进行监督执法和监督检查（《招标投标法》第七条）；依法对违法当事人进行处罚（《招标投标法》第四十九条至第六十四条、《招标投标法实施条例》第六十三条至第八十一条）。

（二）行政监督方式

监督方式分为临场监督与非临场监督两种。近年国家发展改革委等部门大力推行电子招标投标，实际上是在互联网上构建招标投标市场。从而，有关行政监督部门依托其监督权限对招标投标交易过程进行实时在线监督，发现并处罚违法违规行为。电子招标投标方式的推行，有利于政府监督部门和社会公众共同对招标投标活动进行监督，这是落实透明化原则的有效途径。

《招标投标法实施条例》第六条还明确规定，禁止国家工作人员以任何方式非法干涉招标投标活动。

第三节　投诉处理

一、招投标民事争议解决方式

招标投标本身属于缔约性民事法律行为，在招投标活动中，招标人、投标人和利害关系人产生争议很正常，可能是涉及招标文件、招投标程序方面的争议，也可能是涉及评标结果、签约履约方面的争议。常见的解决民事争议的方式，一是协商，就是当事人之间在平等自愿的基础上友好协商达成和解协议；二是调解，是由调解机构（如行政机关、各类调解委员会）或调解人主持，对纠纷双方当事人进行调停、说和从而达成调解协议；三是仲裁，由当事人申请仲裁机构对纠纷进行审理并作出裁决；四是诉讼，就是诉请人民法院依法审理作出判决或裁定，也就是"打官司"。上述四种方式，都可以作为解决招投标争议的纠纷解决方式。

招投标争议，还可以通过举报、信访途径解决，或通过异议、投诉程序处理。对投诉处理决定不服的，可以提起行政复议、行政诉讼。

【疑难解析 9-1】发生招投标争议，招投标当事人能否直接以民事案件起诉对方？

招标人及潜在投标人或投标人作为招标投标活动的双方当事人，在招标投标活动中发生的争议纠纷属于民事纠纷，但并非民事纠纷都可以由法院受理。从民事诉讼法来讲，只有列入法院受理民事诉讼范围的案件，法院才有权受理并作出裁判，如最高人民法院《民事案件案由规定》中规定的因招标投标活动引起的缔约过失责任、确认合同效力两类纠纷以及招标投标买卖合同纠纷、串通投标不正当竞争纠纷两类招标投标专属案由的争议，招标投标当事人有权直接向法院提起民事诉讼。也有一些因招标投标活动本身产生的争议，如确认招投标活动无效、评标无效、评标委员会组建不合法或重新确定招标人、重新招标等争议，当事人产生纠纷不能直接通过异议、协商等程序解决的，依据《民事诉讼法》第一百一十九条规定的起诉条件之一"属于人民法院受理民事诉讼的范围"的要求，当事人不能直接向法院起诉请求法院做出司法裁决，而应当依据该法第一百一十一条第三项规定，向行政监督部门投诉、检举，申请其予以解决。

《招标投标法》结合招标投标活动的特点，本着快速处理争议，确保招投标活动效率的原则，规定了异议和投诉制度。该法第六十五条规定："投标人和其他利害关系人认为招标投标活动不符合本法有关规定的，有权向招标人提出异议或者依法向有关行政监督部门投诉。"异议是招标投标当事人之间自主化解矛盾、快速解决争议的自我救济、维权手段；处理投诉也是招标投标行政监督部门进行行政监督的重要渠道。异议是指投标人或者其他利害关系人对资格预审文件、招标文件内容、开标过程及评标结果可能存在的违反法律、法规和规章规定的问题，依法向招标人提出不同意见、要求纠正的行为。投诉是指投标人或者其他利害关系人认为招标投标活动不符合法律、法规和规章规定，或者其自身合法权益受到侵害，以及异议人对招标人的异议答复不服，依法在规定的期限内向行政监督部门提出要求制止违法行为或者保护其合法权益的行为。

《招标投标法实施条例》第六十条到第六十二条，用三个条文，从异议前置程序、投诉期限、投诉处理时限、处理投诉行政程序等方面对异议和投诉制度作出基本规定。关于异议、投诉的法律规定散见于《招标投标法实施条例》及部门规章中。如《工程建设项目招标投标活动投诉处理办法》，对工程建设领域招标投标活动的投诉处理程序专门进行规范。对其他招标项目的异议和投诉，依据该领域部门规章或者地方立法中的相关规定执行，如对于机电产品国际招标项目，依据《机电产品国际招标投标实施办法（试行）》第八十二条至第九十二条处理异议和投诉。

当然，这些规定是程序性的法律规定，规定了异议、投诉如何提起、按什么样的程序处理，至于具体实体问题，如异议投诉是否成立、是否属于虚假投标、投标应否否决、招标文件内容是否不合法的认定等，都需要借助其他法条或其他法律规定来处理。

【类案释法 9-1】人民法院受理与招标投标有关的招标投标买卖合同纠纷及串通投标不正当竞争纠纷两类民事纠纷案件

（2017）湘 04 民终 1852 号民事裁定书[①]：衡阳市中级人民法院认为，根据上诉人的诉讼主张，即确认岳某公园于 2017 年 1 月 10 日至 2017 年 1 月 20 日对衡阳市雁峰区云某山庄的所谓招投标结果非法无效，并判令岳某公园依法组织新的招投标。上诉人不具有该涉案招投标民事诉讼的主体资格，且招标投标是否非法无效亦不属于人民法院民事诉讼受案范围。《招标投标法》具有行政管理性的特点，根据该法第六十五条的规定，"投标人和其他利害关系人认为招标投标活动不符合本法有关规定的，有权向招标人提出异议或者依法向有关行政监督部门投诉"。赋予了投标人及其他利害关系人在招投标过程中相应的救济途径。本案中，上诉人并非投标人，其系基于先前的租赁合同约定，与招投标的结果具有一定的利害关系。因此，如果上诉人认为本案所涉的招投标违法，可以向有关的行政监督部门投诉，而并非以此提起确认该招投标无效的民事诉讼。根据最高人民法院《民事案件案由规定》，人民法院受理与招标投标有关的两类民事纠纷案件，即招标投标买卖合同纠纷及串通投标不正当竞争纠纷。而招标投标是否非法无效不属于人民法院民事诉讼受案范围。

---

① 来源于裁判文书网：衡阳市雁峰区云某山庄、邓某平等与衡阳市岳某公园、衡阳市园林管理处岳某公园租赁合同纠纷二审民事裁定书。

二、异议前置程序

设立异议制度，有利于促进招标人和投标人（潜在投标人）及其他利害关系人建立直接、有效、便捷的协商沟通渠道，及时答疑解惑、弥合分歧、达成共识，友好、高效地解决争议，促进招标人及时纠正错误，避免矛盾激化，确保招标采购效率，也有助于当事人之间相互监督、依法维权。因此，招标人应当理性对待异议。投标人也应当充分利用异议的权利，监督、推动招标人依法合规地编制招标文件、组织招标投标活动，维护公平公正、诚信的竞争环境。

（一）异议的主体

对于招标活动持有异议的，必然是参与招标投标活动或者招标投标活动对其权利产生实质性影响的人，也就是与招标投标活动有利害关系的人，包括潜在投标人（实行资格预审的项目包含资格预审申请人）、投标人和其他利害关系人。可以提起异议的"其他利害关系人"是指投标人以外的，与招标项目或者招标活动有直接或者间接利益关系的法人、非法人组织和自然人。主要有：一是有意参加资格预审或者投标的潜在投标人；二是投标人如果中标将与其共同分享利益的分包人或供应商；三是受投标人中标与否影响其个人收益或职业发展的投标项目负责人。异议人不会是招标人，这一点与投诉不同，投诉人可能是招标人。

异议可以向招标人提出，也可以向招标代理机构提出。招标活动有些是招标人亲自办理的，有些是委托招标代理机构办理的，评标工作也是招标人委托评标委员会完成的，根据民事代理的原理，其最终结果都由招标人承受，因此异议最终都是向招标人提出的，异议的受理者、答复者也应当是招标人。

（二）异议事项

异议事项，就是可以对招标投标活动中的哪些程序或法律文件提起异议，要求招标人纠错。根据《招标投标法实施条例》第二十二条、第四十四条、第五十四条规定，投标人（潜在投标人）或者其他利害关系人对资格预审文件和招标文件内容、开标及评标结果有异议的，可以向招标人提出异议，要求答复解决，而且该异议作为投诉前置程序。这里就容易产生一种观点，异议事项仅限于上述三种情形，对除此之外的事项，投标人和其他利害关系人都无权提出异议。另有一种观点，异议事项不限于上述三种情形。只要潜在投标人、投标人和其他利害关系人自认为招标投标活动中的任一行为（发售招标文件、现场踏勘、接收投标文件、开标程序、评标委员会选择、澄清、否决投标、招标候选人公示、中标通知、履约能力审查、合同谈判等）、任一法律文件（资格预审公告、招标公告、资格预审文件、招标文件、中标通知书等）存在遗漏错误、不具有合理性或违反法律规定，已经或可能侵害其合法权益的，均有权向招标人提出"异议"，要求招标人纠正。这种泛指的异议事项符合《招标投标法》第六十五条并未将异议限定于前述三种情形的原则，也符合设立异议制度有利于双方快速直接解决争议的设计初衷。笔者赞同这种观点。一些地方政府的规定也支持该观点。如《深圳市工程建设项目招标投标活动异议和投诉处理办法》第四条规定："投标人或者其他利害关系人认为招标投标活动不符合法律、法规和规章规定的，可以依法向招标人提出异议，或者向有关行政监督部门投诉，但就《中华人民共和国招标投标法实施条例》第二十二条、第四十四条、第五十四条规定事项进行投诉的，应当依法先向招标人提出异议。"这一规定认可了其他事项异议。

【类案释法9-2】对于招标公告内容提出的异议

招标代理公司受某单位委托公开招标采购设备，招标公告明确："符合资格的供应商应在2016年9月14日起至2016年9月21日期间（办公时间内，法定节假日除外）购买招标文件。"某贸易公司于2016年9月21日购买标书时，被告知"已超过17点，该项目购买标书已截止"，并告知该公司下班时间为17点。贸易公司提交《异议函》，提出："本项目购买标书的时间中的'办公时间内'表述不明确，不完整。请求标明办公时间段为几点至几点，应当出售给其标书。"招标代理公司作出《异议答复函》，答复如下："我单位办公时间就是9点30分到17点整，国家没有硬性规定下班时间必须是17点30分。超过时间不予出售标书。"贸易公司对异议答复不满意向市发改委递交《投诉书》。市发改委以无证据证明招标代理公司的工作时间必须是18点为由驳回其投诉请求。

《招标投标法实施条例》第二十二条、第四十四条、第五十四条特别规定了针对三种事项可提起的异议，可以视作狭义的"异议"，是法律有重点地予以特殊规范的异议事项，与泛指的"异议"不同之处在于，针对这三种事项所提起的异议，异议人必须在限定的时间内提出，招标人也必须在限定的时间内答复；而对其他事项的异议，异议、答复的时间和形式等程序性内容均未作特别限制，招标人可以不答复，即使答复，其答复也不一定要采取书面形式；而且，将三类异议程序作为投诉的前置条件，对其他事项，投诉并不以提起异议为前提条件，不论是否提起异议，都可以直接投诉，不影响投诉权利的行使。

（三）异议的受理

招标人收到异议之日起，即应当受理。但也有一些异议因不符合法律规定，招标人可以不予受理。目前，法律没有规定哪些异议不予受理。但根据提出异议的程序要求，参照投诉不予受理的规定，可以理解下面的异议可以不予受理、不予处理。

一是逾期提出的异议。比如开标结束就开标活动提出异议，投标截止时间之后才就招标文件内容提出异议，定标之后就评标结果提出异议。作为投标人，确实超出异议期限才发现招标文件、招标程序存在违法问题，可以向招标人提出。招标人发现确有错误，能够纠正的，应当立即纠正。目前，异议提出的期限如下：（1）对资格预审文件有异议的，潜在投标人或者其他利害关系人应当在提交资格预审申请文件截止时间 2 日前提出。（2）对招标文件有异议的，潜在投标人或者其他利害关系人应当在提交投标文件截止时间 10 日前提出。（3）对提交投标文件的截标时间、开标程序、投标文件密封检查和开封、开标记录等现场开标有异议的，投标人应当在开标期间提出；网上开标的，可于开标或者入围结束后一个工作日内提出。（4）对评标结果有异议的，投标人或者其他利害关系人应当在评标结果公示期间提出。

二是匿名的异议。实名提出异议，有利于招标人与异议人及时进行充分沟通。如果匿名提出异议，招标人也无从答复。

三是异议人不适格，与招标投标活动毫无利害关系的人提出的异议可不予受理。也就是异议提起人不是投标人、潜在投标人或者其他利害关系人。

四是已经处理的异议，即潜在投标人、投标人或者其他利害关系人就同一事项重复提起的异议。如开标现场未提出异议或提出异议后招标人处理决定已经投标人确认的事项，开标后又就该事项提出异议的；招标人已经作出明确答复，无新的事实证据，又就同一问题提出异议的。当异议人收到招标人做出的答复之后，如果不服，可以进行投诉，但是不能重复提起异议，影响招投标效率。

五是异议书形式不合格。如异议书未署异议人真实姓名、签字和有效联系方式；以单位名义提出异议的，异议书未经法定代表人或主要负责人签字并加盖公章；委托代理人没有相应的授权委托书和有效身份证明复印件，或者有关委托代理权限和事项不明确；异议书未提供有效联系人和联系方式。

实践中，投标人为了不得罪招标人，提交的异议可能是以"建议""情况反映""举报""请求"等形式表现出来的，这个不重要，应当根据其内容判断是否属于异议，一般只要就招标程序、文件提出不同意见并请求纠正的内容，即可以认为是"异议"。没有请求事项的，可以认为是询问。不宜对异议的形式提出严格的要求。

对于异议不受理的情形，可以借鉴《深圳市工程建设项目招标投标活动异议和投诉处理办法》第十二条规定：有下列情形之一的，招标人可以不予受理异议，并向异议提起人发出异议不予受理通知书：（一）异议提起人不是投标人、潜在投标人或者其他利害关系人；　（二）未在法定的异议期限内提出的；（三）异议未以资格预审文件、招标公告、招标文件所规定的方式提出的；（四）异议书未按照要求签字盖章的；（五）异议书未提供有效联系人和联系方式的；（六）开标现场已经投标人确认的事项，开标后投标人又就该事项提出异议的；（七）招标人已经作出明确答复，无新的事实证据，又就同一问题提出异议的。

还需要说明一点，《招标投标法实施条例》要求招标人在规定时限内答复，但对异议答复的形式和答复质量未作要求。主要考虑是，异议及回复应当体现效率原则，重在及时消除异议人的疑惑，过于强调异议的形式和回复的质量将延迟招标人的回复时间。实践中，大量争议通过异议程序即予以化解，少数才上升为投诉。

（四）招标人对异议不予答复的法律后果

《招标投标法实施条例》第七十七条第二款："招标人不按照规定对异议作出答复，继续进行招标投标活动的，由有关行政监督部门责令改正，拒不改正或者不能改正并影响中标结果的，依照本条例第八十一条的规定处理。"

实践中招标人不按照规定处理异议的违法行为主要有：一是招标人自收到关于资格预审文件或者招标文件异议之日起3日内没有作出答复，也不暂停招投标活动。二是投标人在开标现场提出异议，招标人未在开标现场作出答复。三是招标人自收到关于评标结果异议之日起3日内没有作出答复，也不暂停招投标活动。根据上述规定，投标人或者利害关系人可以投诉，按照投诉程序处理。查实招标行为违法的，可要求改正，如招标人拒不改正或者不能改正并影响中标结果的，依照《招标投标法实施条例》第八十一条的规定处理，也就是根据招标活动的阶段和影响不同，判定招标无效、中标无效，重新评标或者重新招标。当然，对异议答复不满意，可以投诉。

（五）异议是投诉的前置程序

《招标投标法实施条例》第六十条第二款规定："就本条例第二十二条、第四十四条、第五十四条规定事项投诉的，应当先向招标人提出异议，异议答复期间不计算在前款规定的期限内。"

根据该规定，投标人或者其他利害关系人认为招标投标活动违法要投诉的，应当自知道或者应当知道之日起 10 日内提出，但是对于资格预审文件和招标文件、开标以及评标结果进行投诉的，仅仅提交了合格的投诉书还不够，在程序上还有一个条件，就是应当先向招标人提出异议，对异议处理结果不满意或者招标人未在规定时间内对异议进行答复的，才可以向行政监督部门投诉。这就是异议前置程序，属于法律的强制性规定，不能规避或豁免，不得就上述三类事项越过异议程序直接投诉，否则该投诉不予受理。如《工程建设项目招标投标活动投诉处理办法》第十二条规定："有下列情形之一的投诉，不予受理：……（六）投诉事项应先提出异议没有提出异议、已进入行政复议或行政诉讼程序的。"

【类案释法 9-3】 未经异议直接投诉程序违法

（2015）赣行终字第 23 号行政判决书①：江西省高级人民法院认为，根据招标投标法实施条例第五十四条、第六十条第二款，投诉处理办法第七条第二款的规定，投标人或者其他利害关系人对依法必须进行招标的项目的评标结果有异议的，应当在中标候选人公示期间提出；就招标投标法实施条例第五十四条规定事项投诉的，应当先向招标人提出异议；对招标投标法实施条例规定应先提出异议的事项进行投诉的，应当附提出异议的证明文件。九丰公司投诉早于中标候选人公示，未在投诉前向招标人提出异议，吉安市政府认定吉水县发改委受理该投诉违反法定程序符合上述规定。九丰公司以其投诉后，吉水县发改委组建的联合调查组成员包含了招标人，招标人参加联合调查后未对其投诉行为提出异议，表明招标人同意由联合调查组代表招标人履行职责为理由，否认吉水县发改委受理其投诉违反法定程序缺乏法律上的依据。

除了上述三种异议情形外，对其他情形提出投诉，并不需要执行异议前置程序的规定。只要投标人或者其他利害关系人认为招标投标行为违法侵害其合法权益的，即可直接提起投诉，无须提起异议。

【类案释法 9-4】 对投标资料的真实性提出投诉，不以异议为前置程序

（2019）闽 05 行终 100 号行政判决书②：泉州市中级人民法院认为，原审第三人水某金水建设工程有限公司的投诉请求虽然是"恳请依法取消福建省禹某建

---

① 来源于裁判文书网：江西某丰园林古建筑工程有限公司与吉某市人民政府招投标行政复议二审行政判决书。

② 来源于裁判文书网：上诉人福建省魔偶润建设发展有限公司与被上诉人某州市水利局行政复议决定一案行政判决书。

设发展有限公司为第一中标候选人的评标结果"，但其投诉事项主要是上诉人在电子交易平台上传的施工员潘某、质检员陈某英、安全员施某梅、材料员张某娟的《在职个人养老缴费历史明细》内容的真实性问题，实质不仅是对评标结果提出质疑，还对招标投标活动的真实性，合法性及公正性提出了异议。符合《招标投标法实施条例》第六十条关于"投诉"的规定，该投诉也并不以先提出异议为前置程序。上诉人认为应当适用《工程建设项目招标投标活动投诉处理办法》第十二条第六项关于"投诉事项应先提出异议没有提出异议、已进入行政复议或行政诉讼程序的"的投诉，不予受理的规定，缺乏依据，本院不予支持。

三、投诉主体

投诉人必须具有适格的投诉主体资格。《招标投标法》第六十五条规定了招投标投诉主体包括投标人和其他利害关系人两类，他们属于已经或者可能因招标投标活动违反招标投标法规定的规则和程序导致其利益受到直接或间接损害的人，其有权向行政监督部门投诉维权。

"投标人"即《招标投标法》第二十五条所规定的已对该项招标作出响应，提交了投标文件，参加投标竞争的法人、非法人组织或者自然人。

"其他利害关系人"，是指除投标人以外的，与招标项目或者招标活动有直接或者间接利益关系的自然人、法人或者非法人组织，实践中常见的情形是：招标项目的使用人、有意参加资格预审或者投标的潜在投标人、资格预审申请文件或者投标文件中列明的拟用于招标项目的项目负责人、分包人和货物供应商，以及资格审查委员会或者评标委员会成员等。

《工程建设项目招标投标活动投诉处理办法》对"其他利害关系人"的范围也进行了界定："指投标人以外的，与招标项目或者招标活动有直接和间接利益关系的法人、其他组织和个人。"同时也规定"投诉人不是所投诉招标投标活动的参与者，或者与投诉项目无任何利害关系"的，行政机关不予受理投诉。

与该项招标投标活动无利害关系的其他人，不属于招标投标法规定的可以投诉的主体，不能向行政监督部门投诉，但是可以对招标投标中的违法行为进行举报。与异议、投诉相比，举报有以下不同之处：一是举报主体上，潜在投标人、投标人和其他利害关系人以及无利害关系的其他人都可以进行举报。二是举报时间上，举报人可以随时对违法情形进行举报，并没有时间限定。三是举报条件上，举报人举报时只需提供相关违法线索即可，不以受到损害为前提条件。四是受理部门上，举报的受理机构可以是招标人，也可以是行政监督部门，还可以是纪检监察部门或相应的司法机关。五是处理时限上，没有法律限定。六是举报方式上，是书面形式还是电话举报抑或当面举报，以及实名举报还是匿名举报，都没有限定。而对于异议和投诉而言，则要求比较严格。不合格的异议、投诉，可以不予受理。举报就相对比较宽松，没有这么多的条条框框。

【类案释法 9-5】 与招标项目无利害关系的人并非适格的"投诉人"

（2017）赣 03 行终 10 号行政判决书①：萍乡汇某公司作为招标人在《萍乡日报》刊登了"田中人工湖景观工程施工监理招标公告"。江西监理公司报名参加投标并中标。署名张某的人检举江西监理公司有被通报批评的不良记录的情形。萍乡市建设局招标办受理。评标委员会成员进行了复议，复议意见书以江西监理公司未如实填写企业近 36 个月和总监理工程师受处罚情况视同弄虚作假为由，取消江西监理公司中标资格。江西监理公司对被取消中标资格不服，以萍乡汇某公司为被告，以"张某不是《工程建设项目招标投标活动投诉处理办法》中的利害关系人，不具有举报主体资格"等为由，向法院提起诉讼，要求确认江西监理公司中标成立且合法有效。

萍乡市中级人民法院认为，在萍乡市田中人工湖景观工程施工监理招标过程中，张某既不是投标人也不是利害关系人，其反映的事实不是这次招标投标活动中不符合法律、法规的规定的行为，而是江西监理公司 2014 年在赣州市有不良违法记录被通报，故张某的行为应定性为举报，在本案中张某实际为举报人而不是投诉人。其行为不受《工程建设项目招标投标活动投诉处理办法》的约束，"招标办"可根据张某所反映的情况告知项目招标人萍乡汇某公司，由招标人进行处理。

招标人是招标投标活动的主要当事人，是招标项目毫无争议的利害关系人，当然可以就招标投标活动中的违法行为向行政监督部门提起投诉。但是招标人不得滥用投诉。招标人投诉的问题，主要是招标人不能自行处理，需要通过行政救济途径才能够解决的问题。例如，（1）招标人在评标过程中发现投标人存在相互串通投标、弄虚作假骗取中标、行贿评标委员会成员谋取中标等违法行为的，除了由评标委员会对其否决投标处理外，招标人还可以向行政监督部门投诉进行查处。（2）资格审查委员会未严格按照资格预审文件规定的标准和方法评审，评标委员会未严格按照招标文件规定的标准和方法评标、投标人或者其他利害关

---

① 来源于裁判文书网：江西省某建设监理有限公司、某乡市建设局行政监察（监察）二审行政判决书。

系人的异议成立但招标人无法自行采取措施予以纠正等情形。例如投标人或者其他利害关系人有关某中标候选人存在业绩弄虚作假的异议，经招标人核实后情况属实，而评标委员会又无法根据投标文件的内容给予认定，评标时又缺少进行查证的必要手段，如果由招标人自行决定或者自行否决又容易被滥用，就可以向行政监督部门提出投诉，由行政监督部门依法作出认定。

【类案释法9-6】以评审打分错误为由要求重新评标的投诉案

杭州至海宁城际铁路工程土建施工监理 JL5 标段投诉处理意见书：

投诉人：浙江某铁路有限公司

被投诉人：评标委员会

被投诉人陈述：经重新审查，北京某建设监理有限责任公司拟派项目总监的业绩得分应为 1.5 分，资信业绩总分应为 3.5 分，原评审结果错误。

经查明：（一）招标文件 P28 评标办法资信业绩评分 2. 其他内容评分（0—5 分）（1）拟派项目总监具有高级技术职称的，得 2 分；（2）项目总监 2012 年 1 月 1 日起至今每具有一个已完国内城市轨道交通盾构区间主体工程总监业绩得 1.5 分，满分 3 分，时间以竣（交）工验收日期为准，业绩证明材料：竣（交）工验收记录（报告）。

（二）经核评标报告详细评分汇总表，中标候选人总分为 91.26 分，其中资信业绩评审得分为 5 分。

（三）中标候选人在投标文件中提供了 2 个拟派总监理工程师郭某的业绩，其中"北京市轨道交通大兴线工程土建施工监理 03 合同段"业绩不满足招标文件规定的业绩得分标准，不应得分。符合得分标准的业绩为 1 个，业绩得分应为 1.5 分。评标委员会给出了满分 5 分（高级职称 2 分，业绩得分 3 分），多给了 1.5 分。

某省发展改革委认为：由招标人编制并公开发布的明确资格条件、合同条款、评标方法和投标文件响应格式的招标文件，是投标和评标的依据。经核实，评标委员会未按照招标文件规定对中标候选人拟派项目总监业绩进行打分，导致其业绩得分多给 1.5 分，影响了评标结果，投诉反映的情况属实。根据《招标投标法实施条例》第七十一条第三项、《工程建设项目招标投标活动投诉处理办法》第二十条第二项的规定，做出如下处理：投诉成立，责令评标委员会改正。

当然，投诉人可以自己直接投诉，也可以委托代理人办理投诉事务。代理人办理投诉事务时，应将授权委托书连同投诉书一并提交给行政监督部门。授权委托书应当明确有关委托代理权限和事项。

四、投诉受理主体

投诉受理主体是有权受理招标投标投诉事项并依法作出处理的行政机关。根据《招标投标法》第六十五条规定，投诉受理主体是"有关行政监督部门"。对招标投标活动的具体行政监督，以及有关行政部门在招标投标监督管理中的职权划分，由国务院规定。

《国务院办公厅关于印发国务院有关部门实施招标投标活动行政监督的职责分工的意见的通知》（国办发〔2000〕34号）对国务院各部门有明确的职责分工，规定："对于招投标过程（包括招标、投标、开标、评标、中标）中泄露保密资料、泄露标底、串通招标、串通投标、歧视排斥投标等违法活动的监督执法，按现行的职责分工，分别由有关行政主管部门负责并受理投标人和其他利害关系人的投诉。按照这一原则，工业（含内贸）、水利、交通、铁道、民航、信息产业等行业和产业项目的招投标活动的监督执法，分别由经贸、水利、交通、铁道、民航、信息产业等行政主管部门负责；各类房屋建筑及其附属设施的建造和与其配套的线路、管道、设备的安装项目和市政工程项目的招投标活动的监督执法，由建设行政主管部门负责；进口机电设备采购项目的招投标活动的监督执法，由外经贸行政主管部门负责。"

《招标投标法实施条例》第四条进一步规定："国务院发展改革部门指导和协调全国招标投标工作，对国家重大建设项目的工程招标投标活动实施监督检查。国务院工业和信息化、住房城乡建设、交通运输、铁道、水利、商务等部门，按照规定的职责分工对有关招标投标活动实施监督。县级以上地方人民政府发展改革部门指导和协调本行政区域的招标投标工作。县级以上地方人民政府有关部门按照规定的职责分工，对招标投标活动实施监督，依法查处招标投标活动中的违法行为。县级以上地方人民政府对其所属部门有关招标投标活动的监督职责分工另有规定的，从其规定。财政部门依法对实行招标投标的政府采购工程建设项目的预算执行情况和政府采购政策执行情况实施监督。监察机关依法对与招标投标活动有关的监察对象实施监察。"本条是关于招投标行政监督职责分工的规定。

本条规定与国办发〔2000〕34号文件规定精神是一致的，明确了国务院有关部门招投标行政监督职责分工。各地方政府也有类似的职责分工。

投诉人应当根据上述规定确定有管辖权的行政监督部门并向其提出投诉。如各类房屋建筑及其附属设施的建造和与其配套的线路、管道、设备的安装项目和市政工程项目的招投标活动的监督执法，由各地住房和城乡建设行政主管部门负责；进口机电设备采购项目招投标活动的监督执法，由各级商务主管部门负责。

【疑难解析 9-2】投标人向纪检监察部门提交了投诉书，纪检监察部门可以处理工程招标项目的投诉案件吗？

不可以。《工程建设项目招标投标活动投诉处理办法》第四条第四款规定："各级发展改革、建设、水利、交通、铁道、民航、信息产业（通信、电子）等招标投标活动行政监督部门，依照《国务院办公厅印发国务院有关部门实施招标投标活动行政监督的职责分工的意见的通知》（国办发〔2000〕34 号）和地方各级人民政府规定的职责分工，受理投诉并依法做出处理决定。"《招标投标法实施条例》第四条规定，"监察机关依法对与招标投标活动有关的监察对象实施监察。"依据上述规定，工程建设项目招标投标活动的投诉，应当由法定的行政监督部门进行处理，监察机构可对参与招标投标活动的相关工作人员实施监察。因此，纪检监察部门不得代替行政监督部门行使项目投诉处理的行政监督职能。

行政监督部门必须依法行政，对投诉事项进行受理和处理，必须有法律的授权，授予其对该招标投标活动进行监督，越权受理是违法的，做出的投诉处理决定也是无效的。因此，当事人进行投诉，首要的问题是确定行政监督部门是谁。

【类案释法 9-7】国有资产监督管理机构对国企招标活动无行政监督权

（2018）粤 71 行终 716 号行政判决书[①]：广州白云国际机场二号航站区商业招商项目进行招标。原告广州市睿某名店管理有限公司以项目招商文件中响应人资格要求违反《招标投标法》，以不合理的条件限制或排斥潜在投标人，对潜在投标人实行歧视待遇为由向广州民航招标有限公司递交《异议书》。之后就相同事项向被告广东省人民政府国有资产监督管理委员会递交《投诉书》，并要求对相应内容作出修改、暂停该次招投标活动。之后，被告将该投诉转至广东省机场管理集团有限公司处理，广东省机场管理集团有限公司又将该投诉转至广州白云国际机场股份有限公司处理。原告不服，诉至法院请求判令确认被告对投诉不履行法定职责行为违法，判令对其《投诉书》作出书面处理决定。

广州铁路运输第一法院审理认为，2. 被告是否是涉案公司招投标项目的行

---

① 来源于裁判文书网：广州市某杰名店管理有限公司、广东省人民政府国有资产监督管理委员会国有资产行政管理（国资）二审行政裁定书。

政主管部门？本院认为，《企业国有资产法》第四条第一款规定："国务院和地方人民政府依照法律、行政法规的规定，分别代表国家对国家出资企业履行出资人职责，享有出资人权益。"第六条规定："国务院和地方人民政府应当按照政企分开、社会公共管理职能与国有资产出资人职能分开、不干预企业依法自主经营的原则，依法履行出资人职责。"第十一条第一款规定："国务院国有资产监督管理机构和地方人民政府按照国务院的规定设立的国有资产监督管理机构，根据本级人民政府的授权，代表本级人民政府对国家出资企业履行出资人职责。"第十四条第一款规定："履行出资人职责的机构应当依照法律、行政法规以及企业章程履行出资人职责，保障出资人权益，防止国有资产损失。"《企业国有资产监督管理暂行条例》第七条第一款规定："各级人民政府应当严格执行国有资产管理法律、法规，坚持政府的社会公共管理职能与国有资产出资人职能分开，坚持政企分开，实行所有权与经营权分离。"由此可见，根据法律法规授权，被告所履行的出资人职责，系省级人民政府对国家出资企业国有资本投资运营、防止国有资产流失等国有资产保值增值问题上所负有的监督管理职权。本案中，原告投诉的公司在运营管理过程中招投标违法违规行为，并不属于前述监督管理范围。因此，被告并非原告投诉事项的行政主管部门，原告投诉事项可根据《民用机场管理条例》的相关规定向有关部门主张。

在这个案例中，法院的裁判观点是，国有资产监管机构不具有对国有企业招标投标活动进行监督的行政职权。那么如何确定国有企业招标活动的监督部门呢？可以看出，不是任何行政机关都有对招标投标活动进行行政监督的权限，还要看法律是否赋予其相应权限，依据就是前面国办发〔2000〕34号文、《招标投标法》第七条和《招标投标法实施条例》第四条。如国资委对于所监管企业的招投标活动就没有行政监督权，对相关投诉无权受理。如果是国企的房屋建筑工程招标，监督部门就是属地住房城乡建设部门；如果是水利工程，就是水利部门。国企购买非工程用的设备、非依法必须招标项目的服务等，如国家或地方没有另行指定行政监督部门，则没有相应的行政监督部门，对其投诉也没有相应部门受理。当然，一些央企或国企集团会指定上级部门接受"投诉"，但该投诉是企业内部监督程序，而不是《招标投标法》所指的投诉，这种投诉是行政处理程序，必须是行政机关处理投诉，两者有本质的区别。企业内部投诉处理不适用《招标投标法》，按照企业内部规定办理。

行政监督部门除了依据国办发〔2000〕34号文件确定外，还主要依据地方政府的规定来确定。如在（2018）皖行申368号行政判决书中，安徽省高级人民法院审理认为，《颍上县招标采购监督管理办法》依据《招标投标法实施条例》第四条第二款"县级以上地方人民政府有关部门按照规定的职责分工，对招标投标活动实施监督，依法查处招标投标活动中的违法行为"的规定，对招标投标活动行政监督权进行确定，将县发展改革部门，县住建部门，县水务、交运等部门负责的建设工程项目招投标活动过程的监督管理职能，由县招投标监督管理局集中统一行使，符合法律授权规定。

在实践中，还会出现就同一投诉事项，两个部门都有权受理的情形。例如，根据《国务院办公厅关于印发国务院有关部门实施招标投标活动行政监督的职责分工的意见的通知》（国办发〔2000〕34号），国家重大建设项目的招投标活动既接受行业管理部门的监督，又接受国家发展改革委的监督。因此，对国家重大建设项目，存在同一事项有两个以上有权受理投诉的行政监督部门。各省级人民政府确定的地方重大建设项目也存在类似的情况。根据《招标投标法实施条例》第六十一条第一款规定，投诉人就同一事项向两个以上有权受理的行政监督部门投诉的，由最先收到投诉的行政监督部门负责处理。

五、投诉期限

法律不保护沉睡的权利。投诉人有权进行投诉，但不是在什么时间都可以投诉，而是应当尽可能早地提起，以免投诉太晚影响招标工作的效率；投诉太晚，也不利于保护投诉人。《招标投标法实施条例》第六十条第一款规定了投诉时间，即"投标人或者其他利害关系人认为招标投标活动不符合法律、行政法规规定的，可以自知道或者应当知道之日起10日内向有关行政监督部门投诉。"这是基于效率考虑，也是为了督促当事人尽快行使权利，促进法律关系的稳定性，要求必须自知道或者应当知道自认为的"违法行为"发生之日起10日内提出投诉，权利人在此期间内不行使相应的投诉权利，则在该法定期间届满时，其投诉的权利失去法律的保护，行政监督部门不予受理。

起诉的起点是"自知道或者应当知道之日起"，"知道"是实际上已经知悉。"应当知道"是合理的推断，应当区别不同的环节，一般认为：资格预审公告或者招标公告发布后，投诉人应当知道资格预审公告或者招标公告是否存在排斥潜在投标人等违法违规情形；投诉人获取资格预审文件、招标文件一定时间后应当知道其中是否存在违反现行法律法规规定的内容；开标后投诉人即应当知道投标人的数量、名称、投标文件提交、标底等情况，特别是是否存在《招标投标法实施条例》第三十四条规定的"控股关系"等情形；中标候选人公示后应当知道评标结果是否存在违反法律法规和招标文件规定的情形；资格预审评审或者评标结束后，即应知道资格审查委员会或者评标委员会是否存在未按照规定的标准和方法评标的情况；等等。上述规定是依据正常的经验法则，根据一般情形做出的规定。计算投诉时效，就以这个"知道或者应当知道"的起点来计算。

【类案释法 9-8】超过投诉期限为由提起的投诉不予受理①

国际工程公司代理某公司高压煤浆泵采购项目国际招标，第一中标候选人为矿业公司。2013 年 6 月 28 日泵业公司对此在招标网上提出异议。同日，国际工程公司在招标网"异议答复"项中录入"我们正在核实贵公司提出的异议问题，将尽快做出异议处理"，此后双方多次通过电子邮件沟通。2013 年 7 月 30 日，国际工程公司书面答复："对招标文件中提出的关键技术及业绩要求，矿业公司均响应且满足。"

2014 年 4 月 28 日，泵业公司向市商委提交投诉书，认为招标机构对其异议没有作出令人信服的答复，招标网显示截至 2014 年 4 月 26 日该项目异议处理结果尚未作出，仍处于异议答复期间，要求确定泵业公司自动成为中标人。市商委以投诉超过投诉期限为由，作出不予受理告知书。泵业公司不服，申请行政复议，商务部维持不予受理决定。泵业公司遂起诉，请求法院撤销市商委的不予受理告知书，判令受理其投诉并重新作出处理意见。

北京市第二中级人民法院认为：本案争议焦点是泵业公司的投诉是否超过法定期限。泵业公司 2013 年 6 月 28 日的异议系在公示期内提出的有效异议，招标机构应在 3 日内，即 2013 年 7 月 1 日前作出答复。"我们正在核实贵公司提出的异议问题，将尽快做出异议处理"的意见，是招标网异议答复栏内的内容，投标人如果对其不认可，应在该答复作出之日起 10 日内向主管部门投诉；如果认为该答复没有实质内容，属于无效答复或者视同未答复，应当在答复期满之日（2013 年 7 月 1 日）起 10 日内向主管部门投诉。因而，对于 2013 年 6 月 28 日异议的投诉期，最长至 2013 年 7 月 11 日止。同时，考虑到招标机构曾于 2013 年 7 月 30 日书面答复，即使按照该时间计算期限，泵业公司最迟也应在该日期后的 10 日内投诉。泵业公司未及时行使投诉权，而是与招标机构反复沟通，最终导致其投诉超过法定期限。

市商委接收投诉材料，在认定泵业公司已超过投诉期限的情况下，依据《机

---

① 来源于裁判文书网：北京市第二中级人民法院（2015）二中行终字第 738 号，德国某鲁瓦泵业有限公司与北京市商务委员会其他二审行政判决书。

电产品国际招标投标实施办法（试行）》第八十五条第七项之规定，对其投诉不予受理，适用法律正确。综上，法院判决驳回泵业公司的诉讼请求。

国有企业参加投标，如果发现招标人的行为有违法之处要进行投诉的，一定要在投诉期限内进行投诉。从另一个角度来看，投诉人超出投诉期限提起投诉不予受理，是否意味着如果招标投标活动确实存在违法行为也无行政监督部门予以处理，招标人可以不受影响？实则，行政监督部门不能受理该投诉，也仅仅是不能依据投诉被动地行使监督权；但是可以将其作为违法线索，主动行使行政监督权予以查处，这也是其监督职责所在。

六、投诉的受理条件

投诉是法定的程序，就会有一定的程序性要求。这样可以防止投诉人滥用投诉权、规范投诉人的投诉行为。投诉必须具备一定的形式和内容要件方可受理，不符合条件的不予受理。除了前述投诉人主体资格必须适格、必须在投诉期限内提起投诉等条件外，还应提交投诉书、履行三项异议前置程序等。

（一）投诉人必须提交投诉书和必要的证明材料

关于提出异议和投诉的形式，《招标投标法实施条例》未作统一规定，但考虑到《招标投标法实施条例》第六十条有关异议是投诉前置程序的规定，异议的提出应尽可能采用书面形式，以便在行政部门决定是否受理投诉时能够有效证明投诉人是否已经依法提出过异议，而投诉的提出则应当采用书面形式，以有效防止投诉人恶意投诉、滥用投诉权以及行政监督部门不作为或者乱作为。

《招标投标法实施条例》第六十条第一款中明确要求"投诉应当有明确的请求和必要的证明材料"。也就是要求投诉人应当提交投诉书，书面的投诉书必须载明投诉人和被投诉人的基本信息、投诉事项的基本事实、相关请求及主张以及有效线索和相关证明材料。如果投诉人属于自然人，特殊情况下（如不具备书写能力）也可允许投诉人口述，受理投诉部门予以记录在案。至于投诉事项，只要投诉人认为招投标活动不符合法律、行政法规规定的，都可以提起投诉。这里的"法律、行政法规"，也包括规章、地方性法规等下位法的规定，条文中之所以只提及法律、行政法规，只是出于立法技术方面的考虑，实际上这些都是应有之义。

一些部门规章明确规定了投诉书的内容及签字盖章等形式要求。如《工程建设项目招标投标活动投诉处理办法》第七条规定："投诉人投诉时，应当提交投诉书。投诉书应当包括下列内容：（一）投诉人的名称、地址及有效联系方式；

（二）被投诉人的名称、地址及有效联系方式；（三）投诉事项的基本事实；（四）相关请求及主张；（五）有效线索和相关证明材料。对招标投标法实施条例规定应先提出异议的事项进行投诉的，应当附提出异议的证明文件。已向有关行政监督部门投诉的，应当一并说明。投诉人是法人的，投诉书必须由其法定代表人或者授权代表签字并盖章；其他组织或者自然人投诉的，投诉书必须由其主要负责人或者投诉人本人签字，并附有效身份证明复印件。投诉书有关材料是外文的，投诉人应当同时提供其中文译本。"需要说明的是，如果是联合体提起的投诉，必须是联合体全体成员提起或者授权牵头人提起，才是有效的投诉，如果仅仅是联合体成员之一或部分成员提起，该投诉无效，因为其毕竟不是投标的"联合体"，与联合体不是一回事。

《机电产品国际招标投标实施办法（试行）》第八十三条也明确规定："投诉人应当于投诉期内在招标网上填写《投诉书》（见附件4）（就异议事项进行投诉的，应当提供异议和异议答复情况及相关证明材料），并将由投诉人单位负责人或单位负责人授权的人签字并盖章的《投诉书》、单位负责人证明文件及相关材料在投诉期内送达相应的主管部门。境外投诉人所在企业无印章的，以单位负责人或单位负责人授权的人签字为准。投诉应当有明确的请求和必要的证明材料。投诉有关材料是外文的，投诉人应当同时提供其中文译本，并以中文译本为准。投诉人应保证其提出投诉内容及相应证明材料的真实性及来源的合法性，并承担相应的法律责任。"

投诉书的内容应符合上述规定，而且应当同时提供投诉事项的证明材料或线索、履行异议前置程序的证明材料等，上述证明材料应当由投诉人按照上述规定签字盖章。行政监督部门面对大量招投标活动，很难主动发现某个项目存在违法行为，故其发现、查处违法行为在很大程度上依赖于投诉人的投诉及其所提供的线索。

【类案释法 9-9】名为"举报""疑义"实为"投诉"

（2016）闽行申 385 号行政裁定书[①]：福建省高级人民法院认为，第三人福建华某水利水电工程有限公司提交的《晋江市外溪河道整治工程第一中标候选人临时建造师不符合资格的举报》，反映的具体事项明确，理由清楚，加盖公司公章，留有联系电话，符合投诉的实质要求，并不能因为标题中的"举报"字样

---

① 来源于裁判文书网：崇某县水电建筑安装有限责任公司、晋某市水利局水利行政管理（水利）再审审查与审判监督行政裁定书。

而否定其投诉性质，申请人主张系举报书而非投诉书的理由不能成立。根据《福建省招标投标条例》第五十八条第一款规定："投标人和其他利害关系人认为招标投标活动违反法律、法规规定的，可以向招标人提出异议，也可以向有关行政监督部门投诉。"福建华某水利水电工程有限公司向某市水利局提出投诉，符合法律规定。

（2017）苏05行终181号行政判决书①：苏州市中级人民法院认为，上诉人谨某公司作为本案招标投标活动中的投标人，在中标候选人公示期内，向某高新区建设工程招标投标办公室、永某公司提出异议，认为嘉某公司投标项目经理李某有在建工程，要求否决嘉某公司的投标，并对符合投标资格的投标人重新评标。科技城服务中心、永某公司、某高新区建设工程招标投标办公室对此作出回复。上诉人对该回复内容不服，向被上诉人提出投诉，要求重新计算基准价，重新评标。被上诉人高新区住建局认为上诉人提交的《关于苏州科技城社会事业服务中心的苏州科技城外国语学校新建项目内装工程开标情况的疑义》（以下简称"疑义"），递交对象是苏州新区建设工程招标投标办公室以及永某公司，属于信访性质的反映材料，并不是严格意义上的《招标投标法》规定的异议。本院认为，永某公司作为招标代理机构，受招标人科技城服务中心的委托组织本次招标工作。上诉人向永某公司提出异议，应视为对招标人科技城服务中心提出。且根据上诉人提交的"疑义"的内容来看，属于投诉性质，永某公司和科技城服务中心也作出了相应回复，故被上诉人高新区住建局认为上诉人提出的"疑义"的行为属于信访性质的主张不能成立，上诉人谨某公司的投诉行为符合《招标投标法》《招标投标法实施条例》的相关规定。

实践中，投诉人提交的材料并不一定直接称为"投诉书"，可能是"举报信"等。能不能按照投诉处理？上述案例给出了答案，澄清了我们认识上的误区。即不看形式看实质，虽名为"举报信""疑义书"未称"投诉书"，但是只要符合投诉的实质性要求（载明投诉人和被投诉人的基本信息、投诉事项的基本事实、相关请求及主张以及有效线索和相关证明材料），提交给招标投标行政监督部门，提出纠正查处违法行为保护其合法权益的主张的，应作为投诉书来处理，而不能拘泥于其名称排除在外不予受理。

还要注意的是，投标人行使投诉权必须依法有据，不能仅因为投诉人认为招标投标活动不符合有关规定即可无条件启动投诉，还必须有明确的请求并附必要

---

① 来源于裁判文书网：苏州市某业园林装饰设计工程有限公司与苏州某国家高新技术产业开发区住房和建设局行政监督二审行政判决书。

的证明材料，需要履行最基本的举证责任。如投诉人捏造事实、伪造材料或者以非法手段取得证明材料进行投诉，法律不予支持。《招标投标法实施条例》第六十一条第三款进一步规定："投诉人捏造事实、伪造材料或者以非法手段取得证明材料进行投诉的，行政监督部门应当予以驳回。"《工程建设项目招标投标活动投诉处理办法》第二十条第一项亦规定："投诉缺乏事实根据或者法律依据的，驳回投诉。"第二十六条进一步规定："投诉人故意捏造事实、伪造证明材料或者以非法手段取得证明材料进行投诉，给他人造成损失的，依法承担赔偿责任。"《机电产品国际招标投标实施办法（试行）》第九十条规定："主管部门经审查，对投诉事项可作出下列处理决定：……（二）投诉缺乏事实根据或者法律依据的，以及投诉人捏造事实、伪造材料或者以非法手段取得证明材料进行投诉的，驳回投诉……"也就是说，投诉必须坚持实事求是原则，提供相应的证明材料而非臆想杜撰，如果缺乏相应证据或者没有事实依据的，其投诉都将不予受理或被驳回。

因此，投诉人投诉时，应当说明其投诉材料的合法来源。如确实难以取得证明材料的，可以提供线索，要求主管部门查实处理。如果投诉事项不具体，且未提供有效线索，投诉受理机关有权要求其补正。

《工程建设项目招标投标活动投诉处理办法》第十二条、《机电产品国际招标投标实施办法（试行）》第八十五条也都规定，《投诉书》未按规定签字或盖章，未在规定期限内将投诉书及相关证明材料送达行政监督部门，投诉事项不具体且未提供有效线索而难以查证，或者投诉信息来源不合法的，该投诉不予受理。

【类案释法 9-10】投诉人未证明投诉信息来源合法的，行政监督部门有权驳回其投诉

（2015）一中行终字第 112 号行政判决书[①]：2014 年 4 月 28 日，某消防公司向市住建委投诉，诉称在招标人某建筑公司进行的数据机房等五项消防工程招标投标过程中，北京安某信达消防工程有限公司等众多投标人涉嫌存在项目经理职业资格证书、职称证书、学历及技术负责人的职称证书和学历造假等情况，要求市住建委调查处理。

2014 年 5 月 4 日，市住建委向某消防公司发出《关于请补充投诉材料的

---

① 来源于裁判文书网：南京某消防器材股份有限公司与北京市住房和城乡建设委员会其他二审行政判决书。

函》，要求某消防公司补充提交有关资格预审结果的信息来源说明和其他投标人资格预审申请文件中内容的信息来源说明。某消防公司向市住建委回复，认为市住建委要求其提交补充材料没有法律依据。2014年5月26日，市住建委认为，根据《招标投标法》第二十二条第一款的规定，在投标截止时间之前，已获取招标文件的潜在投标人的名称、数量等均应保密。根据《招标投标法》第四十四条第三款的规定，各潜在投标人的资格预审申请文件内容、资格预审评分的打分情况、评审结果和入围情况不应被投诉人知悉。因此，根据《工程建设项目招标投标活动投诉处理办法》第二十条的规定，驳回某消防公司的投诉。某消防公司不服，向法院提起行政诉讼，请求撤销投诉处理决定。

北京市第一中级人民法院认为，《招标投标法》第二十二条第一款规定："招标人不得向他人透露已获取招标文件的潜在投标人的名称、数量以及可能影响公平竞争的有关招标投标的其他情况。"《招标投标法》第四十四条第三款规定："评标委员会成员和参与评标的有关工作人员不得透露对投标文件的评审和比较、中标候选人的推荐情况以及与评标有关的其他情况。"因此，在招标人未办理投标人投标资格登记前，已获取招标文件的潜在投标人的名称、数量、资格预审申请文件内容等均应保密。本案中，某建筑公司于2014年5月20日办理投标人投标资格登记，某消防公司于2014年4月28日进行投诉，此时，被投诉对象北京安某信达消防工程有限公司等尚属于潜在投标人，其相关信息理应不为外人所知悉。因此，根据《招标投标法实施条例》第六十一条第三款的规定，"投诉人捏造事实、伪造材料或者以非法手段取得证明材料进行投诉的，行政监督部门应当予以驳回"，市住建委要求投诉人某消防公司对其投诉信息来源予以补充说明，要求合理，并无不当。故，在某消防公司未就投诉信息的合法来源予以说明的情况下，市住建委依据《工程建设项目招标投标活动投诉处理办法》第二十条第一项的规定，"投诉缺乏事实根据或者法律依据的，驳回投诉"，驳回某消防公司的投诉，并无不当。

上述案例中，法院的裁判观点非常明确：投诉人未按照要求说明其投诉信息来源合法的，行政监督部门有权驳回其投诉。警示我们，投诉信息来源要合法。行政监督部门有权要求投诉人就其提交的投诉材料说明其来源是否合法。依据来源不合法的材料提起投诉的，行政监督部门不予受理。如这个案例，潜在投标人的信息是保密的，其他投标人不应当知悉，但投诉人的投诉书中涉及了该尚未公开的潜在投标人等保密信息，且未说明其投诉材料的合法来源，行政监督部门自然可以依法驳回其投诉。

（二）投诉的审查与受理

行政监督部门收到投诉书后应当进行初步形式审查，决定投诉是否符合受理条件，并根据审查情况在三个工作日内作出受理或者不受理的决定。对此，《招标投标法实施条例》第六十一条第二款规定："行政监督部门应当自收到投诉之日起3个工作日内决定是否受理投诉……"一般来说，只要投诉符合法律法规规定的前述形式要件和内容要件，行政监督部门即应当予以受理。

不符合条件的，决定不予受理。对此，《工程建设项目招标投标活动投诉处理办法》第十一条也有规定："行政监督部门收到投诉书后，应当在三个工作日内进行审查，视情况分别做出以下处理决定：（一）不符合投诉处理条件的，决定不予受理，并将不予受理的理由书面告知投诉人；（二）对符合投诉处理条件，但不属于本部门受理的投诉，书面告知投诉人向其他行政监督部门提出投诉；对于符合投诉处理条件并决定受理的，收到投诉书之日即为正式受理。"

《招标投标法》并没有像《民事诉讼法》那样作出关于投诉受理条件的规定。但结合投诉人、投诉书的相关规定以及不予受理的相关规定，可以得知受理投诉的基本条件是：第一，投诉人是潜在投标人、投标人或者其他利害关系人；第二，投诉人必须提交投诉书和必要的证明材料，投诉书经有效签字盖章；第三，对三类事项已经履行异议前置程序；第四，在投诉时效内投诉。

不符合上述条件的，行政监督部门有权作出不予受理投诉的书面决定。《工程建设项目招标投标活动投诉处理办法》第十二条具体规定了不予受理的一些情形，即："有下列情形之一的投诉，不予受理：（一）投诉人不是所投诉招标投标活动的参与者，或者与投诉项目无任何利害关系；（二）投诉事项不具体，且未提供有效线索，难以查证的；（三）投诉书未署具投诉人真实姓名、签字和有效联系方式的；以法人名义投诉的，投诉书未经法定代表人签字并加盖公章的；（四）超过投诉时效的；（五）已经作出处理决定，并且投诉人没有提出新的证据的；（六）投诉事项应先提出异议没有提出异议、已进入行政复议或行政诉讼程序的。"

【类案释法 9-11】省发展改革委招投标投诉事项不予受理决定书①

天津塘沽瓦某斯阀门有限公司：

2020 年 5 月 28 日，本机关收到你公司于 2020 年 5 月 28 日提交的关于嘉兴

---

① 来源于浙江省发展和改革委员会网站，浙发改公管函〔2020〕119 号《招投标投诉事项不予受理决定书》。

市域外配水工程（杭州方向）蝶阀及其附属设备03标的投诉材料，反映中标候选人浙江班尼戈流体控制有限公司投标业绩不满足此次招标要求。

经查，该标段于2020年4月20日评标，当天公示中标候选人，公示期为4月20日至4月22日。其间，你公司未向招标人提出异议，自你公司知道或应当知道之日起至你公司提出投诉，时间已超出10日，不符合《招标投标法实施条例》第六十条对投诉时效和前置条件的规定。

根据《工程建设项目招标投标活动投诉处理办法》（七部委11号令）第十二条"有下列情形之一的投诉，不予受理：……（四）超过投诉时效的；……（六）投诉事项应先提出异议没有提出异议、已进入行政复议或行政诉讼程序的"，故，本机关决定不予受理。

对于机电产品国际招标项目而言，《机电产品国际招标投标实施办法（试行）》第八十五条也规定了不予受理的投诉的常见情形，即："有下列情形之一的投诉，不予受理：（一）就本办法第三十六条、第四十八条、第六十九条规定事项投诉，其投诉内容在提起投诉前未按照本办法的规定提出异议的；（二）投诉人不是投标人或者其他利害关系人的；（三）《投诉书》未按本办法有关规定签字或盖章，或者未提供单位负责人证明文件的；（四）没有明确请求的，或者未按本办法提供相应证明材料的；（五）涉及招标评标过程具体细节、其他投标人的商业秘密或其他投标人的投标文件具体内容但未能说明内容真实性和来源合法性的；（六）未在规定期限内在招标网上提出的；（七）未在规定期限内将投诉书及相关证明材料送达相应主管部门的。"

上述规定的不予受理的主要情形基本是一致的。对于需要投标的国企来讲，如果要投诉，必须规避上述这些情形，否则该投诉无效，招投标监督部门不予受理。

一些地方政府也细化了异议、投诉不予受理的规定，如《深圳市工程建设项目招标投标活动异议和投诉处理办法》第二十四条规定，有下列情形之一的投诉，不予受理：（一）依法应当在投诉前提出异议但未提出的；（二）超过规定的投诉时效的；（三）投诉人不是投标人、潜在投标人或者其他利害关系人的；（四）投诉事项不具体，且未提供有效线索，难以查证的；（五）投诉书未署具投诉人真实姓名、签字和有效联系方式，以单位名义投诉的，投诉书未经法定代表人签字并加盖公章的；委托代理人没有相应的授权委托书和有效身份证明复印件，或者有关委托代理权限和事项不明确的；（六）已经作出处理决定，且投诉人没有提出新的证据的；（七）准予撤回投诉后又以同一事实和理由提出投诉的；（八）投诉事项已进入行政复议或者行政诉讼程序的。

七、投诉处理法定时限

投诉处理是行政机关履行行政监督职责的主要表现形式，行政行为要遵循严格的程序规定，这是依法行政的应有之义，其中一个要求就是行政机关必须在法律限定的时间内及时处理投诉，而不能懒政惰政、拖延不办，行政不作为。对于招投标投诉，《招标投标法实施条例》第六十一条第二款规定了投诉处理法定时限，即："行政监督部门应当自收到投诉之日起 3 个工作日内决定是否受理投诉，并自受理投诉之日起 30 个工作日内作出书面处理决定；需要检验、检测、鉴定、专家评审的，所需时间不计算在内。"

上述条款主要规定了行政监督部门应当在规定的时间内受理投诉并作出处理决定。行政监督部门从收到投诉到决定是否受理有一个审查并作出决定的时限，但对符合投诉受理条件并决定受理的，收到投诉书之日即为受理之日，从此日起计算投诉处理时限，即行政监督部门应当自受理投诉之日起 30 个工作日内作出书面处理决定，以保证足够的行政效率，及时给予投诉人权利救济。如果逾期未作出投诉处理决定，则为行政机关不履行法定职责的行为，行政相对人有权提起行政诉讼。

需要注意的是，第一，本条并没有规定可以延长投诉处理时间，30 个工作日是法定的确定的时间。第二，由于投诉案件调查处理过程中可能需要进行必要的检验、检测、鉴定、专家评审，不进行检验、检测、鉴定、专家评审就无法查清投诉事项，正确作出投诉处理决定，而该类工作需要委托有专业资格或者技能的单位完成，其所需时间有长有短，并非行政监督部门所能控制，因此对这些程序所需时间不应计算在投诉处理期限内。第三，处理投诉的时间是 30 个工作日，而不是自然日，这个日期是刨除节假日、休息日的。

【类案释法 9-12】行政监督部门调查取证程序不合法导致投诉处理决定程序违法

（2015）泉行终字第 67 号行政判决书[①]：泉州市中级人民法院认为，被上诉人作为履行水利监管职责的行政职能部门，具有依法查处本行政区域内水利工程招标投标活动违法行为的职权。被上诉人于 2014 年 6 月 4 日对原审第三人福建

---

① 来源于裁判文书网：福建省某固建筑工程有限公司与晋某市水利局、福建某建水利水电工程有限公司、晋江经济开发区某塘园开发建设有限公司水利行政管理二审行政判决书。

永某水利水电工程有限公司的投诉予以受理，但在进行调查取证时，所制作的询问笔录未载明执法人员的执法资格，也未告知被询问人相关权利，后于2014年9月19日作出《投诉处理决定》。不符合国家发展和改革委员会《工程建设项目招标投标活动投诉处理办法》第十五条"行政监督部门调查取证时，应当由两名以上行政执法人员进行，并做笔录，交被调查人签字确认"及第二十一条"应自受理投诉之日起30个工作日内作出处理决定"的规定，违反了法定程序。上诉人关于被上诉人作出本案投诉处理决定程序违法的上诉理由，本院予以采纳。

八、投诉处理行政程序

行政监督部门受理投诉后，应当调取、查阅有关文件，调查、核实有关情况，最终依据调查取证情况作出投诉处理决定。投诉处理程序是一种行政程序，有严格的程序性规定。未严格履行该程序的也属于违法行政。对于招标投标投诉处理程序，《招标投标法实施条例》第六十二条规定："行政监督部门处理投诉，有权查阅、复制有关文件、资料，调查有关情况，相关单位和人员应当予以配合。必要时，行政监督部门可以责令暂停招标投标活动。行政监督部门的工作人员对监督检查过程中知悉的国家秘密、商业秘密，应当依法予以保密。"

《工程建设项目招标投标活动投诉处理办法》对于工程项目招标投诉的处理程序作出了具体的规定，即：

第十四条：行政监督部门受理投诉后，应当调取、查阅有关文件，调查、核实有关情况。对情况复杂、涉及面广的重大投诉事项，有权受理投诉的行政监督部门可以会同其他有关的行政监督部门进行联合调查，共同研究后由受理部门做出处理决定。

第十五条：行政监督部门调查取证时，应当由两名以上行政执法人员进行，并做笔录，交被调查人签字确认。

第十六条：在投诉处理过程中，行政监督部门应当听取被投诉人的陈述和申辩，必要时可通知投诉人和被投诉人进行质证。

第十七条：行政监督部门负责处理投诉的人员应当严格遵守保密规定，对于在投诉处理过程中所接触到的国家秘密、商业秘密应当予以保密，也不得将投诉事项透露给与投诉无关的其他单位和个人。

第十八条：行政监督部门处理投诉，有权查阅、复制有关文件、资料，调查有关情况，相关单位和人员应当予以配合。必要时，行政监督部门可以责令暂停招标投标活动。对行政监督部门依法进行的调查，投诉人、被投诉人以及评标委员会成员等与投诉事项有关的当事人应当予以配合，如实提供有关资料及情况，不得拒绝、隐匿或者伪报。

由此可见，行政监督部门处理投诉应当履行以下程序：第一，应当调查取证，只有经过周密的调查取证，行政监督部门才能查清事实，依法作出正确的投诉处理决定。调查取证时，应当由两名以上行政执法人员进行，并做笔录，交被调查人签字确认。第二，应当听取被投诉人的陈述和申辩，这样有利于查清事实，也有利于给予被投诉人自我辩护的权利，必要时可通知投诉人和被投诉人进行质证。行政监督部门处理投诉的权利，是有权查阅、复制有关文件、资料，调查有关情况，相关单位和人员应当予以配合；必要时，行政监督部门可以责令暂停招标投标活动。

处理投诉过程中还应注意：第一，应当严格遵守保密规定。因为在投诉调查处理过程中，为了查明事实，可能接触国家秘密以及招标人和投标人的商业秘密，为了维护国家安全，保护行政相对人的合法权益，有必要强调行政监督人员的保密义务。第二，符合回避情形的应当回避。根据《工程建设项目招标投标活动投诉处理办法》第十三条规定，行政监督部门负责投诉处理的工作人员，有下列情形之一的，应当主动回避：（一）近亲属是被投诉人、投诉人，或者是被投诉人、投诉人的主要负责人；（二）在近三年内本人曾经在被投诉人单位担任高级管理职务；（三）与被投诉人、投诉人有其他利害关系，可能影响对投诉事项公正处理的。

根据上述规定，调查取证以及听取被投诉人的陈述和申辩是投诉处理程序必经的程序，如果没有履行这两项程序，作出投诉处理决定的行政行为程序不合法，其结果也会被否定。

【类案释法 9-13】行政监督部门未履行必要的调查取证程序作出的投诉处理决定违法，应予撤销

（2018）辽 14 行终 10 号行政判决书[①]：葫芦岛市中级人民法院认为，根据《工程建设项目招标投标活动投诉处理办法》第十四条"行政监督部门受理投诉后，应当调取、查阅有关文件，调查、核实有关情况"的规定，本案中，被上诉人辽宁城建集团有限公司在 2016 年 4 月 5 日，就上诉人辽宁某大学的招标项目

---

① 来源于裁判文书网：兴某市城乡规划建设局、辽某工程技术大学、阜新二建工程有限公司因撤销行政处理决定一案二审行政判决书。

进行了投诉。2016 年 5 月 5 日，兴城市建筑工程施工招标投标办公室就作出了兴建招标诉字（2016）1 号《招标投标活动投诉处理决定书》，该处理决定认定：业主专家在图书馆项目、专业综合实践中心项目的评审打分中存在打高分现象，并对专业综合实践中心项目中标结果造成实质影响。虽然该处理决定因为兴城市建筑工程施工招标投标办公室超越职权被依法撤销，但业主专家评审打分的事实并未改变。2016 年 8 月 5 日，上诉人某市城乡规划建设局与葫芦岛市人民检察院、葫芦岛市发展和改革委员会联合召开会议，并形成了会议纪要，一致认为招标人在此项目的招投标活动中确实存在一定问题。此节也是上诉人兴城市城乡规划建设局在庭审中予以确认的事实。而上诉人兴城市城乡规划建设局作出兴建发（2017）34 号《投诉处理决定书》的过程中，仅以上诉人辽宁工程技术大学作出的辽宁工大函〔2016〕70 号《关于就我校专业综合实践中心（葫芦岛校区）工程施工项目招标事宜处理建议的函》为依据，并未对上诉人辽宁某大学的两位专家评审打分一节，即被上诉人辽宁某集团有限公司投诉的业主专家打分明显高于其他专家打分，对中标结果是否产生实质影响的事实进行核实，且作出的（2017）34 号处理决定查明的事实与其在形成会议纪要时确认的事实明显相悖。故，上诉人兴城市城乡规划建设局作出兴建发（2017）34 号《投诉处理决定书》属于认定事实不清，主要证据不足，适用法律错误，依法应当予以撤销。三上诉人的上诉请求没有事实根据与法律依据，依法应予驳回。

上述案例警示我们，处理投诉的行政程序规定属于行政程序法，行政程序合规是行政行为的基本要求，是确保行政处理结果合法的基本保障，只有经过周密的调查取证，行政监督部门才能查清事实，依法作出正确的投诉处理决定。如果程序上违规，则该具体行政行为违反法定程序，作出的行政投诉处理决定也就无效。

需要注意的是，暂停招投标活动以及通知投诉人和被投诉人进行质证两项措施不是必须要采取的，只是根据投诉实际情况需要确定。

第一，行政监督部门可以视情况责令暂停招投标活动。

该规定的考虑是，招投标活动具有很强的时效性、程序性和不可逆转性。为了保护投诉人及与投诉有关的当事人的合法权益，防止违法违规行为的影响进一步扩大，或者造成无法挽回的后果，有必要赋予行政监督部门责令暂停招投标活动的权力。招投标活动的暂停影响到投标有效期或者签订合同的期限的，招标人应当顺延投标有效期或者签订合同的期限，因暂停导致投标有效期过期的，由招标人承担相应的法律后果。

第二，组织双方进行质证不是行政监督部门处理投诉的必经法定程序。

质证，就是对质证明，在行政程序中，就是在行政机关的主持下，对行政相对人及利益相关人提出的证据就其真实性、合法性、关联性以及证明力予以说明和质疑、辩驳以及用其他方法表明证据效力、事实依据的活动或过程。质证制度的意义在于，通过质证程序使行政机关在处理投诉时更加公开、能够正确地认定证据、保障当事人的程序权利。

招标投标投诉行政处理程序也引进了质证程序，《工程建设项目招标投标活动投诉处理办法》第十六条规定："在投诉处理过程中，行政监督部门应当听取被投诉人的陈述和申辩，必要时可通知投诉人和被投诉人进行质证。"根据该条，质证不是法律规定必须履行的行政程序，是否进行质证，由行政机关根据其调查实际需求而定，如果投诉事实清楚、证据确凿，认为没有必要时，可以不进行质证，并不违反法律规定。

【类案释法 9-14】组织双方质证不是处理投诉必经法定程序

（2019）浙 0303 行初 107 号行政判决书①：温州市龙湾区人民法院认为，《工程建设项目招标投标活动投诉处理办法》第十六条规定，在投诉处理过程中，行政监督部门应当听取被投诉人的陈述和申辩，必要时可通知投诉人和被投诉人进行质证。根据上述法律规定，组织双方进行质证不是必经法定程序，原告认为被告未保障其质证的权利，认为被告作出投诉处理决定程序违法的主张，本院亦不予支持。

九、投诉的撤回

投诉是投标人或其他利害关系人的权利，权利可以放弃，可以不投诉；在投诉之后也可以主动提出撤回投诉请求，行政监督部门原则上应当允许。

《工程建设项目招标投标活动投诉处理办法》第十九条规定："投诉处理决定做出前，投诉人要求撤回投诉的，应当以书面形式提出并说明理由，由行政监督部门视以下情况，决定是否准予撤回：（一）已经查实有明显违法行为的，应当不准撤回，并继续调查直至做出处理决定；（二）撤回投诉不损害国家利益、社会公共利益或者其他当事人合法权益的，应当准予撤回，投诉处理过程终止。投诉人不得以同一事实和理由再提出投诉。"

---

① 来源于裁判文书网：浙江某通建设工程有限公司与温州市某湾区住房和城乡建设局城乡建设行政管理：其他（城建）一审行政判决书。

《机电产品国际招标投标实施办法（试行）》第八十九条规定："投诉处理决定作出前，经主管部门同意，投诉人可以撤回投诉。投诉人申请撤回投诉的，应当以书面形式提交给主管部门，并同时在网上提出撤回投诉申请。已经查实投诉内容成立的，投诉人撤回投诉的行为不影响投诉处理决定。投诉人撤回投诉的，不得以同一的事实和理由再次进行投诉。"

通过上述规定可以看出：第一，在做出投诉处理决定之前，投诉人都可以提出撤回投诉的申请。第二，申请撤回投诉应当以书面形式提出，签字盖章要求等同于提交投诉书的要求。第三，只要投诉人申请撤回投诉，一般行政机关都应当允许，但已经查实有明显违法行为的，应当不准撤回，并继续调查直至做出处理决定。第四，在同意撤回投诉后，也可以继续进行调查，发现违法行为的，可以行使行政监督权纠正该违法行为或作出行政处罚。第五，投诉人撤回投诉的，不得以同一的事实和理由再次进行投诉。

十、禁止虚假、恶意投诉

招标投标活动应遵循诚实信用原则，包括异议和投诉等程序也要遵循该原则。这就要求，投诉人应当依法行使其投诉权，不得以投诉为名排挤竞争对手，不得进行虚假、恶意投诉，不得捏造事实、伪造材料或者以非法手段（如收买招标代理工作人员、评标专家）通过非正当途径取得证明材料进行投诉。如果投诉人捏造事实、伪造材料或者以非法手段取得证明材料进行投诉的，行政监督部门应驳回投诉，如给他人造成损失的，还应依法承担赔偿责任，以维护正常的招投标秩序，净化市场竞争环境。

对此，《招标投标法实施条例》第七十七条第一款规定："投标人或者其他利害关系人捏造事实、伪造材料或者以非法手段取得证明材料进行投诉，给他人造成损失的，依法承担赔偿责任。"

《工程建设项目招标投标活动投诉处理办法》第二十条规定："行政监督部门应当根据调查和取证情况，对投诉事项进行审查，按照下列规定做出处理决定：（一）投诉缺乏事实根据或者法律依据的，或者投诉人捏造事实、伪造材料或者以非法手段取得证明材料进行投诉的，驳回投诉；……"第二十六条规定："投诉人故意捏造事实、伪造证明材料或者以非法手段取得证明材料进行投诉，给他人造成损失的，依法承担赔偿责任。"

实践中，虚假、恶意投诉的具体情形有：一是捏造事实。投诉人捏造他人违反有关招投标法律法规的情形，即以根本不存在的、可能引起有关行政监督部门做出不利于被投诉人处理决定的行为。二是伪造材料。通过虚构、编造事实上不存在的文件的行为。三是以非法手段取得证明材料进行投诉的行为，比如通过窃取、行贿等手段获得他人投标文件，不正当手段获得不应知道的信息。只要有上述违法的行为，不论其投诉的事项是否属实，行政监督部门都应当首先驳回投诉人的投诉，充分表明对违法投诉行为的不支持态度。当然，如果以非法手段取得的证明材料能够证明招标投标活动确实存在严重违法行为的，行政监督部门可以作为线索对该违法行为进行行政监督，但该监督行为不属于对投诉的处理行为。

投诉人故意捏造事实、伪造证明材料或者以非法手段取得证明材料进行投诉，给他人造成损失的，依法承担赔偿责任。这属于一种侵权行为，自然应承担侵权责任，责任表现形式主要是赔偿损失，这里的"损失"是指因恶意、虚假投诉导致招标活动停滞，招标项目工期延误所造成的损失，以及招标人和投标人为配合行政监督部门处理投诉而支出的合理费用。如果歪曲事实损害招标人或其他投标人的名誉的，要承担消除影响、恢复名誉、赔礼道歉等责任，类似恶意诉讼也要承担赔偿责任甚至构成刑法上的恶意诉讼罪。招标人可以在招标文件中规定，投标人有捏造事实、伪造材料或者以非法手段取得证明材料进行投诉等行为的，经行政监督部门、公安或者司法机关依法认定后，其投标保证金将不予退还。

【类案释法 9-15】以非法手段取得证明材料进行的投诉应予驳回

某工程施工项目进行公开招标。公示中标候选人期间，T 公司提出异议未获满意答复后，提起投诉。住建部门请该公司就证据材料来源问题进行说明。T 公司答复："2016 年 4 月 13 日 14 点，我方人员按约前往代理机构提交异议函，到达代理机构后联系 X 老师，但他因临时有急事外出且下午无法赶回办公室，遂在电话沟通中应 X 老师意见，将异议函放置在他办公桌上，在这过程中，我方人员无意看到桌上中标候选人单位的标书，出于好奇，所以看到了合同内容。"

住建部门认为，T 公司获得中标候选人投标文件的方式是在代理机构工作人员不在办公室时，对其办公桌上的投标文件进行偷拍取得的，T 公司投诉使用的证明材料为偷拍所得。除开标和中标时公开的内容外，中标候选人投标文件中的其他内容并未对外公开。由于 T 公司是在代理机构办公室这一私密空间获取的相关材料，且未获得中标候选人的许可，其行为构成"以非法手段取得证明材料进行投诉"的情形。最后依法作出驳回投诉的处理决定。

对于机电产品国际招标项目而言，《机电产品国际招标投标实施办法（试行）》第九十条第二项也规定了，投诉缺乏事实根据或者法律依据的，以及投诉人捏造事实、伪造材料或者以非法手段取得证明材料进行投诉的，驳回投诉。第九十七条规定："投标人有下列行为之一的，当次投标无效，并给予警告，并处3万元以下罚款：……（四）在投诉处理过程中，提供虚假证明材料的；……有前款所列行为的投标人不得参与该项目的重新招标。"

十一、投诉处理决定

行政机关经过调查取证，应依法做出投诉处理决定。《工程建设项目招标投标活动投诉处理办法》第二十条规定："行政监督部门应当根据调查和取证情况，对投诉事项进行审查，按照下列规定做出处理决定：（一）投诉缺乏事实根据或者法律依据的，或者投诉人捏造事实、伪造材料或者以非法手段取得证明材料进行投诉的，驳回投诉；（二）投诉情况属实，招标投标活动确实存在违法行为的，依据《中华人民共和国招标投标法》、《中华人民共和国招标投标法实施条例》及其他有关法规、规章做出处罚。"

《机电产品国际招标投标实施办法（试行）》第九十条也规定："主管部门经审查，对投诉事项可作出下列处理决定：（一）投诉内容未经查实前，投诉人撤回投诉的，终止投诉处理；（二）投诉缺乏事实根据或者法律依据的，以及投诉人捏造事实、伪造材料或者以非法手段取得证明材料进行投诉的，驳回投诉；（三）投诉情况属实，招标投标活动确实存在不符合法律、行政法规和本办法规定的，依法作出招标无效、投标无效、中标无效、修改资格预审文件或者招标文件等决定。"

对于撤回投诉、违法投诉的处理结果，前已述及。对于投诉不属实，行政监督部门应当做出驳回投诉的行政处理决定；如果投诉属实，认定具有法律依据或事实依据，则证明招标投标活动确实存在不符合法律、行政法规规定的行为，那么行政监督部门应当首先认定投诉属实，并依据法律法规的规定，结合不同投诉事项以及招标投标活动当前所处的阶段和环节，依法作出招标无效、投标无效、中标无效、修改资格预审文件或者招标文件等处理决定，另外还可以根据违法情节做出行政处罚决定。

行政监督部门处理投诉，属于一种行政监督行为，就需要按照依法行政的要求做出行政行为，履行规定的行政程序。包括投诉处理决定必须符合法定的条件，才是有效的行政行为。一是投诉处理决定应当采用书面形式。投诉处理决定涉及招标投标活动当事人的合法权益，属于有法律约束力的文书，并且投诉是《招标投标法》赋予招投标活动当事人的行政救济手段，投诉人和被投诉人对投诉处理决定不服的，可以根据《行政复议法》寻求进一步的行政救济或者根据《行政诉讼法》寻求司法救济。投诉处理决定采用书面形式有利于规范投诉处理程序，也有利于保护投诉人的合法权益，当其对投诉处理决定不满意或者投诉处理机关逾期不作出处理决定时，可以进一步采取行政复议、行政诉讼等救济措施。因此，《招标投标法实施条例》第六十一条要求行政监督部门必须"作出书面处理决定"。二是投诉处理决定书的内容必须齐备，不能有缺失。对于投诉处理决定，相关部门规章有具体规定。《工程建设项目招标投标活动投诉处理办法》第二十二条规定："投诉处理决定应当包括下列主要内容：（一）投诉人和被投诉人的名称、住址；（二）投诉人的投诉事项及主张；（三）被投诉人的答辩及请求；（四）调查认定的基本事实；（五）行政监督部门的处理意见及依据。"

因此，完整的投诉处理决定书内容包括：投诉人与被投诉人基本信息，投诉事项及主张，行政监督部门查明的事实，对投诉事项的认定及法律依据，处理决定（也就是驳回投诉还是投诉成立后要求如何纠正违法行为，如责令重新评标、重新确定中标候选人），告知当事人可以提起行政复议或行政诉讼的权利。

也要注意到，行政监督部门在履行招投标监督职责中，其权力是受到限制的。具体来说，招标人自主组织招标、投标、开标、评标、定标等活动，自主制定招标文件、决定中标人、发出中标通知书并签订合同，并接受行政监督部门依法实施的行政监督，但不受行政监督部门的非法干预。评标委员会依法享有独立评标的权利，除非出现法定情形，行政监督部门在作出处理决定时一般不能否定评标委员会的评标结果，或者代替评标委员会对某个投标人投标的效力直接进行判定。招标投标是招标人和投标人通过要约邀请—要约—承诺的方式达成交易的民事活动，相关权利义务应由双方当事人享有、行使，包括定标权也应由招标人自主行使。因此，投诉时如提出要求行政监督部门直接改判，确认其为中标候选人、中标人、投标有效、重新招标等诉请，都难以得到支持，应由招标人作出此类决定。

【类案释法 9-16】行政监督部门无权代替评标、定标

招标人县种植业管理局就县田间工程建设项目公开招标。经评审，公示第 1 -3 名中标候选人依次为建设公司、工程公司、安装公司。后，县招标局接到对第一名、第二名中标候选人的投诉，经调查核实建设公司提供不实证明材料，工程公司的投标不符合招标文件实质性要求，因此发布"中标结果公告"载明

"中标人：安装公司"。

中标结果公告后，工程公司提出投诉，县招标局复函：招标文件中明确规定，注册建造师的养老保险须是投标单位为其购买的上年度末养老保险个人账户对账单或证明，工程公司投标文件载明的建造师李某 2013 年度末并不在该公司参保，而是 2014 年 4 月开始在该公司参保，不符合招标文件前述实质性条款规定。

工程公司认为其拟派的建造师李某的养老保险符合招标文件要求，第一候选人建设公司提供不实证明材料，不符合中标条件，招标人就应当按照候选人顺序确定第二候选人工程公司为中标人，为此成讼，请求法院判决撤销县招标局作出的中标结果公告，确认工程公司为中标人。

法院认为：根据《招标投标法》第四十条、第四十五条和《招标投标法实施条例》第五十五条的规定，确定中标人、发出中标通知书等是招标人应尽的职责和义务。县招标局发布中标结果公告，直接确定安装公司为中标人，明显与法律法规规定不符，该处理决定属于《行政诉讼法》规定的超越职权的行政行为，依法应予撤销。工程公司起诉要求法院确认其为该工程项目中标人，也不符合相关法律规定，不予支持。

综上，法院判决：撤销县招标局作出的中标结果公告中"工程公司提供的相关证明材料未响应招标文件的实质性要求"及"中标人为安装公司"的行政处理部分。

十二、当事人对投诉处理决定不服的法律救济

招标投标活动的当事人，不管是投诉人还是被投诉人，因为投诉处理决定对其利益有影响，对投诉处理决定不服的，可以依法申请行政复议、提起行政诉讼，要求行政复议机关、法院纠正错误的投诉处理决定，来维护自己的权益。行政复议、行政诉讼都是招标人、投标人或其他利害关系人等招标投标活动当事人对投诉处理决定不服时，享有的法律救济权利，当事人可酌情选择。

【类案释法 9-17】对投诉处理决定不服可以依法申请行政复议

（2017）渝 03 行初 25 号行政判决书[①]：重庆市第三中级人民法院认为，根据《行政复议法》第十二条第一款的规定，对县级以上地方各级人民政府工作

---

① 来源于裁判文书网：四川朝元建筑工程有限公司与丰都县人民政府其他一审行政判决书。

部门的具体行政行为不服的，申请人可以向该部门的本级人民政府申请行政复议。本案中，丰某县建委系丰都县人民政府的工作部门，申请人对丰某县建委的行政处理决定不服，向丰某县人民政府申请行政复议，丰某县人民政府有权受理并作出复议决定。根据《行政诉讼法》第二十六条第二款的规定，经复议的案件，复议机关决定维持原行政行为的，作出原行政行为的行政机关和复议机关是共同被告；复议机关改变原行政行为的，复议机关是被告。本案中，中某建工集团对丰某县建委作出的《处理决定》不服，向丰某县人民政府申请行政复议，丰某县人民政府撤销了该《处理决定》。因此，丰某县人民政府是本案的被告。根据《行政诉讼法》第二十五条第一款的规定，行政行为的相对人以及其他与行政行为有利害关系的公民、法人或者其他组织，有权提起诉讼。本案中，四川朝某建筑公司以中某建工集团在投标中隐瞒了事实真相为由，向丰某县建委提出投诉，系丰某县建委对其投诉作出处理决定的行政行为相对人，其对丰某县建委的处理决定及丰某县人民政府的行政复议决定有权提起行政诉讼。故四川朝某建筑公司是本案适格原告。

行政复议，是指公民、法人或者其他组织认为行政机关所做出的行政行为违法或侵害其合法权益，依法向主管行政机关提出复查该具体行政行为的申请，由行政复议机关依照法定程序对被申请的行政行为的合法性和合理性进行审查，并作出行政复议决定的一种法律制度，兼具行政监督、行政救济和行政司法行为的属性。《行政复议法》第九条规定："公民、法人或者其他组织认为具体行政行为侵犯其合法权益的，可以自知道该具体行政行为之日起六十日内提出行政复议申请……"

行政诉讼，是指公民、法人或者其他组织认为行使国家行政权的机关和组织及其工作人员所实施的行政行为，侵犯了其合法权利，依法向人民法院起诉，人民法院在当事人及其他诉讼参与人的参加下，依法对被诉行政行为是否合法进行审查并做出裁判，从而解决行政争议的制度。也就是平常所说的"民告官"。《行政诉讼法》第二条规定："公民、法人或者其他组织认为行政机关和行政机关工作人员的行政行为侵犯其合法权益，有权依照本法向人民法院提起诉讼。前款所称行政行为，包括法律、法规、规章授权的组织作出的行政行为。"行政监督部门对投诉做出的投诉处理决定就属于可以提起行政诉讼的行政行为。

《行政诉讼法》第四十六条规定："公民、法人或者其他组织直接向人民法院提起诉讼的，应当自知道或者应当知道作出行政行为之日起六个月内提出。法律另有规定的除外。"第六十九条规定："行政行为证据确凿，适用法律、法规正确，符合法定程序的，或者原告申请被告履行法定职责或者给付义务理由不成立的，人民法院判决驳回原告的诉讼请求。"第七十条规定："行政行为有下列情形之一的，人民法院判决撤销或者部分撤销，并可以判决被告重新作出行政行为：（一）主要证据不足的；（二）适用法律、法规错误的；（三）违反法定程序的；（四）超越职权的；（五）滥用职权的；（六）明显不当的。"

行政诉讼和行政复议的区别：

1. 二者受理的机关不同。行政诉讼由法院受理；行政复议由行政机关受理。一般由原行政机关的上级机关受理，特殊情况下，由本级行政机关受理。

2. 二者解决争议的性质不同。人民法院处理行政诉讼案件属于司法行为，适用《行政诉讼法》；行政机关处理行政争议属于行政行为的范畴，适用《行政复议法》。

3. 二者适用的程序不同。行政复议适用行政复议程序，而行政诉讼适用行政诉讼程序。行政复议程序简便、迅速、廉价，但公正性有限；行政诉讼程序复杂且需要更多的成本，但公正的可靠性大。行政复议实行一裁终局制度；而行政诉讼实行二审终审制度等。

4. 二者的审查强度不同。根据《行政诉讼法》的规定，原则上法院只能对行政主体行为的合法性进行审查；而根据《行政复议法》的规定，行政复议机关可以对行政主体行为的合法性和适当性进行审查。

5. 二者的受理和审查范围不同。《行政诉讼法》和《行政复议法》对于受理范围均作了比较详细的规定。从列举事项来看，《行政复议法》的受案范围要广于《行政诉讼法》。此外，《行政复议法》还规定对国务院的规定、县级以上地方各级人民政府及其工作部门的规定、乡镇人民政府的规定等规范性文件可以一并向行政复议机关提出审查申请。

行政复议与行政诉讼是两种不同性质的监督，且各有所长，不能互相取代。由当事人选择救济途径，对于招标投标投诉处理决定不服的，当事人可以直接提起行政诉讼，也可以选择行政复议救济途径，仍不服的，再提起行政诉讼。《行政诉讼法》第四十五条规定："公民、法人或者其他组织不服复议决定的，可以在收到复议决定书之日起十五日内向人民法院提起诉讼。复议机关逾期不作决定的，申请人可以在复议期满之日起十五日内向人民法院提起诉讼。法律另有规定的除外。"

第四节 招标审计监督

一、审计的基本概念

审计是指由专设机关依照法律对国家各级政府及金融机构、企业事业组织的重大项目和财务收支进行事前和事后的审查的独立性经济监督活动。审计主要对被审计单位的财政、财务收支、经营管理活动及其相关资料的真实性、正确性、合规性、合法性、效益性进行审查和监督，具有独立性、权威性、公正性等特征。

审计有多种分类。按审计执行主体分类，审计可以分为内部审计、政府审计和社会审计。

内部审计是指由本单位内部专门的审计机构和人员对本单位财务收支和经济活动实施的独立审查和评价。内部审计目的在于帮助本单位健全内部控制，改善经营管理，提高经济效益。中国内部审计协会发布的《内部审计准则》规定："内部审计是指组织内部的一种独立客观的监督和评价活动，它通过审查和评价经营活动及内部控制的适当性、合法性和有效性来促进组织目标的实现。"当前，国有企业普遍建立内部审计制度，可对企业开展专项审计或内控审计，包括对招标活动进行内部审计，通过合规性、完整性、合理性审计，加强内部监督，实施独立评价，促使招投标活动符合法律法规的要求。

政府审计是指由政府审计机关依法进行的审计，在我国一般称为国家审计。国家审计机关包括国务院设置的审计署及其派出机构和地方各级人民政府设置的审计厅（局）。国家审计机关依法独立行使审计监督权，对国务院各部门和地方人民政府、国家财政金融机构、国有企事业单位以及其他有国有资产的单位的财政、财务收支及其经济效益进行审计监督。政府审计都具有法律所赋予的履行审计监督职责的强制性，是对被审计部门的行政监督行为。《审计法》第二条规定："国家实行审计监督制度。坚持中国共产党对审计工作的领导，构建集中统一、全面覆盖、权威高效的审计监督体系。国务院和县级以上地方人民政府设立审计机关。国务院各部门和地方各级人民政府及其各部门的财政收支，国有的金融机构和企业事业组织的财务收支，以及其他依照本法规定应当接受审计的财政收支、财务收支，依照本法规定接受审计监督。审计机关对前款所列财政收支或者财务收支的真实、合法和效益，依法进行审计监督"。第二十二条第一款规定："审计机关对国有企业、国有金融机构和国有资本占控股地位或者主导地位的企业、金融机构的资产、负债、损益以及其他财务收支情况，进行审计监督。"第二十三条规定："审计机关对政府投资和以政府投资为主的建设项目的预算执行情况和决算，对其他关系国家利益和公共利益的重大公共工程项目的资金管理使用和建设运营情况，进行审计监督。"第二十四条第一款规定："审计机关对国有资源、国有资产，进行审计监督。"

社会审计也称作事务所审计、独立审计，即由注册会计师受托有偿进行的审计活动，也称为民间审计。我国注册会计师协会在发布的《独立审计基本准则》中指出："独立审计是指注册会计师依法接受委托，对被审计单位的会计报表及其相关资料进行独立审查并发表审计意见。"审计范围由委托合同确定，其审计结论作为第三方的鉴证文件，相当于会计活动的公证书。如在工程建设项目中如双方约定依照委托第三方审计作为结算依据，则审计决定是合同双方当事人结算的依据。但如无约定，双方应当依据合同约定的计价方式结算。

二、招标审计

招标审计是对招标采购所有环节面临的各种风险进行评估与审核的专项审计，是对招标采购全过程实施的监督和评价，是管理审计与财务审计的融合。招标审计可以对从采购预算、采购计划到合同管理及验收支付的整个采购过程进行系统的审查，（在对企业内部招标采购制度的建立、招标采购活动过程的管控以及招标采购效益评价的整个采购活动执行全过程、全方位审计的基础上，重点放在预防和控制采购风险上）是由查错纠弊导向逐步演变为风险导向的审计，目的是发现招标采购活动中存在的问题，健全完善招标采购制度，改善招标采购质量，降低招标采购费用，维护企业的合法权益，促进保值增值及经营目标的实现。

招标审计可以分成三部分，一是招标采购内部控制制度审计，主要审查招投标环节的内部控制制度的完整性、合法性和有效性，审查企业内部控制的建立是否设计合理、执行有效。完整性是指企业应当建立健全招投标环节的管理制度和规定。合法性是指企业建立的有关招投标管理制度和规定是否符合国家的有关法律和上级组织的有关规定。有效性是指在实施招投标过程中有关制度是否得到严格执行，主要通过实际结果进行检验。二是招标采购过程审计，根据招标采购项目的不同特点，对招投标程序的合法性、合规性等内容进行审计，主要是审查招标条件、招标范围、招标方式、评标专家的选择、开标、评标和定标过程是否合法、合规。三是招标采购成果审计，属事后审计，主要审查招标采购项目通过招标方式所确定的中标价格、中标数量以及中标价款总额与招标采购项目概（预）算投资总额的比较，判断招标的结果是否达到预期目标，是否符合有关规定。实际上招标审计是将内控审计、财务审计、制度考核三管齐下，把审计监督贯穿于采购活动全过程，是确保采购规范和控制质量风险的一道防线。

国家审计机关依法行使审计监督权，是一种行政监督权。《审计法》是行政审计监督的法律依据。国家审计机关审计的对象主要是被审计单位的财务收支情况，被审计单位包括国有企业。常见审计机关对国有企业落实国家重大决策部署情况、重大工程建设项目、财务收支情况进行审计，审计报告往往都包含对国企招标投标工作的审计结论。招标采购已成为审计监督的重点领域，防范审计风险也成为国有企业招标采购管理的一项重要任务。

国家审计机关根据审计结果，对违法行为，可区别情况采取下列处理措施：（1）责令限期缴纳应当上缴的款项；（2）责令限期退还被侵占的国有资产；（3）责令限期退还违法所得；（4）责令按照国家统一的会计制度的有关规定进行处理等。在采取这些措施时，也可以依法给予处罚。根据《审计法》第五十三条规定，被审计单位对审计机关作出的有关财务收支的审计决定不服的，可以依法申请行政复议或者提起行政诉讼。被审计单位对审计机关作出的有关财政收支的审计决定不服的，可以提请审计机关的本级人民政府裁决，本级人民政府的裁决为最终决定，不可再起诉。

当前，国有企业内部审计机构也逐步加大了对招标采购的审计力度，不仅对企业招标采购全过程的真实性和合法性进行审计，还对招标采购的经济性、效率性、效果性进行审计监督，力争以最佳性价比购进所需物资和服务，使企业取得较好的社会效益和经济效益，这是企业内部监督手段。

国有企业也可以委托会计师事务所、审计师事务所进行社会审计，目的也在于对招标投标活动实施评价和监督。

三、招标审计监督常见风险及防范措施[①]

国有企业在做好内部审计的同时，也可能接受国家审计机关对企业的经济责任审计、财务收支审计、重大决策落实审计、工程项目审计等监督，各类审计都

[①] 本部分内容参考王赟、白如银、刘忠煜：《国有企业招标采购审计风险的识别与防范——基于国家审计署审计报告的研究》，载《招标采购管理》2021年第5期。

会查出一些违规招标的问题。国家审计机关近几年在对中央企业、地方国有企业的重大工程、财务收支等审计活动中，也披露大量招标采购内控机制建设、招标采购过程和结果执行出现的不合规问题。国有企业应当对照这些违规行为反思梳理、认真整改，推进合规招标。下面是常见的一些审计关注点。

（一）招标采购管理机制方面

从审计公告来看，对国有企业招标采购的审计监督并不局限于某个具体项目招标采购具体实施过程的合法合规性，还高度关注审计对象在招标采购管理机制的完备性、合法性、科学性等方面是否符合国家相关政策和监管要求。

【审计风险1】未建立健全招标采购管理机制。如：某中管金融企业未制定集中采购实施细则；某中央企业未按规定设置物资集中采购业务的归口管理部门，未建立物资集中采购管理制度。

防范建议：国有企业应将建章立制作为招标采购管理的一项基础性工作，建立健全招标采购管理制度体系，保证招标采购活动职责明确、有章可循、流程清晰；新设立机构要同步明确归口管理部门、相应规章制度，健全完善招标采购工作机制，避免出现管理盲区。

【审计风险2】招标采购制度不合法合规。如：某中央企业《集团项目招标管理办法》将施工招标起始值由当时施行的《工程建设项目招标范围和规模标准规定》所规定的200万元提高至300万元；某中管金融企业制定的集中采购管理办法未履行报财政部审核程序，评标专家库也未按照当时施行的《关于加强国有金融企业集中采购管理的若干规定》要求引入外部专家，而是全部由内部人员组成。

防范建议：国有企业应建立健全规章制度合法性审核机制，防止招标采购制度出现降低法定标准、简化法定程序、不落实法定要求等与法律法规相抵触的情形。此外，要注意招标采购制度内容的全面性，既要有相关法律法规要求的必备内容（如《国有金融企业集中采购管理暂行规定》第十四条规定了国有金融企业内部集中采购管理办法应至少包括的内容），又要与自身招标采购实际相吻合，保证各流程、各环节有规可依。

【审计风险3】招标采购机制可操作性、时效性不强。如：某中央企业虽制定了物资集中采购制度，但未明确下属企业零星增补采购的额度或比例。

防范建议：国有企业应从业务实际出发设计招标采购管理机制，加强集中采购计划管理，明确集中采购实施范围，针对不同层级的下属单位合理授予采购权限。

【**审计风险 4**】信息系统的建设与应用水平不高。如：某中央企业有 184 家法人单位未纳入集团电子集中采购管理平台。

防范建议：国有企业应将信息化作为招标采购管理的重要手段，搭建功能完备、集中统一、实用高效的系统平台，将所属各级单位的招标采购活动全部纳入信息系统开展和管理，充分发挥集中规模效应，实现降本增效的工作目标。

（二）招标采购决策方面

国有企业招标采购决策大多属于"三重一大"决策范畴，审计对其高度关注，指出的问题涉及决策程序、内容等方面的合法、合规与合理性。

【**审计风险 5**】决策程序不合法合规。如：某中央企业拆分采购标的，以化整为零的方式规避集体决策，采购物资 9.67 亿元。

防范建议：依法决策是国有企业依法管理的关键环节，招标采购相关决策应严格按照规定程序进行，杜绝规避决策、违反决策程序决策、擅自变更已依法作出的决策等违法违规现象。如重大决策应提交党委（党组）会议审议讨论，应由董事会作出决议等。招标采购相关决策也须注意按照章程规定履行相应程序，否则也会被认定为决策程序不合规。

【**审计风险 6**】决策确定的采购方式不规范。如：未依法决策采取招标等竞争性采购方式，即通常所说的应招未招问题比较严重，是国有企业招标采购领域存在的最主要问题。对属于法律法规明确的必须招标范围，且不具备《招标投标法》第六十六条、《招标投标法实施条例》第九条规定的可以不招标条件的工程建设项目的勘察、设计、施工、监理和重要设备、材料，必须依法采取招标方式进行采购，这在实践中问题不多。需要注意的问题主要有两类：

一是不属于依法必须招标范围的项目未通过招标等竞争性方式进行采购。如：某中央企业下属单位未经公开招标与外部企业签订印刷合同；某中央企业下属单位部分科研外协、服务采购等项目未进行招标。

防范建议：印刷、科研等服务不属于工程建设项目，对企业而言均不属于依法必须招标的范围，但案例中未进行招标也被审计认定为"问题"，这反映出国家为避免利益输送、国有资产流失等问题，对国有企业的监管尺度严于法律规定。因此，国有企业采购办公用品、专业服务等不是依法必须招标的采购标的，如供应商众多、具备竞争性时，以招标方式为宜，至少也要采取竞争性谈判、询价等其他竞争性方式，不得直接进行采购。

二是在通过招标签订的合同履行完毕后继续向原中标人采购，未再次进行招标。如：某中央企业未经招标，沿用以往招标结果，直接确定物资供应商 294

家，签订物资采购合同 32.64 亿元。

防范建议：每次招标采购是互相独立的，不能直接沿用以往类似项目招标结果进行直接采购。在现行的法律框架下，只有符合《招标投标法实施条例》第九条第四项规定情形，即"需要向原中标人采购工程、货物或者服务，否则将影响施工或者功能配套要求"的，才可以不再进行招标，直接向原中标人采购。

【审计风险 7】决策确定的采购对象不合理。如：多家中央企业下属单位对依规定或正常商业习惯应当直接从生产厂家采购的物资，决策通过代理商采购，导致采购成本增加。

防范建议：国有企业在招标采购时应尽可能直接向原厂商采购，不宜通过代理商、经销商进行采购，除非采购标的的市场模式就是原厂商不直接开展销售活动，而是以代理商、经销商为主要经营渠道（如车辆、计算机、钢材等），以避免因采购环节增加而造成采购成本上升。

（三）招标采购条件设置方面

国有企业招标采购都具有很强的政策性，招标采购条件的设置与国家关于建立公平统一市场秩序、简政放权、促进中小企业发展等政策的落实直接相关。近年来国家重大政策落实情况跟踪审计的重点就是国有企业在招标采购中是否设置违反法律或政策的限制性条件，从而限制市场充分竞争。

【审计风险 8】排斥、限制外地投标人。如：某招标项目设定投标人注册地在当地或法定代表人是当地户籍等条件；某地出台文件规定，工程建设项目施工单项合同估算价在 400 万元以下、100 万元以上的项目，须从本地企业中采用公开摇号方式确定；某项目招标公告中要求投标企业提供本地的纳税信用证明，违规增设对本地企业的加分条件。

防范建议：国家发展改革委等八部委联合印发的《工程项目招投标领域营商环境专项整治工作方案》明确规定不合理限制和壁垒的表现形式。上述做法均违反上述法律和政策规定，直接或间接排斥、限制了外地供应商，妨碍市场公平竞争，这是国有企业在招标采购中应当注意避免的。

【审计风险 9】要求投标人具有国家已明令取消的资质。如：某项目将已取消的"水文、水资源调查评价或建设项目水资源论证资质"作为供应商资格要求；某项目在物业服务采购中要求投标人必须具有已取消的物业服务或保洁服务二级以上资质。

防范建议：党的十八大以来，国家推行简政放权，取消了一大批资质。《工程项目招投标领域营商环境专项整治工作方案》明确规定"将国家已经明令取消的资质资格作为投标条件、加分条件"属于不合理限制和壁垒。国有企业招标采购文件的编制应避免将已被取消的资质作为投标人资格条件或加分条件，否则构成不合理的限制、排斥条件。对于国家取消资质后，相关行业协会就相同事项颁发的资质资格性质的证书，也应慎重作为资格要求或加分条件。

【审计风险 10】资质要求与项目合同履行无关。如：某项目要求投标供应商具备生产建设项目水土保持方案编制单位或监测单位水平评价相应星级证书。该项目工作内容是文件整理归档等综合管理类事务，并不需要水土保持的专业技术能力。

防范建议：根据《招标投标法实施条例》第三十二条规定，设定的资格、技术、商务条件与招标项目的具体特点和实际需求不相适应或者与合同履行无关属于以不合理的条件限制、排斥潜在投标人或者投标人。因此，在设置招标采购资质要求时必须考虑与项目实际、合同履行的适应性、相关性和合理性，不得提出与项目实际需求、合同履行无关或不相适应的要求。

（四）评标和采购结果确定方面

评标和采购结果确定都是招标采购的关键环节，相关法律法规对其有严格要求。针对这两个环节，审计既关注过程的合法性，也关注结果的合规性。

【审计风险 11】未按规定组建评标委员会。如：某中管金融企业集中采购项目评标人员未按规定从成员库中随机选择，而是由采购申请部门提出建议名单后，由相关部门直接指定。

防范建议：根据《招标投标法》及其实施条例规定，依法必须招标项目的评标委员会由招标人的代表和有关技术、经济等方面的专家组成，成员人数为五人以上单数，其中技术、经济等方面的专家不得少于成员总数的 2/3 并应当从评标专家库内相关专业的专家名单中以随机抽取方式确定。国有企业招标组建评标委员会时应严格遵循上述要求。此外还要注意本行业是否有其他特殊要求，如《国有金融企业集中采购管理暂行规定》要求国有金融企业采购项目评标专家成员由国有金融企业财务、技术等内部专业人员，以及相关技术、经济等方面的外部专家组成。国有金融企业在组建评标委员会时应遵守上述规定，避免评标委员会全部由内部人员组成的不规范行为。

【审计风险 12】资格审查时未否决不合格供应商投标。如：某中央企业在公开招标中，使不具备资质的供应商通过审查并中标，累计接受供货额 1893.67 万元；某中央企业集中招标代理机构在两个项目的评标过程中履职不到位，未发现投标单位涉嫌串标并否决其投标。

防范建议：评标时应严格进行投标人资格审查，对于不符合资格业绩要求、存在违法行为的不合格投标人必须予以否决，防止出现"应否未否"的情况。招标人和招标代理机构对评标工作应适当加强监督管理，特别是招标人，对评标委员会的评审结论应进行检查、复核与监督，以防范"应否未否"的风险。

【审计风险13】未按规定对违法供应商采取惩戒措施。如：某中央企业某项目第一次招标中，评标委员会认定39家投标企业中有34家串标，终止了当次评标。但在第二次招标中未执行"对串标企业限制其12个月内参与投标"的内部规定，仅进行警告及扣分处罚，结果17家串标企业中标，中标合同金额17.20亿元。

防范建议：对违法供应商采取的限制投标等处罚措施必须严格执行。招标人可根据《招标投标法实施条例》第四十八条"招标人应当向评标委员会提供评标所必需的信息，但不得明示或者暗示其倾向或者排斥特定投标人"的规定，向评标委员会提供在当次招标中应当进行处罚的供应商信息，由评标委员会通过否决投标、扣分等方式执行惩戒措施。

【审计风险14】未按照法定规则确定中标人。如：某中央企业下属单位在设备采购中指定非第一名中标候选人中标；某中央企业下属单位采取摇号的方式从中标候选人中确定中标人。

防范建议：《招标投标法实施条例》第五十五条规定"国有资金占控股或者主导地位的依法必须进行招标的项目，招标人应当确定排名第一的中标候选人为中标人"。因此，国有企业在依法必须招标项目中必须确定排名第一的中标候选人为中标人，不能在评标委员会推荐的多个中标候选人中采取摇号、抽签等方式随意确定中标人，也不能指定非第一名中标候选人中标，更不能确定未被推荐为中标候选人的投标人中标。即使不是依法必须招标项目，也应以第一名中标为基本原则，除非确定其他中标候选人中标具有十分充分且正当的理由。

【审计风险15】授标规则不合理导致中标面过大。如：某中央企业下属单位组织的某次包含多个包的物资集中采购中，由于单个投标人最多中标包数限额等授标规则不合理，参与投标的10家企业每家都中标若干包，即整个项目实际上被所有投标人瓜分，使招标活动丧失竞争性，流于形式。

防范建议：在包含多个包的集中采购中，应从保持竞争性的角度出发，根据潜在投标人数量、生产能力、供货周期、地域条件等因素科学测算并设置单个投标人最多中标包数限额等授标规则，避免出现由于授标规则不合理，导致每家投标人都有中标的情况。

（五）保证金管理方面

招标采购时一般要收取投标保证金，采购项目履行过程中也可能涉及质量保证金、履约保证金等其他保证金。自《国务院办公厅关于清理规范工程建设领域保证金的通知》印发以来，招标采购领域的保证金管理就成为减轻企业负担政策的一项重要内容，也由此成为审计的关注重点。

【审计风险16】违规收取保证金。如：部分国有企业在工程招标文件中违规要求投标人中标后须缴纳道路修复保证金、环境保护保证金、安全文明施工保证金、安全保证金、劳保费用保证金等国家禁止设立的保证金；某地方国企在已收取履约保证金的情况下又预留工程质量保证金，多收保证金25.94万元。

防范建议：根据国家关于清理规范工程建设领域保证金的政策要求，在工程建设中只能设立并收取投标、履约、工程质量和农民工工资四类保证金，不得要求投标人缴纳其他名目的保证金；在工程施工合同条款编制和合同执行过程中，应遵守《工程建设质量保证金管理办法》中"在工程项目竣工前，已经缴纳履约保证金的，建设单位不得同时预留工程质量保证金"的规定，不得同时预留或收取履约保证金和工程质量保证金。

【审计风险17】保证金未及时退还。此类问题在每个季度的国家重大政策落实情况跟踪审计报告中都会出现，涉及大量国有企业。

防范建议：完善投标保证金管理机制，使相关招标、财务经办人员明确各类保证金的退还时限要求，及时足额退还；优化提升保证金管理信息系统，实现保证金到期应退时自动短信或邮件提醒、自动发起退款流程等功能，防止因经办人员遗忘疏忽导致未及时退还的风险。

【审计风险18】未依法没收保证金。如：某中央企业下属单位未按规定没收两家自愿放弃中标单位的投标保证金160万元。

防范建议：保证金是在供应商违法违约时保障采购方权利的担保措施，如供应商发生了应当不退还保证金的违法违约行为，作为采购方的国有企业不能以供应商主动整改、考虑今后合作关系等为理由放弃没收保证金的权利，以惩治违法失信行为，保障国有资产权益。

通过梳理上述问题可以发现，国家审计机关对国有企业招标采购活动的审计非常全面深入，涉及招标采购全过程是否合法合规、对国家政策的落实是否及时到位、招标采购管理是否规范高效等多个方面。国有企业应当以审计关注点作为管理的着力点，不断加强自身招标采购的依法管理和精益管理，提升招标采购的质量和效率，确保合法合规性，切实防范审计风险，保证国有资金使用效益。

第十章　法律责任

第一节　招标投标法律责任表现形式

法律责任就是由违法行为所引起的不利法律后果①。招标投标活动中当事人承担的法律责任可分为民事法律责任、行政法律责任和刑事法律责任。从《招标投标法》及其实施条例可以看出，招标投标活动中的法律责任承担以行政责任为主，民事责任为辅，参与主体的行为构成犯罪的，还需要承担刑事责任。

一、民事法律责任

招标投标活动中的民事法律责任，是指招标投标活动主体之一因违反合同或者不履行其他招标投标法律义务，侵害另一方主体的合法权益，而应当承担的民事法律后果。在招标投标活动中，民事法律责任发生于招标人、招标代理机构、投标人或中标人等平等的民事主体之间。

民事法律责任包括合同责任和侵权责任。由于招标投标活动属于竞争性缔约行为，双方之间产生的民事争议是基于该缔约行为而起，故招标投标行为产生的民事法律责任主要表现为合同责任，其包括违约责任和缔约过失责任。

违约责任，是指合同当事人不履行合同义务或履行合同义务不符合合同约定所应当承担的法律责任。违约责任以合同生效为前提。中标人与招标人订立合同后，中标人或者招标人拒不履行合同，均构成违约，应当承担违约责任。当事人一方不履行合同义务或者履行合同义务不符合合同约定的，应当承担继续履行、采取补救措施或者赔偿损失等违约责任。

缔约过失责任，是指在合同订立过程中，一方因违背诚实信用原则所产生的义务，而致另一方的信赖利益损失所应承担的损害赔偿责任。投标截止后投标人

---

① 张文显主编：《法理学（第四版）》，高等教育出版社、北京大学出版社 2011 年版，第 122 页。

撤销投标文件的，招标人可以不退还投标保证金，投标人此时承担的是缔约过失责任。订立的合同无效的，对此负有责任的一方应向对方承担缔约过失责任。当事人在订立合同过程中有缔约过失情形，给对方造成损失的，应当承担损害赔偿责任。

侵权责任，是指民事主体因实施侵害民事权益行为而应承担的民事法律后果。在招标投标活动中，有可能侵害他人民事权益，如名誉权、担保物权等，此时应当承担的是侵权责任。根据《民法典》第一百七十九条规定，在招标投标活动中，承担民事责任的方式主要有：停止侵害、排除妨碍、返还财产、赔偿损失、支付违约金、消除影响、恢复名誉、赔礼道歉等。这些方式可以单独适用，也可以合并适用。因当事人一方的违约行为，损害对方人身权益、财产权益的，受损害方有权选择请求其承担违约责任或者侵权责任。

【类案释法 10-1】公示投标人的违法行为并不侵害其名誉权

（2019）云 0111 民初 4036 号民事判决书[①]：某水泥制品公司参加某电网公司招标项目的投标。某电网公司在阳光电子商务平台网站上公告了评标结果，并发布《关于对某水泥制品公司等六家供应商串通投标处理决定的公告》。对此，某水泥制品公司认为某电网公司在无事实和依据的情况下在其官网发布认定某水泥制品公司存在串标行为，侵害了其名誉权，为此诉至法院，请求判令某电网公司停止其名誉侵害，撤销发布的《关于对某水泥制品公司等六家供应商串通投标处理决定的公告》，为其消除影响、恢复名誉、在省级刊物上公开赔礼道歉。

法院认为，名誉权是由民事法律规定的民事主体所享有的获得和维持对其名誉进行客观公正评价的人格权。《民法通则》第一百零一条规定："公民、法人享有名誉权，公民的人格尊严受法律保护，禁止用侮辱、诽谤等方式损害公民、法人的名誉。"【注：对应《民法典》第一千零二十四条】侵害名誉权的行为，作为侵害行为的一种，必须具备侵权行为的一般特征，受害人确有名誉被损害的事实、行为人行为违法、违法行为与损害后果之间有因果关系、行为人主观上有过错。从本案发生的经过来看，某电网公司作为招标单位，于 2018 年 12 月发出招标公告，评标工作于 2019 年 1 月 28 日结束，某电网公司于 2019 年 3 月 7 日、3 月 19 日发布公告称包括某水泥制品公司在内的六家供应商串通投标及进行处罚，事实上是作为招标人对投标人未中标的原因所作的说明及在招标过程中存在

---

① 来源于企查查网站：凤庆顺某水泥制品有限责任公司与云南某网有限责任公司名誉权纠纷案民事判决书。

的不当行为所作的处理决定，是正常履行招标人职责的行为，不构成名誉侵权。另依照《招标投标法》第六十五条规定，投标人和其他利害关系人认为招标投标活动不符合本法有关规定的，有权向招标人提出异议或者依法向有关行政监督部门投诉。某电网公司认定某水泥制品公司在投标过程中存在串标行为，对此，某水泥制品公司不服应当向行政监督部门投诉，由相关行政监督部门确定，某水泥制品公司径行以侵害名誉权主张权利不符合上述规定，本院不予支持。据此，依据《民法通则》第一百零一条、《招标投标法》第六十五条之规定，判决如下：驳回某水泥制品公司的诉讼请求。

二、行政法律责任

招标投标活动事关公开、公平、公正的市场竞争秩序的建立，受国家法律规制和市场监管，如果违反行政法律法规从事招标投标活动，将可能承担行政法律责任。对招标投标活动行使管理、监督职责的行政机关工作人员，也可能因其违法行政行为承担相应法律责任。行政法律责任，是指招标投标活动中因违反行政法律规范而依法必须承担的法律责任，它主要是行政违法引起的法律后果。违反《招标投标法》应当承担的行政责任包括行政处分和行政处罚。

行政处分，是指国家行政机关对行政工作人员的惩戒，是有隶属关系的上级对下级违反纪律的行为或对尚未构成犯罪的违法行为给予的纪律制裁，属于内部行政行为。因行政处分不受司法审查，被处分人不服行政处分的，只能通过行政复议和行政申诉途径解决，不能提起行政诉讼。行政处分有警告、记过、记大过、降级、撤职、开除六种形式。

行政处罚，是指国家行政机关及其授权的法定组织对违反法律、法规、规章，但尚不构成犯罪的公民、法人及其他组织实施的一种制裁行为。行政处罚的种类主要有：警告、罚款、没收非法所得、责令停产停业、暂扣或者吊销许可证、暂扣或者吊销营业执照、行政拘留、法律法规规定的其他行政处罚。

招标投标活动当事人应当承担的行政法律责任主要有：

（1）责令改正。责令改正是指相关的监督部门对于违反相关法律法规的当事人要求其在一定期限内予以纠正。可以对部分实施的招标投标过程中的有关违法行为责令改正，也可以将已实施的或已有中标结果的招标投标活动推倒重来，其目的在于要求违法的当事人将不法状态恢复为合法状态，消除违法行为引起的不良影响和不利后果。如招标人在评标委员会依法推荐的中标候选人以外确定中标人，依法必须进行招标的项目中标无效，责令改正。

（2）罚款。罚款是指行政机关对违反行政法律规范不履行法定义务的组织或个人所作出的一种经济处罚。招标投标活动的行政责任中罚款是最主要的形式之一，可以是按合同金额的比例，也可以是按法律法规直接确定的罚款数额。如招标人将依法应当公开招标而采用邀请招标的，有关行政监督部门可以处 10 万元以下的罚款。

（3）暂停项目执行或者暂停资金拨付。全部或者部分使用国有资金的必须进行招标的项目而不招标的，可以暂停项目执行或者暂停资金拨付。

（4）没收违法所得。如招标代理机构在所代理的招标项目中投标、代理投标或者向该项目投标人提供咨询，接受委托编制标底的中介机构参加受托编制标底项目的投标或者为该项目的投标人编制投标文件、提供咨询，有违法所得的，没收违法所得。

（5）暂停或取消招标代理资格。如招标代理机构在所代理的招标项目中投标、代理投标或者向该项目投标人提供咨询的，接受委托编制标底的中介机构参加受托编制标底项目的投标或者为该项目的投标人编制投标文件、提供咨询，情节严重的，暂停或取消招标代理资格。

（6）吊销营业执照。如投标人以行贿谋取中标情节特别严重的，由市场监督管理部门吊销营业执照。

（7）取消投标资格。如依法必须进行招标的项目的投标人弄虚作假骗取中标的行为情节严重的，由有关行政监督部门取消其一年至三年内参加依法必须招标的项目的投标资格。

（8）行政处分。如招标人接受应当拒收的投标文件的，对单位直接负责的主管人员和其他直接责任人员依法给予处分。

三、刑事法律责任

刑事法律责任简称刑事责任，是指招标投标活动中的当事人因实施《刑法》规定的犯罪行为所应承担的刑事法律后果。

在招标投标活动中，当事人的行为违反了我国《刑法》的规定需要承担刑事责任的方式是刑罚。刑罚是人民法院在对行为人作出有罪判决的同时给予刑事制裁。刑罚分为主刑和附加刑两大类，主刑包括管制、拘役、有期徒刑、无期徒刑、死刑；附加刑包括罚金、剥夺政治权利、没收财产、驱逐出境。附加刑可以和主刑一并适用，也可以独立适用。

根据犯罪主体的不同，我国《刑法》中又分为单位犯罪的刑事责任和自然人犯罪的刑事责任两种。单位犯罪的刑事责任是指以单位为犯罪主体，因其实施刑法规定的犯罪行为所应承担的刑事法律后果。公司、企业、事业单位、机关、团体实施的危害社会的行为，法律规定为单位犯罪的，应当负刑事责任。对单位犯罪的刑事责任采用双罚制方式。双罚制是指对于实施犯罪行为的单位，既要处罚单位，又要处罚单位中直接负责的主管人员和其他直接责任人员。

招标投标活动当事人涉嫌的犯罪及刑事法律责任主要有：

（1）串通投标罪。《刑法》第二百二十三条规定："投标人相互串通投标报价，损害招标人或者其他投标人利益，情节严重的，处三年以下有期徒刑或者拘役，并处或者单处罚金。投标人与招标人串通投标，损害国家、集体、公民的合法利益的，依照前款的规定处罚。"串通投标罪分为两种情况：一是投标人相互串通投标，损害招标人或者其他投标人的利益，并且情节严重的行为。如投标人相互串通投标报价，联手抬高标价或者压低标价，以损害招标人的利益或者排挤其他投标人。二是招标人与投标人串通投标，损害国家、集体、公民的合法利益。如招标人明示或者暗示投标人压低或者抬高投标报价等串通投标行为。

需要注意的是，尽管《刑法》第二百二十三条第一款将投标人与投标人之间的串通投标行为表述为"串通投标报价"，但宜将"投标报价"作扩大解释，串通投标不限于对投标报价的串通，还包括就报价以外的其他事项进行串通。

【类案释法 10-2】串通投标不限于串通投标报价，还包括对其他事项进行串通

（2017）粤 04 刑终 378 号刑事裁定书①：原判决认定，2013 年 5 月，时任大横琴口岸公司总工助理的被告人米某某，在总经理朱某（因犯受贿罪已判决）的授意下，利用分管工程合同管理、招投标工作的职务便利，同意被告人胡某某、袁某某伙同被告人张某以张某所在的湖南四建与米某某指定的余某所在的珠海市建筑设计院组成联合体准备投标房建二标。随后，被告人米某某在编制招标文件的过程中，多次向被告人胡某某、袁某某等人了解珠海市建筑设计院和湖南四建在业绩信誉、纳税额、所获奖项等方面的优势，为该对联合体量身定制招标文件，并私自将房某二标招标文件草案中的"业绩信誉标书评审细则"内容交由上述人员修改、核对。

招标文件通过审核后，为防止废标，被告人胡某某、袁某某、张某决定联系

---

① 来源于裁判文书网：米某兴、胡某发串通投标二审刑事裁定书。

陪标单位以防废标。被告人胡某某、袁某某、张某分别联系广东省建筑工程集团有限公司珠海分公司的张某2（另作处理）、广东工业大学建筑设计研究院的程某（另作处理）、珠海市中京国际建筑设计研究院有限公司的林某（另作处理）、河南五建建设集团有限公司珠海分公司的刘某（另作处理）、中信建筑设计研究总院有限公司珠海分公司的赵某（另作处理）、江西中盛建筑工程有限公司的左某（在逃）等六家单位组成三对联合体参与投标，并分别支付了上述六人1万元至5万元不等的陪标费。此外，被告人张某还另做一份标书供陪标单位投标使用。

项目开标前，被告人米某某、胡某某、袁某某、张某等人在珠海市骏德汇酒店私聚，商讨技术标书的制作注意事项及投标报价的下浮率等事项。2013年10月16日，在米某某、胡某某、袁某某、张某等人的操控下，房某二标开标过程只有上述的四家联合体参与，最终由珠海市建筑设计院与湖南四建组成的联合体顺利中标，中标价为9584万元（建安工程部分）。2013年11月28日该工程开工，于2014年11月26日竣工。

房某二标建安工程项目由被告人胡某某、袁某某、张某与方某腾挂靠湖南四建合伙经营，其中胡某某占股40%，袁某某占股30%，方某腾占股20%，张某占股10%。该工程开工后，因内部管理混乱、施工进度严重滞后等原因，2014年6月26日湖南四建成立珠海横琴口岸指挥部，全面接管该项目的工程施工管理工作。

珠海市中级人民法院认为，串通投标罪，是指投标人相互串通投标报价，损害招标人或者其他投标人的利益，情节严重，或者投标人与招标人串通投标，损害国家、集体、公民的合法权益的行为。根据司法实践，刑法第二百二十三条串通投标罪中的招标人与投标人，应解释为主管、负责、参与招标、投标事项的人。据此，上诉人米某某作为涉案项目的招标事项主管人，符合构成串通投标罪的主体。另，现有证据已证实，涉案中标工程项目系由胡某某等三原审被告人与方某腾挂靠湖南四建合伙经营，因此，本案是自然人犯罪，而非单位犯罪。此外，根据刑法理论，串通投标，不限于对投标报价的串通，还包括就报价以外的其他事项进行串通，上诉人米某某与原审被告人胡某某等人共谋后，实施了为约定的投标联合体量身定制招标文件等行为，属操控招投标行为，亦即串通投标犯罪的客观行为，因此，上诉人米某某的行为构成串通投标罪。

自然人、单位都可构成串通投标罪的犯罪主体。串通投标罪在主观方面表现为故意，既包括直接故意，也包括间接故意，即明知自己串通投标的行为会损害招标人或其他投标人的利益，但仍决意而为之，并希望或放任这种危害后果的发生。

【类案释法 10-3】借用投标资质参与围标构成串通投标罪

（2014）鄂夷陵刑初字第 00027 号刑事判决书①：2013 年 1 月，在国湾星城工程招投标过程中，朱某、张某、付某权为了能够顺利承接一、二、三标段，经与被告人李某预谋，由李某等人分别向湖北远安海龙建设有限公司等 16 家公司租借资质投标，由朱某、张某、付某权通过各自账户及李某某等人账户向上述公司转出投标保证金并支付资质租借费，由李某等被告人共同编制上述不同投标公司的投标文件，通过在"工程量清单计价软件"中增加记录、检查加密狗号和机器码的软件工具并将其制作的投标文件的加密狗号和机器码数据进行修改等方式排挤其他投标人的公平竞争，使湖北远某海龙建设有限公司以 7029 万元的报价成为一标段中标人，宜都市兴某建筑工程有限公司以 8689 万元的报价成为二标段中标人（实际中标人为张某、朱某），湖北宏某建设集团有限公司以 9924 万元的报价成为三标段中标人（实际中标人为付某权）。

湖北省宜昌市夷陵区人民法院认为，被告人李某、李某某受他人之托，为他人借用投标资质，参与围标，并为他人提供投标文件、资金账号，违法流转投标资金，且从中获利；被告人陈某某、徐某某、许某某、吴某接受被告人李某授意，为他人制作多份呈规律性差异的标书，并通过其掌握评标计价软件的技术优势，对为他人提供的工程量造价标书，修改标书验证机号和加密狗号，以掩盖多份标书系同一主体完成的事实，致使多份标书直接进入到评标环节，并获得较高中标概率，排挤其他投标人的公平竞争，损害招标人、其他投标人利益，为请托投标人获得较高中标概率而形成行为一致性。李某等六被告人的行为均构成串通投标罪。

从客观要件来看，串通投标行为情节严重，或者损害国家、集体、公民的合法利益，才可能构成犯罪。串通投标罪的客观方面表现为：投标人之间相互串通投标报价；投标人与招标人之间串通投标。为了更好地判断行为人的行为是否构成串通投标，可以参考《招标投标法实施条例》第三十九条、第四十条和第四十一条的规定《最高人民检察院、公安部关于公安机关管辖的刑事案件立案追诉标准的规定（二）》（以下简称《立案追诉标准规定（二）》）规定投标人相

---

① 来源于肖杰著：《串通投标罪的主体、共犯及犯罪形态》，载于《人民司法》2015 年 18 期。

互串通投标报价，或者投标人与招标人串通投标，涉嫌下列情形之一的，应予立案追诉：（1）损害招标人、投标人或者国家、集体、公民的合法利益，造成直接经济损失数额在五十万元以上的；（2）违法所得数额在十万元以上的；（3）中标项目金额在二百万元以上的；（4）采取威胁、欺骗或者贿赂等非法手段的；（5）虽未达到上述数额标准，但两年内因串通投标，受过行政处罚二次以上，又串通投标的；（6）其他情节严重的情形。达到立案追诉的标准，就足以说明行为人的串通投标行为所造成的严重影响，足以认定该行为属于《刑法》第二百二十三条规定的"情节严重"。在对串通投标的犯罪行为进行评价时，若行为人已然完成了整个串通投标的全过程，那么，无论最终的结果如何，即行为人是否实际中标都在所不论，因其行为已经产生了排挤其他投标人公平竞争的效果，故应当认定为犯罪既遂，构成串通投标罪。串通投标罪侵犯的客体是复杂客体。该罪既侵犯了其他投标人、国家、集体或公民个人的合法权益，又侵犯了社会主义市场经济的自由贸易和公平竞争的秩序。

实践中，一些依法必须招标项目，招标人先选定中标人甚至先签订合同，再走招标投标程序的情形并不鲜见。不少招标人和投标人认为，这种为了应付检查和监管而走招标程序的行为很正常，被发现了也就是批评教育的问题，不至于构成违法犯罪。但不少案件的司法判决明确了这种"先定中标人再走程序"的行为可能构成串通投标罪。

【类案释法 10-4】组织多家单位围标构成串通投标罪

（2017）兵 12 刑终 1 号刑事判决书①：2013 年 5 月，哈密晟某市场开发有限公司（以下简称晟某公司）总经理何某与河南省郑州市某建筑工程集团有限公司哈密分公司（以下简称郑州某哈密分公司）负责人被告人王某山商定由郑州某哈密分公司承建第十三师火箭农场前进建材机电市场工程建设项目。晟某公司委托新疆某纬招标公司组织公开招标，办理委托招标具体事项由晟某公司总工程师被告人刘某科负责，为让河南省郑州市某建筑工程集团有限公司（以下简称郑州某公司）中标，被告人刘某科授意被告人王某山，让其再找两家公司来陪标，其间，帮其制作预算、办理投标手续，并授意招标公司人员出具三份虚假的投标保证金收据。被告人王某山通过有关人员联系到了刘某代表河南省凯达建筑有限公司、李某代表新蒲建设集团有限公司进行陪标，并表示具体投标文件的制作事

---

① 来源于裁判文书网：上诉人王某山、王某乐与原审被告人刘某科串通投标罪一案二审刑事判决书。

宜和其儿子被告人王某某联系。在开标前一天，被告人王某某与陪标人刘某、李某等人共同在金彩广告打印部制作了三家公司投标文件，投标文件中涉及各公司相关资质的资料及印章由代表相关公司陪标人提供，郑州某公司投标文件中相关资质资料及印章由郑州某公司人员提供，投标文件中工程预算部分和保证金收据均由被告人王某某提供，三家投标文件制作好后各自带回用于参加第二日招投标活动。2013 年 11 月 12 日，在十三师公共资源交易中心，在公证人员及其他监标人员的监督下，依法按程序进行了验标评标开标，郑州某公司中标，中标金额 1.4 亿元。中标后被告人王某山安排公司出纳张某，通过王某山个人银行账号以"招标"名义，分别支付给刘某、李某各 6000 元陪标费。

　　新疆生产建设兵团第十三师中级人民法院认为，上诉人王某山、王某某，原审被告人刘某科为使郑州某哈密分公司承建招标工程，联合多家单位串通投标报价，损害国家、集体、公民合法利益，情节严重，其行为均已构成串通投标罪，均应依法予以惩处。关于各上诉人及其辩护人所提"上诉人行为均不符合串通投标罪犯罪构成要件，不构成串通投标罪"的上诉理由及辩护意见，经审查：1. 主体上，《刑法》第二百二十三条规定的串通投标罪是确定性规则而非准用性规则，其主体范围的设定并不以《招标投标法》为依据；结合《刑法》第二百二十三条和第二百三十一条的规定及二者之间的联系，串通投标罪的主体首先规定的就是自然人主体；本案串通投标行为人虽非《招标投标法》意义上的招标人和投标人，但均实施了串通投标行为，达到了串通投标的目的，理应成为串通投标罪的行为主体。2. 主观方面，上诉人王某山组织多家单位围标以保障郑州某公司中标，继而郑州某哈密分公司承建招标工程，获取利益，上诉人王某某明知王某山串通投标仍积极进行帮助，主观故意明显。3. 客观方面，上诉人王某山为了达到由郑州某哈密分公司承建招标工程的目的，联系、组织了郑州某公司及另外两家有资质的单位参与投标，并负责投标的前期费用，向两家单位人员支付陪标费等，上诉人王某某在王某山安排下为部分单位参与投标，编制、打印标书提供帮助。4. 客体上，招标投标是一种竞争性很强的市场交易方式，其本质在于要求当事人遵循公开、公平、公正以及诚实信用原则，在同等条件下通过市场实现优胜劣汰，最佳配置使用人力、财力、物力。倘若当事人通过串通投标的不正当手段排斥他人的正当竞争，就会使招标投标活动丧失其原有效应。通过法律甚至刑罚手段来严格规范招标投标活动，目的在于保护国家利益、社会公共利益和招标投标当事人的合法权益，提高经济效益，保证项目质量。本案中，上诉人等人为了获取该招标工程，私自串通其他投标人，通过支付陪标费的方式予以获得，具有明显的违法性与不正当性，扰乱了正常的经济社会秩序，损害国家、集体、公民合法利益。5. 根据《招标投标法》第三条及国务院颁布的《工程建设项目招标和规模标准规定》第三条及第七条，本案工程属于依法必须进行招标的项目，郑州某哈密分公司与晟某公司未经招标而于 2013 年 6 月 15 日签订《建设工程施工合同》违反了国家法律的强制性规定，该种违法行为，不能成为各方串通投标并将串通投标行为合法化的依据；依照《招标投标法》第五十三条之规定，投标人间，或者招标人与投标人间实施串通行为的，该中标项目无效，这是对串通投标导致中标无效后果的法律规制，该规制与串通投标行为本身是否构成刑事犯罪无关；《招标投标法》对一般串通招投标行为，规定有罚款、没收违法所得、吊销串通投标人的营业执照或取消投标人的投标资格等行政处罚措施，但依照《刑法》，对串通投标行为情节严重已构成犯罪的，应当依法追究违法行为人的刑事责任，立法者在对该行为性质进行评价的时候加入"情节严重"这一因素进行综合评价，正是通过"情节严重"来限制串通投标罪犯罪成立的范围，防止把轻微的违法行为作为犯罪来处理，体现刑法谦抑性价值；《最高人民检察院、公安部关于公安机关管辖的刑事案件立案追诉标准的规定（二）》第七十六条规定立案标准虽非犯罪构成要件本身，但其实质上是对行为人刑事追诉的成罪要求，是对犯罪构成要件的综合性概括，本案中标项目金额达 1.4 亿元，远超上述立案追诉标准中的第三项即中标项目金额在 200 万元以上之规定，应认定为情节严重，应受刑罚处罚。综上，各上诉人及其辩护人所提无罪的上诉理由及辩护意见无事实及法律依据，不能成立，本院不予支持。

一个自然人或是一个单位同时挂靠多个单位，通过控制该几家单位共同参与同一建设项目的投标活动，从而达到限制竞争并排挤其他投标人之目的，也即是司法实践中较为常见的"围标"。在整个围标过程中，围标成员达成攻守同盟，围标人往往给予陪标人一定的经济利益，而陪标人则须严格遵守合作协议的保密要求以保证围标人能够顺利中标。在大多数情况下，串通投标罪多以共同犯罪的形式出现，毋庸置疑，如果被挂靠人明知挂靠人的围标行为并积极予以配合，那么挂靠人与被挂靠人的行为均应作为串通投标加以惩处。但是不可忽略的是，若是部分挂靠人为了谨慎起见，并未将其挂靠多家单位的事实向被挂靠人予以披露，在被挂靠人不知情或者没有证据能够证明被挂靠人知情的情况下，单个行为人利用掌握的多个单位参与围标，能否以串通投标罪来认定便成为一大难题。法院裁判认为，一人控制几家公司投标，比与他人的串通行为更为严重，举重以明轻，当然构成串通投标罪。

（2）侵犯商业秘密罪。依据《刑法》第二百一十九条规定，招标人向他人透露已获取招标文件的潜在投标人名称、数量以及可能影响公平竞争的有关招标投标的其他情况，如泄露评标专家委员会成员或是泄露标底并造成重大损失的，招标人构成侵犯商业秘密罪，处三年以下有期徒刑或者拘役，造成特别严重后果的，处三年以上七年以下有期徒刑，并处罚金。

（3）合同诈骗罪。依据《刑法》第二百二十四条规定，投标人以非法占有为目的，在签订、履行合同过程中实施下列行为骗取对方当事人财物，数额较大的，处三年以下有期徒刑或者拘役，并处或者单处罚金；数额巨大或者有其他严重情节的，处三年以上十年以下有期徒刑，并处罚金；数额特别巨大或者有其他特别严重情节的，处十年以上有期徒刑或者无期徒刑，并处罚金或者没收财产。

【类案释法 10-5】虚假招标骗取投标人的履约保证金构成合同诈骗罪

（2016）云刑终 865 号刑事裁定书①：云南省高级人民法院经审理查明，2005 年 11 月 16 日，上诉人李某某代表云南红某投资开发有限公司和禄丰县某镇人民政府签订《禄丰县黑井龙川江电站投资意向书》。2006 年 1 月 20 日，李某某等人在禄丰县工商局注册成立黑井"高山公司"，李某某系公司法定代表人，实际替代"云南红某投资开发有限公司"开发禄丰县黑井龙川江、青龙河两个水电站。2006 年 2 月 23 日，楚雄州发改委以楚发改能源（2006）7 号和楚发改能源（2006）8 号文件同意核准禄丰县黑井龙川江、青龙河两个水电站项目。由于黑井"高山公司"未按楚发改能源（2006）7 号和楚发改能源（2006）8 号文件的要求，补报禄丰县黑井龙川江、青龙河两个水电站项目的用地预审意见、环评、水资源论证及水土保持有关文件，并且擅自更改楚发改能源（2006）4 号文件，楚雄州发改委于 2007 年 1 月 12 日以楚发改能源（2007）4 号文件，决定废止楚发改能源（2006）7 号和楚发改能源（2006）8 号文件。2007 年 1 月 10 日，禄丰县某镇人民政府与云南某投资开发有限公司（原云南红某投资开发有限公司）签订协议，解除《禄丰县黑井龙川江电站投资意向书》，收回黑井龙川江电站的开发权；注销在禄丰县工商局注册成立的"高山公司"。从法律和事实上终止李某某为法人代表的"高山公司"开发黑井龙川江、青龙河水电站项目的权利。李某某在水电站项目文件已被废止，无项目工程、建设资金和开工建设许可的情况下，仍然以"高山公司"的名义通过招标、发包的方式对外签订多份工

---

① 来源于裁判文书网：李某山合同诈骗二审刑事裁定书。

程建设施工合同，骗取投标、承包方的履约保证金。具体事实如下：……

本院认为，上诉人李某某在开发禄丰县黑井龙川江、青龙河水电站的项目被楚雄州发改委废止，李某某在不具有水电站开发权和项目工程的情况下，仍以非法占有为目的，虚构工程项目、欺骗、隐瞒事实真相，与多方受害人签订工程施工合同，骗取工程履约保证金、内定标代理费等项资金共计749万元，其行为已构成合同诈骗罪。且诈骗数额特别巨大，严重侵犯公私财产所有权，扰乱市场交易秩序和国家合同管理制度，应依法从严惩处。李某某上诉提出原审判决认定事实有误，开发黑井龙川江、青龙河水电站事实存在，其行为代表公司；与刘某、林某、李某戊等人的债务纠纷不能作为定罪依据等上诉理由。经查，"高山公司"实为李某某等个人所有，虚设开发黑井龙川江、青龙河水电站的工程项目，公开向社会招标、投标，欺骗承包者、中标方交纳工程履约保证金，数额特别巨大，并无偿还的意愿和能力。刘某、林某、李某戊等人是在识破李某某的骗局后提出索赔，李某某出于权宜之计，又与对方虚拟赔偿承诺、欠条还款等协议，规避法律追究，实际诈骗金额并无返还，故李某某的上诉理由不能成立。

（4）行贿罪。投标人向招标人或者评标委员会成员行贿，依据《刑法》第三百九十一条的规定构成行贿罪，可处三年以下有期徒刑或者拘役。单位犯行贿罪的，对单位判处罚金，并对其直接负责的主管人员和其他直接责任人员，依照相关规定处罚。

（5）受贿罪。依法组建的评标委员会在招标、评标活动中，索取他人财物或者非法收受他人财物，为他人谋取利益，数额较大的，以非国家工作人员受贿罪定罪处罚。

（6）对非国家工作人员行贿罪。如果投标人向评标委员会中的非国家工作人员行贿，谋取中标的，可能涉嫌构成对非国家工作人员行贿罪。

（7）非国家工作人员受贿罪。根据《招标投标法实施条例》第七十二条规定，评标委员会成员收受投标人的财物或者其他好处，构成犯罪的，依法追究刑事责任。根据《刑法》第一百六十三条第一款及《最高人民法院、最高人民检察院关于办理商业贿赂刑事案件适用法律若干问题的意见》第六条规定，公司、企业或者其他单位的工作人员利用职务上的便利，索取他人财物或者非法收受他人财物，为他人谋取利益，数额较大的，处五年以下有期徒刑或者拘役；数额巨大的，处五年以上有期徒刑，可以并处没收财产。因此，评标委员会成员在招标、评标活动中，索取、收受他人财物，为他人谋取利益且数额较大的，将以非国家工作人员受贿罪论处。依法组建的评标委员会中国家机关或者其他国有单位的代表有以上行为的，依照《刑法》第三百八十五条的规定，以受贿罪定罪处罚。

【类案释法 10-6】评标委员会成员收取投标人数额较大构成非国家工作人员受贿罪

（2018）渝 01 刑终 727 号刑事判决书[①]：2017 年 3 月 31 日，渝北区中央公园北段土石方工程招标公告发布后，被告人陈某波为了中标该项目，与何某等人借用广西某集团第×建筑工程有限责任公司（以下简称广西某建）、某甲建设发展集团股份有限公司（以下简称某甲建设）、某乙建设集团有限公司（以下简称某乙建设）、广西某丙建设工程有限公司（以下简称某丙建设）参与该项目投标。陈剑波安排他人制作投标文件，并要求在投标文件的特定位置添加"页眉横线"，目的是让评标委员会成员将"页眉横线"作为招标文件必备格式。

2017 年 4 月初，被告人陈某波为了在开标前与评标委员会成员接触，安排被告人郭某伟联系重庆市某区公共资源交易中心（以下简称交易中心）保安罗某和刘某，让二人提供帮助，先后给予二人共计 5 万元感谢费。同年 4 月 21 日，陈某波安排罗某、刘某二人将五名评标委员会成员带至交易中心三楼过道及闲置办公室内，与陈某波安排的被告人郭某伟见面。郭某伟根据陈某波的要求，与五名评标委员会成员见面，给予周某（另案处理）、潘某（另案处理）一张纸条，让二人按照纸条上载明的评标提示，利用"页眉横线"等多处陷阱将其他公司的投标文件进行废标，同时载明了广西某建、某甲建设、某乙建设、某丙建设等公司名称。郭洪伟分别给予周某、潘某感谢费各 2 万元。郭某伟将评标委员会成员被告人代某带至陈某波处，陈某波告诉代某评标注意事项并给予代某感谢费10 万元。评标过程中，被告人代某与周某、潘某认为重庆某控股（集团）有限公司等 20 家公司的投标文件顶部无"页眉横线"，不符合招标文件格式要求，应按废标处理。经五名成员投票表决，以 3：2 的票数认定 20 家公司的投标文件按废标处理。经评标委员会最终评审，广西×建为第一中标候选人，某甲建设为第二中标候选人，某乙建设为第三中标候选人。同年 5 月 22 日，广西×建收到中标通知书，以低于最高限价 0.4%中标，中标价为 15115.98 万元。后因重庆市渝北区城乡建设委员会发现该招投标存在违法行为宣布无效。

重庆市第一中级人民法院审理认为，上诉人陈某波、原审被告人郭某伟在参

---

① 来源于裁判文书网：陈某波、郭某伟串通投标罪、对非国家工作人员行贿罪代某非国家工作人员受贿罪二审刑事判决书。

与投标过程中，串通投标报价，并采用贿赂手段，情节严重，其行为均构成串通投标罪；二人为谋取不正当利益，给予评标委员会成员等人财物，数额较大，其行为均构成对非国家工作人员行贿罪；二人均犯数罪，依法应予并罚。原审被告人代某身为评标委员会成员，利用职务上的便利，非法收受他人财物，为他人谋取利益，数额较大，其行为构成非国家工作人员受贿罪，依法应予惩处。

（8）非法经营罪。根据《刑法》第二百二十五条规定，在招投标活动中，如果投标人出让、出租或者出借资格证书、资质证书供他人投标，涉嫌构成非法经营罪。

【类案释法 10-7】通过相关人员干预招标获取违法所得构成非法经营罪

（2013）二中刑初字第 646 号刑事判决书[①]：2007 年至 2010 年，山西煤炭进出口集团北京某投资有限公司原经理侯某等人伙同北京某投资管理集团有限公司丁某，与投标铁路工程项目的公司商定，以有偿方式帮助其中标。随后，丁某通过相关人员干预招标，先后为中国某建设集团公司与中铁 A 局、B 局、C 局集团有限公司等 23 家投标公司中标了"新建京沪高速铁路土建工程 3 标段""新建贵阳至站前工程 8 标段"等 50 多个铁路工程项目，非法经营数额达 1788 亿余元，从中获违法所得 30 多亿元。法院以非法经营罪判处侯某有期徒刑七年，并处没收财产 8000 万元。

北京市第二中级人民法院认为，侯某等人以牟取暴利为目的，采取帮助投标单位中标的方法获巨额经济利益，严重扰乱市场经济秩序，大幅增加工程建设成本，造成大量国有资产流失，给项目安全和质量带来严重隐患，具有极大的社会危害性。侯某等人与铁路工程项目招标方个别领导沆瀣一气，利用职务之便影响操纵评标结果，使意向中标人中标，严重损害招标人和其他投标人的利益。从法理上看，侯某等人违反了《建筑法》《招标投标法》有关规定，严重干扰铁路工程建筑领域市场经济秩序，且有相应刑事罚则作为援引，已构成非法经营罪；同时其与招标人串通投标，损害社会公共利益和公民的合法利益，又构成串通投标罪，成立想象竞合犯。按照从一重罪论处原则，比较法定刑幅度，侯某等人的行为应定非法经营罪。

---

① 来源于无讼网：侯某霞非法经营罪刑事判决书。

第二节　招标人的违法行为及法律责任

一、规避招标

规避招标，就是招标人对依法必须进行招标的项目以各种手段和方式逃避招标的行为。《招标投标法》第四条规定："任何单位和个人不得将依法必须进行招标的项目化整为零或者以其他任何方式规避招标。"《招标投标法实施条例》第二十四条规定："……依法必须进行招标的项目的招标人不得利用划分标段规避招标。"第六十三条第二款规定："依法必须进行招标的项目的招标人不按照规定发布资格预审公告或者招标公告，构成规避招标的，依照招标投标法第四十九条的规定处罚。"根据上述规定，规避招标的常见情形，一是招标人对依法必须招标项目直接采用竞争性谈判、单一来源采购或直接发包等方式，而未采取招标投标方式；二是招标人利用划分标段规避招标，即招标人采取将标段划小，以化整为零的办法，降低采购规模，达到每个采购项目达不到招标规模标准，采用非招标方式采购从而规避招标；三是不发布资格预审公告或者招标公告，即依法必须进行招标的项目的招标人不按照规定发布资格预审公告或者招标公告，导致潜在投标人无法了解招标事宜，招标人不足三家从而达到规避招标的目的。

对规避招标的法律责任，《招标投标法》第四十九条规定："违反本法规定，必须进行招标的项目而不招标的，将必须进行招标的项目化整为零或者以其他任何方式规避招标的，责令限期改正，可以处项目合同金额千分之五以上千分之十以下的罚款；对全部或者部分使用国有资金的项目，可以暂停项目执行或者暂停资金拨付；对单位直接负责的主管人员和其他直接责任人员依法给予处分。"

【类案释法 10-8】应当招标而未招标即已签订施工合同将受处罚

北京市门头沟区住房和城乡建设委员会京建法罚（门建）字（2017）第670031号行政处罚决定书[①]：北京某集团有限责任公司（国有独资大型煤炭企业集团）作为招标人在涉案项目应当公开招标，但未进行招标的情况下，就已确定施工单位并与施工单位签订了施工合同。该行为违反了《招标投标法》第四十

[①]　来源于天眼查网站，北京京煤集团有限责任公司行政处罚信息。

九条的规定，故依据《招标投标法》第四十九条的规定对该公司处涉案工程项目合同价款千分之十的罚款，罚款金额为 570 883.68 元。

二、以不合理条件限制或排斥潜在投标人

招标人为了使自己意向的投标人中标，以不合理条件限制或排斥潜在投标人或者投标人的情况，在招标实践中并不少见，如为自己事先内定的中标人量身定做投标人资格条件、人为抬高资质等级、强制要求投标人组成联合体投标、限制外地或者系统外企业投标等。

《招标投标法》第六条规定："依法必须进行招标的项目，其招标投标活动不受地区或者部门的限制。任何单位和个人不得违法限制或者排斥本地区、本系统以外的法人或者其他组织参加投标，不得以任何方式非法干涉招标投标活动。"该法第十八条第二款规定："招标人不得以不合理的条件限制或者排斥潜在投标人，不得对潜在投标人实行歧视待遇。"第二十条规定："招标文件不得要求或者标明特定的生产供应者以及含有倾向或者排斥潜在投标人的其他内容。"第三十一条第四款规定："招标人不得强制投标人组成联合体共同投标，不得限制投标人之间的竞争。"《招标投标法实施条例》第三十二条对"以不合理的条件限制、排斥潜在投标人或者投标人"的表现形式进行了细化，包括：（一）就同一招标项目向潜在投标人或者投标人提供有差别的项目信息；（二）设定的资格、技术、商务条件与招标项目的具体特点和实际需求不相适应或者与合同履行无关；（三）依法必须进行招标的项目以特定行政区域或者特定行业的业绩、奖项作为加分条件或者中标条件；（四）对潜在投标人或者投标人采取不同的资格审查或者评标标准；（五）限定或者指定特定的专利、商标、品牌、原产地或者供应商；（六）依法必须进行招标的项目非法限定潜在投标人或者投标人的所有制形式或者组织形式；（七）以其他不合理条件限制、排斥潜在投标人或者投标人。

除此之外，其他法律法规或规范性文件也规定了"以不合理的条件限制、排斥潜在投标人或者投标人"的行为，如：《公平竞争审查制度实施细则》规定的以下典型情形：1. 不依法及时、有效、完整地发布招标信息；2. 直接规定外地经营者不能参与本地特定的招标投标活动；3. 对外地经营者设定歧视性的资质资格要求或者评标评审标准；4. 将经营者在本地区的业绩、所获得的奖项荣誉作为投标条件、加分条件、中标条件或用于评价企业信用等级，限制或者变相限制外地经营者参加本地招标投标活动；5. 没有法律、行政法规或者国务院规定依据，要求经营者在本地注册设立分支机构，在本地拥有一定办公面积，在本

地缴纳社会保险等，限制或者变相限制外地经营者参加本地招标投标活动；6. 通过设定与招标项目的具体特点和实际需求不相适应或者与合同履行无关的资格、技术和商务条件，限制或者变相限制外地经营者参加本地招标投标活动。《工程项目招投标领域营商环境专项整治工作方案》也规定了对潜在投标人设置不合理限制和壁垒的 18 种情形，前已述及。

对以不合理条件限制或排斥潜在投标人行为的法律责任，《招标投标法》第五十一条规定："招标人以不合理的条件限制或者排斥潜在投标人的，对潜在投标人实行歧视待遇的，强制要求投标人组成联合体共同投标的，或者限制投标人之间竞争的，责令改正，可以处一万元以上五万元以下的罚款。"

三、违法招标行为

（1）违法确定招标方式。《招标投标法实施条例》第六十四条规定："招标人有下列情形之一的，由有关行政监督部门责令改正，可以处 10 万元以下的罚款：（一）依法应当公开招标而采用邀请招标；……招标人有前款第一项、第三项、第四项所列行为之一的，对单位直接负责的主管人员和其他直接责任人员依法给予处分。"

【类案释法 10-9】依法应当公开招标而采用邀请招标方式的，予以行政处罚

苏州市住房和城乡建设局苏住建监罚字（2020）第 62 号行政处罚决定书：A 公司在 X 号地块项目三标段工程的招标中，依法应当公开招标的，采用邀请招标的方式确定中标单位 B 公司。苏州市住房和城乡建设局认为，该行为违反了《招标投标法实施条例》第八条第一款的规定，依据《招标投标法实施条例》第六十四条第一款第一项，对 A 公司处以罚款 10 万元。

（2）违法发布公告。《招标投标法实施条例》第六十三条规定："招标人有下列限制或者排斥潜在投标人行为之一的，由有关行政监督部门依照招标投标法第五十一条的规定处罚：（一）依法应当公开招标的项目不按照规定在指定媒介发布资格预审公告或者招标公告；（二）在不同媒介发布的同一招标项目的资格预审公告或者招标公告的内容不一致，影响潜在投标人申请资格预审或者投标。依法必须进行招标的项目的招标人不按照规定发布资格预审公告或者招标公告，构成规避招标的，依照招标投标法第四十九条的规定处罚。"

（3）招标文件、资格预审文件的发售、澄清、修改的时限，或者确定的提交资格预审申请文件、投标文件的时限不符合法律规定。《招标投标法实施条例》第六十四条规定："招标人有下列情形之一的，由有关行政监督部门责令改正，可以处10万元以下的罚款：……（二）招标文件、资格预审文件的发售、澄清、修改的时限，或者确定的提交资格预审申请文件、投标文件的时限不符合招标投标法和本条例规定……"。

四、违法组建评标委员会

《招标投标法实施条例》第七十条规定："依法必须进行招标的项目的招标人不按照规定组建评标委员会，或者确定、更换评标委员会成员违反招标投标法和本条例规定的，由有关行政监督部门责令改正，可以处10万元以下的罚款，对单位直接负责的主管人员和其他直接责任人员依法给予处分；违法确定或者更换的评标委员会成员作出的评审结论无效，依法重新进行评审。国家工作人员以任何方式非法干涉选取评标委员会成员的，依照本条例第八十条的规定追究法律责任。"

五、违法定标

《招标投标法》第五十七条规定："招标人在评标委员会依法推荐的中标候选人以外确定中标人的，依法必须进行招标的项目在所有投标被评标委员会否决后自行确定中标人的，中标无效，责令改正，可以处中标项目金额千分之五以上千分之十以下的罚款；对单位直接负责的主管人员和其他直接责任人员依法给予处分"。

六、违规谈判、违法签订合同

（1）与投标人在确定中标人前违法谈判。《招标投标法》第五十五条规定："依法必须进行招标的项目，招标人违反本法规定，与投标人就投标价格、投标方案等实质性内容进行谈判的，给予警告，对单位直接负责的主管人员和其他直接责任人员依法给予处分。前款所列行为影响中标结果的，中标无效。"

【类案释法 10-10】确定中标人前与投标人就实质性内容进行了谈判应予行政处罚

北京市住房和城乡建设委员会京建法罚简（市）字（2018）第140130号行政处罚决定书：A公司在应当公开招标的涉案项目确定中标人前，与投标人就投标价格、投标方案等实质性内容进行了谈判。北京市住房和城乡建设委员会认为该行为违反了《招标投标法》第四十三条，依据《招标投标法》第五十五条的规定对 A 公司处以警告的行政处罚。

（2）违法签订合同。《招标投标法》第五十九条规定："招标人与中标人不按照招标文件和中标人的投标文件订立合同的，或者招标人、中标人订立背离合同实质性内容的协议的，责令改正；可以处中标项目金额千分之五以上千分之十以下的罚款。"《招标投标法实施条例》第七十三条规定："依法必须进行招标的项目的招标人有下列情形之一的，由有关行政监督部门责令改正，可以处中标项目金额 10‰以下的罚款；给他人造成损失的，依法承担赔偿责任；对单位直接负责的主管人员和其他直接责任人员依法给予处分：（一）无正当理由不发出中标通知书；（二）不按照规定确定中标人；（三）中标通知书发出后无正当理由改变中标结果；（四）无正当理由不与中标人订立合同；（五）在订立合同时向中标人提出附加条件。"第七十五条规定："招标人和中标人不按照招标文件和中标人的投标文件订立合同，合同的主要条款与招标文件、中标人的投标文件的内容不一致，或者招标人、中标人订立背离合同实质性内容的协议的，由有关行政监督部门责令改正，可以处中标项目金额 5‰以上 10‰以下的罚款。"

【类案释法 10-11】无正当理由不发出中标通知书应承担法律责任

（2019）辽 02 民终 411 号民事判决书[①]：招标人在涉案项目公开招标且通过开标评标程序已确定钜某建筑公司为中标人后，于公示时间到期擅自取消涉案招标项目，既未向钜某建筑公司发出中标通知书，也未与钜某建筑公司签订施工合同。故而钜某建筑公司提起诉讼。大连市中级人民法院认为，当事人行使权利、履行义务应当遵循诚实信用原则。上诉人中山民政局在招标案涉工程项目过程中，被上诉人钜某建筑公司投标，并以作为排序第一名的中标候选人公示，后中山民政局未向钜某建筑公司发出中标通知书，致使钜某建筑公司丧失订立合同的机会，属于违背诚实信用原则的行为，给钜某建筑公司造成信赖利益损失，中山民政局应当承担缔约过失损害赔偿责任。《招标投标法实施条例》第七十三条也同时规定："依法必须进行招标的项目的招标人有下列情形之一的，由有关行政监督部门责令改正，可以处中标项目金额 10‰以下的罚款；给他人造成损失的，依法承担赔偿责任；对单位直接负责的主管人员和其他直接责任人员依法给予处分：（一）无正当理由不发出中标通知书……"据此，中山民政局应赔偿的损失

---

① 来源于裁判文书网：大连市某山区民政局与大连某丰建筑工程有限公司缔约过失责任纠纷二审民事判决书。

有：1. 钜某建筑公司为准备订立合同所造成的损失，包括支付购买招标文件费600元、服务费2256元、代理服务费34586元、工程造价预算编制费248181元；2. 钜某建筑公司为准备履行合同所造成的损失，即因与案外人签订材料采购合同后违约造成的定金损失50000元。原审判决中山民政局赔偿钜某建筑公司上述各项损失合计335623元，合法适当，本院予以确认。

七、违规收取、退还保证金

实践中大量存在招标人违法收取投标保证金和履约保证金，以及违法不退还投标保证金和利息等行为。《招标投标法实施条例》第六十六条规定："招标人超过本条例规定的比例收取投标保证金、履约保证金或者不按照规定退还投标保证金及银行同期存款利息的，由有关行政监督部门责令改正，可以处5万元以下的罚款；给他人造成损失的，依法承担赔偿责任。"

八、其他违法行为

（1）接受未通过资格预审的单位或者个人参加投标。《招标投标法实施条例》第六十四条规定："招标人有下列情形之一的，由有关行政监督部门责令改正，可以处10万元以下的罚款：……（三）接受未通过资格预审的单位或者个人参加投标；……招标人有前款第一项、第三项、第四项所列行为之一的，对单位直接负责的主管人员和其他直接责任人员依法给予处分。"

（2）接受应当拒收的投标文件。《招标投标法实施条例》第六十四条规定："招标人有下列情形之一的，由有关行政监督部门责令改正，可以处10万元以下的罚款：……（四）接受应当拒收的投标文件。招标人有前款第一项、第三项、第四项所列行为之一的，对单位直接负责的主管人员和其他直接责任人员依法给予处分。"

（3）泄露秘密。《招标投标法》第五十二条规定："依法必须进行招标的项目的招标人向他人透露已获取招标文件的潜在投标人的名称、数量或者可能影响公平竞争的有关招标投标的其他情况的，或者泄露标底的，给予警告，可以并处一万元以上十万元以下的罚款；对单位直接负责的主管人员和其他直接责任人员依法给予处分；构成犯罪的，依法追究刑事责任。"

（4）与投标人串通投标。串通投标的表现形式比较丰富，一些地方立法对此也有更为细致的规定，如《云南省房屋建筑和市政基础设施工程招标中串通投标行为认定处理暂行办法》第四条规定："招标人或招标代理机构在建设工程招标活动中有下列情形之一的，认定为其与投标人有串通投标行为：（一）在规定的开标时间前开启投标文件，并将投标信息传递给该项目的其他投标人的；（二）在规定的提交投标文件截止时间后，协助投标人撤换投标文件、更改报价（包括修改电子投标文件相关数据）的；（三）向投标利害关系人泄露投标人名称、数量或联系方式、标底、资格预审委员会或评标委员会成员名单、资格预审或评标情况等应当保密的事项的；（四）在中标通知书发出前与投标人就该招标项目进行实质性谈判，或与投标人商定压低或者抬高标价，中标后再给投标人或者招标人额外补偿的；（五）在评标结束前预先内定中标人，或在招标文件中设定明显倾向性条款，或向评标委员会进行倾向性引导评标的；（六）为参与该建设工程投标的投标人提供影响公平竞争的咨询服务或为其制作投标资料的；（七）组织或协助投标人串通投标的；（八）发现存在不同的投标人的法定代表人、委托代理人、项目经理、项目总监、项目负责人等由同一个单位缴纳社会保险情形而不制止，反而同意其继续参加投标的；（九）发现有由同一人或分别由几个有利害关系人携带两个以上（含两个）投标人的企业资料参与资格审查、领取招标资料，或代表两个以上（含两个）投标人参加招标答疑会、交纳或退还投标保证金、开标等情形而不制止，反而同意其继续参加投标的；（十）在资格审查或开标时发现不同投标人的投标资料（包括电子资料）相互混装等情形而不制止，反而同意其通过资格审查或继续参加评标的；（十一）招标人与投标人委托同一造价咨询公司或招标代理机构或同一执业人员提供咨询或代理服务的；（十二）招标代理机构在同一建设工程招标投标活动中，既为招标人提供招标代理服务又为参加该项目投标的投标人提供咨询的；（十三）在招标文件以外招标人或招标代理机构与投标人之间另行约定给予未中标的其他投标人费用补偿的；（十四）在评标时，对评标委员会进行倾向性引导或无故干扰正常评标秩序的；（十五）指使、暗示或强迫要求评标委员会推荐的中标候选人放弃中标的；（十六）法律、法规规定的其他串通行为。"

　　招标代理机构也可能存在与投标人串通投标的行为。如果受招标人指使从事该活动，该行为后果归属于招标人。如果属于招标代理机构自己从事的，则该违法行为后果由其自行承受，而且基于代理关系，侵害了招标人利益，还应当向招标人承担违约责任。实践中，《招标投标法实施条例》第四十一条规定的投标人与招标人之间串通投标的常见情形，也可能是投标人与招标代理机构之间串通投标的行为。也有一些地方规定了相关情形。如《雄安新区工程建设项目招标投标管理办法（试行）》第二十九条规定，有下列情形之一的，视为招标人或招标代理机构与投标人串通投标：（一）发现不同投标人的法定代表人、委托代理人、项目负责人属于同一单位，仍同意其继续参加投标的；（二）投标截止后，更换、篡改特定投标人投标文件的；（三）投标截止后，向特定投标人泄露其他投标人投标文件内容或者其他应当保密内容的；（四）以胁迫、劝退、利诱等方式，使特定投标人以外的其他投标人放弃投标或者使中标人放弃中标的；（五）依法应当招标的项目，未确定中标人前，投标人已开展招标范围内工作的。

对串通投标的法律责任，《招标投标法实施条例》第六十七条第一款规定："投标人相互串通投标或者与招标人串通投标的，投标人向招标人或者评标委员会成员行贿谋取中标的，中标无效；构成犯罪的，依法追究刑事责任；尚不构成犯罪的，依照招标投标法第五十三条的规定处罚。投标人未中标的，对单位的罚款金额按照招标项目合同金额依照招标投标法规定的比例计算。"《刑法》第二百二十三条规定："投标人相互串通投标报价，损害招标人或者其他投标人利益，情节严重的，处三年以下有期徒刑或者拘役，并处或者单处罚金。投标人与招标人串通投标，损害国家、集体、公民的合法利益的，依照前款的规定处罚。"

（5）未按照规定答复当事人异议。《招标投标法实施条例》第七十七条第二款规定："招标人不按照规定对异议作出答复，继续进行招标投标活动的，由有关行政监督部门责令改正，拒不改正或者不能改正并影响中标结果的，依照本条例第八十一条的规定处理。"第八十一条规定："依法必须进行招标的项目的招标投标活动违反招标投标法和本条例的规定，对中标结果造成实质性影响，且不能采取补救措施予以纠正的，招标、投标、中标无效，应当依法重新招标或者评标。"

第三节　投标人的违法行为及法律责任

一、串通投标

串通投标行为，严重违反公平、公正和诚信原则，扰乱市场竞争秩序。目前立法从民事、行政、刑事法律责任等方面对串通投标全面规制。尽管如此，在利益的召唤下，串通投标案件仍屡禁不止。如2019年10月21日，安徽省安庆市公共资源交易监督管理局对于工程招投标活动中146家施工企业存在因投标企业数量异常、投标文件异常一致、投标报价呈规律性差异等被认定为"串通投标"，没收 146 家施工企业的投标保证金合计 2336 万元，并对所有串通投标行为的施工企业予以披露处罚。

（一）串通投标行为的表现形式

在实践中，随着网络的普及以及科技的发展，串通投标的行为方式呈现出越发多样化、复杂化、隐蔽化的趋势及取证难、认定难、查处难等特征。

《招标投标法实施条例》第三十九条、第四十条在总结实践经验的基础上，对投标人相互串通投标行为的常见表现形式作了列举式规定，其中第三十九条规定：有下列情形之一的，属于投标人相互串通投标：（1）投标人之间协商投标报价等投标文件的实质性内容；（2）投标人之间约定中标人；（3）投标人之间约定部分投标人放弃投标或者中标；（4）属于同一集团、协会、商会等组织成员的投标人按照该组织要求协同投标；（5）投标人之间为谋取中标或者排斥特定投标人而采取的其他联合行动。该条规定这些串通投标行为，要取得明确且令人信服的证据来证明当事人串通的主观意图和意思联络，达到最低限度的证明标准相对难度更大，除非参与串通投标的当事人揭发检举或承认。

投标人串通投标，一般指在招投标过程中，投标人基于共同意思联络实施的以不正当竞争手段排挤其他投标人公平竞争的违法行为。构成串通投标，必须以投标人存在共同主观过错为前提，即投标人通过意思联络形成的排挤其他投标人的公平竞争的共同主观故意，并且串通投标者的行为具有违法性。由于意思联络以及主观意图一般具有隐秘性，主张该事实的一方当事人往往难以提供直接证据证明投标人通过意思联络形成了排挤竞争对手公平竞争的共同故意。而客观行为是当事人主观思想的反映和实现方式，考察客观行为往往能够对主观思想作出合理的判断。因此，在无直接证据证明被诉投标人和招标人通过意思联络形成了排挤该投标人竞争对手公平竞争的共同意图的情况下，如果当事人提供的间接证据能够形成连贯一致、合乎逻辑、真实完整、相互印证的证据链条，且对方当事人无法作出合理解释的，仍应认定串通投标的事实。也就是说，串通招投标的证明标准应为高度盖然性标准。

所谓高度盖然性的证明标准，是将盖然性占优势的认识手段运用于司法领域的民事审判中，在证据对待证事实的证明无法达到确实充分的情况下，如果一方当事人提出的证据已经证明该事实发生具有高度的盖然性，法院即可对该事实予以确定。《最高人民法院关于适用〈中华人民共和国民事诉讼法〉的解释》（法释〔2015〕5 号）第一百零八条规定："对负有举证证明责任的当事人提供的证据，人民法院经审查并结合相关事实，确信待证事实的存在具有高度可能性的，应当认定该事实存在。对一方当事人为反驳负有举证证明责任的当事人所主张事实而提供的证据，人民法院经审查并结合相关事实，认为待证事实真伪不明的，应当认定该事实不存在。法律对于待证事实所应达到的证明标准另有规定的，从其规定。"该条款对高度盖然性证明标准进行确认。最高人民法院修订后的《关于民事诉讼证据的若干规定》（法释〔2019〕19号）第八十五条规定："人民法院应当以证据能够证明的案件事实为根据依法作出裁判。审判人员应当依照法定程序，全面、客观地审核证据，依据法律的规定，遵循法官职业道德，运用逻辑推理和日常生活经验，对证据有无证明力和证明力大小独立进行判断，并公开判断的理由和结果。"该条是对《最高人民法院关于适用〈中华人民共和国民事诉讼法〉的解释》（法释〔2015〕5号）第一百零八条规定的补充。

在认定串通投标的案件中，负有举证责任的招标人或投标人如果要试图查找当事人相互之间联络做出有意损害招标人或者其他投标人的共同意图的证据材料（投标人主动承认者除外），其难度是非常大的，因此有必要采取高度盖然性的证明标准，根据当事人串通投标的概率来认定。也就是说，综合案件的全部证据，法官对涉案招投标过程中当事人之间是否存在串通招投标行为，依据其能否达到内心确信来判断，能够达到内心确信程度的，就表明经过比较权衡，认为当事人主张的串通投标的事实存在的概率大于不存在的概率，就可以认定为"串通投标"行为；如果盖然性对等或者相对较小，或者说认定发生的概率对等或者概率低，也就无法做出内心确信，则不能认定该事实。

如前所述，民事诉讼的证明标准最低，一般采用优势证明标准，即占优势的盖然性。但在行政诉讼中，行政机关有义务向法院证明其所作出的行政行为，事实认定清晰，适用法律正确，对所认定的相关事实已经独立客观地调查了其他可能性。对于证明标准，刑事诉讼的要求最高，采用排除合理怀疑标准，要求达到案件事实清楚，证据确实充分。行政诉讼一般采用明显优势证明标准，比刑事诉讼要低，但高于民事诉讼，应达到"清楚的、明确的、令人信服的绝对优势"。行政部门认定串通投标的行政行为，最终要接受法院的司法审查，因此，行政监督部门对于认定"属于串通投标"与"视为投标人串通投标"的证明标准，应严格按照行政诉讼的证明标准，而不适用民事法律关系一般采用的"占优势的盖然性"的证明标准。

相比而言，《招标投标法实施条例》第四十条根据经验法则规定的"视为串通投标"情形根据客观表象容易认定，即：有下列情形之一的，视为投标人相互串通投标：（1）不同投标人的投标文件由同一单位或者个人编制；（2）不同投标人委托同一单位或者个人办理投标事宜；（3）不同投标人的投标文件载明的项目管理成员为同一人；（4）不同投标人的投标文件异常一致或者投标报价呈规律性差异；（5）不同投标人的投标文件相互混装；（6）不同投标人的投标保证金从同一单位或者个人的账户转出。这些行为属于"视为串通投标"。

上述第（1）种由同一单位或者个人编制投标文件，最常见的是"中标人"编制所有投标文件，这是保证其中标最稳妥可控有效的做法，由各投标人将投标所需的资质证书、资格证明文件、业绩材料、人员信息等交给"中标人"，由其按照确保其中标的原则、策略有针对性地编写投标文件，再交由各投标人盖章、签字后提交给招标人。当然也有"中标人"提出报价策略和商务、技术响应的差异性内容，面授事宜、统一指挥各投标人分别编写投标文件。无论哪种方式，都要确保"中标人"的投标文件的条件是最优的，响应招标文件是最好的，在其他投标的衬托下竞争优势是最突出的。

第（2）种情形中"办理投标事宜"范围广泛，包括购买资格预审文件或者招标文件、对资格预审文件或者招标文件提出异议、编制资格预审申请文件或投标文件、参加踏勘项目现场和投标准备会、递交资格预审申请文件或者投标文件、提交投标保证金、参加开标会议、对开标活动提出异议、进行资格预审申请文件或者投标文件的澄清答复、对评标结果公示的异议、接收中标通知书等。不同投标人委托同一单位或者个人办理上述事宜的，视为串通投标行为。不同投标人分别委托同一单位或者个人办理同一招标项目的不同投标事项的，也属于该种情形。另外，采用电子招标投标的，从同一个投标单位或者同一个自然人的 IP 地址下载招标文件或者上传投标文件也属于该项规定的情形。

【类案释法 10-12】不同投标人委托同一单位员工购买招标文件，被认定为串通投标

天津市住房和城乡建设委员会《关于对天津国某工程建设监理公司等单位建筑市场违法行为查处情况的通报》（津住建房市函〔2020〕295 号）①：

近日，根据市审计局移送的审计线索，我委对天津市环湖医院和天津中医药大学第二附属医院迁址新建项目（以下分别简称环湖医院项目和二附院项目）进行了执法检查，依法认定天津国某工程建设监理公司等单位存在串通投标、违法分包等违法违规问题，现通报如下：

---

① 来源于天津市住房和城乡建设委员会官网。

一、经查，环湖医院监理单位招标期间，天津国某工程建设监理公司（简称国某监理公司）安排本企业职工郑某、傅某分别以天津市成某设备工程监理有限公司、天津港保税区中某建设咨询管理有限公司名义参与该项目投标，购买招标文件。依据《中华人民共和国招标投标法实施条例》第四十条，有下列情形之一的，视为投标人相互串通投标……（二）不同投标人委托同一单位或者个人办理投标事宜，国某监理公司与上述两家公司存在串通投标违法行为。

二、经查，二附院项目监理单位招标期间，国某监理公司安排本企业职工王某、贺某分别以天津市成某设备工程监理有限公司、天津市华某建设监理有限公司名义参与项目投标，购买招标文件。依据《中华人民共和国招标投标法实施条例》第四十条，有下列情形之一的，视为投标人相互串通投标……（二）不同投标人委托同一单位或者个人办理投标事宜，国某监理公司与上述两家公司存在串通投标违法行为。

三、经查，环湖医院项目弱电工程施工单位招标期间，天津中某机电有限公司（简称中某机电公司，2018 年更名为"中某建筑技术集团有限公司"）安排本企业职工佟某、鞠某分别以天津开发区新某工程有限公司、天津天某伟业科技有限公司的名义参与项目投标。依据《中华人民共和国招标投标法实施条例》第四十条，有下列情形之一的，视为投标人相互串通投标……（二）不同投标人委托同一单位或者个人办理投标事宜，中某机电公司存在与上述两家公司存在串通投标违法行为……

第（3）种情形中"项目管理员为同一人"的表现形式主要包括：一是投标人的项目负责人、项目总监等人员在同一个单位缴纳社会保险；二是不同投标人的投标文件中项目班子成员出现同一人。但是，在确定是否为同一人时，还需核实个人身份信息，避免因重名造成误判。

第（4）种情形中的"异常一致"是指在相互隔离的情况下根本不会产生或者产生的可能性极小的内容上的一致性。主要表现在：投标文件错误表述、错误计算或者笔误的雷同，投标人自行编制文件格式的一致性，属于投标人特有的标准、编号、标识等出现在其他投标人的投标文件中等。"投标报价呈规律性差异"则是指不同投标人的单项投标报价的报价规律呈现出一致性，例如，不同投标人的投标报价呈等差数列、不同投标人的投标报价的差额本身呈等差数列或者规律性的百分比。

第（5）种情形中"相互混装"指的是不同投标人的投标文件相互混装，彼此夹带，你中有我，我中有你，方可认定为串通投标[1]。

需要说明的是，"视为"是一种将具有不同客观外在表现的现象等同视之的立法技术，是一种法律上的拟制。尽管如此，"视为"的结论并非不可推翻和不可纠正。为避免适用法律错误，评标过程中评标委员会可以视情况给予投标人澄清、说明的机会；评标结束后投标人可以通过投诉寻求行政救济，由行政监督部门作出认定。这些规定为实践中判定串通投标提供了有力的法律依据。

在评标过程中，可以通过投标行为、投标文件的一些蛛丝马迹来识破围标串标行为，如：（1）招标文件雷同，比如格式相同，封面一致，字体一样，表格颜色相同。（2）招标文件中，出错的地方一致。（3）电子投标中，不同投标人的投标报名的 IP 地址一致，或者 IP 地址在某一特定区域。（4）不同的投标人的投标文件，由同一台电脑编制或同一台附属设备打印。（5）投标文件的装订形式、厚薄、封面等相似甚至相同。（6）一家投标人的投标文件中，装订了另一家投标人名称的文件材料，比如：出现了另一家法定代表人或者授权代理人签名，加盖了另一家投标人公章等。（7）不同投标人的投标报价总价异常一致，或者差异化极大，或者呈规律性变化。（8）不同投标人的投标保证金由同一账户资金缴纳。（9）多个投标人使用同一个人或者同一家企业出具的投标保函。（10）投标文件中法人代表签字出自同一人之手。

招标采购电子化近年来发展迅速。全流程电子招标为招投标人带来便捷的同时，必然也会滋生违法行为。电子招投标平台可以辅助招标人或评标专家评标，如自动筛查不同投标文件是否由同一台电脑制作；自动计算汇总各项评分，辅助评标专家判断是否围标串标；对招标投标各环节全程留痕，所有资料自动归档，全程追溯，能做到动态监控、实时预警、智能辅助、全程记录，这些功能都有助于查处串标围标违法行为。电子招标环境下串通投标行为也有新的表现形式，如不同投标单位上传投标文件的 MAC 地址、CPU 序列号、硬盘序列号均一致，在同一台电脑上加密、打包投标文件，则可视为同一投标人编写投标文件。一些地方性法规、政府规章对电子招标采购串通行为的判定出台了一些具体文件规定，包括系统客户端所赋予的投标（响应）文件项目内部识别码相同、计算机网卡 MAC 地址相同、混用数字证书加密或混用电子印章、同一个 IP 地址上传投标采购文件等类似情形。招标人可以把这些视为串通的识别标准纳入到招标文件的约定条款中。

---

[1]　何红锋主编：《招标投标法实施条例条文解读与案例分析》，中国电力出版社 2015 年版，第 180-182 页。

如《雄安新区工程建设项目招标投标管理办法（试行）》第二十八条规定，有下列情形之一的，视为投标人相互串通投标：（1）不同投标人编制的投标文件存在两处以上错误一致的；（2）不同投标人使用同一电脑或者同一个加密工具编制投标文件的；（3）不同投标人提交电子投标文件的 IP 地址相同的；（4）参加投标活动的人员为同一标段的其他投标人在职人员的。

【类案释法 10-13】多个投标人的电子投标文件载明的加密锁序列信息一致，可以认定其由同一单位或个人编制，视为串通投标

（2019）闽 03 民终 2186 号民事判决书[①]：莆田市中级人民法院认为，各方当事人对"龙泰园林公司和龙冠建设公司的电子投标文件中投标报价清单的加密锁序列信息相同（同为：AE2F01000000D9A2）"的事实并无异议。长安保险公司、龙泰园林公司与壶山自来水公司的争议，实质上可归纳为"加密锁序列信息相同能否认定为串标"。双方当事人对指导意见第一条第二项的文本内容均无异议，但长安保险公司、龙泰园林公司主张招标文件发布在先，指导意见制定在后，故本案不能适用指导意见。壶山自来水公司主张指导意见制定在先，龙泰园林公司投标在后，故本案应当适用指导意见。本院认为，本案为民事诉讼案件，人民法院认定案件事实，应根据法律、法规的相关规定，并适用民事证据规则进行。不同招标人制作的投标报价清单，其电子文件的加密锁序列信息相同，因加密锁序列为 16 位符号组成，根据日常经验和生活常识，可以排除偶同的盖然性，进行形成投标报价清单为同一单位或者个人编制，并经复制形成的内心确信。因投标报价清单属于电子投标文件的组成部分，而《招标投标法实施条例》第四十条第一项规定"不同投标人的投标文件由同一单位或者个人编制，视为投标人相互串通投标"。结合以上证据、常识、规定，无论指导意见是否适用，任何理性自然人均会得到"加密锁序列信息相同"→"同一单位或者个人编制"→"视为串通投标"的逻辑结论，故应认定龙泰园林公司的行为构成串标。

（二）投标人相互串通投标的法律责任

《招标投标法》第五十三条规定："投标人相互串通投标或者与招标人串通投标的，投标人以向招标人或者评标委员会成员行贿的手段谋取中标的，中标无效，处中标项目金额千分之五以上千分之十以下的罚款，对单位直接负责的主管

---

① 来源于裁判文书网：长某责任保险股份有限公司莆田中心支公司、莆田某山自来水有限公司财产保险合同纠纷二审民事判决书。

人员和其他直接责任人员处单位罚款数额百分之五以上百分之十以下的罚款；有违法所得的，并处没收违法所得；情节严重的，取消其一年至二年内参加依法必须进行招标的项目的投标资格并予以公告，直至由工商行政管理机关吊销营业执照；构成犯罪的，依法追究刑事责任。给他人造成损失的，依法承担赔偿责任。"《招标投标法实施条例》第六十七条也规定："投标人相互串通投标或者与招标人串通投标的，投标人向招标人或者评标委员会成员行贿谋取中标的，中标无效；构成犯罪的，依法追究刑事责任；尚不构成犯罪的，依照招标投标法第五十三条的规定处罚。投标人未中标的，对单位的罚款金额按照招标项目合同金额依照招标投标法规定的比例计算。投标人有下列行为之一的，属于招标投标法第五十三条规定的情节严重行为，由有关行政监督部门取消其 1 年至 2 年内参加依法必须进行招标的项目的投标资格：（一）以行贿谋取中标；（二）3 年内 2 次以上串通投标；（三）串通投标行为损害招标人、其他投标人或者国家、集体、公民的合法利益，造成直接经济损失 30 万元以上；（四）其他串通投标情节严重的行为。投标人自本条第二款规定的处罚执行期限届满之日起 3 年内又有该款所列违法行为之一的，或者串通投标、以行贿谋取中标情节特别严重的，由工商行政管理机关吊销营业执照。法律、行政法规对串通投标报价行为的处罚另有规定的，从其规定。"

串通投标行为情节严重的，构成串通投标罪。《刑法》第二百二十三条规定："投标人相互串通投标报价，损害招标人或者其他投标人利益，情节严重的，处三年以下有期徒刑或者拘役，并处或者单处罚金。投标人与招标人串通投标，损害国家、集体、公民的合法利益的，依照前款的规定处罚。"串通投标罪属情节犯罪，只有情节严重的串通投标报价、严重损害招标人或者其他投标人利益的行为才能构成犯罪。《最高人民检察院公安部关于公安机关管辖的刑事案件立案追诉标准的规定（二）》第七十六条规定："投标人相互串通投标报价，或者投标人与招标人串通投标，涉嫌下列情形之一的，应予立案追诉：（一）损害招标人、投标人或者国家、集体、公民的合法利益，造成直接经济损失数额在五十万元以上的；（二）违法所得数额在十万元以上的；（三）中标项目金额在二百万元以上的；（四）采取威胁、欺骗或者贿赂等非法手段的；（五）虽未达到上述数额标准，但两年内因串通投标，受过行政处罚二次以上，又串通投标的；（六）其他情节严重的情形。"

二、弄虚作假投标

（一）违法行为

一些供应商铤而走险借用他人名义、资质、业绩等进行投标，也可能伪造相关的文件材料，使自己满足项目特定要求，从而获得资格或得分上的优势，这就构成了提供虚假材料谋取中标的情形。《招标投标法》第三十三条规定："投标人不得以低于成本的报价竞标，也不得以他人名义投标或者以其他方式弄虚作假，骗取中标。"《招标投标法实施条例》第四十二条规定："使用通过受让或者租借等方式获取的资格、资质证书投标的，属于招标投标法第三十三条规定的以他人名义投标。投标人有下列情形之一的，属于招标投标法第三十三条规定的以其他方式弄虚作假的行为：（一）使用伪造、变造的许可证件；（二）提供虚假的财务状况或者业绩；（三）提供虚假的项目负责人或者主要技术人员简历、劳动关系证明；（四）提供虚假的信用状况；（五）其他弄虚作假的行为。"

【类案释法 10-14】资格证明文件造假骗取中标的，中标无效，合同亦无效

（2014）焦民二终字第 00010 号民事判决书①：焦作市中级人民法院认为，本案系中某公司与众某公司之间的招标投标买卖合同关系，中某公司为买受人（招标人），众某公司为出卖人（中标人）。众某公司不具备中某公司《招标文件》中对投标人资格条件的规定，违背诚实信用的原则，在其《投标文件》中使用伪造、变造的有关生产许可证和产品鉴定证书等方式弄虚作假，骗取中标，该中标应为无效。双方签订的《采购合同》是基于中标而签订的，众某公司违反我国《招标投标法》《招标投标法实施条例》规定，弄虚作假，骗取中标，故该《采购合同》无效。中某公司要求确认合同无效，判令众某公司返还设备款298 万元，理由正当，应予支持。（注：本案法院查明事实：众某公司投标文件提供的有关资格证明文件造假：1. 住房和城乡建设部办公厅复函：编号为241112-SY 的《工程设计证书》系伪造；2. 河南省科学技术厅就豫科鉴字〔2008〕23 号《新产品新技术鉴定验收证书》出具证明：河南省科学技术厅负责组织河南省科技成果鉴定，印章为"河南省科学技术厅成果鉴定专用章"，而非"河南省科学技术厅技术开发成果鉴定专用章"；3. 科学技术部火炬高新技术产

---

① 来源于裁判文书网：河南某恒控制工程有限公司、焦作市中某纳米科技有限公司招标投标买卖合同纠纷二审民事判决书。

业开发中心就《重点高新技术企业证书》复函：2008 年国家火炬计划重点高新技术企业名单中没有众某公司；4. 全国工业产品生产许可证审查中心复函：证书编号 XK06-001-001×× 的证书为河北某电线电缆有限公司所有，获证产品电线电缆；5. 中国工程咨询协会复函：发证机关从未颁发过工咨乙 10318290×× 的《工程咨询资格证书》，该证书不真实。)

从上述规定来看，投标人弄虚作假骗取中标的行为主要分为投标人以他人名义投标和资格证明文件造假两类。判断供应商是否提供虚假材料比较容易，这主要得益于当前的资质申请大多都采用电子化，并且各主管部门都开通了网上查询渠道，或是在资质文件上直接印制二维码便于查询真伪。相较于资质证明文件，要辨别供应商标书中技术响应内容的真伪，有时就没有那么容易。例如，在检测报告中替换某些重要页码来"提升"产品质量或是修改过往项目的合同内容、金额等要素来满足业绩要求，诸如此类的虚假材料无法通过官方渠道去查询真伪，而招标投标也有"不寻求外部证据"的评审规则，面对这种情况，就需要通过外调、函询、现场核实等方式对投标人的资格条件进行核实。

"挂靠"是工程建设领域比较常见的虚假投标行为。根据《最高人民法院关于审理建设工程施工合同纠纷案件适用法律问题的解释（一）》第一条第一款第二项规定，没有资质的实际施工人借用有资质的建筑施工企业名义订立的建设工程施工合同，应当以违反法律、行政法规的强制性规定认定为无效。严格来讲，"挂靠"并非一个法律概念，《建筑法》等法律和相关行政法规并未对挂靠的概念作出明确界定。由于建筑施工企业资质的唯一性，在挂靠施工的语境下，"借用名义"和"借用资质"具有相同含义。如《建筑法》第二十六条规定："禁止建筑施工企业超越本企业资质等级许可的业务范围或者以任何形式用其他建筑施工企业的名义承揽工程。禁止建筑施工企业以任何形式允许其他单位或者个人使用本企业的资质证书、营业执照，以本企业的名义承揽工程。"在挂靠施工行为中，出借资质的建筑施工企业为**被挂靠人**，使用被挂靠人名义承揽工程的企业或个人为**挂靠人**。挂靠施工行为中，挂靠人与被挂靠人相互独立，被挂靠的施工企业以自己名义与发包人订立施工合同、办理相关手续，但不对实际施工活动实施管理，不承担技术、质量等实际责任。被挂靠人出借资质，通常以赚取"管理费"等形式的违法收入为主要目的，这也是挂靠施工行为最主要的特征。故将挂靠定义为"没有资质的实际施工人借用有资质的建筑施工企业名义承揽工程"。

【类案释法 10-15】实际施工人挂靠有资质的施工企业借用其名义投标承包工程，属于以他人名义投标的弄虚作假行为

（2014）民提字第 116 号民事判决书①：最高人民法院认为，实业公司综合楼工程缘起于实业公司与蒋某机、汪某能签订的《建房合作合同》。在《建房合作合同》中，实业公司与蒋某机、汪某能明确约定，由后者负责提供建设资金、组织承建，并向实业公司招标的公司提供管理费用。实业公司后对该工程进行了招标，北某建筑公司中标。在中标之前，北某建筑公司与郑某某签订了《施工合作协议书》，约定北某建筑公司负责投标中的工作和中标后施工单位所需手续的办理，郑某承担施工合同中的全部事宜，一次性上交北某建筑公司管理费五万元。由此可见，北某建筑公司虽然参与了实业公司综合楼工程的投标，并在中标后与实业公司签订了《建设工程施工合同》，但这仅仅是为了完善程序和形式之需，事实上北某建筑公司并未实际建设施工，其通过另行与郑某某签订《施工合作协议书》，将中标项目全部转让给了郑某某，成为只提供资质、收取管理费的挂名承包人，郑某某才是综合楼工程的实际承包人。郑某某通过借用北某建筑公司的资质取得投标项目并具体施工建设，与北某建筑公司之间形成挂靠关系。实业公司对此完全知情并认可，这也符合其在《建房合作合同》中的预先约定。实业公司工程经营部与郑某某于 2001 年 12 月 2 日以及 2003 年 1 月 18 日两次签订《建筑安装工程承包合同》，将全部工程交由郑某某承建，工程完工后实业公司与郑某直接进行对账结算等均可以进一步证明此点。《招标投标法》第四十八条规定："中标人应当按照合同约定履行义务，完成中标项目。中标人不得向他人转让中标项目，也不得将中标项目肢解后分别向他人转让。"《建设工程案件司法解释》第一条规定：没有资质的实际施工人借用有资质的建筑施工企业名义签订的建设工程施工合同应当认定无效。因此，实业公司、北某建筑公司与郑某某之间签订的《建设工程施工合同》《施工合作协议书》因违反了《招标投标法》和《建设工程案件司法解释》的规定，均应认定为无效。

《建筑工程施工发包与承包违法行为认定查处管理办法》（建市规〔2019〕1号）第九条规定："本办法所称挂靠，是指单位或个人以其他有资质的施工单位的名义承揽工程的行为。前款所称承揽工程，包括参与投标、订立合同、办理有关施工手续、从事施工等活动。"第十条规定，存在下列情形之一的，属于挂靠：（一）没有资质的单位或个人借用其他施工单位的资质承揽工程的。（二）有资

---

① 来源于裁判文书网：郑某轩、某泽市实业开发公司建设工程合同纠纷再审审查与审判监督民事判决书。

质的施工单位相互借用资质承揽工程的，包括资质等级低的借用资质等级高的，资质等级高的借用资质等级低的，相同资质等级相互借用的。（三）本办法第八条第一款第（三）至（九）项规定的情形，有证据证明属于挂靠的，即：一是施工总承包单位或专业承包单位未派驻项目负责人、技术负责人、质量管理负责人、安全管理负责人等主要管理人员，或派驻的项目负责人、技术负责人、质量管理负责人、安全管理负责人中一人及以上与施工单位没有订立劳动合同且没有建立劳动工资和社会养老保险关系，或派驻的项目负责人未对该工程的施工活动进行组织管理，又不能进行合理解释并提供相应证明的；二是合同约定由承包单位负责采购的主要建筑材料、构配件及工程设备或租赁的施工机械设备，由其他单位或个人采购、租赁，或施工单位不能提供有关采购、租赁合同及发票等证明，又不能进行合理解释并提供相应证明的；三是专业作业承包人承包的范围是承包单位承包的全部工程，专业作业承包人计取的是除上缴给承包单位"管理费"之外的全部工程价款的；四是承包单位通过采取合作、联营、个人承包等形式或名义，直接或变相将其承包的全部工程转给其他单位或个人施工的；五是专业工程的发包单位不是该工程的施工总承包或专业承包单位的，但建设单位依约作为发包单位的除外；六是专业作业的发包单位不是该工程承包单位的；七是施工合同主体之间没有工程款收付关系，或者承包单位收到款项后又将款项转拨给其他单位和个人，又不能进行合理解释并提供材料证明的。

（二）投标人弄虚作假的法律责任

《建筑法》第六十六条规定："建筑施工企业转让、出借资质证书或者以其他方式允许他人以本企业的名义承揽工程的，责令改正，没收违法所得，并处罚款，可以责令停业整顿，降低资质等级；情节严重的，吊销资质证书。对因该项承揽工程不符合规定的质量标准造成的损失，建筑施工企业与使用本企业名义的单位或者个人承担连带赔偿责任。"

《招标投标法》第五十四条规定："投标人以他人名义投标或者以其他方式弄虚作假，骗取中标的，中标无效，给招标人造成损失的，依法承担赔偿责任；构成犯罪的，依法追究刑事责任。依法必须进行招标的项目的投标人有前款所列行为尚未构成犯罪的，处中标项目金额千分之五以上千分之十以下的罚款，对单位直接负责的主管人员和其他直接责任人员处单位罚款数额百分之五以上百分之十以下的罚款；有违法所得的，并处没收违法所得；情节严重的，取消其一年至三年内参加依法必须进行招标的项目的投标资格并予以公告，直至由工商行政管理机关吊销营业执照。"

《招标投标法实施条例》第六十八条规定："投标人以他人名义投标或者以其他方式弄虚作假骗取中标的，中标无效；构成犯罪的，依法追究刑事责任；尚不构成犯罪的，依照招标投标法第五十四条的规定处罚。依法必须进行招标的项目的投标人未中标的，对单位的罚款金额按照招标项目合同金额依照招标投标法规定的比例计算。投标人有下列行为之一的，属于招标投标法第五十四条规定的情节严重行为，由有关行政监督部门取消其1年至3年内参加依法必须进行招标的项目的投标资格：（一）伪造、变造资格、资质证书或者其他许可证件骗取中标；（二）3年内2次以上使用他人名义投标；（三）弄虚作假骗取中标给招标人造成直接经济损失30万元以上；（四）其他弄虚作假骗取中标情节严重的行为。投标人自本条第二款规定的处罚执行期限届满之日起3年内又有该款所列违法行为之一的，或者弄虚作假骗取中标情节特别严重的，由工商行政管理机关吊销营业执照。"第六十九条规定"出让或者出租资格、资质证书供他人投标的，依照法律、行政法规的规定给予行政处罚；构成犯罪的，依法追究刑事责任"。

《最高人民法院关于审理建设工程施工合同纠纷案件适用法律问题的解释（一）》第七条规定："缺乏资质的单位或者个人借用有资质的建筑施工企业名义签订建设工程施工合同，发包人请求出借方与借用方对建设工程质量不合格等因出借资质造成的损失承担连带赔偿责任的，人民法院应予支持。"该条强调出借方与借用方对损失向发包人承担连带赔偿责任。也就是说，发包人可以依据本条规定，主张出借方与借用方对因借用资质造成的损失承担连带赔偿责任。建筑施工企业出借资质造成的损失主要包括建设工程质量不合格、工期延误等。

三、中标人擅自转让项目

（一）违法行为

中标人在中标签约后应当自己完成工程项目，当然可以对项目进行法律许可的分包和采购，但不能转包、转让项目或者违法分包。在工程建设领域，转包、违法分包的行为比较普遍。《民法典》第七百九十一条规定："发包人可以与总承包人订立建设工程合同，也可以分别与勘察人、设计人、施工人订立勘察、设计、施工承包合同。发包人不得将应当由一个承包人完成的建设工程支解成若干部分发包给数个承包人。总承包人或者勘察、设计、施工承包人经发包人同意，可以将自己承包的部分工作交由第三人完成。第三人就其完成的工作成果与总承包人或者勘察、设计、施工承包人向发包人承担连带责任。承包人不得将其承包的全部建设工程转包给第三人或者将其承包的全部建设工程支解以后以分包的名义分别转包给第三人。禁止承包人将工程分包给不具备相应资质条件的单位。禁止分包单位将其承包的工程再分包。建设工程主体结构的施工必须由承包人自行完成。"

根据《建筑工程施工发包与承包违法行为认定查处管理办法》第七条、第八条规定，"转包"，是指承包单位承包工程后，不履行合同约定的责任和义务，将其承包的全部工程或者将其承包的全部工程肢解后以分包的名义分别转给其他单位或个人施工的行为。存在下列情形之一的，应当认定为转包，但有证据证明属于挂靠或者其他违法行为的除外：（一）承包单位将其承包的全部工程转给其他单位（包括母公司承接建筑工程后将所承接工程交由具有独立法人资格的子公司施工的情形）或个人施工的；（二）承包单位将其承包的全部工程肢解以后，以分包的名义分别转给其他单位或个人施工的；（三）施工总承包单位或专业承包单位未派驻项目负责人、技术负责人、质量管理负责人、安全管理负责人等主要管理人员，或派驻的项目负责人、技术负责人、质量管理负责人、安全管理负责人中一人及以上与施工单位没有订立劳动合同且没有建立劳动工资和社会养老保险关系，或派驻的项目负责人未对该工程的施工活动进行组织管理，又不能进行合理解释并提供相应证明的；（四）合同约定由承包单位负责采购的主要建筑材料、构配件及工程设备或租赁的施工机械设备，由其他单位或个人采购、租赁，或施工单位不能提供有关采购、租赁合同及发票等证明，又不能进行合理解释并提供相应证明的；（五）专业作业承包人承包的范围是承包单位承包的全部工程，专业作业承包人计取的是除上缴给承包单位"管理费"之外的全部工程价款的；（六）承包单位通过采取合作、联营、个人承包等形式或名义，直接或变相将其承包的全部工程转给其他单位或个人施工的；（七）专业工程的发包单位不是该工程的施工总承包或专业承包单位的，但建设单位依约作为发包单位的除外；（八）专业作业的发包单位不是该工程承包单位的；（九）施工合同主体之间没有工程款收付关系，或者承包单位收到款项后又将款项转拨给其他单位和个人，又不能进行合理解释并提供材料证明的。两个以上的单位组成联合体承包工程，在联合体分工协议中约定或者在项目实际实施过程中，联合体一方不进行施工也未对施工活动进行组织管理的，并且向联合体其他方收取管理费或者其他类似费用的，视为联合体一方将承包的工程转包给联合体其他方。

根据《建筑工程施工发包与承包违法行为认定查处管理办法》第十一条、第十二条规定，"违法分包"，是指承包单位承包工程后违反法律法规规定，把单位工程或分部分项工程分包给其他单位或个人施工的行为。存在下列情形之一的，属于违法分包：（一）承包单位将其承包的工程分包给个人的；（二）施工总承包单位或专业承包单位将工程分包给不具备相应资质单位的；（三）施工总承包单位将施工总承包合同范围内工程主体结构的施工分包给其他单位的，钢结构工程除外；（四）专业分包单位将其承包的专业工程中非劳务作业部分再分包的；（五）专业作业承包人将其承包的劳务再分包的；（六）专业作业承包人除计取劳务作业费用外，还计取主要建筑材料款和大中型施工机械设备、主要周转材料费用的。

（二）法律责任

《招标投标法》第五十八条规定："中标人将中标项目转让给他人的，将中标项目肢解后分别转让给他人的，违反本法规定将中标项目的部分主体、关键性工作分包给他人的，或者分包人再次分包的，转让、分包无效，处转让、分包项目金额千分之五以上千分之十以下的罚款；有违法所得的，并处没收违法所得；可以责令停业整顿；情节严重的，由工商行政管理机关吊销营业执照。"《招标投标法实施条例》第七十六条也规定："中标人将中标项目转让给他人的，将中标项目肢解后分别转让给他人的，违反招标投标法和本条例规定将中标项目的部分主体、关键性工作分包给他人的，或者分包人再次分包的，转让、分包无效，处转让、分包项目金额5‰以上10‰以下的罚款；有违法所得的，并处没收违法所得；可以责令停业整顿；情节严重的，由工商行政管理机关吊销营业执照。"另外，根据《最高人民法院关于审理建设工程施工合同纠纷案件适用法律问题的解释（一）》第一条第二款规定，承包人因转包、违法分包建设工程与他人签订的建设工程施工合同，应当依据民法典第一百五十三条第一款及第七百九十一条第二款、第三款的规定，认定无效。

四、违规、履行签订合同

（1）不按招投标文件订立合同。《招标投标法》第五十九条规定："招标人与中标人不按照招标文件和中标人的投标文件订立合同的，或者招标人、中标人订立背离合同实质性内容的协议的，责令改正；可以处中标项目金额千分之五以上千分之十以下的罚款。"《招标投标法实施条例》第七十五条也规定："招标人和中标人不按照招标文件和中标人的投标文件订立合同，合同的主要条款与招标文件、中标人的投标文件的内容不一致，或者招标人、中标人订立背离合同实质性内容的协议的，由有关行政监督部门责令改正，可以处中标项目金额5‰以上10‰以下的罚款。"

（2）不签订合同。《招标投标法实施条例》第七十四条规定："中标人无正当理由不与招标人订立合同，在签订合同时向招标人提出附加条件，或者不按照招标文件要求提交履约保证金的，取消其中标资格，投标保证金不予退还。对依法必须进行招标的项目的中标人，由有关行政监督部门责令改正，可以处中标项目金额10‰以下的罚款。"

（3）中标人不履行合同。中标人拒不按照中标合同约定全面履行合同，应按照《民法典》规定承担违约责任，同时按照《招标投标法》规定承担行政法律责任。《招标投标法》第六十条规定："中标人不履行与招标人订立的合同的，履约保证金不予退还，给招标人造成的损失超过履约保证金数额的，还应当对超过部分予以赔偿；没有提交履约保证金的，应当对招标人的损失承担赔偿责任。中标人不按照与招标人订立的合同履行义务，情节严重的，取消其二年至五年内参加依法必须进行招标的项目的投标资格并予以公告，直至由工商行政管理机关吊销营业执照。因不可抗力不能履行合同的，不适用前两款规定。"

五、违法投诉

违法投诉，即投标人或者其他利害关系人捏造事实、伪造材料或者以非法手段取得证明材料进行投诉。违法投诉的行为包括如下情形：（1）诬告，即投标人或者其他利害关系人通过捏造事实、伪造材料进行投诉。这种情况不包括投诉人由于过失或者其他非故意原因导致投诉的事实和证据材料失实的情况。（2）取证不合法，即投标人或者其他利害关系人通过以非法手段取得的证明材料进行投诉。这种情况会导致投诉人为了达到取得投诉证明材料的目的，以身试法，不择手段。

《招标投标法实施条例》第七十七条规定："投标人或者其他利害关系人捏造事实、伪造材料或者以非法手段取得证明材料进行投诉，给他人造成损失的，依法承担赔偿责任。招标人不按照规定对异议作出答复，继续进行招标投标活动的，由有关行政监督部门责令改正，拒不改正或者不能改正并影响中标结果的，依照本条例第八十一条的规定处理。"

第四节 评标委员会成员的违法行为及法律责任

一、评标委员会的责任承担

在实践中，评标委员会成员错误评标、违法违纪现象层出不穷，影响评标结果，这与公平、公正和诚信的基本原则背道而驰。出现评标不公，既有制度环境不完善的问题，也有评标专家素质不高、漠视法律的问题。大量的事实证明，个人的道德约束力并不可靠，只有加强法律和制度约束，落实个人法律责任，才能督促评标专家客观公正履职。一般来说，承担法律责任的必须是适格的法律主体，也就是法律所认可的自然人或者法人、非法人组织，其中法人、非法人组织必须经登记方具有主体资格。但评标委员会为依据招标投标法成立的临时性组织，不是法人，也不是非法人组织，不进行营业登记，没有组织机构和独立的财产，也就是非实体性组织，无自身利益，因此从事违法行为时不能也不应独立承担法律责任。

评标委员会的行为侵犯潜在投标人、投标人合法权益的，应由招标人承担法律责任。评标委员会由招标人负责组建，工作任务是按照招标人事前制定的规则评标并向招标人推荐中标候选人，类似于受托人完成委托人的委托事项，故评标委员会和招标人为委托关系。因强制招标项目评标委员会的组建，《招标投标法》有强制性规定，排除招标人组建自主权，故该委托关系有法定代理与委托代理两种观点之争。对于非强制招标项目，评标委员会的组建不受国家法律法规的限制规范，招标人可完全按照自己的意愿组建，故与评标委员会构成委托代理关系。根据《民法典》关于民事代理的规定，代理人评标委员会的评标行为产生的法律后果自然应由其委托人也就是招标人来承担，如果因其行为不当（如否决投标错误）给投标人造成损失的，也应由招标人负责。

二、违法评标

《招标投标法实施条例》第七十一条专门规定了评标委员会成员违法评标行为及其法律责任，即："评标委员会成员有下列行为之一的，由有关行政监督部门责令改正；情节严重的，禁止其在一定期限内参加依法必须进行招标的项目的评标；情节特别严重的，取消其担任评标委员会成员的资格：（一）应当回避而不回避；（二）擅离职守；（三）不按照招标文件规定的评标标准和方法评标；（四）私下接触投标人；（五）向招标人征询确定中标人的意向或者接受任何单位或者个人明示或者暗示提出的倾向或者排斥特定投标人的要求；（六）对依法应当否决的投标不提出否决意见；（七）暗示或者诱导投标人作出澄清、说明或者接受投标人主动提出的澄清、说明；（八）其他不客观、不公正履行职务的行为。"

【类案释法 10-17】评标委员会未按照规定评标，招标人有权投诉

某天然气管道工程为省重点建设项目，15 家单位参与投标，某工业设备安装集团有限公司为中标候选人。在公示期间，招标人浙江省天然气开发有限公司提起投诉，主张：根据评标结果显示，排序第一的某工业设备安装集团有限公司的商务报价得分为 98.97 分，而按照招标文件的规定，江苏省工业设备安装集团有限公司的商务报价得分应为 92.38 分，因此本次评标有误。要求行政监督部门责令被投诉人评标委员会复评。

被投诉人评标委员会陈述申辩：在商务标评分过程中，由于当时过于信任计算机系统的数据，未对计算机给出的基准值进行复核，导致商务标评分错误，直接影响评标结果。

省发改委认为，经核实，评标委员会未按照招标文件规定的评标标准和方法评标，导致商务标评分错误，直接影响评标结果，投诉反映的问题属实，做出如下处理意见：投诉成立，责令改正。

三、违规违纪

评标委员会成员遵守评标纪律、遵守职业道德，客观公正履行评标职责，是确保招标公平、公正的基本保障。《招标投标法》第四十四条规定："评标委员会成员应当客观、公正地履行职务，遵守职业道德，对所提出的评审意见承担个人责任。评标委员会成员不得私下接触投标人，不得收受投标人的财物或者其他好处。评标委员会成员和参与评标的有关工作人员不得透露对投标文件的评审和比较、中标候选人的推荐情况以及与评标有关的其他情况。"《招标投标法实施条例》第四十九条也规定："评标委员会成员应当依照招标投标法和本条例的规定，按照招标文件规定的评标标准和方法，客观、公正地对投标文件提出评审意见。招标文件没有规定的评标标准和方法不得作为评标的依据。评标委员会成员不得私下接触投标人，不得收受投标人给予的财物或者其他好处，不得向招标人征询确定中标人的意向，不得接受任何单位或者个人明示或者暗示提出的倾向或者排斥特定投标人的要求，不得有其他不客观、不公正履行职务的行为。"但是实践中，评标委员会被投标人围猎，甘于为投标人通风报信、泄露秘密、倾向性评审，不客观、不公正履行职务的违法违纪行为屡见不鲜。

【类案释法 10-18】关于公布一批评标专家典型违法违规案例的通告①

一、评标专家收受贿赂

1. 2016 年 6 月，评标专家黄某某在担任广水市公安局看守所建设工程项目资格预审会评委期间及广水市人民法院辅助用房建设工程项目招投标评委期间，收受工程项目投标人刘某某财物合计 5000 元，违反了《招标投标法实施条例》第四十九条第二款规定。2019 年 7 月，被广水市公共资源交易监督管理局根据《招标投标法实施条例》第七十二条的规定，取消担任评标委员会成员资格，不得再参加依法必须进行招标的项目的评标。

2. 根据咸丰县人民法院（2017）鄂 2826 刑初 72 号刑事判决书，证实评标专家肖某某在恩施州文化中心建设项目评审过程中，接受招标代理公司工作人员的暗示，给特定的投标人打高分，并在评审结束后收受现金人民币 2000 元。2018 年 4 月，恩施州公共资源交易监督管理局根据《招标投标法》第五十六条、《招标投标法实施条例》第七十二条的规定，给予肖某某没收收受的现金人民币 2000 元，取消担任评标委员会成员资格，不得再参加依法必须进行招标项目评标的行政处罚。

二、评标专家应当回避而不回避

3. 评标专家杜某工作单位为崇阳县建设工程质量安全监督站，2018 年 3 月，该专家作为市政道路项目建设主管单位工作人员参加了崇阳县沿河路升级改造工程的评标工作，违反了《招标投标法实施条例》第四十六条第四款"行政监督部门的工作人员不得担任本部门负责监督项目的评标委员会成员"的规定，属应当回避而不回避。2019 年 8 月，崇阳县公共资源交易监督管理局对该专家予以通报批评并将不良行为量化记分 1 分。

三、评标专家不遵守评标纪律

4. 蕲春县雨湖泵站机电设备采购和安装项目于 2018 年 8 月 23 日在黄冈市公

---

① 源于湖北省公共资源交易监督管理局网站（http：//ztb.hubei.gov.cn/），最后访问时间 2021 年 5 月 10 日。

共资源交易中心开评标，招标人于 8 月 22 日通过语音系统随机抽取了 4 名评标专家（另业主评委 1 人），通知评标专家签到评审的时间为开标当日 10：00 前，已确认参加此次评标工作的评标专家傅某某 11：35 分到达评标现场，无故迟到超出半个小时，影响了该项目的评标工作，被黄冈市公共资源交易监督管理局予以通报批评以及不良行为量化记分 1 分。

5. 2020 年 12 月 30 日，通城县评标专家杨某某参加"通城县五里镇五季线（Y067）提档升级工程第一标段工程（二次）"项目的评标，到达评标地点后，进入评标室前寄存 1 部手机，另藏匿 1 部手机带入评标室，被通城县公共资源交易中心工作人员发现。经调查，该专家在评标期间未利用手机向他人透露投标文件的评审和比较、中标候选人的推荐以及与评标有关的其他情况。该专家的行为违反了《招标投标法》第三十八条和《湖北省公共资源招标投标法监督管理条例》第二十二条的规定。2021 年 1 月，通城县公共资源交易监督管理局对其做出不良行为量化记分 4 分，暂停一年评标资格的处理决定。

6. 2020 年 8 月，评标专家袁某某、覃某某在参加赤壁市老旧小区配套基础设施改造项目（13–17 标段）的评标中未经工作人员同意擅自离开评标室，影响了项目顺利进行，造成不良影响。赤壁市公共资源交易监督管理局根据《招标投标法实施条例》第七十一条的规定，对 2 名专家予以通报批评并将不良行为量化记分 4 分。

7. 2017 年，评标专家颜某某 11 次非因不可克服原因在评标时迟到半小时以上，并且在鄂州市综合客运枢纽站电子与智能化工程（二次）项目评审中，存在恶语中伤其他评标专家、扰乱评标现场秩序的不良履职行为，情节严重。鄂州市公共资源交易监督管理局根据相关法律法规，对该专家做出取消评标委员会成员资格的决定。

8. 评标专家李某某在武汉铁搭厂搬迁建厂施工项目资格预审过程中，多次以明示、暗示方式提出倾向干扰其他评委评审；且在评审结束后给予其他评标专家财物，违反《招标投标法实施条例》第四十九条的规定。2019 年 5 月，湖北省公共资源交易监督管理局依据《招标投标法实施条例》第七十一条的规定，决定给予取消担任评标委员会成员的资格，不得再参加任何依法必须进行招标项目的评标的行政处罚。

9. 评标专家彭某某在省公共资源交易中心参加湖北中烟武汉卷烟厂易地技改项目电力外线工程施工招标的评标中担任主任评委。评标结束后，招标代理机构工作人员按标准发放专家劳务费后，彭某某以评标辛苦为由，要求增加劳务费。经协商，招标代理机构工作人员向每位评标委员会成员增加了100元劳务费。其后，彭某某以担任主任评委为由，以拒绝在评标报告上签字为要挟，再次要求招标代理机构工作人员为自己增加专家劳务费100元，在其要求遭到代理机构工作人员拒绝后，撕毁评标报告封面并离开评标现场。彭某某的行为严重扰乱了评标工作秩序，不能客观公正地履行职责，造成恶劣影响。根据《招标投标法实施条例》第七十一条规定，湖北省公共资源交易监督管理局决定禁止彭某某参加依法必须进行招标的项目的评标六个月并予以通报。

四、评标专家不认真履职

10. 2020年9月，评标专家光某参加黄石新港现代物流园公共信息服务系统智慧园区项目评标时，未按照招标文件规定的评标标准进行评审，将满分为2分的评分项打出3分。其行为违反了《招标投标法实施条例》第四十九条和《评标委员会和评标办法暂行规定》第十七条规定。2021年2月，黄石市政务服务和大数据管理局依据《招标投标法实施条例》第七十一条、《评标委员会和评标办法暂行规定》第五十三条规定，对光某进行全市通报批评，自通报之日起暂停其一年参加依法必须招标项目的评标资格。

11. 崇阳县公共资源交易监督管理局在"双随机一公开"检查工作中，发现崇阳县交通管理服务设施客运总站二级客运站改建工程，其评标报告中评标委员会成员（五位评委）对施工组织设计的主观分未独立评分，在同一张评分表上评分签名，违反了《招标投标法》第四十四条第一款的相关规定。2020年12月，崇阳县公共资源交易监督管理局决定对该项目评标委员会成员廖某某、王某某、肖某某、王某某、曾某某五位评委不客观、公正地履行职务的行为提出通报批评，并将不良行为量化记分1分。

12. 评标专家谢某某2020年4月27日参与咸宁市银桂学校建设项目监理评标时，对投标人湖北金桂建设工程监理有限责任公司投标文件中2016年10月获得的省级以上"先进监理企业"称号打1分，而该项信誉奖项已超过招标文件评分标准规定三年内的要求，不应得分；对投标人广州广骏工程监理有限公司的试验、检测仪器打1分，而招标文件的评分标准规定只有2分、1.5分和0分三种分值。该专家没有按招标文件确定的评标标准和方法，对投标文件进行评审和比较，违反了《招标投标法》第四十条、《招标投标法实施条例》第四十九条的规定。2020年12月，咸安区公共资源交易监督管理局根据《招标投标法实施条例》第七十一条，对谢某某作出禁止一年内参加依法必须进行招标的项目评标的行政处罚。

《招标投标法》第五十六条专门规定了评标委员会成员的法律责任，即："评标委员会成员收受投标人的财物或者其他好处的，评标委员会成员或者参加评标的有关工作人员向他人透露对投标文件的评审和比较、中标候选人的推荐以及与评标有关的其他情况的，给予警告，没收收受的财物，可以并处三千元以上五万元以下的罚款，对有所列违法行为的评标委员会成员取消担任评标委员会成员的资格，不得再参加任何依法必须进行招标的项目的评标；构成犯罪的，依法追究刑事责任。"《招标投标法实施条例》第七十二条也规定："评标委员会成员收受投标人的财物或者其他好处的，没收收受的财物，处3000元以上5万元以下的罚款，取消担任评标委员会成员的资格，不得再参加依法必须进行招标的项目的评标；构成犯罪的，依法追究刑事责任。"

评标委员会成员收受投标人的财物或者其他好处，评标委员会成员或者参加评标的有关工作人员向他人透露对投标文件的评审和比较、中标候选人的推荐以及与评标有关的其他情况的，可能构成侵犯商业秘密罪、受贿罪和非国家工作人员受贿罪。

【类案释法 10-19】评标委员会成员收取财物构成非国家工作人员受贿罪

（2020）豫 06 刑终 77 号刑事裁定书[①]

一审法院判决认定：

2018 年 8 月 2 日至 8 月 5 日，被告人李某、赵某某、齐某某、何某某、吴某某作为河南省综合评标专家库专家，在参加鹤壁市淇滨区 2018 年山丘区五小水利工程项目的评标活动中，接受他人操作评标的请托，在成功操作评标后，收受请托人贿赂。具体事实如下：

1. 被告人李某接受鹤壁市广利建筑劳务有限公司负责人蔡某某的请托，在评标过程中，与被告人赵某某、齐某某、何某某、吴某某共谋操作评标，并承诺中标后付给每名专家 15000 元的好处费。五名被告人通过共同给请托人委托的公司打高分的操作方式，使蔡某某委托的河南省华通水利工程有限公司位列第四标段中标候选公司第一名。2018 年 8 月 5 日下午评标活动结束后，李某付给赵某某、何某某、吴某某每人现金 15000 元，付给齐某某现金 5000 元，并与齐某某约定李某应分得的第三标段 1 万元好处费直接由齐某某领取，抵偿少付给齐某某的 1 万元。随后，李某按照事先与蔡某某的约定，到鹤壁市广利建筑劳务有限公

---

① 来源于无讼网：李某、赵某某、齐某某、何某某、吴某某非国家工作人员受贿二审刑事裁定书，最后访问时间 2021 年 12 月 23 日。

司收取 11 万元。

2. 被告人赵某某、齐某某接受法正项目管理集团有限公司鹤壁分公司负责人卢某请托，在评标过程中与被告人李某、何某某、吴某某共谋操作评标。五名被告人通过共同给请托人委托的公司打高分的操作方式，使福建路港（集团）有限公司、河南基安建设集团有限公司、河南省硕丰工程技术有限公司分别位列第一、第二、第五标段中标候选公司第一名。2018 年 8 月 5 日下午评标活动结束后，五名被告人一起到鹤壁市万达广场附近与卢某见面，并按照事先每个标段每名专家 1 万元好处费的约定，共计收受卢某现金 15 万元，五名被告人每人分得 3 万元；

3. 被告人齐某某接受许昌市林业技术推广站工作人员薛某的请托，在评标过程中与被告人李某、赵某某、何某某、吴某某共谋操作评标。五名被告人通过共同给请托人委托的公司打高分的操作方式，使商丘市金龙水利工程有限公司位列第三标段中标候选公司第一名。2018 年 8 月 5 日评标活动结束后，薛某与齐某某电话联系，约定在京港澳高速公路鹤壁服务区见面，按照事先每个标段每名专家 1 万元好处费的约定支付 5 万元。途中被告人齐某某、赵某某、何某某、吴某某等人因被人举报，没有前往约定地点收取好处费。

根据上述事实和证据，一审法院认为，被告人李某、赵某某、齐某某、何某某、吴某某作为依法组建的评标委员会组成人员，在参加评标活动中，利用职务上的便利，非法收受他人财物，为他人谋取利益，数额较大，其行为均已构成非国家工作人员受贿罪。被告人在参加评标活动中，利用职务上的便利实施受贿犯罪，评标结束后分别收取天行健国际招标（北京）有限公司鹤壁分公司的 5500 元评标费用，应作为非法所得与其退出的受贿款一并予以没收，上缴国库。依照《刑法》第一百六十三条第一款等规定，判决被告人犯非国家工作人员受贿罪，判处一年以上不等的有期徒刑，没收非法所得上缴国库。

被告人不服上诉，二审法院审理认为原审判决认定事实清楚，证据确实、充分，定罪准确，量刑适当，审判程序合法，裁定驳回上诉，维持原判。

第五节 其他主体的违法行为及法律责任

一、招标代理机构的法律责任

对招标代理机构的法律责任，基于招标人与招标代理机构属代理关系，代理人行为的法律后果由被代理人承担的规定，有三点需要特别说明：第一，招标代理机构在超越权限、无权代理等情形下损害招标人利益给招标人造成损失的，应当依据招标代理委托合同向招标人承担违约责任。

【类案释法 10-20】招标代理机构未尽到审查义务给招标人造成损失的应予赔偿

（2019）苏 0116 民初 2995 号民事判决书[①]：南京市六合区人民法院认为，原告与被告某工程公司签订的江苏省建设工程招标代理合同及原告与被告经某公司签订的江苏省建设工程造价咨询合同，均是当事人的真实意思表示，且内容不违反法律规定，对其为有效委托合同，本院依法予以确认。根据《合同法》第四百零六条第一款规定的"有偿的委托合同，因受托人的过错给委托人造成损失的，委托人可以要求赔偿损失。无偿的委托合同，因受托人的故意或者重大过失给委托人造成损失的，委托人可以要求赔偿损失"的内容，本案原告委托被告某工程公司负责招标、投标及编制工程量清单等事宜，而被告某工程公司在编制工程清单时将工作量 82.1 m² 错误输为 529.55 m²，致被告经某公司按照招标代理单位出具的材料审核定价为 1829364.99 元，而原告也按此审核定价向施工单位支付工程款，从而使原告向施工单位多支付了 180660.64 元（后施工单位仅返还多支付的 50000 元工程款），给原告造成损失，因该损失是由于受托人某工程公司的过错造成，故对原告要求被告某工程公司赔偿损失 130660.64 元及利息的请求，本院依法予以支持。因原告于 2017 年 11 月 21 日多给付了工程款，故对原告从 2017 年 11 月 23 日起按中国人民银行同期贷款利率标准主张利息损失的请求，本院依法予以支持。此外，对原告要求被告经某公司共同赔偿上述损失的请求，由于被告经某公司是基于原告提供的资料完成工程价款的审核，其已充分尽到合同履行中的注意义务，故对原告要求被告经某公司与被告某工程公司一道赔偿原告损失的请求，本院依法不予支持。

第二，招标代理机构作为代理人，其违法行为侵害投标人利益的，其代理行为后果归属于招标人，故由招标人向投标人承担合同责任。但超越代理权限进行的行为除外。

---

① 来源于裁判文书网：原告南京市某合区人民政府横梁街道办事处与被告南京苏某宁工程咨询有限公司、江苏某天纬地建设项目管理有限公司委托合同纠纷一审民事判决书。

【类案释法 10-21】招标代理机构的违法行为侵害投标人利益的由招标人担责

（2018）鲁 14 民终 3304 号民事判决书①：德州市中级人民法院认为，第一，关于原审认定上诉人某光公司为责任主体的问题。上诉人某光公司作为德州经济技术开发区城乡建设局、德州某信投资开发有限公司的招标代理机构，根据《招标投标法》第十二条、第十三条、第十四条、第十五条规定，招标代理机构并非一般代理人，其在实施招标活动中受特别法《招标投标法》的调整，其从事工程建设项目招标代理业务是法定的，具有一定的独立性。某光公司作为招标代理机构，在本案中原审原告某建公司选择某光公司作为相对人，即被告，一审认定某光公司在其从事招投标业务中实施的行为作为责任主体正确。第二，关于某光公司实施涉案招标行为中是否具有明显过错及是否应承担某建公司 2 万元损失的问题。依据《招标投标法实施条例》第四条规定，国务院、发改委、工业和信息化部、住房城乡建设等部门对全国招标投标工作具有指导、协调、监督职能，因此，招标人、招标代理机构在各种招标投标活动中均应遵照执行《最高人民法院、国家发展改革委员会、工业和信息化部、住房和城乡建设部、交通运输部、水利部、商务部、国家铁路局、中国民用航空局关于在招标投标活动中对失信被执行人实施联合惩戒的通知》。对评标阶段属于失信被执行人的投标人参加投标活动，依法应予限制。本案中某光公司发布的德州经济技术开发区 2017 年棚户区改造工程施工二次招标公告规定失信被执行人不具有投标资格。第六工程局在 2018 年 1 月 10 日至 1 月 15 日被信用中国网站列为失信被执行人是客观事实，这个期间正是涉案工程开标评标期间，某光公司作为招标代理机构有义务、有责任对投标人的信用进行审查，尤其是对投标人在开标评标时是否被信用中国网站等列为失信被执行人应进行重点审查，未被列入失信被执行人是招标公告规定投标人具备的首要的投标条件，而某光公司却未尽到审查义务，让在涉案工程开标评标期间被信用中国网站列为失信被执行人的第六工程局中标，违反招标公告及《招标投标法》的相关规定，存有过错，某光公司无论以什么样的借口和理由予以辩白，均不能否定其应承担的过错责任。一审法院依据《侵权责任法》按照过错责任判决某光公司赔偿某建公司直接损失 2 万元并无不当。

第三，招标代理机构及其人员自行从事的违法行为应承担的行政责任、刑事责任，由其自行承担。如属于招标人授意进行的行为，与招标人共同承担该法律

---

① 来源于裁判文书网：山东某建集团有限公司、山东某光招标有限公司侵权责任纠纷二审民事判决书。

责任。

招标代理机构在代理活动中常见的违法行为如下：

（1）泄密。即：泄露应当保密的与招标投标活动有关的情况和资料，或者与招标人、投标人串通损害国家利益、社会公共利益或者他人合法权益。

（2）违法代理。即：在所代理的招标项目中投标、代理投标或者向该项目投标人提供咨询，接受委托编制标底的中介机构参加受托编制标底项目的投标或者为该项目的投标人编制投标文件、提供咨询。

（3）串通投标。即：在所代理的招标项目中与招标人、投标人串通损害国家利益、社会公共利益或者他人合法权益。

《招标投标法》第五十条规定了招标代理机构的法律责任，即："招标代理机构违反本法规定，泄露应当保密的与招标投标活动有关的情况和资料的，或者与招标人、投标人串通损害国家利益、社会公共利益或者他人合法权益的，处五万元以上二十五万元以下的罚款，对单位直接负责的主管人员和其他直接责任人员处单位罚款数额百分之五以上百分之十以下的罚款；有违法所得的，并处没收违法所得；情节严重的，禁止其一年至二年内代理依法必须进行招标的项目并予以公告，直至由工商行政管理机关吊销营业执照；构成犯罪的，依法追究刑事责任。给他人造成损失的，依法承担赔偿责任。前款所列行为影响中标结果的，中标无效。"《招标投标法实施条例》第六十五条补充规定："招标代理机构在所代理的招标项目中投标、代理投标或者向该项目投标人提供咨询的，接受委托编制标底的中介机构参加受托编制标底项目的投标或者为该项目的投标人编制投标文件、提供咨询的，依照招标投标法第五十条的规定追究法律责任。"

值得注意的是，串通投标罪的犯罪主体为招标人和投标人，但在司法实践中，招标人和投标人并不局限于《招标投标法》的定义，法院一般将招标人和投标人解释为主管、负责、参与招标投标事项的法人和自然人，因此，招标代理机构及其主管人员、直接责任人员、评标委员会成员均可能成为串通投标罪的规制对象。

【类案释法 10-22】招标代理机构构成单位串通投标罪案

（2016）黑 1202 刑初 284 号刑事判决书[①]：黑龙江省绥化市北林区人民法院审理查明，被告人李某甲系黑龙江省某堃建设工程咨询有限责任公司副总经理，王某某系该公司总经理，因妻子生病一直在外地照顾妻子，某堃建设工程公司一

---

① 来源于裁判文书网：黑龙江省某堃建设工程咨询有限责任公司、李某某串通投标一审刑事判决书。

直由李某甲负责日常事务及业务办理。2012 年至 2014 年铁力林业局基建环保科科长段某甲委托李某甲所在公司补办和完善七项招投标的手续。其中包括：1. 2012 年 5 月 17 日，铁力林业局局址供热系统改扩建设工程，中标公司伊春市某翔建筑工程有限公司；2. 2012 年 9 月铁力林业局 2011 年、2012 年保障性安居工程配套供热基础设施工程，中标公司伊春某翔建筑工程有限公司；3. 2012 年 10 月铁力林业局棚户区改造配套给水基础设施工程，中标公司嘉荫县第×建筑工程有限公司；4. 2013 年 8 月铁力林业局马某顺林场住宅楼工程一标段工程，中标公司伊春市某翔建筑工程有限公司；5. 2012 年 11 月铁力林业局棚户区供热改造工程，中标公司伊春某翔建筑工程有限公司；6. 2013 年 10 月铁力林业局保障性安居工程配套基础设施排水建设项目工程，中标公司伊春市某翔建筑工程有限公司；7. 2013 年 10 月铁力林业局保障性安居工程配套基础设施小区道路建设项目工程，中标公司黑龙江省某旺建筑安装工程有限责任公司。七项工程中标公司均由铁力林业局指定，手续均由黑龙江省某堃建设工程咨询有限责任公司进行补办和完善。该公司职工马某某做相关投标代理文件。黑龙江省某堃建设工程咨询有限责任公司在没有履行招投标程序的情况下，出具"某旺公司""某翔公司""某荫公司"中标的相关文件。铁力林业局向黑龙江省某堃建设工程咨询有限责任公司支付七项招标代理费共计人民币 500000 元。案发后被告人单位将违法所得 100000 元人民币上缴公安机关。

本院认为被告单位黑龙江省某堃建设工程咨询有限责任公司作为招标代理机构，违反《招标投标法》的有关规定，在依法必须进行招标的工程建设项目中，以营利为目的，未能履行招标的相关程序，受招标人的指使，在未公开招标的情况下，帮助招标单位指定的投标人补办和完善招投标的相关材料。其行为损害国家、集体、公民的合法利益，情节严重，已构成单位串通投标罪。被告人李某甲作为该单位招标代理项目的主要负责人和责任人，在明知违法的情况下，仍为单位牟取不正当利益，并直接领导、指使单位员工开展该项目的运作，其行为亦构成单位串通投标罪。公诉机关起诉认定被告单位黑龙江省某堃建设工程咨询有限责任公司和被告人李某甲犯串通投标罪的事实清楚，证据确实、充分，罪名成立，应予支持。案发后，被告单位能够主动上缴违法所得，可酌情从轻处罚。被告人李某甲能够主动投案，并如实供述自己的罪行，系自首，同时李某甲的犯罪行为对危害国家利益的结果不具有支配作用，仅起到辅助作用，并且其本人亦未在犯罪行为中直接受益，犯罪较轻，可以免除处罚。

法院判决如下：一、被告单位黑龙江省某堃建设工程咨询有限责任公司犯串通投标罪，判处罚金人民币 50000 元，追缴违法所得人民币 500000 元，上缴国库。二、被告人李某甲犯串通投标罪，免予刑事处罚。

二、电子招标投标交易平台运营机构的法律责任

电子招标投标系统根据功能的不同，分为交易平台、公共服务平台和行政监督平台。交易平台是以数据电文形式完成招标投标交易活动的信息平台。公共服务平台是满足交易平台之间信息交换、资源共享需要，并为市场主体、行政监督部门和社会公众提供信息服务的信息平台。行政监督平台是行政监督部门和监察机关在线监督招标投标活动的信息平台。《电子招标投标办法》基于电子招标的特性，对电子招标投标交易平台运营机构的违法行为及其法律责任作出规定。

（一）电子招标投标系统运营机构的法律责任

（1）电子招标投标系统技术不合格。《电子招标投标办法》第五十三条规定："电子招标投标系统有下列情形的，责令改正；拒不改正的，不得交付使用，已经运营的应当停止运营。（一）不具备本办法及技术规范规定的主要功能；（二）不向行政监督部门和监察机关提供监督通道；（三）不执行统一的信息分类和编码标准；（四）不开放数据接口、不公布接口要求；（五）不按照规定注册登记、对接、交换、公布信息；（六）不满足规定的技术和安全保障要求；（七）未按照规定通过检测和认证。"

（2）电子招标投标系统运营机构限制或者排斥潜在投标人。《电子招标投标办法》第五十四条规定："招标人或者电子招标投标系统运营机构存在以下情形的，视为限制或者排斥潜在投标人，依照招标投标法第五十一条规定处罚。（一）利用技术手段对享有相同权限的市场主体提供有差别的信息；（二）拒绝或者限制社会公众、市场主体免费注册并获取依法必须公开的招标投标信息；（三）违规设置注册登记、投标报名等前置条件；（四）故意与各类需要分离开发并符合技术规范规定的工具软件不兼容对接；（五）故意对递交或者解密投标文件设置障碍。"

（3）电子招标投标系统运营机构泄密。《电子招标投标办法》第五十六条规定："电子招标投标系统运营机构向他人透露已获取招标文件的潜在投标人的名称、数量、投标文件内容或者对投标文件的评审和比较以及其他可能影响公平竞争的招标投标信息，参照招标投标法第五十二条关于招标人泄密的规定予以处罚。"

（4）电子招标投标系统运营机构串通投标。《电子招标投标办法》第五十七

条规定："招标投标活动当事人和电子招标投标系统运营机构协助招标人、投标人串通投标的，依照招标投标法第五十三条和招标投标法实施条例第六十七条规定处罚。"

（5）电子招标投标系统运营机构弄虚作假。《电子招标投标办法》第五十八条规定："招标投标活动当事人和电子招标投标系统运营机构伪造、篡改、损毁招标投标信息，或者以其他方式弄虚作假的，依照招标投标法第五十四条和招标投标法实施条例第六十八条规定处罚。"

（6）电子招标投标系统运营机构不履行初始录入信息验证义务。《电子招标投标办法》第五十九条规定："电子招标投标系统运营机构未按照本办法和技术规范规定履行初始录入信息验证义务，造成招标投标活动当事人损失的，应当承担相应的赔偿责任。"

（二）电子招标投标交易平台运营机构违规行为

《电子招标投标办法》第五十五条规定："电子招标投标交易平台运营机构有下列情形的，责令改正，并按照有关规定处罚。（一）违反规定要求投标人注册登记、收取费用；（二）要求投标人购买指定的工具软件；（三）其他侵犯招标投标活动当事人合法权益的情形。"

三、行政机关及其工作人员的主要违法行为

（1）项目审批部门工作人员违法行为的法律责任。《招标投标法实施条例》第七十九条规定了项目审批部门人员违法行为的法律责任。即："项目审批、核准部门不依法审批、核准项目招标范围、招标方式、招标组织形式的，对单位直接负责的主管人员和其他直接责任人员依法给予处分……项目审批、核准部门和有关行政监督部门的工作人员徇私舞弊、滥用职权、玩忽职守，构成犯罪的，依法追究刑事责任。"

（2）行政监督部门工作人员违法行为的法律责任。《招标投标法》第六十三条规定："对招标投标活动依法负有行政监督职责的国家机关工作人员徇私舞弊、滥用职权或者玩忽职守，构成犯罪的，依法追究刑事责任；不构成犯罪的，依法给予行政处分。"《招标投标法实施条例》第七十九条第二款规定："有关行政监督部门不依法履行职责，对违反招标投标法和本条例规定的行为不依法查处，或者不按照规定处理投诉、不依法公告对招标投标当事人违法行为的行政处理决定的，对直接负责的主管人员和其他直接责任人员依法给予处分。"

（3）国家工作人员非法干涉招标投标活动的法律责任。《招标投标法》第六

十二条规定："任何单位违反本法规定，限制或者排斥本地区、本系统以外的法人或者其他组织参加投标的，为招标人指定招标代理机构的，强制招标人委托招标代理机构办理招标事宜的，或者以其他方式干涉招标投标活动的，责令改正；对单位直接负责的主管人员和其他直接责任人员依法给予警告、记过、记大过的处分，情节较重的，依法给予降级、撤职、开除的处分。个人利用职权进行前款违法行为的，依照前款规定追究责任。"《招标投标法实施条例》第八十条规定："国家工作人员利用职务便利，以直接或者间接、明示或者暗示等任何方式非法干涉招标投标活动，有下列情形之一的，依法给予记过或者记大过处分；情节严重的，依法给予降级或者撤职处分；情节特别严重的，依法给予开除处分；构成犯罪的，依法追究刑事责任：（一）要求对依法必须进行招标的项目不招标，或者要求对依法应当公开招标的项目不公开招标；（二）要求评标委员会成员或者招标人以其指定的投标人作为中标候选人或者中标人，或者以其他方式非法干涉评标活动，影响中标结果；（三）以其他方式非法干涉招标投标活动。"

对于《监察法》第十五条规定的包括法律、法规授权或者受国家机关依法委托管理公共事务的组织中从事公务的人员、国有企业管理人员等在内的公职人员，监察机关对其进行监察，有贪污贿赂，不履行或者不正确履行职责，玩忽职守，贻误工作等违法行为的，依据《公职人员政务处分法》进行处分，政务处分的种类为：（一）警告；（二）记过；（三）记大过；（四）降级；（五）撤职；（六）开除。

国家机关工作人员都有可能为了自己或者他人利益出现受贿的违法行为，情节严重的构成受贿罪。对于收受贿赂违犯党纪的党员，还应当根据《中国共产党党员纪律处分条例》的规定，给予党纪处分。《刑法》第三百八十五条至第三百八十八条对于受贿罪及其处罚、单位受贿罪、利用影响力受贿罪等进行了规定。

附　录

第一节　招标投标常用法律法规名录

一、综合

1. 中华人民共和国民法典

（2020 年 5 月 28 日第十三届全国人民代表大会第三次会议通过）

2. 中华人民共和国招标投标法

（1999 年 8 月 30 日第九届全国人民代表大会常务委员会第十一次会议通过，根据 2017 年 12 月 27 日第十二届全国人民代表大会常务委员会第三十一次会议《关于修改〈中华人民共和国招标投标法〉、〈中华人民共和国计量法〉的决定》修正）

3. 中华人民共和国招标投标法实施条例

（2011 年 12 月 20 日国务院令第 613 号公布，根据 2017 年 3 月 1 日国务院令第 676 号《关于修改和废止部分行政法规的决定》第一次修订，根据 2018 年 3 月 19 日国务院令第 698 号《关于修改和废止部分行政法规的决定》第二次修订，根据 2019 年 3 月 2 日国务院令第 709 号《关于修改部分行政法规的决定》第三次修订）

4. 必须招标的工程项目规定

（2018 年 3 月 8 日国函〔2018〕56 号、国家发展和改革委员会令第 16 号）

5. 必须招标的基础设施和公用事业项目范围规定

（发改法规规〔2018〕843 号）

6. 国家发展改革委办公厅关于进一步做好《必须招标的工程项目规定》和《必须招标的基础设施和公用事业项目范围规定》实施工作的通知

（发改办法规〔2020〕770 号）

7. 工程建设项目申报材料增加招标内容和核准招标事项暂行规定

（2001 年 6 月 18 日国家发展计划委员会令第 9 号公布，根据 2013 年 3 月 11 日国家发展改革委等九部委令第 23 号修订）

8. 招标公告和公示信息发布管理办法

（2017 年 11 月 23 日国家发展和改革委员会令第 10 号公布）

9. 工程建设项目自行招标试行办法

（2000 年 7 月 1 日国家发展计划委员会令第 5 号公布，根据 2013 年 3 月 11 日国家发展改革委等九部委令第 23 号修订）

10. 评标委员会和评标方法暂行规定

（2001 年 7 月 5 日国家发展计划委员会、国家经济贸易委员会、建设部、铁道部、交通部、信息产业部、水利部令第 12 号公布，根据 2013 年 3 月 11 日国家发展改革委等九部委令第 23 号修订）

11. 评标专家和评标专家库管理暂行办法

（2003 年 4 月 1 日国家发展计划委员会令第 29 号公布，根据 2013 年 3 月 11 日国家发展改革委等九部委令第 23 号修订）

12. 电子招标投标办法

（2013 年 2 月 4 日国家发展和改革委员会、工业和信息化部、监察部、住房和城乡建设部、交通运输部、铁道部、水利部、商务部令第 20 号公布）

13. 公平竞争审查制度实施细则

（国市监反垄规〔2021〕2 号）

二、工程建设项目招标

14. 工程建设项目勘察设计招标投标办法

（2003 年 6 月 12 日国家发展和改革委员会、建设部、铁道部、交通部、信息产业部、水利部、中国民用航空总局、国家广播电影电视总局令第 2 号公布，根据 2013 年 3 月 11 日国家发展改革委员会等九部委令第 23 号修订）

15. 工程建设项目施工招标投标办法

（2003 年 3 月 8 日国家发展计划委员会、建设部、铁道部、交通部、信息产业部、水利部、中国民用航空总局令第 30 号公布，根据 2013 年 3 月 11 日国家发展改革委等九部委令第 23 号修订）

16. 《标准施工招标资格预审文件》和《标准施工招标文件》暂行规定

（2007 年 11 月 1 日国家发展和改革委员会、财政部、建设部、铁道部、交通部、信息产业部、水利部、中国民用航空总局、广播电影电视总局令第 56 号公布，根据 2013 年 3 月 11 日国家发展改革委等九部委令第 23 号修订）

17. 工程建设项目货物招标投标办法

（2005 年 1 月 18 日国家发展改革委员会、建设部、铁道部、交通部、信息产业部、水利部、中国民用航空总局令第 27 号公布，根据 2013 年 3 月 11 日国家发展改革委等九部委令第 23 号修订）

18. 建筑工程设计招标投标管理办法

（2017 年 1 月 24 日住房和城乡建设部令第 33 号公布）

19. 建筑工程方案设计招标投标管理办法

（建市〔2008〕63 号）

20. 房屋建筑和市政基础设施工程施工招标投标管理办法

（2001 年 6 月 1 日建设部令第 89 号公布，根据 2018 年 9 月 28 日住房和城乡建设部令第 43 号《关于修改〈房屋建筑和市政基础设施工程施工招标投标管理办法〉的决定》修订）

21. 房屋建筑和市政基础设施项目工程总承包管理办法

（建市规〔2019〕12 号）

22. 水利工程建设项目招标投标管理规定

（2001 年 10 月 29 日水利部令第 14 号公布）

23. 水利工程建设项目监理招标投标管理办法

（水建管〔2002〕587 号）

24. 水利工程建设项目重要设备材料采购招标投标管理办法

（水建管〔2002〕585 号）

25. 公路工程建设项目招标投标管理办法

（2015 年 12 月 8 日交通运输部令 2015 年第 24 号公布）

26. 铁路工程建设项目招标投标管理办法

（2018 年 8 月 31 日交通运输部令 2018 年第 13 号公布）

27. 通信工程建设项目招标投标管理办法

（2014 年 5 月 4 日工业和信息化部令第 27 号公布）

28. 民航专业工程建设项目招标投标管理办法

（AP-158-CA-2018-01-R3，2018 年 1 月 8 日中国民用航空总局发布，根据 2019 年 9 月 9 日民航局机场司《〈民航专业工程建设项目招标投标管理办法〉（第一修订案）》修订）

29. 水运工程建设项目招标投标管理办法

（2012 年 12 月 20 日交通运输部令第 11 号公布，根据 2021 年 8 月 11 日交通运输部令 2012 年第 11 号《关于修改〈水运工程建设项目招标投标管理办法〉的决定》修订）

三、机电产品国际招标

30. 机电产品国际招标投标实施办法（试行）

（2014 年 2 月 21 日商务部令第 1 号公布）

31. 进一步规范机电产品国际招标投标活动有关规定

（商产发〔2007〕395 号）

32. 机电产品国际招标综合评价法实施规范（试行）

（商产发〔2008〕311 号）

33. 重大装备自主化依托工程设备招标采购活动的有关规定

（商产发〔2007〕331 号）

34. 机电产品国际招标代理机构监督管理办法（试行）

（2016 年 11 月 16 日商务部令第 5 号公布）

四、其他项目招标

35. 前期物业管理招标投标管理暂行办法

（建住房〔2003〕130 号）

36. 委托会计师事务所审计招标规范

（财会〔2006〕2 号）

37. 国有金融企业集中采购管理暂行规定

（财金〔2018〕9 号）

38. 医疗机构药品集中采购工作规范

（卫规财发〔2010〕64 号）

五、招标监督管理

39. 工程建设项目招标投标活动投诉处理办法

（2004 年 6 月 21 日国家发展改革委员会、建设部、铁道部、交通部、信息产业部、水利部、中国民用航空总局令第 11 号公布，根据 2013 年 3 月 11 日国家发展改革委等九部委令第 23 号修订）

40. 招标投标违法行为记录公告暂行办法

（发改法规〔2008〕1531 号）

41. 铁路建设工程招标投标监管暂行办法

（国铁工程监〔2016〕8 号）

42. 关于在招标投标活动中对失信被执行人实施联合惩戒的通知

（法〔2016〕285 号）

第二节　标准招标文件和建设工程合同示范文本名录

一、标准招标文件

标准施工招标资格预审文件（2007 年版）（国家发展改革委、财政部、建设部、铁道部、交通部、信息产业部、水利部、民用航空总局、广播电影电视总局令第 56 号）

标准施工招标文件（2007 年版）（国家发展改革委、财政部、建设部、铁道部、交通部、信息产业部、水利部、民用航空总局、广播电影电视总局令第 56 号）

简明标准施工招标文件（2011 年版）（发改法规〔2011〕3018 号）

标准设计施工总承包招标文件（2011 年版）（发改法规〔2011〕3018 号）

标准设备采购招标文件（2017 年版）（发改法规〔2017〕1606 号）

标准材料采购招标文件（2017 年版）（发改法规〔2017〕1606 号）

标准勘察招标文件（2017 年版）（发改法规〔2017〕1606 号）

标准设计招标文件（2017 年版）（发改法规〔2017〕1606 号）

标准监理招标文件（2017 年版）（发改法规〔2017〕1606 号）

通信建设项目施工招标文件范本（试行）（工信部通〔2009〕194 号）

通信建设项目货物招标文件范本（试行）（工信部通〔2009〕194 号）

房屋建筑和市政工程标准施工招标资格预审文件（建市〔2010〕88 号）

房屋建筑和市政工程标准施工招标文件（建市〔2010〕88 号）

公路工程标准施工招标资格预审文件（交通运输部公告 2017 年第 51 号）

公路工程标准施工招标文件（交通运输部公告 2017 年第 51 号）

公路工程标准施工监理招标资格预审文件（交通运输部公告 2018 年第 25

号）

公路工程标准施工监理招标文件（交通运输部公告 2018 年第 25 号）

公路工程标准勘察设计招标资格预审文件（交通运输部公告 2018 年第 26 号）

公路工程标准勘察设计招标文件（交通运输部公告 2018 年第 26 号）

铁路工程标准施工招标资格预审文件（国铁工程监〔2020〕50 号）

铁路工程标准施工招标文件（国铁工程监〔2020〕50 号）

铁路建设项目施工图审核招标文件文本（工管审〔2010〕218 号）

铁路建设项目单价承包等标准施工招标文件补充文本（铁建设〔2008〕254 号）

水利水电工程标准施工招标资格预审文件（水建管〔2009〕629 号）

水利水电工程标准施工招标文件（水建管〔2009〕629 号）

民航专业工程标准施工招标资格预审文件（民航发〔2010〕73 号）

民航专业工程标准施工招标文件（民航发〔2010〕73 号）

经营性公路建设项目投资人招标资格预审文件示范文本（交公路发〔2011〕135 号）

经营性公路建设项目投资人招标文件示范文本（交公路发〔2011〕135 号）

水运工程标准施工监理招标文件（交通运输部公告 2012 年第 68 号）

水利工程施工监理招标文件示范文本（水建管〔2007〕165 号）

国际金融组织项目国内竞争性招标文件范本（财际〔2012〕67 号）

机电产品国际招标标准招标文件（试行）（商务部机电和科技产业司 2014 年 4 月 1 日发布）

二、建设工程合同及工程保函示范文本名录

GF—2017—0201　建设工程施工合同

GF—2012—0202　建设工程监理合同

GF—2016—0203　建设工程勘察合同

GF—1996—0205　建筑装饰工程施工合同（甲种本）

GF—1996—0206　建筑装饰工程施工合同（乙种本）

GF—2015—0209　建设工程设计合同示范文本（房屋建筑工程）

GF—2015—0210　建设工程设计合同示范文本（专业建设工程）

GF—2015—0212　建设工程造价咨询合同

GF-2003-0213　　建设工程施工专业分包合同

GF-2003-0214　　建设工程施工劳务分包合同

GF-2005-0215　　工程建设项目招标代理合同

GF-2020-0216　　建设项目工程总承包合同

GF-2020-2605　　园林绿化工程施工合同（试行）

建市〔2021〕11号　　投标保函示范文本（独立保函）

建市〔2021〕11号　　投标保函示范文本（非独立保函）

建市〔2021〕11号　　预付款保函示范文本（独立保函）

建市〔2021〕11号　　预付款保函示范文本（非独立保函）

建市〔2021〕11号　　支付保函示范文本（独立保函）

建市〔2021〕11号　　支付保函示范文本（非独立保函）

建市〔2021〕11号　　履约保函示范文本（独立保函）

建市〔2021〕11号　　履约保函示范文本（非独立保函）

参考书目

1. 白如银：《招标投标法律解读与风险防范实务》，中国法制出版社 2019 年版。

2. 白如银编著：《招标投标法注释书》，中国民主法制出版社 2021 年版。

3. 白如银主编：《招标投标实务与热点答疑 360 问》，机械工业出版社 2020 年版。

4. 白如银主编：《招标投标典型案例评析》，中国电力出版社 2017 年。

5. 本书编委会：《招标投标常用法律法规便查手册》，中国电力出版社 2021 年版。

6. 国家发展和改革委员会法规司、国务院法制办公室财金司、监察部执法监察司编著：《中华人民共和国招标投标法实施条例释义》，中国计划出版社 2012 年版。

7. 何红锋主编：《招标投标法实施条例条文解读与案例分析》，中国电力出版社 2015 年版。

8. 李显冬主编：《〈中华人民共和国招标投标法实施条例〉条文理解与案例适用》，中国法制出版社 2013 年版。

9. 毛林繁编著：《招标采购析案辩理》，Chinese Branch Xiquan House 2020 年版。

10. 中国招标投标协会：ZBTB/T A01-2016《招标采购代理规范（2016 年版）》。

11. 陈川生主编：《〈国有企业采购操作规范〉释义》，中国财富出版社 2019 年版。

12. 陈川生主编：《〈国有企业采购管理规范〉释义》，中国财富出版社 2020 年版。

13. 朱中华：《最新招标投标法律实务操作》，中国法制出版社 2014 年版。

14. 最高人民法院民法典贯彻实施工作领导小组主编：《中华人民共和国民法典总则编理解与适用》，人民法院出版社 2020 年版。

15. 最高人民法院民法典贯彻实施工作领导小组主编：《中华人民共和国民法典合同编理解与适用》，人民法院出版社 2020 年版。

16. 最高人民法院民事审判第一庭编著：《最高人民法院新建设工程施工合同司法解释（一）理解与适用》，人民法院出版社 2021 年版。

17. 钱忠宝：《评标方法概论》，中国科学技术大学出版社 2014 年版。

18. 宫迅伟等：《采购全流程风险控制与合规》，机械工业出版社 2020 年版。

19. 高志刚编著：《采购审计——采购招标监督管理》，经济科学出版社 2016 年版。

20. 陈瑞华：《企业合规基本理论（第二版）》，法律出版社 2021 年版。

图书在版编目（CIP）数据

国有企业招标投标法律合规实务与监督管理指南/
白如银著. —北京：中国法制出版社，2022.1（2024.6重印）
ISBN 978-7-5216-2384-0

Ⅰ.①国… Ⅱ.①白… Ⅲ.①国有企业－招标投标法
－中国 Ⅳ.①D922.297

中国版本图书馆 CIP 数据核字（2021）第 281303 号

责任编辑 赵 燕 　　　　　　　　　　　　封面设计 周黎明

国有企业招标投标法律合规实务与监督管理指南
GUOYOU QIYE ZHAOBIAO TOUBIAO FALÜ HEGUI SHIWU YU JIANDU GUANLI ZHINAN

著者/白如银
经销/新华书店
印刷/北京虎彩文化传播有限公司
开本/787 毫米×1092 毫米　16 开　　　　　印张/ 34.25　　字数/ 613 千
版次/2022 年 1 月第 1 版　　　　　　　　　2024 年 6 月第 9 次印刷

中国法制出版社出版
书号 ISBN 978-7-5216-2384-0　　　　　　　　　　定价：148.00 元

北京市西城区西便门西里甲 16 号西便门办公区
邮政编码 100053　　　　　　　　　　　　　　传真：010-63141852
网址：http://www.zgfzs.com　　　　　　　**编辑部电话：010-63141669**
市场营销部电话：010-63141612　　　　　**印务部电话：010-63141606**

（如有印装质量问题，请与本社印务部联系。）